Friedrich Hirth

Die Länder des Islam nach chinesischen Quellen

Friedrich Hirth
Die Länder des Islam nach chinesischen Quellen
ISBN/EAN: 9783742870193
Hergestellt in Europa, USA, Kanada, Australien, Japan
Cover: Foto ©ninafisch / pixelio.de

Manufactured and distributed by brebook publishing software (www.brebook.com)

Friedrich Hirth

Die Länder des Islam nach chinesischen Quellen

通報
T'oung pao

ARCHIVES
POUR SERVIR À

L'ÉTUDE DE L'HISTOIRE, DES LANGUES, DE LA GÉOGRAPHIE ET DE L'ETHNOGRAPHIE DE L'ASIE ORIENTALE

(CHINE, JAPON, CORÉE, INDO-CHINE, ASIE CENTRALE et MALAISIE).

RÉDIGÉES PAR MM.

GUSTAVE SCHLEGEL
Professeur de Chinois à l'Université de Leide

ET

HENRI CORDIER
Professeur à l'Ecole spéciale des Langues orientales vivantes et à l'Ecole libre des Sciences politiques à Paris.

Vol. V.

LEIDE, E. J. BRILL 1894.

SOMMAIRE.

Articles de Fonds.
Pages
GEORGES PHILLIPS, Some Fuh-kien Bridges (*with two illustrations*) . . . 1
C. DE HARLEZ, Le Tcheou-li et le Shan-hai-king 11, 107
G. MASPERO, Tableau chronologique des Souverains de l'Annam . . . 43
C. M. PLEYTE Wᴇɴ, L'origine mythique du bâton magique en usage chez les Bataks 123
G. SCHLEGEL, Problèmes Géographiques. XIII. Ni-li Kouo; XIV. Pei-ming Kouo; XV. Youh-I Kouo; XVI. Han-ming Kouo; XVII. Wou-ming Kouo 179
O. FRANKFURTER, Ein Siamesischer Eulenspiegel 234
O. FRANKE, Eine neue Buddhistische Propaganda 299
C. IMBAULT-HUART, Le Bétel 311
B. A. J. VAN WETTUM, A pair of Chinese marriage contracts 371

Mélanges.
G. SCHLEGEL, The Chinese Bean-curd and Soy and the Soya-bread of Mr. Lecerf. 135
— — Scientific Confectionary 147
FÉLIX RÉGAMEY, Un assassin politique 260
F. W. K. MÜLLER, Ein Brief in Pa-yi-Schrift 329
W. GRUBE, Note préliminaire sur la langue et l'écriture Jou-tchen (avec planche) 334
F. HIRTH, Ueber den Schiffsverkehr von Kinsay zu Marco Polo's Zeit . . 386
— — Der Ausdruck So-fu 390
— — Das weisse Rhinoceros 392
O. FRANKFURTER, Die böse Sieben 393

Variétés.
— Chinese postal service. 63
— Congrès international des Orientalistes à Genève, par H. Cordier et G. Schlegel 65
JULIETTE ADAM, Anecdotes politiques japonaises et chinoises. 272
H. CORDIER, Xᵉ Congrès International des Orientalistes 341
KAO-TI, La Mort d'un Rebelle (*Nouvelle*) 398
— Supplice de Tso Ving-Liu 399

Chronique.
Allemagne et Autriche, Amérique, Annam, Asie centrale, Grande Bretagne, Chine, Espagne, États-unis, France, Indo-Chine, Italie, Japon, Pays-Bas et Colonies Néerlandaises, Russie, Siam, Suède, Suisse. . . 67, 152, 275, 351, 401.

Nécrologie.
Hans, Georg Conon von der Gabelentz 75
Sir Alexander Cunningham 78
David, August Brauns 78
Gustav von Kreitner 79
Serge Georgievsky 162
Alexander Theodor von Middendorf 103
Brenier de Montmorand 163

IV SOMMAIRE.

Pages
Peter Leopold von Schrenck 285
Philippe, Édouard Foucaux 286
Paul, Ambroise Bigandet. 287
Brian-Hougthon Hodgson. 287
V. E. Mejov 287
Dutreuil de Rhins 356
L. G. G. Aubaret 359
Comte de Kergarndec 359
Terrien de Lacouperie. 360
William Dwight Whitney 411
Solomon Caesar Malan 411
Timoléon Raimondi. 412

Bulletin critique.

Henri Ph. d'Orléans, Autour du Tonkin 80
Transactions and proceedings of the Japan Society, London. 85
P. G. von Moellendorff, A manchu grammar, with analysed texts . . . 87
Wegener und Himly, Nord-Tibet und Lob-Nur-Gebiet in der Darstellung
 des Ta-thsing I-thung Yü-thu 89
A. Grünwedel, Buddhistische Kunst in Indien 92
Philastre, le Yi-king ou le Livre des Changements de la dynastie des Tcheou 93
Carl Arendt, Einführung in die Nord-Chinesische Umgangssprache . . . 104
G. Apport, Ancien Japon 169
Vilh. Thomsen, Déchiffrement des Inscriptions de l'Orkhon et de l'Iénissei 171
Carl Munzinger, Die Psychologie der Japanischen Sprache 289
Lodovico Nocentini, La scoperta dell' America, attribuita ai Cinesi . . . 291
P. G. von Möllendorff, Erwiederung 361
H. Nissen, Der Verkehr zwischen China und dem Römischen Reiche . . 365
Näng, Siamesische Schattenspielfiguren im Kgl. Museum für Völkerkunde
 zu Berlin, beschrieben von Dr. F. W. K. Müller. Mit 12 Tafeln. Sep.
 Abdruck von Suppl. zu Band VII des Int. Archivs für Ethnogr. . . . 413
Nihongi oder Japanische Annalen übersetzt und erklärt von Dr. Karl Flo-
 renz. Dritter Teil, Buch 25—26. 414
Réponse à M. A. M. von Möllendorff par C. de Harlez 416
Antwort an Herrn A. M. von Möllendorff von W. Bang. 418

Bibliographie.

H. Cordier, Les Études chinoises (1891—1894) 420

Correspondance.

Le Congrès de Genève 175

Notes and Queries.

1. Climat de l'Ile Sachalien 99
2. A Chinaman's opinion on revealed religion 100
3. Chinese servants in America 100
4. Les Collections de l'extrême Orient au Musée Guimet. 101
5. Pustule maligne transmise par des peaux de chèvre venant de Chine . 176
6. A Chinese Governor-general in difficulties 178
7. Chinese name of Narwhal 369
8. Characters on leaves and bark of Trees 459
9. A learned Japanese lady 460
Errata 106, 369, 461
Index alphabétique 462
European and Chinese Calendar for the year 1895.

SOME FUH-KIEN BRIDGES

BY

GEORGE PHILLIPS.

(With two illustrations.)

The highways of the Province of Fuh-kien in China can in no way compare with the highways of Europe, for in many places they are not much better than goat-paths, with here and there a tolerably well-kept stretch of road, maintained at the expense of some public spirited individual.

These roads at the best are generally not more than four to five feet wide, and are made only for pedestrians, as there are no wheeled vehicles in this part of China. This Province is in the interior intersected in every direction by numerous streams and rivers, and on the sea-coast there are many inlets running far into the land; most of which are crossed by bridges which were as famous in mediæval times as they are in our day.

Some of these bridges may be classed among the most noteworthy and remarkable public works in the Empire and, thrown as they are across large arms of the sea, they would do credit to European engineering; while the immense slabs of granite used to connect the buttresses and to form the road-way, strike one with wonder and astonishment, as to how they ever got placed in position. That famous traveller Marco Polo speaks in great praise of the bridges of *Kien-Ning fu* ¹), the first city he reached in Fuh-kien. "This city", says he, "contains three very handsome bridges upwards of a hundred paces in length and eight paces in width".

Martini, speaking of the place some four centuries later, mentions only two bridges, one of which, he called CHO-KING, was so long that it had seventy-three shops upon it. At the present day these beautiful structures are destroyed, the ruins just showing above the water, and the river is simply crossed by a bridge of boats.

In our day, however, there are many others well deserving mention, and which strike one with wonder and admiration. I will describe some of them with which I am well acquainted, lying on the route from Foo-chow to Chang-chow.

The Big Bridge at Foo-chow, called by the Chinese "The bridge of ten-thousand ages" ²), is one most known to Foreigners. At the site of the present bridge, the river was crossed in 1086 by a Bridge of Boats, and it was not till 1304, during the time of the Mongols, that a stone bridge with a stone railing was first commenced to be built by subscription, and was finished in 1322. From that time to 1589 it was frequently repaired, and in that year was furnished with a new stone railing; in 1810 it was greatly damaged by a freshet and duly repaired, and it was restored again in 1827. I am told it underwent reparation in 1876. The said bridge is over 1700 feet in length and is about 12 or 13 feet wide. It has about 40 buttresses built at unequal distances from each other. These buttresses, to better resist the current, are of hewn granite, and are shaped like a wedge both above and below. It has 36 openings through which boats are able to pass. These openings are at low water not more than 18 to 20 feet high. Enormous slabs of granite, some nearly three feet thick and forty-

---

¹) 建甯府. ²) 萬壽橋.

five feet long, are placed from buttress to buttress, and upon these are set other slabs of granite. It had till very recently some shops upon it, but these were removed by order of the authorities. There is a smaller bridge about a fourth of the size of the other built in a similar manner, which connects Chung-Chow with the southern bank on which most of the Foreign hongs are situated. About four miles further up the river there is another stone bridge called the Hung-Shan-Kiao [3]), which was built much later on, somewhere about 1476. Prior to this, a stone bridge was already in existance; but, owing to the narrowness of its openings, it was continually being broken, and the authorities thought it best to pull it down and use the material in building a new bridge with wider openings.

This bridge is built exactly in the same way as the Foochow Big Bridge, but it has one or two stone sleepers which, viewed from a boat, appear to exceed in length and thickness those used upon the other bridge. It has 28 openings. Two of these openings are now crossed by large baulks of timber, the stone sleepers and parapet being broken in many places. Mention is made of this Foo-chow Big Bridge in European Books as early as 1577 by Mendoza, wherein it is described by the Augustine Fathers as "great and verie fair", and the river over which it crosses is said to be "so deepe that great shippes come up to the same, but their masts stooping down to pass under the bridge".

In 1578 it is described by the Franciscan Fathers as "a wonderful great bridge". Mention is also made of it in Cramer's versification of Balthazar Bort's exploits in China, 1662—1666, but there is nothing remarkable in this poem, which simply gives the number of its arches and buttresses [4]).

---

3) 洪山橋.

4) The description of the Foo-chow Bridge is taken from the local Chinese Histories, Doolittle's "Social life of the Chinese", "Historie of China", Hakluyt edition, and Cramer's "Bort's Voyagie".

Onwards from Foochow to Chin-chew one comes to the Loyang bridge [5]) which may very rightly be described as one of the wonders of China.

This Bridge, called also the "Wan-gan Bridge" [6]), lies about 6 miles from Chin-chew. It was constructed in 1023 over an arm of the sea, it is over 3600 Chinese feet in length and fifteen feet in breadth. The openings between the buttresses 47 in number are not arched; but, like the other Fuh-kien bridges, flat. There are generally five stone sleepers placed close along side each other, which, lying on the buttresses, form the roadway. These slabs are about 3 feet or more long. There is a stone railing on either side of the bridge let into stone posts upon which are carved lions, pagodas and other objects which add greatly to the beauty of the bridge. On one or two of these Pagodas are to be seen 4 Sanscrit Characters, of which I give a copy, which, through the kindness of Professor H. Kern of Leiden, have been translated to mean हि: *hriḥ*, erroneously for ह्रीः *hrīḥ*: Ashamed, bashful, हुं *huṁ*: Mystical syllable; ज: *jaḥ*: Victorious, a name for Wiṣṇu and Çiwa; पं *paṁ* or यं *yaṁ*?

The bridge is built of slabs of dark blue granite cunningly morticed into each other without lime or iron to keep them together. It is wonderful how it has stood so many years without falling. There are some four or five guard-houses on it. The legend connected with its building is curious and interesting. It is related that a Ferry-boat full of passengers, when crossing over this place, was overtaken by a storm in the middle of the river, and every one gave themselves up for lost, when a voice crying above the storm was heard to say: "The magnate *Ch'ai* being aboard, let not the boat sink". Whereupon the storm immediately abated and all

---

⁵) 洛陽橋. ⁶) 萬安橋.

got safely to land. On getting ashore they inquired one of another who was named *Ch'ai*, when a woman with child said her name was *Ch'ai*, and she made a vow that if she was delivered of a boy he should build a bridge across the river.

In due course she had a son who, through diligent and careful study, attained high literary rank and was called to the capital. While there, he was reminded of his mother's vow, and knowing that if he remained at court, the thing could never be done, he hit upon a plan of getting himself appointed to the government of his native district which, on ordinary occasions, was not allowed. So one day observing the Emperor about to go abroad, he previously rubbed some honey on the stump of a tree in order to tempt the ants to swarm there, contriving it so that the ants should form lines to imitate certain characters; these characters thus curiously formed, sounded as follows: "*Chai-twan, Chai-twan, pun fuo tso kuan*" [7]) i. e. "Chai-twan, Chai-twan, be thou an officer in thy native district". This sentence was no sooner out of the Emperor's mouth when *Chai* pretended to take it for a positive order and fell down at his Majesty's feet thanking him for his appointment. The Emperor, not liking to retract his words, because the son of Heaven never speaks in vain, confirmed the decree, and he was accordingly appointed to the office. Upon his arrival at *Chwan-Chew*, his native district, he spared neither expense nor labour to execute the task assigned him; but he made very little progress at first, and the three years of his officiate were likely to close before the work could be completed. The principal difficulty was to carry the bridge across the deepest part of the stream, and no hope could be entertained of success, unless the tide retired remarkably low and the bed of the river was left unusually dry.

---

[7]) 蔡斷蔡斷本府作官.

In order to obtain this, he thought it best to apply to the dragon-king of the deep, and, with this intention, he drew up a letter to the Chinese Neptune, but was at a loss how to send it. In this perplexity he cried out one day in the midst of his hall "*Shui jen hia tè hai*" [8]) "who is there that can descend into the sea?"

Upon uttering these words, a servant, whose name was *Hia tè hai* [9]), thinking himself called, promptly answered, "Here", and the Magistrate, taking his answer for an assent, insisted upon his going. The poor man finding there was no resource, took the letter in his bosom, and went to sleep close by the sea when it was quite low water; thinking that when the tide rose the sea would cover him and he could then deliver his message. On awaking in the morning, however, he found himself still in the same place, and the letter in his bosom changed for another in a yellow envelope which he immediately took to his master. On opening this letter, only one character was found written on it viz Ts'u [10]). For some time he was at a loss to know what to make of this communication; but on analyzing the character, he found it composed of four others which ran thus: *Nien yi jiǎ yiu* [11]) which translated means "the 21st day in the evening", at which time he imagined the water would be nearly dry. Accordingly he prepared materials and workmen against the appointed period, when the water was indeed unusually low; and having laid the foundations of the central buttresses, before the water rose again, he was enabled to proceed with the work without interruption.

Four million Taels of silver, equal to about one and a half million pounds sterling, are said to have been expended on this stupendous work [12]).

---

8) 誰人下得海.   9) 下得海.
10) 醋.   11) 廿一日酉.
12) The above legend is abridged from Medhurst's Hok-kien dictionary.

The earliest European mention of this bridge is to be found in the travels of certain Augustine Fathers who left Manila for China in 1577.

"The next day (say these Fathers) on our journey towards Foo-chow, after leaving the city of Chin-chow, we passed a great river over which there was a stone bridge of such incredible size the largest we had ever seen, that we stood amazed at it. We stayed on it a long time wishing to measure it from one side to the other as we considered it among the most noteworthy wonders of China. We found it was a mile and thirty paces long, there was not a stone in it that did not measure 17 feet in length and many even 20 feet, they were 8 in width.

"It seemed impossible that they could have been taken there by human hands so much the more so as the country round was quite level with not a mountain near". Martini, who crossed this bridge a hundred years later, says that each stone on the bridge was 18 of his paces in length. "Twice have I seen this bridge" says he, "and I was always struck with its grandeur".

The next bridge deserving mention is that at Chin-chew, called the Shun-chih bridge [12]), on account of its vicinity to the Shun-chih temple. It is however better known as the new bridge. This bridge, or the one on its site, is I believe the one crossed by Marco Polo on his way to Zaitun and to which I think he refers when he says: "Upon leaving the city of Kan-giu and crossing the river to proceed in a south-easterly direction, you travel during five days through a well inhabited country, passing towns, castles and substantial dwellings, plentifully supplied with all kinds of provisions. The road lies over hills, across plains, and through woods, in

---

12) 順治橋.

which are found many of those shrubs from whence the camphor is procured".

Be this the bridge or not by which Marco Polo crossed the river to Zaitun, it is a most important structure as the road across it is the highway to the cities of Chang-chow and Chao-chow-foo and so on to Canton. It was built in the 4th year of *Kia-ting* (1190) by the Prefect *Chao Ying-lung*. It is 1500 feet in length with a stone railing on either side for the protection of passengers. There are Pagodas here and there upon the piers and two stone figures at the head. Previous to the bridge being built, the river was crossed by a bridge of boats. The bridge having fallen into disrepair at the end of the Mongol dynasty, was thoroughly repaired in Chih-ching's reign (1341) and was again extensively repaired in 1472 and also at various intervals up to the present day.

The stone figures placed at the head of this bridge and on other bridges in Fuh-kien are, it is said, so placed to guard and watch over them; some of these stone figures, represented as clad in mail and holding their swords downwards like the figures of the old Plantagenet warriors [14]), are centuries old. Marignolli alludes to them when speaking of Kin-sai (Hang-chow). He says: "When authors tell of its ten-thousand noble bridges of stone adorned with sculptures and statues of armed princes it passes the belief of one who has not yet been there, and yet peradventure these authors tell no lie".

From Chin-chew to Chang-chow there are two roads: one leading via *Ya-ying* and the other via *Siao-ying* and through *Anhai*. I will take the *Anhai* route as one has to cross, by it, over a lengthy causeway built over an arm of the sea; it is a good mile in length, but it is quite unprotected on either side. It has a guardhouse in the centre. It is said to have been built in 1135; it has

---

14) See annexed drawing.

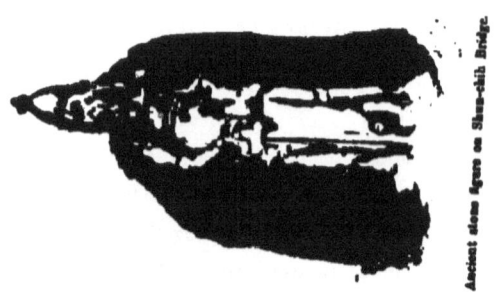

Ancient stone figure on Shun-chih Bridge.

Ancient buddhistic monument on Lo-yang Bridge.

three-hundred and sixty-two openings, and is over eight thousand Chinese feet in length; on the bridge are two colossal stone figures by the side of which there are some large slabs of granite, one of which, dating from 1639, relates to the raising of subscriptions for the repair of the bridge by no less a personage than *Chen-chih lung* [15]), Koxinga's father, who at that time was a Major-General in the Chinese army. He was a native of *Shih-tsing* [16]) a small fishing village not far from *Anhai*.

In that village is the Ancestral Hall of the family, and in it I saw a portrait of Koxinga dressed as a literary graduate. Onwards from Anhai to Chang-chow there is the bridge of *Tong-oa* or *Tung-an* [17]), built in 1094; it is about a 1000 feet long and has 18 openings. This Bridge is mentioned in Mendoza's history and is described as one "all of mason's work and the stones verie well wrought and of a mightie bygnesse"; the embassy measured some of them and found them "twentie and two and twentie foote long and five brode, and seemed unto them that it was a thing impossible to be layde there by mans handes. Of this bignesse, yea and bigger, they did see layde uppon manie other bridges in the discourse of their voyage going between Changchow to Chinchow and Ancheo".

There are two more bridges deserving mention. 1st The Tiger Ferry Bridge [18]), called also the *Kiang-Tung* Bridge [19]), and by Foreigners the Polam Bridge.

This Bridge is one of the most wonderful along the whole route from Foo-chow to Chang-chow, immense slabs of granite being used in its construction. The bridge is about 2000 feet in length, and

[15]) 鄭芝龍. [16]) 石井. [17]) 同安.
[18]) 虎渡橋. [19]) 江東橋.

some of the stones placed upon the buttresses to form the roadway, are estimated by the Chinese as being 80 feet long. I myself measured some of the slabs and they were over 70 feet long, and by rough measurement they were found to be four and a half feet broad and six feet thick. The building of the bridge dates back to 1208. The Chinese say it has no parallel in the world and that it was built in a single night by four Angels. It is about 20 to 25 feet above the water. On arriving at Chang-chow, there is a bridge over the river which with the shops upon it looks very picturesque. It was built at the end of the twelfth or at the beginning of the thirteenth century; it is about 900 feet long and about 22 feet wide and has 28 openings. It frequently requires repairs; it suffered greatly at the time of the occupation of the city by the Taiping rebels in 1864 and '65. After they had left the neighbourhood, it was thoroughly repaired by one *Tek-suy* (德水), an Amoy merchant.

This bridge is the highway to the Canton Province from Chang-chow.

Such are some of the Bridges between Foo-chow and Chang-chow which appear to have been built between the 11th and 12th centuries, during which period great activity and public spirit was displayed both by the officials and the people in the construction of roads and bridges, which activity I am sorry to say has not continued to our day if one may judge by the number of ruined and broken bridges that are to be met with in many parts of the Province.

LE TCHEOU-LI ET LE SHAN-HAI-KING.

LEUR ORIGINE ET VALEUR HISTORIQUE

PAR

C. DE HARLEZ.

AVANT PROPOS.

Les livres canoniques de la Chine qui ont survécu à la persécution du trop fameux Shi-Hoang-ti sont en général d'une authenticité incontestable. Il en est ainsi spécialement du *Shi-king*, des *Livres confucéens* et de *Meng-tze*, du *Tchûn-tsiu* et du *Tso-tchuen*, comme de l'*Erh-ya*, de l'*I-li* et relativement du *Yi-king* et du *Tao-te-king*.

L'authenticité du *Shu-king*, si pas sa complète crédibilité, a été démontrée au *Babylonian and Oriental Record* de Février et Mars 1891 et dans le *T'oung-pao*, Juillet 1893.

Une étude publiée dans les actes du IX⁰ Congrès des Orientalistes (Londres 1892) démontrera que le *Li-ki* a été compilé par diverses mains, pendant les trois derniers siècles de l'ère ancienne.

Restent le *Tcheou-li* (周禮), ou Cérémonial des Tcheou, tenu généralement pour authentique, et le *Shan-hai-king* (山海經), auquel plusieurs attribuent une origine très ancienne et officielle.

Convaincu par une étude sérieuse que cette appréciation n'est

---

1) C'est-à-dire «Livre canonique des monts et des mers», description des monts, des fleuves et des lacs de la Chine, de leurs productions, leurs habitants et leurs divinités.

point conforme à la réalité, je crois devoir achever ma tache en mettant sous les yeux de mes lecteurs les motifs qui m'éloignent de cette opinion. — Nous commencerons notre examen par le plus important de ces deux ouvrages.

I. LE TCHEOU-LI.

Le *Tcheou-li* ou «Cérémonial des Tcheou» est, comme chacun le sait, l'exposé complet des fonctions établies sous la monarchie des Tcheou, exposé comprenant non seulement les titres et les attributions des différents magistrats de tous les dégrés, mais les détails mêmes de tout ce qui concerne l'exercice de leurs charges.

C'est, on le conçoit aisément, un des ouvrages les plus importants qui existent tant pour l'histoire de la Chine en particulier, que pour celle de la civilisation en général. Jamais peuple n'a fait de sa vie propre une peinture aussi complète, aussi fidèle en apparence, que le peuple *aux cheveux noirs* dans le livre fameux qui fait l'objet de cette étude.

Aussi l'on comprendra sans peine, de quelle importance est, à ce point de vue si étendu, la question de l'authenticité du Tcheou-li, ou plutôt, comme on disait anciennement avec plus d'exactitude, du *Tcheou-kuàn* (周官), c'est-à-dire du «livre des Fonctionnaires de Tcheou».

La solution en a d'autant plus de conséquences sérieuses que l'on puise souvent, dans ce Manuel, tous les renseignements qui doivent nous faire connaitre non seulement la constitution civile, mais la religion des Chinois en son état ancien et même primitif. Les hagiographes placent les textes du cérémonial à côté de ceux du *Shu-king*, comme étant de valeur égale à ces derniers. Il est donc essentiel d'en connaitre exactement la nature.

Mais cette question d'authenticité se présente sous deux aspects divers qu'il est nécessaire de ne point confondre, sous peine des plus fatales méprises, et que nous distinguerons en formulant ces deux propositions interrogatives:

1°. Le *Tcheou-kuân* (ou *Tcheou-li*) a-t-il été réellement, à une époque quelconque, soit même aux derniers temps, le livre officiel des souverains *Tcheou*, ou n'est-il qu'une forgery faite sous les *Han* par un ou plusieurs lettrés, soit d'après leurs souvenirs, soit, plus ou moins, de pure imagination.

2°. Si le *Tcheou-li* a été réellement, à une époque quelconque, le code officiel de la monarchie des Tcheou, peut-on lui attribuer une haute antiquité et en faire remonter la composition au célèbre premier ministre *Tcheou-Kong* qui gouverna la Chine après son frère, à titre de régent et de tuteur du jeune roi, fils de *Wou-Wang*, et auxquels les historiens chinois attribuent l'organisation régulière du gouvernement?

Nous laisserons la première question de côté pour le moment, pour nous attacher à la seconde, plus facile à résoudre et plus importante au point de vue historique. La solution de la première sortira d'elle-même de notre examen. Pour y répondre d'une manière aussi satisfaisante que possible, nous devons examiner les arguments tant externes qu'internes dont ou peut se prévaloir dans les deux sens, c'est-à-dire les témoignages des auteurs chinois et le contenu du livre.

A. Les premiers ne peuvent fournir matière à une longue discussion. Les auteurs chinois qui se sont occupés de l'origine de notre livre, se divisent en deux classes aussi nombreuses l'une que l'autre, dit *Ma-Tuan-lin*; les premiers rejettent l'authenticité du cérémonial; les autres l'admettent, et parmi ceux-ci un certain nombre regarde *Tcheou-kong* comme l'auteur de l'ouvrage entier, tandis que le reste se contente d'affirmer, comme *Ma-Tuan-lin*, que les règles du code des Tcheou sont le produit du travail des anciennes dynasties, soit, comme *Tchou-hi*, que ce code est l'œuvre d'un sage, et mérite toute l'attention des hommes d'état, à condition qu'on ait soin de l'épurer des interpolations qui le tachent.

Ainsi l'opinion qui attribue la paternité du *Tcheou-kuân* au prince de Tcheou n'a pour elle qu'un nombre de partisans assez restreint, et de ce nombre il n'en est pas un dont l'age dépasse le dernier siècle avant notre ère.

En outre, pour qui connait les habitudes chinoises, elle ne peut être d'un grand poids. En effet, les *Fils de Han*, comme tous les peuples orientaux, se plaisent à donner une origine illustre à tous les livres qu'ils tiennent en honneur. Il leur faut absolument que leur auteur ait été quelqu'empereur des temps antiques, *Hoang-ti*, *Yü* ou tout autre, ou quelque prince célèbre, spécialement celui qui est connu sous le nom de *Tcheou-kong*.

En outre, c'est une manie chez eux que d'attribuer une institution toute développée et le Manuel qui en contient les règles à celui qui en a posé les bases. Ainsi la géographie fabuleuse qui porte le titre de *Shan-hai-king*, «le livre canonique des mers et des montagnes», doit être l'œuvre de *Yü*, parce que cet empereur nous est représenté au Shu-king comme dressant un tableau géographique de son empire. Il n'y a entre ces deux travaux aucun trait de ressemblance; mais cela ne gène en rien les critiques chinois; ils proclament sans hésitation que le *Shan-hai-king* est l'œuvre du successeur de *Shun*. De la même manière, *Tcheou-kong*, le premier régulateur des fonctions multiples de la cour chinoise, doit avoir rédigé en entier le code qui régissait les magistrats aux derniers temps de sa dynastie. Mais nous traiterons ce point en détails à la fin de cette étude.

B. Mal soutenus par les témoignages des Lettrés, les droits de *Tcheou-kong* à la paternité du *Tcheou-kuân* disparaissent complètement aux yeux de tout qui fait un examen attentif du contenu de ce livre et le compare avec les autres monuments littéraires existant à l'époque qu'on assigne à sa rédaction.

Un examen comparatif de ces textes, mené jusqu'au bout, serait une œuvre des plus longues et des plus difficiles, dont la lecture fatiguerait certainement nos lecteurs. Heureusement il n'est pas nécessaire de le pousser jusque là. Quelques considérations, détachées les unes des autres, nous permettrons de remplir suffisamment notre tache.

Les voici présentées, sans lien entre elles, et aussi brièvement que possible.

Premièrement, et c'est l'observation fondamentale, le Shu, en deux de ses chapitres, nous donne la liste des principales magistratures établies par *Tcheou-kong*. C'est au L. V. Ch. XIX et XX.

Au Ch. XIX, § 7—10, le *Shu* énumère les *Jin-jin* (任人), les *Tchun-jin* (準人) et les *Mu* (牧), noms qui semblent désigner les fonctionnaires dirigeants, les juges criminels, les intendants des villes ou préfets.

puis les *Hu-pen-jin* (虎賁人), gardes impériaux ou gardiens des armes du souverain.

les *Tcho-y* (綴衣), gardiens des garderobes royales.

les *Tseu-ma* (趣馬), chargés des chevaux du souverain.

les *Siao-yin* (小尹), chefs, surveillants des fonctionnaires inférieurs.

les *Hi-po* (左右攜僕) de droite et de gauche, gardiens des ustensiles divers.

les surveillants et les garde-magasins (百司庶府).

les *Tai-* et *Siao-tu-pe* (大小都伯), les gouverneurs de grandes et petites villes.

les *Y-jin* (藝人) (ou gens d'art), astrologues, mathématiciens, artistes.

les *Piao-tchin* (表臣) et leurs surveillants, fonctionnaires en dehors de la capitale.

le *Tai-sze* (太史) ou grand historiographe astrologue.

les *Yin-pe* (尹伯) ou chefs surintendants des différents offices.

Le *Sze-ma* (司馬), le *Sze-tu* (司徒), et le *Sze-kong* (司空) ministres des armes, de l'instruction et des travaux, ainsi que le *Tchong-tsai*, ministre dirigeant, le *Tsong-pe*, chef des cérémonies, et le *Sze-keu*, ministre de la justice. Enfin les *Ya-lu* (亞旅) ou officiers secondaires de ces divers ministères.

Le Chapitre XX, 5. 6 nous apprend en outre qu'il y avait à cette époque trois *Kong* (公) à savoir le *Tai-she* (太師) grand instructeur, le *Tai-fu* (太傅) grand adjudant, et le *Tai-pao* (太保) grand protecteur, plus trois *Ku* (孤) ou lieutenants des trois précédents.

Tous les six étaient attachés à la personne du monarque, sans qu'on puisse dire exactement quelles étaient leurs charges, qui semblent être d'une ordre purement moral; ils étaient destinés à avertir, instruire le souverain.

En tout vingt-sept magistratures. Or de ce nombre il y en a 18, c'est-à-dire les deux tiers, qui ne figurent point au *Tcheou-li* [1]), outre que le *Tchong-tsai* porte dans ce livre le titre de *Ta-tsai*.

En revanche, il en est une foule dont le code des Tcheou énumère les attributions et qui ne sont aucunement mentionnés au Shu-king. Une si grande différence et un développement aussi considérable n'a pu être certainement que l'œuvre de plusieurs siècles.

2°. Le *Tsong-pe* (宗伯), correspond bien au *Ta-tsong-pe* du *Tcheou-li*; mais dans ce livre la charge qui lui encombe est partagée entre le Grand et le Petit *Tsong-pe* (*Ta* et *Siao*), ce qui indique déjà une époque plus récente. Mais ce sont surtout les

---

1) Les *Ma* et les *Ku* y figurent bien, mais l'auteur ne sait quelle fonction leur donner.

termes employés pour déterminer ces fonctions qui impliquent cette différence de date.

Le *Shu* porte simplement: «Le *Tsong-pe* est chargé (de la direction) des cérémonies de l'empire, régit (ce qui concerne) les esprits et les hommes (*Shen-jin* 神人) et établit l'harmonie entre le haut et le bas 上下 (le ciel et la terre, par l'observation des rites, les cérémonies du culte etc.)».

Ce sont là les idées chinoises les plus pures, et les termes dont on se servirait encore aujourd'hui comme il y a 30 siècles.

Mais au *Tcheou-li* le langage est tout différent, comme on le voit au L. XVIII *init.*

Les fonctions du *Ta-tsong-pe* consistent: à diriger l'institution, le maintien des rites de l'empire concernant les esprits *Shen* célestes, les *Kuei* humains et les *Khi* de la terre 示, pour aider le souverain à maintenir et garder ses états et ses principautés.

Par les rites de joie on fait ce qui est du service des *Kuei*, des Esprits et des *Khi*.

Par le sacrifice et les prières offerts en pureté on rend hommage au Souverain maître du ciel lumineux.

Par l'holocauste du bûcher on rend hommage au soleil, à la lune, aux planètes et constellations.

Par la combustion des fagots entassés régulièrement, on honore le régent du centre du ciel et celui du destin, le maître du vent et celui de la pluie.

Il semble inutile de faire remarquer toute la distance qui sépare les idées exprimées par ces deux textes. Il sera bon toutefois d'en dire quelques mots pour que sa portée n'échappe à personne.

a) Le Shu-king, les règlements authentiques de *Tcheou-kong*, ne connaissent que les *Shen* (神) et l'homme, *Jin* (人).

Le Tcheou-li ajoute non seulement les *Kuei* humains ce qui est conforme au texte du *Shu* V, § 6 *Shen-kuei*, mais encore *Ti-khi* (地示), les *Khi* de la terre. Or cette expression, comme l'idée qu'elle exprime, est non seulement étrangère aux conceptions, au langage des *King*, des anciens livres, mais elle est absolument unique. Ce caractère *Khi* (répété deux fois) n'a jamais été pris ailleurs dans ce sens, comme on peut s'en assurer en consultant les dictionnaires chinois indigènes. On pourrait soutenir, il est vrai, que 示 est écrit par négligence au lieu de 祇 *Khi*. Cela se pourrait à la rigueur, mais en tout cas la série *shen, jin, khi* est contraire aux usages des premiers *Tcheou*. D'ailleurs ces deux termes 祇 et 示 du *Tcheou-li* ne désignent pas les mêmes esprits. Ceci est peu de chose sans doute; mais cela constitue aussi l'objection la plus faible, quoiqu'elle ne soit pas sans valeur.

b) Au paragraphe suivant, l'auteur du *Tcheou-li* attribue au soleil, le sacrifice *Tchai* (柴) que le *Shu-king* nous donne comme réservé à *Shang-ti*. V. II. 1. § 8 et V. 3. § 3.

c) Il introduit ici le culte du soleil et des astres, absolument inconnu aux temps de *Tcheou-kong* et de ses successeurs. Quant au soleil, on le voit apparaître au *Tso-tchuen* en l'an 541, comme culte étranger à l'empire, pratiqué par les *Fang-shi* et d'une manière tout autre qu'il n'est dit ici. C'est dans cette phrase répétée au *Li-ki*, où *Tze-tchan*, l'un des introducteurs de l'astrologie dans l'état de *Tsin*, nous apprend d'abord que les régents du Scorpion et d'Orion sont les deux fils de l'empereur *Kao-sin*, que *Shang-ti* y a exilés pour les punir de leurs querelles continuelles; que l'esprit du feu est *Tai-tai* (臺駘) fils de *Tchuen-hu* (顓頊) — puis que l'on ne sacrifie au soleil et à la lune qu'en cas de gelée ou de neige.

Ainsi au milieu du 6° siècle on n'avait encore rien établi de semblable à ce que prétend le rédacteur du Cérémonial; bien plus les désignations dont il se sert, *Fong-she* (風師), *Yü-she* (雨師)

maîtres du vent et de la pluie, apparaissent pour la première fois dans ce passage du *Tcheou-li*. Le *See-tchong* (司中), ou Régent du Milieu, ne semble cité que dans ce seul passage. Au moins le *Pei-wen-yun-fu* n'en connait pas d'autre, à part un chant des *Tsi* du nord [1]) où ces mots figurent on ne peut dire à quel titre. Or ces princes sont de 800 ans postérieurs aux *Tcheou*.

Il est donc évident que nos compilateurs ont non seulement ajouté, mais inventé, et n'ont pu écrire peu de temps même après le siècle de *Tcheou-kong*.

Mais peut-on les accuser de semblable altération? a-t-on des faits incontestables qui nous y autorisent? Oui, sans aucun doute, comme l'on va en juger.

d) Le *Tcheou-li* parle plusieurs fois du culte des *Wu-Ti* (五帝) ou Cinq Ti; (Voir entr'autres L. IX *Ta-sse-tou*, vers la fin). Or nous savons positivement que ce culte, introduit par les *Ts'in*, qui l'avaient reçu du dehors, ne fut admis parmi les cérémonies impériales que sous les *Han*. C'est ce que nous apprend le grand historien Ssema-tsien dans son traité appelé *Fong-shan-shu* et que confirment tous les historiens et critiques chinois ultérieurs [2]). Le culte des 5 *Ti* a été entroduit par les *Han*. La nature de ces personnages suffirait du reste à le faire présumer avec certitude. Ce ne sont en effet que les régents des cinq premières planètes connues, avec les couleurs et les vertus des éléments qui leur étaient attribuées.

Ainsi nous trouvons enfilée dans le chapelet des fonctions décrites méthodiquement au *Tcheou-li*, et parfois dans des phrases incidentes, la mention d'une institution qui ne prit naissance que sous les *Han*. Et cela se présente plus de dix fois.

Qu'on veuille bien retenir ce fait; il nous servira encore comme base d'argumentation dans la suite de cette étude.

---

1) Qui régnèrent de 550—577 après J. C.
2) Nous savons par Sse-ma-tien (*Fong-shan-shu*) que leur culte fut introduit au IIIe siècle.

e) Ce n'est point tout: les exercices de Shamanisme décrits aux L. XXII Ch. *Ta-sze-yo* nous reportent à une époque bien éloignée des premiers *Tcheou*. Considérons ce fait avec l'attention qu'il mérite.

Ce chapitre vraiment extraordinaire nous apprend comment par des variations de mélodie on peut évoquer les êtres à plumes ou à peau nue, à écailles, à poils ou à coquilles ou les êtres à figures (?), et par leur moyen faire venir à soi les esprits des lacs et rivières, des montagnes et forêts, des collines, des plaines, du sol ou du ciel.

Le paragraphe suivant nous initie au moyen de faire descendre du ciel les *Shen*, ou de faire sortir de terre les *Khi*, ou atteindre par la pensée les *Kouei* humains et leur offrir à tous nos hommages.

Cela se fait au moyen du jeu de certains instruments, du chant et de certaines danses appropriées à chaque classe d'esprits.

On ne pourrait le nier, c'est de la Shamanerie dans sa plus grande efflorescence.

Je demanderai maintenant à tous les sinologues, s'il en est un seul qui ait jamais rencontré dans les Annales de la Chine un fait qui permette de croire que de semblables exercices aient jamais pu trouver place dans un recueil officiel de l'empire chinois, si même ils ont découvert quelque chose qui y ressemble avant les *Ts'in*? Tous répondront d'une voix unanime qu'ils n'en ont jamais découvert la moindre trace.

Ce qu'ils diront c'est que l'empereur *Tchao-hao* est resté flétri dans l'histoire pour avoir toléré les évocations des esprits, que *Shun* a châtié les *Miao* parcequ'ils les pratiquaient également, qu'au sixième siècle l'astrologie l'introduisit en Chine et qu'elle fut propagée par certains hommes comme on le voit au *Tso-tchuen*, mais qu'alors même le Shamanisme ne se montre point encore; qu'il faut en venir enfin au IIIe et IIe siècles, aux *Shi-Hoang-ti*, aux *Han-Wu-ti* et autres princes crédules de l'espèce, pour voir, non point des évocations méthodiques et réglées d'esprits de tout genre, mais de prétendues apparitions d'un esprit particulier, soutenues par l'un ou l'autre imposteur dont les subterfuges sont généralement découverts. Je laisse à mes lecteurs à tirer les conclusions de ce fait sur lequel je devrai revenir plus tard.

4) Cette observation concerne, non plus seulement un passage plus ou moins étendu du *Tcheou-li*, mais le cérémonial tout entier. Tout l'ensemble des magistratures y est divisé en six classes désignées comme magistratures du Ciel, de la Terre, du Printemps, de l'Été, de l'Automne et de l'Hiver. Or ce mode de division est purement et simplement de fantaisie. Le *Pei-wen-yun-fu*, sous ces divers titres: *Tien-kuân* (天官), *Ti-kuân* (地官), *Tchun-kuân* (春官) etc., n'a que le *Tcheou-li* pour source à indiquer.

Bien plus, le *Li-ki*, au L. I sect. II P. 3 *initio*, nous apprend que le fils du ciel a des *Tien-kuân*, point d'autres; et ces *Tien-kuân* sont le *Ta-tsai*, ministre-président des fonctionnaires civils, le *Ta-tsong*, chef des cérémonies, le *Ta-sze*, grand annaliste, le *Ta-tcho*, grand prieur, le *Ta-shi*, chef de la justice et le *Ta-pu*, grand augure¹).

Or de ces six ministres, le *Ta-tsai* seul appartient aux *Tien-kuân* du *Tcheou-li*. Le *Ta-tsong*, le *Ta-sze*, le *Ta-tcho* et le *Ta-pu* appartiennent au ministère de la Terre; et le *Ta-shi* n'existe pas dans notre code; il y est remplacé par le *Sse-shi*²), magistrat inférieur de la classe de l'Automne.

En revanche, le même livre du *Li-ki* donne à l'empereur 5 *Kuân*: le *Sse-tou*, le *Sse-ma*, le *Sse-kong*, le *Sse-shi* et le *Sse-keou* (司寇); tandis que dans le *Tcheou-li* les premiers, deuxième, troisième et cinquième sont les chefs de quatre des cinq ministères, et que le *Sse-shi* fait double emploi avec le *Ta-sse-shi*.

Bien plus, le *Li-ki* continue en donnant la liste des 6 direc-

---

¹) 大宰、大宗、大史、大祝、大士、大卜.
²) 司士.

teurs des magasins impériaux, ou trésoriers du souverain: ce sont les *Sse* des terres, des bois, des eaux, des prés, des ustentiles et des objets précieux: *Sse-tu* (司士), *Sse-mu* (司木), *Sse-shui* (司水), *Sse-tsao* (司草), *Sse-khi* (司器) et *Sse-ho* (司貨). Or de ces six fonctionnaires, il n'y en a pas un seul qui figure au *Tcheou-li*. Ce livre nous donne à la place, un *Neï-fu* (內夫) qui garde les objets offerts en tribut, un *Waï-fu* (外夫) qui s'occupe des dépenses du palais pour les habillements, les cérémonies etc., et un *Yü-fu* (玉夫) qui conserve les trésors particuliers du souverain.

Il ne connaît pas davantage le titre de *pe* attribué, selon le *Li-ki*, au chefs de chacun des cinq *Kuân*.

Cependant, les auteurs du Mémorial des Rites ont aussi la prétention de décrire le gouvernement des *Tcheou*; et de plus l'existence réelle des cinq ministères ou *Kuân* nous est attestée par *Liu-shi* qui avait vu certainement les derniers des *Tcheou* puisqu'il mourut dix-huit ans après leur chute et fut ministre du troisième des empereurs *Ts'in*. En outre, *Tcheou-kong* lui-même et le prince de *Shao* portèrent ce titre, qui était donc bien usité sous la troisième dynastie.

Force nous est donc de donner tort au *Tcheou-li*. D'autant plus que les *Koue-yü* parlent aussi de fonctionnaires du Printemps; mais ce sont ceux qui président à l'agriculture [1]).

Si le *Tcheou-li* est en désaccord avec le *Li-ki*, il ne l'est pas moins avec l'*I-li* qui appartient certainement à la dynastie des *Tcheou*.

Nous n'argumenterons pas *a Silentio*, quoiqu'un silence aussi complet sur la plupart des fonctions expliquées au *Tcheou-li*, ne puisse être purement accidentel; mais nous constaterons que l'*I-li* mentionne un grand nombre de magistratures qui n'ont pas de place dans l'autre cérémonial.

Telles sont, par exemple, celle du *Sse-she* (司射) ou directeur

---

1) Voir Part I *Tcheu-yü*, Histoire de *Siuen-Wang*.

des tirs, du *Yo-tcheng* (樂正) ou directeur de musique (Voir L. V. *passim*), les *Fu-sze* (府司) ou préposés des magasins, les *pin* (賓) ou préposés aux réceptions, les *Siao-tchin-sze* (小臣司) et *Siao-tchin-tcheng* (小臣正) chef des *Siao-tchin* ou assistants du Grand Majordome, le *Kuan-jin* préposé aux ornementations des palais, etc. etc.

D'autre part, si l'on met en présence les rites des audiences impériales, telles que les décrit d'acte en acte le chapitre X de l'*Ili*, aux cérémonies indiquées dans les livres du *Tcheou-li* qui se rapportent à cette circonstance, on constatera, du premier coup d'œil, ou que l'auteur du cérémonial des *Tcheou* s'est amusé à multiplier les prescriptions de l'étiquette, ou bien que le *Tcheou-li* est de beaucoup postérieur à l'*I-li*; c'est-à-dire ne peut guère être plus ancien que les derniers temps de la dynastie dont il porte le nom. Mais ceci même est peu probable. Il est difficile en effet de croire que les faibles descendants de *Wu-wang*, qui possédaient à peine encore une ombre d'autorité sur les grands vassaux de l'empire, eussent pu les obliger à se soumettre à ces formalités multipliées, à l'apport de présents d'une grande richesse, etc. etc.

Ainsi, d'après l'*Ili*, tout se borne au don d'une pièce de soie et de 4 chevaux. Au *Tcheou-li*, au contraire, ces présents se composent d'objets précieux et jusqu'à des bancs et des vases de jade. (Voir le Livre II, *Ta-tsai*, vers la fin). Même chose en ce qui concerne les dons portés au temple ancestral de l'empereur; l'*Ili* n'indique qu'une seule pièce de soie.

Suivant l'*Ili*, le *Tu-hing-jin* ne vient au devant des princes visiteurs que jusqu'à l'extrémité de la capitale; au *Tcheou-li* nous le voyons aller jusqu'à la frontière. Le *Siao-hing-jin* n'est point mentionné au premier de ces livres, qui n'a point non plus aucune de ces différences nombreuses que le second établit entre les princes des divers rangs. Enfin tous les détails des cérémonies diffèrent d'un livre à l'autre comme on peut s'en assurer en comparant le livre VIII de l'*Ili* avec le XXXVIII° du *Tcheou-li* dans les deux traductions. On dirait qu'il s'agit de deux pays tout différents.

Voir aussi le commencement du Livre XXXIX, rites du *See-i* (司 義), ou Chef du Cérémonial.

5. Le chapitre de la divination va mettre encore le *Tcheou-li* en opposition avec les Annales authentiques des *Tcheou*, telles que nous les présente le *Shu-king*.

D'abord, dans le Livre des Annales, au temps de *Tcheou-kong*, nous ne voyons que deux genres de devins, intitulés *Pu-jin* (卜 人) et *Shi-jin* (筮 人); les premiers consultant le sort par l'écaille brûlée d'une tortue, les autres, par la combinaison des branches de la plante sacrée *Shi*, d'après une méthode consacrée par les rites. L'écaille de Tortue indique la réponse du sort par la disposition des lignes que la brûlure y forme et y laisse, et selon que l'écaille représente des nuages, ou qu'elle reste de couleur soit claire, soit sombre et unie, soit qu'elle ait des lignes parallèles ou entre-croisées. Delà on tire deux genres d'horoscope: l'un de bonheur, l'autre de malheur [1]. La plante *Shi* donne deux genres de signes seulement, l'un heureux, l'autre défavorable.

Le résultat donné doit être interprété par trois de ces *Pu-jin* et *Shi-jin*.

Si les explications de deux d'entre eux concordent entre elles, on les regarde comme exprimant la volonté du ciel [2].

Voilà le système simple et clair des premiers *Tcheou*. Portons maintenant nos regards sur leur prétendu *Mémorial administratif*.

Là nous trouvons de nombreux officiers chargés de ces opérations, et celles-ci compliquées à l'excès, mais, malheureusement, pas un mot qui concorde avec le texte primitif.

---

1) Litt. bonheur, joie, et repentir, regret
2) Voir le *Shu-king*, V. 4, § 20—24.

Ces officiers sont le *Ta-pu* (大 卜), Grand Augure, le *Pu-shi* ou *Pu-jin* (卜 士, 卜 人), Maître de Divination, les *Tchen-jin* (占 人), qui interprètent les lignes et la forme des baguettes, le *Shi-jin* (筮 人) préposé à la plante *shi* et désignant les interprètes; puis les *Kuei-jin* (龜 人) gardiens des tortues sacrées, et les *Tchu-shi* (華 氏) préposé au bois servant à brûler les écailles.

Les opérations augurales sont trop longues pour être rapportées ici. Notons seulement ses points essentiels.

a) Les marques sur le dos de l'écaille se font par les fissures que la chaleur y détermine; ces fissures sont de trois genres et ont cent-vingt formes donnant douze-cents réponses.

Les lignes augurales sont observées selon les méthodes indiquées dans le trois livres *Lien-shan*, *Kuei-tsiang* et *Tchen-yi* (ou *Yi-king*) etc. etc.

Est-il besoin de le dire? Pour en arriver du système du *Shu* à celui de notre Cérémonial il a fallu de longs siècles de développement, il a fallu aussi que les livres dont il est ici parlé aient été composés. Le *Shu-king* n'en connait rien.

7. Mais il y a plus fort que cela. A côté du système d'auguration originaire chez les Chinois, le *Tcheou-li* nous en révèle un autre qui n'est plus du simple horoscope, mais de la sorcellerie, et celle-ci s'y montre développée dans toute sa perfection.

Nous y voyons en effet, après les prêtres ou invocateurs, ou prieurs, tout un corps de sorciers (巫) mâles et femelles, sous l'autorité d'un chef qui en a la haute direction et la conduite. Les sorciers (ou *Nân-wu* 男巫) invoquent et font descendre les esprits; au printemps ils chassent les maladies épidémiques. Aux visites de condoléance, ils marchent devant l'empereur avec les prieurs. Les sorcières jouent le même rôle devant l'impératrice, font les cérémonies conjuratoires, appellent la pluie, etc.

Leur chef (*sse-wu* 司 巫) les réunit et les dirige dans les

prières, les chants et les danses, en temps de sécheresse ou de calamité publique. Il assiste aux sacrifices et y prend une part importante. (Voir ces trois articles à la fin du L. XXV).

Il n'y a pas à en douter, voilà un corps de sorciers bien constitué, jouant un rôle officiel, occupant une place parmi les officiers impériaux, composé de septante personnages en titre et d'un nombre illimité de membres ordinaires. Que devons-nous en croire?

Qu'il y ait eu des sorciers dans les pays chinois depuis une haute antiquité, cela nous est attesté par les livres authentiques. *Kong-tze* les mentionne une fois dans les Entretiens, et *Meng-tze* également dans son livre fameux (Voir M. II. 1. VII. 1. L. Y. XIII. 22). Le mot *Wu* paraît également au Shu-king, mais il ne semble pas qu'il ait le même sens, car voici comment il y est expliqué:

«Danser fréquemment dans son palais et y chanter en buvant copieusement ce sont des mœurs de *Wu*».

Le *Shwo-wen*, au mot *Wu*, comme le *Kue-yü*, au livre de *Tchou*, les définit «les gens qui en dansant font descendre les esprits, (*Shuo-wen*); ceux qui par la concentration, le calme, et l'illumination intérieure font descendre les esprits (*Kue-yü*)».

Quoiqu'il en soit, les *Wu* ont toujours été méprisés en Chine comme le témoigne les termes dans lesquels leur nom figure; mais certainement, jamais, avant les *Ts'in*, ils n'ont formé un corps officiel digne de figurer au Mémorial des fonctions de la cour, et surtout de figurer devant les Majestés Souveraines. Aucun des anciens livres chinois ne laisse soupçonner leur organisation officielle ou leur emploi. Le *Tso-tchuen*, qui met si souvent en scène les devins, les astrologues, ne contient pas le mot *Wu* lui-même[1]). Bien des calamités publiques s'y trouvent relatées; jamais un *Wu* n'y paraît appelé à concourir à la conjurer. Le *Li-ki* est également muet à

---

1) A part un passage où il s'agit de brûler un de ces misérables.

cet égard. Bien plus, nous y voyons les princes vouloir brûler un sorcier pour faire cesser la sécheresse [1]).

Parce que nous avons vu précédemment des conjurations d'esprits, il est évident que ces *Wu* appartenaient primitivement aux races pré-chinoises. Le dictionnaire de K'ang-hi n'a que le *Tcheou-li* à invoquer comme texte parlant de leurs fonctions publiques.

Sze-ma-Tsien, dans son traité du grand sacrifice Fong-shan, nous les montre en action sous les *Ts'in*, mais point comme corps officiel. C'est ainsi que nous y lisons: Les *Wu* de *Tsin* sacrifient aux cinq *Ti*, au prince de l'Est qui réside au sein des nuages, au *She-ming* etc.

Mais nous ne sommes pas au bout de nos surprises. Après le chapitre des sorciers, en vient un consacré aux interprètes des songes. C'est un corps composé d'un chef, appelé *Tchen-mong* (占 夢), de deux assistants: *Tchong-shi*, ou fonctionnaires de l'ordre moyen, de deux annalistes secrétaires: *Sze* et de quatre employés subalternes: *Tu*.

D'après notre livre la fonction du «grand interprète des songes» *Tchen-mong*, et de ses divers acolytes était double. Ils avaient d'abord à étudier les principes de l'interprétation des songes, puis à rendre réponse aux consultants; à ce dernier point de vue ils avaient une mission privée et une autre publique. En vertu de celle-ci ils devaient, à la fin de l'hiver, se rendre auprès de l'empereur pour s'informer des songes que S. M. aurait pu avoir pendant l'année. Puis, les ayant étudiés, ils revenaient expliquer au souverain les présages heureux. L'empereur devait les recevoir en s'inclinant profondément, témoignant ainsi de son respect pour les bienveillants avertissements du Ciel.

C'est ainsi du moins que Biot explique la chose. Je crois plutôt qu'il allait annoncer au souverain les rêves heureux des magistrats. Le texte porte en effet: «Il va à l'audience royale, pour

---

1) Cp. *Li-ki* (聚 巫), L. II, Sect II. 3, § 29. Au Tcheou-li, pour le même effet, on a recours à leurs prières!

les songes, il présente les songes heureux». Il est vrai que les commentaires expliquent: «Il demande les songes du roi», mais aussi: «il présente les songes heureux des magistrats (獻臣之吉夢). Puis il pose des bourgeons dans les quatre directions pour chasser les mauvais esprits; après quoi commencent les cérémonies de purification pour chasser les effluves pestilentielles».

Voilà certes une constitution bien réglée avec des fonctions nettement déterminées. Malheureusement on en cherche en vain une trace quelconque dans les Annales antérieures aux Ts'in. Au Tso-tchuen même on constate tout le contraire. Quand un souverain a des songes, ce n'est pas à un Tchen-mong qu'il s'adresse, mais au Grand annaliste astrologue Ta-sze (大史) ou à quelque malin célèbre tel que le fameux Tze-tchan. Nulle part l'interprète spécial ne montre sa figure.

Bien plus, les règles données par le Tcheou-li pour l'interprétation des rêves, n'y sont point appliquées; ce sont d'autres qu'on y suit.

Donnons deux ou trois exemples pour convaincre nos lecteurs.

Tai-sze, l'épouse reine de Wen-wang, eut un songe, dit le Tcheou-shou. Elle vit un dattier poussant dans la cour du palais des Shang, etc. Eveillée, elle alla avertir son époux qui, pour interpréter le songe, jeta les baguettes dans le Ming-tang.

Yi-zho étudiait la conduite des chars; il rêva un jour qu'il en avait reçu les principes du Ciel. Il courut faire interpréter son rêve par un maître d'école et apprit que ce qu'il avait rêvé était bien les règles désirées. (Ceci est du Tchun-tsiou de Liu-shi.)

Selon le Sse-ki, Wen-kong de Tsi vit en songe un grand serpent jaune. Il demanda au Ta-sze ce que cela signifiait. Même genre de rêve au Tso-tchuen. (Voir mon étude sur Le Rêve chez les Chinois.) Nulle part ne se montrent les interprètes du Rituel.

Il est donc bien à craindre que les auteurs du Tcheou-li nous aient donné ici une fois de plus une création de leur façon.

Ajoutons que le *Tchen-mong* n'a point de place au *Pei-wen yun-fou*, ni dans son supplément.

8. Un autre passage non moins significatif est celui où sont indiqués les nombres des crimes punis de chacun des cinq supplices. Voici ce texte très interessant:

Le *See-hing* (司 刑) est chargé du réglement des cinq supplices. Il y a pour chacun d'eux:

 Pour la marque, cinq-cent délits.

 Pour l'amputation du nez, cinq-cent délits.

 Pour la castration, cinq-cent délits et crimes.

 Pour l'amputation des pieds, cinq-cent délits.

 Pour la peine du mort, cinq-cent délits.

Juste cinq-cent pour chacun.

L'auteur du livre de droit criminel (*Liu-hing*) du *Shu-king*, comprenait mieux sa tache, et bien que poignant dans les chiffres, il attribue à chaque catégorie de châtiment un nombre d'autant plus grand de délits à punir, que la rigueur du châtiment diminue. Ici tout est parfaitement égal.

Et l'on pourrait croire que c'est là un livre sérieux, un code impérial fait pour un peuple intelligent! Cela me serait bien difficile. Passons. D'autres passages semblent faits pour provoquer une douce gaîté. Peut-on envisager autrement une constitution de fonction de la nature de celles-ci?

Les *Shan-shi* (山 師), Maîtres des montagnes, s'occupent des noms des montagnes et forêts, distinguent les animaux qui s'y trouvent, leur utilité et nuisance. Ils les distribuent entre les divers états de l'empire et font arriver leurs productions précieuses.

Tchuen-shi (川 師), Maîtres des cours d'eau. Mêmes fonctions quant aux fleuves et lacs, marais etc.

Yuen-sse (邍 師), Maîtres des plaines. S'occupent des noms des terres des quatre régions et distinguent ceux des plaines, collines etc.

Voilà des gens singulièrement occupés et dont on n'a jamais entendu parler avant comme après la découverte du précieux mémorial.

Plus importants encore sont les *Kuang-jin* (匡人) chargés à la fois de la mission publique de publier les règlements et statuts obligeant les princes et leurs officiers, et de la charge secrète de surveiller leurs intrigues et de faire en sorte que dès qu'un ordre impérial est entendu, personne n'ose y résister.

Ces derniers ont lourde besogne, mais que dire de l'officier appelé *Tchu-shi* (贅氏) chargé avec quatre suivants d'expulser les vers par des paroles conjuratoires, ou du *T'i-tso-shi* (柘蔟氏) qui, avec ses deux séides, doit jeter par terre les nids des oiseaux de mauvaise augure, ou encore du *Tsien-shi* (翦氏), destructeur officiel des teignes. S'ils devaient faire cela dans tout l'empire, ils avaient rude besogne.

Et des fonctions de ce genre se comptent par cent. Il faut avouer que ces rois *tcheou* pensaient à tout, et avaient constitué une administration qui n'aura plus jamais sa pareille en ce monde. Ce qui est mieux encore, c'est que le batteur de nids écrit sur des tablettes les noms des jours de la décade, des heures du jour, des 12 lunes, des douze années et des 28 astérismes et les suspend au-dessus des nids pour avertir les oiseaux de malheur des jours néfastes et de la présence funeste pour eux de la planète Jupiter. Et ce seraient les rois *Tcheou* si sensés et si sages qui auraient créé de pareilles fonctions. Vraiment le *Tcheou-li* est une terre de surprises! Ce premier examen est déjà bien significatif.

9. Si de là nous passons aux *Kue-yü* (ou Discours d'États), monument historique du 11e siècle avant notre ère, nous le trouverons encore fréquemment en contradiction avec le *Tcheou-li*. Nous ne pouvons pas faire de ces deux ouvrages une étude comparative complète, mais quelques exemples puisés à différents endroits feront suffisamment connaître ces divergences.

a) Au L. I, ou «discours de l'état de Tcheou», § 1, il est question de la division du territoire de l'empire comme aux LL. XXIX, Art. *Ta-See-ma* et XXXIII, Art. *Tchi-fang-shi* du *Tcheou-li*; mais les différences d'indications sont des plus profondes.

D'après le dernier livre, l'empire eut été divisé en 9 séries de carrés parfaits: au centre était le carré impérial, ayant mille *li* de côté. Tout autour de ce carré s'étendaient successivement, à des distances répétées de cinq cent *li*, d'autres carrés parfaits, territoires dépendants, principautés vassales, qui portent à chaque série des noms différents: les *Heu-fu* (侯服) touchant le domaine souverain, puis successivement, des *Tien-fu* (甸服), des *Nan-fu* (男服), des *Tsai-fu* (采服) et des *Wai-fu* (衛服). Après cela les *Man-fu* (蠻服), des indigènes alliés, les *I-fu* (夷服), des indigènes amis, les *Tchin-fu* (鎭服) territoires occupés militairement et les *Tan-fu* ou de limite extrême. Mais dans ces division, les *Kong*, les *Heou*, les *Pe*, les *Tze* et les *Nan*, ou princes vassaux des divers degrés, reçoivent des portions de territoire en rapport avec leurs rangs respectifs. Ainsi les *Kong* ont cinq-cent *li* en carré, les *Heou*, quatre-cent; les *Pe*, trois-cent; les *Tze*, deux-cent et les *Nan*, cent. Le tout comme un damier d'une régularité parfaite. Et l'auteur ajoute:

«Celui qui sait cela, connait complètement la constitution du monde subcéleste.» Est-il besoin de le dire? Tout cela est de la pure fantasmagorie. Jamais aucun empire sublunaire n'a connu quoique ce soit de semblable, et la Chine moins qu'aucun autre. L'impossibilité matérielle même saute aux yeux de tous. Si maintenant nous ouvrons les *Kue-yü* à l'endroit indiqué, nous y trouverons, à propos des états feudataires, les termes *Heou-wei*, puis la mention des *Man*, des *Ti* et des *Jong*, mais dans quel sens? Le voici:

«Les anciens rois réglaient ainsi les affaires de leurs états particuliers, (et en dehors des leurs étaient celles des princes vassaux *Heu* et jusqu'à leurs limites *Wei*), puis les visites qu'ils venaient faire à la cour». Ainsi le *Kue-yu* ne mentionne que *Heou* et *Wei*, et ces mots signifient «limites des princes vassaux». Après quoi notre texte ajoute: (Ils réglaient) les redevances des *I* et des *Man* amis, des *Jongs* et des *Ti* aux pays sauvages... c'est tout. Nous voilà certainement dans un monde bien différent.

Mais pour rendre la contradiction plus claire encore, nous ajouterons la phrase suivante: les redevances du domaine impérial s'appellent *tsi* (祭), celle des princes, *tze* (祀), celle des visiteurs étrangers *hiang* (享), celles des alliés *kong* (貢), et les dernières *wang* (王). Les princes se divisent seulement en *Kong*, *Heou*, *Pe*, *Tze* et *Nan*.

Il est donc évident qu'il n'y avait que cinq classes de territoires: le territoire impérial, puis ceux des princes vassaux, des étrangers tributaires, des *I-Man* alliés et des *Jong-Ti* indépendants. Tout le reste est de pure invention et d'une invention ridicule [1]).

---

1) Il est facile de se rendre compte de l'origine de cette fable. Les compilateurs du *Tcheou-li* ont modelé leur division de l'empire sur celle que l'on trouve au 2e chapitre du *Yi-kong*. Or, là aussi, nous n'avons affaire qu'à un tableau de fantaisie, d'autant plus apocryphe qu'il contredit la première partie, la partie sérieuse de ce tableau ethnogéographique. C'est évidemment une interpolation qui attribue en outre à l'empereur *Yu* des travaux herculéens dont les autres textes authentiques tels que ce *Tchuh-shu* ne parlent point ou qu'ils excluent formellement. Elle est en outre contredite par les chap. XIX et XX du L. V. indiquant les hauts officiers et princes-vassaux de *Tcheou*, comme par le tableau qu'en trace Meng-tze, contemporain de cette dynastie.

Ce tableau du *Tcheou-li* a en outre pour source les expressions mal comprises de *heu-tien nan-wei* qui se rencontrent au Shu-king et qui, évidemment, ne signifient pas (les chefs des) *heu*, des *tien*, des *nan* et des *wei*. Par la comparaison des expressions *heu-tien*, *nan wei*, *pang* on voit que *heu tien* et *nan wei* forment deux composés comme *pang-pe*.

A. IV. 4. 1. *Tien-fu*, *heu-fu* signifie le domaine impérial et celui des princes. *Heu-tien* veut dire domaine des princes. *Nan-wei* celui des *Nan* ou les pays frontières comme on le voit au *Kue-yü*, ou autre chose semblable.

A. IV. 4. 1. Cela équivaut à 群后 . — A. V. 3. 3. Ce n'est plus *Heu*, *tien*, *nan*, *wei* 侯甸男衛, mais *Pang*, *tien*, *heu*, *wei* 邦甸, etc. — A. V. 9. 1. Changement nouveau: nous avons *Heu*, *tien*, *nan*, *pang*, *tsai* (采), *wei*.

A. V. X. 13. Nouvelle transformation, les *Heu* etc. sont rangés parmi les officiers de *Yin*. Vous tous officiers 臣 de *Yin*: *Heu*, *tien*, *nan*, *wei*, grand annaliste, annaliste de

D'ailleurs le *Shu-King* nous atteste qu'il n'y avait que cinq espèces de fief (L. V. 3 § 1).

Enfin si l'on veut bien comparer le L. XXXVIII du *Tcheou-li*, *Ta-hing-jin*, avec le L. XXIX *Ta-sse-ma*, on verra que ses auteurs se contredisent eux-mêmes. Au L. XXXVIII en effet l'empire n'est plus divisé en *Ki* — mais en *Fou* et ces *Fou* sont appelés *Heou*, *tien*, *nan*, *tsai*, *wei*, *yao* puis vient le *Fan-kue*; au delà, rien de plus.

10. Un autre passage du *Kue-yu* est plus significatif encore. Au 6º Chapitre du Livre II des *Tcheou-yu*, un ministre du souverain chinois rappelle en détails comment un envoyé du suzerain doit être reçu et par qui; quels fonctionnaires doivent concourir à son service. Or la plupart de ceux que nous y voyons cités ont d'autres noms ou d'autres fonctions que ceux et celles dont il est fait mention au *Tcheou-li*.

Nous y trouvons par exemple:

1. Un *Men-yin* (門尹), préposé aux portes du palais, chargé de leur entretien, absent du *Tcheou-li* qui mentionne un *Sse-Men* (司門), dont la charge est toute autre et qui veille à la sécurité des portes des villes.

2. Un *Kuin-yin* (關尹), chef des barrières, annonçant les hôtes à la cour, introuvable au *Tcheou-li* si ce n'est comme *Sse-Kuin*, préposé aux douanes.

3. Un *Sse-li* (司里), chef de localité qui fournit le logement.

4. Un *Hing-li* (行理) ou *Li-sze* (理史) qui remplace le *Siao hing-jin* de notre rituel.

5. Un *Shen-fou*, distinct du *Shen-tsai*, et qui dirige les cérémonies du labourage.

---

palais, ministre de la guerre (*Sse-ma*) etc. etc. N'est-ce point que *Aeu-tien* sont les préposés des domaines des princes d'ordre supérieur et les *Nan-wei* les gardes des princes inférieurs, ou de tous les princes? C'est la seule explication plausible.

6. Un *Ling* (伶), chef de musique, représentant le *Sse-yo* (司樂).

7. Un *Ho-she* (火師), «chef du feu», chargé de l'éclairage du palais.

8. Un *Shui-she* (水師), préposé à tous les objets de lavage.

9. Un *Yu-jin* (虞人), fournissant les matériaux de sacrifice, fonction que le *Tcheou-li* ne leur assigne pas, etc., etc.

On objecterait en vain qu'il s'agit, non de la cour royale, mais d'une cour princière, car on voit par le reste que les secondes étaient entièrement modelées sur les premières; ainsi chaque prince avait ses cinq ou six grands ministères *Sse-tou*, *Sse-kong*, *Sse-keou*, etc., ses *Tsong-pe*, ses *Tcho* ou prieurs et le reste.

11. Un peu plus loin, à l'article qui concerne *Liu-wang*, nous trouvons quelques noms de fonctionnaires, mais on se sent dans une autre atmosphère qu'au *Tcheou-li*. Nous y voyons distingués parmi les musiciens les *seou* (瞍) qui ont une pupille et ceux qui n'en ont point *mong* (矇), comme ayant des attributions différentes; les officiers du palais sous le nom de *Kin-tchin* (近臣), les cent *Kong* (*Pe-kong*) comme gens habiles à servir les grands ou le souverain, le *Sze*, ou annaliste, sans distinction de *Ta* ou de *Siao* (supérieur ou inférieur), les *Sse-ju*, instructeurs, sous le titre de *K'i-gai* (耆艾), tous titres dont il n'est pas fait mention au *Tcheou-li*. Par contre le *Ta-shi* est chef de la musique dans ce livre et grand annaliste dans le *Tso-tchuen*.

12. Plus loin encore, au récit de *Siuen-wang* nous voyons le ministre de l'agriculture désigné par le terme *Tsi*, l'historiographe (*Sze*) à la tête des *Yang-tchin* (陽臣), fonctionnaires du *Yang*, le *Sse-kong*, commandant aux *Nung-ta-fu* (農大夫) (*ta fu* de l'agriculture), plus les *Yü-jin* (鬱人), préposés aux plantes aromatiques et les *Hi-jin* (禳人) des victimes sacrificielles, préparant leurs objets propres, les *Nung-tcheng*, ou préposés à l'agriculture, le *Shen-tsai* (膳宰), grand intendant des vivres, le *Ta-sze-tching*,

chef des établissements d'instruction [1]) et d'autres encore comme le *Ta-yo-tcheng* (大樂正) grand directeur de la musique.

En outre, au chapitre du *Ta-sze* ou Grand Annaliste, le *Tcheou-li* ne mentionne aucunement la fête de l'inauguration de l'agriculture dans laquelle ce magistrat joue un grand rôle, et ne semble pas même connaître cette importante cérémonie.

Nous pourrions donner bien des exemples encore de ces erreurs ou de ces omissions, mais ce que je viens de dire suffira je pense pour l'élucidation de ce point. Poursuivons notre examen.

13. On a vu au § 10 que dans le Cérémonial des *Tcheou*, la distribution géographique des principautés est une œuvre de fantaisie dont le ridicule n'a pu même échapper aux yeux de son auteur. Ce n'est pas le seul endroit où son imagination s'est donné libre carrière. En voici encore un cas où le rédacteur de notre livre nous donne l'idéal pour la réalité. C'est au L. XXXIII Art, *Tchi-fang-shi* ou Directeur des Régions, *fin*. Voici comment il nous peint l'administration de l'empire. «Tous les États, grands ou petits, ont des rapports, des devoirs mutuels; le roi établit leurs chefs; il règle leurs services, à chacun suivant ce qu'il peut faire, et leurs redevances selon ce que chacun possède de biens.

Le souverain nomme des *Mú* (牧), ou chefs de plusieurs royaumes, et des *Pé* (伯) qui commandent à la moitié ou au quart de l'empire (L. XVIII. § 33, 34).

Le *Ta-tsai*, ou grand administrateur de l'empire, établit les *Mú*, constitue leurs inspecteurs, crée leurs trois grands ministres, distribue les charges ordinaires et établit leurs subalternes et leurs assistants (II *Ta-tsai*).

Que de remarques à faire sur ces quelques lignes! Que sont ces *pé* qui ne sont par les *pé* ordinaires ou princes du 3ᵉ dégré, et ces

---

1) Cp. *Li-ki*, L. VI. 1. § 7. 8. *Ta-tsun* 大徇, *Ta-fu* ministeriel, etc.

Mi de différentes espèces? quelles sont leurs fonctions? L'auteur ne nous en dit rien, et les savants compilateurs du dictionnaire de *K'ang-hi* n'ont trouvé à citer que ce seul passage en ce qui les concerne. Et ce pouvoir absolu sur les principautés attribué au grand administrateur impérial, quand l'a-t-il jamais exercé?

On prétend, il est vrai, quant aux *Pe*, que *Wu-wang* avait portagé la haute administration de l'empire entre *Tcheou-kong*, son fils, et le prince *Shao*, l'un de ses fidèles. Mais nous ne voyons pas qu'ils aient porté ce titre, ni que celui-ci ait jamais existé. On a soutenu sa réalité, il est vrai, mais sans aucun motif et même contre des raisons plausibles et, ce me semble, irréfutables.

Ainsi l'on veut en voir un dans ce *Sui-pe* (西伯), ou *Pe* de l'ouest, qui menace l'empire des *Shang* d'après le *Shu-king* IV. 10. § 1. Or ce *Sui-pe* est, de l'aveu de tous, *Wen-wang* ou *Wou-wang*, qui n'avaient certainement pas été investis du pouvoir sur les états vassaux du l'ouest. *Sui-pe* signifie évidemment « Le Chef qui est à l'ouest ». C'est une explication analogue à celle du *Shi* V: « *Shang-ti* a regardé à l'ouest pour trouver le sauveur de son peuple ». De même et mieux encore, le *Shin-pe* ou « Pe de Shin », qu'on dit aussi un *Pe* de la grande espèce, ne l'est aucunement, puisqu'au *Shi-king* III. 30. 5 § 2 nous voyons *Shao-pe* établir sa capitale et toutes les institutions de son état; mais nulle part nous n'apercevons pour lui d'autre mission dans le sud que d'être le modèle de cet état du Sud[1]). *Wang ming Shin-pe shih shi nān-pang.* « Par le moyen de nos gens de Shiai, ajoute le roi, faites en sorte de montrer votre habileté, vos bons services ».

On dira peut-être que ce passage, où il est question des *Pe* supérieurs, se rapporte précisément à l'époque de *Wou-wang* et de *Tcheou-kong*. Malheureusement pour cet échappatoire, le paragraphe

---

[1]) Ou bien de rendre cet état du sud le modèle des autres 王命申伯式 ·是南邦·

suivant nous apprend que le *Ta-tsai* préside aux préparatifs du sacrifice aux 5 *Ti*, qui ne fut établi qu'à la fin du IIIe siècle. Enfin ce qui se trouve entre ces deux passages et nous peint le *Ta-tsai* réglant toutes choses dans les Etats princiers, est évidemment de la fable pure.

Le *Ta-tsai* donnant leurs réglements, leurs lois aux plus grands royaumes (*pang*), cela dépasse les forces de notre crédulité.

Notons enfin que jamais *Tcheou-kong* n'est décoré de ce titre de *Pe* dont on veut lui faire honneur et, qu'en tout cas, il n'a pu mentionner cette fonction, comme institution permanente.

La vérité est que ce mot *Pe* était pris en deux sens très différents. Par l'un il désignait un chef quelconque, par l'autre il était le titre des princes vassaux de 3e classe. Le mot français prince, avec sa signification variable, peut donner une idée de l'emploi du terme *pe* en Chinois; aussi les dictionnaires chinois rendent *pe* en premier lieu par *Tchang* (長), supérieur, chef, au *Shu-king* V. XXII 13. *Pe-siang* (伯 相) signifient évidemment les princes et les ministres et nullement «le Chef sémi-suzerain (de l'ouest)». Le prince auquel est accordé une certaine autorité sur les autres est appelé non point *Pe*, mais *Heou-pe*, Chef des princes, comme on le voit au *Tso-chuen* pour le prince de *Ts'in* et autres encore. Le *T'ong-tien* explique ce double terme comme équivalent à *Pang-shou*, gardien du royaume[1]), sorte de connétable.

14. Le *Tcheou-li* semble vraiment jouer de malheur, car il se trouve en contradiction avec presque tous les documents authentiques de l'époque qu'il prétend représenter. Il en est même ainsi si on le compare aux renseignements que nous donne *Meng-tze* en plusieurs endroits et notamment au Chap. II de son livre V, Part. II, § 3 et 11.

Après avoir dit que les Mémoriaux des *Tcheou*, envoyés aux princes par le Suzerain, ont été détruits partout et qu'il n'a pu

---

1) 邦守.

en recueillir que les souvenirs traditionnels relativement aux éléments de la constitution, de l'empire, le philosophe énumère les degrés des hiérarchies féodales et administratives: le *roi*, le *kong*, le *heou*, le *pe*, le *tze* et le *nan* pour la première; le prince-souverain, le ministre, les *Ta-fou* et les *Shi* des trois dégrés pour la seconde, puis il passe à l'étendue des terres assignées à chacun d'eux et aux émoluments attribués à chaque dignité.

Or dans la première partie, dans ces linéaments les plus grossiers, connus des gens du peuple même, nous voyons déjà deux divergences notables. *Meng-tze* ne connaît pas de *Ta-fou* de deuxième rang et met sur le même pied les *Tze* et les *Nan*, à l'inverse du *Tcheou-li*.

Quant à la seconde partie, voici le tableau de ces circonscriptions; on verra d'un coup-d'œil ce qui en est:

	Meng-tze		Tcheou-li	
Territoire des Kong	— 100 li en carré	— Kong	— 500 li en carré	
Heou	— id.	»	— Heou — 400	»
Pe	— 70	»	— Pe — 300	»
Tze	— 50	»	— Tze — 200	»
Nan	— id.	»	— Nan — 100	»
King (Ministre)	— 100	»	0	0
Ta fou	— 70	»	0	0
Shi 1ᵉ cl.	— 50	»	0	0

Les taux des émoluments ne diffèrent pas moins.

Croirait-on que M. Biot a jugé que le dire de *Meng-tze* est « en général conforme au *Tcheou-li* » ?

Je serais du reste bien étonné qu'un homme sans prévention qui examinerait dans leurs détails ces prescriptions si minutieuses de ce livre, pourrait les prendre au sérieux. Cette réglementation à outrance, ces proportions méthodiques toujours observées, font très bonne figure dans une combinaison purement théorique d'un homme d'étude, mais ne peuvent guère avoir figuré dans un code destiné à régir un peuple.

Pour mon humble part, je ne saurais considérer comme disposition législative celle par exemple qui fixe à la moitié du produit de ses terres la quantité servant à la nourriture d'un *Kong*; au tiers celle d'un *Heou* et d'un *Pe*; au quart celle d'un *Tze* et d'un *Nan*. D'autant plus que les deux derniers, étant placés sur le même pied, d'après le témoignage de *Meng-tze*, il en résulterait de la disposition dont il s'agit que le *Tze* aurait 50 *li* en carré pour sa nourriture et le *Nan* seulement vingt-cinq, ou encore douze et demie d'après le système de *Meng-tze*.

15. Lorsqu'en 170 A. C. l'empereur *Wen-ti* voulut faire faire une sorte de résumé des lois des anciens empereurs, décision qui aboutit à la composition du *Wang-tchi* ou «Lois des rois», inséré depuis au *Li-ki* comme troisième chapitre, les lettrés chargés de la besogne puisèrent leurs renseignements dans tous les documents qui existaient alors: le *Shu-king*, le *Tso-tchuen*, les livres confucéens, *Meng-tze* et dans les souvenirs traditionnels qu'ils purent recueillir. Il en résulta un ensemble de dispositions qui contredisent à chaque paragraphe pour ainsi dire les données du *Tcheou-li*. Il en est ainsi de l'organisation des royaumes, des états feudataires, de leur étendue, de leurs revenus, des offices impériaux etc., etc.

Au chapitre du *Sse-hoei* ou «Chef des Comptes», le *Tcheou-li* attribue à ce fonctionnaire inférieur la charge de réviser les comptes de l'administration dans tous les royaumes de l'empire. Il n'est pas nécessaire de dire que cette prétention est absolument insoutenable. Aussi le *Wang-tchi*, malgré le désir de son royal inspirateur d'abaisser les anciens grands-vassaux, se garde bien d'attribuer au *Sse-hoei* un pouvoir en dehors du domaine impérial. Bien plus encore, d'après le *Tcheou-li*, à la suite de cette vérification des comptes le souverain destituerait les princes ou leurs ministres qui seraient convaincus de mauvaise gestion. Le *Wang-tchi* ne dit rien de semblable; il conclut le point par ces simples mots: ainsi on réglait les dépenses de l'état [1]).

---

1) *Koue yong*. Legge traduit «les états», mais cela serait *Pang-koue yong*.

Ce dernier livre ne reconnaît pas non plus le *Siao-tze*, ou sous-annaliste, qu'introduit par symmétrie l'auteur du *Tcheou-li*, mais dont les autres livres ne parlent pas davantage: il attribue au grand annaliste seul les fonctions soi-disant réservées à son lieutenant.

Il donne également un démenti à cette bizarre division de l'empire que nous avons vue plus haut, et reconnaît la vraie position des tribus barbares. Cette opposition se manifeste d'un bout à l'autre du *Wang-tchi*.

On dira peut-être que le *Tcheou-li* n'avait point été retrouvé et étudié. Cela se peut, mais les compilateurs du L. III du *Li-ki* avaient recherché tous les souvenirs de l'antiquité et comme ce qu'ils ont consigné dans leur compilation est partout raisonnable et vrai ou grandement probable, il serait très étonnant que la réalité fut dans ce livre plein de bizarreries qui vit la lumière un beau jour, on ne sait comment, ni comment il fut composé. Il ne l'est pas moins qu'il n'eut pas été découvert à ce moment, puisque le décret de proscription était aboli depuis plus de vingt ans, et que beaucoup d'autres livres avaient reparus au jour. On soupçonnerait qu'on n'avait pas encore en le temps de le fabriquer.

Nous avons vu du reste qu'il n'est pas moins en désaccord avec l'*I-li*; et nous aurions pu apporter cent preuves de ce désaccord. Citons seulement encore le *Shen-fou* au lieu du *Shen-tsai* et ses attributions, le *Sze-ma-tchang* qu'on y cherche vainement, ou même le *Sse-kong* du palais et plusieurs autres officiers impériaux.

16. Que de remarques ne pourrions-nous pas encore ajouter à ce qui précède. Qu'est-ce-que c'est par exemple que cet exposé ethnographique [1]) qui nous apprend qu'au Sud-Est et à l'occident de l'empire la population compte cinq hommes pour deux femmes, tandis qu'au Nord-Est elle est d'un homme pour trois femmes;

---

1) Tcheou-li, Chap. XXXIII, Art. *Tchi-fang-shi*, circa fin.

dans l'intérieur du *Ho*, elle revient à cinq hommes pour trois femmes, pour varier d'un homme à une, deux ou trois femmes [1]) dans les autres parties de l'empire.

J'avoue n'avoir pas une foi assez robuste pour croire de pareilles assertions et beaucoups, je le pense, partageront mon avis. Ce ne peut être là un document officiel. Ou remarquera en outre, dans l'énumération des produits des diverses provinces, des renseignements inconciliables avec les données du *Yü-kong*.

Ainsi le *Tcheou-li* n'assigne au *T'sing-tcheou* que des joncs et des poissons, tandis que, selon le *Yü-kong*, il produit du chanvre, de l'étain, des sapins et des pierreries d'une beauté merveilleuse. Nous trouvons de même pour le *Yen-tcheou*, d'un côté des joncs et du poisson encore une fois, et de l'autre, du vernis et de la soie; pour le *Yen-tcheou*, l'un nous indique le poisson et le sel; l'autre, vernis, chanvre, et toiles fines. Au nord le *Tcheou-li* attribue principalement la soie. Biot s'en étonne, et il a parfaitement raison; son tort est de n'en avoir rien conclu. Certes la civilisation et le commerce d'un pays peut changer en mille ans si tant est que le *Yü-kong* date d'une haute antiquité. Mais qu'elle se transforme aussi complètement sur des immenses étendues de territoire et dans un sens anticivilisateur, alors que la civilisation progresse certainement, c'est ce qui passe toute croyance.

17. Les partisans de l'authenticité du Cérémonial des *Tcheou* feront bien aussi de comparer le chapitre des cinq genres de châtiments avec ce qui en est dit au *Shu-king*, dans les livres confucéens, au *Kue-yü* et ailleurs; ils seront suffisamment édifiés. Que diront-ils aussi de cette pierre veinée *Kia-shi* (嘉石), sur laquelle on assied les prisonniers pour leur inspirer des sentiments de vertu, de moralité et les rendre parfaits? Une étude approfondie du *Tcheou-li* y ferait voir de bien singulières choses.

---

1) Ou deux hommes pour trois femmes Voir L XXXIII, *Tchi-fang-shi*.

18. Citons pour terminer ce passage ethno-géographique qui vaut tout un poème.

Le *Sse-tou* est chargé de faire les comptes des divers domaines et pour celà de distinguer les différents êtres vivants qui s'y trouvent. Il y a 5 espèces de terre ainsi favorisées de la présence des êtres doués de vie.

1. *Monts et forêts*; leurs animaux ont des poils, leurs êtres vivants sont immobiles, leurs plantes sont de couleur noire; *leur population humaine est poilue et carrée*.

2. *Cours d'eau, lacs et marais*; leurs animaux ont des écailles, les plantes sont grasses, *les hommes sont noirs*.

3. *Collines et côtés*; les animaux sont ailés, les plantes charnues, *les hommes sont ronds et grands*.

4. *Plaines et rives*; les animaux ont de grandes coquilles, leurs plantes ont des noyaux; *les hommes y sont d'une peau brillante, longs et minces*.

5. *Plateaux et marécages*; les animaux sont nus, les plantes à buissons, *les hommes d'une chair florissante et trappus* [1]).

Et ce serait là l'œuvre d'un sage, de rois occupant sagement le trône d'un grand empire! Que l'on n'oublie point surtout que des traits semblables fourmillent au *Tcheou-li* et que l'on en juge.

De l'examen que nous venons de terminer, l'antiquité et l'authenticité du *Tcheou-li* sont sorties passablement improbables.

Mais n'y a-t-il pas des arguments extérieurs qui combattent assez puissamment en leur faveur pour permettre de passer outre ces difficultés. C'est ce qu'il nous reste à rechercher encore; je ne pense pas toutefois qu'ils pourront lui rendre la solidité perdue.

Voyons d'abord comment notre texte est venu au jour.

---

1) Voir Tcheou-li, L. IX, *circa initium*.

(à suivre.)

略編南越史記歷朝年紀

Lược biên Nam-việt sửʼ-ký lịch triều niên-kỷ.

TABLEAU CHRONOLOGIQUE DES SOUVERAINS DE L'ANNAM

PAR

GEORGES MASPERO,

Élève de l'École Coloniale et de l'École des Langues Orientales Vivantes.

I.

大 南 國 號 通 考

Đại nam Quốc hiệu Thông Khảo

Examen général des noms du pays d'Annam.

Le pays Annamite s'appelait autrefois *Giao-chỉ* [1]) (交趾 ou 交阯), d'où le nom de *Giao-nam* (交南), Midi de Giao, ou

---

[1]) Le nom de *Giao-chỉ:* 交趾 ou 交阯), désigne une peuplade fort ancienne qui a formé, en se développant, l'élément le plus important, ou pour mieux dire fondamental de la nation annamite, telle que nous la trouvons constituée de nos jours. L'interprétation de ces deux caractères a donné lieu à de nombreuses controverses. Pris séparément, on peut donner au premier, *Giao* (交), le sens de : confondre, mélanger, unir, rapprocher, croiser, et au second, *chỉ*, celui d'orteil, si on le lit 趾, ou de : limites d'un Terrain, pays, si on l'écrit au contraire 阯. Mais lorsqu'il s'agit de traduire l'expression qu'ils forment par leur réunion, on se trouve en présence d'opinions très diverses. Le P. Legrand de la Liraye (Notes Historiques), Mr. Aubaret (dans une note annexée à sa traduction du *Gia-bình thống chí*), enfin Mr. l'abbé Launay (Histoire Ancienne et moderne de l'Annam) prétendent que ces caractères, ainsi accouplés, signifient «doigts écartés

Giao-châu (交州), Région de Giao. A cause de sa situation méridionale, on le nommait aussi *Viêm-bang* (炎邦), Royaume du feu, de la chaleur. Les caractères *Việt-thu'o'ng* (越裳) ne servaient à désigner qu'une partie seulement du pays de *Viêm-bang*. Plus tard, le roi *Hùng-vu'o'ng* (雄王) donna au pays de Giao le nom de *Văn-lang* (文郎), changé par *An-du'o'ng-vu'o'ng* (安陽王), de la dynastie de *Thục* (蜀), en celui de *Au-lạc* (甌貉). *Vō-đ'é* (武帝), de la dynastie des *Triệu* (趙), l'appelle *Nam-việt* (南越); et le roi *Nam-đ'é* (南帝), de la dynastie des *Lý*

---

parce que, disent-ils, dans la race annamite, le gros orteil, par suite d'une anomalie anatomique, se trouve notablement éloigné des autres doigts. D'autres prétendent qu'il faut traduire par les mots «orteils croisés», parceque le gros doigt du pied, chez les *Giao chỉ*, étant largement écarté, les deux orteils se croisaient, lorsqu'ils se tenaient debout, en rapprochant leurs deux pieds l'un contre l'autre. Mr. A. Des Michels (Quelques observations au sujet du sens des mots Chinois *Giao-chỉ*, nom des ancêtres du peuple annamite; mémoire lu devant l'académie des inscriptions et belles-lettres) lit ces deux caractères «Point où les zones frontières des deux pays se joignent», «Territoire limitrophe», «Limite commune». Enfin, un de nos professeurs de l'Ecole coloniale nous les a traduit par les mots de Pays des «Herbes séparées». Mr. le Dr. Hocquard, dans la relation de sa campagne au Tonkin, rapporte une anecdote qui tendrait à prouver que ce dernier sens serait conforme à la tradition populaire Annamite. L'armée du général Négueir, que suivait le Dr. Hocquard en qualité de major, arrivée à la porte de *Cu'a-ai*, sur la frontière de la Chine et du Tonkin: «Quel complot trament les coolies? Pendant que j'examine «les bâtiments, ils ont les yeux fixés sur les collines qui les relient de chaque côté, formant comme une sorte de barrière naturelle; ils causent avec animation et se montrent «du doigt leurs sommets; auraient-ils aperçu quelque chose de suspect; non, les voilà qui «sortent, prennent le petit chemin conduisant en haut de la montagne, près de l'un des «fortins qui flanquent la porte (de *Cu'a-ai*), à droite et à gauche du défilé. Arrivés là, ils «se penchent, examinent le sol, arrachent des touffes d'herbes, et redescendent en gesticulant vivement. Très intrigué, je fais venir l'interprète. A peine les a-t-il interrogés qu'il «part d'un grand éclat de rire. Il me donne ensuite l'explication que voici: certaines parties de la frontière sont connues des Annamites sous le nom de *Giúp-đôi*, ce qui veut «dire «crinière divisée» ou bien encore *Phân-mao-co-che*, «herbe qui bifurque». Il y a «en «effet, une légende qui prétend qu'à la vraie limite du Tonkin et de la Chine, l'herbe «doit se bifurquer dans deux directions distinctes, au Nord pour la Chine, au Sud pour le «Tonkin. Nos coolies ont voulu profiter de la circonstance pour vérifier le fait sur place.» Une campagne au Tonkin, par le Dr. Hocquard, médecin major de 1ère classe. Ch XIX, pp. 398.

antérieures, *Tiên-lý* (前李), le dénomme *Vạng-xuân* (萬春). Enfin, le roi *Đinh-Tiên-hoàng* (丁先皇), de la dynastie des *Đinh* (丁), le désigne sous le nom de *Đại-cù-việt* (大瞿越).

Les Annales Chinoises, au contraire, jusqu'à cette époque, mentionnent toujours ce pays sous la désignation de *Giao-châu* (交州), Province de Giao.

Mais l'empereur chinois *Cao-tô* (高祖), (nom de règne: *Võ-đức* 武德), de la dynastie des *Dương* (唐), en la cinquième année de son règne, change ce nom de *Giao-châu* en celui de *An-nam-đô-hộ-phủ* (安南都護府), Résidence Générale du Midi Pacifié, lorsqu'il l'eût réduit à l'état de province chinoise. Un de ses successeurs, de la même dynastie, l'empereur *Túc-tông* (肅宗) (nom de règne: *Chí-đức* 至德), en la troisième année de son gouvernement, change ce nom en celui de *Trấn-nam* (鎮南), Marché du Sud. L'empereur *Đại-tông* (代宗), de la même dynastie (nom de règne: *Đại-lịch* 大曆), l'an trois de son règne, l'appelle *An-nam* (安南), Midi Pacifié, nom sous lequel on le désigne encore de nos jours.

En ce qui concerne les rois Annamites, *Lý-Thánh-Tông* (李聖宗), de la dynastie des *Lý* (李), appelle son royaume *Đại-việt* (大越). L'empereur *Minh-Mạng* (明命), de la dynastie actuelle des *Nguyễn* (阮), change ce nom en celui de *Đại-nam-quốc* (大南國), le Grand Royaume du Sud.

Remarque très importante: A l'époque du roi *Anh-Tông* (英宗), de la dynastie des *Lý* (李), l'empereur Chinois, de la dynastie de *Tống* (宋), change le nom de la province de *Giao-chỉ*, et lui donne celui de *An-nam-quốc* (安南國), Royaume d'Annam. C'est la première fois que les empereurs de Chine reconnaissent à l'Annam la qualité de *Royaume*. Avant cette époque, ils persistaient à lui donner le nom de province.

Actuellement on peut diviser comme suit le pays d'Annam:

I. Le Tông-king (東京), Capitale-de-l'Est.
    Nom officiel: Bắc-kỳ (北圻), Région-du-Nord.
    Capitale: Hà-nội (河內), Sur-le-Fleuve.
        ou Thăng-long (升龍), Dragon-volant.
(nom populaire) Kẻ-chợ (Caicho) (仇 㕑).

II. L'Annam (安南)
  ⎧ De Huế (犧) à Ninh-bình (寧平):
  ⎪ Tả-Trực-Kỳ (左直圻), la Région gauche.
  ⎨ De Huế (犧) au Bình-Thuận (平順):
  ⎩ Hữ-Trực-Kỳ (右直圻), la Région droite.

    Capitale actuelle: Huế (犧), [nom populaire.]
    Noms officiels et historiques: Thuận-Hoà (順化); Quảng-đức (廣德).
    Nom actuel officiel: Thừn-Thiên-phủ (承天府).

III. La Cochinchine: Nam-Kỳ (南圻), Région-du-Sud.
    Capitale: Già-Định (嘉定), nom officiel.
        Sài-gòn (柴棍), nom populaire.

II.

Liste Chronologique des Souverains de l'Annam.

I. *Temps fabuleux et semi historiques.*

Dynastie des Hòng-Bàng, 2874 à 276 av. J. C.

鴻龐氏 [1]

I. *Kinh-dương-vương* (涇陽王), contemporain de l'empereur chinois *Fou-hy* (伏羲), invente l'écriture et fait les premières lois sociales. Son nom privé est *Lộc-Tục* (祿續).

---

[1] Le caractère 氏 *Thị* signifie: Famille, dynastie.

II. *Lạc-long-quân* (貉龍君), fils du précédent. Nom privé *Sùng-lam* (崇纜).

III. *Hùng-vu'o'ng* (雄王), fils ainé du précédent.

IV. *Hậu-vu'o'ng* (後王), nom générique des dix-neuf derniers rois de la famille de *Hồng-bàng*.

II. Domination des rois de Thục.

蜀氏

An-du'o'ng-vu'o'ng (安陽王), premier roi de la famille de *Thục* (*Thục-thị* 蜀氏), s'empare du pays de *Văn-lang* (文郎) et le nomme *Âu-lạc* (甌貉).

III. Dynastie des Triệu.

趙氏

I. *Vő-đ'é* (武帝) (207 av. J. C.), général Chinois connu d'abord sous le nom de *Triệu-đà* (趙佗), profite de la chute de la dynastie Chinoise des *Tsin* (秦) (*Tần* en Sinico-Annamite), et de l'avènement des *Hán* (漢) pour se proclamer roi indépendant des pays de *Âu-lạc* (甌貉), *Lâm-'áp* (林邑), *Tu'o'ng-quận* (象郡), etc., qu'il réunit sous le nom de *Nam-vi'ệt* (南越).

II. *Văn-vu'o'ng* (文王), (136 av. J. C.), nom privé *Trọng-Houy* (仲始), fils du précédent.

III. *Minh-vu'o'ng* (明王), (124 av. J. C.), nom privé *Anh-Tế* (嬰齊), fils du précédent.

IV. *Ai-vu'o'ng* (哀王), (113 av. J. C.), nom privé *Hu'ng* (興), fils du précédent.

V. *Vệ-du'o'ng-vu'o'ng* (衞陽王) ou *Thuật-du'o'ng-vu'o'ng* (術陽王), (111 av. J. C.), nom privé *Kiến-đức* (建德), est mis sur le trône par *Lü-gia* (呂嘉). Un an après, il tombe entre les mains du général Chinois *Lộ-bac-đức* (路博德), et le royaume de *Nam-việt* devient une province de l'empire du Milieu.

IV. Gouvernement Chinois.

屬中國

Thuộc Trung Quốc.

Etablie dès le IIIe siècle avant Jésus-Christ, la suzeraineté de la Chine sur le pays d'Annam a duré jusqu'en l'année 980 de l'ère chrétienne, mais non sans trouble et sans avoir vu souvent des chefs de rébellion se proclamer rois et tenir plus ou moins longtemps le pouvoir. On cite parmi eux:

I. *Tru'ng-Trắc* (徵側), (36 après J. C.), règne connu sous les titres *Nhữ'-vu'o'ng* (女王) et *Tru'ng-vu'o'ng* (徵王)[1]. Elle avait une sœur nommée *Tru'ng-nhí* (徵弍).

II. *Lý-bôn* (李賁), (541 ap. J. C.), se fait roi indépendant sous le chiffre *Thiên-đức* (天德). Titre dynastique: *Lý-nam-đế* (李南帝). Il est renversé, en l'année 547, par un membre de la famille des *Triệu*, qui se substitue à lui sous le titre: *Triệu-việt* (趙越)[2].

III. *Lý-phật-tử* (李佛子), parent et héritier de *Lý-nam-đế*, reprend le pays d'Annam en 570 et règne jusqu'en 603.

---

1) Les Annamites qui connaissent notre histoire de France, voient en cette reine *Tru'ng-Trắc* la «Jeanne d'Arc» de la nation Annamite. La vie de cette femme patriote a en effet quelque analogie avec celle de la Pucelle d'Orléans. Voyant le peuple Annamite opprimé par les Chinois qui avaient envahi le pays de *Giao*, et s'y étaient établis en maître, elle lève l'étendard de la révolte, attaque le *Thái-Thú* (太守) (gouverneur), *Tô-Định* (蘇定), le chasse et prend le titre de reine. Mais, après plusieurs années de lutte, elle est battue par *Mã-viện* (馬援), général chinois, commandant l'armée des *Hán* (漢). Sa sœur *Tru'ng-nhí* et elle sont mises à mort. Les Annamites, admirant leur courage et leurs malheurs, leur élèvent un Temple, qui existe encore, au Tonkin, près de *Hà-nội*.

2) *Thiên-đức* (天德) est obligé de se réfugier au Laos (en Sinico-Annamite *Vạng-Tu'o'ng* (萬象), le pays des «10,000 éléphants»), où il fonde le royaume de *Đào-lan* (桃郎).

IV. *Ngô-quyén* (吳權), en 939, fonde un royaume indépendant et prend le titre: *Tien-ngô-vu'o'ng* (前吳王).

V. *Du'o'ng-Tam-ca* (楊三哥), en 945, s'empare du pouvoir, et prend le titre *Bình-vu'o'ng* (平王).

VI. *Xu'o'ng-ngập* (昌岌) et *Xu'o'ng-văn* (昌文), fils de *Ngô-quyén*, renversent l'usurpateur et règnent ensemble sous le titre collectif: *Hậu-ngô-vu'o'ng* (後吳王), jusqu'en 965.

VII. *Tién-sách* (前册), fils de *Xu'o'ng-ngập*, succède au trône en 966. Les gouverneurs de province, ou mieux les chefs feudataires, lui refusent l'obéissance et se déclarent indépendants. Il se trouve réduit à la simple condition d'un préfet, *quân* (君); aussi l'histoire l'appelle-t-elle: *Ngô-sú'-quân* (吳使君).

VIII. En 698, *Dinh-bộ-lanh* (丁部領) reconstitue, à son profit, l'autorité royale, et donne au royaume le nom de *Đại-cù-việt* (大瞿越). Chiffre de règne: *Thái-bình* (太平). Titre dynastique: *Đinh-Tiên-hoàng* (丁先皇).

IX. *Ph'ê-đ'ê* (廢帝), en 980, succède à son père *Đinh-Tiên-hoàng*, mais il est dépossédé avant même d'avoir pu inaugurer un chiffre de règne.

V. *Dynasties Annamites.*

南國皇帝
Nam Quốc hoàng đế.

Dynastie des *Lê* antérieurs.

前黎氏 Tiến-lê-thị [1]).

Date de l'avènement	Nom privé Huý 諱	Chiffre de Règne Kỷ-nguyên 紀元	Titre Dynas Tôn-hiệu 尊
981[2])	Lê-hoàn 黎桓	Thiên-phước 天福 Hưng-thống 興統 Ứng-thiên 應天	Đại-hành 大
1006	Long-việt 龍鉞	. . . .	Trung-Tóng 中
1006	Long-Đinh 龍鋌	Kiến-thoại 景瑞	Ngọa-Triều

Dynastie des *Lý*.

李氏 Lý-thị.

1010	Lý-công-nản[4]) 李公蘊	Thuận-thiên 順天	Thái-tổ 太
1028	Phật-mã 佛瑪	Thiên-thành 天成 Thông-thoại 通瑞 Càn-phù-hữu-đạo 乾符有道 Minh-đạo 明道 Thiên-cảm-thánh-vỏ 天感聖武 [5]) Sùng-hưng-đại-bửu 崇興大寶	Thái-Tông 太

---

1) Le nom de la dynastie des *Lê* peut s'écrire 黎 ou 梨 ou 黎.
2) De l'ère chrétienne.
3) *Trung-Tóng* (中宗) fut assassiné deux jours après son avènement par son frère *Long-Đinh* (龍鋌).
4) Ou *Hạo-lý* (後李).
5) Ou *Đại-cảm-thánh-vỏ* (大感聖武).

Nom privé Húy 諱	Chiffre de Règne Kỷ-nguyên 紀元	Titre Dynastique Tôn-hiệu 尊號
Nhựt-Tôn 日尊	Long-thoại-thái-bình 龍瑞太平 Chương-thánh-gia-khánh 彰聖嘉慶 [1] Long-chương-thiên-tri 龍彰天嗣 Thiên-huống-bửu-tượng 天貺寶象 Thần-võ 神武	Thánh-Tông 聖宗
Càn-đức 乾德	Thái-ninh 太寧 [2] Anh-võ-chiêu-thắng 英武昭勝 Quãng-hựu 廣祐 Hội-phù 會符 Long-phù 龍符 Hội-tường-đại-khánh 會祥大慶 Thiên-phù-duệ-võ 天符睿武 Thiên-phù-khánh-thọ 天符慶壽	Nhơn-Tông 仁宗 [3]
Dương-hoán 陽煥	Thiên-thuận 天順 Thiên-chương-bửu-tự 天彰寶嗣	Thần-Tông 神宗
Thiên-Tộ 天祚	Thiệu-minh 紹明 Đại-định 大定 Chánh-long-bửu-ứng 政龍寶應 Thiên-cảm-chí-bửu 天感至寶 Cảm-thiên-chí-ứng 感天至應	Anh-Tông 英宗
Long-cán 龍乾	Trinh-phù 貞符 Thiên-tư-gia-thoại 天資嘉瑞 Thiên-gia-bửu-hựu 天嘉寶祐 Trị-bình-long-ứng 治平龍應	Cao-Tông 高宗

---

1) Ou *Chương-long-gia-khánh* (彰龍嘉慶).

2) 寧 peut encore s'écrire 寕.

3) On attribue également à *Nhơn-Tông* les chiffres suivants, qui ne sont sans doute que des variantes des deux chiffres ci-contre : *Đại-ninh* (大寧), *Quang-bửu* (光寶).

Date de l'avènement	Nom privé Húy 諱	Chiffre de Règne Ky-nguyên 紀元	Titre Dynast Tôn-hiệu 尊
1212	Sam 旵	Kiến-gia 建嘉 Thiên-chương-hữu-đạo 天章有道	Huệ-Tóng 惠
1225	Chiêu¹) 昭	Lý-chiêu-hoàng 李昭皇	Chiêu-thánh-cô 昭聖公

Dynastie des Trần.
陳氏 Trần-thị.

1126	Trần-cảnh 陳煚	Thiến-trung 建中 Thiên-ưng-chánh-bình 天應政平²) Nguơn-phong 元豐	Thái-Tóng 太
1259	Khoản 晃	Thiệu-long 紹隆 Bửu-phù 寶符	Thánh-Tóng
1279	Khâm 昑	Thiệu-bửu 紹寶 Trọng-hưng 重興³)	Nhơn-Tóng
1293	Thuyên 烇	Hưng-long 興隆	Anh-Tóng 英
1315	Mạnh 奣	Đại-khánh 大慶 Khai-thới 開泰	Minh-Tóng
1331	Vượng 旺	Khai-hữu 開祐	Hiển-Tóng
1342	Cảo 暤	Thiệu-phong 紹豐 Đại-trị 大治	Dụ-Tóng
1369	Nhựt-lễ 日禮	. . . .	

1) Le roi Sam, n'ayant pas eu de fils, abdique en faveur de sa fille cadette Chiêu, qui occupa le trône sous le nom de Lý-chiêu-hoàng. Elle s'éprit bientôt du jeune Trần-cảnh, un de ses pages, neveu de Trần-thủ-độ, premier ministre, l'épousa, et lui céda le trône. Trần-cảnh, premier empereur de la dynastie des Trần, n'obtenant point d'enfant de Chiêu, la répudia, et la céda, comme récompense, à un serviteur du roi, le mandarin Lê-phụ-trần.

2) Ou Thiên-ưng-chánh-trị (天應政治).

3) Ou Trung-hưng (中興).

4) Ou Minh-đế (明帝).

Nom privé Húy 諱	Chiffre de règne Kỷ-nguyên 紀元	Titre Dynastique Tôn-hiệu 尊號
Phủ 頊	Thiệu-khánh 紹慶	Nhệ-Tông 藝宗
Cạnh 曔	Long-khánh 隆慶	Duệ-Tông 睿宗
Kiến 晛	Xương-phù 昌符	Phế-đế 廢帝
Ngung 顒	Quang-thới 光泰	Chuân-Tông 順宗
An 安	Kiến-tân 建新	Thiếu-đế 少帝

Usurpation des *Hồ*.

Hồ-qúi-ly 胡季犛	Thánh-nguơn 聖元	. . .
Hồ-hán-thương 胡漢蒼	Thiệu-thành 紹成	. . .
	Khai-đại 開大 ¹)	. . .

Retour de la Dynastie des *Trần*.
陳 氏

Ngỗi 頠	Hưng-khánh 興慶	Gián-Định-đế 簡定帝
Qúi-khoáng 季擴	Trùng-quang 重光	Trung-Quang-đế 重光帝
) Tung 縱 ³)	Thiên-khánh 天慶	. . .
Kiểu ou Cảo 蒿 ⁴)	. . .	. . .

Dynastie des *Lê* postérieurs.
後 ⁵) 黎 氏

Lê-lợi 黎利	Thuận-thiên 順天	Thái-Tổ 太祖
Nguyên-long 元龍	Thiệu-bình 紹平	Thái-Tông 太宗
	Đại-bửu 大寶	

1) Ou *Khai-thới* (開泰).

2) De 1414 à 1427, l'Annam retombe sous l'autorité des gouverneurs Chinois.

En 1417, *Lê-lợi* (黎利) se met à la tête des mécontents.

En 1420, un prétendant, nommé *Lê-ngã* (黎我), se proclame empereur. Mais il disparait aussitôt sans laisser de trace dans l'histoire.

3) Fait roi par *Lê-lợi*; les historiographes ne le comptent pas au nombre des souverains légitimes.

4) Même observation que pour le précédent.

5) 後 *hậu* signifie «postérieur».

Date de l'avènement	Nom privé Húy 諱	Chiffre de règne Ký-nguyên 紀元	Titre Dynastique Tôn-hiệu 尊號
1443	Bang-kì 邦基	Thái-hoà 太和 Diên-ninh 延寧	Nhón-Tông 仁宗
1460	Nghi-dân 宜民	Thiên-hu'ng 天與 ¹)	
1461	Tu'-Thành 思誠	Quang-thuận 光順 Hô'ng-đu'c 洪德	Thánh-Tông 聖宗
1498	Tăng ou Huy 鎗	Kiê'ng-thô'ng 景統	Hiê'n-Tông 憲宗
1505	Đàm 潭	Thái-bình 太平 ²)	Túc-Tông 肅宗
1506	Tuân 濬	Thoại-khánh 瑞慶 ³)	Oai-mục-đế 威穆帝
1510	Vinh 瀅	Hồ'ng-thuận 洪順 ⁴)	Tu'o'ng-dực-đế 襄翼
1516	Trầ'n-cảo 陳暠	Thiên-ứng 天應 ⁵)	
1516	Quang-trị 光治	⁶)	
1518	Ý 椅	Quang-thiệu 光紹	Chiêu-Tông 昭宗
1518	Cung 恭	Tuyên-hoà 詮和 ⁷)	
1518	Du 樗	⁸)	
1523	Thung 椿	Thô'ng-nguo'n 統元	Cung-hoàng-đế 恭皇

Usurpation des Mạc (莫) ⁹).

| 1528 | Mạc-Đăng-Dong 莫登庸 | Minh-đu'c 明德 | . . . . |
| 1530 | Mạc-Đăng-Dinh 莫登瀛 | Đại-chánh 大政 | . . . . |

1) Assassin de Nhơ'n-Tông. N'a gardé le pouvoir que 8 mois et n'a pas reçu de titre dynastique.

2) Ou Thái-Trinh (泰貞).

3) Ou Đoan-Khánh (端慶).

4) Ou Hồ'ng-đu'c (洪德).

5) Prétendant, n'a pas reçu de titre dynastique.

6) Même observation.

7) Même observation.

8) Même observation.

9) Lê-chiêu-tông (黎昭宗) avait reconquis son royaume sur le rebelle Trầ'n-cảo's et était rentré à Hà-nội, grâce à son général Mạc-hu'ng-dong, en général chef des armées de terre et de mer. Celui-ci s'empare du pouvoir et s'établit à Hà-nội. Lê-chiêu-tông réussit

Retour de la dynastie des *Lê*.

黎 氏

Nom privé Húy 諱	Chiffre de Règne Ky'-nguyên 紀元	Titre Dynastique Tôn-hiệu 尊號
Vĩnh 詠	Ngu'o'n-hoà 元和	Trang-Tông 莊宗
Mạc-phu'ớ'c-hải 莫福海	Quảng-hoà 廣和	
Mạc-phu'ớ'c-nguyên [1]) 莫福源	Vĩnh-đ'ịnh 永定	
	Kiểng-lịch 景歷	
	Quang-bu'u 光寶	
Huyên 喧	Thuận-bình 順平	Trung-Tông 中宗
	Thiên-hu'u 天祐	
Duy-Ban 維邦	Chánh-trị 正治	Anh-Tông 英宗
	Hồng-phu'ớ'c 洪福	
	Thuần-phu'ớ'c 淳福	
Mạc-mậu-hiệp 莫茂洽	Sùng-khu'o'ng 崇康	
	Diên-thành [2]) 延成	
Duy-Đàm 維潭	Gia-thới 嘉泰	Thế-Tông 世宗
	Quang-hu'ng 光興	
	Đoan-thới 端泰	
Mạc-mậu-hiệp [3]) 莫茂洽	Hu'ng-trị 興治	
	Hồng-minh 洪寧	
Mạc-Tuyên 莫宣	Vỏ-an 武安 [1])	
Mạc-kính-chỉ 莫敬止 [4])		

---

d'abord à se sauver, mais fut bientôt pris; quelque temps après, *Mạc-đăng-dong* le fit assassiner. *Lê-cùng-hoàng* le remplaça sur le trône. A partir de cette époque, la puissance est partagée parallèlement entre les *Lê* et les *Mạc* usurpateurs.

1) Prétendant de la famille des *Mạc* sans titre dynastique.
2) Ou *Quảng-thành* (廣成).
3) Prétendant de la famille des *Mạc*, sans titre dynastique.
4) Idem.

Date de Pavènement	Nom privé Húy 諱	Chiffre de Règne Kỷ-nguyên 紀元	Titre Dynastique Tôn-hiệu 尊號
1593	Mạc-kinh-cung 莫敬恭	Càn-thống 乾統 ¹)	. . .
1598	Mạc-kinh-dung 莫敬庸 ²)		
1600	Duy-tân 維新	Thận-đức 慎德 Ho-đinh 弘定	Kinh-Tông 敬宗
1605	Mạc-khánh-vương 莫慶王 ³)		
1617	Mạc-kinh-khoan 莫敬寬 ⁴)		
1629	Duy-ki 維祺	Vinh-tộ 永祚 Đức-long 德隆 Dương-hoà 陽和	Thần-Tông 神宗
1643	Duy-hựu 維祐	Phước-thới 福泰	Chơn-Tông 眞宗
1649	Retour de Duy-ki 維祺	Khánh-đức 慶德 Thanh-đức 盛德 Vinh-thọ 永壽 Vạn-khánh 萬慶	Thần-Tông 神宗
1663	Duy-Vỏ 維禑	Kiểng-tri 景治	Huyền-Tông 玄宗
1666	Mạc-Kinh-tự 莫敬宇 ⁵)		
1673	Duy-hội 維禬	Dương-đức 陽德 Đức-nguơn 德元	Gia-Tông 嘉宗
1676	Duy-hiệp 維祫	Vinh-tri 永治 Chánh-hoà 正和	Hi-Tông 熙宗
1706 1721	Duy-đường 維禟	Vinh-thạnh 永盛 Bảo-thới 保泰	Dụ-Tông 裕宗
1729	Duy-phường 維祊	Vinh-khánh 永慶	Vinh-khánh-đế 永慶
1732	Duy-tường 維祥	Long-đức 龍德	Thuần-Tông 純宗
1736	Duy-thin 維祳	Vinh-hựu 永祐	Ý-Tông 懿宗
1740	Duy-đào 維祧	Kiểng-hưng 景興	Hiển-Tông 顯宗

1) Prétendant de la famille des Mạc, sans titre dynastique.
2) Idem.   3) Idem.   4) Idem.   5) Idem.

Nom privé Húy 諱	Chiffre de règne Kỷ-nguyên 紀元	Titre dynastique Tôn-hiệu 尊號
Nguyễn-văn-nhạc 阮文岳 Duy-kỳ 維祁	Thái-đức 太德 [1] Chiêu-thống 昭統	Chiêu-thống-đế 昭統帝

Temps des Tây-sơ'n 西山.

Nguyễn-văn-nhạc 阮文岳	Thái-đức 泰德 [2]	. . .
Nguyễn-văn-huệ 阮文惠	Quang-trung 光中 [3]	. . .
Nguyễn-đăng-toản 阮登頠	Kiểng-thạnh 景盛 [4] Bửu-hưng 寶興	. . .

Dynastie des Nguyễn.

阮氏 Nguyễn-thị.

Nguyễn-phước-ánh 阮福暎	Gia-long 嘉隆 [5]	Thế-tổ-cao-hoàng-đế 世祖高皇帝
Đảm 担 [6]	Minh-mạng 明命	Thánh-tổ-nhơn-hoàng-đế 聖祖仁皇帝
Thì 時	Thiệu-trị 紹治	Hiến-tổ-chu'o'ng-hoàng-đế 憲祖章皇帝

1) *Nguyễn-văn-nhạc* (阮文岳), chef des rebelles *Tây-sơ'n*. Il fut un instant maître de tout l'empire d'Annam, du Tonkin et de la Basse Cochinchine, et obliges *Chi'êu-thô'ng*, successeur de *Hiến-tông*, à s'enfuir à Péking où il mourut. Mais *Gia-Long*, neveu de *Huế-vu'o'ng*, Chúa de *Huế*, dépossédé par *Văn-phạc*, parvient à battre les *Tây-sơ'n*, grâce à l'aide que lui apporte Mgr. Pigneau de Behaines. Il se rend maître de tout l'empire, et c'est ainsi que les Chúa de *Huế* remplacent la famille des *Lế*.

Tây-sơ'n (西山), montagnes de l'ouest; les rebelles avaient pris ce nom parce qu'ils venaient des Montagnes de l'ouest.

2) Usurpateur, comme tel n'a jamais eu de titre dynastique.
3) Idem.
4) Idem.
5) En 1791, n'ayant encore que la dignité de Chúa, il avait déjà pris le chiffre de règne *Gia-hu'ng* (嘉興). *Gia-hu'ng* dans ses relations avec les puissances étrangères, et pour ses propres sujets, prend le titre pompeux de *Đại-nam-quốc-hoàng-đế* (大南國皇帝) que ses successeurs ont conservé.

6) Ou *Đởm* (担).

Date de l'avènement	Nom privé Húy 諱	Chiffre de règne Ky-nguyên 紀元	Titre dynastique Tôn-hiệu 尊號
1847	Nhâm 任 [1]	Tự-đức 嗣[2] 德	. . . . .
1883	. . . . .	Hiệp-Hoà 協和 [3]	. . . . .
1883	. . . . .	Kiến-phước 建福 [4]	. . . . .
1884	. . . . .	Hàm-nghi 咸宜 [5]	. . . . .
1885	. . . . .	Đồng-khánh 同慶	. . . . .
1889	. . . . .	Thành-Thái 成泰	. . . . .

Les Trịnh (鄭) [6].

1545	Trịnh-Kiểm 鄭檢	. . . . .	Minh-khương-vương 明
1570	Trịnh-Tòng 鄭松	. . . . .	Bình-an-vương 平安王

---

1) En 1857, l'exécution de M. Diaz, évêque espagnol au Tonkin, amène la France et l'Espagne à se mettre d'accord pour obtenir réparation des violences commises contre leurs nationaux et contre les chrétiens de l'Annam. En août 1858 une expédition franco-espagnole s'établit au sud de la rade de Tourane Mais la maladie exerçant de grands ravages parmi les troupes, l'amiral Rigault de Genouilly, commandant en chef de cette expédition, se porte devant Saigon dont il s'empare, en Février 1859. En 1862 nous étions maîtres des trois provinces de Biên-Hoa, Gia-Dinh et Dinh-Tuong. En 1867, l'amiral de la Grandière occupe les 3 provinces occidentales de Vinh-Loi, Châu-doc et Hà-tiên.

2) Son titre dynastique lui a été attribué solennellement l'année dernière, mais je n'ai pas pu me le procurer.

3) Le 19 Mai 1883 le commandant Rivière tombe devant Hà-nội, assassiné par les bandes chinoises. La cour de Hué n'en devient que plus insolente, et notre représentant, menacé, quitte cette ville Le gouvernement français décide alors l'expédition du Tonkin. Sur ces entrefaites, l'empereur Tự-đức meurt. Il est remplacé le 12 Juillet 1883, par son frère Hiệp-Hoà.

Je n'ai pu me procurer les noms privés des 5 derniers rois Cela n'a d'ailleurs que peu d'importance. Les caractères qui les composent ne doivent cependant plus être employés. Un lettré qui, par mégarde, les écrirait de son pinceau, serait cassé. On n'a pas encore attribué de titre dynastique à ces empereurs.

4) Hiệp-Hoà est remplacé par un enfant, Kiến-phước, neveu de Tự-Đức. Le régent Nguyễn-Văn-Thường, notre principal ennemi, exerce le pouvoir.

5) Kiến-phước meurt; le régent proclame à sa place son frère Ung-lich, sous le nom de Hàm nghi. Le gouvernement français le fait prisonnier après l'attentat de Hué et le déporte en Algérie où il vit encore; puis il le remplace sur le trône par son frère Đồng-Khánh, qui fut un ami sincère de la France. Malheureusement il mourut très jeune. Son successeur, le roi actuel, est le jeune prince Thành-Thái, proclamé le 31 Janvier 1889.

6) En 1545, deux familles régnaient au Tong-king, celle des Lê, et celle des Mạc

Nom privé Húy 諱	Chiffre de règne Ky-nguyên 紀元	Titre dynastique Tôn-triệu 尊號
Trịnh-Trang 鄭梉	. . . . .	Thanh-đô-vu'óng 成都王
Trịnh-Thạc 鄭柞	. . . . .	Tây-định-vu'óng 西定王
Trịnh-Căn 鄭根	. . . . .	Định-nam-vu'óng 定南王
Trịnh-Cũng 鄭棡	. . . . .	An-đô-vu'óng 安都王
Trịnh-Xang 鄭杠	. . . . .	Oai-vu'óng 威王
Trịnh-Dinh 鄭檊	. . . . .	Minh-vu'óng 明王
Trịnh-Sum 鄭森	. . . . .	Tịnh-đô-vu'óng 靜都王
Trịnh-cán 鄭栓		
Trịnh-Giai 鄭楷 [1]		

Les Nguyễn (阮) [2].

Nguyễn-hoàng 阮潢	. . . . .	Tiên-vu'o'ng 先王
Nguyễn-phu'ó'r-nguyên 阮福源	. . . . .	Sai-vu'o'ng 仕王

---

usurpateurs. Elles se faisaient continuellement la guerre avec des alternatives de succès et de revers. Lê-trang-tong avait comme général Nguyễn căm, qui battit souvent les Mạc, mais fut empoisonné par eux. Trang-Tong nomma alors maréchal commandant des armées de terre et de mer Trịnh-kiếm, gendre de ce même Nguễn-cam. Ce général, très énergique, prit bientôt un grand empire sur le roi et surtout sur son successeur Lê-Trung-Tong. Bientôt, les Trịnh eurent le pouvoir effectif entre les mains; ils reléguèrent les Lê au second plan et régnèrent à leur place. Cependant ils eurent toujours soin de conserver à côté d'eux la famille des Lê qui occupait toujours le trône et jouissait de toutes ses prérogatives royales. Mais les Trịnh, puissants maires du palais, ne leur permettaient de s'immiscer en rien dans le gouvernement du royaume. Cette famille, qui prit le pouvoir de 1541 à 1785, est considérée, par les empereurs actuels, comme usurpatrice.

1) Trịnh-cán est détrôné par Trịnh-Giai. Celui-ci, battu par Nguễn-văn-Huệ, le frère de Nguễn-văn-nhạc, se donne la mort, et le Tonkin tombe aux mains des Tây-sơn.

2) Nguyễn-căm, général de Lê-Trang-Tong, avait laissé plusieurs fils en bas âge. Trịnh-kiếm, leur beau-frère, autorisa l'un d'eux, Nguyễn-hoàng, à aller s'établir dans les provinces de Huế et de Tourane. Là, Nguyễn-hoàng, fondateur de la dynastie actuelle, s'établit en maître et se rendit bientôt indépendant. De sorte que la Cochinchine, soumise toute entière à la domination nominale des Lê, régnant à Hà-nội, était de fait divisée en deux parties, le Tonkin où commandaient les Trịnh, et la Cochinchine proprement dite (Annam actuel) où les Nguyễn gouvernaient en maîtres. A l'avènement de Gia-Long, ces deux parties

Date de l'avènement	Nom privé Húy 諱	Chiffre de règne Kỷ-nguyên 紀元	Titre dynastique Tôn-taiệu 尊號
1635	Nguyễn-phu'ó'c-lan 阮福瀾	. . . . .	Thu'o'ng-vu'o'ng 上王
1649	Nguyễn-phu'ó'c-tần 阮福溙	. . . . .	Hiền-vu'o'ng 賢王
1686	Nguyễn-phu'ó'c-thố'i 阮福泰	. . . . .	Ngãi-vu'o'ng 義王
1692	Nguyễn-phu'ó'c-diêu 阮福調	. . . . .	Minh-vu'o'ng 明王
1724	Nguyễn-phu'ó'c-chú 阮福洼	. . . . .	Ninh-vu'o'ng 寧王
1737	Nguyễn-phu'ó'c-thuần 阮福淳	. . . . .	Võ-vu'o'ng 武王
1765	Nguyễn-phu'ó'c ¹) 阮福	. . . . .	Định-vu'o'ng 定王 Huệ-vu'o'ng 惠王

furent réunies et soumises à un seul souverain; il y eut ainsi changement de dynastie. Le siège de la capitale fut transporté de Hà-nội à Huế.

1) Je n'ai pu trouver le nom complet

APPENDICE.

LISTE DES PRINCIPAUX OUVRAGES AYANT TRAIT A L'HISTOIRE INTÉRIEURE DE L'ANNAM.

I. Ouvrages écrits en langue Française.

I. Cours d'Histoire Annamite à l'usage des Écoles de la Basse Cochinchine par P. J. B. *Tru'o'ng-Vĩnh-ky̆*. Saïgon, 1875.

II. Notes Historiques sur la nation Annamite par le P. Legrand de la Liraye. 1866.

III. Histoire Ancienne et moderne de l'Annam, Tongking et Cochinchine. Depuis l'an 2700 avant l'ère chrétienne jusqu'à nos jours. Par M. l'Abbé Adr. Launay, des Missions Étrangères.
Paris, 1884.

IV. L'Annam ou Tong-King et la Cochinchine au point de vue historique et philologique. Par le Marquis d'Hervey St. Denis.

V. Le Pays d'Annam. Étude sur l'organisation politique et sociale des Annamites. Par E. Luro, Inspecteur des Affaires Indigènes en Cochinchine. Paris, Leroux, 1878.

VI. La Question du Tong-King, par P. Deschanel, rédacteur au Journal des Débats. L'Annam et les Annamites. Histoire, institutions, mœurs. Origine et développement de la question du Tong-King. Politique de la France, de l'Angleterre et de la Chine. Le Protectorat Français. Paris, 1883.

VII. Notes pour servir à la recherche et au classement des monnaies et médailles de l'Annam et de la Cochinchine Française, par J. Silvestre. Saïgon, 1883.

VIII. Les Annales Impériales de l'Annam 欽定越史通鑑綱目. Traduites en entier pour la 1ère fois du Texte Chinois, par A. des Michels, Professeur à l'École Spéciale des Langues Orientales Vivantes.   Paris, 1889.

II. Ouvrages écrits en langue Annamite.

I. 大越史記 (*Đại việt sử ký*) «Histoire du Grand *Việt*», éditée en langue Chinoise sous le règne de *Gia-Tông* (嘉宗) de la dynastie des *Lê* (黎), qui régna de 1672 à 1675; comprend 5 volumes de l'histoire dite *Ngoại-ký* (外記) et 19 volumes de l'histoire *Bản-ký*.

II. 欽定越史通鑑綱目 (*Khâm định Việt sử thông giám cang mục*) «Esquisse générale de l'histoire universelle du *Việt*, arrêté par ordre impérial, composée par une commission réunie sur les ordres de *Tự-Đức*, et annotée par lui.

III. 大南國史記演歌 (*Đại nam quốc sử ký Diễn ca*), «Annales en vers du Grand royaume du Sud», composées par *Lê-ngô-cát*, sous *Tự-Đức*.

IV. 大南越國朝史記 (*Đại nam việt quốc Triều sử ký*) «Histoire des Dynasties Nationales de l'Annam», composée récemment sous la direction de la Société des Missions étrangères.

V. *Tóm lại về sự tích các đời vua nước Annam.* «Histoire abrégée des Dynasties Annamites» par P. J. B. *Trương-Vĩnh-Ký*.

VARIÉTÉS.

CHINESE POSTAL SERVICE.

The *North China Herald* of Shanghai publishes an important statement respecting the creation of an Imperial postal service in China. It was elaborated by Sir Robert Hart, and his scheme has now been approved. From his memorial last spring to the Throne it appears that he intends to place a foreign postal superintendent of the land and water services at the capital city of each province, and an ordinary European postmaster in each prefectural city, assisted, of course, principally at the beginning by English-educated Chinese clerks on the staff; while the district cities, as well as the more important unwalled market towns, will be in charge of trained Chinese only. This concerns inland and non-treaty ports only; and the whole, not counting the Chinese in the department, will scarcely include 200 foreigners. With regard to the treaty ports the service will be managed by a larger number of foreigners, mostly detached from the maritime customs, numbering, say, 400 men, so that the total number of Europeans to be connected with the new postal service will not come up to 600 men of all ranks. The new post offices, where practicable, will be joined with the telegraph offices, and the usual courier service (mounted and on foot) which has hitherto only carried Government despatches throughout the length and breadth of the land, will also be introduced into the new scheme, and be specially used as heretofore — but under European superintendence — to carry memorials to the Throne from high provincial authorities, and the official correspondence of the various *yamêns*. Here the system of "franking" will be exchanged for that of the *yamên* seal of the official sender. As to the private Chinese postal agencies, whose name is legion, and who have a large guild in Shanghai, they will be closed by Government, but their staffs will be allowed to join the new Government services, which will, therefore, have a band of experienced men — experienced as far as the localities and addresses are concerned — at disposal, while opposition will be disarmed. It is not intended during the first year or so to go beyond the treaty ports, the sea-coast towns, and cities along the Yangtse. Thence it will be gradually extended inland until, within the space of six or seven years at most, it is expected that there will be no town or large-sized village in the Empire without its post-office. Especially will the new Government postal service be a boon to the poorer classes of Chinese. A glance at the usual scale of prices for letters will explain this. From Pekin to Shanghai a letter costs 10 to 65 cents; Pekin to Canton, 20 to 25 cents; Pekin to Yunnan, 50 cents, and so on. The "wine money", or postage fee, is variable according to the ignorance of the recipient, and the usual fee of 10 to 15 cents in its elasticity sometimes mounts up to 40 to 45 cents. There is a similar state of chaos and uncertainty in the delivery of parcels, and there can be little doubt that, founded upon a liberal basis and under the able foreign direction and working which Sir Robert Hart may be trusted to recommend, an Imperial postal service will confer very considerable benefits upon the country.

The above-mentioned details on the projected Imperial post office system in China lend special interest to a recent report of the United States Consul at Foochow on the existing methods of sending letters in that country. Private enterprise has for many years rendered communication easy between the people in all parts of the empire. This is conducted through what are called "letter shops". No stamps are used, but the "chop", or seal, of the keeper of the shop is always placed upon the envelope. Imperial edicts and other official despatches are carried by couriers, who travel in cases of emergency 200 or 250 miles a day. In districts where horses are used each stationmaster is required to keep on hand from ten to 20 horses or donkeys, and the local official is held responsible for all delays that occur. These official couriers are not allowed to convey private letters. At the treaty ports "letter shops" are used by the natives only; but in the interior or places not reached by the foreign postal arrangements they are employed by foreigners as well. The latter speak well of the system for its security, but it is not all that could be desired in regard to quickness of delivery. It somewhat resembles the American express system, as it transmits parcels of moderate size and weight. It is said to possess two decided advantages — insurance against loss and monthly settlement of accounts. All letters and parcels to be sent may be registered and insured. When given in at a "letter shop" the contents of an envelope are displayed before it is sealed and stamped with the "chop" of the shop. Charges for transmission of valuables are made on a percentage of declared value, and, as with letters, these differ according to the distance to be carried. A receipt is given, and the shopkeeper then becomes responsible either for its safe delivery with unbroken seal at its destination or for its return to the sender. Owing to the competition that exists in large cities and thickly-populated districts, this is necessary if the shopkeeper hopes to retain his customers. In some parts of the Empire about two thirds of the expense of transmission is paid by the sender, the remainder being collected from the receiver; thus the shop is secured against entire loss from transient customers. The other feature, much appreciated by native merchants, is that of keeping an open account with the shop. Charges are entered against regular customers, and settlements are made monthly. In case of loss it is seldom necessary to call in the aid of courts, the force of competition being sufficient to insure reasonable settlement. There are said to be nearly 200 letter shops in Shanghai, though in many remote villages there are none. The *employés* of the several shops go from house to house seeking customers. In the northern provinces, where horses are plentiful and roads more suitable, the letter-carriers commonly use horses or donkeys, which are supplied at stations about ten miles apart. Each messenger carries from 70lb. to 80lb. of mail matter and travels about five miles an hour. When he arrives at a station, a few minutes only are allowed to change horses, and he is off again till the end of his route is reached, when the bag is given to a fresh man, who starts at once, no matter what may be the hour of the day or night and regardless of wind, rain, heat, or cold, until he, too, has completed his service and handed the parcel to a third messenger, and thus it reaches its destination. For short distances and in all the central and southern parts of China the messenger travels on foot at a rapid pace. This service would be liable to highway robbery, but the robber bands of each district collect blackmail, and for the sums paid them regularly they not only do not molest the messengers themselves, but agree to keep others from doing so. There are two kinds of stamps known among dealers as Chinese stamps. The first was introduced by Sir Robert Hart and is used only in the Customs service. The other is a local Shanghai stamp used by a company carrying letters about the city of Shanghai and to outposts where there are foreign Consuls, chiefly on the Yangtze river and to the ports of Ningpo and Foochow in the south, Chefoo, Tientsin, and Pekin in the north. These two systems are entirely in the hands of foreigners.

CONGRÈS INTERNATIONAL DES ORIENTALISTES DE GENÈVE.

On se rappelle qu'à la suite du huitième Congrès international des Orientalistes, tenu en 1889 à Stockholm et à Christiania, aucune ville n'avait été désignée pour les assises de la prochaine réunion. Conformément aux statuts du Congrès fondateur de Paris, Londres fut choisi par les membres du comité de permanence nommé à l'origine. Par suite, le neuvième Congrès des Orientalistes a été tenu à Londres en 1891. Des difficultés de personnes, plutôt que de science, s'étant élevées, un schisme se produisit et un autre congrès d'orientalistes se réunit dans la même ville l'année suivante, en 1892. Tout le monde avait par conséquent satisfaction et il était nécessaire dans l'intérêt supérieur de la science qu'un terrain commun de conciliation fut trouvé. Le choix de Genève était tout indiqué. On sait quel a été le succès du Congrès de Leyde : les petites villes permettent les rencontres plus fréquentes entre savants, partant des échanges plus nombreux d'idées, à la suite desquels des relations d'amitié se nouent souvent. Un dixième Congrès avait été annoncé à Lisbonne, mais quoique quelques brochures isolées aient paru avec cette indication, le Congrès n'ayant de facto pas eu lieu, il ne peut être énuméré dans la série régulière. Le Congrès de Genève est donc bien le dixième Congrès des Orientalistes. Les questions de personnes et de règlements, sujets à des modifications suivant les époques et les milieux, sont secondaires quand il s'agit des progrès de nos études ; il était donc important dans la circonstance d'écarter toute espèce de discussion irritante d'origine : un accord tacite semblait s'être établi pour que dans la ville de Genève tout le passé fut oublié. Les organisateurs de cette nouvelle réunion ont commis la regrettable erreur dans la circulaire que nous reproduisons ci-dessous, de chercher leurs pouvoirs — au lieu de les laisser dans le vague indispensable à la pacification des esprits — dans le congrès de Londres de Septembre 1892 ; c'est perpétuer de la sorte un schisme que personne n'a le désir de voir se prolonger ; et la très grande sympathie que nous avons pour les organisateurs du Congrès de Genève nous fait un devoir de protester contre leur circulaire et de les prévenir d'un danger qu'ils auraient pu parfaitement éviter.

H. CORDIER.
G. SCHLEGEL.

Xe CONGRÈS INTERNATIONAL DES ORIENTALISTES
SESSION DE GENÈVE.

M.

Nous avons l'honneur de vous informer que, conformément à la décision qui a été prise à Londres, en septembre 1892, le Congrès international des Orientalistes tiendra sa X^e session à Genève, du 3 au 12 septembre 1894.

Cette session sera présidée par M. le professeur Édouard Naville.

Nous venons vous inviter à prendre part à ce Congrès, qui, nous l'espérons, réunira en grand nombre, à leurs confrères suisses, les savants étrangers qui font, de l'Orient et de ses langues, l'objet de leurs travaux.

Le Comité d'organisation a décidé que le Congrès de Genève comprendrait les sections suivantes :

I. *Inde et langues aryennes.*
II. *Langues sémitiques.*
III. *Langues musulmanes* (arabe, turc, persan, etc.).
IV. *Égypte et langues africaines.*
V. *Extrême Orient.*
VI. *Grèce et Orient* (*Grèce archaïque, Asie-Mineure, Hellénisme, Byzance*).
VII. *Géographie et Ethnographie orientales.*

Toutefois, si le nombre et la nature des travaux annoncés rendent cette mesure nécessaire, le Comité facilitera volontiers la formation de sous-sections, par exemple d'une sous-section pour les Langues aryennes et d'une autre pour l'Assyriologie.

Une prochaine circulaire fournira divers renseignements complémentaires et fera, en particulier, connaître le prix de la carte de membre.

Nous vous serions très obligés, M. ......, de nous faire savoir dès maintenant si vous voulez bien accorder au Congrès de Genève l'appui de votre sympathique adhésion et si vous avez l'intention de présenter quelque mémoire à l'une des sections indiquées plus haut.

Veuillez, M. ......, agréer l'assurance de notre considération très distinguée.

Le Comité d'organisation du
Xe Congrès international des Orientalistes.

Genève, Janvier 1894.

Comité d'organisation:

Président: M. Édouard Naville, Professeur à l'Université de Genève.

Vice-Président: M. Antoine J. Baumgartner, Professeur à l'École de Théologie de Genève.

Secrétaires: MM. Ferdinand de Saussure, Professeur à l'Université. Paul Oltramare, Professeur-Suppléant à l'Université.

Trésorier: M. Émile Odier, Banquier, de la maison Lombard, Odier et Cie.

MM. Alfred Boissier, Dr. en Phil., membre de la Société asiatique de Paris; Jacques Ehni, Dr. en Phil., membre de la Société orientale d'Allemagne; Léopold Favre, membre de la Société asiatique de Paris; Lucien Gautier, Professeur à la Faculté libre de théologie de Lausanne; Édouard Montet, Professeur à l'Université; Jules Nicole, Professeur à l'Université; François Turrettini, membre de la Société asiatique de Paris; Max van Berchem, Privat-docent à l'Université; Joseph Wertheimer, Grand-Rabbin, Professeur à l'Université.

Délégués des Sociétés savantes et Corps scientifiques genevois.

MM. le Professor Gustave Julliard, Recteur et Délégué de l'Université; le Professeur Eugène Ritter, Doyen de la Faculté des Lettres, Vice-Président et Délégué de l'Institut national genevois; Arthur de Claparède, Président et Délégué de la Société de Géographie; le Professeur Antoine J. Baumgartner, Délégué de l'École de Théologie; Louis Dufour-Vernes, Archiviste de l'État de Genève, Président et Délégué de la Société d'Histoire et d'Archéologie.

Comité général suisse:

MM. Godefroy de Blonay, membre de la Société asiatique de Paris; Félix Boret, Professeur honoraire de l'Ecole de théologie de Genève, à Neuchâtel; Bernhard Duhm, Professeur à l'Université de Bâle; Hubert Grimme, Professeur à l'Université de Fribourg en Suisse; Moritz Heidenheim, ancien Chapelain de l'Église anglicane, à Zurich; Jean-Jacques Hess, Professeur à l'Université de Fribourg en Suisse; Gustave Jéquier, à Neuchâtel; Adolf Kaegi, Professeur à l'Université de Zurich; E. Kurz, Privat-docent à l'Université de Berne; Karl Marti, Privat-docent à l'Université de Bâle; Franz Misteli, Professeur à l'Université de Bâle; Henri Moser, explorateur en Asie centrale, à Schaffhouse; Eduard Mueller-Hess, Professeur à l'Université de Berne; Samuel Oettli, Professeur à l'Université de Berne; Conrad d'Orelli, Professeur à l'Université de Bâle; Alexandre Perrochet, Professeur à l'Académie de Neuchâtel; Charles Piton, ancien Missionnaire en Chine, à Neuchâtel; Charles Rieu, du British Museum, Londres; Rudolf Ruetschi, Professeur honoraire de l'Université de Berne; Victor Ryssel, Professeur à l'Université de Zurich; Heinrich Schweizer-Sidler, Professeur à l'Université de Zurich; Albert Socin, Professeur à l'Université de Leipzig; Jean Spiro, Privat-docent à l'Université de Lausanne; Wilhelm Streitberg, Professeur à l'Université de Fribourg en Suisse; Rudolf Thurneysen, Professeur à l'Université de Fribourg en Brisgau; Henri Vuilleumier, Professeur à l'Université de Lausanne; Jakob Wackernagel, Professeur à l'Université de Bâle.

Les adhésions et indications de travaux doivent être adressées à l'un de MM. les Secrétaires:

M. le Professeur P. Oltramare, 32 Chemin du Nant, Servette, Genève.

M. le Professeur F. de Saussure, Malagny près Versoix, Genève.

CHRONIQUE

ALLEMAGNE ET AUTRICHE.

Notre collaborateur le Dr. Fr. Kühnert, de retour à Vienne de son voyage en Chine, vient de publier quelques remarques sur les *Cheng* (聲) dans la langue chinoise, principalement dans le dialecte de Nanking. (Einige Bemerkungen über die Shēng im Chinesischen und den Nanking-Dialect).

M. Kühnert a été nommé Privat-docent à l'université de Vienne.

Depuis le 1 Janvier, les deux journaux ethnographiques allemands *Globus* et *Ausland* ont été réunis et paraissent sous le titre de «Globus» ayant le Dr. Richard Andree comme rédacteur.

Le 1ᵉ numéro contient un article du Dr. Friedrich Müller à Vienne intitulé «Ethnologie und Weltgeschichte» dans lequel l'auteur exprime une idée que nous prêchons depuis trente ans. C'est qu'on se fait en Europe une fausse idée ce que c'est que la «Weltgeschichte» (l'Histoire Universelle) :

«Nous devons entendre sous l'histoire universelle autre chose que ce que la plupart des célébrités de métier entendent par ce mot, qu'ils considèrent comme consistant en l'histoire des différentes guerres et traités de paix, des Diètes et des Conciles, des subterfuges diplomatiques et des commérages politiques, et surtout des tables généalogiques des différentes familles régnantes de l'Europe, et qui considèrent comme de la blague tout ce qui sort de ce cadre et ce qui concerne le p e u p l e même».

Pour prouver sa thèse il fait une comparaison entre l'Europe et la Chine et conseille aux Sociologues et Socialistes d'étudier l'histoire du peuple chinois, avec ses institutions et ses mœurs immuables depuis plus de deux-mille ans, comparées avec les changements continuels en Europe qui nous tourmentent sous forme de révolutions et de tentatives anarchistes sans jamais avancer d'un seul pas.

On peut, continue l'auteur, présenter comme modèle à tous les peuples sans exception l'activité, la persévérance, la frugalité et l'équanimité des Chinois.

Aux Chinois appartient l'antiquité la plus reculée, — à eux appartiendra également l'avenir le plus éloigné! Un pareil peuple ne peut jamais périr.

Le «Globus» Nº. 5 reproduit un vieil article du Dr. MICHAELIS sur les peines criminelles au Japon, publié dans le IVᵉ Volume des 'Mitteilungen der deutschen Gesellschaft für Natur- und Völkerkunde Ostasiens in Tokio', par le Dr. Z., qui n'occupe pas moins de six grandes pages. Vraiment les éditeurs pourraient nous donner un régal plus frais, depuis que les deux journaux *Globus* et *Ausland* ont été fondus ensemble, que des vieilleries surannées, abandonnées même au Japon. Il n'y a qu'à plonger à pleines mains pour avoir des articles qui ont plus d'actualité.

On y trouve également un article de M. le professeur F. BLUMENTRITT, sur les usages religieux des indigènes du Tonkin, extrait de la relation du prêtre dominicain et missionnaire espagnol P. FRAY WENCESLAO FERMANDEZ, paru dans le 13ᵉ Volume de la «Correo Sino-anamita», publiée à Manila, probablement en 1890—1891, auquel notre remarque précédente ne s'applique point, parce que les publications en langue espagnole ne sont pas universellement répandues et comprises.

Au Séminaire oriental à Berlin une chaire de Russe a été créée.

ANNAM.

M. H. SEIDEL de Berlin vient de publier dans le 2ᵉ No. du Globus (Janvier 1894) une Notice de son exploration du Donaï supérieur.

ASIE CENTRALE.

ST. GEORG LITTLEDALE vient de retourner en Angleterre de son voyage dans l'Asie centrale. En Mai 1893 il se trouva à *Kurla* (Turkestan chinois) d'où il suivit le fleuve *Tarim* jusqu'au *Lob-noor*, et, côtant le côté nord du *Altyn-Dagh*, il y tua quatre chameaux sauvages.

A cause d'une trahison dans son camp, il dut se diriger sur *Saïtou*, où le mandarin chinois lui causa beaucoup d'embarras. Malgré cela il arriva jusqu'à la chaine Humboldt de Prschewalsky, et trouvait que les cartes à cet endroit étaient très incomplètes; e. a. la «Ritterkette» inscrite sur la carte n'existe point du tout.

En revanche, on trouve une chaine parallèle, avec deux sommets de plus de 6000 mètres de hauteur, au sud des montagnes Humboldt. Ayant passé par plusieurs défilés, il attint le lac *Buchain*, d'où il retourna par le *Koko-noor*. *Sining* et *Lan-tcheou-fou* à *Péking*, où il arriva fin Septembre 1893 (Géogr. Journal, Déc. 1893).

Le géologue russe W. A. OBRUTSCHEV a entrepris dans les premiers mois de l'an 1893 un voyage vers l'occident par la province de *Chan-si* (Chine) au pays des *Ordous*, pendant lequel il a fait beaucoup d'observations géologiques qui complètent celles faites par Von Richthofen.

Il en a fait communication dans une lettre à M. J. W. MUSCHKETOV.

GRANDE BRETAGNE.

Koung Tchao-youen (龔照瑗), ancien Tao-taï de Tché-fou et de Changhaï et Fan-taï du Sze-tchoan, a été nommé ambassadeur de la Chine à Paris et à Londres. Il partira en Fév. ou Mars pour sa nouvelle destination. Comme *Li Hung-tchang* (李鴻章), il est originaire du *Ngan-houei* (安徽).

CHINE.

Le gouvernement Chinois a payé une indemnité de 40,000 dollars aux familles des deux missionnaires Suédois massacrés en Juillet 1893 à Soung-pou (Voir *T'oung-pao*, 1893, p. 435).

Les principaux criminels de l'attaque contre la mission catholique française dans le nord du Hou-peh ont été décapités, et d'autres bannis pour la vie.

Les travaux pour le chemin de fer de l'Asie centrale sont terminés jusqu'à l'Amour qui sera traversé par un pont d'une longueur de $1^3/_5$ milles anglaises. Depuis *Vladivostock* 24 milles de chemin de fer sont terminés.

A l'instar des villes de Shanghai et de Hankow, la ville de *Tchi-fou*, au golfe de *Pe Tchely*, a reçu des timbres-poste pour le service local.

Le timbre représente dans l'écusson le Phare de Tchi-fou; à droite et à gauche, aux coins supérieurs, on lit les caractères 烟臺 *Yen-taï* (selon Porter Smith écrit 烟㙒), le nom chinois de la ville, que les Européens ont nommée à tort *Tchi-fou* 芝罘, qui est le nom d'un autre port dans le même golfe que *Yen-taï*. La valeur est indiquée au bord inférieur en Anglais. La marque du papier porte également l'empreinte 烟 *Yen* du nom de la ville.

Les timbres sont d'un demi cent (vert), d'un cent (rose pâle), de deux cents (bleu), de cinq cents (rouge-jaunâtre) et de dix cents (brun).

Le timbre-poste de Hankeou de 2 cents a subi une petite altération. Le côté gauche porta 漢口書信館 *Han-k'au Chou-sin-koan*. Pour rendre le timbre uniforme aux autres timbres on a retranché le second membre du nom de la ville 口 *k'au*, de sorte que la légende est maintenant 漢書信館 *Han Chou-sin koan* «Bureau de Poste de Han». La couleur est violette.

Pour le service local on a introduit à Shanghai des enveloppes de lettres timbrées (brun) ainsi que des bandes timbrées de 280 × 100 mm. (rouge-jaunâtre) et des cartes postales à un cent (de dollar) de 140 × 90 mm. carton bleu-verdâtre.

The Russians buy great quantities of teashrubs in China, with the view of cultivating the teaplant in the mountainous regions of S.E. Russia. They have engaged for this several Chinese teaplanters.

Messrs Kelly and Walsh have published "A Manual of Chinese Quotations", being a translation of the *Ch'êng yü-k'ao* (成語考) by J. H. STEWART LOCKHART, and Book II of the Chinese Novel *Hung Lou Meng* or "The Dream of the Red Chamber", translated by HENRY BENCRAFT JOLY of H. B. M.'s Consular Service.

On mande de Peking à la *Gazette de Francfort* que l'empereur de Chine, dont on vient de fêter le 21e anniversaire de naissance, a entrepris, aujourd'hui qu'il possède à fond la langue anglaise, l'étude du français. Deux professeurs de nationalité française ont été attachés à sa personne.

FRANCE.

Le nouveau professeur au Collège de France, M. EDOUARD CHAVANNES, a fait une brillante leçon d'ouverture le 5 Décembre 1893, en traitant *du rôle social de la littérature chinoise*. Elle a paru dans la *Revue Bleue* du 16 Décembre 1893.

Deux fascicules, l'un relatif à l'Archéologie et l'Histoire, l'autre à la Linguistique et la Littérature de l'Indo-Chine, vont paraître incessamment et nous donneront les premiers résultats de la mission Pavie en Indo-Chine, dont la carte seule avait paru jusqu'ici.

Notre collaborateur, M. Pierre Lefèvre-Pontalis, est parti de Marseille par la malle du 7 Janvier pour rejoindre M. Pavie, dont il sera le commissaire-adjoint à Luang Prabang pour la délimitation de la frontière entre la Chine, la Grande Bretagne et la France; Mr. J. G. Scott, Consul anglais à Bangkok, est l'un des commissaires anglais.

La nouvelle du prochain départ de S. A. le Prince Henri d'Orléans pour un voyage dans la presqu'île indo-chinoise, annoncée par plusieurs journaux, sans être fausse, est, croyons-nous, prématurée.

M. Henri Moser, le voyageur bien connu dans l'Asie centrale, va donner prochainement un ouvrage important à la Société d'Editions scientifiques (Paris) sur l'*Irrigation dans l'Asie centrale*. C'est le fruit d'une grande expérience pratique et de longues études.

M. Edouard Blanc a donné dans la *Revue des Deux-Mondes* du 1er Décembre 1893 un article extrêmement remarquable sur la *Question du Pamir*.

Le second fascicule du Supplément de la *Bibliotheca Sinica* de M. Henri Cordier a paru à Paris à la fin de Décembre 1893. Le troisième et dernier fascicule sera publié cette année en Mai ou en Juin.

M. Gérard, le nouveau ministre de France en Chine, en remplacement de M. Lemaire, est en route pour rejoindre son poste, où il arrivera probablement au mois d'Avril. M. Arnold Vissière, dont nous avons loué le travail sur le *soan-pan*, sera le premier interprète de la Légation.

Le premier numéro de 1894 de la *Revue d'Histoire diplomatique* renferme un *Historique abrégé des relations de la Grande Bretagne avec la Birmanie* par M. Henri Cordier.

Sur l'initiative de M. Emile Molinier, le nouveau conservateur des objets d'art, une salle japonaise a été ouverte au Musée du Louvre à côté de celle qui contient les pastels du XVIIIe siècle.

Voici la liste de quelques-uns des dons qui ont été faits à la nouvelle collection qui bien certainement ne tardera pas à s'enrichir considérablement.

De M. Hugues Kraft, deux grands paravents de l'école de Tosa au seizième siècle. Destinés à perpétuer le souvenir de la grande fête populaire qu'ils représentent, donnée à Naguya à la fin du seizième siècle, ils sont exécutés à la gouache comme des miniatures. De plus, un merveilleux foukousa, une ronde de buveurs de Saké, où les jeux de la lumière dans les soies changeantes amènent des effets de dégradés qui font de cet objet un tableau charmant. M. Brenot a offert trois bronzes, dont un est un objet admirable. C'est un bronze rituel archaïque de la Chine (M Cernuschi en a un similaire qu'il range parmi ses plus anciens bronzes), vraisemblablement antérieur à l'introduction du bouddhisme en Chine (premier siècle de l'ère chrétienne). Ce sont deux grands vases à forme tubulaire, reliés par un oiseau mythique aux ailes déployées qui se dresse sur la tête d'un monstre supportant le tout sur son dos puissant. M. Brenot a ajouté un brûle-parfum de bronze en forme de coffret et une jolie statuette de Sennin du dix-septième siècle. De M. Boulloche, résident en Annam, une tasse de porcelaine siamoise.

M. le Président de la République a reçu le 7 Novembre 1893, en audience publique M. Sané Arasuko, qui lui a remis les lettres de S. M. l'empereur du Japon l'accréditant en qualité de son envoyé extraordinaire et ministre plénipotentiaire près le gouvernement de la République française. Il a été conduit au palais de l'Elysée avec le cérémonial accoutumé.

Nous détachons le passage suivant du discours prononcé par M. Emile Sénart, président, à la séance publique annuelle à l'Académie des Inscriptions et Belles-Lettres qui a eu lieu le 24 Novembre 1893 : « Le prix Stanislas Julien a été attribué à M. Terrien de Lacouperie, professeur à Londres, pour son catalogue des monnaies chinoises du British Museum, qui vont du septième siècle avant J.-C. jusqu'à l'an 621 de notre ère. Vous êtes heureux de rappeler du même coup toute une série d'ingénieux travaux relatifs à l'histoire et aux antiquités de la Chine, où l'auteur, embrassant les horizons les plus étendus, a patiemment recherché tous les liens qui peuvent rattacher les civilisations de l'Extrême-Orient à celles de l'Asie antérieure et de l'Inde».

Par décrets en date du 6 janvier 1894, rendus sur la proposition du ministre de l'instruction publique, des beaux-arts et des cultes:

M. Boyer (Paul), agrégé de grammaire, est nommé professeur de la chaire de langue russe à l'école des langues orientales vivantes.

M. Bonet (Jean-Pierre-Joseph), ex-interprète principal de la marine, est nommé professeur de la chaire de langue annamite à la même école.

MM. Boyer et Bonet étaient déjà chargés de cours à l'École des Langues orientales; ils remplacent MM. Dozon, décédé, et Abel Des Michels, démissionnaire.

Le *Figaro* du 21 Janvier 1894 annonce qu'une «mission française est en route pour remonter le grand fleuve chinois le Yang-tze, visiter les provinces occidentales de la Chine, ouvertes récemment aux Européens, puis gagner les sources du Mékong, aux confins du Thibet, et redescendre vers le Tonkin par Laokaï et Hanoï; le but poursuivi est de rechercher les moyens d'amener les produits de la Chine jusqu'à cette dernière ville.

Le chef de cette mission est M. Haas, notre consul à Hankéou, qui a une parfaite connaissance du pays qu'il va parcourir, ayant résidé plusieurs années en Chine; il est accompagné de M. Henri Berger (fils d'un grand industriel de Rouen) qui, lui-même, est chargé d'une mission du ministère du commerce».

INDO-CHINE.

Le bureau de Khong est ouvert depuis le mois de Novembre dernier au service postal et télégraphique.

JAPON.

Le 51e fascicule des «Mitteilungen der deutschen Gesellschaft für Natur- und Volkerkunde Ostasien» (Tokio, Juin 1892) contient un article du Freiherr Von der Goltz, sur la Magie, la Sorcellerie, le Spiritisme et le Chamanisme en Chine, illustré de 13 planches contenant 44 figures. Il est à regretter que l'auteur n'ait pas consulté les notices que nous avons publiées sur ce sujet dans notre Uranographie Chinoise et notre grand dictionnaire Néerlandais-Chinois. Cela lui aurait épargné beaucoup de peine et l'aurait sauvegardé de plusieurs erreurs. G. S.

En conséquence des pluies violentes, le district entier de Yokohama, au Japon, a été inondé. Plus de 200 maisons ont été détruites et on a à regretter une perte de plus de cent victimes.

A *Fukataka* un affaissement de terre a eu lieu qui a enseveli à-peu-près 50 personnes.

Un des membres de la légation allemande, et le chapelain de la légation anglaise ont été assaillis dans les rues, l'un par un Japonais ivre, l'autre par deux autres Japonais. Les assaillants ayant été sévèrement punis par le gouvernement japonais, les deux ambassadeurs se sont déclarés satisfaits.

Le peintre japoniste, Félix Régamey, vient d'être l'objet d'une distinction peu banale. Sa Majesté Mutsu-Hito, empereur du Japon, lui a fait expédier, dans une petite boite de laque aux armes impériales, la croix d'officier du *Trésor sacré*.

M. Mita Morimasa, professeur à l'Ecole des Nobles du Japon, vient d'être nommé professeur de français du prince impérial du Japon. Jamais, jusqu'à ce jour, un empereur du Japon n'a connu de langues étrangères; il est donc particulièrement intéressant de noter que l'on commence par l'étude du français. M. Mita Morimasa a été interprète des missions militaires françaises au Japon et possède une connaissance approfondie de notre langue.

PAYS-BAS.

Nous apprenons avec satisfaction que le gouvernement français a nommé M. le Consul-général des Pays-Bas à Bangkok, le chevalier KEUN VAN HOOGERWOERD, officier de la légion d'honneur en reconnaissance des soins excellents qu'il a eus pour les intérêts des Français à Bangkok pendant le conflit de la France et le Siam, comme consul temporaire français. (Voir *T'oung-pao*, III, p. 440.)

Pour mêmes services, la légion d'honneur a été également conférée à M. H. W. SOUMON, lieutenant de vaisseau 1re Classe, Commandant du vapeur de guerre Néerlandais «Sumbawa».

Nous avons eu la visite de S. A. I. le prince JORIHITO KOMATSU, fils du prince AKIHOTO KOMATSU, frère de l'Empereur du Japon.

Son Altesse, qui est arrivée le 29 Novembre 1893 à la Haye, et qui y a pris logement dans l'«Hôtel des Indes», était accompagné de M. Saburolei Oku, vice-président de la chambre de commerce de Tōkiō et de Nagasaki, de son secrétaire particulier et de deux valets-de-chambre.

On a adjoint au prince, qui fait un voyage spécial en Europe pour visiter les établissements maritimes, l'adjudant de S. E. le Ministre de la Marine, le lieutenant de vaisseau 1re Classe, M. VAN DER STAAL.

M. TAKAHIRA, ministre-résident du Japon à la Haye a offert un grand banquet au Prince dans la légation, où étaient invités e. a. les ministres de la Guerre et de la Marine.

Après avoir visité les établissements maritimes à Amsterdam, Willemsoord, IJmuiden et le Helder, il est retourné à la Haye pour offrir ses hommages à la Reine-régente et à la jeune Reine des Pays-Bas, qui lui offrirent un grand diner. Après le diner S. A. s'est rendu au palais de la Chambre des Députés, où Elle a assisté pendant une demi-heure au débat général du budget de l'état. La grande croix du Lion Néerlandais a été présentée personnellement par un des adjudants de la Reine au Prince; tandis que le maréchal de la cour, adjoint à S. A., a été nommé Commandeur de l'ordre d'Orange-Nassau.

Le prince est agé de 26 ans et a reçu son éducation en France et en Angleterre, ayant séjourné dans chacun de ces pays pendant cinq ans. Après il a fait pendant deux ans service comme lieutenant à bord d'un navire de guerre japonais.

De la Haye le Prince s'est rendu à Berlin, escorté à la gare par les ministres des Affaires étrangères, de la Marine et des Colonies, du Vice-amiral De Casembroot, du Maire de la Haye, du député Van Kerkwijk, du maréchal de la cour de Sa Majesté, du Ministre Résident du Japon, ainsi que des membres de la légation, auxquels S. A. a témoigné sa satisfaction et sa gratitude pour la réception hospitalière qui lui a été fait aux Pays-Bas et surtout à la résidence.

M. W. J. OUDENDIJK est chargé *ad interim* des fonctions de secrétaire-interprète de la légation Néerlandaise à Péking.

SIAM.

Par décret du Président de la République, rendu le 10 Novembre 1893, sur a proposition du ministre des affaires étrangères, et conformément à l'avis du conseil de l'ordre en date du 6 novembre, a été nommé chevalier de l'ordre national de la Légion d'honneur: M. Schmitt, missionnaire à Pétriou (Siam); services exceptionnels rendus au cours des négociations du traité conclu, le 1er octobre 1893, entre la France et le Siam.

SUISSE.

M. le Professeur EDOUARD NAVILLE, de Genève, vient d'être nommé membre correspondant de l'Institut de France en remplacement du Dr. C. LEEMANS de Leide, décédé le 14 Octobre 1893.

NÉCROLOGIE.

HANS, GEORG CONON VON DER GABELENTZ.

Der diesmalige feuchte, nebelige und kalte Winter hat, wie gewöhnlich, wieder eine Anzahl Menschen vorzeitig weggerafft, und darunter hervorragende Orientalisten wie General A. Cunningham (28 November), Dr. W. H. Smith, Komiogi Saburo, Secretär der japanischen Gesandtschaft in Paris, Dr. Carl Gotthilf Büttner, Lehrer der Suahelie-Sprache am Seminar für orientalische Sprachen in Berlin (45 Jahr, 14 December), D. A. Brauns (2 December), Gustav von Kreitner (21 November) u.s.w.

Leider überfiel der Tod auch einen unserer bedeutendsten Sinologen, deren Reihen schon so wie so nicht zahlreich sind, vorzeitig im Alter von 53 Jahren — unseren Collegen und Freund Professor GEORG VON DER GABELENTZ, in der Nacht vom 10 zum 11 December 1893.

Den 16ten März 1840 zu *Puschwitz* bei *Altenburg* (Herzogthum Sachsen-Altenburg), als zweiter Sohn des hochberühmten Sprachforschers und Staatsmannes HANS CONON VON DER GABELENTZ, geboren, fand er als Knabe schon die Geistesrichtung im Vaterhaus.

Im 15ten Jahre kam er auf das Gymnasium zu Altenburg, wo er bis zum neunzehnten Jahre verblieb, und bereits während dieser Zeit in seinen Mussestunden linguistische Studien, zuerst Holländisch, dann Italiänisch, auch Neuseeländisch und schliesslich Chinesisch, trieb.

Mit 17 Jahren machte er Studien über indochinesische Sprachvergleichung, stellte sogar Lautgesetze über diese monosyllabischen Sprachen auf und fasste dann das Ergebniss in einer Arbeit zusammen, die im Archiv des Altenburger Gymnasiums niedergelegt ist.

Nicht ganz seinem Wunsche gemäss, studirte er auf Verlangen seines Vaters von 1859—63 in Jena und Leipzig Staats- und Rechtswissenschaften. Auch hier benutzte er seine Mussestunden um seine Sprachkenntnisse zu erweitern. Er lernte Sanscrit, Zend, und legte sich zumal mit Eifer auf das Studium der Chinesischen, Japanischen, Mandschu u. m. a. Sprachen. Nach vollendeten academischen Studien war von der Gabelentz in verschiedenen Orten: Leissnig, Dresden u.s.w. als juristischer Beamte thätig, ein, wie er mir oft versichert hat, ihm ganz unbehaglicher Beruf. 1871—1872 war er Decernent bei der Strassburger Präfectur, und seit 1873 Assessor beim Bezirksgericht in Dresden.

Nebenbei setzte er seine linguistischen Studien fort, und ward in 1876, auf Grund seiner Promotionsschrift, die Uebersetzung des 太極圖 Thai-kih thu (Dresden 1876), zum Doctor der Philosophie promovirt.

In 1878 ward er zum Professor der ostasiatischen Sprachen an der Universität zu Leipzig ernannt und im Jahre 1889 als Nachfolger des verstorbenen Professors Wilhelm Schott nach Berlin berufen. Mehr rein linguistischen und grammatikalischen Studien geneigt, publicirte er in 1881 seinen »Beitrag zur Geschichte der chinesischen Grammatiken" (Zeits. d. D. M. G. XXXII), seine »Beiträge zur chinesischen Grammatik. — Die Sprache des Čuang-tsi̇" (Abh. d. Phil. Hist. Cl. d. Kön. Sächsischen Ges. d. Wissenschaften, Band X, 1888) und »Die Sprachwissenschaft, ihre Aufgaben, Methoden und bisherigen Ergebnisse", 1891. Im Jahre 1881 veröffentlichte er seine grosse »Chinesische Grammatik" (Leipzig, T. O. Weigel), und zwei Jahre später seine »Anfangsgründe der chinesischen Grammatik mit Uebungsstücken", beides sehr gute Arbeiten für solche welche gezwungen sind Chinesisch aus Grammatiken und Wörterbüchern zu erlernen. In seinen letzten Lebensjahren beschäftigte er sich damit, den Nachweis der Verwandtschaft des Baskischen mit den Berbersprachen zu liefern welche Dr. A. C. Graf von der Schulenburg, Neffe und Schüler von von der Gabelentz, dessen Freundlichkeit wir den grössten Theil des Obenstehenden verdanken, baldmöglichst veröffentlichen wird.

Ende August des vorigen Jahres besuchte ich meinen Freund auf seinem Rittersitz in Poschwitz bei Altenburg, und traf ihn ganz frisch und munter, glücklich im Kreise seiner Angehörigen. Er lud mich zu Tische ein, und wir sprachen nach dem Mittagessen auf seinem Studirzimmer über vieles, auch über seine letzten Baskischen und Indochinesischen Studien. Zum Thee heizten wir noch eine Pulle Japanischen *Saké*, und ich verliess ihn in vollkommener Gesundheit. Kaum dachte ich damals, dass ich ihn nie wiedersehn würde; und zu meinem Schrecken erfuhr ich schon den 14ten December aus den deutschen Zeitungen seinen, in der Nacht vom 10 zum 11 December erfolgten Tod.

Eine Rippenfellentzündung die auch die Nieren, und schliesslich die Lungen ergriff, entartete in Lungengangrän, zu der sich eine eiterige Pleuritis gesellte, welche eine Operation (Rippenresection) nöthig machte, die mannhaft, ohne Narkose, ertragen wurde, aber sein Leben nicht mehr retten konnte.

Die Trauerfeier fand den 13ten December des Nachmittags im Sterbehause, Kleiststrasse N°. 15, statt. Der Senat der Universität war durch den Rector Prof. *Weinhold* vertreten, für die Akademie der Wissenschaften erschien der ständige Sekretär Prof. *Auwers*, für das philologische Seminar Prof. *Bohlen*, für das romanische Seminar Prof. *Zupitza*. Von Docenten des Seminars für orientalische Sprachen, fanden sich die beiden Chinesen *Hsüeh Shen* und *Au Fung-tschü* ein, die prächtige Kränze um Sarg niederlegten.

Die Feier ward auch vom Staatssecretär Dr. *Herzog* beigewohnt, und der Akademische Gesangverein hatte eine Deputation mit der Fahne entsandt, wie auch einige Vertreter der Studentenschaft erschienen waren.

Mitglieder des Opernchores sangen, und Diakonus *Thaer* aus Charlottenburg hielt die Trauerrede. Auf vierspännigem Leichenwagen wurde der Sarg sodann nach dem Anhalter Bahnhofe gebracht, um nach *Poschwitz*, dem im Altenburgischen gelegenen Rittergute des Entschlafenen, überführt zu werden, wo die Beisetzung in der Familiengruft am 15ten December des Nachmittags 2½ Uhr statt fand.

Wenn auch VON DER GABELENTZ die zur genauen Kenntnis der chinesischen Sprache so unentbehrlich nöthige praktische Kenntniss der Sprache abging, so war er doch einer der ausgezeichnetsten Kenner der Finessen der chinesischen Grammatik.

Er verstand es aus dem vorhandenen, schon übersetzten Material wichtige grammatische Folgerungen zu ziehen, und seine Chinesische Grammatik wird noch lange als Lehrbuch gute Dienste leisten.

Wo es sich aber jetzt darum handelt ihm einen würdigen Nachfolger an der Universität zu geben, so sei man darauf bedacht einen sowohl praktisch als wissenschaftlich gebildeten Sinologen zu wählen. Die Sinologie ist doch als Quelle asiatischen Wissens gleichbedeutend mit den Semitischen und Indischen Disciplinen, und ist als solche einzig und allein zu betreiben, wenn je brauchbare Resultate erzielt werden sollen.

Dann aber kann sie die Wissenschaft der Zukunft werden. Die Arbeiten der Sinologen während des letzten Jahrzehent haben gezeigt von welchem unberechenbaren Nutzen die Erforschung der literarischen Denkmäler Chinas ist für Erläuterung der Geschichte, Geographie und Volkerkunde, nicht allein Ost-Asiens, sondern auch von West-Asien und von altgriechischen und altrömischen Staaten. Während Frankreich, England und Holland das chinesische Sprachstudium für so wichtig halten dass in jedem dieser Länder einer oder mehrere Professoren der chinesischen Sprache an den Universitäten angestellt sind, findet man in Deutschland und Oesterreich die Sinologie nur als ein Appendix der vergleichenden Sprachwissenschaft vertreten. Dagegen findet sich dort an jeder, selbst der kleinsten Universität, ein Docent oder Professor des Arabischen, des Hebräischen und des Sanskrit.

Deutschland, und ebenso Oesterreich, sollten mindestens zwei bis drei Lehrstühle für Chinesisch besitzen, wenn sie nicht hinter Frankreich, England, Holland und selbst Italien zurückstehen wollen.

Wenn es die Aufgabe der Universitas literarum ist, einem Forschungskreis, wie ihn die Geschichte der asiatischen Völker als Theil der Geschichte der Menschheit bildet, jede wichtige Quelle durch Heranziehung geeigneter Kräfte zu erschliessen, so würde durch Errichtung von Lehrstühlen für die Kenntniss der chinesischen Literatur, Kultur und Kunst eine Lücke ausgefüllt werden, die an so bewährten Pflegestätten der asiatischen Studien, wie es die Universitäten deutscher Zunge sind, in Anbetracht der Fortschritte anderer Länder, unerklärlich erscheinen muss. Mit der dadurch zu gebenden Anregung werden sich bald Kräfte zur Bearbeitung dieser unerschöpflichen Fundgrube asiatischen Wissens finden. Der grösste Feind des Erfolges bei der sinologischen Forschung ist aber die Zersplitterung; und, unseres Erachtens nach, soll die Sinologie an der Universität Berlin's nicht allein vertreten sein von einem praktischen Fachmanne, wie am Orientalischen Seminar, sondern auch an der Universität von einen sowohl praktisch wie wissenschaftlich gebildeten Gelehrten, dessen Aufgabe es sein wird aus dem reichen Material das uns die chinesische Literatur bietet, zu schöpfen und dies für die Gesammtwissenschaft nutzbar zu machen. Auf solche Weise wird man dem verewigten VON DER GABELENTZ das würdigste Denkmal stiften, welches er selbst würde gewünscht haben.

8 Januar 1894.   G. SCHLEGEL.

Sir ALEXANDER CUNNINGHAM.

Nous regrettons d'avoir à annoncer la mort du célèbre major-général anglais Sir ALEXANDER CUNNINGHAM, décédé le 28 Novembre 1893 dans son domicile à South-Kensington. Né dans John-street, Westminster, le 23 Janvier 1814, il entra en 1834 comme officier du Génie dans l'armée indienne où il servit jusqu'en 1861 quand il fut nommé Directeur du Indian Survey créé en 1860 par Lord Canning, sur sa demande. Dans son ouvrage «Ancient Geography of India», publié en 1871, il réunit toutes ses publications séparées.   G. S.

DAVID AUGUST BRAUNS.

L'ancien professeur à l'université de Tokio, au Japon, vient de mourir le 2 Décembre 1893 à Gandersheim. M. DAVID AUGUST BRAUNS était né à Brunswick en 1827, étudiait les sciences naturelles à Gottingue et publiait de 1864 à 1874 son grand ouvrage sur le Jura moyen dans la partie nord-ouest de l'Allemagne.

Appelé à remplir à Tokio la chaire des sciences naturelles, il y étudiait pendant plusieurs années la géologie, la zoologie et l'ethnographie du Japon, et y publiait entre-autres, dans les «Mittheilungen der deutschen Gesellschaft für Naturkunde Ostasiens» (Vol. 3, p. 440), ses Notices sur la formation jurassique au Japon. Ses ouvrages plus importants sont: Geologie der Umgebung von Tokio (1881), Diluviale Säugethiere Japans (1882), Ueber die Verbreitung japanischer Säugethiere (1884—1886), Ueber den japanischen Nörz, den Raben, die Fischotter (1881—1884), Japanische Skizzen, et Japanische Märchen und Sagen (Leipsick 1885).

En 1883 Brauns retourna en Allemagne, et fut nommé en 1886 professeur extraordinaire à Halle.

Déjà souffrant depuis plusieurs années, il s'était retiré à *Gandersheim*, où la mort l'a ravi à la science. G. S.

GUSTAV VON KREITNER.

Nous avons à rapporter le décès du Consul-général autrichien Gustav von Kreitner, le 21 Novembre dernier, un homme qui s'était acquis de grands mérites par son exploration de l'Asie centrale lors de l'expédition du comte *Széchenyi*. Né le 2 Août 1843 à *Odrau*, dans la Silésie autrichienne, il entra en 1866 dans le service militaire où il se distingua comme topographe. C'est pour cette raison que le comte B. Széchenyi l'engagea en 1877 comme topographe pour son expédition dans l'Asie centrale, qu'il poussa jusqu'aux frontières du Thibet, et d'où il retourna en 1880 avec un très riche butin scientifique. Ce voyage a été décrit par von Kreitner dans son bel ouvrage « Im fernen Osten » (en Extrême Orient), (Vienne 1881). En 1883 il fut nommé Consul d'Autriche à Shanghai, et en 1884 dans la même qualité à Yokohama.

G. S.

BULLETIN CRITIQUE.

Autour du Tonkin par Henri Ph. d'Orléans; illustrations et cartes d'après les photographies et documents de l'auteur. Paris, Calmann Lévy, 1894.

L'occupation de l'Indo-Chine par la France est due à l'instigation de l'abbé Huc, qui demandait la protection de son pays contre les persécutions subies en Cochin-Chine par les Chrétiens.

L'empereur Napoléon III ordonna conséquemment à l'amiral Rigault de Genouilly, en 1858, de diriger ses forces de la Chine à la Cochin-Chine.

Il l'envahit, s'empara de Saigon, et à la suite des expéditions des amiraux Charner, Page et Bonnard, trois des provinces de la Basse Cochin-Chine furent cédées à la France. Par le traité de Saigon, en 1862, le droit de navigation sur la grande rivière du Cambodge était accordé à la France et elle occupait temporairement la citadelle de Vinh-luong.

En 1867 l'Amiral de la Grandière, gouverneur du pays, s'empara des trois autres provinces de la Basse Cochin-Chine. Le Cambodge fut mis sous le protectorat de la France en 1863, et en 1867 le Siam reconnaissait ce protectorat sous condition que la France ne prendrait jamais possession du Cambodge, que les provinces de Battambong et Angkor resteraient dans la possession du Siam et que la frontière entre le Cambodge et les deux provinces sus-mentionnées seraient définies par une commission Franco-siamoise, ce qui eut lieu en 1868.

En 1866, des explorateurs français remontèrent le fleuve du Cambodge sur la frontière du Yunnan, et, plus tard, M. Dupuis rapportait que la rivière rouge (le Song-koi) était navigable.

En 1873, M. Garnier fut envoyé à Hanoï avec pleins pouvoirs et quelques troupes, et, ayant assiégé la citadelle, il déclarait le protectorat de la France sur le Tonkin.

En 1874, les forts occupés par les Français au Tonkin furent évacués, mais la rivière rouge fut ouverte au commerce français. Cependant, une nouvelle guerre éclata en 1882 entre les Français et le Tonkin qui finit en 1885 par la cession de Langson à la France par la Chine, de sorte que le Tonkin devint partie de l'empire français.

L'Annam fut ensuite attaqué, la capitale Hué prise, la suzeraineté de la Chine fut abolie, et le pays soumis à la protection française. En 1884, malgré le traité avec le Siam, conclu en 1867, le Cambodge, tout en conservant son roi, fut rattaché plus intimement à la France, et enfin en 1893, le Siam fut contraint de renoncer à tout le territoire de la rive gauche du Mekong.

Voilà donc en 35 années un magnifique pays gagné à la France, un pays ouvert à toutes les entreprises possibles et qui ne demande que des capitaux pour enrichir, non-seulement ceux qui les ont risqués, mais également l'état et la mère-patrie. Les Français ont-ils profité de cette chance magnifique? voilà la question que le Prince d'Orléans examine dans la dernière partie de sa description pittoresque du Tonkin et qu'il appelle à juste titre la «pilule» dans sa préface. La réponse à cette question n'est pas favorable, et quelque patriote que le Prince d'Orléans soit, il n'hésite pas à reprocher à ses compatriotes leur peu d'esprit d'entreprise: «Pourquoi, dit-il, p. 574, nos capitaux sont-ils aussi timorés? Pourquoi mettons-nous des centaines de millions dans des entreprises telles que le Panama, prônées par des financiers véreux ou des politiciens malhonnêtes, et rien chez nous?» et plus loin (p. 579) il lance au commerce français l'avis dur mais véridique:

«Commerçans, souvenez-vous que tandis que l'importation française au Tonkin n'est que de douze millions de francs, pour douze millions d'habitants, les importations directes de l'Angleterre en Birmanie étaient déjà de soixante et onze millions de francs en 1884, pour quatre millions quatre cent trente-quatre mille habitants, qu'en l'année 1891—1892, le commerce extérieur de la Birmanie a été de deux cent cinquante millions de roupies, soit quatre cent vingt-cinq millions de francs.

« Ce sont des chiffres.

« Souvenez-vous que le Tonkin est plus riche, trois fois plus peuplé et mieux situé que la Birmanie.

« Souvenez-vous que le Tonkin produit du coton, renferme des millions de tonnes de charbon, est relié par la voie la plus courte et la meilleure à la Chine », et il conclut avec les mots:

« Soyez Asiatiques, voilà l'avenir ».

Il est vrai, la France a à concourir avec l'esprit d'entreprise Anglais, Allemand et Chinois.

Ces derniers risquent leurs capitaux et leurs personnes, mais avec quel résultat?

Les Allemands en rapportent en moyenne dix à quinze pour cent de dividende. Une maison anglaise a même donné jusqu'à 30%/o (p. 29). « Que nous manque-t-il, dit le Prince, pour faire de même? Un peu de hardiesse. Nos armateurs et nos capitalistes font une réponse invariable à ceux qui leur proposent d'essayer une affaire dans ces parages: 'C'est bien loin', disent ils ».

Mais il y a dans le Tonkin, comme du reste dans toutes les colonies françaises, un obstacle formidable au développement du commerce et de l'industrie. C'est l'esprit chicanier du Gouvernement français, imposant dans ses colonies ses restrictions, formalités, exigences de douane et autres mesures surannées, auxquelles elle tient plus qu'aucune autre nation.

Dans la Grande Bretagne même Madame Red Tape exerce une tyrannie aussi insupportable qu'en France; mais elle a compris que *red tape* n'allait pas dans les colonies. Leurs ports y sont libres. Après le départ des Anglais de Java, où le même système règne que dans les colonies françaises, ils ont créé Singapore *port franc*. La conséquence a été que tout le commerce de transit s'est accumulé à Singapore, tandis que si *Rhio* avait été *port franc*, c'est là que le Trade-emporium se serait fixé, la situation géographique de *Rhio* étant bien supérieure à celle de Singapore.

Lorsqu'à la fin le gouvernement néerlandais l'a fait port franc, il était trop tard. Singapore avait attiré le commerce, et *Rhio* est resté nul et sans importance. Hongkong avait également été créé *port franc*, et il l'est resté comme Singapore. Saïgon prospérait aussi longtemps que le commerce était libre. Elle a été minée depuis que les droits protecteurs y ont été levés. « Une colonie, dit le Prince (p. 31), ressemble un peu à un enfant; sa mère, la métropole, doit le soigner, l'élever, le protéger, jusqu'à ce que, devenu grand et fort, il puisse à son tour la récompenser des soins reçus. Nous, trop pressés de profiter de l'enfant, nous avons voulu que, à peine né, il produisît quelque chose. Nous n'étions pas depuis deux ans maîtres du Tonkin que nous l'entourions d'une grande muraille de tarifs douaniers; pour satisfaire quelques marchands de France, nous arrêtions le développement commercial de la colonie sans songer que dans une colonie naissante il faut le plus de facilité, le plus de liberté possibles; que plus il entrera de produits et plus il en sortira, mieux ce sera ».

C'est l'opinion de toutes les personnes éclairées, et dans le dernier Numéro du « Tour du Monde », (30 Déc. 1893, p. 430 B), le voyageur *Claine* exprime la même opinion, et fait le même reproche:

Sur sa demande à plusieurs Corses qu'il rencontrait au Cercle français pourquoi, au lieu d'être venus dans une île espagnole (Porto-rico), ils n'étaient pas plutôt allés en des possessions françaises, la réponse courte et invariable était: « On ne va pas s'établir dans les colonies françaises ». Ce qui équivaut à dire que les exigences mêmes de l'administration espagnole sont préférables à la bienveillance tutélaire pratiquée dans les colonies françaises.

Passons outre!

La description graphique du voyage fait par le Prince fait preuve d'un grand don d'observation assez rare dans de jeunes gens. Ses observations sont quelquefois très frappantes, comme p. e. celle à la page 8 où le voyageur remarque qu'il reconnaitrait, les yeux bandés, à l'aide de l'odorat seul, s'il se trouvait à Aden, Colombo ou Canton.

Le fait est parfaitement vrai: Lorsque j'étudiais à Emoui le Chinois, j'étais presque suffoqué par l'horrible odeur d'ail que mon tuteur Chinois exhalait, et lorsque je lui en fis la remarque, il répondit laconiquement: «Vous autres étrangers, vous puez bien le bouc». Comme le mouton joue un rôle proéminent dans la cuisine anglaise en Chine, cette nourriture donne, pour l'odorat du Chinois, l'odeur du mouton aux effluves de la chair européenne.

Pendant mon long séjour à Java, j'aurais pu reconnaître, à l'odorat seul, la présence d'un voleur caché dans ma chambre à coucher; et, malgré leur gentillesse, les femmes javanaises et malaises m'ont toujours répugné à cause de cette senteur, qui se compose de propalamine et d'acide butireux, mal effacée par le parfum des fleurs de Tchampaka et de Melati qu'elles portent dans leur chevelure.

Pour un touriste la description d'un bateau-fleur à Canton est remarquablement exacte, comme on peut s'en assurer en la comparant avec la description que j'en ai faite dans la première livraison du Vol. VII des «Archives internationales d'Ethnographie» publiées à Leide.

A la page 194 le Prince nous communique une historiette très-intéressante, que l'interprète de M. Vacle, *Kï*, lui racontait:

«Deux crabes étaient mariés: tandis que la femelle change de carapace, le mâle se tient à l'entrée du trou qu'il garde; à son tour, il doit rentrer pour changer; la femelle sort alors, appelle un autre mâle, et «fait des bêtises avec lui». Un pêcheur ayant remarqué ce fait, le rapporte au roi; celui-ci veut savoir s'il en est de même dans l'humanité et si les hommes valent mieux que les femmes. Il publie donc un édit par lequel il promet une forte récompense à celui qui tuera sa femme; un mari accepte, mais ému de pitié il n'ose accomplir le meurtre et se livre soi-même au roi qui le fait emprisonner. Un nouvel édit est rendu en faveur des femmes contre les hommes; une épouse s'engage, et, malgré la douleur de son mari, le décapite et en porte la tête à la cour. Le roi reconnaissant par ce fait que les femmes sont plus mauvaises que les hommes, fait décapiter la meurtrière et récompense largement le prisonnier».

Remarquons à ce sujet que le Crabe royal (*Limulus longispina*), appelé en Chinois 鱟 *hao*, nage toujours avec sa femelle, qui porte le mâle sur le dos, de sorte que les pêcheurs en pêchent toujours deux à la fois. La femelle est considérée par les Chinois comme une femme adultère, de sorte qu'une «petite-maison», où la femme adultère rencontre son galant, est nommée par eux *Hao-ting* (鱟 帿) «Pot aux crabes».

Mais nous devons renoncer à citer plus, pour ne pas priver le public de la lecture du livre même, que nous recommandons tant à l'homme de cabinet et d'étude qui veut se former une idée de cette belle possession française, qu'à l'homme politique qui goûtera peut-être peu les durs avis de l'auteur, mais qui se verra pourtant forcé de donner toute l'attention qu'ils méritent à ces avis dictés par l'amour de la patrie et de la vérité.

Quant à l'exécution typographique du volume, nous regrettons que l'éditeur n'ait choisi un meilleur papier et n'ait mis plus de soin à la reproduction des photographies de l'auteur. Elle est tout simplement affreuse et indigne de l'officine de M. Calmann Lévy.

G. SCHLEGEL.

Transactions and proceedings of the Japan Society, *London*. Volume I, London, Kegan Paul, Trench, Trübner and Co. Limited, 1893.

After a good deal of delays the first volume of the transactions of the young Japan Society of Loudon has appeared in a garb worthy of the spirit which dictated in 1891 the formation of the society.

The volume begins with the Inaugural Address by the President, H. E. Viscount Kawasé, His Imperial Japanese Majesty's Envoy extraordinary and Minister plenipotentiary, whose portrait is reproduced opposite the title-page.

Next follows an article by T. Shidachi on self-defence by sleight of body (*Ju-Jitsu*), one on "The uses of Bamboo in Japan" by Charles Holme, one on "Some Japanese Industrial Art Workers (Crape printers)" by Mrs. Ernest Hart and one on "The naturalistic Art of Japan" by W. Gowland, all these articles being profusely illustrated by fine photograms and woodcuts.

We do not know why the editors have not mentioned in the table of Contents the very interesting "Genealogy of the Miochin family, armourers, swordsmiths and artists in iron (XIIth to XVIIIth century) by Mr. E. Gilbertson, which paper, having been received too late to be read at a meeting in the first Session, was nevertheless resolved by the Council to be taken as read. This paper was originally composed by Mr. G. Kowaki and only arranged for publication by Mr. Gilbertson. It is illustrated by 13 plates, representing some seventeen japanese helmets.

The rest of the volume is taken up by the "Proceedings".

As is known by those who attended the 9th Congress of Orientalists held in London in 1891, the Japanese and Chinese lectures excited by far the greatest interest among the members, so even that a special Japanese and Chinese soirée was organized in which professor de Rosny and myself conducted a Japanese and Chinese "causerie".

In consequence of the awakened interest, Mr. Arthur Diosy presented a scheme, which he had prepared several years ago, for the establishment in London of a Society for the encouragement of Japanese studies. This proposal, seconded by Mr. Daigoro Goh, chancellor of the ImperialJapanese Consulate-General in London, was unanimously adopted, an organizing council was formed, and in a very short time a respectable number of members joined the young society, amounting on 31st December of last year to 365. Up to April 30th 1893 the list of members increased to 430, of which 13 are honorary, 361 ordinary and 56 corresponding members.

We congratulate the young society with her flourishing growth and wish her cordially a 長壽 (long life). G. S.

A Manchu Grammar, with analysed texts, by P. G. VON MOELLENDORF, Shanghai, American Presbyterian Press, 1892.

„There is as yet no grammar of the Manchu language in English", sagt der Verfasser zu Beginn seiner Einleitung; und dieser Grund mag das Erscheinen einer neuen Mandschu Grammatik in gewisser Hinsicht rechtfertigen, denn der Kreis, für den das Buch wohl zunächst bestimmt ist, dürfte kaum in der Lage sein, die früheren deutschen, italienischen und französischen Grammatiken, unter denen de Harlez' *Manuel* unbestritten den ersten Rang einnimmt, mit grossem Erfolge zu benutzen.

Wenn jedoch der Verfasser sodann fortführt: „the general interest taken in every language will, of course, be also extended to Manchu", so giebt es, meiner Ansicht nach, denn doch ganz andere Mittel, das Interesse am Mandschu zu wecken, als gerade die Veröffentlichung einer Elementar-Grammatik; denn Grammatiken haben wir gerade ebensoviele, als es Forscher gegeben, die sich mehr oder minder eingehend mit dem Mandschu beschäftigt haben d. h. — sechs oder sieben.

Und dass das vorliegende Werk eine Grammatik allerelementarster Natur ist, wird man mir gerne glauben, wenn ich sage, dass der Verfasser die ganze Grammatik auf dreizehn und die Syntax auf einer halben Seite abmacht. Was bei einem so summarischen Verfahren herauskommen kann und dass überhaupt nichts Neues, persönlich Erforschtes geboten werden kann, leuchtet ein. Es müssen eben derartige „Grammatiken" sein, scheint mir, die das Studium der altaischen Sprachen bei den Linguisten und besonders den Indogermanisten — sagen wir: in berechtigten Misskredit gebracht haben und immer wieder bringen.

Was heisst es z.B., wird sich ein Indogermanist mit vollem Rechte fragen, wenn der Verfasser bei Besprechung der Pluralbildung sagt: „a final *n* (not being part of the root) is dropped (*hafan-hafasa*); but *han*, emperor, *hansa*". Ein Grund — und er wird dem Verfasser doch bekannt sein — wird nicht angegeben. Weiter wird die Bildung des Praesens u. a. Formen rein schematisch dargestellt: „1. The stem is *ara* which at the same time serves as the Imperative: *ara* write! 2. By adding *mbi* we obtain the Present Tense: *ara - mbi* I write (there being no distinction of persons, this stands for I, thou, he, we, you, they write)". Dass sehr häufig, und in zweifelhaften Fällen geradezu immer, die Personalpronomina *bi* „ich", *si* „du" resp. ein Nomen zum Ausdrucke der Personalbeziehungen des Verbs gebraucht werden, hätte doch wenigstens an dieser Stelle erwähnt werden müssen. Dabei wird auch nicht daran gedacht, die etymologische Erklärung von *mbi* zu geben, trotzdem wenigstens *bi*, seinem etymologischen Werthe nach, schon ebenso lange erkannt ist, als man sich mit dem Mandschu in Europa beschäftigt. Dasselbe gilt von den Formen auf *mbihe*, *mbime*, *mbiji*, *mbumbi* etc., sowie von denjenigen auf *habi*, *habihe* etc. und ganz besonders von den unregelmässigen Bildungen auf *mpi*, *ngka* etc. und im Allgemeinen von den meisten rein äusserlich angegebenen Verbalformen.

Das Ganze kann auf einen Linguisten nur denselben Eindruck machen, als wenn ihm etwa gesagt würde, das lat. Praet. Conj. *amarem* wäre durch Anfügung von *m* vom Infinit. gebildet u. s. w. Practische Regeln haben ja gewiss auch ihr Gutes, aber man darf derartige Angaben doch nicht zuweit treiben, zumal in einer Grammatik, die bestimmt ist, ein allgemeineres Interesse wach zu rufen; denn sie werfen, wie schon gesagt, ein ungünstiges Licht auf unsere Studien.

Was uns fehlt — und dies ist das einzige und beste Mittel andere Forscher für unser Sprachgebiet zu interessiren — das sind auf linguistischem Gebiete etymologische und phonetische Studien und auf philologischem: Arbeiten wie Moellendorfs eigner, werthvoller *Essay on Manchu Literature* (Journ. China Branch R. A. S. vol. 24. 1889 — 90, pp. 1 — 45) resp. Übersetzungen (cf. ebenda. vol. 23. p. 285 tab.).

Richtig dürfte höchst wahrscheinlich die Angabe sein, ō sei vielmehr wie a auszusprechen; von bleibendem Werthe sind 1. die Tabelle der unregelmässigen Verba auf Seite 11 und 2., und ganz besonders die analysirten Texte mit wörtlicher und dann freierer Übersetzung. Nur durch ganz gründliches Studium derartig vorbereiteter Texte und durch eigene Praeparation anderer Abschnitte kann sich der Anfänger über die Schwierigkeiten der Mandschu Syntax hinweghelfen.

W. BANG.

Nord-Tibet und Lob-Nur-Gebiet in der Darstellung des Ta-Thsing I-thung Yü thu, unter Mitwirkung des Herrn KARL HIMLY in Wiesbaden, herausgegeben von Dr. GEORG WEGENER (Zeitschrift der Gesellschaft für Erdkunde in Berlin, Band XXVIII, 1893.

———

C'est avec le plus vif intérêt que nous avons pris connaissance de cet article de Messieurs WEGENER et HIMLY, ainsi que de la belle carte qui l'accompagne, et qui était d'abord destinée à illustrer, dans le mémoire publié à l'occasion de la fête jubilaire de VON RICHTHOFEN, l'article du Dr. Wegener: «Die Entschleierung der unbekanntesten Teile von Tibet und die tibetische Centralkette».

L'Atlas Chinois d'après lequel cette carte a été construite, a servi non seulement aux voyages de Von Richthofen, mais également, avec l'assistance de M. Himly, pour son Atlas dans son grand ouvrage «China»; c'est-à-dire qu'elle est très exacte.

La cartographie en Chine est très ancienne et elle devait être toujours en vogue par la simple raison qu'autant qu'un peuple élargit ses frontières et sa puissance, d'autant il aura envie de savoir la situation et délinéation exacte de ses possessions. C'est absolument comme avec les catalogues de livres. Celui qui n'en possède que quelques centaines, n'en fait pas de catalogue; mais bien celui qui en possède des milliers. Sans sa carte (c'est-à-dire son catalogue) il ne trouve plus le chemin dans sa bibliothèque, aussi peu qu'une armée expéditionnaire pourrait trouver sa route sans une bonne carte.

Chaque fois que la Chine a eu une nouvelle expansion politique, la cartographie refleurissait. Par exemple sous les deux dynasties de *Han* dont la puissance s'étendait pendant le 2ᵉ siècle avant et les deux siècles après notre ère, jusque au delà du plateau du Pamir vers l'Ouest; ensuite sous la dynastie des *Tung*, du 7ᵉ jusqu'au 12ᵉ siècle; sous le grand empire Mongol et finalement sous la dynastie des *Ming* et des *Thsing*.

Vraiment si on compare les cartes de fantaisie des anciens Grecs et Romains avec les cartes relevées sur place par les Chinois, on est obligé de reconnaître encore une fois sur ce point, comme sur tant d'autres, la supériorité de la race jaune sur la race blanche. Ce n'est que hier que le professeur PENCK a proposé de cartographier tous les pays de la terre uniformément sur l'échelle de 1 : 1,000,000, et depuis bien longtemps les Chinois ont construit une carte pareille de la plus grande des cinq parties du monde, avec une partie considérable de l'Europe.

Les derniers et plus importants ouvrages de cartographie en Chine ont été composés sous les auspices de l'Empereur *Khanghi*, contemporain de Louis XIV, par les pères Jésuites qui se trouvaient à cette époque à sa cour. Pendant dix années consécutives ils arrangèrent le matériel existant, faisant de nouvelles déterminations à l'aide d'observations astronomiques et la triangulation et publièrent en 1718 la carte de l'empire entier, un des travaux les plus importants en matière de cartographie.

La carte est tellement exacte,

dit M. Wegener, qu'on doit toujours considérer avec la plus grande méfiance les déviations modernes. Par exemple les observations astronomiques de l'expédition *Széchenyi* ont prouvé que les positions des Jésuites dans la province de Kan-sou étaient bien plus exactes que les déviations de Prshewalski.

La carte qui accompagne le mémoire sus-mentionné est basée sur le grand Atlas Chinois publié en 1863 à *Wou-tchang-fou*, la capitale de la province de *Hou-peh*. Elle est construite sur l'échelle de 1 : 1,000,000 et comprend toute l'Asie jusqu'à l'extrême Sud et l'Europe jusqu'à la mer Egée et la Baltique; elle est imprimée en 32 feuilles, et comme elle comprend le 10° jusqu'au 80° Nord, elle occuperait en entier une hauteur de 7,8 M. et une largeur de 11,1 M. Nous devons renoncer à reproduire la description exacte que M. Wegener a fait de ces cartes, et nous devons renvoyer le lecteur à son mémoire. Ce qui rend la carte de l'auteur spécialement intéressante et utile, c'est que la transcription des noms mongols, mantchoux, tibétains, tangoutes et turques est donnée en lettres européennes et non en charactères chinois. Pour faciliter au lecteur les recherches dans les livres géographiques chinois, M. Himly a ajouté une table (en 29 pages) à l'ouvrage contenant les noms de lieux sur la carte en transcription latine, ceux en transcription chinoise et autant que possible l'explication du nom indigène.

Ceux qui savent combien il est difficile de reconstruire le véritable nom d'un lieu transcrit en caractères chinois, apprécieront ce travail de patience et de perspicacité. Il est seulement dommage que les caractères chinois n'aient pas été ajoutés aux transcriptions chinoises, ce qui aurait pu être fait très facilement, l'imprimerie de l'université de Berlin possédant une belle fonte de types chinois. Si les éditeurs avaient fait cela, la valeur du Mémoire aurait été au moins doublée.

Nous devons remarquer encore que la partie du Tibet est entièrement due aux Chinois, les Jésuites n'y ayant jamais mis le pied; et

M. Wegener remarque avec emphase (p. 209) que tout le brillant travail d'exploration des Européens dans ce territoire ne serait pas en état, même aujourd'hui, de nous fournir un tableau aussi bien organisé et, comme il est prouvé, relativement aussi exact que nous le donne la carte chinoise.

Les géographes ont donc tout lieu de remercier Messrs. Wegener et Himly de leur beau travail.

G. S.

Buddhistische Kunst in Indien, von Professor ALBERT GRÜNWEDEL (Handbücher der Königlichen Museen zu Berlin. Museum für Völkerkunde), mit 76 Abbildungen. Berlin, W. Spemann 1893. Preis 1 Mark 25 Pfennig.

Ce petit ouvrage contient en 170 pages un coup d'oeil fort intéressant sur l'art bouddhique aux Indes qui n'est pas aussi ancien que l'on a cru jusqu'ici, aucun monument important ne remontant plus haut que le 3ᵉ siècle avant notre ère (p. 2). Jusqu'au 13ᵉ et 14ᵉ siècle de notre ère on travaillait en grand style en pierre; ensuite le bois et la terre glaise remplacent la pierre. Plus tard on coulait en métaux et, vers la fin, l'art dégénérait en une main-d'œuvre mesquine. Par rapport à l'immense étendue du pays, les monuments sont rares, la plupart ayant été détruits par le fanatisme ou par la barbarie. Ils n'ont été conservés que dans les contrées dévastées et désolées, et par conséquent oubliées.

Cette pauvreté rend la démonstration d'un développement graduel très difficile.

Dans les monuments du temps du roi Açoka, l'influence du style persan se fait surtout sentir (p.16). Cette thèse est développée plus amplement pages 29 et 72.

Plus tard l'influence grecque commence à se faire sentir dans la sculpture bouddhique par suite de la création du grand empire Graeco-Bactrien. Elle s'est développée surtout depuis le commencement de notre ère jusqu'au 4ᵉ siècle (p. 79).

Déjà, en 1871, le Dr. Leitner avait attiré dans le *Indian Public Opinion* du 11 Février l'attention des savants sur ces sculptures, qu'il a nommées *Graeco-buddhistic sculptures*, et il revient sur la question dans le dernier Numéro du « Imperial Asiatic Quarterly Review », Janvier 1894, p. 186. Nous avons vu à *Woking* la belle collection de ces sculptures rapportées par le Dr. Leitner des Indes.

Cependant nous conseillons aux auteurs qui écrivent sur ce sujet d'aller étudier dans le Musée ducal de Brunswick la belle série de sculptures grecques depuis les temps les plus reculés jusqu'aux époques modernes. Ils y verront avec étonnement que les plus anciennes statues des Grecs sont aussi laides, malgracieuses et stylisées que celles faites par les Egyptiens et les Hindous, et que ce n'est que peu à peu que les formes deviennent plus idéalisées et naturelles. Est-ce une évolution opérée chez les Grecs mêmes et ont-ils introduit leur amélioration dans la sculpture aux Indes? ou est-ce que le contraire a eu lieu? Quelques statues grecques anciennes à Brunswick rappellent à s'y méprendre des Bouddhas hindous. A nos yeux la priorité de l'ennoblissement dans la sculpture grecque et bouddhique est encore une question ouverte.

Il est du moins étonnant que les statues et représentations de Bouddha en Chine, au Japon, au Siam et au Thibet présentent invariablement le type indien et jamais le type grec. (Comp. les figures 56, 59, 60, 62, 64).

G. S.

Le *Yi-King* ou *le livre des Changements de la dynastie des Tcheou*, traduit pour la première fois du Chinois en Français, par P. L. F. PHILASTRE. (Annales du Musée Guimet, tomes VIII et XXII).

M. Philastre ayant terminé sa traduction du *Yi-king*, il est temps d'en présenter une analyse et une appréciation, car l'interprétation de ce livre fameux intéresse non-seulement les sinologues, mais tous ceux qui s'occupent des Annales de l'esprit humain, de l'Histoire de la civilisation.

On sait d'un côté en quel honneur les lettrés chinois tiennent le *Yi-king* qui contient, à les en croire, les principes de toutes les sciences jusqu'à celle de l'électricité et, de l'autre, combien cette réputation est peu justifiée par le contenu d'un ouvrage que ses exégètes européens les plus savants, tels que Legge et Lacouperie considèrent comme un tissu de non-sens et cela non sans de justes motifs. Pour qu'on le comprenne bien, rappelons en peu de mots de quoi se compose notre livre. Il est formé de 64 chapitres dont chacun porte en tête un caractère chinois, à côté d'un signe symbolique dont, à ce qu'on prétend, il serait le nom dépourvu de sens ; puis il énonce une sentence générale suivie de 6 ou 7 autres alignées sans relation entre elles. S'il faut en croire l'opinion reçue aujourd'hui, ces six sentences donneraient ce qu'indiquent les diverses lignes dont se composent les caractères symboliques ou Koua. Ceux-ci, en effet, sont formés de six lignes droites, les unes pleines, Ex. —, les autres coupées par le milieu — —. Voici un modèle de ce genre d'interprétation. Le Ch. XVI contient l'hexagramme ou Koua

Ces lignes représentent :

la 1ᵉ : une joie s'étalant ; mauvais signe.

la 2ᵉ : fermeté comme celle de la pierre.

ligne 3 : quelqu'un regardant en haut avec satisfaction.

ligne 4 : quelqu'un obtenant grand succès par la puissance.

ligne 5 : quelqu'un affligé d'un mal chronique dont on ne meurt pas.

ligne 6 : un esprit sombre attaché au plaisir. S'il se corrige complètement, sera sans regret ou suite fâcheuse.

Il n'est pas besoin de dire que les six lignes du *Koua* n'ont jamais pu représenter de pareilles choses, d'autant plus que, comme il n'y en a que deux espèces, les pleines — et les coupées — — et qu'il y a 64 fois six sentences, soit trois cent quatre vingt quatre en tout, chacun de ces deux genres de lignes devrait représenter ni plus ni plus moins que cent soixante deux idées ou tableaux différents. L'absurdité de cette exégèse, dont se moquait le Dr. Legge, est chose qui ne se discute pas.

Mais il y a un autre mode d'interprétation des figures dont le texte du *Yi-king* ne dit point le moindre mot. Les hexagrammes sont composés de deux trigrammes dont chacun représente un objet particulier, les montagnes, les eaux, le soleil, le vent, le tonnerre, les eaux célestes, le ciel et la terre, et de plus les qualités de ces objets. De la position relative de ces divers éléments dans les figures hexagrammatiques on tire des conceptions philosophiques et des pronostics en rapport avec les diverses natures de ces objets.

Le *Yi-king* lui-même n'en dit rien, comme nous l'avons remarqué, mais les commentaires modernes se répandent en explications plus abstruses, plus bizarres, plus tirées aux cheveux les unes que les autres pour déduire de la composition de ces *Koua* les conséquences les plus variées comme aussi les plus dépourvues de bon sens.

Notons encore que le texte canonique du *Yi-king* comprend, outre sa partie fondamentale, sept commentaires généraux ou partiels dont l'un, appelé *Hi-sze* ou «explication des sens», est un long exposé de principes philosophiques attribué de nos jours à *Kong-tze* lui-même; mais dont il suffit de lire quelques lignes pour constater que le grand moraliste chinois n'a jamais rien écrit ou pensé de semblable. Jamais il n'y eut en lui la moindre étoffe d'un métaphysicien, et l'on est très étonné que M. Philastre puisse croire encore à cette tradition surannée.

Le livre du savant orientaliste se compose de la traduction du texte du *Yi* et de ses appendices canoniques puis de longs extraits des commentaires de *Tcheng-tze*, de *Tchou-hi* et de quelques autres philosophes de l'école du XIe siècle p. C. Quelle est la valeur de cet ouvrage?

Pour répondre à cette question, nous devons nous placer à deux points de vue différents. Comme œuvre de sinologisme nous n'avons que des éloges à lui donner. Son auteur connaît bien le sens des mots chinois et traduit les philosophes d'une manière généralement exacte.

Mais si nous envisageons la chose au point de vue de l'interprétation du *Yi-king*, notre appréciation différera du tout au tout.

Après avoir parcouru ces deux énormes volumes, s'il en a le courage, le lecteur aura l'idée la plus inexacte, la plus fausse du livre dont l'explication en fait l'objet principal. La raison de ce fait est bien simple. Dans la traduction du texte, M. Philastre ne nous présente que des lambeaux de phrases isolés qui n'ont aucun sens précis. Les commentaires dont il nous donne une bonne version sont faits non point sur le texte du *Yi* et pour l'expliquer, mais à côté de ce texte et pour fournir à leurs auteurs l'occasion de développer leurs conceptions philosophiques, de divaguer à propos du *Yi-king*. En outre, le texte si court du *Yi* est perdu là-dedans comme quelques feuilles dans une forêt, il y disparaît presqu'entièrement.

Une simple réflexion suffira pour démontrer ques tous ces commentaires sont en dehors de la question. C'est qu'ils sont tous basés sur la théorie du *Yin* et du *Yang*, des deux principes « actif, spontané » et « passif, réactif ». Or, à l'époque où le *Yi-king* fut composé et de longs siècles après, ce système philosophique était entièrement ignoré. En outre l'école de *Tcheng-tze* datant du XIIe siècle, a inauguré un système d'interprétation sans racine dans le passé.

On a dit que les Chinois avaient perdu le sens du *Yi-king*. Ce sont les divagations des disciples du *Sing-li* qui ont donné lieu à cette croyance. Il n'en est rien. Nous voyons par le *Lûn-yû* et le *Tso-tchuen* que les Chinois le comprenaient encore très bien jusqu'au IVe siècle avant notre ère [1]). Les Appendices 6 et 7 du texte canonique [2]) le démontrent également pour une époque plus récente. Enfin le commentaire perpétuel dont j'ai donné de nombreux extraits à la suite de ma traduction [3]) nous assurent qu'au siècle dernier même

---

1) Voir mon étude: *Le Yi-king au Tchun-tsiu et au Tso-tchuen*. Journal Asiatique, 1893. I. p. 193 ss.
2) Voir mon livre: *Le Yi-king*, texte primitif traduit et commenté. Paris, Leroux 1888, pp. 130—136.
3) Ibid., pp. 137—149.

la vraie intelligence de ce livre s'était conservée intacte.

Les interprètes européens ont été égarés par les divagations de l'école du XII⁰ siècle p. C.; ils ont perdu de vue un fait bien simple qui n'aurait point autrement échappé à leur vue. C'est que chaque chapitre a un titre, que ce titre est contenu dans le mot chinois mis en tête du chapitre à côté de l'hexagramme, et que le reste de la section est un développement de l'idée ou des idées exprimées par le mot titre. C'est la constatation de ce fait qui m'a conduit au système d'interprétation que j'ai adopté, système entièrement conforme à ce que nous apprennent les anciennes Annales de la Chine et les explications sérieuses des exégètes modernes.

On se demande même comment on n'a pas aperçu plus tôt que pour donner le vrai sens du *Yi-king* il fallait tout simplement le traduire comme le premier livre venu.

Je ne prétends certainement pas qu'on ne puisse traduire certaines phrases autrement que je l'ai fait; loin delà; j'en trouve moi-même beaucoup qui sont susceptibles d'interprétations différentes, vu que ce sont pour la plupart des extraits, des citations, de proverbes ou d'ouvrages didactiques. Mais cela ne change rien au système en lui-même.

M. Philastre dans sa postface critique mon interprétation, tout en avouant qu'il ne la connait pas, mais il prévoit qu'elle ne tiendra pas compte des sens mystiques. C'est précisément ce qui en fait le mérite et amoindrit la valeur de l'œuvre du critique. Ce mysticisme est une œuvre très tardive et toute extérieure qui dénature l'original.

D'ailleurs Legge lui-même reconnait en plusieurs endroits que certains chapitres sont le développement d'une idée, et cette idée est en réalité celle qu'exprime le mot-en-tête auquel on n'attribue qu'une valeur de son, de nom-propre. Prenons comme exemple le *Koua* IX, et traduisons selon le sens évident des mots.

比 *Pi*: *union, association, harmonie.*

L'accord est chose heureuse. Accord c'est assistance; le petit se conformant (au grand). Si la paix n'en provient pas, si le grand et le petit ne s'accordent pas, il en résultera de grands maux ; la vraie doctrine qui s'y rattache périra.

1. S'unir à l'homme honnête, droit est sans regret. Il est comme un vase plein (de bonnes choses); jusqu'à la fin il arrivera de nouveaux avantages.

2. L'union du cœur est chose vertueuse et heureuse.

3. L'union avec un homme méchant est un mal.

4. L'union avec l'extérieur, vertueuse, est une source de bonheur.

5. (Exemple d') Union des cœurs brillamment louable. Le roi (dans ses chasses) fait trois battues et laisse échapper le gibier sans que le peuple donne le signal (pour qu'on accoure s'en saisir). (Il s'unit à la pensée de pitié du prince).

6. Une association sans chef (pour la diriger) est chose funeste.

N'est il pas évident que le texte n'est qu'un développement de l'idée exprimée par le titre, une collection de phrases explicatives qui s'y rapportent ?

Enfin le *Hi-tze*, les commentaires de *Tchou-hi*, etc., ne se rapportent que très rarement au sens de ces sentences.

C'est faute d'avoir reconnu cela que M. Philastre a manqué totalement son but. Son livre restera néanmoins comme une collection curieuse des élucubrations philosophiques des *penseurs* chinois modernes et gardera un intérêt historique.

J'avais demandé à la direction des Annales du Musée Guimet quelques pages non point pour critiquer M. Philastre, mais uniquement pour expliquer mon système qui est celui des Lettrés chinois sérieux, et à ma grande surprise j'ai essuyé un refus réitéré. J'attendais mieux de l'esprit scientifique et de l'amour de la vérité des directeurs de ces Annales justement renommées.

C. DE HARLEZ.

NOTES AND QUERIES.

CLIMAT DE L'ÎLE SACHALIEN.

1. Le N°. 7 du Vol. XX des « Verhandlungen der Gesellschaft für Erdkunde » à Berlin (1893) contient un article sur le voyage du professeur A. KRASSNOW de *Charkow* dans l'île de *Sachalien*.

Il parle en général de la température basse du climat dans les parties montagneuses de l'île. Mais les vallées des rivières, dit-il, forment le plus grand contraste avec les formations décrites ci-dessus. Plus elles sont protégées contre le vent, plus la végétation y devient riche, montrant des affinités méridionales.

Les buissons y atteignent une hauteur de trois brasses et les herbes des prairies cachent un cavalier jusqu'à la tête. On y trouve également une vigne sauvage (*Vitis Thunbergi*) tout près des formations *tundra*. On trouve même dans les parties forestières de l'île des formes de plante subtropiques comme les *Arundinaria*, les *Hydrangea* et des espèces d'*Evonymus* toujours verdoyants.

Nous rappellerons à cette occasion que le célèbre pélerin bouddhiste *Hoei-chin* parle également de ces vignes (voir mon *Fou-sang*, p. 123 et 134) que nous avions supposées (à bon droit, à ce qu'il paraît) comme devant croître également au Sachalien. Von Siebold avait déjà trouvé des vignes (*Vitus jezoënsis*) à Yézo. Cette vigne se nomme dans la langue des Aïnos *Boungara* ou *Poungara* (*Fou-sang*, p. 134, Note 3). G. S.

A CHINAMAN'S OPINION ON REVEALED RELIGION.

2. A Chinese mandarin in London being asked by Dr. Leitner whether he considered the "Texts of Tàoīsm" important, replied: "not important, only religious"; and when further pressed to explain why, if unimportant, they had been translated, he explained: "because the missionaries must have *some* religion *from which* to convert the Chinese". Dr. Leitner adds to this: "The objection, therefore, of China to Christianity is not that it is a hostile faith, but that it is a faith at all in what it considers to be "the unknowable".... "If, therefore, the followers of Christ had mainly emphasized His moral teaching, the Chinese would have gladly placed Him alongside of Confucius and Buddha, leaving it to the masses to make a Deity of him as in the case of Buddha; but when our missionaries put forward the new system, as one of Belief rather than practice, they invited the superciliousness of the philosopher and the indignation of the officials against foreign intruders in the peaceful flow of Chinese life". (Imperial Asiatic Quarterly Review, Jan. 1894, p. 148.)

CHINESE SERVANTS IN AMERICA.

3. A dutch-american lady has published in the "Leidsch Dagblad" (a Leiden local paper) of 20 November 1893 a long article about her experience in America of Irish, Dutch, Negro and American servantgirls, which seem to be the most impudent of all servants in the world, and far surpass in insolence and exigencies the European ones. "On my passage through New-York", she says a. o., "I met a lady from California whom I told of my tribulations.

She said to me that she had always been very well served by Chinese domestics, to whom nothing appeared too much. They cooked, washed, were kind to the children, and all this for very mediocre wages. This lady went back to Germany; she praised the german servantgirls very much, but to her view the chinese were the very prime of domestics. Many an American lady, she concludes, will regret that the Chinese, who work so good and cheep as domestics, are to be driven out of America".

LES COLLECTIONS DE L'EXTRÊME ORIENT AU MUSÉE GUIMET.

4. L'exposition des voyages scientifiques dans l'Extrême Orient, qu'on inaugure aujourd'hui au musée Guimet, comprend un grand nombre de collections recueillies par MM. Aymonier, Saint-Pol-Lias, Bonvalot, Henri d'Orléans, Ujfalvy, Ernest Chantre, A. Capus, Pépin, Dumoutier, de Morgan, de Groot et Charles Varat. Plusieurs ont figuré déjà, soit à l'Exposition universelle de 1889, soit dans des musées particuliers où elles ont attiré l'attention. Nous ne nous occuperons que des collections nouvelles qui procureront au public des surprises aussi instructives qu'agréables.

Collection de M. Aymonier.

Objets provenant des ruines d'Angkor. Les murs de la salle sont décorés de bas-reliefs en plâtre reproduisant les grandes galeries du temple d'Angkor. Au centre se dresse une maquette en plâtre (réduction au $1/10$) représentant la porte et le pont de la ville. Le pont qui étonne par sa masse est bordé, de chaque côté, en place de garde-fous, par une enfilade de divinités bhramaniques tenant, sur leurs genoux, le serpent à sept têtes.

Le reste de la salle est occupé par des statues en pierre d'un art primitif et par des stèles dont les inscriptions ont été traduites par MM. Bergaigne et Barth. Ces statues et ces stèles ont été retrouvées par M. Aymonier dans les ruines mêmes du temple d'Angkor.

Collection de M. de Saint-Pol-Lias.

Objets rapportés du Tonkin, de l'Annam, de la Cochinchine et du Cambodge. — A signaler un autel des ancêtres avec ses dieux lares, un costume de femme tonkinoise, une chemise, un costume de deuil tout blanc, des chaufferettes, des instruments de musique décorés de la chauve-souris qui porte bonheur, des services de table, des pots et des pipes à opium, et surtout quelques belles céramiques de Cholon, des vases ornés «des deux dragons qui se disputent la pierre précieuse.»

Collection de M. De Groot.

Objets du culte populaire d'Amoy. — Au fond de la salle réservée à cette collection remarquable, se déploie une immense armoire, en bois peint, laqué et couvert de dorures, qui représente le sanctuaire d'un temple chinois. C'est, nous dit-on, la copie du sanctuaire du temple du Soleil, à Amoy. Au centre sont assis le dieu Soleil (Pó-Sing-taï-te) et son épouse, la déesse de la Mer (Má-tsó-pó). A gauche, — place d'honneur chez les Chinois, — le dieu de la terre et des richesses (Thó-ti-Kong). A droite, l'adjudant militaire des dieux (Toa-thia^{ng}-iâ).

Devant le sanctuaire sont dressés deux autels couverts de brûle-parfums, de chandeliers, de vases à fleurs, de gongs et de clochettes en cuivre, de grelots en bois avec leurs bâtons garnis d'étoffe, de blocs divinatoires et de baguettes marquées de signes cabalistiques auxquels correspondent, inscrites sur les tables du culte, toutes les époques de la destinée. Sur l'un de ces autels figurent les sceaux du Dieu Soleil, sur l'autre le râtelier d'armes de l'armée du Ciel, dont l'état-major, composé de trente-six généraux, dorés et chamarrés, est commandé par le brave général No-Tcha.

A côté des autels, sont répartis les principaux objets qui figurent dans les processions: les bannières où sont inscrits les fragments des livres sacrés, les masses des ordonnateurs, — les deux parasols qui abritent la chaise à porteur du dieu, — et dont l'un, avec ses broderies à fil d'or, sur un fond de soie au rose délicat, est un ravissant spécimen de l'art chinois; enfin les deux chaises à porteur du dieu, l'une destinée aux petites cérémonies, l'autre réservée aux parades et aux grandes fêtes. Celle-ci est décorée de trente-sept petits mannequins dorés: les trente-sept généraux de l'armée du Soleil.

La série des objets du culte est complétée par un meuble d'un intérêt particulièrement piquant: c'est un fauteuil garni de petits paquets de pointes effilées disposées avec art sur le siège, sur les bras et dans le dos, où l'on attache les possédés; il paraît que le mauvais esprit ne résiste pas à ce traitement. Ajoutons d'ailleurs que le patient n'en souffre pas, car on prend soin de le rembourrer d'une façon suffisante pour que les pointes n'atteignent pas la peau.

Notons au passage une quantité de petits dieux divers, dieux des temples, dieux lares, des marionnettes destinées à jouer les Mystères et qui représentent des juges, des démons, des suppliciés, etc., etc.; des instruments de musique: luths, cymbales, tambours, trombones à coulisse, flûte de Pan à dix-sept tuyaux.

Arrêtons-nous un instant devant les autels domestiques — où, sous l'œil bienveillant des trois dieux du foyer, le Chinois dispose les tables à offrande et les tablettes des aïeux, — et quand nous nous serons prosternés devant les temples des trois Bouddhas et de leurs dix-huit apôtres, il ne nous manquera plus que la foi pour être initiés aux cultes des Chinois d'Amoy.

Collection coréenne de M. Charles Varat.

Cette collection est unique en Europe. Chargé d'une mission par le ministère de l'instruction publique, M. Charles Varat est le premier qui ait traversé la Corée du Nord-Est au Sud-Ouest. Cette priorité et des recherches minutieuses dans tous les villages où il a passé lui ont permis de constituer un musée ethnographique du plus haut intérêt qui mérite à tous les point de vue d'attirer l'attention des savants et des artistes.

Nous nous contenterons, pour diriger les recherches du public, d'indiquer ici rapidement les objets qui le composent, en regrettant de ne pouvoir en faire une description plus complète.

La collection est divisée par section:

Littérature et gravure. — Cartes autographes, cartes reproduites, planches, bois, manuscrits datant de trois à quatre cents ans, échantillons de papiers de Corée.

Agriculture. — Dessins.

Métiers. — Balances, poids, outils, etc,

Cuivres. — Plats, assiettes, pots de toutes sortes.

Cultes. — Grande vitrine consacrée au culte de Bouddha. — Trois statues avec leurs «intérieurs»: manuscrits datant de 2 à 300 ans, boîtes de cuivre, cheveux. — Deux vitrines des cultes funéraires: crânes, cheveux, passeports funéraires, stèles, costumes des funérailles; — catafalque orné de coqs, de fleurs et de fruits. Culte familial: meuble où l'on conserve les tablettes des morts; service et libations.

Costumes. — Vêtements de riches, vêtements de pauvres, d'hiver et d'été. Mannequins de femme, d'un orphelin de dix ans; vêtements et parures de la femme et de l'enfant. Jeux et masques satyriques. Parapluie de mandarin. Traineau.

Armes. — Dagues, casse-tête, armures, costumes de soldat de 1674.

Meubles. — Drapeau coréen, lits, armoires, chaises, tabourets, etc., paraveuts, papier, aquarelles.

Instruments de musique. — Luths, cymbales, tambours.

Royauté. — Une grande salle est réservée à la royauté. Au centre se tient le «premier ministre de Gauche», assis sur un tapis; devant lui des danseuses exécutent la danse des poignards. Au-dessus d'eux plane le Phénix, symbole de la royauté. Tout autour de la salle sont disposés des meubles précieux avec incrustations de nacre, des peintures remontant aux 15e et 16e siècles, un panneau à fond de soie rouge représentant le jugement bouddhiste, — des carrés d'étoffe décoratifs où sont figurés des gardiens du temple et des Bouddhas.

Un examen attentif de ces différents objets prouve que, dans leur art et dans leur industrie, les Coréens ont su résister à l'influence sans cesse menaçante des Chinois et des Japonais et se maintenir indépendants.

Telle est, dans son ensemble, l'intéressante exposition ethnographique du musée Guimet. Le public y trouvera l'occasion de s'instruire et de faire, à peu de frais, et sans grand danger, un voyage des plus agréables dans l'Extrême Orient.

Journal des Débats.

ERRATUM.

Vol. IV p. 402 au lieu de: «Livres de Tcheou de *Kih-tchoung*» lisez: «Livres de Tcheou exhumés d'une tombe (*Kih-tchoung Tcheou chou*)», le nom que portait le *Yih Tcheou chou* (逸周書) durant les dynasties des *Soui* et des *Tang*, quand on prétendait que ce livre aurait été trouvé dans la tombe des princes de *Wei*. (Comp. Wylie, Notes on Chinese literature, p. 23).

LE TCHEOU-LI ET LE SHAN-HAI-KING.
LEUR ORIGINE ET VALEUR HISTORIQUE
PAR
C. DE HARLEZ.

(*Continué de la page* 42.)

«Les *Tcheou*, nous disent les commentateurs chinois, avaient composé un code des fonctions, un cérémonial dont ils avaient envoyé des exemplaires aux principaux d'entre les grands vassaux. C'était *Tcheou-kong* qui avait déterminé et fixé les rites. Mais à partir de *Yeou-wang* (781 A. C.) les rites s'altérèrent, le trouble et la confusion commencèrent à y régner. Pendant 10 générations ce ne furent que luttes continuelles. Les Princes substituèrent leur convenance aux rites des anciens. Il en fut ainsi jusqu'à *Kong-tze* qui, voulut restaurer les règles antiques et les remettre en vigueur. Mais les temps ne s'y prétaient plus. Aussi le commentaire *Tchou* de l'*I-li* dit: les siècles suivants tombèrent dans la décadence et la grossièreté. La violence perfide prévalut de plus en plus. Les livres des rites disparurent peu à peu. Après la mort de *Kong-tze*, le désordre et l'oubli des règles prévalurent. Surtout après la dispersion de ses disciples immédiats, les principes de justice et d'équité furent rejetés et violés, les livres des sages furent dispersés et mis en pièces. La dynastie de *Ts'in* surtout les eut en haine et détruisit leurs textes par le feu. Mais avant elle déjà, les princes foulèrent aux pieds les lois et firent périr les monuments écrits qui contenaient ces règles détestées.

« Je n'ai pu apprendre, dit *Meng-tze*, les détails (de l'organisation gouvernementale des *Tcheou*); les princes les haïssaient comme nuisibles pour eux. Tous ont fait périr les mémoriaux qui les contenaient. J'en ai appris seulement les principes généraux ». Suit une énumération des principales dignités, des portions de territoire et des revenus affectés à chaque dégré, tant dans le domaine impérial, que dans les principautés vassales. Or, entre ces principes généraux, que personne ne pouvait ignorer, et les données du *Tcheou-li*, il y a des différences notables, comme on l'a vu précédemment. Il ne restait donc plus guère d'exemplaires de ces Mémoriaux ou des livres de la cour impériale elle-même. Il est même plus probable qu'aucun prince n'en avait conservé quoique ce soit. Or ce fut aux rituels des *Tcheou* que *Shi-houng-ti* en voulait par dessus tout et qu'il s'efforça le plus ardemment de détruire jusqu'au souvenir; parce qu'ils constataient les droits des princes vassaux dont le despote voulait anéantir la puissance.

Lorsque la dynastie de l'usurpateur eut péri sous les coups des *Han* vengeurs des anciens souverains, les lettres respirèrent, et après quelque 25 ans de proscription, le décret de destruction fut levé. Les livres condamnés purent reparaitre.

Un musicien du nom de *Wen* prétendit avoir conservé un exemplaire du cérémonial des *Tcheou*, et vint le présenter au prince *Hiuen* de *Ho-kien*, zélé à réparer les désastres de la littérature nationale. *Hiuen* fit don de ce livre à l'empereur qui le fit déposer dans sa bibliothèque où il resta plus de cent ans ignoré, enseveli.

L'an 8 A. C. le général *Wang-mang* usurpa le trône, dont il fit tomber le dernier des *Han* occidentaux. L'empire fut alors désolé par des guerres meurtrières. Un homme de la campagne, nommé

Tou-tze-tchun, conserva seul un exemplaire du *Tcheou-kuân*. En 49 A. C. quelques savants des montagnes du midi purent lire ce texte et s'appliquèrent à l'interpréter.

Cet exemplaire revint sans doute à la Bibliothèque impériale; car vers l'an 20 *Liu-hiang*, chargé d'examiner ses trésors, commença un catalogue qui fut terminé par son fils *Liu-hin*, et dans lequel nous trouvons décrit le livre du *Tcheou-kuân* tel que nous le possédons aujourd'hui.

Liu-hin le produisit, dit *Tcheng-hiuen*, mais ce livre fut accueilli avec mépris, on le considéra comme une forgerie des Lettrés. *Liu-hin* seul tint pour *Tcheou-kong*. Cp. *Ma-Tuan-lin*, K. 180, f° 13 v°. C'est seulement sous *Ming-ti*, 58 à 76 P. C., 200 ans après la découverte, qu'on se mit à le lire.

Voilà certes de tristes conditions pour prétendre à l'authenticité.

Depuis lors ce livre fut l'objet de différents commentaires, et son enseignement s'étendit et se perpétua.

Ce sommaire historique est le résumé de tout ce que les commentateurs chinois ont écrit sur le *Tcheou-li*. Il est extrait en partie de l'Introduction que M. Biot a consacrée à prouver l'authenticité de ce livre, de *Ma-Tuan-lin*, et des Préfaces des Commentaires de *Ku-kong-yen*, *Tcheng-kong-tcheng*, du *Tcheu-li-chu-su* etc.

Quelles conclusions devons-nous en tirer?

Est-ce d'abord que, d'après les savants chinois, le *Tcheou-li* est l'œuvre de *Tcheou-kong*? Evidemment non. Car ces lettrés disent expressément: c'est *Tcheou-kong* qui a réglé les rites et constitué le gouvernement, la distinction des Supérieurs et des Inférieurs. Ses institutions forment un chapitre du *Shu-king*. Or nous avons vu ce que sont les Institutions du *Shu-king*. Le langage des historiens chinois veut simplement dire que *Tcheou-kong* établit les bases des règles gouvernementales, posa les principes qui, développés successivement, formèrent le cérémonial des empereurs *Tchéou*. Il n'a pas une portée plus étendue.

M. Biot, il est vrai, arguait d'une observation astronomique qui se trouve au L. II du *Tcheou-li* et qui donne la date de 1100 A. C. Je ne suis pas en état de contester ce calcul; mais fut-il vrai, que prouverait-il? rien si ce n'est qu'il y a dans notre livre un passage où se trouve conservé un souvenir traditionnel, mais qui ne prouve pas plus, quant à la date du livre, que la mention d'un fait historique au milieu d'un roman.

Au témoignage si explicite de *Meng-tze*, M. Biot ne sait opposer qu'un doute. Qui sait si *Meng-tze* a tout vu, tout connu?

Mais ce qui rend surtout l'authenticité du *Tcheou-li* suspecte, c'est le fait de sa découverte tel qu'il nous est attesté. Comment ce simple musicien possédait-il un cérémonial impérial qui ne devait se trouver que près des cours souveraines? Qui peut témoigner de son *ingenuité*? Chose plus étrange! ce précieux code reste 120 ans ignoré, méprisé; puis tout à coup il reparait dans les mains d'un homme de la campagne, et le voilà reçu comme le texte authentique des réglements impériaux du passé. Bien plus, tel qu'il revoit le jour, il est accusé d'avoir été remanié, interpolé par la main de *Liu-hin*, le satellite de l'usurpateur *Wang-mang*.

On ne sera donc point étonné qu'une bonne moitié des savants chinois, comme dit *Ma-Tuan-lin*, l'ait stigmatisé et rejeté comme apocryphe. Et quand on lit les raisons qui ont fait pencher de grands esprits, tels que le célèbre Encyclopédiste et le philosophe *Tchou-hi*, vers l'opinion contraire, on ne peut s'empêcher de s'étonner de leur faiblesse.

Ce livre, dit *Tchou-hi*, est tout au moins un document rédigé par un sage au temps où prospérait la famille des *Tchéou*. Son ensemble est régulier; on ne peut admettre qu'il ne soit l'œuvre d'un homme de haute sagesse».

Nous avons vu quelques-unes des traits de cette merveilleuse sagesse! Mais d'ailleurs, est ce que cela prouve son origine officielle? Evidemment non. *Ma-Tuan-lin* n'est pas plus fort. Il convient d'abord que la plupart ont rejeté notre cérémonial à cause du nombre exubérant de fonctions que son auteur prétend avoir existé. «Ces détails sont en effet d'une minutie fatigante», ajoute-t-il; j'ai examiné longtemps la chose et, conclut-il, je ne la trouve pas surprenante; pour chaque genre de service il doit y avoir un office». — Même des officiers impériaux pour tuer les punaises! et plus loin: «Les savants des temps actuels ont présumé que c'était un livre apocryphe composé par *Liu-hin* et que les principes d'administration qu'il renferme ne sont pas susceptibles d'application pratique. Je pense que cette opinion est inexacte».

Et comment le grand écrivain prouve-t-il cette thèse? en aucune manière; il continue par une amplification oratoire et c'est tout [1]).

M. Biot s'appuie, il est vrai sur l'autorité des commentateurs, mais nous avons vu comment ces doctes personnages expliquent gravement les choses les plus impossibles, telles que la division de l'empire en carrés parfaits, le culte des cinq *Ti* au temps des anciens *Tcheou*, et le reste. Comment croire d'ailleurs des commentateurs venus si longtemps après, et qui ne pouvaient pas avoir la moindre connaissance de ce qu'ils avançaient?

Je m'arrête; si je ne me trompe, la lumière est faite maintenant. Le *Tcheou-li* n'est point une œuvre antique, remontant aux commencement de la dynastie des *Tcheou*. Il est en outre rempli de passages qui ne peuvent y avoir été introduits que sous les *Han*, ou qui sont d'une fausseté incontestable.

Mais cela veut-il dire qu'il est absolument faux, en toutes ses parties. Nous ne le pensons pas. Il ne faut pas éviter un extrême

---

1) J'ai cité la traduction même de M. Biot pour qu'on ne suspecte pas la mienne. Voir *Ma-Tuan-lin*, L. 150, f° 18 à la fin et 181, f° 1—14.

pour tomber dans l'autre. Bon nombre des fonctions mentionnées dans le *Tcheou-li*, et les devoirs et prérogatives qui leur sont assignés, ont réellement existé, en partie, telles que ce livre les décrit, ou peu s'en faut. Nous pouvons citer sans hésitation, le *Ta-tsaï*, le *Ta-sse*, le *Sse-tou*, le *Tsong-pa*, etc., etc. comme appartenant à cette catégorie. Le *Tcheou-li* est donc un de ces livres où la vérité se mêle au mensonge, et ce mensonge se présente sous deux formes: fausseté absolue, comme au chapitre de la division du territoire, et fausseté relative, c'est-à-dire attribution d'un fait réel à une époque, ou à une institution auxquelles il est étranger. Dans cette dernière classe rentrent par exemple, le culte des 5 *Ti* et des astres, qui ne date que des *Ts'in*, les fonctions et pratiques des sorciers, qui ne faisaient certainement pas partie du fonctionnarisme impérial.

Cette dernière circonstance nous met sur la trace de l'origine du *Tcheou-li*. Son compilateur appartenait à une époque où l'on ne savait plus que ce culte, comme ces pratiques de sorcellerie, ne pouvaient être attribués à la dynastie des *Tcheou*. C'était d'un autre côté un lettré qui avait une grande connaissance des temps antérieurs et peut-être, à son service, des documents privés qui l'ont aidé à composer son ouvrage. D'autre part, c'était un homme à système comme les *Wen-tze*, les *Han-fei-tze* et autres philosophes de cette époque, prétendant savoir tout et tout expliquer, voulant en tout et partout des formules, des dispositions complètes et comblant par des fruits d'imagination les lacunes de leur savoir. On ne peut, ajouterons-nous, supposer raisonnablement que les souverains auraient envoyé à leurs vassaux, pour les obliger à les respecter, des réglements où se trouvent des dispositions fausses et absurdes, comme le partage du territoire que nous avons expliqué plus haut, et qui auraient attiré sur eux le ridicule; comme aussi ces moyens stupides de faire descendre les esprits, pratique toujours condamnée par le pouvoir central, et autre choses du même genre.

D'autre part, si notre *Tcheou-li* a été vraiment le mémorial des fonctions de la dynastie *Tcheou*, ou comprend difficilement que *Shi-hoang-ti* se soit spécialement acharné contre lui, car il exalte tellement le pouvoir royal et met celui des grands feudataires tellement sous sa dépendance, que *Shi*, le monarque autocrate, aurait dû plutôt en voir propager la connaissance.

Nous avons vu plus haut comment le cérémonial met les royaumes, leurs ministres et magistrats, comme leurs biens sous la dépendance, non pas seulement du suzerain, mais même sous celle de son premier ministre, le *Ta-tsai*. Au commencement de chaque partie, il rappelle le pouvoir discrétionnaire de l'empereur qui crée les états, en détermine toutes les parties, toutes les dignités, forme les capitales et délimite les campagnes, établit leurs magistratures et distingue les fonctions pour qu'ils soient comme l'axe du monde. Ailleurs il menace les vassaux négligents ou insoumis de châtiments sévères. Nulle part nous ne voyons qu'il leur confie des droits redoutables pour le pouvoir central. C'était au contraire favoriser les vues du despote que de rappeler leur existence dépendante. Il est donc bien difficile de croire que ce soit là le livre poursuivi avec acharnement par le destructeur des principautés.

Notre conclusion sera conséquemment, que le *Tcheou-li* est un de ces livres que l'on ne peut consulter et citer qu'avec une grande prudence et après vérification de sa véracité. Beaucoup de choses y sont vraies, mais beaucoup aussi y sont fausses et imaginaires, ou bien ont été insérées subrepticement dans un texte préexistant de manière à faire attribuer au code administratif des *Tcheou* ce qui était absolument étranger aux idées et aux réglements de ses auteurs. Il en est spécialement ainsi de tout ce qui regarde le Shamanisme, le culte des astres, des 5 *Ti* et le reste, qui est entré dans le domaine public par les *Tsin* ou les *Han*, après la chute des *Tcheou*.

On ne peut sérieusement et sincèrement invoquer ces passages comme témoignant du culte des Chinois.

Que dirait-on, du reste, d'un code administratif des tribus Franques présenté à Hugue Capet par un joueur de clarinette, déposé aux archives royales, puis perdu et retrouvé, 120 après, chez un cultivateur de province, code dont le contenu serait en contradiction fréquente avec l'histoire et le bon sens? Tel est cependant le cas de notre cérémonial *tcheou*. C'est assez dire, n'est-ce pas, qu'on ne peut user du *Tcheou-li* qu'avec grande réserve et prudence, et ne s'appuyer sur ses données que quand il est certain qu'elles ne sont contraires, ni aux textes authentiques, ni aux faits connus, ni enfin au simple sens commun.

Nous venons de signaler un certain nombre de cas où l'on doit absolument récuser son autorité. Combien n'aurions-nous pas pu en ajouter encore? On voit quelles précautions s'imposent à celui qui veut user de son témoignage.

Pour notre part, nous serions très tentés de nous ranger à l'avis des lettrés contemporains de sa découverte définitive, et de considérer le manuscrit du musicien *Wen* et de son successeur l'heureux campagnard comme un *Figmentum Litteratorum* que *Liu-hin* seul tenait en honneur comme l'œuvre de *Tcheou-kong* [1]).

II. LE SHAN-HAI-KING.

Le *Shan-hai-king*, ou «Canon des monts et des mers», est un petit livre de géographie assez bizarre qui a la prétention de décrire l'empire chinois, sa topographie, ses habitants, sa faune, sa flore et le reste. Son origine première est entièrement inconnue; on ne le

---

[1]) 略. 倉鞏儒排弃. 歆獨以爲周公.

voit point cité avant le II° siècle av. notre ère. Néanmoins certains commentateurs chinois lui attribuent une très haute antiquité, et quelques sinologues européens ont cru devoir admettre leurs affirmations comme vérité. Il en fut ainsi spécialement du savant et regretté A. Wylie qui les donne comme certaines dans ses «Notes on Chinese Literature».

Ces auteurs vont plus loin encore, et n'hésitent pas à en assigner la paternité à l'empereur *Yü*, qui régna au 23° siècle de l'ère ancienne et organisa l'administration de son empire sur des bases géographiques, comme on le voit au *Shu-king*, P. II. L. 3. chap. *Yü-kong*.

La tradition rapporte en outre que ce grand prince fit fondre 9 vases d'airain et graver sur leurs flancs courbes la carte des 9 provinces qui divisaient la Chine sous son règne. Le *Shan-hai-king* ne serait que le texte écrit de ces inscriptions. Un sinologue en a conclu que les Chinois de ce temps étaient idolâtres et adoraient les esprits dont il est parlé dans cette ancienne géographie.

Mais cette origine du *Shan-hai-king* est entièrement inadmissible. La question ne peut même être posée que pour la première partie, traitant des monts et des fleuves; car, pour le reste, il n'y a aucun doute possible quant à sa provenance. L'avis unanime des commentateurs en assure l'origine plus récente.

En ce qui concerne la première partie, il n'est pas moins certain qu'on ne peut raisonnablement l'attribuer à l'empereur *Yü*[1].

Voici les raisons qui le démontrent et qu'il semble même superflu de faire valoir.

1. *Yü*, comme l'atteste de *Shu-king*, avait partagé son empire en 9 provinces. Les 9 vases de la tradition correspondaient, un à un, à ces divisions administratives. Or le *Shan-hai-king* ne contient pas même la moindre allusion à ce mode de partage, son auteur sem-

---

[1] Notons que le *Yü-kong* est composé de deux parties: l'une historique, l'autre fantaisiste et contredisant la première. Celle-ci même semble moins ancienne que l'empereur *Yü*.

ble en ignorer l'existence. Pour lui il n'y a que cinq sections du sol: le Nord, le Sud, l'Est, l'Ouest et le Centre. En outre les fameux vases de *Yü* etaient aussi au nombre de neuf; un pour chaque *tcheou*; ils ne correspondaient donc pas davantage à notre texte. D'ailleurs pour porter simplement les indications des monts et des fleuves que nous lisons dans le *King*, il aurait fallu des vases d'une taille gigantesque que *Yü* n'était certainement pas en état de faire couler.

2. Entre le système du « Livre des Monts » et celui du *Yü-kong*, il n'y a pas le moindre trait de ressemblance. *Yü* commence sa description par le N.E. et continue par l'Est, le Sud et le centre pour terminer à l'Ouest.

Le *Shan-hai-king* part du Sud pour aller de là à l'Ouest, puis au Nord, et à l'Est pour finir au Centre.

3. Les montagnes que les deux livres énumèrent ne sont pas du tout les mêmes. Nous examinerons spécialement celles des trois premières circonscriptions pour ne pas nous étendre au delà des justes bornes. Voici quels sont les résultats de cette comparaison.

Les Montagnes du Nord, de l'Est et du Sud sont au nombre de 173 d'après le *Shan-hai-king*; il y en a 40 au Sud, 87 au Nord et 46 à l'Est.

Des quarante premières il n'y en a pas une seule qui se retrouve soit dans la carte de *Yü*, soit même dans le *Shu-king* entier.

Des cent trente trois autres, il y en a jusqu'à quatre, deux au Nord et deux à l'Est, qui portent des noms figurant au *Shu-king*. Mais il est bien peu probable que ces noms s'appliquent aux mêmes points géographiques.

Ainsi le *Kie-shi* (Mont 84° du Nord) se trouve, d'après le *Shu*, au bord de la mer à l'embouchure du *Ho* (Voir III, 1; p. I. II), tandis que le *Shan-hai-king* en fait sortir la rivière *Shing* qui coule vers l'est pour se jeter dans le même fleuve; le second *Kie-shi* doit donc être beaucoup plus à l'est que le premier.

Le *Wang-wo* figure à la fois comme 40ᵉ montagne du Nord et comme localité parcourue par *Yü*. Mais cette dernière se trouvait au *Ho-nan* et les monts du nord de notre livre s'élevaient certainement toutes au delà du fleuve jaune.

Parmi les montagnes de l'Est il en est deux portant le nom, l'une de *Tai-yo*, l'autre de *Tai* (*Tai-shan*). Ces identités partielles ne permettent pas d'identifier les hauteurs qui portaient ces appellations analogues. On doit s'en abstenir bien plus encore quand on remarque que les lieux assignés à ces montagnes ne sont pas les mêmes. Ainsi le *Tai-shan* doit être au S.E. et le *Tai-yo* très proche du *Ho*.

4. Ce que nous disons des montagnes s'applique également aux rivières. Le *Shan-hai-king* en énumère au moins une centaine dans les régions du Sud et du Nord; or de ce grand nombre il n'en est pas deux dont le nom se retrouve au *Shu-king*.

5. Le livre des Monts cite en premier lieu une montagne qui s'élève auprès du *Kokonor* (*Si-hai* 西海). Il est bien peu probable que les connaissances géographiques des Chinois en l'an 2200 s'étendissent jusque là.

Il en est de même de la mer de *Pou-hai* en Mandchourie citée comme baignant la trentième montagne. L'empire de *Yü* ne s'étendait pas sans doute jusqu'à ces deux extrémités. Ce n'est d'ailleurs qu'à une époque tardive que les domaines impériaux ont pu comprendre tous les pays décrits par notre géographie.

6. La comparaison de ce livre avec le chapitre géographique du *Shu* démontre que ces deux documents ne peuvent provenir d'une même source. Le *Yü-kong*, ce chapitre du *Shu-king* dont on veut faire le principe du *Shan-hai-king*, est une oeuvre entièrement sérieuse, ne parlant que de choses réelles et naturelles, qu'il s'agisse des hommes, des animaux ou des produits du sol. Le *Shan-hai-king*, au contraire, est presque tout de pure fantaisie; ce n'y sont qu'êtres bizarres, monstrueux, contre nature. Tantôt ce sont des canards à trois

pattes et tête d'homme, qui disent leurs noms, (I, 29); tantôt des truites à poils de porc, des hiboux à figure d'hommes, des hommes à soie de porc qui dorment tout d'hiver; des chèvres à neuf queues avec les yeux sur le dos, etc., etc. Les divinités dont il y est question sont représentées sous des figures analogues.

Personne, sans doute, ne fera l'injure au sage *Yû* de le croire l'auteur de ces insanités. Je dois faire remarquer en outre que des conceptions de ce genre qui fourmillent dans notre géographie ne se trouvent dans aucun livre chinois certainement ancien. La poésie populaire même n'en laisse point soupçonner la conception; il faut arriver aux *Tao-she* pour en découvrir des traces.

7. Ce n'est pas seulement avec le *Yû-kong* que le *Shan-hai-king* est en complet désaccord; il ne l'est pas moins avec le dictionnaire *El-ya* qui date des derniers temps des *Tchéou* et devrait tout au moins confirmer ces renseignements. Or il n'est pas un seul mot au chapitre de la terre et des collines de ce précieux vocabulaire qui cadre avec les données de notre fantaisiste géographe.

Quant aux montagnes, l'opposition n'est pas seulement négative; le dernier paragraphe du chapitre qui les concerne énumère les 5 monts sacrés, et de ce petit groupe il y en a *quatre* qui ne se trouvent pas chez notre auteur, à savoir: le *Hoa-shan*, le *Heng-shan*, le *Hang-shan* et le *Song-shan*. Bien plus, le cinquième, le *Tai-shan* lui-même, ne correspond pas quant à l'emplacement avec son homonyme du *Shan-hai-king*.

8. Les montagnes décrites dans ce dernier livre ont si peu d'existence réelle que les commentateurs les plus anciens ne sont parvenus à en identifier presqu'aucune. Des quarante du nord, par exemple, il n'y en a que quatre ou cinq qui aient été retrouvées dans les cartes historiques.

Cependant les lettrés chinois n'ont pas épargné leurs peines pour arriver à un meilleur résultat.

Ils ont étudié les positions de chacune d'elle de très près. Ainsi par exemple, ils ont constaté que le *Yü-shan* (la 14ᵉ) a le même nom que le *Yü-shan* du *Tso-khi-hien*, mais que la position n'est pas la même; que le mont *Tcheng* porte un nom très rapproché de celui de *Tchang*, mais que les distances indiquées ne sont pas applicables à celui-ci. Ils font même des tours de force pour arriver à un si petit nombre de constatations. Ainsi ils retrouvent le *K'i* sur la carte en changeant le caractère *Khi* 箕 avec *Ki* 基. Aussi les préfaces de l'édition des *vingt-deux Tze* ont-ils pu dire que «les montagnes du livre du Nord sont presque toutes en dehors des frontières de l'empire, que la plupart de celles de l'Est ne sont pas identifiables et qu'un bon nombre de celles du Sud étaient encore au pays des barbares à l'époque des *Han*».

Or le *Shan-hai-king* suppose tout le contraire.

On ne s'étonnera donc pas de ce qu'en dit la préface du *Shan-hai-king Kuang-tchu*, publié sous *K'ung-hi*, laquelle porte ces paroles:

«Le *Shan-hai-king* parut pour la première fois dans les Mémoires des *Han* (*Shan-hai-king tchu kièn Han tchi*) [1]). *Liu-yiu* l'a revisé et divisé en 18 *pien*. C'est ce que *Pe-yi*, le ministre de *Yü*, avait commencé, préparé, et qui fut, par après, développé et publié (*Khi heu yeu piao tchi*). Ce fut le livre authentique des *Ts'in* jusqu'à *Kuo-po* de *Tsin*, qui en fit une édition en 23 *pien*. Notre livre date donc évidemment de l'époque des *Han*».

C'est, en effet, à cette époque de rénovation littéraire et de fabrication audacieuse qu'un livre semblable a pu voir le jour. Car il serait impossible de trouver une époque quelconque à laquelle on put attribuer ce fatras sans pareil. Dire qu'on ne peut reconnaitre ces montagnes parce que tous les noms ont été changés, c'est un expédient héroïque auquel on ne contredit point parce qu'il ne peut

---

[1]) 山海經初見漢志.

être soutenu sériensement. Il faudrait au moins établir cette supposition sur un solide fondement; c'est ce qu'on n'a point encore fait aujourd'hui. D'ailleurs, comme toutes les distances de montagne à montagne sont indiquées sans aucune exception, on devrait tout au moins, en appliquant ces mesures au terrain, retrouver un certain nombre de ces points si bien déterminés de cette manière. On ne l'a point fait.

Si l'authenticité du *Shan-hai-king* est des plus suspectes au point de vue géographique, en ce qui concerne sa Mythologie aucun doute n'est possible. Outre les animaux et hommes à formes impossibles dont on a vu plus haut des exemples, nous y voyons défiler des esprits comme des oiseaux à tête d'homme par exemple; des dragons à tête d'oiseau, des griffons à tête d'homme etc., etc., tous prétendûment honorés d'un culte dont notre livre indique les rites soi-disant officiels. Or il serait absolument impossible de trouver nulle part dans aucun livre, dans aucun monument de la Chine quelque chose qui ressemble de près ou de loin à des conceptions de ce genre. C'est purement et simplement inventé. Et si les peuples barbares avaient des idoles de ce genre, on ne peut en trouver nulle part la moindre trace. Toutes les hypothèses peuvent se faire, mais quand elles n'ont aucun fondement, elles se nient aussi gratuitement qu'elles ont été posées.

On ne s'étonnera donc point quand nous dirons que les commentateurs chinois protestent contre l'introduction de ce merveilleux stupide qui provient, disent-ils, de l'inintelligence des exégètes ignorants de la valeur des termes. Ainsi s'expriment les éditeurs de *K'ang-hi*.

Sous les *Tsin* déjà, comme l'atteste le commentateur *Kuo-yo*, bon nombre de lettrés rejetaient le *Shan-hai-king*, à cause de ses folies mythologiques; et *Pi-yuen*, savant distingué des siècles passés, doutait que ce livre fût, à l'origine, maculé de ces taches.

A cet égard le témoignage de *Sze-ma Ts'ien* est des plus explicites: « l'énumération des monts et fleuves remarquables, c'est ce que le *Shu-king* fait à peu près. C'est là le mémoire originaire de *Yü*. Quant à ce que le *Shan-hai-king* dit d'extraordinaire, de merveilleux, je ne voudrais pas en parler. Ce ne sont point *Yü* et *Yi* qui ont écrit cela. On ne peut douter qu'on doive le regarder comme un ancien ouvrage des premiers *Ts'in* (*i wei Sien Ts'in ku shu wu i* 以爲先秦古書勿疑). On ne peut en désigner l'auteur ».

En réalité les Chinois ne savent citer personne qui ait concouru à sa composition antérieurement à *Liu-hiang*, qui vivait à la fin du dernier siècle de l'ère ancienne.

Du reste les lettrés chinois eux-mêmes ne nous laissent aucun doute sur l'origine récente du *Shan-hai-king*.

Voici ce que dit expressément la préface du *Er-shi-er-tze*.

Le *Shan-hai-king* prit naissance (𢛳) par *Yü* et *Yi*; il se développa par les *Tcheou* et les *Ts'in*. Sa doctrine se répandit par les *Han* et fut éclaircie (*ming*) par les *Tsin*. Celui qui en eut la science est *Li-tao-yuen* des *Wei* du Nord (V—VI S. P.C.).

Ce que *Yü* et *Yi* opérèrent, fut de déterminer les monts et les fleuves célèbres, de fixer leurs situations respectives, de donner des limites aux cours des eaux et à leur étendue, de spécifier les végétaux et les animaux qui appartiennent à chacun d'eux. Tout ce qu'ils ont fait se voit dans le *Yü-kong* du *Shu-king*.

On ne peut dire plus clairement que *Yü* n'a pas fait autre chose, qu'il a commencé en principe une géographie des terres chinoises, que cette œuvre a été développée sous les *Tcheou* et les *Ts'in*, mais que c'est seulement au temps de la dynastie *Han* (IIe siècle A. C. et ss.) qu'elle a formé un corps de doctrine; encore ne s'en est-on occupé que sous les *Tsin* (265—420 P. C.) et le premier qui en eut connaissance complète fut un lettré du VIe siècle de notre ère.

Il n'est pas besoin de faire remarquer que ce développement sous les *Tcheou* est une supposition gratuite que rien ne justifie, et qu'en définitive le *Shan-hai-king* apparut au plus tôt sous les *Tsin*, au IIIᵉ siècle de notre ère.

C'est ce qu'assure du reste la préface du *Shan-hai-king kuang tchu* en ces termes: Ce livre a paru pour la première fois dans les Mémoires des *Han* (*tchu kién Han tchi* 初見漢志). *Liu Yü* l'a revisé et arrêté en 18 *pien*. C'est ce que *Pe-yi* avait préparé et qui fut après lui développé et publié: *Khi heu yeu piao tchi* (是伯益所撰。其後尤表楷). Ce fut le livre des premiers *Ts'in* jusqu'à *Kuo-po* de *Tsin*, qui en fit une édition de 23 *pien*. *Tchang-hoei Yao* de *Liang* en a fait les tableaux, etc., etc.

En présence des faits que nous venons d'exposer et des témoignages qu'on vient de lire, il ne nous reste donc qu'à conclure en ces mots: Le *Shan-hai-king* que nous possédons date de l'époque des *Han*, ou tout au plus des *Ts'in*, et de son existence antérieure on ne peut dire quoique ce soit. En tout cas c'est à cette époque qu'il a reçu la rédaction actuelle et que les esprits à formes bizarres y ont été introduits.

Au point de vue scientifique ce livre n'a point de valeur; impossible d'y retrouver une géographie réelle. Et si l'on veut savoir quels ont pu en être les auteurs, on n'a qu'à se rappeler le rôle joué par les *Fang-shi*, introducteurs de divinités de toutes sortes, que nous peint *Sze-ma Tsien* dans son *Fong-shan-shu*. La question est du reste résolue par les préfaciers du *Kuang-tchu* qui affirment ceci carrément: «Le *Shan-hai-king* appartient aux géomanciens, c'est leur texte propre».

Ceci tranche la question; il serait difficile d'y voir autre chose.

L'origine mythique du bâton magique en usage chez les Bataks

PAR

C. M. PLEYTE Wzn.,

Conservateur du Musée Ethnographique de la Soc. Royale de Zoölogie "Natura Artis Magistra", à Amsterdam.

2ième noeud.

3ième noeud.

4ième nœud.

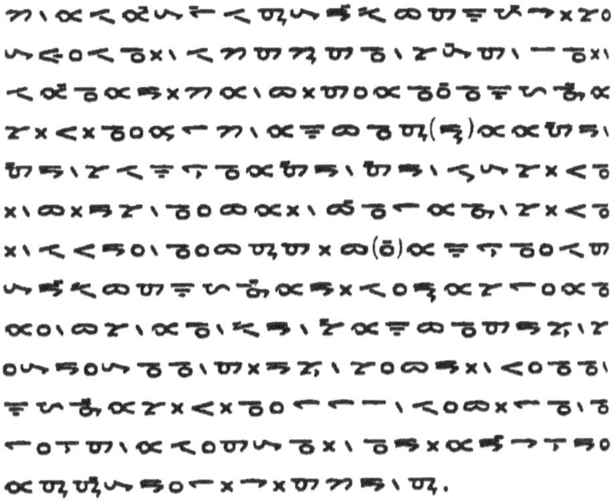

Instruction pour le touri-tourijan¹) du bâton magique
SI ADJI DONDA HATA HOUTAN²)
dont la tête touche le ciel et les pieds sont sur la terre.

PAR

C. M. PLEYTE, Wzn.

Datou³) *Arang débata* avait sept fils et sept filles, qui croissaient comme des comcombres, surtout *Si adji donda hata houtan* et sa soeur *Si borou tapi nouwasan*. Un jour le père dit à *Si adji donda hata houtan*: «Mon garçon, tu devrais acheter une femme»⁴). Mais *Si adji donda hata houtan* répondit: «Mon père, je n'en ai pas la moindre envie? Alors *datou Arang débata* rendit visite à *Si borou tapi nouwasan*, et lui demanda si elle voulait se marier avec *datou Omboun detalusan*, qui était venu la voir pour se marier avec elle». Elle répliqua: «mon père je ne le fais pas; *Si adji donda hata houtan* doit donner l'exemple». Alors le père s'adressa à *datou Si pitou timpous* et lui dit: «Eh bien, toi, marie toi». Mais celui-ci aussi répondit: «Mon père, mon frère ainé doit le faire le premier». «Eh bien! prends femme toi *datou Reroung porninahan*», reprit *Arang débata*. «Mais mon père», répondit le fils, «souviens-toi donc de l'adage qui dit qu'il en est des hommes sur la terre comme du *tagouk*⁵); il faut que le *tagouk* soit plein avant que ce soit le tour de l'*anggil*⁶). De même un cadet ne doit pas acheter de femme avant que son ainé en ait une». «Allons! *datou Pormanouk holing*, va toi acheter une femme», dit alors

---

1) Touri-tourijan, récit que se chante.
2) Prince bâton redouté.
3) Datou = prêtre.
4) Se marier.
5) Tonnelet en bambou, destiné au vin de palmier.
6) Tonnelet supplémentaire, auquel on n'a recours que lorsque le tagouk est plein.

Arang débata; mais son fils répondit: «Comment est il possible, mon père, de me demander une chose pareille, tandis que mes frères aînés ne sont pas encore mariés?». Le père donc reprit: «Fais-le alors toi *datou Pangpang diaboungan*!» mais le fils lui dit: «Non, mon père, je ne le ferai pas avant que mes aînés n'y soient allés». «Eh bien! *datou Polloun ni bégou*, ne veux tu pas aller acheter une femme?» «Je n'y songe pas, mon père, j'attends mes cinq frères». «Toi donc au moins vas-y! *Si adji pakkabahaba*», dit *Arang débata* en désespoir de cause. «Mon père, s'écria le jeune homme, quelle injustice est la tienne. J'irai porter plainte à mon tuteur *datou Sorsor di bale*, *datou indang si seang* et je me rends sur le champ à son village dans la contrée de *Loumban tou djambour ni tano tou pantil*». Il partit donc pour aller trouver son oncle.

Puis *Si adji donda hata houtan* reprit la parole et dit: «Qu'allons-nous faire, mon cadet *Si pitou timpous*?» Celui-ci répliqua: «Mais, *Si adji donda hata houtan*, comment le saurais je? Toi-même, tellement plus âgé que moi, es embarrassé». «Eh bien donc! reprit *Si adji donda hata houtan*, allons apprêter un champ». «Oui, dit à son tour *Si boron sopak panalouwan*, c'est ce qu'il nous faut faire; allons travailler la terre du *Sombaon*[1]) *Timbang barani*, *si timbang na djagar*, *si-pudji na denggan*, *si sinsal na roa*. C'est ce que l'on décida, après quoi tous rentrèrent chez eux. Quand ils furent revenus à la maison, *Arang débata* demanda: «Eh bien! *Si adji donda hata houtan*, que pensez-vous faire maintenant, toi, tes frères et tes soeurs?» «Voilà, père, nous allons retourner le champ du *Sombaon Timbang barani*». «Très bien, mes enfants; mais ayez grand soin de ne rien dire d'inconvenant, car c'est un *Sombaon* très irritable».

Le lendemain ils se préparèrent et prirent avec eux des haches et des couteaux. Quand ils furent arrivés au champ *Si boron*

---

1) *Sombaon* = celui à qui honneur est dû = un esprit.

sopak panalouwan voulut se reposer un moment, mais quand elle s'assit, sa jaquette s'ouvrit et découvrit ses seins. «Ma soeur, s'écria *Si adji donda hata houtan*, ferme donc ta jaquette». «Allons mon frère, dit-elle, fais-le». «Que demandes-tu là, ma soeur, à quoi penses-tu?» «Ah! *Si adji donda hata houtan*, voudrais-tu exaucer le voeu de mon coeur? Je désire bien fort avoir un enfant, mais je n'ai point de mari. C'est pourquoi, *Si adji donda hata houtan*, embrasse moi». Il jeta ses bras autour d'elle et ils restèrent enlacés l'un sur l'autre.

Sur ces entrefaites survint *Si pitou timpous*, qui voyant *Si adji donda hata houtan* tenir sa soeur dans ses bras, l'embrassa aussi et se joignit à eux. Après cela *Si borou tapi nouwasan* accourut à son tour et elle aussi se mêla avec eux et de même firent les uns après les autres *datou* (*Si*) *Rerung porminahan*, *datou pormanouk holing*[1]) et *datou Pangpang diabungan*. En cet instant accourut le serpent *Dari manorous*; il s'attacha premièrement par sa morsure à *Si adji donda hata houtan*, puis ensuite aux autres. Enfin se montra aussi le serpent *Houpar mangolélé*, qui les enlaça tous, de sorte qu'êtres humains et serpents étaient étroitement liés ensemble. C'est ainsi qu'ils moururent, tous tués en même temps et de la même manière par le *Sombaon Timbang barani*. C'est ainsi qu'a été formé le puissant bâton magique †).

En attendant le soir était tombé et *Arang débata* se dit à lui même: «Où s'attardent donc *Si borou sopak panalouwan* et *Si pitou timpous*? où *Si adji donda hata houtan* est-il donc allé?» «Allons, j'irai trouver le *Sombaon*».

Quand il fut arrivé au champ, il ne vit personne et pensa: «Peut-être se sont-ils endormis. Il faut que je les appelle». Et il cria: «Holà, mon garçon, *Si adji donda hata houtan*, où êtes-vous?» Et on lui répondit: «Nous sommes ici, mon père». «Venez donc,

---

1) ,Datoe Polloun ni béga'.

et nous retournerons ensemble à la maison». «Père, nous ne pouvons pas retourner à la maison». «Hélas! *Si adji donda hata houtan*, s'il en est ainsi; dis moi au moins où vous êtes». «Ah! mon père, retourne plutôt à la maison; quand même tu le saurais, nous ne pourrions pas t'accompagner». *Arang débata* s'en retourna, et il tomba d'abord une larme, puis une seconde, puis elles tombèrent comme les fruits *bomban* et enfin comme les gouttes qui jaillissent de la pierre au bord de la rivière. Revenu chez lui, *Arang débata* se jeta à terre et de douleur se tordit nuit et jour sur le sol.

Après cela il s'écoula des mois et il s'écoula des années. *Ranggapuri matoutoung* [1]) apparut, et il régna une grande sécheresse pendant longtemps.

Observations.

1. Lire: *songon tagouk ni pola do halak di hadjolmaon aon sali djolo tagouk do i sijan asa tou anggil na djolma na mangolou aon* etc.

2. Ce *touri-tourijan* est écrit sur un morceau de bambou, avec quatre noeuds, long de 2,09 M. Ce bambou a été offert au Musée ethnographique de la Société royale de Zoologie «Natura Artis Magistra» par M. le docteur H. N. van der Tuuk, qui se trouve actuellement à Bouleleng, île de Bali.

†) Le bâton magique est un bâton en bois, long d'environ deux mètres, orné de figurines amoncelées, représentant des êtres humains et des serpents. La tradition y voit toute une famille métamorphosée en bâton en châtiment d'un inceste. Les Bataks commandent à la pluie au moyen de ce bâton, et l'emploient en outre dans de nombreuses pratiques magiques.

1) Esprit qui cause la sécheresse.

MÉLANGES.

The Chinese Bean-curd and Soy and the Soya-bread of Mr. Lecerf.

Of late these Chinese preparations have again attracted the notice of Europeans. The *Temps* in France published last november a note upon the subject after an article in the *Avenir de Diego-Suarez* of 2 March 1893, and Dr. Vorderman, of the civil medical service in Java and Madura, whose name is not unknown to our readers (See *T'oung-pao*, I, 173, 297, 349), has lately published a notice upon the same subject in his "Analecta op Bromatologisch Gebied" [1]. We will add to these notices what is written about the subject by the Chinese themselves.

I.

Tao-fu 荳腐 Bean-curd.

According to the "Collected Omissions of *Sieh-choh*" nothing had been ever heard of the confection of bean-curd before or after the period of the three dynasties of antiquity (B. C. 2205—250), and

---

1) Geneeskundig Tijdschrift van Nederl. Indië (Medical Journal of Netherl. India), Vol. XXXIII, fas. 8.

it was only mentioned for the first time in the work of *Liu-ngan*. king of Hoai-nan of the Han (second century before our era)¹).

The *Tao-fu* or Bean-curd was also called "Leguminous milk", and was prepared by boiling curds or milk from beans²).

It is further related that when *Shi-tsih* was governor of *Ts'ing-yang* (Lat. 30° 45′, Long. 115° 26′) he, in order to purify himself and to rouse the population, did not permit himself the use of meat, but bought every day in the market several pieces of bean-curd, so that the townpeople called these curds "The little slaughtered sheep"³).

The bean of which this curd is prepared is known in science by the name of *Soja hispida*, and has been imported in the form of a meat-sauce from Japan to Europe under its japanese name of *Shō-yu*, the corrupted japanese pronunciation of the chinese characters 撛油 *tsiang yu* or "relish-oil" which this sauce bears in some parts of China, and which has been further corrupted by the Dutch into *Soja*, by which name (also written *soya* and *soy*) it became known all over Europe.

We will return to this by and by.

According to Dr. Vorderman (l. c. p. 354) the soy-beans are distinguished in light-colored (cream-color, straw-yellow, light ochre-yellow and amber-yellow), brown and black. The first two sorts are roundish, the last either roundish or oblong, as they come from the one or the other variety of the plant. Accordingly, the

---

1) 荳腐之術三代前後未聞。此物至漢淮南王安始傳其術于世. *Vide* 淵鑑拾遺, *apud* Enc. 格致鏡原, Cap. 24 Cf Mayers, Chinese Readers Manual, N°. 413.

2) 菽乳荳腐也。菽荳爲乳. *Vide* 庶物異名疏。

3) 時戢爲青陽丞、潔己勤民、肉味不給。日市荳腐數箇。邑人呼荳腐爲小宰羊。*Ibid.*, l. c.

plant with roundish seeds is called *Soja hispida, tumida* and that with oblong seeds *Soja hispida, platycarpa*, amounting, with the differences in color, to four varieties:

1. Soja hispida, tumida β pallida.
2. „   „   „   β atrospuma.
3. „   „   „   β castanea.
4. „   „ , platycarpa β melanosperma.

N°. 2 and 4 are black and serve especially for the fabrication of Soy or Ketchup, whilst N°. 1 (pale-yellow) and N°. 3 (brown) are used for other culinary purposes.

Since the Vienna exhibition of 1873, when several samples of Chinese, Japanese and Indian soybeans were exhibited, their great nutritive proprieties and richness of azote and fat have been shown by chemical analysis, and the culture of this plant has been largely introduced into Europe, especially in Hungary. According to König's Analysis, in his work "Die menschlichen Nahrungs und Genussmittel, 2^d Ed. Vol. II, p. 372", the following percentage has been obtained.

Name.	Water %	Azotic substances %	Fat %	Azotic free extractive substances %	Woody Fibres %	Ashes %	Desiccated substance	
							Azote %	Fat %
Yellow round Soybeans from China........	7.96	31.26	16.21	34.59	4.57	5.23	5.43	17.61
Brown round Soybeans from China........	7.46	33.26	17.45	31.78	5.31	4.02	5.75	13.85
Black round Soybeans	9.90	31.20	18.10	31.80	4.20	4.50	5.54	20.09
Black oblong Soybeans	12.58	35.00	13.60	29.92	4.40	4.20	6.43	15.51

Dr. Vorderman says that he has not been able to detect amylum in the Soybeans of Java, China and Aunam in applying the reaction of jodium upon the section of the bean. The texture of the cotyledons consists principally of oblong, radiating parenchyme-cells, about five times longer than broad.

II.

Tao-kan 荳乾 Preserved Bean-curd.

The Chinese make of the Soy-beans two preparations, one called in Java *Tao-hu* (荳腐) and the other *Tao-kon* (荳乾). They both consist of leguminous cheese, obtained from the light-brown beans, principally those obtained from Annam. But at present many Chinese in Batavia prefer the so much cheaper *kadelé putih* grown in the *Preanger* and the *Ommelanden* (circumjacent territory of Batavia).

These lightcolored beans are macerated during five hours in rainwater, when they swell up to about twice or thrice their original size. After having been cleansed from accidental dirt or admixtures, they are ground in a stone handmill, very much resembling that in which Europeans ground colors. One Chinese turns the mill, whilst the other throws the macerated beans, still in their husk, with a little water into the mill, so that the stuff runs as a white, thin mass, by a small gutter, into a tub prepared for its reception. This mass is then heated upon the fire in a large iron open cauldron, until it reaches the boiling-point. The froth is skimmed, and the fluid strained, after boiling, through a cotton cloth, in which a white, doughy residu remains, having a peculiar oily smell, and which serves as food for ducks and fowl.

The filtrated fluid, which has a milkwhite color, is mixed, whilst it is being cooled, with a certain proportion of common Madura-salt or with a little calcined gypsum.

This gypsum is imported from China in the form of large lumps of radiated gypsum. As it is specially used for preparing the leguminous cheese of the soybeans, it is called by traders in Batavia by the Malay-Chinese hybrid word *Batu-tao* i. e. "bean-stone".

The salt (or, as in China, the chloride of magnesium) and gypsum change the juice, by precipitation of the legumine, into a white, gelatineous mass, which, when sufficiently cooled, obtains a certain consistency, allowing it to be cut into flat square pieces. This can, however, not be done for after two hours after the precipitation. These squares are then laid upon plantain-leaves protected by a white cotton cloth against dust, and hawked about in the streets.

They have an unpleasant raw bean-flavor, but when mixed with other victuals, this taste is lost. It is used as well in the preparation of Chinese victuals, as in that of the so-called Indian rice-dish.

In order to preserve the *tao-fu* for continuous use, it is made to *tao-koq* (or dried beans) by the following method.

The *tao-fu*, cut into flat squares, is plunged into a decoctum of *Curcuma longa*, which colours it intense yellow. These yellow cakes are then wrapped up in white square pieces of cotton, laid between boards and exposed to a certain pressure. Generally they are at the same time stamped with Chinese characters.

By this pressure a good deal of water is lost, but the cakes can be preserved much longer.

Dr. Vorderman says that both *tao-fu* and *tao-koq* can be succesfully used in the nourishment of feeble children, which refuse to take eggs.

Taŏ-koq is also imported from China; but these cakes are much larger than those prepared in Java, and are always stamped with Chinese characters.

III.

Tao-yu 荳油 Soy-oil.

But the Soy-bean does not only serve for the preparation of beancurd, but also for the renowned condiment and sauce known as *Soya*, not only in the far east, but also over all Europe and America. It is known by the name of *Shi* (豉) which is explained in the *Yih-ya* as being a homonyme of the word *Shi* (嗜) "taste" and was so called by the people of *Thsi* because it is a combination of the five tastes [1].

In the dictionary *Shwo-wen* (about A. D. 100) the condiment is described as "Salt-mixed dark pulse". Bretschneider (Botanicon Sinicum, II, 165, Shanghai 1892) says he cannot understand what the character 幽 (dark) is intended to mean.

If he had looked up for the word in our Dutch-Chinese dictionary published in 1884, i. v. *Soja*, he would have found its explication given according to the *Tan-yuen-luh*, written by *Yang-shin*, one of the most prominent scholars of the Ming-dynasty (Wylie, Notes, p. 130), who says: "*Shi* is properly a bean; it is mixed with salt and *darkly* shut up into jars and pots, wherein it is fermented; this is why it is called "dark pulse" [2]. In fact this is the way the Soya is made. The beans are first boiled soft, mixed with an equal quantity of wheat or barley, and left to ferment; a portion of salt, and three times as much water as beans,

[1] 豉嗜也。五味調和須之而成。乃可甘嗜也。故齊人謂豉醢如嗜也。 *Vide* 逸雅. *apud* Encyclopedia 格致鏡原. Chap. 23.

[2] 說文解豉字云。配鹽幽菽也。蓋豉本豆也。以鹽配之幽閉于甕盎中所成。故曰幽菽。 *Vide* 丹鉛錄. *Ibid.* Chap. 23.

are afterwards put in, and the whole compound left for two or three months, when the liquid is pressed and strained [1]).

As we have said above, the mass is fermented in large stone covered jars, and any-one who has visited Canton will have, if not seen, at least smelled the disagreable stench emanating from the large jars with fermenting Soy in the Soymakers-lane.

The Chinese say that the character *Shi* (豉) does not occur in the nine classics, but that in the commentary of the "Great bitter, the salt and the sour of the Nine discussions of Sung-yuh", the "Great bitter" is explained as being the *Shi* or Soy; and that in the Chapter on Aliments in the Annals is spoken of a thousand measures of salted soybeans (*shi*); whilst, according to the History of Aliments of the former Han-dynasty, soy was sold in (the capital) Chang-ngan by a certain *Fan Shau-ung*, who was on that account called the Soy-*Fan* [2]).

In the Elegies of Thsoo (Wylie, Notes, 181), 4th Century B. C., is equally spoken of the Great bitter, the salt, the sour, the pungent and the sweet, where, according to the commentary, the great bitter is the Soy, the pungent are Pepper and Ginger and the sweet Sugar and Honey; and that it means that the juice of the Soybean was mixed with Pepper and Ginger, and that the salt and sour was mixed with Sugar and Honey, so that the pungent and sweet flavor was produced [3]).

---

1) Comp. J J. Hoffmann, Bereiding van de Japansche Soya. Bijdragen tot de Taal-, Land- en Volkenkunde van Ned.-Indië, V, 192.

2) 九經中無豉字。至宋玉九辨大苦醎酸注。大苦豉也。又史記貨殖傳。鹽豉千荅。前漢食貨志、長安、樊少翁、賣豉、號豉樊是也。Vide 學齋佔畢。

3) 大苦醎酸辛甘行些[註]大苦豉也。辛謂椒薑也。甘謂飴蜜也。言取豉汁調和以椒薑、

In the book "Antiquities of Wu-lin" (Wylie, Notes, p. 45), written during the southern Sung-dynasty (13th century), we find mentioned among the victuals in the market: birdsnests(?), gingered soy (*shi*) and honied and gingered soybeans ¹).

This is the native soy; but the *Poh-wuh chi* (Wylie, Notes, p. 153), published in the latter part of the 3ᵈ century, says that Soy is also prepared in foreign countries. The beans are steeped in bitter wine and afterwards dried very hard; they are then boiled in sesam-oil and again dried, which process is thrice repeated. Afterwards the mass is mixed with a proportional quantity of powdered pepper. This species of Soy is called in China *Khang-pih* (Man-strengthening) because it pushes down the humours and composes them ²).

Bretschneider thinks that though the character *Shi* does not occur in the Classics, Soy was very probably known in olden times under the name of *Tsiang* (醬) which occurs in the *Li-ki*, the *Chow-li* a. o. The common name for Soy in Peking, he says, is *Tsiang-yu* (醬油) or *Tsiang* oil. This name, imported into Japan, but pronounced there *Shō-yu*, from which our word Soya has been corrupted, was first imported by the Dutch from Japan to Europe.

But this supposition is not supported by Chinese authorities, who describe the *Tsiang* as a salted condiment or sauce made from all sorts of meat, fishes, fruits, etc., but never from beans.

According to the *Fan-tsze-ki-jen* the *Tsiang* was introduced from

鹹酸和以飴蜜、則辛甘之味皆發而行也. *Vide* 楚詞。

1) 市食有窩絲、薑豉、蜜薑豉. *Vide* 武林舊事。
2) 外國有豉法。以苦酒浸豆、暴令極燥、以蔴油蒸。蒸訖、復暴。三過乃止。然後細擣椒屑、隨多少合之。中國謂之康伯。能下氣調和者也. *Vide* 博物志。

Toung-hai, the modern *Huai-ngan fu*. The first quality cost 200 pieces a pound; the middling sort one hundred, and the inferior quality thirty [1]. This condiment was so expensive that we read in the Annals that a thousand jars of briny *tsiang* were put upon a par with a state of a thousand carriages [2].

In the *Ping-tsih* (丙則) are mentioned Briny Tsiang of stewed chicken (儒雞醓醬), Briny Tsiang of stewed fishroe [3] (儒魚卵醬), of stewed turtles (儒鼈醓醬), of hashed fish mixed with mustard (魚膾芥醬) [3], and of the fat of the elk (麋腥醓醬).

In old *Nan-yueh* people ate *Tsiang* made of the *Kow*-fruit, a kind of mulberry according to some, but the betelpepper according to others [4].

A condiment was also made of the peony roots (芍藥醬) of the elmseeds (榆莢醬) which was called *Mut* (䤉), of bitter squash (苑醬) and of the bottle-gourd (葫蘆醬).

In like wise a sauce was made of the *Yu-tsih* fish (鰅鯛之醬), and even of salted bees (醓蜂醬), crabs (蟹醬), shrimps (蝦醬), or rather lobsters (龍(蝦)醬), and ant-eggs (蚔子醬). But not a single writer speaks of *tsiang* made of beans, and more particularly of the soyabean.

---

1) 醬出東海。上價斤二百、中百、下三十。*Vide* 范子計然, *apud* Encycl. 格致鏡原, Chap. 23.

2) 通邑大都醓醬千瓵比千乘之家. *Vide* 史記.

3) With reference to this condiment, we may mention the 鮭汁 *Kê-tsiap*, brine of pickled fish or shell-fish, prepared in Fuhkian (Douglas, Dict. of the Amoy dialect), and which is most surely the origin of the word *Ketchup*, another name for soy. It has nothing to do with the Malay, though the malay word *Kĕtjap* "to taste" has a family-air.

4) 南粵食枸醬。劉德曰。枸樹如桑。師古曰。劉說非也。枸與蒟同。*Ibid.* l. c.

IV.

The Soyabread of Mr. Lecerf.

The high nutritive properties of the Soybean have induced the Europeans to introduce its culture into Europe, and since some years a kind of bread has been baked of it for the use of the sufferers of Diabetes or sugar-consumption.

After the exposition in Vienna in 1873, attention was drawn upon the Soya by Mr. Haberland and Count Cettems, and in April 1888, Mr. Lecerf, a Paris chemist, called the attention of the Société de Médecine upon the services which this leguminose could render to sufferers of diabetes and obesity. It is known that with obese people it are the amylaceous substances which are changed into fat by the digestive functions. The sufferers of obesity are able to absorbe all fat substances without seeing their "embonpoint" augment; for, as has been shown by Eberstein, fat substances are never assimilated, but they are decomposed in order to serve the functions of respiration and to supply the human body with heat.

Mr. Lecerf's proposal met with success, and professor Dujardin-Beaumetz, having firstly tried the bread invented by Mr. Lecerf in the hospital Cochin, offered, in the sitting of 19 May 1888 of the Académie de Médecine, samples of the **Soya-bread Lecerf** fabricated without any admixture of foreign flours, and proposed to substitute it for the gluten-bread in the alimentation of diabetics.

Later on, Doctor Blondel published a very interesting study of the Soya, and showed the nearly complete absence of amylum in its tissues.

We let follow here a comparative table of the chemical composition of Soya compared to that of wheat and lean beef according to the analysis of Messr. Boussingault, Lehmann and Pellet.

	Wheat Boussingault	Soya Pellet	Lean beef Lehmann
Amylum and sugar	66.90	3.21	"
Azotic substances..	14.60	27.75	22.74
Fat substances....	1.20	16.60	2.30
Phosphoric acids...	0.58	1.55	0.66
Cellulose.........	1.50	11.65	"
Different organic substances......	"	25.56	"
Water...........	14.00	10.16	74.00
Salts............	1.22	3.50	0.30
	100.00	100.00	100.00

These ciphers show the superiority of Soya above all known alimentary substances.

Before the introduction of the soya-flour into the therapeutic treatment, the ordinary bread and even the gluten-bread were a serious obstacle in the diet followed by sufferers of diabetes, and this on account of the amylum which they contain: ordinary bread containing 60% of amylum and gluten-bread 15%; whilst Soya-bread only contains an insignificant percentage (3%) of amylum; and, as it also contains a small quantity of bi-carbonate of soda, dispenses the patients of drinking Vichy or Karlsbad waters.

Strange to say, however, the fabric for Soya-bread established by Mr. Lecerf had to shut up on account of the limited sale of its produce. He sold his patent to Messieurs Peitz & C°, druggists and chemists in Paris (98 Place Beauvau), who have also placed a depot of their bread in the "Grande Pharmacie hygiénique Desvilles", 24 Rue Etienne-Marcel, and who sell this bread at the price of 50 centimes (5 pence).

Holland was the first country which followed in the wake, and Mr. G. C. F. Köhler in Amsterdam (29 Weesperstraat) fabricates even a superior kind of Soya-bread, containing less oil than the Paris bread, and therefore more palatable than the latter, for 40 cents (= 8 pence). But his breads are more than double the size of the Paris ones, and, consequently, relatively cheaper.

To the great shame, however, of Germany, Austria and Great-Britain, this highly beneficial and nutritive bread seems to be totally unknown and ignored in these respective countries. In London no baker, druggist or chemist had ever heard of it, and I could only get a kind of *échaudé de gluten* fabricated in Paris, and tasting like old dry sponge; and this in a town, where are some five-thousand of sufferers of diabetes!!

It may be (and we will even charitably suppose so) that this lamentable fact is only due to ignorance; and therefore we bring anew the subject before the scientific public in the hope that our recommandation of this highly beneficial invention may rouse the attention of the medical men and practitioners in Great Britain, Germany and especially Italy, in which latter country Diabetes is perhaps more frequent than in any other country of Europe on account of the nearly exclusive farinaceous alimentation of the lower classes; so even, that Professor Cantani has established a special clinic for the treatment of diabetic sufferers in Naples. It seems to us IMPERATIVE that in each larger town of Europe and America special bakeries for the fabrication of Soya-bread and Soya-flour be established. We can recommand it by an own experience of five years to all sufferers of Diabetes and Obesity as a most wholesome and welcome article of food. G. Schlegel.

Scientific Confectionary

BY

G. SCHLEGEL.

When the Chinese government established in Peking a school for instructing Chinese in western sciences, and had called as professors of these sciences many eminent western scholars, the latter were put before a great difficulty in wishing to initiate chinese students to the sciences of western physics and chemistry. Most of the said professors, being already men of a certain age, stood, besides, before the immense labour of acquiring one of the most difficult languages in the world, and which to acquire thoroughly, they were already too much advanced in years. Now as a Chinaman himself requires a lifetime of study before he has completely mastered his own language, it is evident that the most intelligent foreiguer, even when specially endowed with the gift of learning foreign languages, will not be capable of learning in a couple of years this language so thoroughly that he will be able to convey to a Chinese mind his western conceptions of science, and especially of natural sciences, a branch to which Chinamen have in general paid very little attention.

Now as Chemistry in Europe is the offspring of middle-aged Alchemy, the alchemistic jargon was bodily introduced into the chemical nomenclature, and our science was drowned in a flood of bad greek and latin names, which have made, and still make, it to an occult science for all who have not specially studied its vocabulary.

Nevertheless this jargon was translated literally into Chinese, either writing the elements of the words full out, or by combining monstruous combinations of Chinese characters as has been done *e. g.* by the Rev. W. Lobscheid. In the "Chinese Recorder and Missionary Journal" of February last, the Rev. G. A. Stuart. M.D. has published, under the title of "Chemical Nomenclature" another article upon the subject, as a forerunner of a comprehensive work on chemistry in Chinese he is preparing.

He begins to state that "all the scientific terms at present "in use in China [1]) have been adopted by, or through, the in- "fluence of Westerners. To give to China a faulty scientific nomen- "clature, or to perpetuate the faults of Western terms by slavishly "translating or transliterating them, will surely be nothing to the "credit of Western educators". He then continues to lay down rules for a better system, and winds up with a few examples how our chemical compounds should be rendered in Chinese, which we give hereunder with the literal translation of the Chinese characters employed.

輕綠酸 (light (not heavy) green acid) Hydrochloric Acid HCl
弱綠酸 (weak green acid) Hypochlorous Acid $HClO$
下綠酸 (inferior green acid) Chlorous Acid $HClO$
上綠酸 (superior green acid) Chloric Acid $HClO^4$
強綠酸 (strong green acid) Perchloric Acid $HClO^4$
火煉酸 (fire-refined acid) Pyrophosphoric Acid $H^4P^2O^7$
單綠汞 (single green mercury) Mercurous Chloride $HgCl$
雙綠汞 (double green mercury) Mercuric Chloride $HgCl^2$
單綠鐵 (single green iron) Ferrous Chloride $FeCl^2$
雙綠鐵 (double green iron) Ferric Chloride Fe^2Cl^4

---

1) We must demur to this; no genuine Chinaman understands them. Perhaps only the students at the foreign college (同文館) in Peking.

上綠鈹 ¹) (superior green ashes) Potassium Chlorate   K C l O³
弱綠鈹 ¹) (weak green ashes)   Potassium Hypochlorite K C l O
強錳²)鈹 (strong *Mang* ashes) Potassium Permanganate K M n O⁴
下硫鋪 ³) (inferior Sulphur boiler) Sodium Sulphite   Na² S O³
綠鋪   (green boiler)   Sodium Chloride   Na C l

Now, with all deference due to the Rev. Dr. Stuart, we must say that his scheme is no improvement. No Chinese literate, when not specially trained, will understand the characters 雙綠鐵 otherwise than as "Double green iron" or "Twice green iron", and they will never bring before his mind that they are to design ferric chloride.

The fault of all this lies in our own nomenclature. Let us take for example the word *Chlor*, because the examples given by Mr. Stuart are all chlorous or chloric combinations. This substance is a gas, only found combined with natrium, and which is called by chemists *Chlornatrium*, but by the laity "Kitchensalt". This gas, having a light yellowish green hue, was named *Chlor* by the older chemists from the Greek χλωρος, green, pale yellow or pale — a ridiculous, insignificant name, but which we must let pass, as it has obtained citizenship with us.

But this is no reason why we should introduce this name into Chinese, and then even by a wrong character. For the char. 綠 *luh* does not mean in Chinese light green or yellowish green, but, on

---

1) This is a forged character, utterly unauthorised, for expressing metallic (金) ashes (灰), which no Chinaman will understand as to mean the metallic base of potash.
2) Again a forged character for transliterating the word *Mangan*.
3) This is a most unlucky forgery. The character is of course intended to represent the char. 鹵 (197 Radical) meaning *salt*; but wishing to distinguish this salt from the soda obtained by burning seaweeds, the radical 金 has been added. Unluckily, however, this character exists in Chinese with the signification of an *iron pan or boiler*, or the *wooden handle of a knife* (鋪釜也，以木爲刀柄) This makes the whole term ludicrous.

the contrary, **very dark green** in opposition to 青 ts'ing, which means light green or light blue, as the colour of young grass or of the sky. The colour of Chlorine would be termed in Chinese 薈 hwui, defined by 青黄色 greenish yellow colour.

But we would even reject this translation because *colour* is no definition of *substance*.

In the "Dictionnaire technique de l'Arsenal de Foutcheou" *Chlor* is rendered by 鹹強水, "briny strong water (or acid)", an even more objectionable translation. Chloride of lime is translated there by 灰綠 "Green of lime" or "Lime-green".

Now all this is ridiculous. Why stick to the colour (χλωρός) of the gas which conveys not the least meaning of its chemical essence?

If the term has to be translated, 鹽精 yen-tsing or 鹽氣 yen-khi "Essence (or gas) of salt" would be a much more intelligible term [1]. Every educated Chinaman would at once understand that some or other subtle or etherial quality in common salt was meant; whilst the term 綠 luh "Green" does not convey to him the least idea of a gaseous body. Every trial to convey **in this way** our science of chemistry to the Chinese mind is, and will remain, clumsy bungling.

If it is only our aim to make a certain corps-d'élite of chinese students to adepts in chemistry, it is far better to teach them *first* a european language, and afterwards teach them *our* chemistry with all its apparatus of technical expressions and chemical alphabet.

If, on the contrary, our aim is to *leaven* the Chinese people with a more scientific spirit than theirs, we must bring first down *our* science to *their* level, making it so easy and intelligible that a schoolboy can understand it.

---

[1] Even 鹽蒸 could be used, as the Chinese call the combustible gas of charcoal 煤蒸.

But away then with the mystic jargon into which our forefathers, the adepts in occult sciences, have shrouded it. No translated nomenclature based mostly upon outward appearances or qualities (*bromium* from βρῶμος, "stinking"; *jodium* from ἰοειδής, "violet") [1]), or borrowed from other languages (as *kali*, *al kali* from the Arab) etc., but simple, equivalent, genuine chinese definitions.

But these are only to be got by a hard study of native works on alchemy and therapeutics. If these are laid aside with western supercilious contempt as unworthy of the attention of an M. D., the latter cannot reasonably expect that he will ever be able to make his own science palatable to the Chinese student.

In my opinion all these essays, however well meant, are signal failures, and can only tend to make us and our science ridiculous in the eyes of the Chinese people.

---

1) Badly translated by 淡藍氣 "dilute indigo vapour"

CHRONIQUE.

ALLEMAGNE ET AUTRICHE.

Le célèbre ethnographe A. BASTIAN, à Berlin, vient de publier le 3e no. de ses *Controversen in der Ethnologie* (Berlin, Librairie Weidmann, 1894), contenant ses réflexions sur le Fétichisme. Nous en recommandons la lecture, mais nous avertissons le lecteur que ce n'est pas une lecture facile. L'immense érudition de M. Bastian lui fait oublier que tout le monde n'est pas capable de maîtriser les matériaux abondants que l'auteur apporte à sa démonstration.

Un peu plus de système et d'ordre dans la discussion des matières serait fort désirable, surtout pour les savants étrangers qui ne sont pas si pétris dans les finesses du style allemand.

Nous notons du même auteur un article publié dans Petermann's Mittheilungen (Fas. 8, 1893) *Ueber Methoden in der Ethnologie*.

Petermann's Mittheilungen III contient un mémoire sur l'île de *Sachalin* par M. FR. IMMANUEL, accompagné d'une carte de cette île curieuse; curieuse surtout puisque les habitants *Aïno*, qui ne commettaient jamais de crimes, voient peupler aujourd'hui leur pays par plus de dix-mille criminels russes déportés. Et voilà ce que nous autres appelons apporter aux pauvres sauvages les bienfaits de notre culture!

AMÉRIQUE.

Nous trouvons dans le «Official Catalogue of exhibits of the World's Columbian exposition», Department M., un long et intéressant article de la main de M. STEWART CULIN dans la Section des anciennes religions, Jeux et Folk-lore, contenant la description des *Puzzles* chinois et occidentaux, des jeux d'enfants, du jeu de Mérelles, du jeu d'échecs et du jeu de Dames, du Loto et des Loteries chinoises, des jeux de dés, du domino et des cartes à jouer chinoises et autres, ainsi que du *Tric-trac*, du jeu de l'Oie, connu en Chine sous le nom de «Jeu de la promotion des mandarins», etc., etc. Nous regrettons seulement que l'auteur n'ait pas ajouté à son article les caractères chinois, les noms chinois étant parfaitement méconnaissables sous leur travestissement de transcription, qui ne nous permet pas de rétablir la vraie prononciation, surtout s'il y a en sus des fautes typographiques, comme p. e. *Chug fa* (p. 85) et *Fu ju tung hai, shou pin ar shan* (福如東海、壽比南山) où *pin ar* doit représenter *pi nan* (p. 90). Comme la copie que nous possédons est la «Revised edition», on aurait pu facilement faire disparaître ces erreurs typographiques. Elles n'auraient pas tant d'importance si on avait ajouté les caractères chinois aux transcriptions.   G. S.

CHINE.

Nous venons de recevoir le «Decennial Report» de Chin-kiang (1882—1891) publié par ordre des Chinese Customs (Douane impériale chinoise) par M. FRIEDRICH HIRTH, Commissaire des Douanes.

Vraiment nos Bureaux de Douane en Europe pourraient prendre ceux de la Chine comme modèle, car le Rapport de *Chinkiang* ne contient pas seulement une aride statistique de commerce, mais des notes hautement instructives sur l'histoire, la géologie, l'orographie, la population de *Chinkiang*, ainsi que des Notes de M. Edkins sur les examens littéraires, une table des espèces de bateaux engagés dans le commerce, une des Gouverneurs-généraux des «Deux Kiang» pendant les années 1882—1891, ainsi qu'une notice extrèmement intéressante sur la reproduction photo-lithographique d'ouvrages chinois rares, dont nous ne mentionnerons ici que le 圖書集成 en 1620 volumes, une encyclopédie hors ligne, les célèbres dictionnaires 佩文府 *Pei-ouen-fou* et *K'ang-hi tsze-tien*, les 24 Historiens, la nouvelle édition du 東華錄 *Toung-hoa lou* complété jusqu'à la fin du règne de l'empereur *Hien-fung*, le 經世文 *King chi-ouen*, collection de documents contemporains, etc., etc.

Si l'on comparait les rapports scientifiques des Douanes chinoises aux médiocres rapports financiers et fiscaux de l'Europe, nous devrions rougir de honte.

Chungking, 11 February 1894.

A French expedition under the leadership of M. Haas, formerly French Consul at Hankow, has left I-chang for this port a few weeks ago. It is understood that its commercial members will settle down at Chungking, to which port M. Haas has been accredited as French Consul, and that the number of Foreign firms already established in the Far West of China will be increased by a French house. Some members of the expedition, which is accompanied by four ladies, are expected to continue their journey to the confines of Tibet and the Southwestern provinces.

Le gouvernement de Washington vient de conclure un traité avec la Chine, dans lequel il est stipulé que les Chinois aux États-unis seront — selon la loi — enregistrés et photographiés, et que les Américains en Chine seront soumis aux mêmes formalités.

Ceci n'est pas du tout injuste, et il est naturel qu'un empire contenant 410 millions d'habitants, et dont la civilisation est plus vieille que celle d'aucun autre peuple en Europe, ne veuille pas laisser traiter ses sujets en esclaves par un peuple qui a de hautes prétentions en Chine. Mais la mesure de représailles exigée par la Chine, rencontrera certainement de l'opposition dans le Congrès. En cas de rejet du traité, la Chine interdira aux Américains le séjour en Chine et résiliera le traité de commerce.

Libre alors aux États-Unis de déclarer la guerre à la Chine, s'ils l'osent.

FRANCE.

Notre co-directeur, M. le Professeur HENRI CORDIER, vient de publier chez E. Leroux, libraire de la Société d'Histoire diplomatique, un *Historique abrégé des Relations de la Grande-Bretagne avec la Birmanie*, étude très intéressante pour ceux qui veulent se mettre au fait comment les nations européennes et chrétiennes s'y prennent pour englober les pays de l'Orient. Quand on lit comment l'Angleterre a englouti les Indes et la Birmanie, les Portugais Malacca, les Hollandais l'empire de Java et les Français le Siam, on finit par donner raison à la Chine d'avoir été sur ses gardes contre les hommes de l'Occident qui, en faisant semblant de ne rien demander que la liberté de commerce, finissent par prendre le pays entier. L'Angleterre réclame partout à hauts cris sa devise Free trade, mais dans son propre pays elle fait payer à l'étranger des droits du cigare qu'il fume et de la bouteille d'eau de cologne pour se rafraîchir en cas de mal de mer. Drôle d'idée de liberté de commerce ça !

Le Bulletin de la Société de Géographie, 3ᵉ Trimestre 1893, contient e. a. un compte-rendu étendu de M. le Baron G. DE CONTENSON sur le projet pour remédier aux inondations dans le nord de la Chine par les ingénieurs hollandais J. G. W. FIJNJE VAN SALVERDA, le capitaine P. G. VAN SCHERMBECK, du corps royal du génie, et de M. VISSER.

La Société de Géographie a décerné, dans sa séance du 16 Février, la *médaille d'or* (prix Auguste Logerot) au Prince HENRI D'ORLÉANS, pour son voyage scientifique au Tonkin et dans le Haut-Laos, ainsi que le *Prix Jomard* à M. CAMILLE IMBAULT-HUART pour son livre sur l'Île Formose.

«Le Tour du Monde» contient la relation d'un voyage de Pékin à Paris par M. CHARLES VAPEREAU, voyage que sa femme a courageusement partagé.

Académie des Inscriptions et Belles-Lettres.

Dans les séances du 9 et du 16 février 1894 :

M. Henri Cordier communique un mémoire sur «l'Extrême-Orient dans l'atlas catalan de Charles V, roi de France». Ce beau monument de la cartographie du moyen âge, conservé dans la galerie Mazarine de la Bibliothèque nationale à Paris, avait déjà été étudié par Buchon et Tastu, mais ces commentateurs avaient fait des études insuffisantes sur l'Asie orientale. M. Cordier, reprenant l'œuvre de ses devanciers, fait ressortir l'importance de la relation de Marco Polo, qui est la source principale à laquelle a puisé la cartographie, et il montre, par des exemples tirés de l'identification de villes, entre autres Khanbaliq (Peking), Quinsai (Hang-tcheou) et Sincalan (Canton), que cet atlas de 1375 marque l'apogée de nos connaissances sur l'Asie orientale au quatorzième siècle, lorsque des transformations politiques ou commerciales allaient momentanément interrompre presque entièrement les communications avec la Chine par terre et par mer.

Dans les séances de Mars, M. Boutarel lit un mémoire de M. Romanet du Caillaud intitulé: *Essai sur les origines du christianisme au Tonkin et dans les autres pays annamites*. L'auteur démontre d'abord que le nom de Cochinchine, qui, au dix-septième siècle, fut abandonné pour celui de Tonkin, désignait, dans le principe, tous les pays annamites. Ceux-ci, en effet, étaient appelés Giao-tchi par les indigènes; les Chinois prononçaient Cao-tchi, et les Malais Cotchy, d'où vient Cochinchine. Par la suite, ce nom fut exclusivement appliqué aux provinces conquises sur le Champa; aujourd'hui, il ne désigne plus que notre colonie des bouches du Mékong.

Au seizième siècle, l'empire d'Annam fut troublé par les compétitions de la dynastie Mac et de la dynastie Lê. Celle-ci appela des missionnaires chrétiens; en même temps, le Tonkin des Macs était visité par les franciscains des Philippines; mais ces premières missions n'eurent que des résultats restreints.

C'est seulement en 1590, à l'arrivée de Pedro Ordoñez de Cevallos en Cochinchine que les conversions se multiplièrent. La princesse de Champa reçut le baptême et fonda le couvent de l'Immaculée-Conception, dont elle devint abbesse. Ordoñez continua sa mission sur les côtes annamites et y compta les conversions en grand nombre; puis il regagna, en Amérique, son ancien diocèse de Santa-Fé-de-Bogota. Ses succès furent continués, pendant quelque temps, en Cochinchine, par des missionnaires espagnols et portugais, mais les croyances locales ne tardèrent pas à étouffer ces premiers germes du christianisme. En 1627, le P. de Rhodes, de l'ordre des jésuites, ne trouva plus un seul chrétien au Tonkin. La princesse de Champa était morte depuis quelques années, et les indigènes ayant reçu le baptême avaient aussi disparu sans transmettre la foi chrétienne à leurs successeurs.

Société de Géographie.

Séance du 5 janvier 1894:

M. l'abbé Guesdon, ancien missionnaire apostolique, lit un mémoire intitulé *Souvenirs de quinze années au Cambodge* dans lequel il étudie:

Aspect général du pays — Richesses naturelles — Flore, faune — Les habitants — Tribus sauvages — Habitations — Mœurs et coutumes — L'influence française au Cambodge.

Séance du 2 février 1894.

Au nom de l'auteur, M. Henri Cordier fait hommage d'une nouvelle partie des *Problèmes géographiques sur les peuples étrangers chez les historiens chinois* publié par le Dr. Gustave Schlegel, professeur de Chinois à l'Université de Leyde. On se rappelle que cette série extrêmement importante avait commencé par une dissertation sur le pays de Fou-Sang, que le Dr. Schlegel prouve d'une façon décisive ne pouvoir être identifié avec l'Amérique, mais que l'on doit chercher à l'est de la Chine, au nord du Japon, et très probablement dans l'île de Sakhalin ou Crafto. Le nouveau fascicule renferme les problèmes IX à XII, c'est-à-dire le Pays des Collines vertes (*Ts'ing K'ieou Kouo*); le Pays aux longs bras (*Tch'ang Pi*); le Pays des Cuisses noires (*Hiuen-Kou K...*); le Pays du peuple Lo ou du peuple Kiao (*Lo-min Kouo ou Kiao-min K...*). La solution de ces problèmes — pour laquelle le Dr. Schlegel a, outre à sa grande science sinologique de profondes connaissances en histoire naturelle, puisées dans les leçons de son illustre père, — fait rentrer dans le domaine de la géographie historique pure des descriptions de pays, qui insuffisamment étudiées, étaient placées parmi les contrées fabuleuses des vieilles cosmographies chinoises. Cf. *Revue Critique*, 17—24 juillet 1893.

Les gens atteints de la lèpre sont, paraît-il, très nombreux dans l'Extrême-Orient, notamment dans l'archipel Indien. M. Meyners d'Estrey annonce qu'un docteur hollandais, M. Albrecht, de Buitenzorg, vient de découvrir un traitement de cette maladie, traitement très efficace et basé sur les théories de M. Pasteur. Aussi serait-il question de fonder un institut thérapeutique à Java; un médecin hollandais doit se rendre à ce sujet à Paris pour conférer avec notre savant compatriote.

Séance du 16 février 1894:

M. Henri Cordier offre de la part de l'auteur un important et intéressant volume: *l'Irrigation en Asie centrale*, par M. Henri Moser, l'auteur bien connu de l'ouvrage sur l'Asie centrale.

Dans ce nouveau travail, mettant à profit son long séjour et ses nombreux voyages en Turkestan, ainsi qu'une expérience acquise par une active collaboration aux projets économiques des généraux Kauffmann, Tchernaief et Annenkov, M. Moser nous donne le résultat de ses observations et de ses recherches. Il étudie successivement le sol et le climat de l'Asie centrale et l'irrigation dans l'antiquité; puis, après avoir parlé de l'irrigation actuelle dans l'Asie centrale en général, il l'étudie en particulier dans la province de Zerafchane et dans l'émirat de Boukhara; enfin, il recherche quel peut être l'avenir de l'irgation. La question de l'eau est un problème de vie ou de mort aussi bien pour l'Asie centrale que pour le désert africain. Dans la conférence si intéressante sur les lacs, que faisait ici M. Delebecque, il y a une quinzaine de jours, le savant ingénieur nous parlait de la mort de ces grands réservoirs d'eau. Il est une des formes de cette mort qu'il avait oubliée : c'est l'irrigation. On se rappelle que le prince Henri d'Orléans eut toutes les peines du monde à trouver le Lob-nor; pour les besoins de l'irrigation, les riverains du Tarim et des rivières qui le forment en avaient tiré une telle quantité d'eau que le lac célèbre était presque réduit à néant.

M. Cordier ajoute qu'il ne saurait trop recommander un livre dans lequel M. Henri Moser se montre à la fois historien, ingénieur et économiste. Le Président remercie M. Henri Cordier de la présentation de l'intéressant ouvrage de M. Moser, à qui des remerciments seront adressés par la Société.

La ménagerie du Muséum à Paris vient de recevoir de M. Pavie, consul général de France à Bangkok, un lot important d'animaux exotiques divers.

Parmi eux : deux *nycticèbes* ou singes de nuit des plus curieux, deux ours des cocotiers, un macaque, un *kétupa*, espèce de grand-duc assez rare provenant de Java, enfin plusieurs carnassiers de petite taille, dont quatre *mangoustes*, trois *genettes*, cinq *paradoxures*.

Académie des sciences morales et politiques.

Séance du 31 Mars.

M. Gréard présente à l'Académie un ouvrage de M. L.-E. Bertin, directeur des constructions navales, intitulé *les Grandes guerres civiles au Japon* (1150—1392), et précédé d'une introduction sur l'histoire ancienne et les légendes locales.

Après avoir expliqué dans son introduction les légendes de l'histoire ancienne et retracé l'histoire des guerres civiles du douzième au quatorzième siècle, l'auteur montre, dans un épilogue, quels progrès le Japon a accomplis de lui-même dans l'ordre matériel. Sa conclusion est que le Japon est au niveau des pays d'Europe les plus avancés pour son réseau télégraphique, ses paquebots et ses chemins de fer. La vapeur et l'électricité y ont multiplié leurs applications au point de devancer, à certains égards, beaucoup de nos villes. La rapidité de ces innovations peut nous surprendre, mais il paraît que les Japonais s'étonnent encore davantage de la lenteur du progrès dans les pays soumis à l'action directe des puissances européennes.

Le *Bulletin de Géographie historique et descriptive*, n°. 3, 1893, contient un mémoire considérable de M. le Docteur Pierre Mirande, Médecin de 2ᵉ classe des Colonies, sur *les Grottes de l'ung. Notes pour servir à la géographie du Tonkin (Région des Ba-bé)*. Les hasards du service ayant conduit M. Pierre Mirande dans la région des lacs Bac-Bé, l'un des points les moins connus de la partie montagneuse du Tonkin, il a eu l'occasion d'y étudier et d'y photographier ces grottes fort curieuses, merveille naturelle dont on chercherait en vain la mention dans les géographies.

Depuis 1888, où les premières colonnes françaises ont reconnu le pays, c'est à peine si une soixantaine d'officiers ou de colons ont passé par là.

M. Mirande avait fait le 1er décembre 1893 une conférence sur le même sujet à la Société de Géographie de Paris.

La vente de la Bibliothèque chinoise de feu M. le Marquis d'Hervey-Saint-Denys, Membre de l'Institut, Professeur au Collège de France, a eu lieu à l'Hôtel des Commissaires-Priseurs, rue Drouot, les Lundi 19 et Mardi 20 Mars 1894. Elle n'a guère produit plus de 5,200 francs.

M. le Dr. Ern. Martin vient de donner dans la *Revue Rose* du 24 mars 1894 une conférence sur *la Couvade en Chine*.

M. Emmanuel Tronquois s'est embarqué à Marseille le dimanche 18 mars 1894 sur le paquebot des Messageries «Natal» pour se rendre au Japon où il doit poursuivre ses intéressantes études.

Nous lisons dans le *Journal Officiel de la République française* du 1er avril 1894, que par arrêté du 30 mars 1894, est nommé officier d'académie :

TANNANT (Charles), attaché à l'administration des douanes chinoises, à Pékin. — A enrichi nos musées nationaux d'importantes collections d'histoire naturelle.

Société des Américanistes de Paris.

La Société des Américanistes de Paris a pour objet l'étude historique et scientifique du Continent américain et de ses habitants depuis les époques les plus anciennes jusqu'à nos jours. Constituée le 22 décembre 1893, elle a élu son bureau le mercredi 21 mars 1894 : M. le Docteur E. T. Hamy, de l'Institut, a été nommé Président. Dans cette dernière séance, M. Henri Cordier a lu un mémoire intitulé : *État actuel de la question du Fou-sang* dans lequel il adopte les conclusions du Dr. G. Schlegel. Cf. *T'oung-Pao*, III, N°. 2, 1892.

Société Académique indo-chinoise de France.

Dans la séance du 28 février 1894 :

M. le Marquis DE CROIZIER, Président, soumet à la Société les résolutions suivantes :

« Le Mémoire de M. le Baron TEXTOR DE RAVISI, intitulé : *Le Centenaire de l'École spéciale des langues orientales vivantes, et les services que l'Établissement a rendus aux sciences géographiques*, est approuvé par la Société ».

« M. le Baron Textor de Ravisi, Vice-Président, est délégué par la Société pour lire et soutenir son mémoire au 32e Congrès des Délégués des Sociétés Savantes, à la Sorbonne (27 au 31 mars 1894) ».

Le Bureau offrira le concours de la Société aux Comités d'organisation des fêtes du double Centenaire (1895) du Collège de France et de l'École spéciale des langues orientales vivantes ».

« Le Bureau soumettra ultérieurement à la Société les réponses qui auront été faites à ses ouvertures pour les deux dits Comités organisateurs ».

La Société adopte, à l'unanimité des voix, les propositions ci-dessus de son Président.

Le Secrétaire général,
Achille Greverath.

Dans la séance du vendredi 30 mars 1894:

M. le Baron Textor de Ravisi traite *des congrès nationaux et internationaux des orientalistes* et M. l'Abbé Guesdon, ancien missionnaire apostolique, parle sur *les habitants de l'Indo-Chine orientale: Annamites, Chinois, Cambodgiens, Siamois et tribus sauvages Leur vie, leur avenir.*

ITALIE.

Nous recevons la première livraison d'un nouveau Journal trimestriel publié par MM. les Professeurs du Royal Institut Oriental à Naples sous le titre de L'Oriente.

Ce numéro contient un article Les anciens récits sur la Chine, par L. Nocentini; Le mariage des enfants aux Indes, par M. C. Tagliabue; un article sur quelques points du Bâbisme, une secte religieuse qui s'est propagée en cinq ans, depuis 1847 à 1852, dans toute la Perse, par M. L. Bonelli; un sur les Enigmes en Tigray ou Tigriña, un dialecte copte, par M. F. Gallina; une légende grecque « La Tour de pierre » par M. C. Triantafilles. Ensuite les notices philologiques et littéraires, archéologiques, commerciales, politiques, géographiques, et des Notices variées. parmi lesquelles nous trouvons une Note sur les Examens chinois.

Le prix du Journal est de 10 Lires pour l'Italie et de 12 Lires pour l'étranger, et il est imprimé à Rome à l'Imprimerie de l'Académie royale de Vincenzo Salviucci. Chaque livraison contiendra à peu près 48 pages, et le Journal donnera un compte rendu de chaque ouvrage qui lui sera envoyé.

JAPON.

Leurs Majestés l'empereur et l'impératrice du Japon ont fêté, le dix Mars, : 25e anniversaire de leur mariage. Cet évènement a été célébré dans tout empire avec un grand enthousiasme. Surtout à Tōkiō les festivités ont eu lieu sur une grande échelle. Sur l'ordre de l'Empereur, une médaille commémorative de cet évènement a été frappée.

C'est la première fois qu'un anniversaire de cette sorte ait été fêtée au Japon. Elle marque un progrès dans l'importation d'usages occidentaux.

En un an et demi le Parlement a été dissous trois fois, et les élections excitent de plus en plus les passions.

Selon une correspondance de Yokohama à l'Indépendance Belge, le mouvement électoral a donné lieu à des conflits sanglants, occasionnant la mort et les blessures de plusieurs personnes. En outre, on avait découvert une conspiration contre la vie de l'Empereur. Les conjurés voulaient placer une mine de poudre sous le palais impérial afin de le faire sauter quand l'empereur, le prince héritier et les ministres s'y trouvaient. Environ mille personnes, impliquées dans l'attentat, ont été faites prisonnières.

Les élections générales sont terminées avec une victoire complète des libéraux, de sorte que ce parti pourra disposer d'une majorité de 120 voix dans la chambre.

Ce résultat est d'une haute importance pour l'Europe, puisque la chambre devait être dissoute à cause de l'opposition des Japonais conservateurs contre le gouvernement, qui octroyait, selon leur opinion, trop d'avantages aux étrangers, surtout pour le commerce.

Comme le parti avancé, qui veut favoriser le commerce avec les étrangers, a gagné la victoire, il n'est plus à craindre que le gouvernement soit contraint à retourner à la vieille politique d'exclusion.

Cette crainte était occasionnée par une proposition de la chambre des communes de maintenir strictement les traités étrangers, ce qui équivaudrait selon quelques uns, à l'expulsion de tous les étrangers.

Un journaliste japonais, M. Tokutomi, a écrit à ce sujet une lettre au rédacteur du «Westminster Review» dans laquelle il expose la question. L'expulsion des étrangers, dit-il, est un rêve d'il y a 30 ans. Aucun japonais n'a ne la désire maintenant, et, du reste, cette expulsion rendrait des traités superflus.

Le projet devait servir seulement pour montrer l'urgence d'un révision des traités, par laquelle le séjour des étrangers serait facilité.

Mais les ministres donnaient à dessein une fausse représentation de l'affaire afin de noircir l'opposition pour les élections prochaines.

La chambre des communes désire également un gouvernement responsable envers le peuple, tandis que tous les ministères depuis 1890 maintinrent était seulement responsable envers l'Empereur. Lorsque le ministre actuel vint en fonction en Août 1892, il déclarait vouloir former un ministère «transcendental», un ministère idéal et, par conséquent, impossible, qui n'aurait pas à compter avec une majorité parlementaire.

Mais même le ministre-président « transcendental » a dû s'assurer une majorité. Un des ministres, attaqué dernièrement dans les Chambres, a dû résigner. Selon le correspondant la démocratie gagnera la victoire à la longue.

PAYS-BAS ET COLONIES NÉERLANDAISES.

D'après une communication particulière au «Nieuws van den Dag», la ville de Sourabaya à Java sera, dans le cours de cette année, en possession d'un aqueduc d'eau potable. Deux Chinois, propriétaires du domaine particulier de *Ketabang*, situé en partie dans la banlieue de la ville, ont découvert, à six mètres de profondeur, une source abondante fournissant, d'après un examen technique et chimique de personnes compétentes, une eau potable excellente.

MM. Albrecht et Rusche à Batavia viennent de publier la traduction malaise du roman chinois 白蛇記 (traduit par feu St. Julien en français sous le titre «Les deux couleuvres fées») sous le titre de *Boekoe tjerita doeloe kala di benoewa negri Tjina, di tjerita-in* Khouw Han Boen, *antara* «2 *Siloeman Biang oeler* [les deux couleuvres femelles surnaturelles] *ja-itoe* Ouwtjoa *dan* Petjoa [烏蛇 couleuvre noire et 白蛇 couleuvre blanche].

SUÈDE.

Un télégramme du 4 Avril du consul-général suédois à *Shanghai* transmet la nouvelle que la station des missionnaires norvégiens à *Y-ling* (夷陵) prov. de *Hou-Kouang*, a été détruite par les Chinois. Les missionnaires ont pu échapper. On n'a pas encore des détails plus précis.

SUISSE.

M. François Turrettini vient de publier dans le *Ban-zai-sau* la version mandchoue du commentaire du *San-ze-king* (三字經) ou « Recueil des Phrases de trois mots », avec notes et variantes.

NÉCROLOGIE.

SERGE GEORGIEVSKY.

M. Serge Mikaïlovitch Georgievsky, professeur extraordinaire de langue mandchoue à la Faculté orientale de l'Université impériale de St. Pétersbourg, est mort prématurément l'année dernière (1893) à Metz. Malgré la désignation de son cours, le prof. Georgievsky s'est particulièrement occupé de la langue chinoise. Voici la liste des ouvrages de ce regretté savant:

Первый періодъ китайской исторіи (до императора Цинъши-хуанъ-ди). Спб. лит. по способу М. Алисова, печ. А. Григорьева, 1885, in-8, pp. 322. (Première période de l'histoire chinoise jusqu'à l'empereur T'sin Chi Huang-ti).

Древнѣйшія монеты китайцевъ. (Записки.... Русскаго Археологическаго общества... В. Р. Розена.., I, IV, St. Pétersbourg, 1887, pp. 253/272, 10 pl. + pp. 309/310). (Les anciennes monnaies chinoises).

О Корнемомъ Составѣ китайскаго языка, въ связи съ вопросомъ о происхожденіи китайцевъ — St. Pétersbourg, 1888, grand in-8. — Анализъ іерогдифической письменности китайцевъ, какъ отражающей въ себѣ исторію жизни древняго китайскаго народа. — St.-Pétersbourg, 1888, in-8. (Analyse des radicaux de la langue chinoise par rapport à la question de l'origine des Chinois). — (Analyse des hiéroglyphes chinois comme représentant l'histoire des anciens Chinois).

Принципы жизни Китая. — St.-Pétersbourg, 1888, in-8. (Principes de la vie de la Chine).

Важность изученія Китая. — St.-Pétersbourg, 1890, in-8. (L'importance de l'étude de la Chine).

Un des élèves de M. Georgievsky, M. Dimitri Pozdniev, qui lui a consacré une notice nécrologique dans le no. de janvier 1894 du *Journal of the R. Asiatic Society*, cite encore: «Le Comte J. Tolstoi» et les «Principes de la vie de Chine». — «Les croyances mythologiques des Chinois». St.-Pétersbourg, 1892.

H. C.

ALEXANDER THEODOR VON MIDDENDORFF.

La mort a emporté le 28 janvier dernier ce célèbre voyageur russe bien connu par ses beaux voyages dans la Sibérie boréale et orientale et les belles et grandes collections géographiques, botaniques et zoologiques qu'il y a faites et qui ont été décrites dans son grand travail « Voyage dans l'extrême nord et orient de la Sibérie » (St.-Pétersbourg 1848 à 1875) en quatre volumes. Middendorff était né le 18 Août 1815 à St.-Pétersbourg, avait étudié en 1832 la médecine à Dorpat; ensuite l'histoire naturelle à Berlin, Erlangen, Vienne et Breslau et fut nommé en 1839 professeur-adjoint pour la zoologie à l'université de Kiev.

En 1833 il accompagna Karl, Ernst von Baer dans son voyage à la Mer blanche et la Laponie, et en 1835 il fit, sur l'ordre de l'Académie des sciences de St.-Pétersbourg, son grand voyage dans la Sibérie.

En 1860 il se retira de la vie publique à *Hellenorm*, une propriété dans la Livonie, où il s'occupa d'études agricoles et où la mort l'a ravi à la science à l'âge de 79 ans. Le célèbre savant était membre de l'Académie des sciences de St.-Pétersbourg et membre honoraire de la Société de Géographie à Berlin. La Société Géographique de Londres lui avait accordé sa grande medaille d'or. Mais il n'avait pas besoin de ces distinctions; des hommes comme lui, comme von Schrenck et comme Radde, portent leur propre auréole avec eux.

G. S.

BRENIER DE MONTMORAND.

Le Vicomte BRENIER DE MONTMORAND, ancien ministre plénipotentiaire de première classe en Chine, officier de la Légion d'honneur, est mort le 16 février 1894 à Saint-Marcellin (Isère) son pays natal.

M. Brenier de Montmorand, né en 1813, était fils du général Antoine-François Brenier qui s'engagea à seize ans, prit part aux guerres de la Révolution, fut général de brigade à vingt-sept ans, général de division à Lille en 1814, puis à Grenoble, et enfin choisi comme vice-roi de Corse. Le général eut deux fils: l'aîné fut tué au siège d'Anvers, le deuxième est celui qui vient de mourir.

En 1848, le gouvernement nomma M. Brenier de Montmorand, commissaire général. On l'envoya ensuite à San-Remo, puis à Séville où sa conduite pendant une épidémie de choléra fut remarquée. Il est successivement nommé consul à Shanghai, ministre plénipotentiaire de 2e classe au Chili, consul général en Egypte en 1870. En 1876, il est nommé de 1re classe à Pékin où il reste jusqu'en 1880, époque à laquelle il prend définitivement sa retraite.

H. C.

BULLETIN CRITIQUE.

Lehrbücher des Seminars für Orientalische Sprachen in Berlin, Band XII, 1. *Einführung in die nordchinesische Umgangssprache*, von Prof. CARL ARENDT, Lehrer des Chinesischen am Seminar. Stuttgart und Berlin, W. Spemann, 1894.

Ich würde diesen Theil der Arbeit von Professor Arendt unbesprochen gelassen haben, da ich mich nicht erdreiste mich als Kenner der nordchinesischen Umgangssprache auszugeben. Der Verfasser hat aber in seinem Vorwort noch einmal meinen Namen genannt, und mit besonderer Wollust hervorgehoben dass: *Herr Gustav Schlegel in der ihm eigenen, scharfen und autoritativen Weise ein geradezu vernichtendes Urtheil über mein* (Prof. Arendt's) *Handbuch gefällt hat.*

Ich will das Epitheton *scharf*, das Prof. Arendt auf meine Kritik anwendet, gern gelten lassen. Wir haben in Holland ein Sprüchwort: „Zachte chirurgijns maken stinkende wonden" was auf Deutsch heisst „Sanfte Chirurgen verursachen riechende Wunden".

Ich bin nun leider kein sanfter Chirurg, und wo ich eine wissenschaftliche Beule antreffe, nehme ich mein schärfstes „Bistouri", mache in der Beule ein Paar tüchtige Kreuzschnitte, presse den Krankheitsstoff aus, und der Patient kann dann nachher ein Wundpflästerchen auflegen und ―――― heilen.

Zarte Nachsicht gebrauche ich bloss bescheidenen Anfängern gegenüber, weil ihre Fehler und

Verirrungen für die Wissenschaft gefahrlos sind; aber die Fehler und Verirrungen von Gelehrten, die durch ihre Stellung in der Gesellschaft als Autorität gelten, dürfen nicht dieser Nachsicht begegnen, zumal wenn jene, wie Prof. Arendt, sich selbst das Lob spenden, dass sie weit erhaben sind über Männer wie Wade und Edkins, und ihr eignes Buch als einen „Fortschritt" gegen jene dieser bezeichnen (Vorwort S. xi—xiii). Auch ist man davon überzeugt, so sollte man warten bis andere dieses sagen, aber es nicht von sich selbst rühmen.

Der geehrte Herr Verfasser erhebt ferner Einwendung gegen meinen Ausspruch über das nutzlose der Grammatik beim Studium der chinesischen Sprache in meiner Broschüre „La Stèle funéraire du Téghin Giogh", und setzt zu meinen Worten „dass der Nestor der Sinologen, James Legge, nie eine chinesische Grammatik geschrieben habe" die Bemerkung: *welch' merkwürdiges Argument!*

Als ich die Stèle schrieb, war es mir noch unbekannt wie Legge über diese Frage dachte; und erst nachdem mein Aufsatz gedruckt war, und ich diesem vorzüglichen Kenner der chinesischen Sprache einen Abdruck davon geschickt hatte, erhielt ich von ihm einen Brief (12 December 1892), worin er mir dankte und wörtlich schrieb:

„I am much interested by what you say of your having learned Chinese yourself in the first place, and then taught it successfully for many years without using a Grammar. So it was with myself from the time that I began to learn Chinese in 1837 or 38, and when I came to the Chinese chair here in Oxford, I thought it better to carry on the instruction of my students without using any grammar".

Wo also der, von der ganzen Welt anerkannte grösste Sinologe die Grammatik für das Studium der chinesischen Sprache überflüssig findet, können die *Dii minores* es ebenfalls ganz ruhig dabei bewenden lassen.

Die deutschen Gelehrten, und zumal die klassisch gebildeten, sind aber so mit der Grammatik verwachsen, dass sie sich eine Sprache ohne Grammatik gar nicht denken können, und absolut in jeder Sprache conjugiren und decliniren wollen.

Nicht genug, wie Heine[1]) sagt, dass die armen Deutschen mit Einquartirung, Militärpflichten, Kopfsteuern und tausenderlei Abgaben geplagt sind, sie haben sich obendrein den Adelung aufgesackt und quälen einander mit dem Accusativ und Dativ.

Sie sind unglücklich, wenn sie ihr *mensa*, *mensae* oder τύπτω, τύπτεις nicht überall verwenden können.

Selbst wenn sie eine neue Sprache, wie das *Volapük*, machen, wobei sie die schönste Gelegenheit hatten, die *nur für rhetorische Zwecke nützliche Grammatik* zu beseitigen, haben sie es nicht unterlassen können auch da eine Grammatik einzuführen, während doch das Chinesische und das sogenannte Nieder-Malaïsche[2]) sich ausgezeichnet *ohne* Grammatik durchschlagen und dennoch nicht minder deutlich und verständlich sind.

Ich pflichte aus diesem Grunde eben Herrn Arendt bei wenn er sagt, dass „wir uns über diese Frage nie verständigen werden" (Vorwort, S. VIII).

Dieses erhellt ja aus dem was der geehrte Verfasser auf der nämlichen Seite sagt:

„dass es gerade die Aufgabe „des Dolmetschers sei *die chinesi-* „*sche Sprache zu zwingen*, einem „europäischen Gedankengange „Ausdruck zu geben".

Aber letzteres ist ja geradezu unmöglich wenn der Dolmetscher nicht erst *den chinesischen Gedankengang* zu seinem eigenen gemacht hat. Sonst macht er Schnitzer wie noch dieser Tage ein bekannter deutscher Autor, der französisch schreiben will, sie gemacht hat. Ich citiere textuell:

„Il se demand maintenant, quelle phénomène de retour est à considerer comme une révolution ou période révolutive accomplie et à

---

[1]) Ideen, das Buch le Grand, Kapitel VII.
[2]) Und auch das heutige Englische das fast gar keine Grammatik mehr besitzt.

quoi cette pério le a à se rapporter?" ¹). man dies bei einer Übersetzung ins Chinesische thun kann ²).

Ganz Deutsch gedacht und wörtlich übertragen! etwa: „Es frägt sich jetzt welche Rückkehrerscheinung als ein Umlauf oder eine vollbrachte Umlaufsperiode muss betrachtet werden, und worauf diese Periode sich zu beziehen hat". Der Verfasser hat hier jedenfalls *die französische Sprache gezwungen einem deutschen Gedankengange Ausdruck zu geben*, gerade wie dies Herr Arendt verlangt. So aber würde ein Franzose es doch nicht ausgedrückt haben; und leider haben wir keine von Europäern verfertigte Übersetzungen in das Chinesische gesehen die nicht ebenso fehlerhaft waren als die obencitierte Deutsch-Französische.

Man kann als Fremder ebenso wenig correct ins Französische übersetzen, wenn man nicht erst *den französischen Gedankengang zu seinem eigenen gemacht hat*, als dass

Dass die Dolmetscher-Elèven aber mit der, Seite x des Vorwortes, beschriebenen Lehrmethode in Peking unmöglich je idiomatisch Chinesisch sprechen lernen können, kann ein Jeder einsehen; und da Herr Arendt überdies noch hinzufügt „dass dabei von Lectüre chinesischer Schriftsteller nur selten die Rede ist, da die Lehrjahre in Peking gewöhnlich um sind wenn der Schüler so weit ist dass er daran denken könnte, und dann seine ganze Zeit in Anspruch genommen wird von seinen amtlichen Obliegenheiten bei einem Consulat oder bei der Gesandtschaft" so ist es selbstverständlich dass sie auch die Schrift- oder Büchersprache nie gehörig erlernen können. Das System taugt eben nichts. Die Holländischen Dolmetscher-Elèven studiren, nach einem vergleichenden

---

1) August Tischner, Le système solaire se mouvant, Leipzig 1894, S. 10.
2) Wir empfehlen Herrn Arendt die Lectüre der Vorrede unseres Niederl.-Chinesisch. Wörterbuches, S. 12—20; sowie einen in „Notes and Queries on China and Japan", Jahrgang 1870, publicirten Artikel „Of translation from and into Chinese", welche ihn belehren werden wie man ins Chinesische zu übersetzen hat.

Zulassungsexamen, ausschliesslich während 3 bis 4 Jahren Chinesisch unter Aufsicht des Professors der chinesischen Sprache in Leiden. Danach werden sie noch auf zwei weitere Jahre nach China geschickt, wo sie sich ebenfalls, ohne jegliche sonstige amtliche Arbeit, dem praktischen Studium der chinesischen Sprache widmen können, sodass sie erst nach 5 bis 6 jährigem Studium als wirkliche Dolmetscher in Indien angestellt werden. Auf jede andere Weise, wird (einzelne Sprachgenien ausgenommen) kein einziger Dolmetscher-Elève jemals richtig und idiomatisch Chinesisch lernen können.

Angenommen nun auch dass Prof. Arendt's Handbuch ausgezeichnet sei, was ich nicht bezweifle, so kommt es mir doch viel zu breitspurig vor, und ich bedauere seine armen Studenten die das enggedruckte 591 Seiten starke Lehrbuch der nordchinesischen Umgangssprache auswendig lernen müssen.

Wenn man, wie Herr Arendt, diese Sprache selbst geläufig spricht, und, wie er, zwei geborene, tüchtige Chinesen als Hülfslehrer zur Verfügung hat, kann er seinen Schülern doch auf weit einfachere, bequemere und schnellere Weise die Sprache beibringen, als mit immerhin unbeholfenen gedruckten Lehrbüchern.

Lernen doch in China die Kinder der Missionare innerhalb einer erstaunlich kurzen Zeit, *ohne Grammatik,* ausgezeichnet Chinesisch sprechen. Wie oft habe ich in China die kleinen Bengel nicht darum beneidet!

Das ist ja aber eben der Fehler der Dolmetscher-Elèven, dass sie sich mit ihrem 先生 (Chin. Lehrer) in einer Stube aufschliessen, und Wade's (resp. Arendt's) Handbuch mit ihm durchstudiren, anstatt ins Freie zu gehen und mit einer beliebigen Bäuerin, einem Strassenarbeiter, oder ein Paar Kindern, ein Gespräch an zu knüpfen, sich nach der Gesundheit ihrer Säue und Kinder, nach ihren Familienverhältnissen, oder dem Zustand ihrer Reisfelder zu erkundigen, u. s. w., wodurch sie idiomatisches Chinesisch lernen würden.

So habe ich es gemacht; und das meiste Chinesisch habe ich gelernt während ich mit der Flinte unter dem Arm in Feld und Wald mit meinem Jägerburschen herumstreifte und Vögel für das naturhistorische Museum in Leiden schoss.

Wenn ich nun hiermit beschliesse dass das Lehrbuch des Hrn. Arendt vollständig nach dem Vorbild eines Deutsch-lateinischen oder Deutsch-französischen Lesebuchs geschustert ist, so wird der Leser auch begreifen dass ich, nach meiner Anschauungsweise das Chinesische zu treiben, demselben mein Gutachten nicht ertheilen kann, wie gut es an und für sich auch sein möge. G. S.

Ancien Japon par G. APPERT, professeur à la faculté de droit de Tôkiô, avec la collaboration de Mr. H. KINOSHITA, bibliothécaire en chef de l'Université impériale du Japon. Tôkiô 1888.

Si ce n'est qu'aujourd'hui que nous faisions mention de cet opuscule fort utile, c'est que ce n'est que par un pur hasard que nous avons eu connaissance de son existence. Sur notre demande, cependant, l'auteur a bien voulu m'en envoyer gracieusement un exemplaire, pour me mettre en état d'en prendre connaissance.

Le titre de l'ouvrage n'indique que vaguement son contenu. Après une indication sur la lecture et la vérification des dates japonaises, les auteurs nous donnent une liste alphabétique des Empereurs et des Shoguns, ainsi qu'une liste des *Nengo*, ou noms d'époques japonaises, selon la méthode de transcription de la société actuellement défunte du *Roma-ji kai* (Société de transcription en lettres romaines-latines).

Ces listes étaient indispensables pour l'usage des indications historiques suivantes contenant la Chronologie du Japon depuis l'an 667 avant notre ère jusqu'à nos jours, avec des notices sur les faits principaux arrivés pendant cette époque.

Ensuite les auteurs nous donnent, pp. 61 et suiv., une Liste des Daïmyô ou grand nobles, rangés dans l'ordre alphabétique des familles, indication de leur origine et fortune et leur résidence. Cette liste est suivie, p. 81, par la liste alphabétique des châteaux des Daimyô en 1867.

Ce qui est le plus intéressant dans le livre ce sont les gravures de 307 Armoiries des Daimyô, imprimées en rouge (pp. 91—131) avec une table explicative qui permet de trouver à quelle famille les *Mon* appartiennent lorsqu'on connait le numéro correspondant dans la gravure.

Suit une liste des peintres japonais, classés par écoles, ainsi qu'un Dictionnaire des institutions, des coutumes et des personnages célèbres de l'ancien Japon, extrêmement pratique, précédé d'un petit vocabulaire des caractères chinois employés par les Japonais pour désigner les pays, montagnes, fleuves, provinces etc. de leur pays. Comme la prononciation ou la lecture de ces caractères chinois en japonais diffèrent immensément de la lecture orthodoxe en Chine, ce vocabulaire est d'un précieux secours pour les Sinologues qui ne sont pas en même temps Japonisans. Qui pourrait reconnaitre p. e. *Sei rô* «une maison publique» dans la prononciation des car. chinois 青 樓 *Ts'ing-leou* «l'Étage vert», ou retrouver le mot *Hashi* «pont» dans le car. chinois 樋?

Cela rappelle l'Allemand qui *écrit* Pferd (cheval), mais *dit* Ross (rosse) ou Gaul (haridelle). La demi-science des Japonais se plait dans ce style de mauvais goût, qui ne se retrouve chez nous que dans le style de conversation mi-français mi-tudesque des familles aristocratiques allemandes, ou des parvenus juifs.

N'est-ce pas le célèbre poète allemand HEINE qui a remarqué (Reisebilder, Chap. VII, p. 135): «Parbleu, Madame! je suis bien fort en Français! je ne comprends pas seulement le *Patois*, mais même le français-de-gouvernante aristocratique. Encore dernièrement, dans une société aristocratique, je compris presque la moitié d'un discours entre deux comtesses, dont chacune comptait soixante quatre ans, et autant d'ancêtres. Oui, j'entendis une fois dans le Café royal à Berlin discourir Monsieur Hans

Michel Martens en français et je comprends chaque mot quoiqu'ils fussent dénués d'esprit».

Les Japonais me font également toujours de la peine quand je dois lire leurs élucubrations littéraires, entrelardées de phrases chinoises «à la japonaise».

Mais justement à cause de cette idiosyncrasie des Japonais, le petit livre de M. Appert sera d'un secours éminent, pas seulement pour les sinologues, mais aussi pour les savants qui veulent étudier l'ancien Japon sans connaitre, ni le Japonais, ni le Chinois.

Pour les artistes, entre-autres, le grand tableau des signatures des peintres Japonais est d'un secours inappréciable, puisqu'il met les amateurs à même de trouver le nom du peintre d'une peinture japonaise signée d'une façon si bizarre.

Pour l'historien et le géographe la Carte du Japon sous la féodalité, qui accompagne l'opuscule, les mettra à même de retrouver les états féodaux du moyen-âge japonais.

Somme tout, il est dommage que cette publication ne soit pas plus répandue. Ceux qui voudraient l'avoir doivent s'adresser à Mr. Leroux (28 Rue Bonaparte) à Paris, qui en a le dépôt.   G. S.

Déchiffrement des Inscriptions de l'Orkhon et de l'Iénisséi. Notice préliminaire par VILH. THOMSEN. Extrait du bulletin de l'Académie royale des Sciences et des Lettres de Danemark, 1893. Copenhague, Bianco Luno, 1894.

Nos lecteurs se rappelleront la découverte de ces inscriptions que nous avons annoncée ici-même (T. P. II, 125, III, 529) et dont les textes chinois ont déjà été traduits et publiés par MM. Devéria, feu von der Gabelentz et moi-même. Comme il était à présumer, le déchiffrement du texte écrit en un alphabet inconnu ne pouvait pas très longtemps résister à l'intelligence et aux recherches des savants, dès qu'on avait appris par le texte chinois, qui contient plusieurs mots turcs, que la langue de cet alphabet dût être une langue turque. Cependant ce déchiffrement a résisté assez longtemps aux efforts des savants, jusqu'à ce qu'il réussît, par un trait de génie, au savant Danois VILH. THOMSEN, qui nous déroule en un petit mémoire de 15 pages le système qu'il a suivi pour obtenir la solution du problème. Abandonnant les systèmes suivis par d'autres savants, de chercher des similitudes de cet alphabet inconnu avec les alphabets grecs et de l'Asie mineure, qui n'ont pas abouti à un résultat quelconque, M. Thomsen a commencé par les mots et noms turques qui devaient se trouver naturellement dans ces inscriptions selon le témoignage des inscriptions chinoises.

Il réussit bientôt à retrouver le mot *täṅri* (*tengri*) qui signifie *Ciel* et *Dieu* dans toutes les langues turques, ainsi que le mot *Költig(i)n* qui devait répondre au *K'iueh-ti-k'in* ou Prince K'iueh de l'inscription chinoise, qu'on avait lu jusqu'ici *Kök-tigin* « Le prince bleu ». En admettant cette leçon, nous ne pouvons cependant pas nous accorder avec M. Thomsen quand il dit (p. 296—12) que: « la langue chinoise ne possédant pas *l* à la fin des syllabes, on y a simplement omis ce son, comme dans *pi-kia*, ou, comme l'écrit M. Schlegel, *pit-kia* », mot qui répond au turc *bilgä* « sage ».

Dans les transcriptions chinoises *l* final est toujours représenté par un *t*, comme p. e. dans le nom de la ville de *Khamil*, transcrit 哈密, prononcé anciennement *Hap-bit*. Ainsi les Chinois à Java transcrivent le nom de la province de *Tegal* par 直噶 *Ti-kat*; le mot malais *pangil* (appeler) est prononcé par eux *pang-git*, le mot *mahal* (cher) *ma-hat* etc.

Ainsi *bilgä* devait devenir *pit-kä* (苾伽) ou, comme ils sont prononcés jusqu'à ce jour en ancien dialecte d'Emoui, *bit-kä*. Il est à présumer que ces caractères étaient prononcés de cette façon au temps de l'inscription en question, et ils sont alors la prononciation la plus rapprochée du mot turc *bilgä*.

Si nous avons choisi pour le nom du prince turque en question la forme *Giogh*, au lieu de la forme *Kök*, c'est que le caractère chinois *k'iueh* (闕) était aussi prononcé

Giok (Stèle funéraire, p. 9) et que la forme *Giogk* me semblait donc préférable à celle de *Kŏk*; mais si la lecture *Kŏt* de M. Thomsen est exacte, il faut qu'elle réponde en Chinois à une forme *Kŏt*. Or, en effet, la prononciation habituelle du caractère *k'iueh* en dialecte de Canton est *Hŭt* (pour ancien *K'ŭt*). En dialecte d'Emoui il est prononcé jusqu'à ce jour *k'oat*, et les anciens sons étaient, selon Wells Williams, *k'it* et *k'et*. Le caractère *k'ŭt* (厥) est donc l'exact équivalent de la syllabe *kŭl* en turc.

Dans toutes les transcriptions chinoises anciennes il faut toujours prendre pour base l'ancienne prononciation des caractères chinois, et non la prononciation actuelle. Ainsi *pi-kia* ne pourra jamais avoir été écrit par un Chinois pour *bilgä* (en élidant l'*l*; mais forcément il a dû transcrire *pit-kă*.

C'est faute d'avoir eu égard à cette loi de transcription que les définitions du célèbre sinologue Stanislas Julien, dans sa « Méthode pour déchiffrer et transcrire les noms sanscrits » etc., sont si bizarres. E. a. il explique le caractère 畢 *pih* comme représentant la syllabe *pi* dans *kapila*, *pilindavatsa*. Or le caractère *pih* était prononcé anciennement *pit* (comme encore aujourd'hui dans le dialecte d'Emoui) et représentait la syllabe *pil*; car la loi chinoise de transcription exige que chaque syllabe d'un mot étranger finisse par la consonne avec laquelle la syllabe suivante commence.

Ainsi le nom sanscrit *Kapótana* est transcrit en Chinois 劫布咀那, *kié-pou-tan-na* selon la prononciation moderne, mais selon l'ancienne prononciation *kiap-pó-tan-na*, la 1° syllabe finissant en *p* puisque la 2ᵉ commence par *p*; et la 3° syllabe finissant en *n* puisque la 4ᵉ commence par un *n*. De même le nom Skt. de la constellation du Scorpion *kapphiṇa* est transcrit en Chinois 劫賓那, selon l'anc. pron. *kiap-pin-na*. Le nom de fleur *Tchampaka* est transcrit 瞻蔔加 ou 瞻博加, selon l'anc. pron. *tsiam-pok-ka* où *pok* a un *k* final puisque *ka* a un *k* initial. Ceci explique pourquoi e. a. le mot bisyllabique sanscrit *Padma* est rendu en transcription chinoise par trois caractères 鉢 特 忙, anc. pron. *pat-tik-mang*, les Chinois ayant introduit un caractère 特 *tik*, commençant avec *t*, afin de bien faire sentir que le car. précédent 鉢 *put* devait être prononcé avec un *t* final. Mais nous nous écartons trop de notre sujet, et en félicitant M. Thomsen de son heureuse découverte, nous espérons bientôt recevoir la traduction intégrale de ces curieuses inscriptions oubliées — et pourtant si merveilleusement conservées — pendant tant de siècles.

Certes M. Thomsen s'est acquis un mérite impérissable par la manière géniale dont il a déchiffré cette écriture énigmatique.

G. S.

CORRESPONDANCE.

Nous recevons la circulaire suivante de la part de M. le Dr. G. W. Leitner, délégué général de la commission permanente du Congrès des orientalistes international statutaire.

D'après la teneur de cette circulaire et le refus de S. M. la Reine d'Angleterre de reconnaître le Congrès tenu sous la présidence de M. Max Müller en 1892 comme légal, il est clair que le Congrès qu'on tiendra cette année-ci à Genève ne peut pas dériver son mandat du Congrès de Londres de 1892. Nous voulons bien (afin de mettre fin au schisme) reconnaître au Congrès de Genève le titre de X° Congrès, mais, ainsi que nous l'avons marqué dans le dernier numéro du *Toung-Pao*, c'est à la condition « d'écarter toute espèce de discussion irritante d'origine » et que « les organisateurs de la nouvelle réunion... [au lieu] de chercher leurs pouvoirs dans le congrès de Londres de 1892, les laissent dans le vague indispensable à la pacification des esprits ».

La Rédaction.

ORIENTAL INSTITUTE.
WOKING, 12th March 1894.

Dear Sir and honoured Colleague,

I have the honour to inform you that Her Majesty the Queen-Empress has declined to accept the Transactions, that had been formally submitted to Her, of the so-called Ninth International Congress of Orientalists held in London in September 1892 under the presidency of Prof. Max Müller, because the said Congress had resumed the title "Ninth" after its promoters had conveyed the assurance to Her Majesty, through the then Secretary of State for India (Lord Cross), of having abandoned it, in accordance with the request of the office-holders of the Statutory Ninth International Congress of Orientalists that had been held in London during the previous year (1891).

I remain, dear Sir and honoured Colleague,
Yours faithfully
G. W. LEITNER,
General Secretary of the Statutory Ninth International Congress of Orientalists (London 1891) and Delegate-General of the Permanent Committees of the 1st, 9th and 10th Statutory International Congresses of Orientalists.

NOTES AND QUERIES.

5. *Pustule maligne transmise par des peaux de chèvre venant de Chine.* -- Il y a quelque temps déjà que M. Chauveau a signalé plusieurs cas de charbon qui se sont manifestés en 1891 dans l'arrondissement de Morlaix, et qui ont été attribués à l'importation de peaux sèches venant de Chine.

Cette nocuité des peaux de Chine vient encore d'être démontrée par l'observation d'un malade qui est entré dernièrement dans le service de M. le professeur Proust pour une pustule maligne siégeant au milieu du front, à la lisière du cuir chevelu. Cet homme avait pour profession de trier des peaux venant de Chine pour les mettre en ballots et les revendre à des fabricants de reliure.

Or, au milieu de ces peaux, on a trouvé des insectes vivants et des larves qui, inoculés par M. Landowski à un cobaye, ont occasionné sa mort en trente-huit heures; la sérosité recueillie au niveau du point d'inoculation et le sang de la rate renfermaient un grand nombre de bactéridies charbonneuses. D'autre part, M. Mégnin a examiné quelques larves vivantes recueillies sur des peaux de chèvre et a reconnu qu'elles appartenaient au *dermestes vulpinus*.

Enfin, l'inoculation faite à des cobayes par M. Nocard, de ces larves, de leurs coques et de leurs excréments, a déterminé chez ces animaux des lésions caractéristiques du charbon.

Ainsi il n'est pas douteux que, parmi les peaux de chèvre travaillées à Paris, il en est qui proviennent de chèvres mortes du charbon. Les larves du *dermestes vulpinus* se nourrissent de débris cellulaires ou de l'hypoderme des peaux desséchées; celles qui vivent sur les peaux charbonneuses ingèrent des spores qui traversent tout leur tube digestif, immuables dans leur vitalité et leur virulence; c'est ainsi qu'on peut les retrouver dans les excréments de ces larves.

Pour remédier à ce danger, il convient d'inviter les patrons des ateliers où l'on bat et où l'on trie les peaux venant de Chine à fournir aux ouvriers un masque, des gants en caoutchouc et des pinces pour préserver la face, les avant-bras et les mains. Il serait défendu aux ouvriers de porter sur l'épaule les peaux pourvues de poils; ils devraient se servir de brouettes.

Une ventilation énergique avec aspiration des poussières dans une chambre de chauffe où elles seront brûlées devra exister au moment du triage et du battage des peaux. Des soins de propreté seront exigés des ouvriers: lavage de la figure et des mains avec une solution antiseptique, changement de costume au sortir de l'atelier. Des affiches apposées dans l'intérieur de l'usine devront appeler l'attention des ouvriers sur le danger des boutons ou des érosions de la peau. Une surveillance très attentive devra être exercée sur les ouvriers par une personne compétente, de façon que tout bouton, toute érosion de la peau pouvant devenir dangereux soient immédiatement traités. Cette industrie pouvant causer des accidents mortels, elle doit être surveillée et figurer sur la liste des établissements classés.

Enfin, il y a lieu de prendre des mesures de police sanitaire dans les pays d'origine, de façon à supprimer sur les peaux de Chine les germes charbonneux, les mouches et tout ce qui peut être dangereux. Si ces mesures n'étaient pas exécutées, il y aurait lieu de fermer nos frontières à l'importation des peaux de chèvre venant de la Chine.

[Extrait de la séance du 9 Janvier 1894 de l'Académie de Médecine à Paris.]

6. We extract the following from a letter of one of our correspondents in Amoy:

This year the Tsung-tuh (Governor-general) came to pay his triennial visit to Amoy. He is obliged to visit every three years the seven departemental capitals of his province and besides the town of Amoy, as the seat of an Admiral. He generally remains four days in each place. In the first two days he inspects the city (巡城), holds open court for complaints against the local authorities (放告) and offers incense (拈香). The 3ᵈ day is destined for the review of the troops (閱操) and the 4ᵗʰ for examination of the mandarins (考官). But, to the great surprise of the population, he arrived and departed this year in the same day. What was the reason? His Excellency had been accused by a lower mandarin of squeezing, and aware that he could fall every day in disgrace, he wished to receive before this occurence the large sums allowed to him by the Emperor for his expenses which are presented to him by all the mandarins of the places he visits in the form of presents to buy tea (sàng i boé tê 送伊買茶) as people say here.

And we heard indeed sometime afterwards that he was summoned to Peking in order to justify himself before the Board of punishments.

PROBLÈMES GÉOGRAPHIQUES.

LES PEUPLES ÉTRANGERS CHEZ LES HISTORIENS CHINOIS.

XIII.

NI-LI KOUO.

泥離國

Le Pays de Ni-li.

Il n'est pas de pays problématique dans les annales chinoises, qui ait subi plus d'explications que ce fameux pays de *Nili*. D'abord, feu Pauthier, dans sa *Description de la Chine*, p. 85, l'a identifié avec l'Egypte, croyant que le nom de *Nili* se rapportait au *Nil*; une hypothèse que Stanislas Julien [1]) a victorieusement terrassée. Il n'est pas nécessaire de reproduire ici ses arguments, puisqu'ils sautent aux yeux de tous. Cependant l'essai d'identification de St. Julien n'est pas plus heureux. Il a voulu y voir le nom de la ville de *Nála* (泥梨), près de *Magadha*, dans l'Inde centrale, bâtie par le roi Açôka, et visitée par le célèbre pélerin chinois *Fa-hiĕn* (Chapitre XXVII, *fin*); ville identifié par V. St. Mar-

---

1) Simple exposé d'un fait honorable odieusement dénaturé dans un libelle récent de M. Pauthier. — De quelques inventions archéologiques de M. Pauthier, pp. 203—210. Paris, B. Duprat, Décembre 1842.

TIN, p. 383, avec la ville de *Nâla*, mentionnée dans les annales Singhalaises, située au S.E. des portes de *Pâṭalipoutra* ¹).

Mais, comme le remarque fort bien M. le professeur TERRIEN DE LACOUPERIE ²), cette identification est impossible, la ville de *Nâla* n'ayant été fondée par AÇOKA que huit siècles après l'évènement rapporté dans le texte chinois, et le nom de cette ville étant transcrit différemment en Chinois: 泥梨 au lieu de 泥離.

Cependant l'identification du pays de *Nili* (lu par lui *Néré* ou *Norai*) avec *Mogaung*, habité primitivement par les *Noras*, proposée par notre savant ami ³), n'est pas plus heureuse que les autres. Tous ces savants ayant failli de s'apercevoir que ce pays est mentionné deux fois dans le *Chih-i-ki* (拾遺記) et est dit distinctement se trouver à l'extrême Orient de la Chine.

La première ambassade de ce pays de *Nili* est mentionnée dans ce livre à la date de l'an 1113 avant notre ère, et la seconde à la date de l'an 193 avant notre ère, sous le règne de l'empereur *Houeï*, des premiers *Han*, où il est positivement dit que le pays de *Nili* se trouvait à l'*extrême Orient*, au delà de *Fousang*, que nous avons prouvé être l'île de *Sachalin* ou *Krafto*.

Cette dernière notice n'a jamais été remarquée ni traduite par les sinologues, autant que nous sachions.

Nous remarquons, en outre, que le pays de *Nili* est placé dans le *Pien-i-tien* parmi les «Pays à l'*Orient* pas encore vérifiés» ⁴).

---

1) S. Beal, Travels of Fah-hian, p. 109.
2) Babylonian and Oriental Record, Avril 1889, p. 108, note 195.
3) Loc. cit. p. 108 et note 201, p. 110. *Norai* était situé sur la rive gauche de l'Irawaddi, donc au S.O. de la Chine. Le *Nili* des Chinois est situé au N.E. de la Chine.
4) 東方未詳諸國, Chapitre 42. Par les charactères 未詳 l'auteur veut dire que les Chinois ne connaissent ces pays que par ouï-dire, sans nier leur existence d'ailleurs. Par exemple le même *Pien-i-tien* nomme dans son 108ᵉ chapitre, parmi les pays pas encore vérifiés du Sud 南方未詳諸國, tous les pays de l'Europe, comme l'Italie (意大里亞 Italia), Naples (納波里 Napoli), les

Plaçons d'abord sous les yeux du lecteur les deux notices de ce pays mentionnées dans le *Chih-i-ki* [1]) et le *Pien-i-tien*, avec les variantes (entre crochets) que les deux textes présentent:

«Trois ans après que le roi *Tching* fut monté sur le trône (en l'an 1113 avant notre ère), le pays de *Nili* vint présenter ses hommages à la cour. Les ambassadeurs dirent [2]) que depuis qu'ils avaient quitté leur pays, ils avaient dû constamment marcher par des brouillards, et alors ils entendaient les orages gronder au dessous d'eux; tantôt ils avaient dû patauger par des chenaux souterrains, et alors ils entendaient le bruit des torrents par dessus leurs têtes; [enfin ils avaient dû traverser une grande eau]. Qu'ils avaient observé le soleil et la lune pour savoir la direction des pays étrangers, et qu'ils comptaient (les alternatives) du froid et de la chaleur pour connaitre (déterminer) l'année et les mois.

»En examinant l'époque du jour de l'an [3]) de ce pays, on trouvait que l'ordre et la succession (des mois ou saisons) étaient d'accord avec ceux de la Chine.

Siciles (西齊里亞 Sicilia), Corsica (哥而西加), etc.; et dans son 189e chapitre, parmi les pays pas encore vérifiés du Nord (北方未祥諸國), l'Amérique du Nord (北亞墨利加), la Russie (莫斯哥未亞 Moscovia), etc.; pays évidemment décrits d'après des géographies européennes. Mais comme les Chinois n'y sont point allés, ces pays sont pour eux 未祥 *wi siang* « pas encore vérifiés sur lieu ».

1) Le *Chih-i-ki* (拾遺記), ou «Recueil de choses omises», a été compilé par un certain *Wang-kia* (王嘉), avec le titre de *Tsu-nien* (子年), natif de la ville de *Ngan-yang*, dans la province de *Loung-si* (隴西安陽人), qui vivait pendant la dynastie des *Tsin*, vers le quatrième siècle de notre ère, en 19 Livres, comprenant 220 chapitres. Le Ms. original ayant été en partie détruit, un certain *Siao-khi* (蕭綺) l'a republié en dix Livres.

2) Le texte du *Li-tai-ki-sse-nien-piao* contient, suivant la traduction de St. Julien, la remarque entre crochets que « le pays offre de hautes montagnes qui s'élèvent jusqu'au ciel » (op. cit. p. 204).

3) 正朔 new year's day (Williams).

«Le roi les reçut avec les cérémonies prescrites pour (la réception) des hôtes étrangers» ¹).

Le lecteur qui compare ma traduction avec celle faite par St. Julien y trouvera des divergences notables. Le texte depuis le charactère 自 jusqu'au caractère 月 relate exclusivement ce que les ambassadeurs de *Nili* racontaient. Ils décrivent là dedans comment ils avaient fait leur voyage, et comment ils s'étaient pris pour arriver en Chine.

St. Julien n'a pas fait attention à l'antithèse de 常從雲裏而行 «ils marchaient constamment par des brouillards» (non par des nuages) et de 或入潛穴 «tantôt ils pataugeaient par des chenaux (ou tunnels naturels) souterrains» ²), et il traduit le dernier passage par: «Quelquefois les habitants entrent (c'est-à-dire se retirent) dans de profondes cavernes». St. Julien, croyant que *Nili* se rapportait à l'Inde bouddhique, a cru qu'il s'agissait ici de la coutume religieuse de se retirer dans des antres pour y faire une retraite de quelques mois; tandis qu'il s'agit ici seulement des vicissitudes du pays, ou des pays, que les ambassadeurs durent traverser pour se rendre en Chine; par monts (nuages et brouillards),

---

¹) 成王即政三年、有泥離之國來朝. 其人稱. 自發其國、常從雲裏而行. 聞雷霆之聲在下. 或入潛穴、又聞波瀾之聲在上. [或泛巨水]. 視日月以知方國所向、計寒暑以知年月. 考國之正朔、則序曆與中國相符. 王接以外賓之禮也. *Vide* 拾遺記、泥離國, Kiv. II et *Pien-i-tien*, Kiv. 42 東方未詳諸國, "Les pays à l'Orient pas encore vérifiés."

²) 潛 veut dire marcher dans l'eau: 潛涉水也. 行水中. Par le caractère *Hiue* il faut entendre ici les lits naturels des torrents. *Hoai Nan-tsze* dit: L'eau demeure dans des chenaux souterrains, de même comme le peuple occupe des maisons 水居窟穴. 人民有室 (*Vide* 淮南子、原道訓).

par gorges où les torrents se précipitaient, et par une grande eau; c'est-à-dire par la mer.

Nous verrons dans la suite que tel est le vrai sens du texte. La traduction de St. Julien: «Ils observent le soleil et la lune pour connaître la direction ou la position des royaumes étrangers» (p. 204), ainsi que l'*observation* D (p. 207), sont inexactes. Quel besoin les habitants de *Nili* avaient-ils de savoir chez eux la situation d'autres pays? Mais lorsqu'ils voulaient se rendre en Chine, située pour eux [comme nous le verrons tantôt] vers le Sud-Ouest, ils durent, à défaut de boussole, se diriger par l'observation de la position du soleil et de la lune pour trouver leur chemin. Ici la traduction de Pauthier vaut mieux que celle de St. Julien.

La mention de la seconde ambassade de *Nili* en Chine se trouve au cinquième livre du *Chih-i-ki*, et y est relatée de la façon suivante:

«Pendant la deuxième année (du règne) de l'Empereur *Hiaohouei*, des *Han* antérieurs (193 avant notre ère), on disait que l'empire entier était comme des charretées de livres marchant de pair dans l'ornière littéraire [1]). L'empire jouissait d'une paix profonde, et les boucliers et les lances restaient en repos. De différentes régions des pays les plus éloignés l'on vint derechef porter du tribut.

---

[1]) Cette phrase signifie que la littérature fleurissait sous son règne Quand on veut faire l'éloge d'un profond savant, on dit qu'il est riche de cinq charretées de livres 譽通儒曰富五車. *Vide* 留青新集, Chap. 30, fol. 1, *verso*. L'expression — 車書 «une charretée de livres» est mentionnée dans les livres des *Tsin*, où il est dit que l'Empereur envoya une charretée de livres à un certain *Hoang-fu Mi* (A.D. 215—282. Cf. Mayers, Chinese Reader's Manual, N°. 218). Le philosophe *Tchoang-tsze* (莊子 330 avant notre ère) racontait qu'un certain *Houei-chi* (惠施) possédait cinq charretées de livres, et le fameux poète *Tou-fou* (杜甫) fit le distique suivant: «La Richesse et l'honneur peuvent être obtenus par l'assiduité au travail; les garçons doivent étudier cinq charretées de livres» (富貴必從勤苦得. 男兒須讀五車書). *Vide* 廣事類賦, Chap XII; 事類統編, Chap. 47, fol. 1 *verso*, 9 *recto*.

«A cette époque un prêtre taoïste, du nom de famille *Han* et du surnom de *Tch'i*, un descendant de *Han-tchoung*, vint par mer et disait qu'il était un envoyé du Prince divin de la Mer, et qu'ayant entendu que la terre était imbue de saintes vertus, il s'était joyeusement soumis et venait (conséquemment) à la cour.

«A cette époque aussi un (certain) royaume de *Nili*, situé à l'extrême Orient, au delà de *Fou-sang*, vint également présenter ses hommages.

«Les gens de ce pays étaient hauts de quatre pieds. Ils portaient deux cornes ressemblant aux cocons du ver-à-soie, et des dents sortaient de leurs lèvres. Depuis leurs tétins jusqu'en bas ils avaient un poil subtil dont ils étaient entièrement couverts. Ils demeuraient dans de profondes cavernes et leur âge n'était pas supputable. L'empereur dit: Le nécromancien *Han-tch'i* connait les langues de tous les pays. Il lui ordonna donc de demander à ces gens quel âge ils avaient, et combien d'évènements ils avaient vus se passer dans le courant des âges.

«Ils répondirent: «Les cinq évolutions se succèdent, on naît et meurt alternativement, comme la poussière qui vole ou comme une fine pluie. L'existence et la destruction ne peuvent être calculées».

«Il leur demanda alors ce qu'ils savaient de *Niu-koua* [1]) et des époques antérieures à elle. Ils répondirent:

«Elle avait le corps d'un serpent jusqu'en haut; les huit (sortes de) vents étaient égalisées et les quatre saisons se suivaient en succession régulière; n'était-ce pas (un temps) heureux! quand on embrassait une existence éthérée?» (ou: n'embrassait-on pas, majestueusement et joyeusement, une existence éthérée?).

---

1) Souveraine mythique, dit avoir vécue en 2738 avant notre ère. Mayers Chinese Reader's Manual, N°. 531.

«Il leur demanda encore d'après *Soui-jin* ¹) et les époques avant lui. Ils répondirent: «Depuis l'époque de la production du feu par la vrille-à-feu et l'usage de la viande cuite (lit. la transformation de la viande crue par le feu) les pères sont devenus agés et aimants et les fils ont eu une longue vie et étaient pieux. A partir de l'empereur *Hiën* ²) [à partir de *Hi* ³) et de *Hiën*] on devint inconstant et se détruisit l'un l'autre; on devint volage, extravagant, blagueur et vain. Les Rites furent débauchés et la musique devint discordieuse. Les vertus séculaires devinrent fades et fausses, et les mœurs pures tombèrent en décadence».

«Quand *Tch'i* eut rapporté ce qu'il venait d'entendre à l'empereur, Sa Majesté dit: «Songez donc comme cela est obscur et profond! Ce n'est qu'avec ceux qui ont une intelligence pénétrante et une perception profonde qu'on puisse causer de ces évènements reculés (de ces principes).» *Tch'i* se retira alors, et l'on ne sut point où il s'était rendu. L'empereur ordonna alors à tous les nécromanciens de bâtir un Autel des Génies au nord de la ville de *Tchang-ngan*, auquel il donna le nom de «Halle de Sacrifice à *Han*» (*Sze Han Koan*). Le vulgaire en disait qu'on priait au Dieu qui règne sur le froid (*sze han tchi chin*) au Nord de la ville, suivant le dire du commentaire des Chroniques du Printemps et de l'Automne, «afin de sacrifier au Directeur du Froid (*sze han*).» C'est une confusion des mots homophones (*han*, le nom du nécromancien, et *han*, froid); car certainement c'était la «Halle de Sacrifice à *Han*». ⁴)

---

1) *Soui-jin* est l'inventeur du Feu, un empereur fabuleux (Mayers, Op. cit. p. 365).
2) *Hiën-youen* (軒轅), empereur fabuleux de la 9ᵉ époque (Mayers, Op. cit. p. 365).
3) *Fuh-hi* (伏羲), 3ᵉ empereur de la 9ᵉ époque (Mayers, Op. et loc. cit.).
4) Comp. à ce sujet le *Tso-tchuen*, 4ᵉ année du Duc Tch'aou. Legge, Chinese Classics, p. 592 et 596.

«A la fin de la deuxième année, l'empereur fit venir une centaine de filles du palais, qu'il leur (c'est-à-dire aux ambassadeurs de *Nili*) donna avec dix mille pièces de soie figurée, et fit reconduire sur dix vaisseaux pontés les ambassadeurs de *Nili*. En outre il proclama une amnistie générale dans l'Empire» [1]).

Avant de continuer notre exposition nous allons relever les faits

---

1) 前漢孝惠帝二年、四方咸賴車書同文軌.天下太平、干戈偃息.遠國殊鄕重譯來貢.時有道士、姓韓、名稚、則韓終之嗣[裔]也、越海而來.云是東海神[君之]使.聞聖德洽乎區宇、故悅服而來庭.時有東極、出扶桑之外、有泥離之國、[亦]來朝.其人長四尺.兩角如繭、牙出如[于]唇.自乳已來[以下]有[垂]靈毛自蔽.居于深穴.其壽不可測也.帝云.方士韓稚解絕國人言.令問人壽幾何、經見幾代之事.答曰.五運相承、迭生迭死、如飛塵細雨.存歿不可論第.問女媧以前可聞乎.對曰.跎身已[以]上、八風均、四時序、不以威[為]悅、攪乎精運.又問燧人以前.答曰.自鑽火變腥以來、父老而慈.于壽而孝.自軒皇[羲軒]以往、屑屑爲以相誅滅.浮靡騖動[薄]、淫于禮、亂于樂、世德澆訛、淳風墜矣.稚[具]以荅聞於帝.帝曰.悠哉杳昧.非通神達理者.誰可語乎斯遠[道]矣.稚於斯而退、莫知其所之.帝使諸方士立仙壇于長安城北、名曰祠韓館.俗云司寒之神、祀于城陰.按春秋傳曰.以享司寒.其音相亂也.定是祠韓館.至二年詔宮女百人、文錦萬疋、樓船十艘、以送泥離之使.大赦天下. *Ibid.* Kiv. V; *Pien-i-tien*, Ch 42, § 2, fol. 3.

saillants de cette notice. Le pays de *Nili* était brumeux et très accidenté, et était situé à l'extrême Orient, au delà de *Fousang* ou de *Sachalin*. Les saisons y étaient déterminées par les alternatives de chaleur et de froid. Les habitants de ce pays avaient une hauteur de quatre pieds, portaient deux cornes grosses comme, ou de la forme d'un cocon du ver-à-soie et leurs dents sortaient de leurs lèvres; ils étaient couverts depuis la poitrine jusqu'en bas d'un poil subtil qui les couvrait entièrement; et ils demeuraient dans de profondes cavernes et atteignèrent une très longue vie.

Nous pouvons éliminer de ce récit toute la longue conversation sur les anciens temps de la Chine avec le prêtre *Han-tch'i* [1]). Si même, ce que nous doutons, *Han-tch'i* a su la langue du pays de *Nili* [2]), il est certain que les ambassadeurs ne savaient rien de l'ancienne histoire de la Chine, et les réponses qu'il prétendait être données pas ces ambassadeurs, étaient au fait celles faites

---

1) Il est curieux de rapprocher ce récit avec celui fait sur les anciennes légendes dans le *Tso-tchouen*, 8ᵉ année du duc *Wan* (Legge, Ch'an-tsew, p. 383).

2) Il est vrai que ce *Han-tch'i* était venu par mer (越海而來), mais le texte ne dit pas par quelle mer. Etait-il également allé visiter le Kamtchatka, et avait-il peut-être provoqué la mission de *Nili*? En ce cas il pourrait avoir quelque notion de la langue des *Tchouktchi*. La chose n'est pas impossible. Steller dit qu'il y a une si grande ressemblance entre les trois dialectes parlés par les Koriaques à rennes, les Koriakes sédentaires et les Tchouktchi, qu'ils peuvent s'entendre aisément.

La mention du «Dieu de la Mer», par qui *Han-tch'i* prétendait avoir été envoyé, semblerait confirmer notre hypothèse. Ce Dieu s'appelle chez les Kamtchadales *Mitg* et est représenté sous la forme d'un poisson (Krachenninikow, Histoire et Description du Kamtchatka, I, 99). Il serait extrêmement intéressant de faire des recherches sur les *Fang-sse* (方士) ou Nécromanciens en Chine. Comme les moines bouddhistes qui parcouraient le monde entier pour prêcher la loi de Bouddha, ces *Fang-sse* faisaient des voyages très lointains pour rechercher l'Elixir de vie. Ils apprenaient tous les tours de jonglerie des Chamanes de la Sibérie, des magiciens de la Polynésie et des jongleurs de l'Inde, à l'aide desquels ils imposaient aux souverains de la Chine et à la populace. Tout charlatans qu'ils étaient, ils ont dû faire des observations ethnographiques et géographiques de la plus haute importance sur des peuplades éloignées, peut-être aujourd'hui éteintes ou civilisées. Rejeter leurs récits comme des fables est faire preuve d'ignorance; car il y a toujours un grain de vérité dans leurs récits ampoulés.

par *Han-tch'i* même. Cependant il a su captiver par son astuce l'empereur de la Chine à tel point qu'il érigea un temple pour son culte, et qu'il considéra les ambassadeurs de *Nili* comme tellement extraordinaires qu'il les fit reconduire en leur pays par mer sur dix vaisseaux pontés, avec un harem complet de filles chinoises et une énorme quantité de pièces de soie. En outre il proclama une amnestie générale en honneur de cette ambassade.

Il résulte des deux récits que les ambassadeurs étaient venus par terre et par mer en Chine; et que, la situation de leur patrie étant déterminée être à l'Orient de l'île de Sachalin, l'Empereur les y fit reconduire par la route de mer, dans une flotte de dix vaisseaux.

Tout cela est pratique et sobre comme le sont en général les anciens récits chinois, dès qu'en les a dépouillés des accessoires fantaisistes ou fabuleux.

Essayons-donc de déterminer ce que c'était que ce pays de *Nili*.

Nous avons pour cela un indice précieux dans une particularité physique des Niliens: **Leurs dents sortaient de leurs lèvres.** Or nous avons vu, dans notre Problème V (*T'oung-pao* IV, p. 337), que les ambassadeurs de *Lieou-kouï*, c'est-à-dire du Kamtchatka, racontaient qu'à un mois de journée de leur pays, au Nord, se trouvait le peuple des *Yaktcha*; que ce peuple avait des *dents de sanglier* qu'ils avançaient pour mordre les gens, de sorte que personne n'osait passer leurs frontières, et qu'on n'avait aucun rapport avec eux [1]. Nous avons vu aussi que ces *Yaktcha* étaient le même

---

[1] Les Tchouktchi ont été de tous temps renommés à cause de leur amour de la liberté et de leur valeur.

La Hollandais Bentinck dit dans une note à «l'Histoire généalogique des Tartares», p. 110, que les Tzuktzchi, les Tschalatzki et les Olutorski sont les races les plus féroces du Nord de l'Asie. Sur la carte de Lotteri (1765) on lit: *Tjuktzchi natio ferocissima et bellicosa Russorum inimica qui capti se invicem interficiunt*. Et en 1777 Georgii disait encore dans sa Description de toutes les nations de l'empire de Russie, Vol. II, p. 350: «Ils sont plus sauvages, plus grossiers, plus indomptables, plus larrons, plus faux et plus

peuple que celui des *Tchouktchi*, que les *Itälmen* nommaient *Täninäyou* «Hommes forts», terme que les Chinois ont traduit par le mot indien *Yaktcha*, du nom d'une classe de Démons (*T'oung-pao* IV, pp. 335 et 337, note 1).

Nous croyons donc que ce pays de *Nili* n'est autre que celui des *Tchouktchi*, au nordest du Kamtchatka, habité à cette époque par une race de petite stature qui se nommait elle-même *Tchautchowa* ¹) ce qui veut dire «Petits hommes» (*T'oung-pao* IV, p. 333). Or, selon le récit Chinois, les ambassadeurs de *Nili* n'avaient que quatre pieds chinois de hauteur, c'est-à-dire qu'ils étaient de petite stature. Quant aux «dents qui sortaient des lèvres» elles se rapportent à la coutume d'insérer aux deux coins des lèvres supérieures une pièce d'os, coutume commune à ces peuples, ce qui leur a fait donner par les Russes le nom de *Zoubatki*²) (Steller, Kamtschatka.

---

vindicatifs que les Koriaques nomades. Vingt Tchouktchi font fuir 50 Koriaques» (Nordenskiöld, Die Umsegelung Asiens und Europas auf der Vega, II, 78).

Mais quand on les laisse en liberté, c'est le peuple le plus doux du monde, selon le témoignage de tous les auteurs modernes.

1) Ce nom de *Tchaotchowa* est devenu par corruption des Russes *Tchuktchi* ou *Tchuktchen*, nom que les Koriakes se donnaient eux-mêmes, ce qui prouve que ces deux peuples ont formé autrefois une nation (Steller, op. cit., p. 8 à la note). Nordenskiöld dit expressément que les indigènes reconnaissaient les noms de *Tchuktchi* et de *Tchautchou* comme les leurs (Die Umsegelung Asiens und Europas auf der Vega, Deutsche autorisierte Ausgabe, I, 391).

2) *Zoubatki* est le pluriel de *Zoubátka*, le nom du Loup marin (*Anarrhichas lupus*) un grand poisson qui atteint la longueur de 6 à 7 pieds et qui est pourvu de grandes dents coniques. Il est très vorace, peut vivre longtemps hors de l'eau, et se défend en mordant. On le trouve surtout sur les côtes du Groenland et de l'Islande. On sèche sa sale sa chair. De sa peau on fait du cuir ou de la colle, et de son fiel ou fait du savon (H. Schlegel, Handleiding tot de beoefening der Dierkunde, Vol. II, p. 141, Breda 1856).

Les terribles dents de ce poisson, comptant cinq rangées dans la machoire supérieure et trois dans la machoire inférieure, le font craindre des pêcheurs, qui le tuent immédiatement et n'osent pas le porter vivant à terre. C'est ce poisson qui fournit le cuir dit «chagrin» (Pöppig, Naturgeschichte, Vol. IV, p. 112 et 109, fig. 2425). La racine du mot *Zoubátki* est *Zoub* «dent», dont dérive *Zoubátyj*, «ayant de grosses dents», de quel mot dérive celui de *Zoubátka*, «le loup marin», selon l'explication de mon collègue le professeur H. Kern.

p. 241 à la note). Les Kamtchadales et les Chinois auront pris ces os pour des dents naturelles.

Il est vrai que les Tchouktchi d'aujourd'hui ne portent plus ces singuliers ornements [1]); mais les naturels des îles qui se trouvent aux environs du Cap *Tchoukotsk*, et qui ont communication avec les *Tchouktchi*, regardent aussi comme un ornement de se mettre des os au visage. Après un combat que *Pawlutski* livra aux *Tchouktchi*, on trouva, parmi les morts, plusieurs de ces insulaires qui avaient deux petites dents de chevaux marins placées sous leur nez, dans des trous faits exprès [2]).

Les deux îles opposées au Tchukotskoi Noss, à la pointe N.E. du pays des Tchouktchi, sont habitées par un peuple que les Tchouktchi nomment *Achjuchaliaet* et *Peckeli*. Ils portent des *dents entées qui percent à travers leurs joues*, habitent dans des lieux fortifiés et se vêtent de peaux de canards [3]).

En 1711 le cosaque Pierre Iliin sin-Popov rapporta qu'on vit vis-à-vis des deux côtés du Noss, dans la mer, tant dans celle du *Kolyma*, que dans celle d'*Anadir*, une île que les *Tchouktchi* appellent la grande terre, ajoutant que ses habitants portent de *grandes dents à travers leurs joues percées*. Ces gens parlaient une autre langue que les Tchouktchi et menaient un genre de vie différent. Les Tchouktchi sont en *guerre avec eux depuis un temps immémorial*. Popov vit dix de ces hommes dentus qui étaient prisonniers chez les *Tchouktchi*, et il remarqua que ces dents entées qu'ils portaient étaient des morceaux taillés de dents de chevaux marins [4]).

Déjà en 1648 Deschnev avait remarqué au N.E. ces deux îles

---

[1] Krachenenninikow, Hist. et Desc. du Kamtchatka, I, 405—406.
[2] *Ibid*, p. 406.
[3] Müller, Voyages et Découvertes faits par les Russes (traduction française par Dumas), I, p. 67.
[4] *Ibid*, p. 75.

sur lesquelles il vit des hommes de la nation des *Tchouktchi*, remarquables par des dents de chevaux marins qui passent à travers leurs lèvres percées [1]).

Il nous semble curieux de faire mention ici de la description que donne «La Géographie universelle», composée par Ferdinand Verbiest, fin du 17ᵉ siècle, de cette coutume dans sa description de l'Amérique du Nord: «Quand ils ont pris un grand ennemi, ils coupent environ deux pouces de ses os; puis ils font un trou dans leurs joues et y plantent ces os, qui sortent d'environ un pouce, afin de faire preuve de leur courage. Ceux qui ont enté jusqu'à trois os, sont respectés et craints par tout le monde» [2]).

Que cette race a autrefois occupé le pays entier habité maintenant par les Tchouktchi est établi par une curieuse légende racontée par les Tchouktchi mêmes et que nous reproduisons ici:

«Dans le pays des Tchouktchi il y a, en dehors du *Kolyma*, deux rivières jumelles *Anyui*, qui coulent parallèles l'une de l'autre séparées par un large mur de roches, jusqu'à ce qu'elles s'unissent écumantes à une brusque crevasse de ce mur, pour couler ensuite unies vers l'océan. Or les Tchouktchi racontent que dans l'antiquité les deux frères *Anyui* avaient séparément poursuivi leur course sans se soucier l'un de l'autre.

«En ces temps vivait un grand Chamane nommé *Bouksan-Olgyn*, dont le génie tutélaire *Emergljatch*, était tout-puissant et menaçait toutes les divinités animales des autres Chamanes. Derrière le mur

---

1) *Ibid.*, p. 18. Il est évident que ces peuples ont adopté cette singulière coutume afin de ressembler à un morse; en effet la tête d'un morse avec ses deux dents dans la lèvre inférieure ressemble curieusement à la figure de ces insulaires.

2) 若獲大仇、削其骨二寸許。鑿頤作孔、以骨栽入、露寸許於外。用表其功。頤有樹三骨者、人咸敬畏。*Vide* 坤輿圖說, apud *Pien-i-tien*, Chap. 189. 北亞墨利加 (Amérique du Nord).

qui séparait les deux frères vivait un vieillard qui avait une très belle fille, que le Chamane avait vue et exigée en mariage. Malheureusement ce Chamane était vieux et laid, et il était surtout défiguré par de *grandes défenses, longues d'une aune, qui sortaient de sa bouche*, de sorte que la jeune fille en avait peur. Cependant son vieux père n'avait pas le courage de refuser directement le prétendant; mais il lui dit: Je veux bien te donner ma fille; mais c'est ma fille unique. Tu l'emmèneras très loin et la montagne est si escarpée, de sorte que je ne pourrai jamais rendre visite à ma fille. Or, si tu veux percer un canal entre les deux Anyui, je pourrai venir chez toi en bateau, et en ce cas je te donnerai ma fille. Le Chamane acquiesça à cette proposition et ordonna à un mammouth souterrain de faire ce travail, qui fut accompli dans une seule nuit. Mais à peine les deux rivières s'étaient-elles unies qu'elles s'emparèrent du Chamane et l'ensevelirent sous leurs flots. Le lendemain, quand la jeune fille jetait ses filets de son bateau, un coup de vent le renversa, et les flots portèrent son corps vers l'endroit où le Chamane avait péri.

«On y creusa une tombe et y enterra la jeune fille.

«Depuis ce temps les jeunes filles Tchouktchi qui passent cet endroit en bateau, sèment du thé ou du tabac sur le tertre funéraire, de peur d'être emportées comme épouses par le Chamane enterré dessous» [1]).

N'avons-nous pas dans cette curieuse légende une réminescence de la lutte entre la population primitive ornée de dents enfées dans la lèvre et la peuplade *Tchouktchi* envahissante?

A cause de cette singulière coutume, les habitants de ce pays

---

1) Franz von Adlerberg: Aus dem Lande der Kangienises. Unter Benutzung der Veröffentlichungen von J. W. Schklowski in den Jahrbüchern der russischen geographischen Gesellschaft, Sektion Moskau (Der Zeitgeist, Beiblatt zum Berliner Tageblatt, Montag 5 März 1894, N°. 10).

(c'est-à-dire les Cosaques, car le mot est russe) appellent ces insulaires *Zoubati*, c'est-à-dire *hommes à grandes dents* [1]). Mais ces insulaires sont également des *Tchouktchi*, car, comme le dit expressément M. KRACHENENINNIKOW, les *Tchouktchi* n'habitent pas seulement les contrées du côté du Nord, depuis l'Anadir, et toute la partie que l'on appelle le cap *Tchoukotsk*, mais encore les isles situées aux environs de ce cap [2]).

Steller dit expressément (p. 252, N°. 5) que les habitants de la côte occidentale de l'Amérique s'ornaient le visage avec des os de poisson, *absolument comme les Tchouktchi*.

Le même fait est constaté par Gmelin [3]), qui dit que les *Tchouktchi* placent de petites dents de la vache marine (*Phoca dentibus caninis exsertis*) dans les joues pour se donner un air terrible dans la guerre, afin d'intimider l'ennemi.

Selon les légendes des Tchouktchi, ils n'auraient pas toujours habité ce pays, mais il était occupé autrefois par une autre race nommée *Onkilon* ou *Namollo*, race qu'on trouvait encore, il y a deux siècles, sur la côte entière du Tchouktchen, du Cap. Chelagskoj jusqu'au détroit de Bering. On les appelle encore de ces jours *Ankali* [4]). Cette race, visitée par FRIEDRICH VON LÜTKE, est alliée à la race des Esquimaux de la côte américaine du détroit de Bering [5]). MÜLLER, qui a extrait des Archives de Yakoutsk la relation de voyage de *Deschnev*, dit que vis-à-vis de l'isthme formé par le fleuve *Tchoukkotskaia* se trouvent deux îles habitées par une race de souche *Tchouktchi*, qui ont les lèvres percées [6]). Les *Tchouktchi* actuels

---

1) Kracheneninnikow, op. et loc. cit. p. 406.
2) Kracheneninnekow, op. cit., I, p. 193—194.
3) Reise durch Sibirien, Vol. III, p. 165, 169; Vol. II, p. 645. Ten months among the tents of the Tuski, by Lieut. W. H. Hooper, R. N. London, John Murray, 1853, p. 56.
4) Nordenskiöld, op. cit., I, 402, 403, 407.
5) *Ibid.*, II, p. 81.
6) Sammlung russischer Geschichte, Petersburg 1758, apud Nordenskiöld, op. cit., I, 159.

ne portent plus ce singulier ornement, mais ils portent des anneaux dans leurs oreilles. Nordenskiöld, après avoir décrit cet ornement chez les Eskimaux de l'Amérique, dit: «Il me semble que cette étrange coutume est en train de disparaître entièrement, ou du moins à être remplacée par le percement des oreilles à l'Européenne, au lieu du percement des lèvres» [1]). Mais il est évident que du temps du récit de notre auteur chinois, les Tchouktchi, ou les Namollo, portaient encore ces ornements dans leurs lèvres jusqu'au septième siècle de notre ère [2]). Or nous ne connaissons ce peuple que depuis le 17e siècle.

C'est cet ornement qui a fait comparer les habitants du pays occupé actuellement par les Tchouktchi aux *Yaktcha* de la mythologie brâmanique. Les *Yaktcha* sont une espèce de démons empruntés au Brahmanisme. Dans les masques singhalais ils sont

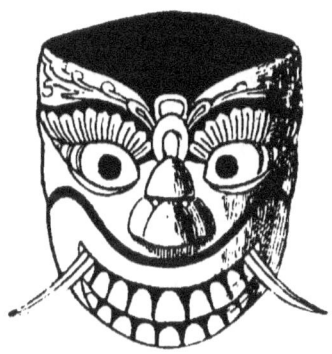

toujours représentés munis, non seulement de dents, mais de deux ou quatre défenses aux coins des lèvres. La figure ci-contre est un des masques singhalais représentant le *Kóla sanni-yaká*, *yaká* étant la forme singhalaise du mot Skrt. *Yaktcha* [3]). Il est donc fort naturel que les Chinois aient nommé les *Tchouktchi*, qui inséraient également des dents dans la lèvre, du nom familier *Yaktcha* ou démon. Mais il y avait

---

1) Nordenskiöld, op. cit., II, 226.
2) T'oung-pao, Vol. IV, p. 335 et 338.
3) Grünwedel, Sinhalesische Teufelsmasken. Internationales Archiv für Ethnographie, Bd. 6, Tab. VII et p. 83.

encore une autre raison pour leur donner ce nom. Le *Yeou-yang tsah-tsou*, ouvrage datant du 8ᵉ siècle ¹), dit qu'on trouve dans les pays de *Soutou* et de *Chihni* la ville des *Yaktcha*, habitée anciennement par des diables sauvages, dont les creux subsistent encore aujourd'hui ²). Or nous avons vu que les Tchouktchi, comme les Koriaques et Kamtchadales, demeurent dans des huttes ou tentes à moitié enfoncées dans des creux excavés dans la terre.

Nous n'avons pas pu identifier jusqu'ici le pays de *Soutou*, mais sur le pays de *Chihni* on trouve une note intéressante dans *Ma Toan-lin* (Cap. 337, fol. 24). Le nom de ce pays est aussi écrit *Chikini* (屍棄尼) et *Sihni* (瑟匿); il se trouvait à 300 *li* sud du col du Karakorum et était sous la juridiction de *Houmi* (護蜜), ou *Tamasthiti*, une ancienne province de *Tukhâra*, dont les habitants furent renommés pour la férocité de leur mœurs (Eitel, Skrt.-Chin. Dict., p. 140 s). Au N.O. ils touchaient au pays de *Kumi* (俱蜜). D'abord ils étaient sous la dépendance de *K'oukan* (苦汗) Khokand), mais plus tard ils sont allés vivre séparément dans les vallées des montagnes, où ils s'amusaient à piller les voyageurs et marchands. Le peuple demeurait dans des creux (俗窟室).

Quant à la longue vie de ces peuples, Steller en parle à plusieurs reprises (op. cit. 301, 302 *passim*). Plusieurs atteignent un âge de 70 à 80 ans et meurent en pleine vigueur, ayant toutes leurs dents, ne grisonnant jamais avant leur 60ᵉ année, et encore leurs cheveux ne devenant jamais entièrement blancs. Ce fait peut expliquer la notion chinoise qu'ils arrivaient à un âge incalculable.

Hooper (op. cit. p. 200) dit qu'il ne doute pas que les Tchouktchi

---

1) Voyez *T'oung-pao*, Vol. III, p. 126, note 1.

2) 蘇都識匿國有夜叉城。城舊有野叉。其窟見在。 *Vide* 酉陽雜俎。

n'atteignent une vie très longue, et que *cent ans* ne serait pas une limite trop étendue qu'on pourrait leur assigner. (I have no doubt that they reach an advanced period of life, and that a hundred years would not be too extended a limit to assign them). Cochrane[1]) dit également que les Tchouktchi vivent très longtemps.

Ceci corrobore l'argument de *Hoai Nan-tsze* que la température froide fait arriver les hommes à une longue vie[2]). Les voyageurs modernes confirment ce fait. Wrangel[3]) rencontra aux rives du Kolyma en Sibérie un Yakoute agé de 82 ans qui 'fesait encore de longues courses à cheval avec des jeunes gens, conduisait le bétail à la prairie et le reconduisait aux étables; et ce Yakoute se plaignait cependant de la dégénération de la population actuelle, dont aucun membre n'atteignait plus l'âge de *cent ans* et plus, comme du temps de son père.

Quant à la division de l'année, elle est calculée chez les Tchouktchi et les Itälmens selon les alternatives du froid et du chaud. L'année est conséquemment divisée en deux époques, chaqu'une de 6 mois: les mois étant lunaires, c'est-à-dire comptant d'une nouvelle lune à l'autre. L'été commence en Mai, l'hiver en Novembre, les mois étant désignés d'après les évènements naturels qui arrivent pendant leur durée[4]). Les Chinois avaient donc raison de dire que leur calendrier était d'accord avec le leur.

La plupart ne sait pas compter au delà de 40, ce qu'ils font au moyen des doigts de leurs mains et de leurs pieds. Quand on les force à compter plus, ils baissent les mains comme signe que la chose est incalculable, ou bien ils montrent avec leurs mains leurs cheveux[5]).

---

1) Voyage à pied par le royaume Russe et la Sibérie, Vol. II, p. 95, de la traduction hollandaise.
2) 寒氣多壽。*Fide* 淮南子, Chap. IV.
3) Reise längs der Nordküste von Siberien, 1, 849.
4) Steller, op. cit., p. 359—361; Voyage du Commodore Billings dans le Nord de la Russie-asiatique, Vol. II, p. 108.   5) Steller, p. 361; 40 probablement pour 20.

PROBLÈMES GÉOGRAPHIQUES.   197

Les auteurs qui ont écrit sur les Tchouktchi ne disent rien sur cette question. Nordenskiöld (op. cit. I, 391 et 410) dit seulement que quelques gamins savaient compter *en Anglais* jusqu'à dix.

Les ambassadeurs auront fait ces signes quand les Chinois leur ont demandé leur âge, et les derniers y ont compris que leur âge était *incalculable*, tandis que ces braves ambassadeurs n'ont voulu indiquer qu'ils ne pouvaient pas l'indiquer précisément [1]).

Quant aux deux *cornes* en forme de cocon que ces ambassadeurs portaient, elles se rapportent à la coiffure des femmes *Tchouktchi*. Le lieutenant Hooper dit (op. cit., p. 225): « les cheveux des femmes sont coupés sur leur front à la hauteur des sourcils; arrière elles les laissent croitre longs et ils sont réunis en deux «queues de rat», qui, étant très épaisses, et solidement liées avec des rassades de cuir raide, saillissent des deux côtés comme des *bouts de cable* auxquels elles ressemblent en effet. » Chacun prend son point de comparaison d'après ce qui lui est le plus familier. Le marin Hooper y voit un «bout de cable», le sériculteur chinois y reconnait des «cocons de ver-à-soie» [2]).

Quant à l'habitude des *Tchouktchi* de demeurer dans des maisons souterraines, mentionnées dans le deuxième récit chinois, elle est bien connue. KRACHENENINNIKOW, dans sa description du Kamtchatka, (I, 201) dit que les Jourtes d'hiver des *Tchouktchi* sont aussi incommodes que celles des Koriaques, à cause de la fumée; et qu'on les fait dans la terre, de la même manière qu'au Kamtchatka;

---

1) *Ils ignorent leur âge*, dit Krachenenninikow. Rien n'est plus risible que de les voir compter au delà de 10; quand ils en sont au dernier des doigts de leurs mains, ils les joignent pour signifier dix; puis ils continuent par ceux du pied; et si le nombre passe 20, ne sachant plus où ils en sont, ils s'écrient, comme en extase, *Matcha*, où prendre e reste? (Krachenesninikow, op. cit., I, 25).

2) Il paraît donc qu'il y avait des femmes dans l'ambassade, que les Chinois ont confondues avec les hommes. La même chose est arrivée au Lieut. Hooper et ses compagnons Op. cit, p. 15). Ils prirent des hommes pour des femmes. Comp. aussi Petitot, Vocab. Français-Esquimau, p. XXIX.

mais, dit-il, elles sont incomparablement plus spacieuses, puisque plusieurs familles y demeurent (Comp. *T'oung-pao* IV, p. 322 pour les détails de construction de ces demeures souterraines). Hooper (op. cit., p. 49) en fait la même description, et se plaint de la chaleur étouffante de 100° Fahrenheit qui règne dans ces jourtes.

La description que les ambassadeurs de *Nili* faisaient de leur terrible voyage est exacte. Il n'y a pas de pays plus brumeux, plus accidenté que le pays des *Tchouktchi*. Après avoir marché du Nord vers le S.O. ils se seront embarqués dans le golfe de *Penchinska* ou *Pengina*, près de *Sangonotska Nos*, et, longeant la côte du golfe et passant par le détroit entre l'île de Sachalin et la Mandchourie, ils auront débarqué peut-être en Corée et se seront rendus de là par terre à la Chine. Cette grande flaque d'eau que nous appelons la mer d'*Ochotsk*, est probablement le 巨水 «la grande eau» de notre texte.

Or nous avons vu précédemment (*T'oung-pao*, IV, 336 et 338) que les *Mohkoh* de la Mandchourie se rendaient, pendant le 7e siècle, régulièrement en quinze jours, par mer, de leur pays au Kamtchatka, avec lequel ils entretenaient un commerce régulier.

Rien de plus naturel donc que les envoyés Tchouktchi se soient embarqués sur un de ces navires de commerce *Mohkoh* qui faisaient régulièrement le trajet du Kamtchatka à l'Amour.

Les Russes n'ont fait ce voyage pour la première fois qu'en Juin 1716, quand on bâtit, sur l'ordre de Pierre le Grand, un bâteau armé de marins suédois captifs, les Russes eux-mêmes étant de trop mauvais marins. Après avoir longé la côte vers le N.E., les vents contraires poussaient ce navire directement par la mer d'Ochotsk au Kamtchatka [1]).

La route maritime était tracée tout naturellement, et lorsque,

---

1) Nordenskiöld, op. cit., II, 170.

en 1730, *Schestakov* entreprit son expédition contre les Tchouktchi, il s'embarqua à la côte de la Tatarie, traversa la mer d'Ochotsk jusqu'au golfe de Pentchina, et marcha de là au pays des Tchouktchi [1]).

Quant au nom de *Nili* nous devons renoncer pour le moment à l'expliquer. Les peuples sauvages n'ont généralement pas de noms nationaux. Ils se nomment tout simplement «*hommes*» et s'ils ont un nom, c'est un sobriquet que leur ont donné leurs voisins.

Si nous oserions hasarder une conjecture ce serait la suivante: En 1649 *Deschnev* remonta l'Anadir jusqu'à ce qu'il vint en contact avec des gens qui se nommaient *A nauli s* et qui payèrent alors le premier tribut de l'Anadir. Comme ils n'étaient pas fort nombreux, et cependant revêches, ils ont été exterminés en peu de temps [2]).

Si nous éliminons la lettre *s* du pluriel, nous retiendrons pour le singulier le nom *A nauli*, et en supprimant la lettre *A* (probablement un préfixe) nous aurons le mot *Nauli* pour le nom de ce peuple.

Or comme le caractère chinois 泥 *Ni* est employé par les Chinois (e. a. par *Fa-hiën*) pour représenter la syllabe *Nâ* dans le nom de la ville de *Nâla*, il se pourrait que le nom de *Nauli* des anciens habitants du pays des Tchouktchi fut celui exprimé par les caractères chinois 泥離 *Nili*. Nous rappellerons que le car. 泥 *ni* est encore aujourd'hui prononcé *naï* dans le dialecte de Canton. Cependant nous ne donnons cela que comme conjecture, et elle n'est du reste que d'une importance secondaire, les autres données étant suffisantes pour déterminer la position géographique de ce pays; position qui corrobore notre identification de Fousang avec le Krafto et fait écrouler de fond en comble la conjecture de M. Nocentini et autres que Fousang serait le Japon. A l'Est du Japon il n'y a que les îles du Pacifique, où la coutume d'enter des dents dans la

---

1) Nordenskiöld, op. cit., II, 77.
2) Müller, Voyages et découvertes faits par les Russes, I, 18.

lèvre n'existe point; tandis que le pays de *Nili*, c'est-à-dire des *Tchouktchi*, se trouvait situé à l'Est de Fousang ou Krafto.

Si notre identification est juste, il en résulte une preuve concluante pour l'origine asiatique des Esquimaux de l'Amérique. Ce peuple de petite stature a occupé d'abord le pays entier habité aujourd'hui par les Tchouktchi qui, selon la tradition rapportée plus haut, page 193, les ont chassés de leur pays et les ont refoulés sur les bords de la mer, les îles du détroit de Bering et l'Amérique ainsi que les îles Aléyoutes; car c'est seulement dans ces parages qu'on trouve cette coutume si étrange d'enter des morceaux de dent dans les lèvres.

Ces *Tchouktchi* ou, comme l'écrit le lieutenant Hooper, *Touki*, sont peut-être une tribu d'Ostiaks [1]), qui s'appellent eux-mêmes *Tchoutichis*, nom presque identique avec ceux des *Tchouktchis* et des *Tchoukatchis* qui sont de race esquimaude [2]). Les *Tchouktchis* ne sont venus que relativement récemment dans ce coin de l'Asie; car avant que les Cosaques du Lena eurent soumis l'estuaire du Kolyma, les Tchouktchi habitaient les rives de ce fleuve, comme il paraît par les noms Grand et Petit Tchoukotche de deux fleuves qui tombent dans l'embouchure occidentale du Kolyma [3]).

Le fait de deux ambassades à la cour de la Chine, au 12e et au 2e siècle avant notre ère, d'un peuple aussi lointain, prouve bien que déjà à cette époque reculée, la puissance chinoise s'était étendue jusqu'à l'extrémité de l'Asie, probablement par les colonies chinoises en Corée; et il est un argument sérieux contre ceux qui, comme c'est la mode aujourd'hui, dénigrent l'antiquité du peuple chinois de toutes les manières possibles.

---

1) Selon Storch (op. cit., I, 150) le nom d'Ostiak serait dérivé de *Ousckfiak*, «Etranger ou Barbare», sobriquet donné par les Tatares à tous les peuples de la Sibérie.
2) Petitot, Vocab. Français-Esquimau, p. XXVII, Note 1.
3) Voyage de Wrangel, Vol. II, p. 215.

Qu'est donc la renommée exclusivement militaire des anciens royaumes de l'Asie occidentale en comparaison avec la renommée de sagesse et de bon ordre social que la Chine a su obtenir en tous temps chez ses voisins les plus éloignés? Chaque page de l'Histoire des peuples de l'Asie occidentale prouve la parole de Jésus Christ: «Tous ceux qui prendront l'épée, périront par l'épée». Pas un seul de ces puissants empires n'existe aujourd'hui. Ils ont péri dans le sang et le feu. La Chine seule, qui n'a jamais pris l'épée que pour se défendre contre ses agresseurs, mais a propagé sa civilisation par voie de douceur et de persuasion, a traversé toutes les péripéties des âges et a su se conserver intègre jusqu'à ce jour. Une précieuse leçon pour nos princes guerroyeurs et batailleurs dont la devise est: «Dieu est toujours pour les plus grosses armées».

XIV.

PEÏ-MING KOUO.

背 明 國

Le Pays des Antihéliens.

Dans la 1e année de l'époque *Ti-tsieh* de l'Empereur *Siouen* [1]) (69 av. notre ère), le pays des **Antihéliens**, à l'est du *Loh-lang* [2]), vinrent porter en tribut des produits de leur pays. Ils disaient que leur pays se trouvait à l'orient de *Fousang*, et qu'on y voyait le

---

1) De la première dynastie de *Han*.
2) *Loh-lang haï* (樂浪海) is the name of the sea between Chekiang and Japan. This name was also applied to the yellow sea after the name of Corea. (Porter Smith, Vocabulary of Chinese proper names, p. 29).
Loh-lang est également le nom d'un état tributaire sous les *Han* en Corée: le *Phyöng-yang* ou *Phyöng-anto* actuel.

soleil se lever à l'Occident. Que leur pays était sombre et toujours obscur; qu'on pouvait cependant y cultiver les céréales. Que son nom était *Joung-tik*, et qu'il avait une superficie de 3000 *li* (1000 kilomètres). Que toutes les céréales y étaient bonnes, et que quand on en mangeait, on ne mourrait que d'une manière extrinsèque¹). On y trouve (1) le **Riz de dix jours**, qui est mûr dix jours après qu'on l'a semé. On y trouve (2) le **Riz de „Retourne corps"**, dont on dit que ceux qui en mangent renaissent après être morts, et obtiennent une longue vie quand ils sont morts prématurément. On y trouve (3) le **Riz clair et pur**; ceux qui en mangent voient leur années prolongées. Quand on mange un grain du (4) **Riz „Purificateur des entrailles"** on n'a plus faim pendant plusieurs années. On y trouve (5) le **Millet à tige de jade**, dont les tiges sont longues et faibles, de sorte qu'elles tremblotent toujours quoiqu'il ne fasse point de vent. Quand on en mange, la moëlle est augmentée.

On y trouve (6) le **Millet à crête de phénix**, qui ressemble à la crête du phénix; ceux qui en mangent deviennent très forts. On y trouve (7) le **Millet du dragon nageant**, dont les tiges et les feuilles s'entortillent. Il ressemble au *Yu-loung*. On y trouve (8) le **Millet de graisse de K'ioung**, qui est blanc comme l'argent; quand on mange de ces deux sortes de grain, les os deviennent légers. Il y a aussi (9) le **Pois rampant et clair**, dont les tiges sont faibles et s'entortillent d'eux-mêmes; il y a (10) la **Fève porte-épée**, dont la

---

1) Les expressions chinoises 先天 *sien t'ien* et 後天 *heou t'ien* sont très difficiles à rendre. Giles traduit le premier terme par «bodily constitution», l'état naturel, et la seconde par «artificial» et cite la phrase 弓鞋大小後天也 «the size of compressed feet is an artificial result». *Heou t'ien ri sze* 後天而死 signifierait donc «mourir d'une manière artificielle (pas naturelle)» Le sens serait alors qu'on ne mourrait point en se nourrissant de ces graines, si un accident venu du dehors ne mettait un terme à la vie. C'est pour cela que nous avons traduit cette phrase par «d'une manière extrinsèque».

cosse ressemble à un homme qui porte une épée, et qui croit de travers. Il y a (11) la **Fève qui penche et se détache**, dont on dit que quand cette fève est exposée au soleil, elle laisse pencher ses feuilles qui couvrent alors la terre. Ceux qui en mangent ne vieillissent point et ne deviennent pas malades. Il y a (12) le **Froment qui prolonge le germe**, qui prolonge l'âge et augmente le souffle vital; Il y a (13) le **Froment de conciliance**, qui rafraîchit les six organes intérieurs. Il y a (14) le **Froment qui rend le cœur léger**; ceux qui en mangent ont le corps léger. Il y a (15) le **Froment généreux**, dont on fait un levain avec lequel on distille du vin; quand on s'en est enivré, on reste ivre pendant des mois, et quand on en mange, on peut rester nu pendant l'hiver le plus froid.

Il y a (16) le **Froment qui contient la rosée**, dans les épis duquel on trouve une espèce de rosée qui est douce comme du sucre.

Il y a (17) le **Chanvre pourpre qui sombre**, dont la semence ne surnage point: Il y a (18) le **Chanvre glacé des nues**, dont la semence est froide et luisante, et dont on peut faire de l'huile pour les cheveux.

Il y a (19) le **Chanvre lumineux**; ceux qui en mangent n'ont pas besoin de prendre une torche avec eux quand ils marchent la nuit; c'est le Sésame [1]); quand on en mange, la vie est prolongée, et on devient extraordinairement vieux.

Au Nord du pays il y a (20) une plante appelée l'**Herbe de l'arc-en-ciel**, dont les tiges ont dix pieds de long, et dont les feuilles sont comme une roue de voiture, et la racine (ou bulbe) grosse comme un moyeu; ses fleurs ont la couleur de l'arc-en-ciel matinal. Anciennement, quand le Duc *Hoan* de *Thi* avait battu

---

[1]) 苴藤 = 胡麻 Sesamum orientale, Bretschneider, Botanicon Sinicum, p. 206.

les *Joung* des montagnes, on en avait offert la semence, qu'on plantait dans la cour du palais; en disant que c'était le signe heureux d'un dominateur.

Il y a (21) l'**Herbe qui luit la nuit** qui ressemble la nuit à une rangée de torches, mais qui ne luit pas pendant le jour, et s'éteint de soi-même.

Il y a (22) l'**Aster rouge**, qu'on nomme «l'Essence du soleil»; dont une tige s'étend en rampant jusqu'à plusieurs arpents; son goût est doux, et ceux qui en mangent ne ressentent ni faim ni soif jusqu'à leur mort.

Il y a (23) le **Jonc ardent** qui atteint une hauteur de 50 pieds; en le brûlant il tourne en cendre, mais quand on l'arrose d'eau il redevient jonc; on le nomme le Jonc divin.

Il y a (24) «l'herbe **Lotus jaune**», qui est comme du feu quand le soleil luit dessus. Elle est tenace comme de l'or. Ceux qui en mangent ne sentent pas la chaleur quand ils sont brûlés.

Il y a (25) l'**Herbe aux Songes**, dont les feuilles sont comme l'Acore, et la tige comme l'Achillée: on la cueille pour jeter le sort pour le bonheur et le malheur, ce qui ne manque pas une fois en dix-mille.

Il y a (26) aussi l'**Herbe qui ouït de loin**; ceux qui en mangent auront l'oreille fine; elle est odoriférante comme la Casse, et ses tiges sont comme celles du Chloranthe.

La plupart des plantes que ce pays offrit n'avaient pas de fruits, et les feuilles étaient fanées et jaunies. Il fut (conséquemment) ordonné de les jeter toutes [1]).

---

[1]) 宣帝地節元年、樂浪之東、有背明之國、來貢其方物。言其鄉在扶桑之東。見日出于西方、其國昏昏常閽、宜種百穀。名曰融澤。方三千里。五穀皆艮。食之、後天而死。有浹

Le nom *Pei-ming*, que nous avons traduit par **Antihélien**, signifie littéralement «Ceux qui tournent le dos à la lumière», et signifie tout simplement que le pays où ce peuple demeurait était

---

日之稻。種之十旬而熟。有翻形稻。言食者死而更生、夭而有壽。有明清稻。食者延年也。清腸稻、食一粒、歷年不饑。有瑤枝粟。其枝長而弱。無風常搖。食之益髓。有鳳冠粟、似鳳鳥之冠。食者多力。有游龍粟、枝葉屈曲、似游龍也。有瓊膏粟、白如銀。食此二粟、令人骨輕。有燒明豆。其莖弱、自相縈纏。有挾劍豆。其莢形似人挾劍、橫斜而生。有傾離豆。言其豆見日、則葉垂、覆地。食者不老、不疾。有延精麥。延壽、益氣。有昆和麥。調暢六腑。有輕心麥。食者體輕。有醇和麥。爲麯以釀酒、一醉累月。食之凌冬可袒。有含露麥。穗中有露。味甘如飴。有紫沉蔴。其實不浮。有雲冰麻、實冷而有光。宜爲油澤。有通明麻、食者夜行不持燭。是苴勝也。食之延壽、後天而老。其北有草名虹草。枝長一丈。葉如車輪。根大如轂。花似朝虹之色。昔齊桓公伐山戎國。人獻其種。乃植于庭。云霸者之瑞也。有竹明草。夜視如列燭。晝則無光、自消滅也。有紫菊、謂之日精。一莖一蔓延及數畞。味甘。食者至死不飢渴。有焦茅、高五丈。燃之成灰。以水灑之、復成茅也。謂之霊茅。有䒷楼草。映日如火。其堅韌若金。食者焚身不熱。有夢草。葉如蒲、莖如蓍。採之以占吉凶、萬不遺一。又有問迎草。服者耳聰。吞如桂。莖如蘭。其國獻之多不生實。葉多萎黃。詔並除焉。*Vide* 古今圖書集成。邊裔典, Chap. 42. — 拾遺記, Chap. VI, fol. 2.

situé si loin vers l'Orient, que l'Orient était devenu pour eux l'Occident. En effet, ce qui pour l'Asie orientale est l'extrême Orient, p. e. la côte de l'Amérique en face du détroit de Bering, est pour les habitants de l'Amérique l'extrême Occident; et dans tous nos livres de géographie modernes la côte de l'Amérique baignée par le Pacifique est nommée «la côte occidentale» puisqu'elle est à l'occident par rapport à l'Europe. Mais pour les habitants de l'Asie orientale ce sera «la côte orientale».

C'est en ce sens qu'il faut prendre le passage où il est dit que le peuple dont il est question voyait le soleil se lever à l'Occident.

Au vrai ils avaient le dos tourné à l'Occident *dans leur pays*, mais en venant en Chine ils avaient le soleil derrière eux et lui tournaient le dos; pour eux la Chine n'était pas l'Orient, mais l'Occident [1]).

Cela n'implique point que nous plaçons ce pays dans l'Amérique. Loin de là! Le passage en question implique seulement que le pays des Antihéliens était situé tellement loin dans l'Orient qu'il commençait à devenir Occident, par une tournure de phrase semblable à celle «qu'il était devenu tellement *tard* dans une fête qu'il commençait à être *tôt* (matin)». On sait que les Japonais avaient pour la même raison nommé leur pays: *Nippon* (日本) «Origine du soleil», ou «Source du Soleil» à cause de la proximité supposée du lieu où le soleil se lève [2]).

---

1) La même remarque a été faite par M. Petitot dans l'Introduction de son Vocabulaire Français-Faquimau, p. XXIV à la note: «L'Occident, par rapport aux Esquimaux, est ce que nous appelons en Europe l'extrême Orient; et l'Orient, pour eux, est notre Europe occidentale». Il ajoute: «Ceci mérite à peine cette note». Mais elle le mérite bien puisque les Sinologues se sont si souvent moqués de ces pauvres «Antihéliens» qui faisaient le soleil se lever à l'Occident, faute de s'être mis, comme M. Petitot et moi, à la place de ces peuples et de juger selon leur position géographique.

2) 惡倭名更號日本。使者自言國近日所出以爲名。*Ma Toan-lin*, chap. 324, fol. 24 recto.

Tout dépend de la localité où l'on est soi-même placé ou du premier méridien qu'on choisit. Pour nous autres Européens la Chine est l'extrême Orient — le «far East»; mais pour les Chinois, qui prennent leur premier méridien à Peking, l'Europe est l'extrême Occident (西洋) — le «far West». Pour nous Européens l'Amérique est le «Far West», mais pour les Chinois elle est le «Far East».

Il faut chercher ce pays à l'Orient de Fousang, c'.-à-d. de Sachalien, et même assez haut au nord, puisque les ambassadeurs disaient que leur pays était sombre et toujours obscur (其國昏昏常閽). Or, tous les voyageurs parlent des brumes continuels qui règnent dequis le Kamschatka, le pays des Koriakes et des Tchouktchi jusqu'au détroit de Bering. Cette supposition est confirmée par la mention d'une espèce de graine qui mûrissait en dix jours. On sait que dans tous les pays boréaux l'été succède toujours subitement à l'hiver, et que les récoltes peuvent se faire pendant le court espace de temps que dure l'été dans ces latitudes. Dans les régions polaires, à une latitude de 70°, l'orge (*Hordeum vulgare*) est récoltée déjà 90 jours après qu'elle a été semée. Au Kamtchatka on ne peut semer qu'en Mi-juin, et il faut que la récolte soit faite avant la fin d'Août. Plus on remonte au Nord, plus la végétation y est hâtive. La croissance de la flore dans ces contrées polaires (le pays des *Tchouktchi*) est incroyablement rapide, dit *Schklotowski*. Le matin toutes les branches et les rameaux sont encore nus, et le soir du même jour l'atmosphère est parfumée de la saveur aromatique des aiguilles résineuses des mélèzes, et le lendemain matin de bonne heure on voit les arbres revêtus d'un tendre feuillage. La même chose a lieu pour la croissance de l'herbe. Dans les 24 heures l'herbe a poussé de la terre [1]).

---

[1]) Franz von Adlerberg: Aus dem Lande der Kaagienisen; unter Benutzung der Veröffentlichungen von J. W. Schklowski in den Jahrbüchern der russischen geographischen Gesellschaft, Sektion Moskau (Der Zeitgeist, Beiblatt zum Berliner Tageblatt, Montag 5 März 1894, N°. 10).

Dès que la neige commence à fondre, dit Gmelin (Voyage en Sibérie, III, 374) la chaleur et l'humidité pénètrent la terre et donnent aux racines et semences des plantes la propriété de pousser très vite, de sorte que cela fait plaisir à voir. Plusieurs plantes sont eu pleine floraison en Mars et au commencement d'Avril, et la semence est mûre dans le même mois d'Avril. Dans sa Flora sibirica (I, 54) il dit de l'*Allium saxatile*: «florens Julio et semina exeunte mense Augusto maturans».

Les ambassadeurs de ce pays n'ont apporté en tribut que des céréales; malheureusement, comme la fin de l'article le mentionne, pour la plupart sans fruits et les feuilles fanées et jaunies. Les botanistes chinois n'en ont pu déterminer que quelques-unes dont nous parlerons tantôt.

Laissant de côté les effets miraculeux que la nourriture de ces céréales sont dits avoir sur la longue vie de l'homme, nous voyons qu'elles consistaient en 8 espèces représentées par 26 spécimens: du **Riz** (稻, probablement plutôt de l'orge); du **Millet** (粟 *Setaria*); des **Fèves** (豆); du **Froment** (麥); du **Chanvre** (麻); des **Herbes** (草); une espèce d'**Aster** (菊) et une espèce de **Jonc** (茅).

La particularité mentionnée au N°. 5 d'une espèce de millet dont les tiges étaient longues et faibles, et tremblotantes même quand il n'y avait pas de vent, nous ramène encore aux pays boréaux.

Steller dit (op. cit. p. 51) qu'à cause de l'humidité pendant l'été à Kamtchatka, la semence des céréales pousse immédiatement de très hautes tiges, mais qui ne portent que des épis vides. Les pois y poussent des tiges hautes de plusieurs brasses. M. Kᴀᴀcʜᴇ-ɴᴇɴɪɴɴɪᴋᴏᴡ dit qu'il avait semé, à plusieurs reprises, à *Bolchaia Reka*, de l'orge qui faisait plaisir à voir par sa hauteur, son abondance, et la grandeur des tiges et des épis: la tige s'élevant plus haut qu'une archine et demie, et les épis étant plus longs qu'un quart d'archine. Malheureusement, au commencement d'Août, la gelée les fit périr [1]).

Plus au Nord, cependant, l'avoine, le seigle, l'orge croissent merveilleusement. Les domestiques du couvent de Yakoutsk sèment 7 à 8 poudes d'orge, et font une récolte si abondante, qu'ils ont non-seulement assez de farine et de gruau pour leur nourriture, mais même pour en fournir aux habitants des environs en cas de nécessité [2]).

La première plante que les Chinois ont pu identifier dans cette liste est le N°. 7 nommée «Le Mil du Dragon nageant» (游龍粟), qui ressemblait an *Yu-loung* chinois. Or le *Yu-loung* ou Dragon nageant est le nom qui est donné dans le Livre des Odes au Polygone. On lui a donné ce nom parce que ses tiges et feuilles s'entortillent en serpentant. Il est nommé encore 馬蓼 *Ma-liao*. C'est une grande plante atteignant une hauteur de dix pieds et qui croît dans des marais [3]).

Le N°. 8, nommé «Millet de graisse du K'ioung» (珢膏粟), est probablement le *Triticum radice perenni, spiculis binis lanuginosis* décrit par Gmelin (Sib. tom. I. pag. 119. Tab. XXV). M. Kracheneninnikow (op. cit. II, 83) dit qu'on le trouve le long des côtes du Kamtchatka; que cette plante est haute et *blanchâtre*, et ressemble au froment. Cette plante croit aussi dans les terrains sablonneux aux environs de *Strelinaia Mouiza*, la maison de campagne des Souverains de la Russie, située au dessous de St. Pétersbourg.

Quant aux pois mentionnés sous le N°. 9, nous savons par Steller (p. 13) que les tiges des pois au Kamtchatka atteignent une longueur de plusieurs brasses.

---

1) Description du Kamtchatka, I, 10.
2) Kracheneninnikow, op. cit., I, 6.
3) Bretschneider, Botanicon sinicum N°. 426, p. 243. Selon Gmelin le *Polygonum bistorta* croît à Ochotsk et au Kamtchatka (Flora Sibirica, III, 42).

La fève N°. 13, dont la cosse ressemble à un homme assis portant une épée, n'est probablement que le haricot rose qui porte sur le tranchant de la fève une petite figure noire ressemblant à un mannequin.

Le froment généreux (醇和麥), mentionné sous le N°. 15, dont on fait un levain avec lequel on distille un vin qui enivre pendant un mois, et qui quand on le mange échauffe le corps à tel point qu'on peut rester nu, nous semble être le fameux *Kath*, ou la berce ursine, *Sphondilium foliolis pinnatifidis*, dont on fabrique au Kamtchatka une eau-de-vie si forte, que ceux qui en boivent restent privés de tout sentiment. Steller avait remarqué que des gens, dont l'ivresse causée par cette eau-de-vie paraissait d'abord s'être dissipée, en buvant un verre d'eau froide, retombaient bientôt après dans une si grande ivresse qu'ils ne pouvaient se tenir debout. On peut lire chez Steller (p. 84—86) et Kracheneninnikow (Tom. II, p. 67—73) comment cette eau-de-vie est distillée de cette herbe.

Selon Steller (p. 87) on distille de même à *Tobolskoï* une eau-de-vie de la Borche russe (la berce ursine) et cette même plante croît aussi en Amérique, où on en fait le même usage qu'au Kamtchatka.

Le froment N°. 16, dans les épis duquel on trouve un suc doux comme du sucre, me semble être la *Chlamda* (*Ulmaria fructibus hispidis*) décrite par Steller.

La tige de cette plante est creuse et remplie de suc comme l'Angélique. Les Russes et les Kamtchadales mangent les jeunes tiges de cette plante pendant le printemps [1]).

Le N° 18 est probablement le *Kamenni poporadnik* dont Steller (p. 364) dit que les femmes Kamtchadales mâchent les feuilles, et en frottant leur cheveux avec leur salive pour les rendre parfumés.

---

1) Kracheneninnikow, op. cit., II, 77—79.

Le Chanvre lumineux (通明麻, N°. 19) serait selon les Chinois le Sésame, nommé par les Chinois *Hou-ma*, c'est-à-dire Le Chanvre toungouse [1]. Les lecteurs des Mille-et-une nuits se rappelleront les propriétés miraculeuses attribuées à cette plante et à son nom [2].

L'Herbe de l'arc-en-ciel, mentionnée sous le N°. 20, apportée par les Ambassadeurs de *Peï-ming*, est dite par les Chinois être la même plante que le Duc *Hoan* de *Thsi* (684—644 avant notre ère) aurait rapportée de son expédition contre les *Chan-Joung* ou *Joung des montagnes* [3].

La plante n'a pas été identifiée par Bretschneider.

Pallas (Neue nordische Beiträge, IV, page 124 et suivantes) parle d'une plante curieuse observée dans plusieurs îles du groupe des Kouriles, qu'il décrit en ces mots: «On y a remarqué une plante spéciale qui atteint une hauteur supérieure à celle d'un homme, pousse des tiges épaisses et creuses, sur le sommet desquelles se trouve une feuille ronde et large comme un chapeau, sous laquelle on peut se cacher quand il pleut. Cette plante a été remarquée dans les îles Matua, Rashau, Ushe-shiri, Ketoï etc. Nous avons vu antérieurement que cette plante croissait aussi à Yézo, et que les nains primitifs exterminés par les Aïnos, se cachaient sous les grandes feuilles de cette plante quand il pleuvait. (*T'oung-pao*, IV, p. 327).

M. Chamberlain la nomme une espèce de Bardane; mais von

---

1) Le Mot *Toungouse* est dérivé du Chinois 東胡 *toung-hou*, «les Basards de l'Orient», le nom collectif donné par les Chinois aux peuples qui habitent la Sibérie orientale.

2) Histoire d'Ali Baba et des 40 voleurs. Que *Sesame*, le mot magique qui ouvrait l'antre des voleurs, est le nom de la plante, est prouvé parce que Cassim, qui avait oublié le mot, dit: «Orge, ouvre toi» (1001 nuits traduits par Galland, Vol. IX, p. 199).

3) Ils demeurèrent dans le dép. actuel de *Young-phing* (永平) au N.E. de la prov. de *Pé Tchely*. L'expédition est décrite dans tous ses détails dans le 21e chap. du 列國志; elle eut lieu en 664 avant J. C. (Legge, Chinese Classics, V, 1, p. 119)

Siebold dit que c'est une espèce de Pas-d'âne, qu'il a nommée *Tussilago gigantea*. Le médecin *Oudagawa Yoan*, à Yédo, lui présenta un jour une de ces feuilles qui avait un mètre en diamètre. Dans la province de *Dewa*, près *Akida*, ces feuilles deviennent encore plus grandes, et le peintre japonais *Hokúsaï* a fait un dessin dans lequel on voit quelques paysans se réfugier contre la pluie sous ces feuilles [1]).

L'Aster rouge, mentionné sous le N°. 22, me paraît être la *Sarana* (*Lilium flore atro rubente*) décrite par Gmelin, p. 41. M. Kracheneninnikow (II, 67) dit que la bulbe cuite au four est si nourrissante, que si l'on pouvait en manger tous les jours, on ne s'apercevrait presque pas qu'on manque de pain.

La plante mentionnée sous le N°. 21 me semble être une espèce de *Dictamne*, dont on a souvent observé les riches fleurs rouges reluire pendant les belles nuits d'été [2]).

Le Jonc ardent (N°. 23) pourrait bien être le *Ferula gigantica*, qui atteint en quelques semaines une hauteur de quatorze pieds et qui forme des jungles impénétrables [3]).

L'Herbe aux Songes (N°. 24) me paraît être l'*Achillea Sibirica*. On sait qu'en Chine les tiges du 蓍 *chi*, ou *Ptarmica Sibirica*, sont également employées dans la divination [4]).

Nous devons laisser inexpliquées les Herbes mentionnées sous les nos. 24 et 26.

Nous devons renoncer aussi à identifier le nom de ce pays *Joung-tik*; les noms de peuplades en Sibérie ayant changé si souvent, et notre connaissance historique et géographique ne datant guère que du 17° siècle. Nous savons seulement que ce pays devait

---

1) Nippon Archiv, Reise von Nagasaki nach Jedo, p. 63.
2) Schoedler, Das Buch der Natur, Botanik, p. 293. Gmelin, Flora Sibirica, IV, 177, mentionne le Dictamnus albus comme croissant en Sibérie.
3) C. H. Eden, Frozen Asia, p. 114
4) Bretschneider, Botanicon sinicum, II, p. 246, N°. 428.

se trouver dans l'extrémité orientale de la Sibérie, à l'orient de *Fousang*, qui ne peut donc être autre chose que l'île de Krafto, et jamais le Japon, comme quelques-uns le veulent maintenant.

Les îles du Pacifique, les seuls pays qui se trouvent à l'orient du Japon, ne sont pas «sombres et toujours obscurs» comme notre récit le dit du Pays des Antihéliens.

XV.

YOUH-I KOUO.

欝 夷 國

Le Pays des Barbares puants.

La Notice sur ce pays dans le *Chi-i-ki* est extrêmement insuffisante: «A l'orient de la montagne *P'ung-lai* est le pays des «Barbares puants. Il y règne de temps à autre des brumes couleur «d'or (ou luisantes). Tous les réclus disent qu'elles flottent continuel-«lement dessus ce pays en tombant et montant. On croit voir des «bâtiments sur les montagnes, dont les portes et fenêtres sont «constamment ouverts dans la direction de la lumière. Mais quand «les brumes sont dispersées, les portes donnent toutes sur le Nord»[1]).

La seule particularité mentionnée de ce pays dans le même livre, est qu'on en retirait une colle extrêmement tenace avec laquelle on

---

1) 蓬萊山東有欝夷國．時有金霧．諸仙說此上常浮轉低昂．有如山上架樓室．常向明以開戶牖．及霧滅歘、戶皆向北． *Vide* 拾遺記．
Chap. X, fol. 2.

pouvait recoller cent fois la courbure ¹) des arcs et des arbalètes quand elle s'était cassée. Par la courbure il faut entendre la pièce de renforcement collée contre les bras de l'arc même, nommé 角 *Corne* et 隈 *Courbure*, comme on le voit dans le dessin d'un arc chinois donné par Biot dans sa traduction du Tcheou-li. Dans cette gravure il y a par erreur 隈 au lieu de 隈 et le mot est faussement traduit par *abîme*. Page 584 l'auteur la nomme correctement *Wei* et ajoute: «Cette partie est nécessairement courbe. Puisqu'elle est naturellement courbe, on demande qu'elle ait de la solidité».

Cette colle était également employée par les grandes dames

---

1) Nous traduisons ici le caractère 弦 par *courbure* et non par *corde*, comme le fait généralement les dictionnaires, et cela pour la simple raison qu'une corde d'arc a'a'sermit pas valu la peine de raccommodage. La corde était considérée par les Chinois comme si peu importante que p. e. le *Tcheou-li*, qui contient un article fort étendu sur la fabrication des arcs, n'en fait à peine mention (Biot, le *Tcheou-li*, II, p. 609). On employait des cordes de soie, de chanvre, de rotin, etc., cordes qu'on ne pourrait pas recoller par aucun moyen (格致鏡原, Chap 42, art. 弓弦, cordes d'arc). En second lieu le car. 弦 signifie comme verbe «courber», et nous lisons par conséquent dans le 太白陰經 (Wylie, p. 73) que *Pao-hi*, l'empereur fabuleux, 2852 avant notre ère, courbait (*hien*) du bois pour faire des arcs (庖羲弦木爲弓). Ce même caractère est employé pour désigner les «croissants» de la lune 弦半月之名也. *Vide* 釋名. Enfin le diet. *Chouo-wen*, dans sa description des arcs, dit que la tension et le relâchement se nomment la courbure de l'arc (張弛弓弦也). Mais comme la corde sert à courber l'arc, on lui a donné le nom de *courbeuse* (弦) «celle qui courbe». On l'écrit alors généralement avec le radical *Soie* (絃) au lieu du radical *Arc* (弦).

Dans les «Mémoires des dix Îles» (Wylie, 153) on fait également mention d'une colle forte pour arcs nommée «Colle pour rapiécer la courbure» (續絃膠), aussi nommée «Argile pour joindre des métaux» (連金泥). On pouvait rapiécer avec cette colle les courbures cassées des arcs et des arbalètes; et le métal des sabres ou des épées brisés pouvait également être recollé avec cette colle. Quand on les fit forcer par un homme vigoureux, ils se cassaient en d'autres endroits, mais l'endroit collé ne se cassait jamais plus (此膠能續弓弩已斷之弦,刀劍斷折之金、更以膠連續之.使力士擘之、他處乃斷、所續之際終無斷也. *Vide* 十州記. N°. 9, fol. 4 verso.

pour bander et lisser leurs cheveux, et c'est justement à l'occasion de l'emploi de cette colle par la favorite de *Soun-kiouen* que le *Chih-i-ki* mentionne le Pays des Barbares puants comme son lieu de provenance.

Voici le récit tel qu'il est relaté dans ce livre:

«Dame *Tchao* du Seigneur de *Ou* ¹) était la sœur cadette du premier ministre *Tah*. Elle excellait dans la peinture et était incomparablement habile. Entre autres elle savait tresser entre ses doigts, avec des fils de soie coloriés, des pièces d'étoffes représentant des dragons et des serpents dans des nuages, dont les plus grandes étaient d'un pied, et les plus petites d'un pouce carré. On disait dans le palais que c'était le Non plus ultra du tissage. Un jour que *Kiouen* s'était retiré dans le palais de *Tchao-yang*, fatigué de la chaleur, il souleva le rideau de soie pourpre, quand sa dame dit: «Ceci n'est pas assez cher!» *Kiouen* pressant sa dame d'énoncer plus clairement son intention, elle répondit: «Je vais me casser la tête pour trouver une idée de faire descendre le rideau de soie, afin que le vent frais puisse entrer, et qu'il n'y ait point d'obstacle pour regarder au dehors, et aussi afin que notre entourage se sente léger et frais comme s'il était monté sur des zéphyrs». *Kiouen* approuva son idée; et sa dame divisa ses cheveux, et les banda avec de la Colle divine ²). La Colle divine était un

---

1) *Kiouen* est *Soun-kiouen* 孫權 le fondateur de la dynastie de *Wei* après la défaite de *Ts'ao-ts'ao*. En 221 le fils de ce dernier, auquel il s'était soumis, lui accorda le titre de 吳主 ou 吳王 «Seigneur ou Roi de Ou»; en 229 il s'empara du trône et prit le titre de 吳大帝 Grand Empereur de Ou (Mayers, Chinese Reader's Manual, N°. 632, p. 194.

2) Nous préférons cette leçon au lieu de traduire «elle fendit (un de) ses cheveu qu'elle rejoignit avec de la Colle divine» comme la phrase 析(=析)髮以神膠續之 semble indiquer au premier abord. Il faut prendre 析 ici dans le sens de 分析 *diviser, partager* en tresses, et 續 dans celui de *bander*. On sait, qu'encore

produit du pays de *Youh-i*; quand on collait avec elle la corde (courbure?) cassée d'un arc ou d'une arbalète, elle pouvait se rompre cent fois et être recollée cent fois. Ensuite elle se mit à tisser un tissu de gaze qui était achevé après plusieurs mois et dont elle tailla un rideau. Quand on y regardait de dehors ou de dedans, c'était léger comme une fumée qui flottait légèrement, et l'intérieur de la chambre restait frais. A cette époque *Kiouen* était constamment à l'armée; mais il prit ce rideau partout avec lui et en fit sa tente de campagne. Quand on le déroulait, il avait plusieurs dizaines de pieds de largeur et de longueur, mais roulé on pouvait le placer dans un oreiller. Les gens du temps le nommaient le «Nec plus ultra de soie» [1]).

Cette colle ne peut être autre chose que de la colle-de-poisson, nommée Colle à bouche, et qu'on fabrique encore aujourd'hui

---

aujourd'hui, les dames chinoises mouillent leurs cheveux avec une lotion résineuse chaude, afin de pouvoir bander et fixer les deux ailes de papillon qu'elles forment de leurs cheveux (Wells Williams, Middle Kingdom, II, 34).

Le passage paraît déplacé ici.

1) 吳主趙夫人丞相達之妹、善畫巧妙無雙。能于指間以采絲織雲霞龍蛇之錦。大則盈尺。小則方寸。宮中謂之機絕。權居昭陽宮、倦暑。乃褰紫綃之帷。夫人曰。此不足貴也。權使夫人指其意思焉、答曰。妾欲窮慮盡思、能使下綃帷、而清風自入、視外無有蔽礙。列侍者飄然自涼。若馭風而行也。權稱善。夫人乃拆髮以神膠續之。神膠出鬱夷國。接弓弩之斷弦。百斷百續也。乃織爲羅縠、累月而成。裁之爲幔。內外視之、飄飄如煙氣輕動、而幔內自涼。時權常在軍旅。每以此幔自隨、以爲征幕。舒之、則廣縱數丈。卷之、則可內于枕中。時人謂之絲絕。*Vide* 拾遺記, Chap. VIII, fol. 2.

de la graisse d'un poisson dans les eaux du fleuve *Liao*, dans la Mandchourie [1]).

Généralement la colle-de-poisson est faite de la vessie de poisson, surtout celle de l'esturgeon. Mais au Kamtchatka les femmes font de la colle avec des peaux de poissons séchés, et surtout avec celles de la Baleine. Elles enveloppent ces peaux dans de l'écorce de bouleau, et les laissent quelque temps sous la cendre chaude. Cette colle, dit Kracheneninnikow (op. cit., I, 56), est aussi bonne que la meilleure de Russie.

Le métier de cuire de la colle est assez dégoûtant et sale et répand à l'alentour des vapeurs jaunes et puantes, qui se communiquent aussi à ceux qui la préparent. Le nom de Barbares puants, donné aux indigènes qui faisaient cette colle, est donc assez significatif.

Avec le peu de données que nous fournissent les historiens chinois il est impossible de préciser le lieu d'habitation de ces insulaires. Nous apprenons seulement que la colle qu'ils fabriquaient était importée en Chine et employée à divers usages au 3° siècle de notre ère.

A l'Ouest de ce pays, les historiens chinois ont placé celui de *Han-ming*, dont nous avons pu fixer plus précisément l'emplacement.

Nous allons donc en traiter dans le numéro prochain.

---

1) 呵膠出從遼水魚白。*Vide* 詞林海錯。

XVI.
HAN-MING KOUO.

含 明 國

Le Pays Plein-de-lumière.

On lit encore dans le *Chih-i-ki*:

«A l'est de la montagne *P'ung-lai* se trouve le «Pays des barbares puants», et à l'ouest de ce dernier pays, se trouve le «Pays Plein-de-lumière», où l'on coud des plumes d'oiseaux pour en faire des vêtements, et où l'on recueille la rosée et en boit le jour entier. Quand ils montent les hauteurs pour chercher de l'eau, ils font des gradins d'or, d'argent, d'anneaux bleus, de cristal de roche et de pierres *Tsao* flamboyantes.

«On y trouve des sources glacées et des sources chaudes; ceux qui en boivent arrivent à mille ans d'âge.

«Il y a aussi une grande conque, nommée **Marche-nu**, qui porte sa coquille sur le dos, mais marche à découvert; quand il fait froid, elle se retire dans sa coquille. Les œufs qu'elle pond, attachés aux pierres, sont moux; mais quand on les enlève, ils deviennent durs. Quand des princes éclairés sont nés dans ce monde, ils flottent sur le bord de la mer.

«Il y a aussi une espèce de **Jonc rouge**, dont on peut tresser des nattes, qui sont chaudes et flexibles comme un édredon.

«Il y a également un oiseau nommé **Cygne-oie**, qui a le colorit du Cygne, mais la forme de l'aigle chauve. Il n'a pas d'entrailles dans le ventre, et les tuyaux de ses ailes naissent (directement) de ses os; il n'a ni peau, ni chair. Le mâle et la femelle s'accouplent en se regardant furtivement.

«Au sud il y a un oiseau nommé le **Canard mandarin**, qui a la forme d'une oie sauvage, et qui voltige dans les nues; il ne juche que sur de hautes gorges de montagne, sans que ses pieds touchent la terre. Il couve dans les cavités des rochers. En dix-mille ans ils copulent une fois, et alors les jeunes sont nés. Après mille ans ils prennent une plume dans le bec et apprennent à voler, quand ils s'assemblent en volées d'une dizaine de millions. Ils déploient les plus longues de leurs plumes et montent jusqu'à une hauteur de dix-mille *li* (milles).

«Durant le règne d'un saint prince, ils entrent les plaines de son royaume.

«On y rencontre aussi le **Bambou flottant**, dont les feuilles sont vertes, la tige pourprée et les fruits aussi grands que des perles; des **Phénix verts** juchent dessus.

«En bas on trouve un **Gravier** fin comme de la farine; quand les zéphirs s'élèvent, les tiges des feuilles se frisent et font tourbillonner ce sable fin comme une nuée. Des génies s'assemblent alors pour contempler ce spectacle et s'en réjouir.

«Les feuilles de ce bambou agitées par le vent font un bruit semblable à celui de cloches et de pierres musicales» [1]).

1) 蓬萊山東有鬱夷國。其西有含明之國。綴鳥毛以爲衣。承露而飮終天。登高取水。亦以金銀、苍環、水精、火藻爲階。有冰水、沸水。飮者千歲。有大螺名躶步。負其殼露行。冷則復入其殼。生卵著石則軟。取之則堅。明王出世、則浮於海際焉。有蒩紅色、可編爲席、溫柔如罽毛焉。有鳥名鴻鵝、色似鴻、形如禿鶩、腹內無腸。羽翮附骨而生。無皮肉也。雄雌相眄、則生產。南有鳥名鴛鴦、形似鳫、徘徊雲間。棲息高岫、足不踐地、生於石穴中。

Nous n'avons pas besoin de chercher longtemps où ce pays était situé: une seule particularité suffit: **Les habitants y portaient des habits faits de peaux d'oiseaux.** Or, excepté l'Amérique et les îles Aléyontes, qui sont hors de question, il n'y a qu'un seul peuple dans le monde ancien, surtout dans la partie orientale de l'Asie où ce peuple est dit demeurer, qui fasse usage de pareils vêtements: et ce peuple sont les habitants des îles nommées *Kouriles* dans nos cartes; une chaîne d'îles détachées qui relient le Nord du Japon avec le Sud de la presqu'île de Kamtchatka, et qui est habitée en partie par des Aïnos et en partie par une population primitive semblable à celle qui occupe le Kamtchatka.

La quatrième île des Kouriles, dit Steller, a une dense population de *Kouchi*, qui marchent sans pantalons, dans de **longues robes cousues de peaux-d'oiseau** [1]).

L'oiseau de la peau duquel ces robes sont cousues est la *Procellaria glacialis*, nommée *Gloupichi* par les Cosaques. Ils ont à peu près la grosseur des Hirondelles de rivière. Ces oiseaux fréquentent les Isles (Kouriles) remplies de rochers, et se tiennent dans les endroits fort escarpés et inaccessibles. Les Cosaques leur ont donné ce nom, qui signifie stupide, parce qu'ils vont se poser souvent sur les vaisseaux qu'ils rencontrent.

Les insulaires de la quatrième et cinquième île des Kouriles

萬歲一交、則生鵰、千歲衔毛學飛。以千萬爲
羣。推其毛長者。高翥萬里。聖君之世、來入
國郊。有浮筠之簳。葉青、莖紫、子大如珠。有
青鸞集其上。下有沙礫細如粉。柔風至、葉條
翻起、拂細沙如雲霧。仙者來觀而戲焉。吹風
竹葉聲如鐘磬之音。 *Vide* 拾遺記, Chap X, fol. 2 et 3. Art.
蓬萊山 ; *Pien-i-tien*, Chap. 43.

1) Steller, p. 21 à la note et p. 23. Krachenenninikow, I, p. 236.

prennent beaucoup de ces oiseaux, qu'ils font sécher au soleil. Ils en expriment la graisse en pressant la peau, et s'en servent comme huile pour s'éclairer. De leurs peaux ils cousent des habits, des bonnets et des Kuklankes (robes), qui constituent le vêtement ordinaire de ces insulaires éloignés.

Steller ajoute qu'il a vu de ces oiseaux en si énormes quantités aux environs de l'Amérique et aux îles inhabitées du détroit, qu'ils occupent des rochers entiers en mer, et qu'il y en a de telle grosseur qu'ils ne le cèdent point à celle des plus gros aigles ou oies [1]).

Nous avons vu déjà précédemment [2]) que M. Milne avait trouvé que les habitants de l'île *Shumshu* [3]) portaient encore en 1878 de pareilles chemises faites de la peau du plongeon marin, les plumes tournées en dedans et bordées de fourrure de phoques [4]).

L'eau potable n'existe pas dans l'île de *Kunashir*. Steller (p. 23 à la note) dit qu'on n'y trouve qu'une méchante eau, fangeuse et jaunâtre. Les habitants montaient donc probablement sur les montagnes pour recueillir l'eau de pluie dans les creux des rochers, comme le mentionne notre récit chinois. Ce même manque d'eau potable dans les Kouriles a été observé par les voyageurs russes *Tchernoi*, *Antipin* et *Otcheredin*, e. a. dans les îles *Ikarma* ou *Egarma*, *Mussir* ou *Egakto* et *Tchirpoi*, où l'on ne trouve que des flaques d'eau de pluie [5]).

Nous avouons ne pas trop bien comprendre la notice de ces gradins (階) faits de substances précieuses pour monter les montagnes afin d'aller recueillir l'eau. Les richesses minérales des Kou-

---

1) Steller, p. 155. — Krachneninnikow, II, 367.
2) T'oung-pao, Vol. IV, p. 335.
3) Au Nord de l'île *Poromoshiro*. Les Japonais la nomment *Koushiyoun Kotan*.
4) Les Groenlandais font également des habits d'hiver de la peau du plongeon marin (*Colymbus glacialis*). Pöppig, Illustrirte Naturgeschichte, II, 250.
5) Pallas, Neue nordische Beiträge, IV, p. 116 et suivantes.

riles n'ont pas encore été explorées, les colons russes aimant mieux faire le commerce facile et lucratif des fourrures que de cultiver la terre et travailler des mines¹). Nous devons donc attendre encore si vraiment ces îles renferment de l'or, de l'argent, du cristal et ces fameuses pierres *Tsao* flamboyantes. A ce dernier sujet nous devons remarquer que le charactère 藻 *tsao* se trouve dans notre texte pour le caractère 璪 *tsao*. C'est, selon le *Chouo-wen*, une espèce d'ornement en pierres précieuses comme les tiges de la lentille d'eau (*Ruppia rostellata*, *Valisneria* ou *Myriophyllum*, l'espèce n'étant pas bien déterminée²). Le *Chouo-wen* cite comme autorité un passage des Livres de *Yu*: Flammes de *Tsao* et les graines de riz du (vêtement appelé) *Fun*³).

Tout ce groupe des Kouriles est ou a été volcanique, et l'on y trouve des sources sulfureuses. Une d'elle, qui se trouve dans l'île d'*Usheshiri*, est célèbre par une superstition des Kouriles, qui lui attribuent la propriété de pouvoir juger des cas judiciaires douteux⁴). On y vient même de la seconde île. On en trouve aussi à *Ikarma* et *Shimushir*.

La grande conque mentionnée dans le récit chinois n'a pas été observée ou notée par les voyageurs russes. Il se peut cependant que ce soit le *Chiton Stelleri* qu'on a trouvé au Kamtchatka, qui atteint une grosseur d'un demi-pied. Quelques-uns des limaçons, comme p. e. les *Natica*, pondent leurs œufs en monceaux qui, quand la bave qui les enveloppe est durcie, ressemblent tant soit peu à quelques espèces de polypes corneux⁵).

---

1) On a trouvé à *Shumshu* des mines argentifères. *Ibid.*, p. 110.
2) Bretschneider, Botanicon sinicum, N°. 401.
3) 璪又通作藻。說文玉飾如水藻之文。引虞書曰。璪火粉米。*Vide* K'ang-hi, i. v. — Legge, Shooking p. 80.
4) Neue nord. Beiträge, IV, p. 127.
5) H. Schlegel, Manuel de Zoologie, II, p. 416, 403.

Le *Jonc rouge* dont parle notre auteur est évidemment l'Herbe molle ou l'ortie, qui croit dans les Kouriles et dont les femmes font des rets et des nattes.

L'oiseau nommé par les Chinois *Cygne-oie* est probablement l'alque (*Alca torda* et *arctica*) qui se trouve en masse dans ces îles e. a. à *Onnekotan*, *Shirinky*, *Ikarma*, *Tchirinkotan* et *Usheshiri*. Comme l'on sait, les ailes des alques sont si peu développées qu'ils ne peuvent pas s'en servir pour voler, ce qui a donné probablement aux Chinois, qui n'avaient jamais pu observer dans leur propre pays ces curieux oiseaux, l'idée que les tuyaux de leurs ailes naissaient de leurs os.

L'oiseau nommé par les Chinois, par une réminiscence de la patrie, *Canard mandarin* (*Anas galericulata*) est probablement l'*Anas spectabilis* qu'on a observé aux Kouriles.

Quant au *bambou flottant*, les voyageurs russes ont trouvé dans les iles de Ketoi et d'Urup une espèce de jonc articulé qui cependant ne devient pas très gros.

Nous ne pouvons pas identifier les oiseaux nommés dans le récit phénix verts.

Quant au gravier fin comme de la farine et tourbillonnant, ce ne peut être que de la cendre volcanique. Les voyageurs russes mentionnent e. a. sur l'île de *Kharamamukotan* un volcan éteint, dont le pied et le sommet sont couverts de *sable blanc* [1]). Le voyageur russe *Schelechof* raconte dans son voyage d'Ochotsk en Amérique, qu'il vit sud-est de l'île de *Koyak* une terre d'où s'élevaient des colonnes comme de fumée.

Vers une heure de l'après midi il fit directement voile vers la côte où il avait vu la fumée; mais en nous rapprochant, dit-il,

---

1) Pallas, Neue nordische Beiträge, V, p. 121.

nous vîmes que c'était seulement du *sable tourbillonné par un vent très fort* ¹).

Tout cela rentre dans le cadre du possible, et nous pensons donc que nous pouvons identifier le pays *Han-ming* avec l'île *Shumshu* ou quelque autre île des Kouriles, la mention des robes faites de peaux d'oiseaux, ainsi que les autres détails, nous y autorisant suffisamment.

XVII.

WOU-MING KOUO.

吳 明 國

Le Pays de Wou-ming.

On trouve dans les «Mélanges de Tou-yang», écrits par *Sou-goh* (蘇 鶚) dans la dernière moitié du neuvième siècle de notre ère, et contenant spécialement des notices sur les objets rares et précieux portés en Chine, de 763 à 872, par les ambassades des pays étrangers, la notice suivante sur le pays de *Wou-ming*:

«Dans la 8ième année de l'époque *Tching-youen* (793 de notre «ère) le pays de *Wou-ming* porta en tribut un «Chaudron toujours «ardent» et du «Miel des Abeilles-phénix». [Les ambassadeurs] «disaient que leur pays était situé à plusieurs dizaines de mille de «*li* de distance de la mer orientale ²); qu'on passait les pays de «*Yih-leou*, de *Ak-tsou* ³), etc. Que leur pays était propre à la cul-

---

1) Pallas, Neue nordische Beiträge, V, p. 233.
2) On peut lire aussi «de *Toung-hai*» au lieu de la mer orientale. *Toung-hai* était sous les Han et les Tang le nom de la ville actuelle *Yen-tching*, dans la province de Chantoung.
3) Au Nord de la Corée, probablement sud de l'Amour. Cf. *Toung-pao*, III, p. 106 498 note 4.

«ture des cinq espèces de céréales, et qu'on y trouvait aussi
«beaucoup de joyaux précieux. Que ses habitants cultivaient les
«rites et la musique, ainsi que les vertus humaines, et ne se mê-
«laient point de vol et de rapine. Que les hommes y arrivèrent
«jusqu'à deux-cent ans d'âge, et que le peuple y honorait les
«arts occultes des génies, de sorte qu'on y trouvait chaque année
«quelques-uns qui montaient aux nuages et chevauchaient des grues.
«Ayant constamment observé un halo jaune, grand comme une
«roue, ils s'étaient doutés qu'il y eut en Chine un monarque qui
«règnait par la vertu de la terre, et avaient conséquemment voulu
«venir lui rendre hommage».

Ce chaudron éternellement ardent pouvait contenir trois boisseaux; il était luisant comme du jaspe et de couleur pourpre
unie [1]). Chaque fois quand on voulait préparer les repas, ils
étaient cuits instantanément sans qu'on eût besoin de mettre le
chaudron au feu.

Ils (les mets) étaient bien plus suaves et purs que les (mets)
ordinaires, et quand on en mangeait longtemps, on retournait de
la vieillesse à la jeunesse, et on ne devenait jamais malade.

Quant au **Miel des Abeilles-phénix**, ils disaient «que le
«bourdonnement de ces abeilles était comme (celui des) phénix; et
«qu'elles étaient revêtues de toutes les couleurs. Que les plus grosses
«pesaient jusque plus de dix livres; qu'ils faisaient leurs nids dans
«de profonds précipices et contre les parois de montagnes escarpés,
«et que les plus gros de ces nids couvraient une superficie de deux
«à trois arpents. Que, quand les habitants du pays venaient recueil-
«lir le miel, ils n'en prenaient que deux ou trois pintes; car,
«si on en prenait plus, des rafales et des orages omineux écla-
«taient. Si ou était par hasard piqué par une de ces abeilles, la

---

1) C'était probablement du porphyre que l'on trouve en Sibérie, e. a. à *Tchikoi* et
Okka.

«piqûre s'enflait; mais la plaie guérissait en y appliquant la racine
«de l'acore des roches. La couleur de ce miel était verte et ils le
«conservaient dans des pots de jade blanc, qui étaient extérieure-
«ment et intérieurement transparents comme du cristal vert¹).
«Quand on en mangeait longtemps, on pouvait atteindre à une
«longue vie; le teint devenait fleuri comme celui d'un jeune homme,
«les cheveux blancs devenaient avec le temps noirs, et toutes les
«méchantes maladies, comme les infections enracinées, la cécité et
«la paralysie, étaient toutes guéries par lui» ²).

Le *Poh-wouh-tchi*, un ouvrage datant du 3ᵉ siècle, dit à ce
sujet: «Dans tous les endroits écartés des districts montagneux des

---

1) C'est évidemment la néphrite verte. On en a trouvé des ustensiles dans la presqu'île de *Tchouktchen*, ainsi que dans les tombeaux près *Telma*, à 60 verstes de *Irkutsk* (Nordenskiöld, Voyage de la *Vega*, II, 230).

2) 貞元八年吳明國貢常燃鼎、鸞蜂蜜、云、
其國去東海數萬里、經枇娑、沃沮等國、其
土宜五穀、珍玉尤多、禮樂仁義、無刑刦、人
壽二百歲、俗尚神仙術、而一歲之內乘雲控
鶴者、往往有之、常窺有黃氣如車、蓋知中
國有土德王、遂願入貢、爲常燃鼎量容三斗、
光澤類玉、其色純紫、每修飲饌、不熾火而
俄頃自熟、香潔異于常等、久食之令人反老
爲少、百疾不生、鸞蜂蜜云、其蜂之聲有如
鸞鳳、而身被五彩、大者可重十餘斤、爲窠
于深巖峻嶺間、大者占地二三畝、國人採其
蜜、不過三二合、如過度、則有風雷之異、若
悞螫人、則生疳、以石上菖蒲根敷之則愈、其
蜜色碧、常貯之于白玉碗、表裏瑩徹如碧琉
璃、久食之令人長壽、顏如童子、髮白者應時
而黑、及沉痾、眇跛、諸僻惡之病、無不瘥焉、
Vide 杜陽雜編、吳明國, apud *Pien-i-tien*, Chap. 42.

pays éloignés on trouve de la cire d'abeilles. Les endroits où cette cire d'abeilles se trouve attachée sont tous des précipices à pic ou des parois de rochers qu'on ne peut pas atteindre en grimpant. Ceux qui veulent la récolter se font descendre du sommet de la montagne dans une corbeille et l'obtiennent de cette façon. Les abeilles s'enfuient alors sans revenir. Les débris de leurs nids, ainsi que la cire qui est attachée aux rochers, sont alors becquetés par de petits oiseaux, de plus petite taille qu'un moineau, qui arrivent en essaims d'un millier. Vers l'hiver tout est mangé et la place est comme polie et lavée. Quand le printemps vient, les abeilles reviennent toutes à cet endroit lavé et y font derechef leurs nids. Chaque année il en est comme cela, et il n'y a pas de confusion, car chaque individu (chasseur d'abeilles) se tient à son endroit original qui s'appelle «la limite de la cire».

«L'oiseau en question est nommé le passereau divin, et l'on ne peut jamais s'en emparer» [1]).

Il n'est pas difficile de reconnaître dans ce petit oiseau notre guêpier (*Merops apiaster*) qui occupe e. a. tout le nord de l'Asie et a été observé jusqu'à Tobolsk en Sibérie.

---

1) 諸遠方山郡僻處出蜜蠟．蜜蠟所著皆絕嚴石壁．非攀援[緣]所及．探者[唯]於山頂以籃輿自懸下、乃得之．蜂遂去不還．餘窠及蠟著石者、有鳥形小於雀、聚飛千數來啄之．比冬都盡、其處皆如磨洗．至春蜂皆還洗處、結窠如故．年年如此．初無錯亂者．人亦各佔其平處．謂之蠟塞．鳥爲之靈雀．捕之終不得．*Fide* 格致鏡原, Chap. 96, fol. 9 *verso*; 事類統編, Chap. 93, fol. 9 *verso*; 廣事類賦, Chap. 30, fol. 6 *recto* qui tous citent le 博物志 comme autorité. Je n'ai pourtant pas pu trouver ce passage dans la copie que je possède de cet ouvrage.

Il peut avaler sans danger les dards des abeilles, des guêpes et des taons qui tuent généralement les autres petits oiseaux. Il fait des dégâts considérables dans les ruches d'abeilles, et est conséquemment mal vu des apiculteurs dans l'Europe méridionale. Ce fait est déjà mentionné par Aristote, et Virgile met en garde les apiculteurs contre les lézards, les hirondelles et les guêpiers, comme des ennemis dangereux [1]).

Le guêpier est très joli: le dos est de couleur brun-jaunâtre, l'occiput et la nuque sont brun-marron; le ventre est vert-de-mer, la gorge jaune-d'oeuf, bordé en bas de noir; le front est vert-bleuâtre, et blanc à la racine du bec; tandis que les deux plumes moyennes de la queue sont allongées. Il a donc, comme le phénix fabuleux de la Chine, les cinq couleurs.

La couleur du miel des roches est verte. L'auteur de la «Discussion générale d'histoire naturelle» dit: «Il y a trois espèces d'abeilles; la première espèce fait ses ruches dans les arbres des forêts; la seconde espèce fait ses ruches dans les habitations humaines; ces abeilles sont très petites et leur miel jaune est riche et délicieux (c'est l'*Apis mellifera*); la troisième espèce est noire comme le taon; elle fait ses cellules contre les parois de rochers en des endroits escarpés que le pied de l'homme ne peut atteindre. Son miel est nommé le Miel de roche, ou bien le Miel des précipices. Les gens l'enlèvent au moyen de longues perches, tout au plus jusqu'à trois ou quatre pikols. Son goût est acidulé, sa couleur est vert-foncé et il surpasse toutes les autres espèces de miel.

«L'espèce d'abeille qui demeure dans des creux est la plus grande.

---

1) Dans le pays des Bashkires, le plus grand ennemi des abeilles est la pie noire (Picus martius). Gemälde des Russischen Reiches von Heinrich Storch, Vol. II, p. 445.

On l'appelle aussi l'Abeille velue, et elle peut piquer les gens avec son dard ¹).

«L'abeille noire est aussi nommée par le peuple l'Abeille-courge; elle fait également du miel et c'est l'espèce dont les «Elégies du Thsou» disent: «Des fourmis rouges (grosses) comme des éléphants; des abeilles noires (grosses) comme des courges» ²).

«C'est pour cette raison qu'elle porte encore les noms d'Abeille melon-royal et d'Abeille-courge noire» ³).

Dans le *Yen-fan-lou*, un livre publié en 1175 par *Tching Ta-tchang* (程大昌), on lit que le miel des roches est le miel distillé par des abeilles, qui suspendent leurs nids à des précipices escarpés de sorte que les hommes ne peuvent y grimper. Mais les malins entre les hommes attendent jusqu'à ce que le miel se soit formé dans les nids, et puis ils attachent un baril à une longue perche de façon de pouvoir y atteindre. Ensuite ils percent les nids avec cette perche, de sorte que le miel coule du nid percé dans le baril. C'est ce qu'on nomme le «Miel des précipices» ⁴).

---

1) 蜜蜂三種．一種在林木上作房．一種在人家作窠．其蜂甚小微、黄蜜皆濃美．一種黑色似蚕、作房嚴崖高峻之處、非人跡可到．其蜜名石蜜、又名崖蜜．人以長竿刺出．多者至三四石．味釅、色綠．比他蜜尤勝．蜂穴居者故大．一名蚔䖵．尾能螫人．*Vide* 格物總論, apud Encycl. 格致鏡原, Chap. 96, Art. Abeilles, fol. 10 verso.

2) 方言曰．其大而有蜜謂之壺蜂．即今黑蜂．蓋亦釀蜜．楚辭所謂赤蟻若象、玄蜂若壺者也．*Vide* 埤雅．Ibid., loc. cit.

3) 胡䖵黑色．一名壺䖵、一名瓠瓠䖵、一名玄瓠䖵．皆因形命名．*Vide* Dict. 正字通．

4) 崖蜜者蜂之釀蜜．即峻崖懸寘其窠．使

Le Miel des roches a toujours eu en Chine la réputation de prolonger la vie, et l'auteur du *Pun-ts'ao King* ¹) dit expressément que l'usage du miel des roches fait que l'on ne ressent plus la faim, que les yeux en deviennent clairs, et qu'il prolonge la vie ²).

Nous savons que les abeilles à miel se trouvent dans toute la Sibérie jusqu'au 55° degré Nord. Les Bachkires ont des ruches d'abeilles régulières et les Kirghizes déterrent le miel des abeilles terrestres qui ne rapporte pas mal dans leurs steppes ³).

Erman rencontra près de *Tomsk* plusieurs traineaux sur lesquels des charretiers du gouvernement de Tomsk transportaient de longs barils pleins de miel à Tara ⁴). Il ne nous dit pas, cependant, de quelle provenance ce miel était; et il est surprenant qu'aucun des voyageurs explorateurs de la Sibérie ne parle de ce «Miel des roches» que les auteurs chinois décrivent si minutieusement.

Cela tient-il de ce que ces explorateurs traversent trop rapidement le pays, de sorte qu'ils n'ont pas le loisir nécessaire pour faire des observations sur l'habitat des bêtes et plantes qu'ils collectionnent? On doit le supposer, car ces rochers couverts de nids d'abeilles ne pourraient pas échapper à un voyageur attentif.

人不可攀取也.而人之用智者伺其窠蜜成熟、用長竿繫木桶、度可相及.則以竿刺窠.窠破、蜜注桶中.是名崖蜜也. *Vide* 演繁露, *apud* Encycl. 格致鏡原, Chap. 23, fol. 11 *recto*.

1) Wylie, Notes on Chinese Literature, p. 81.

2) 崖蜜令人食之不飢、明目、延年. *Vide* 本草經. *Ibid.* loc. cit. Comp. aussi un article de feu M. Cibot dans les Mém. concernant les Chinois, Tom. XI, p. 376.

3) Anton von Etzel und Hermann Wagner, Reisen in den Steppen und Hochgebirgen Siberiens, Vol. VII, p. 52.

4) Erman, Voyage en Sibérie, dans Fr. Heinzelmann «Die Weltkunde», Vol. XVI, p. 227.

Nous signalons ces abeilles de roche aux voyageurs futurs de la Sibérie. Elles se trouveront probablement sur le versant boréal des montagnes d'Ochotsk. BILLINGS (op. cit., I, 73) dit que derrière ces montagnes les arbres croissent bien, et qu'on y voit de riantes prairies. Or là où il y a des prairies, il y a aussi des fleurs dont les abeilles peuvent faire du miel.

Quant à la couleur verte de ce miel des roches, nous rappellerons que les Français à Madagascar nomment le miel de l'abeille de cette île — l'*Apis unicolor* — également **Miel vert** [1]).

Le Miracle du «Chaudron toujours ardent», peut être très facilement expliqué, et nos jongleurs représentent maintes fois ce même miracle. Si l'on met une once d'huile de gayac dans un vase, et qu'on verse dessus également et peu-à-peu une once et demie de nitre ou de très-bonne eau-forte citrine, après une fermentation considérable, accompagnée de bruit et d'épaisse fumée, on verra s'élever à un pied au-dessus du vase une masse légère, spongieuse et luisante. On peut obtenir un effet semblable en mettant une once d'huile de girofle dans un vase, et en y versant doucement une once et demie d'eau-forte citrine, ou de bon esprit de nitre [2]).

Autrefois on employait aussi en Europe un mélange d'acide sulfurique et d'eau qui faisait monter la température jusqu'à 150 degrés et par lequel on pouvait faire bouillir de l'eau [3]).

Une pâte faite de 4 livres d'huile-de-lin, 1 livre de pétrole et 8 livres de chaux vive, arrosée d'eau, s'enflammera instantanément [4]).

---

1) H. Schlegel, Handleiding tot de beoefening der Dierkunde, II, 281.
2) Nouvelles Récréations physiques et mathématiques par M. Guyot, Paris 1770, Tome IV, p. 103, XXXIVe Récréation.
3) Selon une communication de mon collègue M. le Professeur A. P. N. Franchimont, à Leide.
4) Natuurlijk Toverboek, Amsterdam 1793, Vol. 5—6, p. 96.

Les ambassadeurs de *Wou-ming* déclaraient que leur pays était propre à la culture des cinq céréales, et était riche en pierres précieuses; que leur peuple était civilisé et ne se mêlait point de vol ni de rapine.

Nous trouvons dans les environs de leur pays un peuple qui offre des points de ressemblance avec celui de *Wou-ming*. C'est le peuple connu dans l'histoire chinoise sous le nom de *Teou-moh-leou*, ou, selon l'ancienne prononciation, *Tobolou*. On a entendu parler pour la première fois en Chine de cette peuplade sous la dynastie des *Wei* du Nord (dynastie des Toba, 386—582). Ce pays était situé à mille *li* chinois (330 kilomètres) au Nord de celui des *Wouh-kieh* ou *Boukit* sur la rive gauche de l'Amour, et à 6000 *li* (2000 kilomètres) de distance de *Lo* (*Lo-yang*, à l'Ouest de la ville de *Ho-nan-fou* actuelle, Lat. 34° 43′ 15″, Long. 110° 07′ 40″). C'était l'ancien *Fou-yû* boréal, et il était situé à l'est du pays des *Chih-wei* et touchait la mer (d'Ochotsk) à l'Est. Sa superficie était de 2000 *li* carrés. La population était sédentaire et avait des maisons et des greniers. Il y avait beaucoup de montagnes et de larges marais dans le pays; c'était la plus haute plaine de toutes les régions des barbares de l'Orient. *La terre y était propre à la cultivation des cinq céréales*, mais ne produisait point de fruits. La population était de haute stature, robuste et vaillante. Elle était sérieuse et fidèle, et ni brigand, ni pillard [1]).

---

1) 豆莫婁魏時聞於中國。豆莫婁國在勿吉國北千里。去洛六千里。舊北扶餘也。在失韋之東、東至於海。方二千里。其人土著、有宮室倉庫。多山陵廣澤。於東夷之域最爲平敞。地宜五穀。不生五果。其人長大。性彊勇。謹厚不寇抄。 *Vide* 北魏豆莫婁傳. apud *Pien-i-tien*, Chap. 41, fol. 8, *verso*. — *Ma Toan-lin*, Chap. 326, fol. 1, *recto*.

Ces qualités si exceptionnelles chez les peuplades de la Sibérie, qui sont en général nomades, voleurs et brigands [1]), peuvent nous donner un indice sur le pays de *Wou-ming*, ou, selon l'ancienne prononciation, *Gobing*, dont le nom ne figure nulle part ailleurs dans les historiens et géographes chinois.

BILLINGS (Tom. II, p. 227) dit que la côte qui borde l'Amour et la mer d'Ochotsk a un sol très-fécond et un climat doux et salubre, et que ses habitans, ainsi que ceux de la Corée et des îles voisines, ne sont pas trop nombreux, mais se distinguent par leur hospitalité et par la *bonté de leur naturel*.

La mention des pierres précieuses nous ramène également à la Sibérie orientale. MÜLLER [2]) dit que toute la Sibérie orientale est riche en pierres précieuses; l'on y trouve entre-autres le magnifique lapis lazuli, l'onyx de l'Ourak, du jaspe, etc. [3]).

Justement dans le pays de *Mohkoh*, l'ancien pays des *Niutchi*, on trouvait une pierre précieuse à laquelle les Chinois donnaient le nom même de *Mohkoh* (靺鞨). On en avait de rouges et de violettes. Elles étaient transparentes comme si elles étaient évidées, mais étaient en vérité pesantes et dures [4]).

Somme tout, quoique nous ne puissions déterminer exactement la position géographique du Pays de Wou-miug, il doit cependant avoir été situé au nord-est de l'Amour et sur les bords du golfe d'Ochotsk.

G. SCHLEGEL.

---

1) E. a. les *Yih-lcou* qui étaient de vrais pirates. Voyez *Toung-pao*, III, p. 498, et 500, note 1.
2) Unter Tungusen und Jakuten, p. 373.
3) Billings, op. cit., I, 61.
4) 靺鞨瑩徹若空、而實堅重。Vide 格致鏡原, Chap. 33, fol. 5 verso.

EIN SIAMESISCHER EULENSPIEGEL.
DIE ERLEBNISSE DES SRI THANONXAI
MITGETEILT UND MIT ANMERKUNGEN VERSEHEN
VON
Dr. PHIL. OSCAR FRANKFURTER.

Qui ante nos nostra dixerunt.

Eines der beliebtesten und weitverbreitesten volksbücher unter den Siamesen ist der Sri Thanonxai. Es enthält eine sammlung von schwänken und erzählungen, die gerade wie bei uns auf die person des Till Eulenspiegel, auf die person des Sri Thanonxai concentriert worden. Wann das buch geschrieben ist oder auch nur wann es in seine jetzige form gebracht ist, vermögen wir nicht anzugeben; doch scheint es in seiner jetzigen form die letzte recension von schwänken und erzählungen zu sein, die im ganzen Siam verbreitet waren. So wissen wir von Laosianischen versionen, deren schauplatz in die alte hauptstadt Chieng-Rai verlegt ist.

Es handelt sich bei Sri Thanonxai gerade wie bei Eulenspiegel um das wissentliche missverstehen gegebener aufträge, indem er das wörtlich nimmt und ausführt, was nur dem sinne nach gemeint ist. Wir finden dann eine anzahl sagen an seinen namen geknüpft, denen wir in unseren eigenen volkserzählungen begegnen.

Indem wir somit eine kurze analyse dieser schwänke geben, bemerken wir noch, dass wir im wesentlichen einer gedruckten version gefolgt sind. Wir glauben mit der veröffentlichung vor allen dingen unseren 'folkloristen' einen dienst zu leisten, indem wir ihre aufmerksamkeit auf ein land lenken, in welchem sie für ihre forschungen eine reiche ernte finden können. Wir glauben ferner durch die bemerkungen und erklärungen die wir hinzufügen, aufschluss über das historisch gewordene Siam zu geben und so dazu beizutragen die mannigfachen erzählungen von 'erdenbummlern', zu berichtigen, die nach einem aufenthalt von nur wenigen tagen oder wochen sich berufen fühlen das gesetz festzustellen.

Der Thanonxai ist seit dem jahre 1230 der Chulasakraj (1868) wiederholt gedruckt und zwar nach einem Siamesischen manuscript in 8 abteilungen, deren keine jedoch ein für sich abgeschlossenes ganzes bildet da, wie in allen siamesischen büchern, nur die länge in betracht gezogen, die auf die oblongen seiten, in die jedes siamesische buch zerfällt, geschrieben werden kann.

Es ist in einfachen versen, man möchte fast sagen knittelversen, geschrieben und zeichnet sich wie alle siamesische poesie durch eine ziemliche wortfülle aus, indem nämlich, dem versmaass zu liebe, wörter die denselben sinn haben, mit einer leichten vokalveränderung wiederholt werden, oder aber Siamesisch und Pali gegeben werden. Diese tautologie macht somit eine übersetzung schwer möglich.

Nach der gewöhnlichen einleitung, in welcher wegen fehlern um verzeihung gebeten wird, wird uns erzählt dass in der alten stadt Sri Ayudhya ein mächtiger herrscher war, von dem andere länder abhängig waren. Er war umgeben von einer menge volk, von ministern, weisen und ratgebern und die schönsten frauen waren an seinem hofe. Die stadt war mit wällen umgeben und in den strassen waren unzählige häuser. In dieser stadt nun lebte ein ehepaar, das Der traum
und seine lö- ch ein kind wünschte; und es geschah, dass die frau einen traum sung. hatte, indem sie glaubte auf dem berge Meru spazieren zu gehen.

Der weg war beschwerlich und sie streckt ihre hand nach hilfe aus und der mond leitet sie auf den berg. Sie weckt ihren mann, und man entscheidet sich im tempel nach der deutung des traumes zu fragen. Nun geschah es aber, dass der abt des tempels abwesend war und so trug Hera, das ist der name der frau, ihren traum einem klosterschüler (nen, geschrieben ṇer für samaṇera) vor. Er erklärt ihr dass sie einen sohn gebären werde, der sich durch schönheit auszeichnen würde und der dazu bestimmt sei des Königs narr (tălŏk Hluang) zu worden. Nachdem sie den tempel verlassen hat, kehrt der abt zurück und der schüler erzählt ihm was geschehen ist und wie er den traum gedeutet. Darob ärger und erstaunen des abtes, denn der traum sollte bedeuten, dass Hera einen schönen knaben gebären würde, der einst ein reich beherrschen würde. Der traum ist einmal gedeutet und, ob richtig oder falsch, das schicksal muss seinen lauf nehmen, und so wurde denn nach zehn monden im jahre des affen und im vierten monat, an einem donnerstag, ein kind geboren 'Sri Thanonxai' [1]) (Sri Danañjaya).

---

1) Der Siamesische kalender war bis vor 4 jahren, wo ein officielles solarjahr, dessen beginn auf den 1 April verlegt, und von der gründung Bangkoks als hauptstadt gerechnet wurde (A. D. 1781), lunar-solar, d. h. die monate waren mond-monate; und um das sonnenjahr mit dem mondjahr in übereinstimmung zu bringen, wurden in 19 jahren 7 schaltmonate eingeführt. Als æra war im allgemeinen gebrauch die Chulasakraj, deren beginn von D. Cassini richtig auf den 21 März 638 A. D. gesetzt wird (vgl. La Loubèr Royaume de Siam, Règles de l'Astronomie, vol. II, p. 142 und Marsden: Chronology of the Hindoos, Philosophical Transactions, vol. 80 p. 576). Wir finden ausserdem die Mahāsakraj entsprechend der Salivahana-æra der Hindu, deren beginn in 78 A. Ch. fällt. In religiösen gebrauch ist die Buddha-æra, deren beginn bekanntlich 543 A. Ch. gesetzt wird. In einem cyclus von 60 jahren kehren die zwölf tiernamen nach denen die einzelnen jahre benannt werden, 5 mal wieder, und von kindern die im jahre des 'affen' geboren werden behauptet man das sie mit mutterwitz zur welt kommen.

Wie weit das bei Thanonxai zutrifft müssen unsere leser selbst beurteilen. Auch sonst spielt der name des jahres im aberglauben des volkes eine gewisse rolle, und es wird zum beispiel eine heirat zwischen kindern, die im jahre des tigers und der ziege geboren sind für nicht von guter vorbedeutung gehalten. Donnerstag (Siam. Van Phrahat i. e. Vrhaspati) ist der tag der von den wochentagen den gelehrten geweiht ist und wir finden dass noch heutzutage schulen und andere erziehliche institute gern an einem Donnerstag eröffnet werden.

Die constellation bei der geburt des knaben war auch solche *Geburt des Thanonxai.* wie sie nur bei der geburt eines Königs vorkommt. Das kind wächst auf und nach jahren bekommt es einen bruder und es wird natürlich zum wärter dieses kindes gemacht. Nun macht sich zum ersten mal die natur unseres helden geltend. Die mutter verteilt kuchen gleichmässig unter die beiden, während doch Thanonxai als der ältere den löwenanteil haben sollte. Doch das geht noch; als aber eine kuchenverkäuferin dem jüngeren mehr giebt als dem älteren, fasst er den entschluss sich zu rächen, und wie ihn diese idee verfolgt werden wir später sehen.

Eines tages nun gehen vater und mutter wieder fort um ihren *Thanonxai und sein bruder.* lebensunterhalt zu gewinnen und die mutter sagt dem Thanonxai er solle den bruder ordentlich warten, ihn *reinigen von aussen und innen,* so dass er frei von flecken sei. Diesen auftrag nun fasst er wörtlich auf indem er dem bruder den bauch aufschneidet und ihn gereinigt zu bette legt. Die aeltern kommen nach hause; ihr jammer ist gross und Thanonxai wird aus dem hause vertrieben. Er nimmt zuflucht im tempel, wo er dem abt erzählt wie er vater *Thanonxai im kloster.* und mutter verloren und keine verwandte hätte. Noch heutigen tages liegt in den händen der buddhistischen geistlichkeit grössentheils die erziehung, und so findet man unter dem volke wenige analphabeten. Der abt nimmt sich des knaben an und lehrt ihn Siamesisch und Pali und sorgt auch dass die haarschneide-ceremonie an ihm geschieht [1]).

---

[1]) In dem leben des siamesischen kindes spielen die haarschneide-ceremonien, die aus brahmanischen bräuchen übernommen sind, eine grosse rolle. Die haare mit denen das kind auf die welt kommt, werden im ersten lebensmonat unter ceremonien entfernt. Das wird *tat phom fai* genannt, die feuer-haare schneiden, nach dem in Annam und Siam herrschenden gebrauch, wonach die wöchnerin nach der geburt einige tage lang, seltener wochen, am offenen feuer liegt. — Dann folgt im 9, 11, 13 oder 15 jahr das entfernen des haarknotens, den das kind in der mitte des kopfes trägt, durch brahmanische priester. Bei der königlichen familie heisst diese ceremonie *sŏkǎn*, während sie beim volke *kǒn chǔk*, das schneiden des haarknotens, genannt wird.

Er belohnt den Priester damit dass er sich ungezogenheiten mit seiner nichte erlaubt, der er für kurze zeit als lehrer gegeben ist[1]). Thanonxai muss jetzt das kloster verlassen und kehrt zu den aeltern zurück; er erzählt ihnen wie schlecht es ihm gegangen und lässt sich von ihnen als sklave verkaufen[2]).

---

[1]) Es mag hier erwähnt werden dass eigentliche nonnenklöster in Siam nicht existiren. Es gibt nonnen die in den äussern tempelhallen leben, andere die an den wöchentlichen buddhistischen feiertagen die von dem Buddha festgestellten gebote befolgen.

[2]) Sklaverei in alten zeiten kann und darf in Siam nicht mit negersklaverei verwechselt oder auf die gleiche stufe gestellt werden. Abgesehen von der sklaverei der kriegsgefangenen in früheren zeiten, die einfach einen platz zur ansiedlung bekamen, wo sie unter ihren eignen gesetzen, unter einem vom könig bestellten oberhaupt, lebten, kann sklaverei beschrieben werden als ein dienstverhältnis bei welchem der lohn im voraus bezahlt ist und für welchen dann der betreffende persönliche dienste zu leisten hat. Es ist ein geldgeschäft mit persönlicher sicherheit. Die zinsen werden durch die geleistete arbeit repräsentiert; das capital muss stets zurückgezahlt werden. Das verhältnis kann jederzeit gelöst werden durch zahlung des capitals und der herr muss das ihm angebotene capital zu jeder zeit annehmen. Der sklave besitzt nach altem gesetz volles recht gegen den herrn, und er wird infolge persönlicher misshandlung des herrn frei.

Es ist bekannt dass nach einem gesetz, das vom jetzigem Könige erlassen wurde, alle kinder die im jahre Marong (Chulasakraj 1230, A. D. 1868), dem jahre des regierungsantritts geboren sind, mit erreichtem 21 jahre frei werden, ob sie als sklaven geboren sind oder ob sie als sklaven verkauft wurden. Zu diesem zwecke ist das alte gesetz, das den wert eines menschen, hier also eines in sklaverei geborenen, bei zu leistendem wehrgeld bestimmt, so verändert worden dass der wert des kindes beträgt:

für kinder männlichen geschlechts:		für kinder weiblichen geschlechts:	
im 1, 2, 3 monat	tical 6		tical 4
4, 5, 6 ,	, 8		, 6
7, 8, 9 ,	, 10		, 8
10, 11 ,	, 12		, 10
1, 2 jahr	, 16		, 12
3, 4 ,	, 20		, 16
5, 6 ,	, 24		, 20
7, 8 ,	, 32		, 25
9, 10, 11 ,	, 28		, 24
12, 13, 14 ,	, 20		, 23
15, 16, 17 ,	, 12		, 12
18, 19, 20 ,	, 4		, 3
21 ,	nil.		nil.

Die gerichte erkennen keine forderungen, die aus einem persönlichen schuldverhältnis sich herleiten an, falls sie während der regierung des jetzigen Königs geschlossen und

Er will aber als sklave zu der alten kuchenverkäuferin und so beklagt er sich bei seinen eltern über harte arbeit. Sie entrichten den preis seinem alten herrn und willfahren seinem wunsche. Das einzige abenteuer was er bei ihr besteht ist dass er die ihm zum verkauf gegebenen kuchen verschenkt, und nachher behauptet, er hätte sie an jungfer Mi, grossmutter Mon [1]) und andere mehr verkauft,

Thassarai bei der kuchenverkäuferin.

höher sind als die oben angegebenen raten. Zur vergleichung geben wir hier die alten sätze, die im übrigen noch geltung haben.

Für personen männlichen geschlechts:			Für personen weiblichen geschlechts:		
vom 1—3 monat	tical	6	vom 1—3 monat	tical	4
„ 4—6 „	„	8	„ 4—6 „	„	6
„ 7—9 „	„	10	„ 7—9 „	„	8
„ 10—11 „	„	12	„ 10—11 „	„	10
„ 1—2 jahr	„	16	„ 1—2 jahr	„	12
„ 3—4 „	„	20	„ 3—4 „	„	16
„ 5—6 „	„	24	„ 5—6 „	„	20
„ 7—8 „	„	32	„ 7—8 „	„	28
„ 9—15 „	„	44	„ 9—10 „	„	32
„ 16—20 „	„	48	„ 11—15 „	„	36
„ 21—25 „	„	52	„ 16—20 „	„	40
„ 26—40 „	„	56	„ 21—30 „	„	48
„ 41—55 „	„	40	„ 31—35 „	„	44
„ 56—60 „	„	32	„ 36—40 „	„	40
„ 61—65 „	„	24	„ 41—45 „	„	36
„ 66—70 „	„	16	„ 46—50 „	„	32
„ 71—75 „	„	12	„ 51—55 „	„	28
„ 76—80 „	„	10	„ 56—60 „	„	24
„ 81—85 „	„	8	„ 61—65 „	„	16
„ 86—90 „	„	6	„ 66—70 „	„	12
„ 91—100 „	„	4	„ 71—75 „	„	10
			„ 76—80 „	„	8
			„ 81—85 „	„	6
			„ 86—90 „	„	4
			„ 91—100 „	„	2

Die ganze frage bedarf zur aufklärung einer längeren abhandlung. Wir beschränken uns hier darauf die grundrisse zu geben.

1) Die siamesische gewohnheit kennt im grossen und ganzen nur rufnamen und keine familiennamen. Der adel ist beamtenadel und als solcher nicht erblich. Der gegebene titel wechselt mit jeder ernen., vom könig gegebenen würde. Selbst die mit *sony* (l. e. *ramas*) 'geschlecht' zusammengesetzten namen sind keine familiennamen im stricten sinne des wortes, da wir z.h. in verschiedenen regierungen den namen *Samyavong* (sonnengeschlecht) den höchsten regierungsbeamten zuerkannt finden.

die alle morgen zahlen würden, da sie alle die alte dame kennten.

Da sich Thanonxai also nicht zum kaufmann zu eignen scheint, übergiebt ihn die alte dame ihrem sohn, der eine regierungsstellung bekleidet, als diener. — Diesem folgt er als solcher in die audienz zum könig, indem er ihm die betelbüchse nachträgt. In dieser eigenschaft gelingt es ihm seinen herrn durch das absichtliche missverstehen gegebener befehle lächerlich zu machen und schaden zuzufügen; so wenn ihm gesagt wird dass er, was er fallen liesse, auch wieder aufnehmen müsse, und er in folge dessen den betel, den er auf die strasse hat fallen lassen, wieder aufnimmt und ihn dem herrn mit allen unreinlichkeiten der strasse in gegenwart der andern beamten giebt. Ferner wenn ihm von der frau gesagt wird er solle doch den herrn, der bei der audienz ist, zum essen rufen und er ihm zuschreit: 'Meister kommt nach hause, die Meisterin lässt euch rufen, die reissuppe ist fertig'. Der herr sagt ihm dann, er müsse, wenn er ihm etwas zu sagen habe, ihm das leise zuflüstern. Als Thanonxai darauf eines tages aus rache feuer im hause des herrn anlegt und ihm die frau befiehlt den herrn rasch zurückzuholen, flüstert er ihm ins ohr 'feuer'. Das haus steht in vollen flammen als andere den herrn auf die gefahr aufmerksam machen. Er fragt jetzt den Thanonxai nach dem »heerd (ursprung) des feuers" und dieser bringt ihm dann fest zusammengebunden einen kleinen thönernen kochofen. — Der herr hat sein alles verloren und will sich auf den ackerbau verlegen. In der regenzeit werden die büffel des nachts über auf einen hochgelegenen trocknen platz gebracht, und so wird ihm eines tages von seinem herrn aufgetragen die tiere hoch anzubinden. Er versteht das so, dass er den tieren eine schlinge um den hals wirft und sie auf einen baum zieht, worin er jedenfalls kraft zeigt.

Nach dieser heldentat wird Thanonxai wieder an die alte kunstverkäuferin zurückgegeben mit dem auftrag sie zu pflegen, ihr medicin zu geben und sie zu kneten, ein in Siam sehr lange bestehendes mittel. Die medicin ist nicht bestimmt, so giebt er der alten dame arsenik, knetet sie darauf und rühmt sich. Dr. Eisenhart gleich wie der dame jetzt wohl sei.

Wir kommen jetzt an die eigentliche geschichte des Thanonxai. Dem Hluang Nai bleibt nichts anderes übrig als die person des Thanonxai dem könig zum geschenk zu machen ¹).

An dem hofe des königs findet er sofort gunst und dieser selbst gibt ihm geld, und es wird uns sogar berichtet dass er ihm einen titel gibt; doch ist das ein versehen des compilators wie wir später sehen werden. — Thanonxai erscheint regelmässig zur audienz; doch als ihn die lust anwandelt etwas von der stadt zu sehen und er seine pflicht vernachlässigt, denkt er wie er seine abwesenheit entschuldigen kann. Er schickt also seine leute aus um ihm goldregenbäume ²) aus dem wald zu holen, und mit diesen baut er ein haus. Thanonxai erscheint wieder bei hofe und der könig fragt ihn nach dem grunde seiner abwesenheit. Die antwort ist, dass er mit dem ihm von könig gegebenen gelde ein goldhaus gebaut hätte. 'Wohlan' sagt der könig, 'so wollen wir es besichtigen'. Der könig mit seinem ganzen hofstaat erscheint vor dem hause und wie er den an ihm verübten betrug merkt, befiehlt er seinem gefolge das haus zu verunreinigen. Wie das ausgeführt wurde, entzieht sich der wiedergabe: ebenso wie sich Thanonxai rächte und wie der könig zugeben muss, dass sein gefolge über die befehle hinausgegangen ist, obwohl, wie hier und aller orten, das derb komische gelächter erregt.

---

1) Es mag hier die sitte erwähnt werden dass die beamten ihre kinder dem könig zum persönlichen dienst geben. Dadurch werden sie in den regierungsdienst eingeführt, denn sie als *Mahatleks* (pagen) im persönlichen dienst des königs und unter seinen augen anfangen um nach und nach in die höheren regierungsstellen aufzurücken. Diese gewohnheit schliesst natürlich nicht aus, dass die regierungsbeamten aus anderen kreisen erwählt werden.

2) Siamesisch *thong long*, *Erythrinia indica*. *Thong* = gold.

Thanonxai und der abt.

Sein nächstes abenteuer besteht Thanonxai mit dem abt eines klosters. Er geht, nachdem er vom trinken etwas angeheitert ist, mit seinen freunden spazieren und kommt vor den tempelhof. Da geschieht es dass der abt ein manuscript fallen lässt, welches Thanonxai behülflich ist ihm wieder zu geben. Er kommt jetzt zur audienz und entschuldigt seine abwesenheit damit, dass er dem abt mit seinen manuscripten behülflich gewesen sei. Das scheint doch dem könig bedenklich und er schickt die lictoren nach den abt. Wie der des königs befehle hört, wird er vor ärger 'feuerrot' und das wird dem könig berichtet. Thanonxai stellt sich an der tür des palastes mit einer schüssel wasser auf, und als Seine Heiligkeit kommt, bespritzt er ihn von oben bis unten. Darüber befragt, giebt Thanonxai zur antwort, dass er um die sicherheit des palastes und der stadt besorgt gewesen wäre, da ja doch nicht erlaubt sei feuer in den palast zu bringen und Seine Heiligkeit feurig ärgerlich sei.

Thanonxai bittet um einen platz.

Unser freund wünscht jetzt einen platz vom könig, und um sein begehren möglichst klein erscheinen zu lassen, bittet er um nur so viel land als eine katze zum sterben brauche. Sein begehren wird bewilligt und er nimmt jetzt eine katze, bindet sie an einen strick, hetzt und prügelt sie bis das tier stirbt. Er hat den platz so umzäunt, hat nicht mehr genommen wie eine katze zum sterben braucht. Er vertreibt jetzt die friedlichen bewohner indem er des königs befehl vorschützt, und es wird uns des weiteren mitgeteilt wieviel unglück er damit angerichtet.

Das geschenk an den könig.

Er kommt jetzt täglich zur audienz, doch beklagt sich der könig bei ihm, dass er ihm noch nie ein geschenk gemacht hätte um seine ehrerbietung zu zeigen, wie das doch die andern höflinge tun. Er verspricht das nachzuholen und dem könig etwas zu bringen, was vor ihm noch keinem könig angeboten sei, doch bittet er sich als gunst aus dass der könig sein geschenk allein öffne. Den nächsten tag bringt Thanonxai dem könig einen neuen leeren topf zum geschenk, von dem der könig beim öffnen findet dass er nicht gerade nach 'rosenöl und moschus duftet'. — Der könig befiehlt solch nutzlosen tagedieb zu ergreifen und zu töten. Dieser befehl gefällt natürlich allen und es wird berichtet wie Siamesen, Laosianen, Malaien aus Lahkhon, Birmanen, Peguauer und Chinesen ihn beschimpfen und diese schimpfwörter werden, wie unter allen völkern mehr oder minder üblich, von dem verwantschaftsverhältnis zu seiner mutter hergeleitet.

Es sieht schlimm mit Thanonxai aus, und ihm bleibt nur eine hoffnung: nach altem gesetz kann derjenige, der einmal den händen des henkers entronnen ist, nicht getötet werden. — Thanonxai wird, in der üblichen weise, gefesselt den henkern übergeben. Er weiss sie zu überreden dass das leben kurz sei, dass es besser sei so lange man lebe das leben leicht zu nehmen, und unter dem einfluss von spirituosen und salzspeisen lösen sie ihm die fesseln. Die trunkenheit der henker benutzt er um zu entrinnen und er kommt zurück an des königs hof wo er in gnaden aufgenommen wird. *Thanonxai und die henker.*

Wir finden ihn dann auf einer landpartie mit dem könig. Der könig sagt ihm er wolle anerkennen dass er ein geschickter mensch sei, wenn er bewirken könne dass der könig ins wasser ginge. So erwidert ihm denn Thanonxai: 'Wenn Majestät einmal im wasser sind, kann ich bewirken dass Majestät herauskommen'. Der könig geht ins wasser und ruft Thauonxai zu jetzt solle er ihm doch befehlen herauszukommen. 'Nein, Majestät, das ist wider die abrede und wäre gegen die befehle, denn ich habe bereits bewirkt dass Majestät ins wasser gingen'. *Thanonxai's befehle an den könig.*

Sein nächstes wortgefecht hat er mit dem könig, als dieser die höflinge, vom schiffe auf einen baum zeigend, fragt ob das nicht eine palme sei. Die höflinge stimmen natürlich zu, nicht Thanonxai, und als sie sich dem baum nähern und der könig Thanonxai fragt ob er jetzt zugebe dass es eine palme sei, antwortet dieser: 'gewiss *Der palmbaum.*

17

es ist eine palme, aber worauf Majestät vom schiffe aus zeigten, war nur der gipfel der palme, die palme selbst war unterhalb.

Die wette. Bei allen diesen wortklaubereien und abenteuern bleibt aber Thanonxai arm und es kann nicht ausbleiben, dass er mit seiner frau zank hat, die ihm vorwirft, dass er nur zum essen nach hause komme und sonst nur in der stadt umherlungere. Des streitens müde, sagt er ihr sie möge nur dauerhaftes zeug kaufen um daraus geldbeutel zu nähen. Das macht sie nur ärgerlich, doch wie es einer guten frau geziemt, führt sie den befehl dennoch aus. Den nächsten tag erscheint nun Thanonxai mit seinen leuten, die je einen leeren geldbeutel tragen, in der audienz. Minister und höflinge sind versammelt, alle in ehrfurchtsvoller stellung den könig erwartend. Da setzt sich Thanonxai mit untergeschlagenen beinen (eine sitzweise die höheren gegenüber nicht als geziemend betrachtet wird) unter sie, und ruft ihnen zu dass ihre unterhaltung über regierungsschäfte nichts wert sei, dass sie damit nur ihre zeit verlören. — Ärgerlich wird ihm erwidert ob er vielleicht goldne gefässe hätte, (d. h. die den höchsten würdenträgern vom könige verliehenen amtszeichen, aus einer goldnen beteldose, goldnem theetopf, goldner wasserflasche etc. bestehend) und was er denn überhaupt von regierungsgeschäften verstünde? Er erwidert: wir wissen alles was ihr über regierungsgeschäfte denken könnt. Das macht die beamten natürlich noch ärgerlicher, und sie bieten ihm eine wette an, in der gewissheit dass, wie er immer ihre gedanken über die regierung erraten würde, sie leugnen würden dass sie solche gehabt hätten; denn sagen sie 'kann man rinnendes wasser aufhalten'? Thanonxai ändert jetzt seine stellung und nimmt eine armensündermiene an: 'Wenn ihr denn wollt, so mag es sein', und darauf wird ihm als wette für jeden von ihm gesetzten *salung* (¼ tical) ein tical angeboten. Der könig kommt in die audienz und Thanonxai stellt ihm seinen fall vor und bittet ihn um einen vorschuss um den edelleuten zu zeigen dass er auch

geld habe. Die bitte wird bewilligt und jetzt bittet Thanonxai den
könig die versammlung zu fragen 'ob sie die gewettet hätten nicht
alle im gutem glauben, ohne an eine verschwörung zu denken, in
allen regierungssachen handelten und dass ihre geheimsten gedanken
das wohl des königs und staaten seien'. Das geben natürlich die
edelleute zu und es wird uns nun berichtet wie sie, nachdem sie
den preis der wette entrichtet haben, nach hause kommen und wie
ihre frauen ihnen vorwürfe über ihren leichtsinn machen. In Thanonxai's hause aber herscht eitel freude.

Der ruhm der alten stadt an gelehrsamkeit war in fremde lande *Die dispu-*
gedrungen, und es erscheint eines tages am hofe ein priester aus *tation mit dem gelehrten*
Ceylon, der mit denen von Siam über religiöse dinge disputieren *aus Ceylon.*
will. Der besuch des gelehrten erregt keine grosse freude am hofe,
ob, weil die priester glaubten dem Ceylonesen nicht gewachsen zu
sein, oder aber weil auch sie schon die wahrheit erkannt hatten,
dass disputationen über religion, gerade wie über politik, zu keinen
resultaten führen, wollen wir nicht untersuchen. Genug, Thanonxai
bietet sich an zu helfen um dem könig das gefühl zu ersparen, dass
er als mächtigster herrscher nicht auch der gelehrteste sei. Er bietet
sogar sein leben zum pfande, sollte er im wortturnier überwunden
werden. Nach langem widerstreben bekommt er vom könig die nö-
tige erlaubnis und er schickt darauf seine leute in den wald um
dort goldregen zu schneiden (wie oben *thong lang*), die er dann,
in form von palmblättermanuscripten mit tüchern umwickelt, am tage
der disputation vor sich hinlegen lässt. Am festgesetzten tage erscheint dann der priester von Ceylon, und wie er sich dem platz,
an dem die disputation stattfinden soll, nähert, erhebt er einen finger; sogleich erhebt Thanonxai die fünf finger der hand, schliesst
die hand und erhebt wieder einen finger. Der gelehrte von Ceylon
wird über die schnelle mit der der siamesische gelehrte räthsel lösen
kann erstaunt, und sagt sich dass er geschlagen würde, wenn es erst

an das erklären der Palitexte gehe, und so entschliesst er sich dann umzukehren. Inzwischen wird Thanonxai von den pagen gefragt worüber er denn mit dem priester aus Ceylon disputiert hätte und er erwidert, dass auf die frage ob es viele salzfische in Siam gebe und wieviel für einen fuang verkauft würden, er geantwortet hätte fünf grosse für einen fuang.

Mit dieser antwort begeben sich die pagen zum könig, wo alsbald auch Thanonxai zur audienz erscheint. Auf des königs directe frage erwidert Thanonxai dass der gelehrte aus Ceylon einen finger erhoben hätte um zu fragen wie viele Buddhas als stifter der einen religion existiert hätten. Die antwort darauf ist dass er eine hand erhoben hätte um zu zeigen dass 5 Bodhisat wären, von denen vier bereits das Nirvāna erreicht, der fünfte aber, Mettêyyo, der noch kommen würde, jetzt im Tusita-himmel sei. — Da ein grosser widerspruch gleich geheimnissvoll für weise wie für toren ist, wollen auch wir nicht unternehmen ihn zu lösen.

Das feinste gewebe. Es kommt aber zu jener zeit ein französisches [1]) kauffahrteischiff nach Siam das ausser andern waaren auch tuch bringt, von dem behauptet wird dass es auf erden seines gleichen nicht habe, so fein sei das gewebe und der glanz. Sie bieten eine wette an dass ein solches tuch in Siam nicht zu finden sei, und, als preis der wette, ihr schiff. Die wette wird von Thanonxai angenommen, und da er wie gewöhnlich kein geld hat, borgt er sich solches vom könig. Wetten werden gemacht, und am festgesetzten tage bringen die Europäer, die wohl nur dem reime zu liebe Franzosen genannt werden, das tuch sorgfältig in einen kasten gepackt. Zu gleicher zeit kommt Thanonxai mit seinen sklaven. Die kaufleute nehmen ihr tuch aus der sorgfältig verpackten kiste und zeigen ein tuch das durch

---

1) Die erwähnung eines französischen kauffahrteischiffes könnte darauf hinweisen dass die compilation im 17ten jahrhundert stattfand, wo bekanntlich ein reger verkehr zwischen Frankreich und Siam angebahnt werden sollte, der ja nicht von langer dauer war.

die feinheit des gewebes und den glanz die bewunderung aller erregt. Jetzt lässt sich Thanonxai seine kiste bringen, indem er die kaufleute schilt dass ihr tuch nur ein wischtuch sei, man könne ja falten sehen, seines sei von der sonne selbst gewebt, so fein sei das gewebe und der glanz. Er tut jetzt seine hand in die kiste und nimmt sie leer wieder heraus, indem er die hand hin und her bewegt. Da es sich um feinheit, glanz und durchsichtigkeit des gewebes handelt, ist die wette schwer zu entscheiden, und sie wird für ungültig erklärt.

Dasselbe geschieht bei einer andern gelegenheit wo dieselben kaufleute, die sich in ihrem stolze gekränkt fühlen, einen sprechenden vogel nach Siam bringen, von dem sie behaupten niemand sei ihm über, im ganzen lande gebe es keinen solchen. Sie bieten wieder eine wette an die angenommen wird. Thanonxai schickt jetzt seine leute aus um einen pelikan zu fangen. Diesen sperrt er in einen käfig und enthält ihm sein gewöhnliches futter. Er lässt dann seine sklaven im wald einen, der art der Franzosen gleichen vogel fangen, den er dem pelikan zur speise vorsetzt. Der pelikan gewöhnt sich so an fleischspeise, und als am festgesetzten tage die Franzosen mit ihren vogel kommen, und er zu sprechen anfängt und, wie uns berichtet wird, über den kahlköpfigen pelikan schimpft, lässt Thanonxai den käfig öffnen. Das resultat bleibt nicht aus. Der pelikan stürzt sich auf den vogel der Franzosen, frisst ihn, und ist ihm so über. — Nach diesen erfahrungen entschliessen sich die Franzosen nicht zurück zu kommen.

Der sprechende vogel.

Eines tages befindet sich der könig mit seinem hofstaate am ufer eines sees, und um zu sehen wie Thanonxai sich aus einer verlegenheit zieht, gibt der könig jedem von seinem gefolge ein ei, befiehlt ihnen damit zu tauchen und vorzugeben, dass sie das ei aus dem wasser brüchten. Jetzt wird Thanonxai gerufen und der könig sagt ihm er müsse jetzt mit den andern vom gefolge ins

Die eier.

wasser und müsse ihm dasselbe bringen was die edelleute brächten, sonst würde er gezüchtigt.

Sie tauchen jetzt alle unter und jeder bringt, indem er '*Kadak*' (der ruf der eierlegenden henne) ruft, ein ei. Thanonxai taucht jetzt auch, und ruft aus dem wasser kommend '*Kadok*' (der ruf des hahns). Der könig fragt ihn wo das ei sei, und er erwidert wie er denn als hahn eier legen könnte, und ein hahn müsse doch bei so viel hennen sein.

Der vermeintliche könig.

Wir kommen jetzt in dem leben des Thanonxai zu einer in der volksliteratur weit verbreiteten erzählung. Sie wird in unserer version damit eingeleitet, dass der könig den gemeinplatz ausspricht, dass wir uns nie auf die stetigkeit des menschlichen lebens verlassen können, dass wir inmitten des lebens im tode seien. Darauf erwidert Thanonxai der könig könne befehle geben, dass jemand getötet werden solle, und wenn seine zeit noch nicht gekommen, so würde er am leben bleiben. Der könig über die widerrede erzürnt, sagt ihm er solle bald die wahrheit erfahren und befiehlt einen eisernen käfig herbeizuschaffen, Thanonxai hineinzusperren und ihn an der meeresküste dort auszusetzen, wo die flut sie mit wasser bedeckt. Thanonxai scheint betroffen von dem befehle des königs, und stellt ihm vor dass, obwohl er dem könig gedient, obwohl der könig ihn erhalten habe, er doch nie ein geschenk vom könig als zeichen seiner würde erhalten habe, bittet dass ihm so kurz vor seinem tode ein ehrengeschenk gemacht werde. Der könig um ihn zu verspotten lässt ihm die königlichen insignien bringen[1]) und jetzt wird Thanonxai in den käfig gesetzt, die königlichen insignien darüber befestigt und der käfig, dem befehl des königs gemäss, am meeresstrand ausgesetzt. Thanonxai hat

---

1) Diese, aus altindischer zeit übernommen, sind das vierschneidige schwert, der weisse schirm mit neunfachem dach, die krone, die schnabelschuhe und der fächer. Siam. geschrieben *Kharga*, gesprochen *Khan* (Skt. *Khadga*), *Setsat* (Skt. *Çveta Ch'attra*), *Unhit* (Skt. *Uhnisha*), *Pathuk* (Skt. *Páduká*), *Vajavijani* (Skt. *Vâla vijana*).

alle hoffnung aufgegeben, als er zu seinem glück eine chinesische jonke aus Canton erscheinen sieht. Sie erblicken den käfig mit den königlichen insignien darüber, und jetzt ruft Thanonxai aus: 'ich will es nicht, ich will es nicht'. Die junke wirft anker, die insassen lassen ein boot ab um zu sehen was es ist, und jetzt erklärt ihnen Thanonxai dass der könig jemanden wünsche der die regierung übernehme; er selbst hätte keine lust dazu, obwohl er gerade auserwählt sei, darüber sei der könig ärgerlich geworden und hätte ihn aussetzen lassen bis er sich eines besseren besinne, oder bis jemand gefunden sei, der die krone übernehmen wolle, und sobald der seine bereitwilligkeit zeige, würde der käfig geöffnet. Der künftige herrscher könne Chinese oder Siamese sein, die königlichen insignien seien für ihn bereit.

Nach einigem hin- und herreden wer der könig sein solle, wird entschieden dass der meister der junke in den käfig steigen solle und dass dem Thanonxai zur belohnung die junke mit all ihrem zubehör zufallen solle. Der zukünftige könig ruft jetzt aus: 'ich will es, ich will es', aber niemand hört ihn, die flut kommt und er wird durch das eindringen des wassers getötet.

Thanonxai aber kehrt in die hauptstadt zurück und den nächsten morgen bringen die wächter dem könige nachricht, dass sie anstatt des Thanonxai einen Chinesen im käfig gefunden hätten. Bald darauf erscheint Thanonxai selbst vor dem könig, und da er ihm reiche geschenke aus der chinesischen junke bringt, wird er in gnaden aufgenommen. Der könig beglückwünscht ihn und, nach uraltem muster, dem könig folgend, die höflinge.

Jetzt bietet sich für Thanonxai eine gute gelegenheit fremde länder zu sehen, und nachdem er die in der junke befindlichen güter verkauft, dafür andere eingeladen, fährt er mit dem schiffe nach China. Es werden ihm dort wundergeschichten berichtet von dem kaiser von China, der ein hundsgesicht habe, dass es jedem bei to- *Thanonxai in China.*

desstrafe verboten sei den kaiser von angesicht zu angesicht zu sehen, dass deshalb die mandarinen alle in der audienz eine maske vor dem gesicht tragen müssten. Hier finden wir denn jenen alten brauch dass, um die herrlichkeit des herrschers mehr hervorzuheben, er sich seinem volke nicht von angesicht zu angesicht zeigen darf, damit das volk die herrlichkeit der Majestät die es regiert nur ahnen darf und so um so mehr fürchtet. Eines der letzten überbleibsel hiervon haben wir wohl noch in der europäisch-chinesischen audienz-frage. — Thanonxai reizt diese nachricht, und er entschliesst sich an des kaisers hof zu ziehen. Der kaiser, in dessen reich selten ein Siamese kam, während doch von den siamesischen königen die Chinesen als kaufleute beschäftigt wurden, wünscht die bekanntschaft des Thanonxai zu machen. Die audienz findet statt; die edelleute sind alle mit masken versehen versammelt, ein dolmetscher wird geholt und die erste frage die an Thanonxai gestellt wird ist ob es elephanten mit vier stosszähnen in Siam gäbe. Gewiss, sagt er, zwei die haben vier stosszähne; und so glaubt wohl der kaiser die fabeln früherer erdbummler bestätigt. Mindestens bezieht sich die nächste frage auf die grösse der gemüse, und er berichtet dann von den gewächsen in Siam und auch von dem *phak bung* (Wasser-winde). Der kaiser befiehlt dass diese gebracht werden sollen, und als er sieht dass der *phak bung* ein schlinggewächs ist, meint er Thanonxai solle ihm doch zeigen, wie es gegessen würde. Nun wird in Siam zum gebrauch im *curry* das kraut in kleine stücke geschnitten. Das hätte aber Thanonxai nicht gepasst, denn er hätte seinen zweck nicht erreicht zum kaiser aufzublicken. So hebt er denn die pflanze auf, erhebt sein gesicht und lässt die pflanze langsam in den mund hineingleiten. Er hat das hundegesicht des kaisers gesehen und darauf steht der tod. Thanonxai fragt auf welche weise das ausgeführt werden würde, und man sagt ihm, man würde ihn in ein von ameisen bewohntes haus stecken, von denen er im lauf einer nacht aufgegessen würde. Ehe er dort hingeführt wird, kauft er sich auf dem weg zum gefängnis zuckerrohr, und das resultat ist natürlich, dass die ameisen sich an das zuckerrohr machen, ihn aber in ruhe lassen. — Er wird dann mit zwei andern verbrechern in ein eiskaltes haus gesperrt um dort zu erfrieren. Doch Thanonxai hat wohl auch gehört dass bewegung erwärmt, und so fängt er an seine beiden mitgefangenen zu ärgern; die erwidern mit schlägen, und so geht eine lustige prügelei los bei der sich alle warm erhalten und am leben bleiben. — Als dies nochmals dem kaiser berichtet wird, hält er es doch für angemessener den Thanonxai frei zu lassen und er erlaubt ihm das land mit seinem, mit waaren beladenen schiffe zu verlassen. Er kommt nach Siam zurück, wo seine ankunft dem könig feierlich angezeigt wird, der ihn dann auch gleich zur audienz befiehlt. Der könig, oder sagen wir lieber unser compilator, muss vergessen haben, was vorhergegangen ist, denn er berichtet wie der könig sich nochmals die abenteuer des Thanonxai erzählen lässt und ihm den titel eines '*Khun*' giebt mit einem würdegrad von 300 rai als unterstaatssecretär für processe [1]).

---

1) Um die ironie, die darin liegt zu verstehen, müssen wir uns erinnern dass jeder Siamese einen würdegrad, berechnet nach dem landläufigen ackermass, dem *rai* (gleich 20 □ sen, 1 sen = 1,96 m.) besitzt, nach dem in fällen von unrecht das wehrgeld berechnet wird. Er fängt mit dem sklaven und bettler an, die als unselbständig einen würdegrad von 5 *rai* haben, dann steigt er bis zu 10 für des königs sklaven, und der gewöhnliche freie mann hat 25 *rai*, d. h. wohl so viel an feld als er mit eigener kraft bearbeiten kann, denn nach je 25 *rai* wurden bis vor wenigen jahren die grundpapiere für ackerland ausgestellt, und nach je 25 *rai* wurden auch die steuern darauf entrichtet. Die würdegrade steigen dann für die im niederen regierungsdienst stehenden; und für des königs pagen ist der würdegrad 300. Dieses würde ihnen noch nicht erlauben vor gericht anders als persönlich zu erscheinen Diese 300 würdegrade bekommt Thanonxai als unterstaatssecretär für processe, während der würdegrad der sonst den unterstaatssecretären zugeteilt ist, 1000 *rai* ist. Erst mit 400 *rai* kann sich der beamte vor gericht vertreten lassen, und da die frau die hälfte der würdegrade ihres mannes hat, kann diese erst, wann der mann 800 würdegrade hat, einen vertreter bestellen. Es steigen dann die würdegrade für die beamtenhierarchie an bis zu 10000 *rai*, während für die prinzen des königliches hauses und, in den wenigen fällen wo der titel eines *Somdet Chao Phya* zuerkannt wurde, diese noch höher steigen. Diese verteilung geht bis auf die zeit des königs *Boroma Trai Lokanat*, c⁴ A. D. 1634, zurück. 10000 grade haben die beiden minister die nach altem recht an der spitze

In seiner neuen würde als unterstaatssecretär für processe, glaubt unser freund seine dankbarkeit nicht besser bezeugen zu können als mit fremdem geld einen tempel zu bauen. Er bekommt leicht des königs erlaubnis und schickt seine leute aus ihm einen platz auszuwählen. Diese kommen zurück und erzählen, dass sie einen platz gefunden hätten, dessen berühmtheit darin besteht, dass dort ein mangobaum wüchse, von dem der abt nicht erlauben wollte dass auch nur eine einzige frucht gepflückt würde.

---

der civil und militärverwaltung stehen, nämlich der *Chao Phya Chakkri* für die civilverwaltung, dem zugleich die verwaltung der nördlichen provinzen untersteht, und der *Chao Phya Aggamahasenabodi* für die militärverwaltung, mit jurisdiction über die südlichen provinzen. Unter ihnen stehen alle übrigen beamten, und in den vom könig bewilligten audienzen erscheinen die civilbeamten zur rechten des königs, die militärbeamten zur linken hand. Der *Chao Phya Chakkri* und der *Chao Phya Aggamahasenabodi* (auch *Kralahom* genannt, wie der *Chakkri-Mahadthai*) werden als die augen des staates betrachtet, der könig selbst als die seele des staates, und die darauf folgenden minister, die collectiv den namen *Chatusdambh* 'die vier stützen' führen, werden als körper und füsse des staates bezeichnet. Diese sind für den schatz *Chao Phya Sri Dharmaröj*, für den palast *Chao Phya Dharmadhikaran*, für die gerichtspflege *Chao Phya Yomaraj* (*Yāmarāja*), für den ackerbau *Chao Phya Pholdeb* (*Baladeva*). Es folgen jetzt die anführer der land- und seetruppen *Phya Siharaja Dejojay* und *Phya Siharajriddhikrai*, die als die hände des staates betrachtet werden. Alle diese haben einen würdegrad von 10000 *rai*. Es folgen dann nach altem recht die 6 *montri* (Skt. *mantrin*, die mandarinen der Portugiesen), nämlich: *Phya Bejrawjay*, der befehlshaber der palastgarde; *Phya Rajsubhawadi*, civilstandsregistrator; *Phya Rajbhakdi Khlang Mahasombatti*, der schatzmeister; *Phya Phra Sedet*, das weltliche oberhaupt aller priester im reich; *Phya Sri Bhuprija*, das haupt der königlichen schreiber; *Phya Udaydharma*, der bewahrer der königlichen abzeichen und schätze. Ihnen kommt ein würdegrad von 5000 *rai* zu, mit ausnahme des *Phya Phra Sedet*, dem seiner stellung zufolge 10000 zuerkannt werden. — Man hat versucht die verschiedenen titel *Somdet Chao Phya*, *Chao Phya* etc. mit herzog, fürst, markgraf, graf, baron, ritter wiederzugeben. Es ist ganz richtig, dass diese siamesischen titel der würde entsprechen würden die der adlige in Europa durch die gehört einnahmen würde. In Siam sind aber die bezeichnungen nichts weiter als die bezeichnung einer regierungsstellung, und in den meisten fällen ist die bekleidete stellung in dem titel ausgedrückt. Es würde, falls überhaupt eine übersetzung versucht wurde, besser sein, die uns aus der beamtenhierarchie geläufigen titel zu benutzen. — Es mag hier schliesslich erwähnt werden, dass nach einer proclamation, die im April 1892 erlassen wurde, alle staatsminister gleichen rang haben, dass also unsere oben gegebene erklärung nur noch historischen wert beanspruchen kann. Diese proclamation wurde um so notwendiger, als der gesteigerte verkehr mit den europäischen mächten grössere forderungen an die verwaltungen stellte.

Das war also das hinderuis dort den tempel zu erbauen, und einer der freunde wettet mit Thanonxai dass der abt ihm keine erlaubnis geben würde auch nur eine frucht zu nehmen. Die wette wird angenommen unter der bedingung dass er dem Thanonxai 10 jahre dienen soll wenn er sie verliert, während ihm Thanonxai nur eine kleine summe geldes zu zahlen hat. Thanonxai geht jetzt zum abt, dem er den ganzen bauplan vorlegt, wie hier der glockenturm errichtet werden soll, hier die hütten für die priester u. s. w. und sagt dass er damit anfangen würde den mangobaum zu fällen. Der abt bittet um nachsicht bis zur vollen reifezeit der mango's, bietet ihm die mango's selber an und der meister der list, wie Thanonxai genannt wird, hat seinen wunsch erreicht und die wette gewonnen. Der tempel wird gebaut und Thanonxai in seiner berechnung hat recht gehabt, wenn er mit der wurst nach dem schinken warf. Seine frömmigkeit wird gelobt, der könig selbst kommt zur einweihung und von allen seiten fliessen ihm geschenke zu.

Inzwischen aber bereitet sich unglück für Siam vor. Der könig von Malakka, unter dessen botmässigkeit 150 länder stehen, will auch Siam unter seine botmässigkeit bringen. Er hält einen rat ab und es werden erst 50 der besten faustkämpfer, die jeder 3 meter hoch sind, erwählt, die unter einander für die anführerschaft zu kämpfen haben. Ein schiff wird ausgerüstet und sie fahren nach Ayuthya. Es wird uns unter den herrlichkeiten der alten stadt nicht berichtet dass ein heer existiert hätte, und im einzelkampf wären sie sicher unterlegen. So verbreitet sich schrecken in der hauptstadt als das schiff ankommt und der anführer sein begehren mitteilt. Der könig schickt daher zu seinem diplomaten Thanonxai und giebt ihm freie hand das unglück abzuwenden. Wie Thanonxai mit dem anführer der Malakker zusammentrifft, erzählt er diesem dass der faustkämpfer augenblicklich nicht zum kampfe aufgelegt sei, da seine frau einer geburt entgegensehe, er büte also um einige tage auf-

Der faustkämpfer.

schub. Thanonxai sucht dann einen kahlköpfigen zahnlosen menschen
aus, den er in eine grosse wiege legt und den er als das neugeborne kind des faustkämpfers ausgiebt. Das kind wird von zwei wohl
ausgebildeten alten frauen als wärterinnen bewacht. Da kommen
eines tages die herren aus Malakka und sehen die 4 meter lange
wiege mit dem kinde, wie es in tüchern eingeschlagen ist, wie ihm
das essen eingepüppelt wird, wie anstatt es zu baden, es mit einer
spritze bespritzt wird, wie es dabei schreit, wie es die finger in den
mund steckt, alles nach art der kinder.

Sie fragen jetzt wessen kind das sei, eines *Yaksha*'s oder *Asura*'s
(die beiden aus indischer mythologie bekannten ungeheuer).

Thanonxai erzählt ihnen dann dass es das vor drei tagen geborne
kind des ersten faustkämpfers des königs sei, der so stark wäre dass
er mit seiner hand feuer aus dem berge schlagen, mit dem er
ganze wälder verbrennen könnte und so gross sei wie ein *Yaksha*.
Er gibt ihnen anheim ob sie nicht lieber zurückkehren wollten ehe
der faustkämpfer geheilt sei. Hier scheint es dass wir ein überbleibsel der *couvade* haben von dem sonst freilich im eigentlichen Siam
keine spur vorkommt. — Die Malakker folgen dem rate des Thanonxai und Ayuthya ist der gefahr entronnen unter die botmässigkeit von Malakka zu kommen.

<small>Der wind als angeklagter.</small>

Thanonxai wird vom könig reichlich belohnt, und er mit seinen
freunden versucht jetzt reis ausserhalb der jahreszeit zu pflanzen.
Das resultat bleibt nicht aus, d. h. die reissaat wird durch den wind
in das wasser verweht. Thanonxai klagt jetzt im gerichtshof den wind
an, und man erwidert ihm wo der denn sei. Man gibt ihm aber doch eine
edictalladung für die person des windes. Thanonxai kommt auf seinen
spaziergängen an das haus einer reichen alten kranken dame, die er
nach ihren leiden fragt und die ihm erwidert es seien die bösen winde¹)

---

1) Der ausdruck *Lom* wird auch für alle plötzlich auftretenden und wiederkehrenden
krankheiten gebraucht.

die besitz von ihr genommen. Thanonxai kommt jetzt mit seiner edictalladung, indem er sich hocherfreut darüber zeigte, dass er endlich den übeltäter gefunden der ihm den reis weggenommen. Die dame protestiert, fügt sich aber in ihr schicksal, gibt den häschern zu essen, bezahlt die kosten für die vorladung, für ihren vertreter, für den gefangenwärter, für die bücher in die das verfahren eingetragen wird, für die bürgen und den bürgen der bürgen. Im gerichtshofe wird die anklage verlesen dass die freunde des Thanonxai, als deren anwalt er erscheint, reis gesäet und dass der wind die saat verweht hätte. Die alte dame erwidert dass sie nichts davon wüsste. Die zweite frage ist ob sie nicht zu Thanonxai in gegenwart eines clienten gesagt dass die winde in ihrem besitz sein. Das gibt sie zu, doch hätte sie nicht die winde hingeführt um die reissaat wegzuwehen. Um aber dem process aus den weg zu gehen bezahlt sie den reis und die übrigen gerichtskosten, und Thanonxai lebt jetzt wieder herrlich und in freuden.

Sein begehren aber steht nach höheren dingen und er möchte wie andere vor ihm und nach ihm eine reise auf staatskosten machen und wählt sich zu diesem zweck die südlichen provinzen aus. Thanonxai kommt wieder in die audienz und giebt vor auf einer tafel zu schreiben. Der könig fragt ihn was er da schreibe, 'Ja Majestät! ich versuche zu schreiben, aber ich kann nicht einmal die paar worte: 'Thanonxai regiert die südlichen provinzen' schreiben [1]). Der

<small>Thanonxai in Xaya.</small>

<small>1) Das wort *kin*, essen, was hier benutzt wird, hat zu vielfachen missverständnissen anlass gegeben, die namentlich von leuten die einen gewissen groll gegen die regierung zu haben glauben und von den mehrfach erwähnten erdbummlern benutzt werde, um die furchtbar sebiatische triebfeder der regierung gegen das volk zu kennzeichnen. Vielleicht dient das folgende als erklärung. Vom könig wird das wort *sáv'oi rajroubai* gebraucht, Sáv'oi ist von Skt. *sv*, folgrs, üben, dann weiter gnoissen, *somdai* ist Skt. *sampatti*, erfolg, ruhm, schatz, so das also die übersetzung nichts weiter ist als des königs ruhm üben. Sáv'oi wird ferner gebraucht vom essen des königs, und da das entsprechende wort für den gemeinen mann *kin*, essen, ist, so wurde schliesslich von den vom könig eingesetzten gouverneuren gesagt *kin mnang*, sie regieren die stadt. Die ausdrucksweise kommt mehr und mehr ausser gebrauch.</small>

könig befiehlt Thanonxai ihm die tafel zu geben und schreibt jetzt selbst 'Thanonxai regiert die südlichen provinzen ¹).

Er begiebt sich sofort mit dieser tafel zu den schreibern und bittet sie die befehle des königs auszuführen. Sie sind natürlich etwas erstaunt, aber da sind des königs worte, und da ihnen Thanonxai mit des königs unwillen droht, wird der officielle brief (*thong tra*) an die gouverneure und provinzial-behörden ausgefertigt, ihnen die befehle des königs mitteilend nach welchen Thanonxai general-gouverneur wird und ihm vollmacht in den provinzen gegeben wird zu tun was er will. Nachdem ihm dieser brief eingehändigt ist, macht sich Thanonxai an einem sonnabend, d. h. an einem tage an dem seereisen angetreten werden, wie freitag ein guter tag für landreisen ist, und am 15ten des wachsenden monats, wiederum ein guter tag, nach seinen provinzen auf. Er nimmt prunkkleider, gewehre, kanonen, siamesische und fremde schwerter mit sich, auch ein compass fehlt nicht, und schon nach sieben tagen kommt er in Xaya an. Seine freunde schickt er sofort zu den provinzial-behörden um seine ankunft zu melden, und sich zu beklagen dass ihn niemand einholt. Die bewohner von Xaya sind natürlich über die ankunft des neuen general-gouverneurs höchlich erstaunt, doch sie machen gute miene zum bösen spiel, holen Thanouxai mit booten ab, errichten ein haus zu seinem empfange und zu ehren des officiellen schreibens, dem gehörige ehre nicht erwiesen ward, zahlen ihm die hohen provinzial-behörden, Chinesische kaufleute, je 20 ticals, an-

---

1) Die sämmtlichen provinzen werden nach altem gebrauch unter die drei ministerien des *Kralahom*, *Mahatthai* und *Krom tha* als general-gouverneure verteilt und zwar so dass die südwestlichen dem *Kralahom* unterstellt sind, die nördlichen dem *Mahatthai* und die östlichen an der meeresküste, durch die der auswärtige handel betrieben wird, dem *Krom tha*, d. h. der über die häfen gesetzten verwaltung. Der officielle titel dieses letzteren war bis vor kurzem *Phra Khlang*, woraus die Portugiesen, und ihnen folgend andere, *Barcalon* machten. Der jedesmalige inhaber des amtes hatte den officiellen titel *Chao Phya Sri Dharmaraj*.

dere Chinesen und Malayer 6 ticals, und selbst die ackerbauer müssen je 8 ticals zahlen¹).

Ausserdem wurden ihm naturallieferungen gemacht, so dass er mit dem resultat zufrieden sein konnte. Aber der officielle brief giebt ihm recht steuern zu erheben, und so erhebt er steuern auf alle hausgeräte des gemeinen mannes, und dass solche steuer ihm viel einbringt lässt sich denken. Aber auch auf reis wird nach altem recht eine steuer erhoben, und dass man reis auf land pflanzt ist nur vorurteil. So befiehlt er zwei tonnen reishülsen ins wasser zu werfen und erhebt dann von den vorüberfahrenden schiffen steuer. Das letzte ist selbst der misera contribuens plebs zu viel, und es werden leute nach Ayuthya geschickt wo man von dem thun des Thanonxai nichts wusste. Er wird zurückberufen nachdem er die letzten tage benutzt hat um alle ausstehenden steuern einzutreiben. Da er nach dem befehle des königs gehandelt, wird er nicht bestraft.

Aber sein stern ist im sinken begriffen: ein nachfolger ist ihm erstanden und das geschah so. Thanonxai will, wie es seine gewohnheit ist, auf die andere seite des flusses übergesetzt werden um dort im tempelgarten schach und saka (das jeu Siamois der Franzosen, unter andern von Larousse beschrieben) zu spielen. Er ruft einen klosterschüler an er solle mit seinem boote heranrudern, heisst ihn aber nicht anzulegen. Er muss sich dann verbessern und ihn bitten anzulegen. Thanonxai steigt in das boot und auf die frage des klosterschülers wo er anlegen solle, antwortet er wo er wolle. Das versteht er denn so dass er Thanonxai mitten in ein bambusgestrüpp absetzt, von wo aus er seinen weg allein zurückfinden kann. Für den tag war es aus mit dem spiel. Der klosterschüler aber fühlt keine

Der klosterschüler.

---

1) Der geldwert eines *ticals* richtet sich natürlich nach dem jemaligen silbercurs: es werden nach einer proclamation des letzten königs 5 *ticals* gleich 3 mexicanischen dollars angesetzt. Wir finden im 17 jahrhundert den wert eines *tical* gleich 1½ gulden holländischer währung; 1856 wurde als equivalent eines pfund sterling 8 *ticals* angenommen.

lust im kloster zu bleiben, als grund angebend dass er auch abends essen müsse, und er nicht, wie es das klostergesetz vorschreibt, nachmittag hungern möchte.

Die anleihe. Er verlässt das kloster und wird vom könig zum schreiber gemacht. Nun geschah es aber dass Thanonxai sich von einem alten ehepaar 400 ticals geliehen hatte, die er versprochen hatte in der zeit von zwei monden zurückzuzahlen. Er wurde häufig an die schuld erinnert, aber die ausrede war immer, es seien noch keine zwei monde. Der fall kommt vor den könig, der befehl giebt ihn zu untersuchen, und unserem klosterschüler, in der eigenschaft eines regierungsbeamten, wird der fall zur entscheidung vorgelegt. Die erste frage die an Thanonxai gestellt wird, ist was er unter monden verstanden hätte, calender-monde oder monde am firmamente. Thanonxai erwidert monde am firmament. Nach altem rechte werden kläger und beklagte zusammen bewacht und inzwischen lässt der richter in mitten des wassers ein gerichtshaus errichten. Es ist mondschein als der fall zur verhandlung kommt, und Thanonxai wird nochmals gefragt wann er das geld zurückzahlen wolle, nach calender-monden oder monden am firmament. Thanonxai antwortet nochmals nach monden am firmament, d. h. also ad calendas graecas. 'Sehr wohl' meint der richter 'was ist das dort oben'? Thanonxai muss zugeben es ist der mond, und der richter dann auf das wasser zeigend, fragt ihn was ist das? 'auch der mond' ist die antwort. Nun wohl, so ist die zeit von zwei monden da, und Thanonxai, zum ersten male im leben besiegt, muss zahlen. Unser klosterschüler aber erhält den titel eines *Phra Guru Mahosot*, richter des höchsten gerichtshofes.

Der tod des Thanonxai. Thanonxai wird jetzt von tag zu tag schwächer und er ist auf den tod gefasst. Da besucht der könig nochmals seinen alten hofnarren, wohl um von ihm worte der weisheit und tugend zu hören. Er wird enttäuscht, denn als inbegriff aller weltweisheit teilt ihm der sterbende lachende Philosoph mit: — 'Wenn du *pla hmo* (kletterfische) räucherst, sieh zu dass sie dem feuer nicht zu nahe kommen und sie auf beiden seiten gleichmässig heiss werden. Dann bilden sie mit pfeffersauze gegessen ein excellentes gericht'. Der könig verlässt ihn, und droht dass noch im tode sein leichnam beschimpft werden solle. Diesem letzten schimpf entgeht Thanonxai indem er seiner frau befiehlt zum verbrennungsholz nur holz vom seifenbaum zu nehmen.

MÉLANGES.

Un assassin politique.

Lorsque *Hong Tjyong-ou* pénétra pour la première fois dans m. atelier, il n'était que depuis quelques jours à Paris et ne sav pas un mot de français. Un Japonais nous servit d'interprète ; apr avoir échangé quelques banalités, la conversation tourna et je cr que les deux jaunes se mirent à parler politique. Je vis alors Coréen, dont sans doute la corde sensible avait été touchée, s dresser de toute sa hauteur, les traits contractés, les yeux étinc lants, superbe, et pendant quelques secondes, à côté du Japon délicat et mièvre, il me sembla que sa tête touchait au plafo Je fus pris à son aspect d'une sorte de terreur secrète, où se m lait un peu de l'admiration que m'avait inspiré un tigre roy rencontré jadis à Singapour: Le monstre venait d'être capturé malgré les barreaux de la cage étroite où on l'avait poussé, pant lant, frémissant, ramassé sur lui-même et la gueule entrouvert il répandait encore l'effroi autour de lui.

A dater de ce jour, *Hong Tjyong-ou* fut mon commensal et pe dant des mois le même toit nous abrita.

Le scepticisme de mes amis coloniaux a, plus d'une fois, r proché à ma naïveté d'avoir pu croire un instant qu'un tel homm dont j'avais deviné le caractère et les hautes aspirations, pourra être un jour utile à mon pays.

Portrait du Grandpère (?) du Roi de Corée.

La note suivante que, après renseignements pris, j'avais rédigée dans le but d'intéresser à son sort certains personnages haut placés dans le gouvernement, me servira de justification.

5 Février 1891.

Hong Tjyong-ou — né à Séoul (Corée) en 1854 — marié; une fille. Seul fils d'un lettré (noble de la classe des *Sa-jo*) vient de passer deux ans au Japon où il s'est mis en rapport avec les hommes politiques; l'un d'eux, M. *Itanaké*, ancien ministre, que son libéralisme trop accentué tient éloigné du pouvoir, lui a donné une lettre de recommandation pour M. Clémenceau. *Hong Tjyong-ou* est arrivé à Paris le 24 Décembre 1890, muni en outre d'une lettre d'un missionnaire pour M. Mutel, évêque de Corée, qui venait de quitter la France lorsqu'il s'est présenté rue du Bac. Les pères de Chine n'ont pas compris un mot du discours du Coréen; seul M. *Mugabure*, missionaire du Japon Septentrional, a pu s'entendre avec lui.

N'ayant pas de place chez eux, les Pères l'ont envoyé rue de Tui ne, à la maison de famille des anciens élèves de St. Nicolas, où il a été logé provisoirement dans une mansarde.

Son passeport pour l'Europe — obtenu à grand peine, paraît-il — est ainsi conçu:

« Le ministre des affaires étrangères du gouvernement Coréen délivre le présent certificat d'identité à *Hong Tjyong-ou*, natif de Séoul, qui va faire ses études de droit en Grande France, et prie les agents de ce pays de surveiller sa conduite, afin qu'il ne se rende coupable d'aucune faute et puisse mener à bien ses études.

« De l'année du Sanglier, le....

Signé: KIN,
Ministre des affaires étrangères ».

Hong Tjyong-ou a soif de s'instruire; très ambitieux, il aspire à se pénétrer de la civilisation européenne afin d'en faire profiter son pays. Curieux, surtout, de politique française, il veut dans quelques années retourner en Corée pour se mettre à la tête d'un mouvement analogue à celui qui a amené l'état actuel du Japon.

Il compte pour l'aider dans cette entreprise sur ses jeunes compatriotes, assez rares, qui se sont depuis peu répandus en Russie et dans les États-Unis, dont le programme est contenu dans ces deux propositions:

I. La Corée rendue complètement indépendante de la Chine, du Japon et de la Russie, qui l'enserrent.

II. Abolition des barrières qui isolent la Corée du monde entier.

Hong Tjyong-ou a l'Angleterre en horreur. Ce n'est sans doute pas seulement parce que cette puissance retient depuis deux ans à Hongkong, de connivence avec la Chine, l'ambassadeur que la Corée a désigné pour la représenter en Europe — moins favorisé en cela que l'Amérique qui a vu arriver à Washington le premier diplomate Coréen en 1889, M. *Boukoutério*, ami de *Hong Tjyong-ou*.

Les Chinois qui s'étaient opposés violemment et vainement à son départ, ne purent l'arrêter en route, comme son collègue d'Europe — les Japonais n'ayant pas voulu se mêler de l'affaire et le Pacifique manquant d'escales britanniques —. Ce fut sans plus de succès qu'ils tentèrent d'empêcher que le Coréen soit reçu officiellement par le président des États-Unis.

Cette réception fut l'occasion d'un gros incident diplomatique. M. *Boukoutério*, ayant rang de ministre, dut passer avant l'envoyé Chinois qui n'était que chargé d'affaires.

A Pékin on poussa des cris de paon, et si l'on se contenta du rappel de l'envoyé Coréen, c'est qu'on ne put obtenir sa tête malgré toute l'insistance qu'on mit à la demander.

Hong Tjyong-ou est un homme instruit, énergique; il semble animé des sentiments les plus généreux et est sans doute appelé à jouer un rôle important dans les affaires de son pays.

Quelques personnes, dans un but patriotique et désintéressé, ont pris à leur charge l'entretien du premier Coréen venu en France. Ils pensent que leur protégé saura reconnaître les bienfaits d'un pays qu'il aime et qu'on veut lui faire aimer davantage.

Le meurtre dont *Hong Tjyong-ou* vient de se rendre coupable, malgré sa noirceur, est-il fait pour donner tort à mon optimisme? J'en doute. Ce n'est pas seulement en Europe que certains crimes politiques sont absous.

Avant d'en parler, je veux retracer quelques unes des épisodes qui marquèrent la campagne entreprise à Paris en faveur de cet oriental extraordinaire, à laquelle prit une part très active le directeur d'une de nos premières revues littéraires qui, modestement, demande à ne pas être nommé.

Le *Figaro* lui consacre un de ses «Au jour le jour», faisant appel aux âmes charitables et nobles que tous les patriotismes émeuvent;

«Il appartient au parti libéral, le *Kai-hua to* [1]), et est opposé par conséquent au parti rétrograde, *Kou-sai to* [2]), qui combat l'introduction en Corée des coutumes européennes»; mais il est sans moyens d'existence, et l'article finit ainsi:

«Qui veut un Coréen?»

Le *Monde Illustré* publie son portrait; il en est remercié par une lettre que voici:

«Respectueux salut d'en bas

Le son parfumé de votre nom respecté est arrivé jusqu'à moi.

---

1) 改化道．   2) 古翿道．

Cependant je n'ai pu encore vous voir, ni vous parler.
Ma crainte est grande, grande, grande.
Vous avez publié l'ombre de vérité de mon humble personne;
Vous avez touché mon cœur.
Je voudrais voir votre visage; vous dire merci, mieux que je ne puis le faire en écrivant.

A Hubert, personnage distingué
L'homme de Tcho-sen [Corée]
Hong-jong-ou
Respectueux salut d'en bas».

Son aventure est contée dans plusieurs autres journaux, ce qui, d'ailleurs, ne fait pas avancer ses affaires d'un pas.

Pour passer le temps, je lui fais faire connaissance avec le monde officiel: réceptions ministérielles, bal à l'hôtel de ville etc.... partout son costume singulier attire l'attention, mais rien de plus; et rien ne le vexe davantage que lorsqu'on le prend pour un Chinois. Je l'emmène voir M. Renan, au collège de France, qui nous reçoit d'une façon plus que charmante. «Il ne faut pas décourager les gens» mais il ne peut rien, ne connaît personne; cependant, si l'on voyait M. Un tel: «J'ai là tous ses ouvrages», dit-il en montrant la vaste bibliothèque à laquelle son fauteuil est adossé, «c'est un orientaliste vraiment bien distingué, il pourrait sans doute donner un bon avis, être d'un grand secours....» Quelques phrases encore sur ce ton et, suivant une pente déclinante insensible, M. Renan en arrive à convenir avec moi que M. Un tel, et rien du tout, c'est la même chose, et l'entretien s'achève sur ces mots: «Courage, courage!».

Hong Tjyong-ou, qui sait qu'il s'est trouvé en présence d'un grand homme, a retenu son dernier mot et, à peine la porte fermée, il me demande, anxieux: «Courage, courage, qu'est-ce que c'est?» Cette séance est restée pour moi un des plus joyeux souvenirs de la campagne.

L'entrevue avec M. Cogordan, dans son cabinet du quai d'Orsay, a un tout autre caractère.

Hong Tjyong-ou, en abordant notre ministre, reconnait en lui l'homme qu'il a vu arriver à la cour de son roi à Séoul, pour signer le premier traité conclu entre la France et la Corée. Cette signature avait donné lieu à une cérémonie à laquelle il assistait en qualité de secrétaire et, sous mes yeux, je le vois se jeter aux pieds de M. Cogordan et lui baiser les mains, avec une émotion non feinte. Un instant il s'était cru sauvé.

Peu de temps après j'apprenais, de l'homme d'état, qui est aujourd'hui notre ministre des affaires étrangères, que pour des raisons de hautes convenances politiques, la France devait ignorer complètement la Corée, les Coréens et tout ce qui les concernait.

Inutile, par conséquent, d'importuner davantage M. Cogordan. Hong Tjyong-ou n'a jamais compris pourquoi il n'a pas été admis une seconde fois en sa présence.

La «Réunion des Voyageurs» est composée de gens fort distingués, dinant ensemble de temps en temps, pour s'entretenir des choses qui les intéressent et donner un souvenir aux explorateurs dont les travaux et les découvertes honorent le pays.

Hong Tjyong-ou ne pouvait manquer de leur être présenté. Le 9 Mai 1891, au dessert, il paye son écot d'un petit discours en Coréen, dont voici la traduction:

«Je suis très touché de l'honneur qui m'est fait ce soir, grâce à mon ami Régamey, et plus heureux que je ne saurais dire. Il y a parmi vous de grands voyageurs, qui ont dû beaucoup observer et qui, par conséquent, doivent être de grands savants.

«Vous n'ignorez pas que la fondation de notre royaume remonte à plus de deux mille ans avant l'ère chrétienne. Ce fut le chaos d'abord, mais bientôt un prince venu de la Chine, nommé *Ki-ja* [1], établit un ordre de choses qui dura mille ans. Ensuite le royaume fut divisé en trois provinces nommées Corée, Pŭ-tchi et Sin-la. La troisième dynastie *Wan-gou* refit l'unité trois siècles plus tard et, il y a 499 ans, fut fondée la quatrième dynastie, celle des *Li-di*, qui règne encore sur *Tchio-Sin* [2], véritable nom du territoire connu sous le nom de Corée, lequel n'est que le nom d'une des trois provinces qui le composent.

« Profitant de l'honneur qui m'est fait de parler devant vous, je voudrais dire ici ma pensée et serais heureux de la voir comprise. A l'heure actuelle, je crois qu'il y a quelques petites choses à reprendre dans le gouvernement de mon pays; j'espère qu'auprès de vous je trouverai quelques bons conseils dont il pourrait tirer parti. C'est pour cela que j'ai quitté mon pays il y a trois ans pour voyager et m'instruire dans les pays civilisés; il y a trois ans aussi que nous entretenons des relations officielles avec la France.

« Cependant tous mes compatriotes ignorent ce qui se passe dans le monde, et il en est peu qui soient avertis des dangers qui nous menacent.

« La situation de mon pays est très périlleuse — entourée de puissants voisins — et je crois qu'il n'y a de salut pour nous que dans l'adoption de la civilisation européenne. Le séjour prolongé que j'ai fait au Japon, dont j'ai étudié attentivement l'état politique, est venu confirmer cette croyance.

« Je regrette de ne pouvoir m'expliquer en Français; je suis arrivé en France en décembre dernier: vous m'excuserez de ne pas pouvoir posséder votre langue; je travaille beaucoup, pas encore autant que je voudrais, cependant. J'espère, Messieurs, que vous ne me refuserez pas votre concours et je vous remercie de votre excellent accueil».

Une collecte, à laquelle prend part très généreusement le prince d'Orléans qui se trouve parmi les convives, termine la soirée et laisse dans l'esprit de l'orateur exotique un aimable souvenir.

Il y a dans l'esprit de *Hong Tjyong-ou* un mélange bizarre d'indépendance — qu'attestent ses paroles — et de servilité enfantine. C'est ainsi qu'en prenant maintes précautions, il me communique deux photographies, l'une du roi son maître, l'autre du grand-père du roi. L'usage, qu'il se garde bien d'enfreindre, défend absolument de prononcer les noms de ces hauts personnages, de sorte qu'il m'est impossible d'en mettre un sous ces images. Il me recommande bien de n'en faire part à personne; je ne les lui rends pas, cependant, sans en avoir fait des croquis assez exacts. Ce sont ces croquis qui sont reproduits ici.

Hong Tjyong-ou est maintenant assez bien en cour pour n'avoir rien à redouter de l'indiscrétion que je commets en les publiant.

Hong Tjyong-ou est ensuite attaché au musée Guimet; on l'emploie à la traduction de textes coréens, chinois et japonais — cela l'aide à vivre pendant quelque temps — puis il fournit les éléments d'un roman Coréen «Printemps parfumé», traduction de M. J. H. Rosny, qui «apprécie, au cours de ce travail, l'intelligente bonté de son collaborateur».

Vers cette époque nous nous perdons un peu de vue; nous ne nous retrouvons guère que peu de temps avant son départ, lorsqu'il s'agit de faire les fonds pour aider à son rapatriement. En cette circonstance, l'active et inépuisable bonté du directeur de la Revue qu'il ne m'est pas permis de nommer, trouve une nouvelle occasion de se manifester.

22 Juillet 1893.

Bons souhaits de départ du garçon d'hôtel de *Hong Tjyong-ou*: «J'ai eu assez de mal avec ce coco là! Il y a cinq mois que je le sers; il ne m'a jamais donné un sou. Des clients comme ceux-là, malheur!»

Hong Tjyong-ou s'arrêtera au Japon avant de rentrer chez lui. En bas, sur le seuil de l'hôtel Serpente, il donne ses instructions pour faire suivre sa correspondance: «A la légation de France de Tokio», et la patronne lui dit: «Sans rancune!»

Rancune de quoi?

Sur le trottoir, il sort de son porte-monnaie une pièce de cinq francs qu'il donne au garçon, silencieux.

Les colis sont installés dans la voiture; il ne paraît pas autrement surpris que je n'y monte pas avec lui. Maintenant il peut bien se conduire tout seul. Nous allons nous séparer. Poignée de mains. Je lui dis: «à bientôt»; il me répond: «à bientôt». C'est tout. O les jaunes, l'esprit toujours tendu en une perpétuelle suspicion!

Je lui ai demandé: «Qu'avez-vous trouvé de mieux en France?»

— En arrivant à Marseille, les chevaux. Ils m'ont paru bien grands.

— Et de moins bien?

— L'égoïsme.

Cela sans qu'il songe à faire la moindre restriction en faveur de ceux qui l'ont fait vivre pendant plus de deux années.

Il emporte un porte-mine à plume d'or, mon dernier cadeau. La voiture a tourné le coin de la rue. *Hong Tjyong-ou*, la cigarette aux lèvres, droit dans sa longue robe grise, ne s'est même pas retourné.

Je ne doute pas qu'il fasse parler de lui un jour, mais quant à recevoir directement de ses nouvelles, je n'y compte guère.

Six mois après, à l'occasion du jour de l'an, je reçois une carte de visite avec ces mots:

« Hôtel de Ni-si-moura-kobé.

Mon très cher ami,

« Je vous adresser quelques mots. J'ai, en arrivant au Japon, j'ai été attrapé une maladie depuis longtemps que je suis au lit; c'est pourquoi je vous ne écris jusqu'à présent et je ne suis pas encore retour de mon pays. J'ai eu reçu les lettres de mon père et mes amis, qu'il m'a dit quelque histoire qui m'étonne beaucoup.

« Cher ami, voici hélas! ma pauvre femme, elle a été morte du mois de mai, je suis très ennuyé pour cela, je reste encore quelques mois ici. J'ai finir cette lettre, mon cher ami, souhaite bonne année.

Votre ami dévoué ».

J'ai eu tort de douter et je donnerais beaucoup pour écrire le Coréen aussi mal que mon ami écrit le français. Il signe maintenant « Hong Djyong-ou ». A son arrivée en France, son nom était ainsi ortographié: *Hong Jeong-ou*. Je continue à l'écrire *Hong Jong-ou*.

Au mois d'avril de cette année, *Hong Tjyong-ou* n'est plus au Japon; il n'est pas encore en Corée; il est en Chine, à Shangaï, où il a décidé un de ses compatriotes, *Kim-ok-kuin*, ennemi du roi, à l'accompagner, avec le sinistre projet de le supprimer; et c'est à coups de revolver qu'il a accompli son crime sans courir aucun risque.

Au Japon il n'en n'eût pas été quitte à bon marché; en Chine il était sûr de l'impunité. Les Japonais ne voyaient pas d'un mauvais œil le conspirateur qui s'était réfugié chez eux et ils lui servaient une pension — tandis que les Chinois étaient aux ordres du roi de Corée.

Dernières nouvelles.

On lit dans le «China Telegraph» du 21 Mai (Edition de Londres):

«M. *Shü*, consul Coréen à Tien-tsin, est arrivé le 16 avril à Shangaï, et, le jour même, s'est rendu, avec son interprète, en chaise à porteurs officielle de couleur verte, auprès du juge *Houang*. L'objet de sa visite était que les restes de *Kim-ok-kuin* lui soient livrés en même temps que la personne de son meurtrier *Hong Tjyong-ou*, pour être transportés à Séoul.

«Après de longs pourparlers, le juge et le *Tao-Taï* s'étant mis d'accord, l'autorisation demandée était accordée et ordre donné à un bâtiment chinois, le *Wei-ching*, de mettre à la voile pour *Tchemoulpo* le lendemain matin; en même temps le corps de l'assassiné était transporté à bord et l'assassin y était amené en chaise à porteurs, suivi d'une escorte armée».

Du même journal.

«Une dépêche officielle reçue à Shangaï nous apprend que le corps de *Kim-ok-kuin*, a été, à son arrivée à Séoul, coupé en huit morceaux, qui, avant d'être expédiés séparément dans les capitales des huit provinces du royaume, ont été exposés publiquement, le thorax gisant dans la poussière au pied du gibet et les membres cloués au dessus.

«Chaque morceau a été envoyé ensuite sous escorte à sa destination, en manière d'avertissement aux futurs rebelles à l'autorité du roi».

Une autre dépêche dit que le jour de l'exécution posthume, le roi a donné un grand banquet aux ministres étrangers, comme pour célébrer d'une façon détournée l'évènement du jour.

On ne sait pas encore en quoi consistera la récompense qui sera accordée au meurtrier de *Kim-ok-kuin*!!

Il va bien, mon ami *Hong Tjyong-ou*!

Félix Régamey.

Note de l'Editeur.

Nous avons pris la liberté de corriger l'orthographe du nom du personnage en question selon l'orthographe orthodoxe coréenne. Voir «The Chinese Recorder and Missionary Journal» du mois d'Avril, p. 204.

VARIÉTÉS.

ANECDOTES POLITIQUES
JAPONAISES ET CHINOISES
PAR
JULIETTE ADAM [1])

On ne me ferait pas tenir ce pari : qu'il y a parmi mes lecteurs une seule personne s'intéressant à la nomination du nouveau ministre de Chine en France ; mais je parierais volontiers que tous peuvent prendre plaisir à connaître son histoire.

Kung-Chao-Yuan est originaire de la province de Nan-King et compatriote de ce grand Li-Hung-Chang, avec lequel le commandant Fournier, aujourd'hui amiral, conclut le célèbre traité de Tien-Tsin. Li-Hung-Chang est, après le fils du Ciel, après l'empereur, l'homme le plus puissant du Céleste-Empire. Or, sans l'aide de la famille du nouveau ministre de Chine en France, sa fortune eût peut-être sombré aux premières heures. On verra, par la suite de ce récit, la preuve de mon dire.

Notre Kung-Chao-Yuan appartenait à une famille qu'on avait cru longtemps fortunée et qui, tout à coup, s'était trouvée dans la plus grande gêne. Aussi notre héros avait-il été forcé d'entrer comme garçon de recettes surnuméraire chez le *comprador* de la maison Sassoon à Tien-Tsin. Il occupa ensuite, dit-on, un poste très infime, celui de contre-maître à l'arsenal de Kianguan près de Shanghaï.

Sa mère le fit appeler à son lit de mort, ainsi que ses autres enfants, et leur confessa qu'elle avait prêté 200,000 taels, c'est-à-dire environ un million de francs, à Li-Hung-Chang, et cela en jurant, pour ne pas porter atteinte au crédit du grand homme d'Etat, le secret de ce prêt jusqu'à sa mort.

— Ne réclamez pas cette somme au vice-roi, dit la mourante à ses enfants ; mais faites-lui remettre, aussitôt ma mort, cette lettre par laquelle je le prie de vous protéger.

Kung fut, après la mort de sa mère, et la lettre remise à Li-Hung-Chang, bombardé *taotai de Chefoo* en juin 1886. Avant même d'être installé, il se vit nommé *taotai de Shanghai*, en juillet de la même année. Or, le taotaï doit, en entrant en fonction, payer une somme fort élevée, qui, pour le poste de Shanghaï, s'élève, par une coïncidence curieuse, à 200,000 taëls. On devine que ce fut Li-Hung-Chang qui les versa. Kung-Chao-Yuan n'a passé aucun examen ; il a acheté en bel argent comptant, tous ses grades et degrés. Ses rapports avec

---

1) Nous avons annoncé dans le *Toung-Pao*, V, mars 1894, p. 69, l'arrivée de Koang Tchao-youen qui est du Ngan-houei et non du Kiang-sou. Nous respectons l'orthographie chinoise de l'écrivain!

les étrangers ont toujours été très bons. Assez libéral, il ne s'est jamais laissé dominer par son entourage. Il s'est occupé de beaucoup d'affaires, et toujours avec une grande probité : achats de propriétés, établissement de filatures et de machines à égrener le coton.

Nommé *grand juge* de la province de Chi-Kiang, en février 1890, et *grand trésorier* de la province de Szechuen en juillet 1891 — l'un des postes les plus lucratifs de la Chine — il s'attendait à devenir gouverneur d'une province, lorsque, sur une liste de trois candidats à la place de *ministre en France et en Angleterre*, l'empereur choisit son nom, quoiqu'il ne fût que le second présenté sur la liste. Or, sait-on pourquoi le Fils du Ciel écarta Yu-Teï ? Parce que sa nomination avait été annoncée d'avance dans les journaux ! Que de gens, à ce compte, resteraient chez nous sur le carreau.

Kung devait aller par voie de terre du Szechuen à Pékin pour sa réception et son audience de départ. Arrivé le 5 septembre à deux cents milles environ à l'ouest d'Ichang, il se décida à prendre la voie fluviale et à s'arrêter à Shanghaï, désireux de recevoir quelques amis et de disserter avec eux sur les récompenses accordées à ceux dont les familles suivent la voie droite de la générosité et de la parole donnée.

Au Japon, l'une des plaisanteries faciles et qui trouvent toujours le même écho, est de se moquer des Coréens. La Corée appartient à la Chine, mais on sait qu'elle est baignée à l'Est par la mer du Japon, et que son roi est à peu près indépendant, quant à l'administration intérieure de ses Etats. Les Japonais, très fiers de leur civilisation moderne, intriguent beaucoup en Corée et se font donner toutes sortes de concessions qu'ils paient avec des présents de différente nature, s'ingéniant à en trouver de nouveaux et de stupéfiants, pour ceux qu'ils considèrent comme des sauvages.

Le dernier chef d'une mission japonaise avait remarqué que le roi de Corée avait un goût très vif pour les parfums. Il lui offrit une douzaine de petits flacons d'eau de Cologne, élégamment empaquetés et enrubannés.

Le lendemain, le roi ne lui parlant pas du présent, le Japonais lui en demanda des nouvelles.

— Je ne me sers, lui répondit le roi avec dédain, que des parfums qui sont dans de grandes bouteilles. C'est bon pour les petites gens d'avoir de si petits flacons.

Le Japonais eut beau expliquer au roi que les odeurs les plus recherchées sont enfermées dans de plus en plus petites bouteilles, le souverain de Corée ne voulut rien entendre : alors le Japonais demanda un litre d'eau et y versa l'un des petits flacons ; le roi ayant flairé le litre, s'en montra alors satisfait.

— Il m'en faut, dit-il, une de ces bouteilles par jour ; moins, ce n'est pas la peine de se parfumer.

L'anecdote a fait le tour de la presse japonaise et tout bon Japonais s'est diverti de l'imbécilité coréenne.

Mais il y a bêtise et bêtise. Que dire de celle des Japonais dont le rêve est de soustraire la Corée à l'influence chinoise, et qui envoient leur premier ministre à Tien-Tsin conclure une entente avec le puissant Li-Hung-Chang, entente qui leur interdit toute visée sur la Corée ?

Au moment des derniers différends à propos des questions de pêcheries entre la Corée et le Japon, au lieu d'essayer un règlement avec de bons taëls sonnant et quelques litres d'eau de Cologne, les Japonais, si fiers de leur malice, ont fait intervenir la Chine.

Le différend a été réglé sur l'heure, naturellement ; la Corée paiera une indemnité au Japon, mais la somme sera prêtée par la Chine, et le monarque coréen sera, par le gouvernement japonais lui-même, livré à l'influence définitive de la politique chinoise.

Et bien plus, dût l'amour-propre démesuré des Japonais en souffrir, je ne vois pas grande différence entre la bêtise coréenne et la bêtise japonaise.

Après l'expérience de la *bonté* des canons anglais Armstrong, qui devaient à Pakuan rendre infranchissable la barre du Meinam et qui n'ont pu tirer un obus, est-ce que les Japonais n'ont pas continué à commander leurs canons aux maisons anglaises ? Celles-ci, il est vrai, savent adroitement intéresser, par leur eau de Cologne, à elles, les ministres japonais.

Le plus étonnant c'est que Armstrong a dernièrement *fait inventer* par un officier japonais un soi-disant nouveau canon et lui a donné le nom de soi-disant inventeur-artilleur. En flattant l'orgueil japonais, Armstrong s'est moqué des

Japonais avec autant de raisons que les Japonais se sont moqués du monarque de Séoul.

Si les Japonais veulent passer, aux yeux des Européens, pour beaucoup plus intelligents et moins faciles à berner que les Coréens, ils feront bien de contrôler avec soin les livraisons des maisons anglaises qui leur fournissent des armes.

N'ont-ils pas vu la perfide Albion pousser les Siamois à la résistance juste assez pour leur faire acheter les stocks de vieux fusils emmagasinés à Singapoore et abandonner ensuite leurs frères jaunes sans autre défense que les fameux canons Armstrong de Pakuan?

[*Le Journal*, mardi 30 janvier 1894.]

CHRONIQUE.

ALLEMAGNE ET AUTRICHE.

Nous trouvons dans la *Deutsche Rundschau* de 1892, un article du professeur Karl von den Steinen intitulé «Zur amerikanischen Jubelfeier». C'est un des plus médiocres mémoires qui ait paru à l'occasion du jubilé de la découverte de l'Amérique. L'auteur y cite e. a. la relation de *Hoei-chin* (p. 33) qu'il considère encore comme un des devanciers du découvreur de l'Amérique. Evidemment l'article *Fou-sang*, publié dans le no. de Mai 1892 du *T'oung-pao*, dans lequel il est démontré que Fousang n'est pas l'Amérique, et que *Hoei-chin* n'y a jamais mis le pied, est resté inconnu au savant professeur allemand.

L'ancien Ministre allemand à la cour de Peking, M. von Brandt, qui s'était marié avant son départ de la Chine avec Mdlle. Heard à Séoul, en Corée, le 15 Avril 1893 [1]), s'est établi à Wiesbaden avec sa jeune femme. Peu de temps après son installation il reçut une lettre de menaces dans laquelle on lui intimait l'ordre de payer 1000 marcs au porteur, le menaçant en cas de non-paiement de faire sauter sa maison par la dynamite. La lettre était signée: «Quatre hommes dans la misère». Le second jour, une autre lettre arriva menaçant que Madame von Brandt serait ravie de force, si on ne déposait pas immédiatement mille marcs à un endroit désigné, et qui était signée: «Quatre hommes sachant tenir parole». M. von Brandt remit les deux lettres à la police qui découvrit l'auteur dans la personne du marchand August Nill de *Hunkel*, l'amoureux d'une bonne de M. von Brandt, agé de 21 ans. Mené devant le tribunal, il s'excusa en disant qu'il avait tramé le complot avec trois autres amis dans une auberge, et que le devoir de l'exécuter lui était dévolu par le sort. Cependant il refusa de nommer ses amis, et le tribunal le condamna à neuf mois de prison. (Berliner Tageblatt du 2 Juin, 1894).

La peine est un peu dure pour ce farceur!

---

1) Voir *T'oung-pao*, Vol. IV, p. 382.

ESPAGNE.

M. W. E. RETANA vient de publier à Madrid un manuscrit extrêmement intéressant sur l'état des îles Philippines d'après les voyages faits par l'augustin Fr. Joaquin Martinez de Zúñiga, sous le titre de « Estadismo de las Islas Filipinas ». L'auteur confirme le mélange de sang chinois dans les populations indigènes du nord des Philippines, qui ne peut être dû qu'à des colonisations chinoises longtemps avant la conquista espagnole.

FRANCE.

Son Altesse le Prince Henri d'Orléans, à la suite de ses voyages dans l'Indo-Chine, a fait don de la plus grande partie de ses collections à des établissements de l'État, et en particulier au Muséum d'Histoire naturelle. Mais le Prince Henri d'Orléans a bien voulu remettre, le 9 Mars 1893, à la Bibliothèque de l'École spéciale des Langues orientales vivantes de Paris, sept manuscrits qu'il avait achetés au cours de ses explorations : ces manuscrits, dont quelques-uns provenaient d'une pagode de Luang-Prabang, étaient presque tous d'origine thaï et écrits sur des feuilles de latanier ; deux d'entre eux étaient sur papier, l'un d'eux était un manuscrit *yao* transcrit en chinois. On a pu consulter sur les langues de l'intérieur de l'Indo-Chine le mémoire de M. Pierre Lefèvre-Pontalis : *Etude sur quelques alphabets et vocabulaires Thaïs*, inséré dans le *T'oung-Pao*, en mars 1892. Déjà, après le voyage de M. Pavie et de ses compagnons, les collections de l'Ecole des Langues Orientales s'étaient enrichies par suite de dons et d'acquisitions, de onze manuscrits *lolo*, *yao*, etc. Le Prince Henri d'Orléans vient de faire don au même établissement de trois manuscrits « muong » de la Rivière noire, sur papier. La grande Ecole de la rue de Lille dont on fêtera le Centenaire l'année prochaine, offre donc aujourd'hui le fonds le plus riche pour ceux qui s'occupent de l'étude comparée des langues de la presqu'île indo-chinoise.

Le Prince Henri d'Orléans s'est embarqué à Marseille le 3 Juin dernier pour reprendre le cours de ses explorations. Après un séjour de quelques semaines à Madagascar, et à Tamatave en particulier, il ira visiter le Cambodge et l'Annam.

On lit dans le *Journal Officiel de la République française*, du vendredi 20 avril 1894 :

« Par décrets en date du 19 avril 1894, rendus sur la proposition du président du conseil, ministre des affaires étrangères, ont été nommés :

Délégué de la République française à la commission européenne du Danube, M. SIENKIEWICZ (JOSEPH-ADAM), ministre plénipotentiaire de 1re classe, envoyé extraordinaire et ministre plénipotentiaire de la République française près S. M. l'empereur du Japon.

Envoyé extraordinaire et ministre plénipotentiaire de la République française près S. M. l'empereur du Japon, M. HARMAND (FRANÇOIS-JULES), ministre plénipotentiaire de 2ᵉ classe en mission».

M. HARMAND est bien connu par le rôle important qu'il a joué dans les affaires de l'Extrême-Orient.

Société d'ethnographie.

Nous lisons sous la signature de M. D. Marceron les communications suivantes faites dans la séance du 5 février 1894 :

Le hara-kiri. — M. Aristide Guibert, membre correspondant à Tokyau, adresse à la Société la traduction d'un document relatif au supplice du hara-kiri. Ce supplice, qui consiste à se donner soi-même la mort en s'ouvrant le ventre, très en usage dans l'ancien Japon, est entouré de cérémonies dont tous les points ont été rigoureusement fixés par la législation et par les usages des insulaires de l'Extrême-Orient. Dans l'antiquité, ce lugubre suicide s'accomplissait dans un temple; aux époques modernes, il s'est fait la nuit, dans un palais ou dans le jardin du daï-myau ou seigneur féodal à la garde duquel le condamné avait été remis. Le lieu de l'exécution était décoré avec soin, d'après les règlements spéciaux, et la victime se donnait la mort en présence de témoins, sur deux nattes recouvertes de soie blanche. Lorsqu'un homme d'armes, en voyage, recevait sans s'y attendre l'ordre de s'ouvrir le ventre, le hara-kiri avait lieu dans un temple. Les témoins étaient des censeurs publics auxquels le seigneur de l'endroit devait offrir du thé et des gâteaux qui toutefois ne pouvaient être consommés que lorsque tout était fini. Le condamné était tenu de changer plusieurs fois de costume pour témoigner de son respect pour l'ordre qui lui était envoyé de quitter ce monde. Si celui-ci n'était pas un personnage d'un haut rang, on ne lui laissait pas le temps de s'enlever les entrailles, et on lui coupait la tête au moment où il saisissait le petit sabre destiné à l'ouverture de son ventre. Le mémoire traduit par M. A. Guibert fournit une foule de détails curieux sur toutes les périodes de l'exécution.

Les Koue-yu. — Mgr. C. de Harlez, membre libre à Louvain, adresse la traduction de plusieurs fragments de l'antique ouvrage chinois intitulé *Koue-yu* ou Discours des États. C'est un document historique d'une authenticité incontestée et qu'on attribue généralement au fameux Tso Kieou-ming, disciple de Confucius. M. de Harlez ne croit pas que cette attribution soit bien fondée.

Les *Koue-yu* ne sont pas, comme l'ont prétendu les orientalistes européens qui en ont parlé, une réunion de documents historiques, mais bien un recueil de discours gouvernementaux mis par écrit par les « historiens de la Droite » et publiés par un lettré du quatrième siècle de l'ère ancienne. Le livre est réparti en sections qui répondent aux États où ces discours ont été prononcés.

La traduction du savant orientaliste belge apporte à la science une foule de renseignements précieux sur une époque que nous ne connaissions jusqu'à présent que d'une façon fort imparfaite.

Le prêtre japonais Toki, qui a célébré au Musée Guimet, il y a quelques mois, la messe bouddhiste, est parti dimanche 1er Avril par le *Melbourne*, retournant au Japon. Il a assisté à une représentation de l'*Africaine*, au Grand-Théâtre. M. Guimet se trouve en ce moment à Marseille, surveillant les répétitions de son opéra *Taï-Tsoung*. Il s'est entretenu avec Toki, qui est enchanté de son séjour en France. Ce prêtre, qui occupe une haute charge au Japon, déclare que le bouddhisme gagne beaucoup de terrain à Paris et que le terrain est tout préparé pour la venue du quatrième Bouddha qui doit convertir l'Occident au boudhisme. L'empressement qu'on a mis à assister à l'office bouddhique lui paraît de bon augure. Les temps sont proches!!!

FRANCE ET SIAM.

Nous extrayons de la partie officielle du *Journal Officiel de la République française*, les documents suivants:

No. du samedi 3 février 1894:

LOI portant approbation du traité conclu, le 3 octobre 1893, entre le gouvernement de la République française et le gouvernement de S. M. le roi de Siam.

Le Sénat et la Chambre des députés ont adopté,
Le Président de la République promulgue la loi dont la teneur suit:

Article unique. — Le Président de la République est autorisé à ratifier et, s'il y a lieu, à faire exécuter le traité conclu, le 3 octobre 1893, entre le gouvernement de la République française et le gouvernement de S. M. le roi de Siam.

Une copie authentique de cet acte sera annexé à la présente loi [1]).

La présente loi, délibérée et adoptée par le Sénat et par la Chambre des députés, sera exécutée comme loi de l'Etat.

Fait à Paris, le 2 février 1894.

CARNOT.

Par le Président de la République:
Le président du conseil,
ministre des affaires étrangères,
CASIMIR-PERIER.

---

1) Le texte du traité sera publié au *Journal officiel* après l'échange des ratifications.

No. du dimanche 11 février 1894:

Le Président de la République française,

Sur la proposition du président du conseil, ministre des affaires étrangères,

Décrète:

Art. 1er. — Le Sénat et la Chambre des députés ayant adopté le traité conclu à Bangkok, le 3 octobre 1893, entre la France et le Siam, et les ratifications de cet acte ayant été échangées à Paris, le 3 février 1894, ledit traité dont la teneur suit recevra sa pleine et entière exécution:

TRAITÉ.

M. le Président de la République française et S. M. le roi de Siam, voulant mettre un terme aux contestations survenues, dans ces derniers temps, entre les deux Etats et consolider les relations d'amitié qui existent depuis des siècles entre la France et le Siam, ont nommé pour leurs plénipotentiaires:

M. le Président de la République française, M. Charles-Marie Le Myre de Vilers, grand officier de la Légion d'honneur et de l'Eléphant blanc, ministre plénipotentiaire de 1re classe, député,

Et S. M. le roi de Siam, S. A. R. le prince Devawongse Varoprakar, chevalier de l'ordre de Maha Chakrkri, grand officier de la Légion d'honneur, etc., ministre des affaires étrangères;

Lesquels, après s'être communiqué leurs pleins pouvoirs et les avoir reconnus en due et bonne forme, sont convenus des articles suivants:

Art. 1er. — Le gouvernement siamois renonce à toute prétention sur l'ensemble des territoires de la rive gauche du Mékong et sur les îles du fleuve.

Art. 2. — Le gouvernement siamois s'interdit d'entretenir ou de faire circuler des embarcations ou des bâtiments armés sur les eaux du Grand-Lac, du Mékong et de leurs affluents situés dans les limites visées à l'article suivant.

Art. 3. — Le gouvernement siamois ne construira aucun poste fortifié ou établissement militaire dans les provinces de Battambang et de Siam-Reap et dans un rayon de 25 kilomètres sur la rive droite du Mékong.

Art. 4. — Dans les zones visées par l'article 3, la police sera exercée, selon l'usage, par les autorités locales avec les contingents strictement nécessaires. Il n'y sera entretenu aucune force armée régulière ou irrégulière.

Art. 5. — Le gouvernement siamois s'engage à ouvrir dans un délai de six mois des négociations avec le gouvernement français, en vue du règlement du régime douanier et commercial des territoires visés à l'article 3, et de la revision du traité de 1856. Jusqu'à la conclusion de cet accord, il ne sera pas établi de droits de douane dans la zone visée à l'article 3. La réciprocité continuera à être accordée par le gouvernement français aux produits de ladite zone.

Art. 6. — Le développement de la navigation du Mékong pouvant rendre nécessaires sur la rive droite certains travaux ou l'établissement de relais de batellerie et de dépôts de bois et de charbon, le gouvernement siamois s'engage à donner, sur la demande du gouvernement français, toutes les facilités nécessaires à cet effet.

Art. 7. — Les citoyens, sujets ou ressortissants français pourront librement circuler et commercer dans les territoires visés à l'article 3, munis d'une passe délivrée par les autorités françaises. La réciprocité sera accordée aux habitants desdites zones.

Art. 8. — Le gouvernement français se réserve d'établir des consuls où il le jugera convenable dans l'intérêt de ses ressortissants, et notamment à Korat et à Muang Van.

Art. 9. — En cas de difficultés d'interprétation, le texte français fera seul foi.

Art. 10. — Le présent traité devra être ratifié dans un délai de quatre mois à partir du jour de la signature.

En foi de quoi les plénipotentiaires respectifs susnommés ont signé le présent traité en duplicata et y ont apposé leurs cachets.

Fait au palais de Vallabha, à Bangkok, le 3 octobre 1893.

Signé: LE MYRE DE VILERS.
Signé: DEVAWONGSE VAROPRAKAR.

ANNEXE.

Les plénipotentiaires ont arrêté dans la présente convention les différentes mesures et les dispositions qu'entraîne l'exécution du traité de paix signé en ce jour et de l'ultimatum accepté le 5 août dernier.

Art. 1er. — Les derniers postes militaires siamois de la rive gauche du Mékong devront être évacués dans le délai maximum d'un mois à partir du 5 septembre.

Art. 2. — Toutes les fortifications de la zone visée à l'article 3 du traité en date de ce jour devront être rasées.

Art. 3. — Les auteurs des attentats de Tong-Xieng-Kam et de Kammoun seront jugés par les autorités siamoises; un représentant de la France assistera au jugement et veillera à l'exécution des peines prononcées. Le gouvernement français se réserve le droit d'apprécier si les condamnations sont suffisantes, et, le cas échéant, de réclamer un nouveau jugement devant un tribunal mixte dont il fixera la composition.

Art. 4. — Le gouvernement siamois devra remettre à la disposition du ministre de France à Bangkok ou aux autorités françaises de la frontière tous les sujets français, annamites, laotiens de la rive gauche et les Cambodgiens détenus à un titre quelconque. Il ne mettra aucun obstacle au retour sur la rive gauche des anciens habitants de cette région.

Art. 5. — Le Bam Bien de Tong-Xieng-Kam et sa suite seront amenés par un délégué du ministre des affaires étrangères à la légation de France, ainsi que les armes et le pavillon français saisis par les autorités siamoises.

Art. 6. — Le gouvernement français continuera à occuper Chantaboon jusqu'à l'exécution des stipulations de la présente convention, et notamment jusqu'à complète évacuation et pacification tant de la rive gauche que des zones visées à l'article 3 du traité en date de ce jour.

En foi de quoi, les plénipotentiaires respectifs ont signé la présente convention et y ont apposé leurs cachets.

Fait double au palais de Vallabha, à Bangkok, le 3 octobre 1893.

Signé: LE MYRE DE VILERS.
Signé: DEVAWONGSE VAROPRAKAR.

Art. 2. — Le président du conseil, ministre des affaires étrangères, est chargé de l'exécution du présent décret.

Fait à Paris, le 5 février 1894.

CARNOT.

Par le Président de la République:
Le président du conseil,
ministre des affaires étrangères,
CASIMIR-PERIER.

Cf. *T'oung-Pao*, IV, 5, Déc. 1893, p. 438, où nous n'avons donné que le texte non officiel.

INDO-CHINE.

On lit dans le *Journal* du 10 mars 1894:

Marseille, 9 mars.

Le courrier d'Indo-Chine qui vient d'arriver, m'apporte une curieuse lettre d'un de nos correspondants, qui me communique des très émouvants renseignements inattendus et terrifiants sur les mœurs de peuplades sauvages qui existent encore en Annam. Le surnom symbolique qu'on leur donne justifie l'épouvante qu'elles sèment: on les appelle les *Taï-Bi* (hommes-foie).

L'étymologie semble bizarre et pourrait dérouter bien des linguistes; nulle part elle n'est pourtant plus juste. Cette dénomination leur a été appliquée par les populations voisines, qui les relèguent au rang des tigres. Les Taï-Bi sont nomades; ils vivent par petits groupes de douze à quinze personnes; ils ne sortent jamais de la forêt, à moins qu'ils n'aient une victime à capturer: à peine séjournent-ils un jour ou deux dans le même coin, qu'ils choisissent de préférence parmi les plus abruptes et les plus embroussaillés; ils vivent de plantes et de fruits sauvages. On les dit d'une agilité extrême, comme les singes, leurs petits frères. Ils vivent complétement nus; leurs coutumes sont sanglantes, étranges, inhumaines. Les Taï-Bi paient chaque année un impôt, qui rappelle les scènes anthropophagiques de la Nouvelle-Bretagne: un fiel humain grillé.

Pour ne pas dépeupler leur tribu, qui s'amoindrit de jour en jour, ils tendent des embuscades aux Nha-Qués des environs s'approchant des routes peu fréquentées ou des terrains cultivés. Au pied des montagnes boisées, ils attendent patiemment qu'un isolé s'aventure dans quelques-uns des petits sentiers qui courent sous les arbres: aussitôt ils le terrassent, le bâillonnent, le ligottent et l'emportent dans un fourré.

Alors, la cérémonie commence, car il y a comme une sorte de rite attaché à cette immolation: on emplit de chaux vive la bouche du prisonnier, puis on l'étend sur la terre au milieu d'un cercle de branches mortes et d'herbes sèches qu'on fait flamber. Dès que le brasier est éteint, le plus vigoureux de la troupe s'approche du supplicié. Avec son grand coutelas il lui fait une large et profonde entaille dans le dos et fouille dans les entrailles pour en arracher le fiel, et le cadavre reste là, pendant qu'enchantés de leur aubaine, les Thaï-Bi dansent leur infernale ronde de joie et se perdent dans la forêt, emportant précieusement les tristes dépouilles qu'ils ont fumées. Ils recherchent surtout les femmes sur le point d'être mères, car ils attribuent à leur fiel des propriétés miraculeuses; puis ils se servent aussi de l'enfant, qu'ils font sécher, et dont les sorciers chinois sont amateurs pour préparer certains maléfices.

Ces temps derniers, quelques enlèvements ont semé la terreur chez les Muongs, à Oué-Hy, à Oué-Ben et à Oué-Tchoulouon, province de Vinh. Les pauvres habitants sont terrorisés; le corps d'un des leurs a été retrouvé dans un état presque complet de carbonisation, avec cette entaille béante dans le dos qui avait permis au sacrificateur sauvage d'extirper le fiel du captif.

GASPARD GALY.

JAPON.

Le professeur MORI a publié dans la revue hebdomadaire japonaise *Shigarami Zoshi* une traduction du célèbre roman de Goethe « Werther's Leiden » sous le titre de *Werther no Kanashimi* (Les douleurs de Werther). Cette traduction a excité le plus vif intérêt dans les cercles littéraires du Japon, et la vente de la revue a été extraordinaire. Ceci n'est, du reste, pas étonnant, car les amants japonais se suicident bien plus légèrement que les amants occidentaux: à tel point que le gouvernement japonais s'est vu obligé de décréter une clause pénale contre les Désespérés amoureux.

A l'occasion du 25ᵉ anniversaire du mariage du Mikado, le 9 Mars 1894, le gouvernement japonais a émis deux timbres-postes commémoratifs, un de la valeur de 2 Sen (rose) dont on a émis 14,300,000, et un de 5 Sen (bleu) dont on n'a émis que 700,000. Les timbres ont une largeur de 3,20 ctm. et une hauteur de 2,20 ctm. Ils portent au centre les armes du Mikado, une fleur de chrysanthème de seize feuilles, flanquées de deux dragons avec la légende anglaise Imperial Wedding 25 anniversary, et la légende chinoise (devenue presque illisible sur l'exemplaire que nous possédons par l'encre du timbre postal) 大聘?式十五年祝賀? «Félicitation du 25ᵉ anniversaire du grand Mariage».

En haut se trouve une bande avec la légende chinoise 大日本帝國郵便 «Timbre-poste du grand empire impérial du Japon», répétée en bas en Anglais Imperial Japanese Post. La valeur 貳錢 et 2 Sⁿ (ou 5 Sⁿ) est également placée en bas du timbre-poste.

L'émission entière a déjà été achetée par des accapareurs, qui en feront avec le temps une affaire lucrative. (*Illustrirtes Briefmarken Journal*, N°. 9, p. 136 et N°. 11, p. 174).

PAYS-BAS ET COLONIES NÉERLANDAISES.

Le Bulletin de Mars du Musée Colonial à Harlem contient une traduction hollandaise faite par M. H. Veen d'une traduction française de mémoires japonais originaux sur la culture du Bambou au Japon, par M. LÉON VAN DE POLDER, chargé d'affaires de la légation Néerlandaise à Tōkiō et envoyée à la direction du dit Musée. Le mémoire est accompagné de plusieurs gravures de différentes espèces de bambou, faites d'après des gravures japonaises originales.

Sous le titre de «Nederlandsch Koloniaal Centraalblad» (Journal central colonial néerlandais) Messieurs Brill viennent de faire paraître un nouveau journal qui contiendra une revue mensuelle de la littérature des colonies Néerlandaises orientales et occidentales, spécialement de celle relative aux sciences ethnologiques, biologiques et géologiques. Le journal est rédigé par M. C. M. PLEYTE WZN. à Amsterdam en collaboration avec M. le Dr. J. G. BOERLAGE, sous-directeur de l'Herbier royal de Leide, Mess. les professeurs G. A. F. MOLENGRAAFF et MAX WEBER à Amsterdam et M. le professeur A. WICHMANN à Utrecht.

Le premier se charge de la revue des ouvrages de botanique, le troisième de celle des ouvrages de zoologie, et le dernier de celle des ouvrages de géologie. Le prix du journal est très modique: franc de port fl. 2.75, soit six francs.

Le 1ᵉʳ no. contient e. a. une revue de l'ouvrage de M. F. W. K. MÜLLER sur la collection Battak de M. G. MEISSNER; une de la Note relative à la culture du riz dans la résidence de Tapanoeli par M. A. L. VAN HASSELT; un rapport sur l'état du Jardin botanique à Buitenzorg (Java), etc., etc.

Le Journal est rédigé en Hollandais, ce qui rebutera peut-être les étrangers. Mais il est juste qu'une nation qui a tant fait pour l'exploration de ses colonies et qui est en effet la fondatrice des sciences ethnographiques, publie les résultats de ses explorateurs dans sa langue nationale. Les savants étrangers qui doivent prendre note de ces recherches, se verront donc placés dans la nécessité d'apprendre cette langue.

Mr. F. G. Kramp, Map-curator of the Royal Dutch Geogr. Soc., at Amsterdam, has published a paper « Japan or Java? » as an answer to Mr. George Collingbridge's article on « The early cartography of Japan », in which he refutes the latter's opinion that the *Zipangu* of Marco Polo should be Java and not Japan.

Le Prix « Stanislas Julien » a été partagé le 22 Juin entre M. Chavannes, professeur de Chinois à l'Institut de France, et M. de Groot, professeur d'Ethnographie à l'Université de Leide.

RUSSIE.

Monsieur le Docteur Emil Bretschneider, ancien médecin de la légation de Russie à Peking, aujourd'hui à St.-Pétersbourg, prépare une suite à son *Botanicon Sinicum*. Il a presque fini un grand ouvrage sur les explorations botaniques de la Chine qui sera mis sous presse dans quelques mois, avec une carte de la Chine, sur laquelle seront tracés tous les itinéraires indiqués dans le texte.

NÉCROLOGIE.

PETER LEOPOLD VON SCHRENCK.

La mort vient encore une fois arracher à la science un des célèbres explorateurs que le gouvernement russe avait envoyés pour étendre ses connaissances de ses possessions en Asie.

Von Schrenck, qui s'est rendu justement célèbre par ses explorations du pays de l'Amour, est né le 24 Avril (6 Mai) 1826 dans la propriété de *Cholenj* dans le Gouvernement de *Charkov*.

Devenu orphelin à l'âge de 12 ans, on le plaça à l'École de Moscou qu'il quitta à l'âge de 16 ans.

De 1842 à 44, il étudia au Gymnase de Dorpat, puis se rendit à l'Université de Bonn en 1848 où il prit en 1850 le degré de Mag. Philos. Dans cette même année il se rendit à Berlin où il entra en relation avec Karl Ritter et Leopold von Buch.

Deux ans plus tard il fut promu au degré de Docteur en Philosophie à l'université de Königsberg.

En 1853 il fut envoyé par l'Académie Impériale des Sciences de St. Pétersbourg au pays de l'Amour pour explorer cette région, d'où il revint le 6 Janvier 1857 pour coordonner les matériaux scientifiques de son voyage. Son ouvrage, publié sous le titre de « Reisen und Forschungen im Amurlande » (Voyages et explorations dans le pays de l'Amour), fut publié en 5 volumes, dont 2 traitent de la Zoologie et 3 de l'Ethnographie de l'Amour.

Le 1ᵉʳ Fascicule de cet ouvrage parût en 1881 et le dernier en 1891.

Il fut nommé en 1862 Adjoint de l'Académie pour la Zoologie, et en 1864 Membre de l'Académie Impériale des Sciences de St. Pétersbourg.

On lui conféra en 1873 le titre de Conseiller d'état effectif avec le prédicat d'Excellence, et en 1888 celui de Conseiller secret.

Sa mort sera regrettée pour tous les savants qui ont eu occasion à étudier son ouvrage et d'admirer son grand talent d'observation.   G. S.

FOUCAUX.

Philippe Édouard Foucaux, né à Angers le 15 Septembre 1811, est mort dans son domicile à Paris, rue Perronet, le 19 Mai 1894. Chargé d'un cours de tibétain à la Bibliothèque Royale en 1842, puis suppléant au Collège de France, d'Eugène Burnouf qui lui avait enseigné le sanscrit, il remplaça, définitivement son maître comme professeur titulaire en 1862. M. Foucaux a publié un grand nombre d'ouvrages dont nous indiquons les principaux :

— Specimen du Gya-Tcher-Rol Pa (Lalitavistara). Partie du chapitre VII, contenant la naissance de Çakya-Muni. Texte tibétain, traduit en français et accompagné de notes. Paris, B. Duprat, 1841, in-8, pp. 27 et texte tibétain.

— Rgya-Tch'er-Rol Pa ou Développement des Jeux contenant l'histoire du Bouddha Çakya Mouni, traduit sur la Version tibétaine du Bkah Hgyour, et revu sur l'original sanskrit (Lalitavisthâra). Première partie: Texte tibétain, Paris, Imp. Roy., MDCCCXLVII, in-4. — Deuxième partie : Traduction française, Paris. Imp. Roy., MDCCCXLVIII, in-4.

— Parabole de l'Enfant égaré, formant le chapitre IV du Lotus de la Bonne Loi, publiée pour la première fois en sanscrit et en tibétain, lithographiée à la manière des livres du Tibet, et accompagnée d'une traduction française d'après la version tibétaine du Kanjour. Paris, B. Duprat, 1854, in-8.

— Le Sage et le Fou. Extrait du Kan-jour, revu sur l'édition originale, et accompagné d'un glossaire. Paris, 1842, in-8, pp. 74 et 1. préf.

— Le Trésor des Belles Paroles. Choix de Sentences composées en tibétain par le Lama Saskya Pandita, suivies d'une élégie tirée du Kanjour, traduites pour la première fois en français. Paris, B. Duprat, 1858, in-8, pp. 46 et texte tibétain.

— La Guirlande précieuse des demandes et des réponses publiée en sanskrit et en tibétain, et traduite pour la première fois en français. Paris, 1867, in-8.

— Discours prononcé le 31 Janvier 1842 à l'ouverture du cours de langue et de littérature tibétaine près la bibliothèque royale. br. in-8, pp. 15.

— Grammaire de la langue tibétaine. Paris, Imprimerie impériale, 1858, in-8.

H. Cordier.

BIGANDET.

Paul-Ambroise Bigandet, de la Société des Missions Etrangères de Paris, évêque titulaire de Ramatha, vicaire apostolique de la Birmanie méridionale, né à Malans, diocèse de Besançon, en 1813, est mort à Rangoun le 19 Mars 1894. Bigandet était arrivé en Birmanie dès 1837, et il avait acquis par son long séjour dans le pays une influence et une connaissance de la langue qui ne peut être comparée qu'à celle du missionnaire protestant américain, Adoniram Judson. Mgr. Bigandet a publié: *The Life or Legend of Gaudama, the Buddha of the Burmese* qui, imprimé d'abord à Rangoun, le fut de nouveau dans Trübner's *Oriental Series*. Cet ouvrage a été traduit en français par le lieutenant de vaisseau Victor Gauvain, avec une introduction par M. Ph.-Ed. Foucaux, Paris, Leroux, 1878, grand in-8. Il jouit d'une légitime réputation. H. C.

HODGSON.

Brian-Houghton Hodgson, né le 1er février 1800 à Lower-Beech, est mort le 23 mai 1894, âgé de quatre-vingt-quatorze ans. Cet illustre orientaliste anglais était le plus ancien correspondant étranger de l'Académie des Inscriptions et Belles-Lettres à laquelle il avait été appelé en 1850. Il était également membre de la Société Royale de Londres. Ses travaux sur la littérature de l'Inde, et en particulier sur celle du Nepaul et du Tibet, lui ont conquis une renommée universelle; tandis que ses recherches sur le Bouddhisme en ont fait presque le créateur des études relatives à cette religion. Hodgson ne négligeait pas d'ailleurs l'ethnographie des pays qu'il avait visités, et il a réparti la plus grande partie de ses collections précieuses entre les Bibliothèques et les Musées de son pays ainsi que ceux du Continent. Nous citerons entre autres ouvrages de Hodgson: *Essays on the languages, literature and religion of Nepal and Tibet* (1874) et *Miscellaneous Essays relating to Indian subjects* (1880), dans lesquels sont réunis un grand nombre d'articles épars dans divers Recueils. H. C.

V. E. MEJOV.

Ce célèbre bibliographe russe vient de mourir à St. Pétersbourg (Juin 1894). Nous avions eu le plaisir de le voir à Paris l'année dernière et rien ne pouvait faire prévoir sa fin prématurée. C'était un homme aussi modeste que savant; il était non seulement bibliographe, mais aussi un musicien de talent: *Souvenirs d'Alad'ino*, rêverie et l'*Ouverture de l'Ane d'Or* d'Apulée, *Pensée Musicale* pour le piano, *Feuillet d'Album* ont paru à Paris en 1893. Mais c'est par ses innombrables travaux bibliographiques et en particulier sur le Turkestan russe et la Sibérie que MEJOV est connu. Il avait entrepris une grande bibliographie de l'Asie sous le titre de :

— Библіографія Азіи. — Указатель книгъ и статей объ Азіи на русскомъ языкѣ и однѣхъ только книгъ на иностранныхъ языкахъ, касающихся отношеній россіи къ азіатскимъ государствамъ. Составилъ В. И. Межовъ. С.-Петербургъ. 1891. — Т. II, 1892. — 2 vol. in-8.

Les deux fascicules qui ont paru contiennent :

— L'Orient en général. La Chine, la Mandchourie, la Mongolie, la Djoungarie, la Corée, le Thibet, le Japon, l'Inde, la Perse, le Bélouchistan, la Turquie, l'Arabie, l'Afghanistan, l'Asie centrale.

Un troisième et dernier fascicule est sous presse. H. C.

BULLETIN CRITIQUE.

Mittheilungen der deutschen Gesellschaft für Natur- und Völkerkunde Ostasiens in Tokio. Bd. 6, Heft 53, Februar 1894. *Die Psychologie der japanischen Sprache*, von CARL MUNZINGER.

Wir begrüssen mit Freude diesen vortrefflichen Aufsatz des Herrn Professor C. Munzinger über die Psychologie der japanischen Sprache. Mit um so mehr Freude als wir daraus ersehen, dass wir nicht die Einzigen sind, die den Standpunkt den der Verfasser einnimmt als den einzig richtigen ansehen, und den wir noch neulich, gelegentlich der Besprechung des Handbuches der nordchinesischen Umgangssprache von Prof. C. Arendt, ausführlich erörtert haben (*T'oung-pao*, V, S. 164—169). Es freut uns auch dass der Verfasser ein so günstiges Urtheil fällt über Professor Lange's Lehrbuch der japanischen Umgangssprache, das aber, wie Professor Munzinger ganz richtig behauptet, noch einer Ergänzung fähig und bedürftig ist, in sofern dass, wie er bemerkt: »Die rein grammatische Methode »sogar leicht von dem Verständnis, »dem Geist der Sprache, hinweg- »führt, eine Gefahr, die um so »näher liegt, je individuell ver- »schiedener gegenüber der eigenen »Sprache dieser Geist ist. Aber »mehr als mit allen indogerma- »nischen, ist das für uns bei der »japanischen [1]) Sprache der Fall. »Hier gilt es darum besondere »Vorsicht, welche, wie mich dünkt,

---

[1]) Und auch, und noch mehr, der Chinesischen. G. S.

»bisher nicht von allen japani-
»schen Grammatikern geübt wur-
»de, und von keinen vielleicht in
»genügendem Maasse" (S. 105a).

Nach Hervorhebung von Chamberlain's Handbook of Colloquial Japanese und Aston's Japanese spoken language, von denen Verf. besonders preist dass »diese Übersetzungen die eigenthümliche Ausdrucksform des japanischen Gedankens für jeden verständlich zur Darstellung bringen", fügt er hinzu: »Sie mahnen den einsichtigen Studierenden daran *seine eigene Sprache erst nach japanischer Denkweise umzugestalten, ehe er übersetzt*" (S. 105b) [1]).

Vollkommen denselben Grundsatz haben wir in unserer Übersetzung der »Stèle Funéraire [2]) du Teghin Giogh", sowie in unserer Besprechung der chin. Grammatik von Prof. Arendt (*T'oung-pao*, V, S. 166) betont.

Der Verfasser beschliesst seinen zweiten Paragraphen mit folgenden Worten, die wir gerne unterschreiben:

»Nicht von der Grammatik
»einer europäischen Sprache haben
»wir auszugehen, sondern von
»der Psychologie des japanischen
»Geistes" (S. 106).

»Hier geborene Kinder euro-
»päischer Eltern", sagt der Verfasser weiter (S. 127), »lernen das
»Japanische eher und leichter als
»ihre Muttersprache; auch in Eu-
»ropa geborene und vor dem zehn-
»ten Jahr nach Japan gekommene
»Kinder eignen sich das Japanische
»fabelhaft rasch und correct an
»und bedienen sich mit Vorliebe
»einer Sprache, welche ihren Eltern
»als der Inbegriff alles Schwierigen
»erscheint".

Nach des Verfassers Urtheil ist der Grund in dem Umstand zu suchen, dass die japanische [3]) Ausdrucksweise dem kindlichen Geist homogen ist und dem Fassungsvermögen und der Anschauungsweise eines Kindes weit mehr ent-

---

1) Wir cursiviren. G. S.
2) In demselben Heft der vorliegenden Zeitschrift, Seite 143, steht wohl aus Versehen *La stèle française* (!) *du Teghin Giogh*.
3) Und auch die Chinesische.

spricht als unsere zur Mannesreife entwickelten Sprachen.

Vollkommen wahr! aber unsere Kinder sprechen ihre eigene europäische Muttersprache noch ganz wie die ungrammatischen Völker es thun, und müssen erst durch harten Schulzwang gezwungen werden ihre natürliche Ausdrucksweise gegen die künstlerisch grammatikalische einzutauschen.

Wenn wir Europäer aber Chinesisch, Japanisch, Malayisch oder dergleichen Sprachen erlernen wollen, müssen wir es eben anfangen wie unsere Kinder dies thun: einfach *nach*-sprechen und *nach*-denken, ohne Rücksicht auf grammatikalische Klügeleien und Grübeleien. G. S.

Lodovico Nocentini, *La scoperta dell' America, attribuita ai Cinesi* (Extrait des Actes du 1er congrès géographique italien à Gênes en 1892).

Quand nous avions détruit à jamais l'hypothèse de M. de Guignes que le fameux pays de *Fousang* était l'Amérique, et démontré que ce pays devait être l'île de Krafto, nous nous attendions à des attaques de la part des savants et demi-savants, à qui il était désagréable d'avoir à reconnaitre qu'ils avaient cru tout bonnement pendant plus d'un siècle et demi que les Chinois avaient découvert l'Amérique longtemps avant Christophe Colomb. Mais le nimbe mystérieux qui entourait le Fousang obscurcit encore toujours leurs esprits, et voilà qu'ils réclament pour ce pays, soit la Corée (la ville de *Fusan*), comme M. H. J. Allen [1]), soit le Japon, comme M. J. Edkins, dans le « Messenger » [2]), et M. Nocentini dans la brochure de 12 pages mentionnée ci-haut, et dans laquelle il identifie le Fousang avec le Japon à sa propre satisfaction, disant que la question est tellement facile et évidente qu'il ne comprend pas comment on puisse l'avoir rendue

---

1) Proc. of the R. G. S. of London for August 1893, p. 570. Nous avons réfuté cet article dans le *Toung-pao*, Vol. III, p. 447.

2) Voir *Toung-pao*, IV, p. 390, où nous avons également fait évanouir cette hypothèse.

difficile et obscure [1]). Il commence par affirmer qu'il faut traduire les mots *Ta Han Kouo* par la Chine, c'est-à-dire, du pays (*kouo*) de la Grande (*ta*) dynastie de *Han*. Or cette dynastie finit en l'an 220 de notre ère, tandis que le Chamane *Hoeï-chin* revint du *Fousang* en l'an 499, sous la dynastie des *Thsi*, ou près de 3 siècles après l'extinction de la dynastie de *Han* [2]). Mais M. Nocentini passe les caractères chinois qui suivent dans le récit de Hoeï-chin: *ti tsai Tchoung-kouo tchi toung* (地在中國之東) «le pays est situé à l'Est du Royaume du milieu» c'est-à-dire de la Chine [3]). Le prêtre *Hoeï-chin* distingue donc très nettement le royaume ou pays de *Ta-han* et celui de *Tchoung-kouo* (la Chine), tandis que M. Nocentini lui fait dire une sottise. Que dirait-ou d'un écrivain français qui écrirait: «La Russie se trouve à cent lieues de la *Gaule*, et ce pays est situé à l'Orient de la *France*»?

La distance de 20,000 *li* est, selon l'auteur, seulement hyperbolique, pour désigner une grande distance (p. 5). Nos lecteurs savent que nous-mêmes nous n'avons pas tenu beaucoup de compte de cette distance, et que nos preuves pour l'identification du Fou-sang avec l'île de Krafto ne reposent nullement sur cette distance.

Il est vrai que les Japonais ont adopté le nom de *Fou-sang*, par eux prononcé *Fousō*, comme désignation poétique de leur pays; mais ils ont appris l'existence du *Fou-sang* seulement par les écrivains chinois, longtemps après. Nulle mention ne se trouve de ce nom dans les Annales Japonaises avant que les

---

1) «La identificazione del Fusàng col Giappone si presenta così facile ed evidente da non comprendere come siasi potuto renderla difficile ed oscura» (p. 13). Si la question était vraiment si facile, pourquoi donc M. Nocentini ne l'a-t-il pas démontrée plus tôt et avant nous?

2) Nous remarquons que l'épithète *ta* (grand) n'est plus usitée dès qu'une dynastie est tombée du trône en Chine. On parle encore de *Han-jin* «hommes de *Han*», et les Chinois à Java nomment leur pays *Tang-chan* (唐山) «Montagnes de (la dynastie de) *Tang*» mais ils ne diront jamais *Ta Tang-chan* «les montagnes du Grand *Tang*».

3) La phrase entière est: *Fou-sang* se trouve à plus de 20,000 *li* à l'Est du pays de *Ta-han*, et le pays est situé à l'Est de la *Chine*.

cette expression n'est pas un composé pour «cuirasse», mais désigne deux choses: les *ping*, ou armes offensives, et les *kiah*, ou armes défensives.

Dans la description du pays de *Ta-han* (*T'oung-pao*, IV, 334) il est également dit que le peuple n'a pas d'armes 無兵戈 *wou ping ko*, littéralement point de sabres (*ping*) et de lances (*ko*). M. NOCENTINI a donc tort de vouloir traduire *ping kiah* par «cuirasse seulement».

Du reste nous ne saisissons pas son but; car s'il veut prouver par son interprétation que les Japonais n'avaient pas de cuirasses, il se trompe singulièrement, les auteurs chinois disent positivement qu'ils en avaient[1]). Mais, ajoute l'auteur: quoique si bien armés, ils (les Japonais) ne faisaient point la guerre[2]). Quelle différence y a-t-il entre le 征戰 *tching-tsien* de ce passage et le 攻戰 *kong-tsien*, «attaquer et combattre», du récit de *Hoei-chin*? nous ne comprenons pas sur quelle autorité M. NOCENTINI veut rendre cette expression par «non si escritava alla guerra» — qu'ils n'étaient pas exercés à la guerre.

M. NOCENTINI ne veut pas non plus admettre que les caractères 以夫桑皮爲紙 veuillent dire: «qu'ils faisaient du papier de l'écorce de l'arbre Fou-sang» et veut les traduire par «ils tiennent (emploient) comme papier l'écorce du Fousang» (*tengono per carta la scorza del Fusang*), parce que la légende dit qu'un Coréen introduisit seulement en 610 la fabrication du papier et de l'encre au Japon.

Mais ceci ne s'accorde pas avec ce qui précède, que les habitants du Fou-sang tissaient des étoffes de l'écorce de cet arbre pour en faire

---

Dict. de *K'ang-hi* i. v. 飾: le 周禮精華, où le commentaire dit 飾器甲兵之屬 «Les *Chih-khi* sont les cuirasses et les armes». Medhurst traduit 飾器 également par «offensive and defensive weapons».

1) 漆皮爲甲 «ils fabriquent des *cuirasses* avec du cuir recouvert de vernis» *Pien-i-tien*, Chap. 33: 隋書; Harvey, op. cit., p. 77—78.

2) 雖有兵、無征戰. *Ibid.*

des vêtements, et qu'on en faisait aussi une espèce de soie 績其皮爲布以爲衣、亦以爲綿 où *i wei* est deux fois répété dans le sens de « faire avec » (*con...fare*). Selon M. Nocentini il faudrait encore traduire ici *i-wei* par « tenere per », « considerar come » et nous aurions l'absurde interprétation qu'ils tissaient l'écorce de la broussonetia pour en faire des étoffes qu'ils *considéraient comme* des habits et aussi *comme* de la soie. Au lieu de *i-wei*, on trouve aussi *young-tsoh* (*con fare*): 蔡倫用樹皮及做布魚網作紙, *Ts'ai-lun* fit du papier de l'écorce des arbres, de vieilles loques et de (vieux) filets. On trouve aussi *i-tsoh* (*con fare*): 北人以桑皮作紙, les hommes du Nord font du papier de l'écorce du mûrier (absolument comme les habitants du Fou-sang).

Dans le *Chih-i-ki* (拾遺記, Chap. IX, fol. 7, *verso*) on lit: 南人以海苔爲紙 *Nan jin i hai-t'ai wei tchi*, « les peuples méridionaux font (*wei*) du papier de (*i*) la mousse marine », absolument comme dit *Hoei-chin* des Aïno: 以夫桑皮爲紙 *Fou-sang p'i wei tchi*, « ils font (*wei*) du papier de (*i*) l'écorce de l'arbre Fousang ». M. Nocentini traduirait-il encore: *La gente meridionale tiene per carta il muschio marino*, au lieu de *colla muschio marino fa la carta?!!* Je voudrais bien voir l'artiste en état d'écrire sur de la mousse marine!

Comparez aussi mon Fousang, p. 133, notes 3 et 4, où *i-wei* signifie « pour en faire », et non pas « considérer comme ».

Quand *i-wei* signifie « considérer comme », l'expression n'est généralement pas séparée: 不以爲恥 *pou i-wei tchi*, il ne le tient point pour une disgrace; 民以爲大 *min i-wei ta*, le peuple le considère comme grand (Prémare); 不以爲泰 on ne regarde pas cela comme excessif (St. Julien, Syntaxe I, 86). Dans la description chinoise de Java on lit: 與犬同寢食、不以爲穢 « ils couchent et mangent avec les chiens, et ne considèrent cela pas (*pou i-wei*) comme sale (瀛涯勝覽).

Si M. Nocentini veut ouvrir la

Monographie de St. Julien, dans sa Syntaxe nouvelle de la langue Chinoise (I, 113), sur les car. 以 *i-weï*, il y lira textuellement: « Le « mot *weï* 爲 se présente tantôt « précédé de 以 *i* et forme l'ex-« pression *i-weï* que l'on traduit « par juger, trouver, regarder com-« me; .... tantôt séparé de 以 *i* « par un ou plusieurs mots qu'on « intercale entre ces deux signes. « Dans ces deux cas, la significa-« tion habituelle (prendre pour, « regarder comme, juger) est tout-« à-fait insuffisante, comme on va le « voir par les exemples suivants » [1]). Si *Hoeï-chin* avait voulu dire ce que M. Nocentini lui suppose, il aurait écrit: 剝夫桑皮以爲紙 « ils enlèvent (*poh*) l'écorce du *Fousang* et s'en servent comme (*i weï*) papier ». A l'époque de *Tsin-chi Hoang-ti* (2ᵉ siècle av. notre ère) vivaient deux maniaques de savants nommés *Tchang-i* et *Sou-tsin*, qui mendiaient leur pain sur les grandes routes **et enlevaient l'écorce** des arbres qu'ils reliaient comme (*pien i-weï*) des portefeuil-

les, afin d'y déposer les bons livres du monde 張儀蘇秦二人 ○○○每假食於路。剝樹 皮編以爲書帙、以盛 天下眞書（拾遺記, Chap. IV, fol. 7 *verso*). Un autre auteur chinois dit: 探紫貝以 爲貨 « ils pêchent des cauris dont ils se servent (*i-weï*) comme monnaie ».

On lit dans les livres de *Han* qu'un certain berger, nommé *Lou Wen-siu*, cueilla dans les marais des feuilles d'acore qu'il découpa pour en faire (*i-weï*) des tablettes qu'il reliait et s'en servit pour écrire dessus 路温舒牧羊、取 澤中蒲、截以爲牒、編 用寫書 (Vide Encyclopédie *Kih-tchi-king-yuen*, Chap. 68, fol. 19 *verso*).

Ce n'est pas de cette façon qu'il faut agir. Je traduis toujours mes textes candidement, et c'est de la traduction que je déduis mes conclusions, sans jamais en forcer le sens pour servir d'appui à une théorie préconçue.

Si M. Nocentini veut prouver

---

[1] Comp. aussi la Grammaire chinoise de G. von der Gabelentz, § 790--796.

que le Fousang est le Japon, il doit employer d'autres moyens. Mais sa tentative me paraît tout-à-fait impossible.

Il lui faudrait prouver qu'on trouve au Japon un grand cerf à énormes cornes, qui n'y a jamais existé, mais qui est le renne qu'on trouve à Krafto. Il lui faudrait prouver encore que les Japonais durent servir leur beau-père futur pendant un certain temps, coutume qui est répandue dans toute la Sibérie jusque chez les *Tchouktchi*, près du détroit de Bering [1]). Or nous apprenons des historiens chinois que les anciens Japonais étaient polygames, ce qui exclut du premier abord la servitude du beau-fils. Il lui faudrait prouver encore l'existence de la hutte provisoire à côté de la maison du beau-père où le gendre futur devait demeurer pendant l'époque de sa servitude. Il lui faudrait détruire le témoignage direct, mentionné dans notre Fousang (p. 128) que l'île de *Fousang* est le pays des « Longues Barbes », c'est-à-dire des Aïno, et une foule d'autres preuves encore que nous avons avancées.

Mais il suffit d'un seul fait pour faire écrouler de fond en comble la théorie de M. Nocentini. Il se trouve dans la chanson d'adieu à un prêtre bouddhiste retournant au Japon par un certain *Saingôtcha*(?)[2]) qui commence avec les strophes suivantes:

碧海蓬莱外、
扶桑日本東。
居然成絶域、
久矣染華風。

« Au delà des îles *P'ung-lai*, dans la mer azurée,

« Le *Fousang* et le *Japon* se trouvent à l'Orient;

« Fièrement ils forment les régions ultimes,

« Et depuis longtemps, je pense, ils sont imbus de la civilisation chinoise ».

---

1) Henry Lansdell, «Through Siberia», Vol. II, p. 643.
2) 僧妙聲送僧歸日本. Vide *Pien-i-tien*, Chapitre 40, Article 日本部藝文二之三。

Comme on le voit, l'auteur distingue nettement le Fousang du Japon.

Wang Yih-yun (王翼雲), le commentateur des «Poésies de l'époque des Thang», dit dans son commentaire sur la Chanson d'Adieu de *Wang-wei* (王維) [1] à *Tchao-kien* (晁監), à l'occasion de son retour au Japon: «Fousang «est le pays où le soleil se lève. «Les feuilles de cet arbre ressem-«blent à celles du mûrier, mais «leurs troncs ont une racine com-«mune et s'appuient l'un sur l'au-«tre; c'est pour celà qu'on les «appelle *Fousang* (les mûriers qui «se soutiennent). Le Japon est «proche de lui (du Fousang)» [2].

On le voit encore: distinction nette entre le Fou-sang et le Japon, quoiqu'ils soient dits être proches l'un de l'autre; ce qui est vrai, l'île de Krafto n'étant séparée du Yézo et du Japon que par un bras de mer.

Enfin nous renvoyons aux nos. XIII et XIV de nos «Problèmes» (pp. 184 et 201) dans cette livraison même, où nous voyons que le Pays de Nili, que nous avons prouvé être le pays des Tchouktchi, ainsi que le Pays des Antihéliens, sont situés à l'Est de *Fousang*, qui ne peut donc pas être le Japon, à l'Est duquel on ne trouve pas de peuple qui se perce les joues pour y enter des dents.

Nous avisons les savants de ne pas juger prématurément nos mémoires sur les pays problématiques chez les géographes chinois. Ces mémoires ne sont pas des travaux isolés, mais des membres détachés d'un ouvrage considérable, membres qui se relient géographiquement et ethnographiquement entre-eux, et se renforcent l'un l'autre.

G. S.

---

1) Poète célèbre de la dynastie de Thang, A.D. 699—759.

2) 扶桑日所出處。樹葉如桑而同根相倚。故名扶桑。倭國近之。*Vide* 唐時合解, Chap. 12, fol. 12 *verso*. commentaire sur le vers 鄉樹扶桑外。主人孤島中。

«Votre village natif se trouve au delà du Fousang,
«Et vous mon maître demeurez dans les Iles solitaires».

Selon le même commentaire, les Iles solitaires sont le Japon.

EINE NEUE BUDDHISTISCHE PROPAGANDA

VON

O. FRANKE.

In der letzten Woche des Jahres 1893 fand in Shanghai ein Ereigniss statt, das nur einigen wenigen Personen im grossen China bekannt geworden ist, das aber, so ergebnisslos es auch voraussichtlich für die Folgezeit bleiben wird, doch als Thatsache an sich schon ein genügendes kulturhistorisches Interesse besitzt, um nicht gänzlich unbemerkt gelassen zu werden. Es handelt sich um nichts geringeres, als um einen von Indien aus unternommenen Versuch, den chinesischen Buddhismus wieder wie in den Tagen seiner Glanzzeit in lebendige Berührung mit dem Lande seiner Herkunft zu bringen.

Vor einigen Jahren wurde von Ceylonesischen Buddhisten in Calcutta die sogenannte Mahâbodhi-Society gegründet, deren Hauptziel die Wiederherstellung des Buddhismus in Indien ist, und die vielleicht in Beziehungen zu dem durch seine buddhistischen Reformbestrebungen bekannt gewordenen Obersten Olcott steht. Der General-Secretair dieser Gesellschaft, der den altberühmten Namen Dharmapâla führt, war als Vertreter des südlichen Buddhismus auf dem Religionscongress in Chicago, besuchte dann auf seiner Rückreise mehrere buddhistische Kultusstätten in Japan und landete im December in

Shanghai, wo ich seine Bekanntschaft machte. Der Zweck seiner Mission wird sich unten aus seinen eigenen Worten ergeben. Obwohl ich nach den Erfahrungen, die ich in buddhistischen Klöstern gemacht, Dharmapâla's Bestrebungen, soweit sie China betrafen, für vollständig aussichtslos hielt, war ich doch gern bereit, ihm auf seine Bitte als Dolmetscher behilflich zu sein. Am 28. December begaben wir uns, zusammen mit dem englischen Missionar Timothy Richard, einem ausgezeichneten Kenner des chinesischen Buddhismus, nach dem etwa 10 Klm. von Shanghai entfernten Kloster Lung-hua-ssi, wo Dharmapâla eine grosse Feierlichkeit zu veranstalten gedachte. Obwohl er bereits einige Tage vorher mit dem bekannten Sinologen Dr. Edkins die Mönche aufgesucht und Tag und Stunde seiner Wiederkehr festgesetzt hatte, war doch, allerdings weder zu Herrn Richard's noch zu meiner Überraschung, nicht das geringste vorbereitet, und wir wurden genau in derselben halb nachlässigen, halb neugierigen Weise empfangen, wie gewöhnliche Reisende, wenn sie ein Kloster betreten, in dem der Europäer nicht mehr unbekannt ist. Allmählich sammelte sich eine Schaar von Priestern, Dienern und Landbewohnern aus der Nachbarschaft, einschliesslich Frauen und Kinder, um uns und belagerte den Tisch in einem Hinterzimmer des Tempels, wo wir uns niedergelassen hatten. Dharmapâla liess nunmehr eine etwa 3 Fuss hohe steinerne Buddhafigur aus Buddhagayâ, die 1800 Jahre alt sein sollte, und die er auf seinen Reisen mit sich führte, aus der Kiste packen und aufstellen; die Statue wurde mit gierigem Interesse betrachtet, aber die Situation blieb so profan wie vorher. Nachdem sich ein Priester vom Tien-tai-shan und ein anderer vom O-mei-shan, offenbar die intelligentesten von allen, zu uns gesetzt, verlas Dharmapâla die nachfolgende Addresse in English, während ich die chinesische Übersetzung davon folgen liess:

»I, Dharmapâla, Representative of the Southern Buddhists, and General Secretary of the Mahâ-Bodhi-Society, in their name greet you, Beloved Brothers.

»You know that the birthplace of the religion of the Tathâgata Çâkya Muni is India, and from thence Buddhism spread to the outlying countries. From the time of the Buddha's Nirvâṇa at Kusinârâ, two thousand four hundred and thirty seven years have elapsed, and to-day there are nearly four hundred and seventy five millions of people who acknowledge the Buddha as their Teacher. A thousand years ago almost the whole of Asia was under the benign sway of the gentle teachings of this great Teacher.

»About seven hundred years ago Buddhism was totally destroyed in India by the Mahommedan conquerors; and as long as they were in power, Buddhism had no place in the land. Thousands of priests were killed, temples and sacred books destroyed, and those who escaped from these persecutions fled into the mountain countries of Nepal and Tibet and also to China.

»The sacred places associated with the divine Teacher viz. Kapilavastu, Buddhagayâ, Benares, Kusinârâ, Râjagiri, Nâlanda, Vesâlî and Çrâvasti were all destroyed by the bloodthirsty Mahommedans.

»Buddhagayâ is thrice sacred to the Buddhists, for there stands the sacred Bodhi Tree, under whose shade the ascetic Prince sat in meditation, when the supreme light of Truth dawned on his purified mind, and he became the all-knowing Buddha. This sacred site is now in a sadly neglected state. No Buddhist priest, or layman is there to take care of the Tree and the Temple.

»In the year 1891, January 21, I visited this sacred site along with a Japanese Buddhist priest of the Shingon-su Sect, and then I witnessed the painful spectacle of an outcast (Chaṇḍâla) woman sweeping the sacred ground under the tree, the very spot, where the Tathâgata sat, by her own dirty broom. No greater desecration of this sacred place could be made than to see it under the guardianship of a class of people known in India as the »vilest of the vile"; no Brahman would allow a chaṇḍàla to come near his sacred person. When there were Buddhist Kings in India, the place was guarded with great veneration, kings, queens, princes and nobles all taking part in the great celebrations. The brooms that were used to sweep the sacred ground, were made of royal hair.

»Now there is no Buddhism in India, and my object in coming to this great country is to inform my Chinese co-religionists of this fact and to ask their support and sympathy for the rehabilitation of this religion. India gave you her religion and now I appeal to you to help her in her hour of need.

»The Christians, Mohammedans and Hindus (Brahmans) have their respective sacred places in Jerusalem, Mecca, and Puri under their guardianship; but to our sorrow I find that the Buddhists have entirely forgotten their holy land.

»The Blessed Buddha addressing Ānanda soon before his final passing away, said: »Ānanda, there are four places, which my Bhikkhus, Bhikkhunis, Upâsakas and Upâsikâs should visit, and these places are, where the Tathâgata was born, where he attained anuttara saṁyak saṁbôdhi, where he preached the Dharma Chakra, where he attained Nirvâṇa. A visit to these places will bring joy into their minds, and after their death they will be born in heaven".

»To restore these sacred sites, to station Bhikchus from all Buddhist countries in these places, to train them as Buddhist missionaries to preach Buddhism to the people of India, to translate again from Chinese the Buddhist Scriptures into the Indian languages, is our object, and to carry out this great scheme, we have formed a great Buddhist Society, called the Mahâ-Bodhi-Society, on an international basis. All the Buddhist countries, viz. Japan, Siam, Burma, Tibet, Ceylon, Chittagoug and Arakan have joined us in our work, and now I make this appeal to the Buddists of China, whose illustrious predecessors, the great Fa-Hien, Hiouen-Thsang and I-tsing have shed a lustre by their heroic devotion to Buddha and by their pilgrimages to the sacred land — the land of the Buddhas".

Dass diese Rede, deren chinesischer Text nach der Verlesung überreicht wurde, einen sonderlichen Eindruck hervorbrachte, habe ich nicht bemerkt, indessen wurde sie mit grösstem Interesse angehört und sogleich discutirt. Dharmapâla's Absicht war, die Übersetzung drucken und durch die Klöster über alle Provinzen verbreiten zu lassen. Die Mönche stimmten dem zu, und versprachen sogleich mit der Drucklegung auf ihre Kosten zu beginnen. Dann wurden besonders zwei Punkte des näheren erörtert, nämlich die Art und Weise, wie chinesische Buddhisten nach Indien gelangen, dort aufgenommen werden sollten u.s.w., und das Verhältniss, in welchem die indische Regierung zu der Angelegenheit stände. Im weiteren Verlauf der Unterhaltung überreichte Dharmapâla noch auf einem kleinen silbernen Tablet ein Blatt von dem Bodhi-Baum in Buddha-gayâ und etwas Sand von der heiligen Stätte. Die Priester nahmen die Geschenke dankend entgegen und baten dann, ihnen die kostbaren Reliquien zu zeigen, von denen Dharmapâla bei seinem ersten Besuch gesprochen. Diesem Verlangen wurde gewillfahrt, nachdem wir uns dazu in die grosse Halle des Triratna begeben hatten. Die Reliquien bestanden in zwei Knöchelchen, von denen eines angeblich dem Çâkyamuni selbst, das andere einem Arhat angehört haben sollte. Die für solche »Kostbarkeiten" sehr empfänglichen Chinesen drängten sich gierig nach dem heiligen Anblick, aber in einer Art, wie sie ehrfurchtsloser und profaner nicht gedacht werden kann. Ein wüstes Drängen und Stossen hub an, bei welchem sich Priester und Laien in gleicher Weise betheiligten;

man redete, schrie, lachte und riss sich um die subtilen Gegenstände, und nur mit Mühe konnten wir die letzteren wieder aus dem Knäuel herausretten. Bald darauf traten wir, ungeleitet und in derselben formlosen Weise entlassen, wie wir empfangen waren, den Heimweg an.

Dharmapâla mag bitterlich enttäuscht gewesen sein in seinen Erwartungen, und dies Gefühl muss sich am folgenden Tage noch vertieft haben, als zwei Priester von Lung-hua-ssï nach der Stadt kamen und baten, sie von ihrem voreilig gegebenen Versprechen betreffs Drucklegung der Addresse entbinden zu wollen: sie saien nach längerer Berathung zu der Überzeugung gekommen, dass ihnen ein solcher Schritt Ungelegenheiten bringen würde, und wollten daher zunächst den Aufruf der Mahâbodhi-Society mündlich durch die Provinzen verbreiten lassen. Das war eine in chinesischer Form gegebene Absage des buddhistischen Chinas an die Hülfe suchenden indischen Glaubensgenossen. So unverständlich nun dies Resultat den letzteren vielleicht erscheinen mag, für jemanden, der die Dinge im heutigen China einigermassen aufmerksam beobachtet hat, kann es kaum etwas überraschendes haben. Der Ausdruck »Gesellschaft" (im chines. *hui*) hat gerade in der neueren Zeit in China zumeist einen düsteren, unheimlichen Klang angenommen, vor dem der ehrliche Mann schaudernd sein Ohr verschliesst. Unwillkürlich verbindet er damit den Begriff der politischen, geheimen, staatsgefährlichen Verbindung, und eine solche wird von dem chinesischen Beamtenthum erbarmungslos zertreten und vernichtet wie ein giftiges Gewürm, wo immer man nur Spuren davon zu finden vermuthet. Arthur H. Smith sagt in seinem geistvollen Buche »Chinese Characteristics" mit Bezug auf diesen krankhaften Argwohn der chinesischen Behörden: »A district magistrate will pounce down upon the anual gathering of a temperance society such as the well known Tsai-li, which merely forbids

opium, wine and tobacco, and turn over their anticipated feast to
the voracious »wolves and tigers" of his yamên, not because it is
proved that the designs of the Tsai-li Society are treasonable, but
because it has been officially assumed long since that they must be
so. All secret societies are treasonable, and this among the rest.
This generalized suspicion settles the whole question, and whenever
occasion arises, the government interposes, seizes the leaders,
banishes or exterminates them, and thus for the moment allays its
suspicions". Durch diese Zustände aber, wie sie heute mehr als je
bestehen, ist das chinesische Volk in einem Grade politisch ver-
schüchtert worden, dass der Gedanke einer Verbindung mit einer
ausländischen Gesellschaft als eine maasslose Verwegenheit erscheinen würde. Und an dieser frostigen Furcht ist auch Dharmapâla's
warmer Aufruf erstarrt. Die Frage des Priesters in Lung-hua-ssï
nach dem Verhältniss der indischen Regierung zu der Mahâbodhi-
Society war bezeichnend genug für seine innersten Gedanken. Ganz
abgesehen von der bildungslosen Masse der buddhistischen Mönche,
würde auch kein einsichtiger Priester oder Abt den Muth haben,
für die, wenn auch noch so sympathischen Ziele einer, in seinen
Augen politisch scheinenden, Gesellschaft im Auslande einzutreten,
denn er weiss nur zu gut, dass er den Argwohn der Beamten,
die schon mit wenig freundlichen Blicken die buddhistische Kirche
überwachen, unfehlbar erregen würde und damit unabsehbare Folgen nicht nur für sich, sondern für sein ganzes Kloster herbei-
führen könnte. Diese Erwägungen werden zweifelsohne von den
Priestern in Lang-hua-ssï nach unserem Weggange ausgetauscht
sein und sie zu dem Entschlusse veranlasst haben, am nächsten
Tage sich von Dharmapâla's Bestrebungen auf ihre Weise loszusagen.
Ich will damit nicht behaupten, dass nicht allgemeine Indifferenz
und Rückgang der Kenntniss der heiligen Litteratur auch ihr Theil
zu dem Resultat mit beigetragen haben, indessen wurden uns die

erstgenannten Bedenken besonders bestätigt von einem kenntnissreichen chinesischen Buddhisten aus Nanking, Herrn Yang, dem Vorsteher der bekannten Druckerei und Verkaufsanstalt für buddhistische Schriften *K'o-ching-ch'u* (刻 經 處), der besonders nach Shanghai gekommen war, um Dharmapâla zu sehen. Er hielt es für ausgeschlossen, dass chinesische Buddhisten nach Indien gingen, empfahl vielmehr, Inder nach China zu senden, damit sie dort die Sprache studirten und dann mit Hülfe einheimischer Priester die heiligen Schriften, soweit die Gesellschaft es wünsche, in ihre Muttersprache übersetzten.

Was übrigens diesen letzteren Punkt anlangt, so weiss ich in der That nicht, welche Schriften der chinesischen Mahâyâna-Schule der südliche Buddhismus in die indischen Sprachen zu übersetzen — rückübersetzen wird man in recht wenigen Fällen sagen dürfen — beabsichtigen könnte. In Ceylon vor allem finden wir das schlichte »Wort der Sthavira", der alten buddhistischen Presbyter, hier haben wir die Grundlehren des reinen Buddhismus zu suchen, wie sie in den heiligen Pâli-Texten niedergelegt sind; der Wust von späterer Litteratur, mit dem die nördliche Mahâyâna-Schule China überschwemmt hat, hat mit jenem indischen Buddhismus nicht viel mehr als den Namen gemein; die Originale seiner Schriften, soweit solche überhaupt vorhanden gewesen, haben ihren Ursprung in Nepal und Tibet, sehr selten nur in Südindien gehabt. Wenn allerdings die Mahâbodhi-Society nicht nur eine Resurrection, sondern auch zugleich eine Reformation des Buddhismus anstrebt, um ihn den Massen als Religion schmackhafter zu machen, so wird sie in China Schriftwerke genug finden, die ihren Zwecken dienen. Dass aber ein solcher Doppelzweck in der That besteht, schien mir aus gewissen Äusserungen Dharmapâla's hervorzugehen, besonders auch aus seinen Bemerkungen über die Auffassung der Mahâyâna-Schule vom Nirvâna, über ihre Lehre von der Sukhavatî, dem mystischen

Paradies mit all seinen Herrlichkeiten etc., Dinge, die er für sehr
beachtenswerth und schön erklärte. Als religiöse Agitationsmittel
mögen sie ja auch ganz zweckmässig sein, aber buddhistisch sind
sie nicht mehr.

Historisch betrachtet, ist Dharmapâla's Mission von entschiede-
nem Interesse. Seit mehr als 300 Jahren ist er der erste »Priester
des Westens", der als Agitator das Mittelreich wieder besucht hat,
und bis zu seinem letzten Vorgänger als Vertreter des südlichen,
oder jedenfalls des nicht-mahâyânistischen Buddhismus werden wir
um fast das dreifache dieser Zeit zurückgehen müssen. Die letzten
Angaben über buddhistische Priester, die, mit Sanskrit- (oder Pâli-)
Werken, Reliquien etc. von dem »westlichen Indien" (wohl die
Gegend des heutigen Oudh), vielleicht auch von Ceylon nach China
kamen, finden sich im 490. Kapitel der Sung-Annalen (宋史).
Danach langten in den Jahren 996, 1024, 1027 und 1036 Gruppen
bis zu neun Priestern in China an, wurden am Kaiserhofe empfangen und überreichten Palmblatt-Manuscripte, Buddha-Statuen,
Glocken etc. als Zeichen ihrer Huldigung. An Namen werden dabei genannt *Bhadraruchi, Dharmaçrî, Bhadrayaças* ¹) u. a. Dass diese
Sendboten vom Süden, jedenfalls aber aus dem eigentlichen Indien
kamen, scheint schon daraus hervorzugehen, dass sie zu Schiffe
reisten. Wenn seit jener Zeit die buddhistische Verbindung Indiens
mit China aufgehört hat, so erklärt sich dies unschwer dadurch,
dass im Anfang des 11. Jahrhunderts die Eroberung Nord-Indiens
durch die Muhamedaner stattfand, und dass bereits vorher die
Anhänger Buddhas durch das wieder erstarkende Brahmanenthum
mehr und mehr nach den gebirgigen Grenzländern im Norden

---

1) So wenigstens glaube ich die chinesischen Namen im Text: 愛賢, 法吉祥 und 善稱 übersetzen zu sollen. Aber was ist 智信護 (Sung-shih, Cap. 490, fol. 4ᵉ)?

zurückgedrängt wurden. Die Schaaren von Wanderpriestern mit zahlreichen titelstolzen Praelaten, die wir während der Yuan-Dynastie und der ersten Hälfte der Ming-Dynastie in Peking finden, waren sämmtlich Anhänger der nepalesischen und tibetanischen Kirche. Sie genossen die Gunst der buddhistenfreundlichen Mongolenkaiser in reichem Maasse, und in den Annalen der Yuan (元史) bilden diese »Priester vom Westen" ein stark hervortretendes Moment bei den Vorgängen am Hofe. Hochklingende Titel wurden ihnen von den Kaisern verliehen, grosse Summen Geldes zur Erbauung von Tempeln zugewandt, und in goldnen Lettern schrieb man auf Allerhöchsten Befehl die heiligen Bücher nieder. Kein Ereigniss von glücklicher oder unglücklicher Bedeutung fand statt, bei dem nicht die »westlichen Priester" durch ihre Gebete den Dank bezeugen, oder den bösen Einfluss abwenden mussten. Unter solchen Umständen scheint es besonders bezeichnend für die Art zu sein, wie die Gastfreundschaft seitens der fremden Priester ausgenutzt wurde, wenn man sich im Jahre 1311 dazu genöthigt sah, keinem tibetanischen Priester mehr den Eintritt in die Hauptstadt zu gestatten, wofern er nicht eine kaiserliche Order nebst amtlichem Geleitschein, oder ein Diplom seines heimischen Fürsten aufzuweisen hatte [1]). Der Fall der Yuan-Dynastie entzog dem Buddhismus die Gunst des Hofes nicht, und während der ersten Hälfte der Ming finden wir noch zahlreiche tibetanische Priester in Peking, die durch hohe Titel (wie Kuo-shih »Lehrer des Reichs" u. a.) und ehrende Beinamen ausgezeichnet wurden. Im Anfang des sechszehnten Jahrhunderts aber begann der Stern des Westens zu erbleichen, und zwar hauptsächlich in Folge der erstarkenden Strahlen des einheimischen Gelehrtenthums. Confucianer wie Taoisten be-

---

1) Yuan-shih, Cap. 24, fol. 5ᵃ: 命西番僧非奉璽書驛券及無西蕃宣慰司文牒者勿輒至京師·

trachteten die fremden Eindringlinge mit ihren excentrischen Geschichten und unsittlichen Bildern mit wachsender Abneigung und wussten schliesslich auch den Kaiserhof in ihrem Sinne zu beeinflussen. Die folgende Stelle aus den Ming-Annalen bildet das Finale für die Geschichte des westlichen Buddhismus in China: »Als Shih-tsung zur Regierung kam (1522), nahm man abermals (schon unter Ying-tsung — 1436—49 — waren 690 Priester ausgewiesen worden) eine Sichtung der fremden Priester vor, und die Unterthanen der Dharmarâjas (d. h. die Priester) wurden sämmtlich ausgetrieben. Später, als Shih-tsung der Taoisten-Lehre huldigte, wurde Buddha noch mehr heruntergedrückt, und seit jener Zeit sind nur noch wenige fremde Priester nach China gekommen" [1]). Die buddhistischen Beziehungen des Mittelreichs zum Westen hatten damit ihr Ende erreicht. Während der gegenwärtigen Dynastie haben allerdings vielfach hohe buddhistische Würdenträger von Tibet den kaiserlichen Hof besucht, und in dem grossen Lama-Kloster *Yung-ho-kung* in Peking residirt bis auf den heutigen Tag ein tibetanischer *Hutukhtu*, aber man muss dabei bedenken, dass sich die lamaistische Hierarchie in Tibet zu einem weltlichen Machtfactor entwickelt hat, der für die Mandschu-Kaiser in ihrer Stellung zu dem tibetanischen und mongolischen Buddhismus von ausschlaggebender Bedeutung geworden ist. Diese Beziehungen sind also rein politischer Natur und haben mit dem religiösen Verhältniss früherer Jahrhunderte nichts gemein. Der Lamaismus als Religion hat den verlorenen Boden in Peking nicht wiedererobern können.

Auf diesem historischen Hintergrunde nimmt sich Dharmapâla's

---

1) Ming-shih, Cap. 331, fol. 9ᵇ: 世宗立復汰番僧法王以下悉被斥.後世宗崇道教益黜浮屠.自是番僧鮮至中國者.

Besuch vom December 1893, wie gesagt, entschieden interessant aus, aber aussichtsvoller erscheint er auch so nicht. Gleich seinen Vorgängern vor tausend Jahren, kommt der Priester Çâkyamuni mit Buddha-Statue und Reliquien zu seinen chinesischen Glaubensgenossen, wenn auch nicht, wie jene, durch die unwirthlichen Hochgebirge Central-Asiens wandernd, oder auf zerbrechlicher Barke den Stürmen der südlichen Meere trotzend, sondern, den veränderten Zeitverhältnissen Rechnung tragend, als Cajüts-Passagier auf einem eleganten Postdampfer. Die Zustände im Innern Chinas, wenn er daselbst gereist wäre, würde er vielleicht wenig verschieden, jedenfalls nicht besser gefunden haben, als sie zur Glanzzeit des Buddhismus während der Ch'in- und Sung-Dynastie waren; zwei Dinge aber traf Dharmapâla im 19. Jahrhundert nicht mehr an, die einem Kumârajîva, einem Bodhidharma und anderen indischen Weisen in China ihre Erfolge verschafften, das ist die Gunst der Fürsten und den religiösen Eifer der Gebildeten. Während jene die höchsten Ehren am kaiserlichen Hofe genossen und von einem grossen Kreise von Litteraten bei ihren Arbeiten unterstützt wurden, kam und ging Dharmapâla unbemerkt und unbeachtet; ein Haufe theils ungebildeter, theils indifferenter Mönche starrte ihn als Curiosum an, und seinen Bitten und Bestrebungen gegenüber verhielt man sich abweisend, weil man den Zorn einer ohnehin schon misstrauischen Regierung fürchtete. Aber es ist nichts Neues oder Unerwartetes, was uns diese Thatsachen zeigen: der Buddhismus in China hat seine Rolle ausgespielt, er führt nur noch ein unerfreuliches, mechanisches Dasein und hat nicht mehr Lebenskraft genug, um davon nach aussen abgeben zu können.

Shanghai, im Januar 1894.

LE BÉTEL

(*Piper Betle* L. — *P. Mela miri* L. — *Chavica Betle* MIQ. — etc. Cf. H. BAILLON, *Traité de Botanique médicale phanérogamique*, Paris 1884, pp. 781—782.)

PAR

CAMILLE IMBAULT-HUART.

I. Noms chinois du Bétel.

1°. 蒟 *Kiu* ou 蒟子 *Kiu-tseu*.

Le caractère 蒟, d'après le *K'ang-chi-tseu-tien* ou Dictionnaire de K'ang-chi, qui cite comme autorités les dictionnaires *T'ang-yun*, *Tsi-yun* et *Yun-houei*, se prononce *Kiu*. Dans la province du Kouang-toung on le prononce *loo* ou *laô*. On l'écrit souvent, dans cette province, de la manière suivante: 蒟. Le *T'ang penn-ts'ao*, ou la Materia medica de la dynastie des T'ang [1], dit également que 蒟 *Kiu* se prononce *Kiu* [2]).

Le 廣志 *Kouang-tche* (dynastie des Leang) [3] donne 蒟子 *Kiu-tseu* [4]).

---

1) Sur lequel cf. E. Bretschneider, *Botanicon Sinicum*, Journal of the North China Branch of the Royal Asiatic Society, 1881, New Series, Vol. XVI, Part I, Article III, p. 44, N°. 11.
2) Cité par le *Penn-ts'ao-kang-mou* de Li Che-tchen, sur lequel cf. Bretschneider, op. cit. p. 54, N°. 42.
3) Sur lequel cf. Bretschneider, op. cit. p. 164, N°. 376.
4) Cité par le *Penn-ts'ao-kang-mou*, livre XIV, 芳草 *Fang-ts'ao*, plantes odoriférantes, 56, article 蒟醬 *Kiu tsiang* ou Bétel.

2°. 蒟醬 *Kiu-tsiang*.

Nom donné par le *Penn-ts'ao-kang-mou* [1]) et le *Nan-fang-ts'ao-mou-tchouang* [2]). Le *tsiang* est, comme l'on sait, une sauce ou soya faite avec de la farine de haricot mêlée à du sel et fermentée. Au temps de la dynastie des Han on faisait du *tsiang* ou sauce avec les fruits du *kiu* ou bétel [3]). D'après le *Nan-fang-ts'ao-mou-tchouang* [4]) on donne au bétel le nom de *Kiu-tsiang* parce qu'il a la propriété de faciliter la digestion.

3°. 蓽茇 *Pi-po*; 土蓽茇 *T'ou-pi-po*.

Le *Nan-fang-ts'ao-mou-tchouang* dit: «Le *Kiu-tsiang* c'est le *Pi-po*. Le bétel qui croit dans les pays étrangers est grand et violet: on l'appelle *Pi-po*. Celui qui pousse dans le *P'an-yu* (environs de l'actuelle ville de Canton) est petit et vert: on l'appelle *Kiu*» [5]).

Ce nom *Pi-po* est évidemment la transcription d'un mot étranger. Nous lisons dans le *Kouang-toung-t'oung-tche*, description de la province de Canton [6]), livre 94, produits: «Le *Pi-po* croit dans le pays de 摩伽陁 *Mo-kia-t'o* (Magadha) [7]), où on l'appelle 蓽茇 *Pi-po*. Dans le pays de 拂林 *Fou-lin* (empire Byzantin) on l'appelle 阿梨訶馳 *A-li-ho-t'o*» [8]).

D'après le *Penn-ts'ao-kang-mou*, il faudrait faire une distinction importante entre le *Kiu-tseu* et le *Pi-po*: «Le *Kiu-tseu* est une

---

1) Cf. p. 1, note 4.
2) Sur cet ouvrage, le plus ancien traité botanique, cf. Bretschneider, *op. cit.* p. 34.
3) Annales des Han, *Han-chou*, passage cité par le *K'ang-chi-tseu-tien*, sub voce Kiu.
4) Livre I, article *Kiu-tsiang*, Bétel.
5) Livre I, article *Kiu-tsiang*, Bétel.
6) Sur lequel cf. Bretschneider, *op. cit.* p. 91.
7) Nom écrit aussi 摩揭陀 *Mo-kie-to* et 摩竭提 *Mo-kie-t'i*. Magadha, royaume de l'Inde centrale. Cf. Doolittle, Vocabulary, tome II, p. 451.
8) Ce passage se trouve dans le *Si-yang-tsa-ki* cité par le *Penn-ts'ao-kang-mou*, livre XIV, article *Pi-po*.

plante grimpante; le *Pi-po* est une plante ordinaire. Ils sont de la même espèce, mais ce n'est pas la même plante. Cependant, les fleurs, les fruits, la saveur, les usages (emplois) sont identiques».

Le nom *T'ou-pi-po*, ou *Pi-po* indigèue, est donné par le *Che-leao-penn-ts'ao* de Meng-chen, époque des T'ang [1]).

Il est à remarquer que le *Penn-ts'ao-kang-mou* consacre un article spécial au *Pi-po* [2]). D'après lui c'est un nom étranger qui a été transcrit de plusieurs manières: il cite les transcriptions suivantes: 畢勃 *Pi-po*; 逼撥 *Pi-po*; 畢茇 *Pi-po*; 蓽撥 *Pi-po*; 蓽茇 *Pi-po*. La description qu'il donne de cette plante a beaucoup d'analogie avec celle du *Kiu-tseu*.

4°. 扶留 *Fou-léou*; 浮留 *Feoù-léou*; 扶橞 *Fou-leï*; 蔞葉 ; 蒟葉 *Lao-ye*; 扶惡 *Fou-ngo*; 土蓽藤 *T'ou-lao-t'eng*.

Ces différents noms s'appliquent aux feuilles du bétel. Les trois premiers, *fou-leoù*, *feoù-léou* et *fou-leï*, ainsi que les deux derniers, *fou-ngo* et *t'ou-lao-t'eng*, sont donnés par le *Penn-ts'ao-kang-mou*. Dans le *Kouang-toung*, les feuilles sont appelées 蔞葉 *Laô-gé* (Lao-ip) et 蒟葉 *Lao-yé* (les Cantonnais prononcent 蒟 *Laô* au lieu de *Kiu*, qui est la prononciation savante et littéraire. (cf. supra, 1°.) [3]).

Le *T'oung-tche* [4]), cité par le *K'ang-chi-tseu-tien*, dit que «le *Kiu-tsiang* (bétel) s'appelle aussi 浮留 *féou-léou*».

D'après le *Kiao-tcheou-ki* [5]) il y a trois espèces de 扶留 *fou-léou*: 1°. le 穫留 *tsi-léou*, à racines parfumées; 2°. le 扶留 *fou-*

---

1) Sur lequel cf. Bretschneider, *op. cit.* p. 45, n°. 12.
2) Livre XIV.
3) *List of chinese Medecines*, publication de la douane impériale chinoise, III. Miscellaneous Series. N°. 17, p. 459.
4) Sur lequel cf. Bretschneider, *op. cit.* p. 206, n°. 999.
5) Sur lequel cf. Bretschneider, *op. cit.* p. 159, n°. 306°.

2°. 蒟醬 *Kiu-tsiang*.

Nom donné par le *Penn-ts'ao-kang-mou* [1] e[...] *mou-tchouang* [2]). Le *tsiang* est, comme l'on [...] faite avec de la farine de haricot mêlée [...] temps de la dynastie des Han on fai[...] fruits du *kiu* ou bétel [3]). D'après [...] on donne au bétel le nom de *F*[...] de faciliter la digestion.

[...] *fou-léou* ou [...] goût âcre. [...]re le nom de ces [...] ouvrage, le caractère [...]ent du *Kiu-tsiang* est une

[...] L.), leaf eaten with betel-nut.

3°. 蓽茇 *Pi-p*[o]

Le *Nan-fang-ts*[...]
Pi-po. Le bétel [...]
violet: on l'a[...]
virons de l'[...]
Kiu[...] [4]).

Le Bétel est-il originaire de la Chine?

Ce[...] chinois cons[ult]és ne sont pas concluants à cet égard. [...] dictionnaire 說文 *Cho-ouen*, qui date de la fin du pre[mier] siècle de notre ère [1]), dit que «le *Kiu* est un fruit»; et les [Annales] de la dynastie des Han [3]) ne sont guère plus explicites. Le passage de cet ouvrage qui a rapport au bétel est ainsi conçu: «l'arbre *Kiu* (bétel) est comme le mûrier: on prend son fruit pour en faire du *tsiang* (sauce)».

D'après le *Kouang-toung-t'oung-tché*, description de la province de Canton, il pousse dans le pays de Magadha (Inde) et, dans le pays de *Fou-lin* (Empire byzantin), on l'appelle *A-li-ho-t'o*. Il y aurait lieu de rechercher si ce nom n'est pas la transcription chinoise d'un mot grec, arabe ou turc.

Divers auteurs, cités par le *Penn-ts'ao-kang-mou*, signalent les pays suivants comme produisant le bétel:

---

1) *List of chinese Medicines*. Cf. *supra*, p. 459.
2) Sur lequel cf. Bretschneider, *op. cit.* p. 190, N°. 763, et Wylie, *Notes on chinese literature*, p. 8
3) Cf. Wylie, *op. cit.* p. 14

交州 *Kiao-tcheou* comprenant (sous la dynastie des T'ang) les provinces actuelles du Kouang-toung, du Kouang-si, l'Annam ¹).

愛州 *Ai-tcheou*, l'Annam ¹).

巴蜀 *Pa-chou*, l'ancien Sseu-tch'ouan.

番禺 *P'an-yu*, région comprenant les environs de la ville actuelle de Canton.

嶺南 *Ling-nan*, pays au sud des monts *Mei-ling* (province de Canton), comprenant les provinces modernes du Kouang-toung et du Kouang-si.

黔中 *K'ien-tchoung*, province du Kouei-tchéou. *Li Che-tchen*, auteur du *Penn-ts'ao-kang-mou*, dit que, de son temps, on en trouvait dans les deux Kouang, au Yun-nan et dans plusieurs arrondissements de la partie méridionale du Sseu-tch'ouan.

D'après le *Kouang-tchéou-ki* ²) il pousse dans le pays de *Po-sseu* (la Perse).

L'ancien ouvrage *Nan-fang-ts'ao-mou-tchouang* dit: «les habitants du 交趾 *Kiao-tche* (*Giao-chi*, Cochinchine) et du 九真 *Kieou-tchen* (ancienne division administrative chinoise comprenant l'Annam et le Cambodge) en plantent beaucoup qui poussent comme des plantes grimpantes». Nous lisons dans le même traité: «il croît dans le *P'an-yu* (environs de la ville actuelle de Canton)».

3. Description de la plante ³).

Le *Kiu-tsiang* est une plante grimpante; elle grimpe sur les arbres; ses feuilles ressemblent à celles du 王瓜 *Ouang-koua*,

---

1) Bretschneider, *The study and value of chinese botanical works*, dans le *Chinese Recorder*, 1871, p. 248, à la note.

2) Bretschneider, *Botanicon*, p. 164, N°. 377.

3) D'après les auteurs cités par le *Penn-ts'ao-kang-mou*, l'Encyclopédie *Yuen-kien-lei-han* (livre 404, classe des fruits, 6) et le *K'ang-chi-tseu-tien*.

Thliadiantha dubia, Bge, mais plus grandes; les fruits sont pareils à ceux du mûrier, mais l'écorce est noire, la pulpe blanche. Ils ont plusieurs pouces de long. Ils sont âcres comme le gingembre, mais parfumés. Sa tige a la grosseur des bâtonnets (dont on se sert pour manger). La tige et les feuilles ont un goût âcre, elles n'ont pas de poison.

4. Emploi [1]).

On mange sa feuille avec le *pin-lang* (noix d'arec); on mange ses fruits avec du sel et du miel.

Les habitants des pays cités plus haut mâchent la noix d'arec avec les feuilles du bétel et un peu de chaux d'écaille d'huitre. Ils disent que cette préparation chasse les influences malariennes ainsi que les humeurs mauvaises de l'estomac; aussi y a-t-il un proverbe ainsi conçu: «la noix d'arec et le bétel peuvent faire oublier la tristesse».

Les habitants du *Sseu-tch'ouan* font de la levûre de vin (mère de vin) avec les feuilles du bétel.

5. Préparation pour la médecine [2]).

Après avoir cueilli le fruit, on racle la peau (écorce) grossière supérieure avec un couteau et on pile fin: pour 5 maces (le mace est la dixième partie du *léang* ou once) on emploie 5 onces de jus naturel de gingembre vert, on mêle le tout, on fait étuver un jour entier: on s'en sert après avoir fait sécher au soleil.

---

1) Traduit du *Pen-ts'ao-kang-mou*.
2) Traduit du *Pen-ts'ao-kang-mou*.

6. Propriétés médicales [1]).

Chasse les humeurs, réchauffe l'intérieur du corps, dissout le phlegme; bon pour les maux de ventre causés par les vers et le froid, pour la dyssenterie; fait digérer les aliments; dissipe les humeurs mauvaises de l'estomac, chasse les influences malariennes.

7. Ordonnance [2]).

Pour les maux de dents: Une demi once de *Kiu-tsiang* et d'*Asarum Sieboldii*; cinq cosses de *Gleditschia sinensis*, Lam. On ôte les graines de celles-ci, par chaque trou on introduit un peu de soude, puis on fait rôtir, on moud en poudre, puis on mêle le tout rapidement. Cela fait saliver.

LA NOIX D'AREC.

(Fruit de l'*Areca Catechu*, L. ou Pinang, arec à la noix de bétel (H. BAILLON, *Traité de Botanique médicale phanérogamique*, Paris, 1884, p. 1412).

1. Nom chinois de l'Areca Catechu.

1°. 檳榔 *pin-lang* (en Cantonnais *pan-long*).

Ce nom est evidemment d'origine étrangère; c'est la transcription phonétique du malais *pinang* [3]).

Certains auteurs chinois prétendent cependant que ce serait un

---

1) Traduit du *Penn-ts'ao-kang-mou*.
2) Traduit du *Penn-ts'ao-kang-mou*.
3) Cf. Bretschneider, *The study and value of chinese botanical works*, pp. 217—249.

nom chinois et que les deux caractères que le figurent (賓 *pin*, 'visiteur', et 郎 *lang*, 'monsieur', auxquels on a ajouté le radical 木 *mou*, arbre) ont été choisis pour désigner l'arbre parce que les habitants du pays de 林邑 *Lin-y* (Cochinchine) ont l'habitude d'en offrir la noix aux visiteurs dès que ceux-ci entrent chez eux¹).

D'autres auteurs expliquent que *pin* désigne les fruits de l'aréquier qui sont pointus et longs, avec des raies violettes, tandis que *lang* s'applique aux fruits ronds et courts. Mais le *Penn-ts'ao-kang-mou* trouve cette explication trop forcée.

Notons qu'on écrit aussi 梹榔 *pin-lang*.

2°. 賓門 *pin-meun* ou 檳門 *pin-meun*.

Nom cité par le *Penn-ts'ao-kang-mou*. D'après le *Nan-fang-ts'ao-mou-tchouang*, la noix d'arec s'appelle aussi 賓門藥餞 *pin-meun-yao-tsien*.

3°. 仁頻 *jen-ping*.

Nom connu seulement des lettrés: c'est peut-être une corruption du nom javanais *Jambi*²).

4°. 大腹子 *ta-fou-tseu*, fruit à gros ventre.
   雞心檳榔 *ki-sin-pin-lang*, *pin-lang* cœur-de-poule.
   豬檳榔 *tchou-pin-lang*, *pin-lang* cochon.
   山檳榔 *chan-pin-lang*, *pin-lang* de montagne.
   蒳子 *na-tseu* ou 檳榔孫 *pin-lang-soun*, *pin-lang* petit-fils.

Ces noms, donnés par le *Penn-ts'ao-kang-mou*, désignent diverses espèces de *pin-lang* ³).

5°. 檳榔子 *pin-lang-tseu*.

Nom de la noix d'arec; d'après un auteur cité par le *Penn-*

---

1) *Penn-ts'ao-kang-mou*, qui cite à ce propos l'ancien traité *Nan-fang-ts'ao-mou-tchouang*.
2) Watters, *Essays on the Chinese language*, p. 343.
3) Voir à ce sujet Bretschneider, *Study*, etc. p. 247.

ts'ao-kang-mou, au Fou-kien on l'appelle 橄欖子 *Kan-lan-tseu* (*Kan-lan* est d'ordinaire le nom de l'olive chinoise).

6°. 洗瘴丹 *si-tchang-tan*, pilule qui lave la malaria.

Autre nom de la noix d'arec qui vient de la croyance que le *pin-lang* est un remède efficace contre les influences malariennes.

2. Pays où l'on trouve l'Aréquier.

Sur cette question, cf. Bretschneider, *Study*, etc. p. 248.

3. Description de l'arbre.

Bretschneider, *Study*, etc. p. 247, a donné la description de l'Aréquier d'après les auteurs cités par le *Penn-ts'ao-kang-mou*.

Voici quelques détails extraits de l'encyclopedie *Yuen-kien-lei-han*, livre 397, classe des drogues, 2, qui cite plusieurs passages d'anciens ouvrages:

«Le tronc ressemble à celui du bambou. Il est droit et n'a pas de branches. Il a 6 à 7 *tchang* (le *tchang* vaut 10 pieds) de haut. A l'extrémité supérieure, à des distances de 5 à 6 pieds, il se gonfle comme du bois noueux (qui a des nœuds): delà partout des feuilles qui sont comme des épis de Millet. Ces feuilles sont pareilles à celles de la canne-à-sucre: elles s'étalent au loin: quand il y a du vent, elles s'agitent et l'on dirait des éventails qui balayent le ciel. Sous les feuilles sont appendus plusieurs spathes renfermant plusieurs dizaines de fruits. Les fruits ressemblent aux conques ou coquilles marines. Ils sont gros comme des pêches ou des prunes: en dessous, pour les protéger, ils sont garnis d'épines. On peut les manger. L'écorce de l'arbre ressemble à celle du

Ts'ing-t'oung (sorte de Paulownia). L'arbre fleurit au 3ᵉ mois, les fruits sont mûrs au 4ᵉ ou 5ᵉ mois (d'autres disent au 11ᵉ mois, cela dépend évidemment des localités). On les compare aussi à des œufs de poule. En résumé l'arbre présente peu de différence avec le *Kouang-lang* ou *Caryota ochlandra* (Hans) et le *Yé-tseu* ou cocotier».

Le *Kouang-toung-t'oung-tche*, ou Description de la province de Canton, dit en outre: «le fruit consiste en une cosse ou gousse au milieu de laquelle se trouve une pulpe qui est toute blanche».

---

4. Emploi.

On mange le fruit cru avec du bétel (feuille) et un peu de chaux faite avec des écailles d'huître. On emploie aussi la chaux faite avec des tuiles de maisons. On mâche le tout et on expectore de la salive rouge [1]).

On mange également le fruit cuit. On pèle d'abord l'écorce, on fait ensuite bouillir la pulpe. Quand elle est cuite à point, elle est ferme et dure comme des jujubes secs [2]).

La première manière de manger le *pin-lang* noircit les dents à la longue: aussi dit-on que les gens du sud (les méridionaux) ont la coutume de se tatouer (peindre) les dents en noir [3]).

---

5. Propriétés médicales.

Le *pin-lang* fait digérer les grains, fait expectorer, chasse les miasmes, tue les vers, guérit les gonflements du ventre, les ulcères,

---

1) *Pen-ts'ao-kang-mou*.
2) Passage du *Y-wou-tche* (Bretschneider, *Botanicon*, Nᵒˢ 236—237) cité par l'Encyclopédie *Yuen-kien-lei-han*, livre 397.
3) *Yun-nan-ki*, Mélanges sur le Yun-nan: cf. Bretschneider, *Botanicon*, p. 215, N°. 1137.

les digestions difficiles, chasse de l'estomac les humeurs, etc.; c'est un préservatif contre les miasmes malariens [1]).

Les habitants du *Ling-nam* [2]) remplaçent le thé par le *pin-lang* en vue de se préserver contre les miasmes. Le *pin-lang* a quatre propriétés: 1°. il peut enivrer: en effet, si l'on en mange pendant longtemps, les joues deviennent rouges comme si on avait bu du vin. Un vers du célèbre poète Sou Tong-po [3]) fait allusion à cette propriété; 2°. il est un remède contre l'ivresse. Après avoir bu, si l'on en mâche, il augmente le souffle, fait descendre le phlegme; 3°. si l'on a faim, il peut rassasier; 4°. si l'on est rassasié, il peut donner de l'appetit: En effet, si on en mange à jeun, on a alors beaucoup de souffle comme si on était rassasié; si on le mange après avoir bien mangé, alors les mets et les boissons se digèrent facilement.

---

6. Quelques ordonnances extraites du Penn-ts'ao-kang-mou.

Contre le pus qui sort de l'oreille: souffler dans l'oreille du *pin-lang* réduit en poudre.

Contre les vers intestinaux: réduire en poudre quatorze noix d'arec: réduire à moitié deux boisseaux d'eau dans lesquels on aura mis la poudre; ajouter un boisseau d'écorces de noix d'arec et mêler le tout: après avoir pris sept doses, tous les vers sont expulsés. S'ils ne le sont pas tous, il faut recommencer à prendre cette drogue jusqu'à ce qu'ils le soient.

Autre ordonnance pour ceux qui ont des vers depuis longtemps sans aller mieux: On prend une demi once de noix d'arec qu'on

---

1) *Penn-ts'ao-kang-mou*.
2) Provinces actuelles du Kouang-toung et du Kouang-si.
3) 1036—1101 de notre ère. Cf. Mayers, *Chinese Reader's Manual*, p. 190, N°. 623.

réduit en pâte par la cuisson: on prend deux dixièmes d'once de cette pâte qu'on fait frire avec des oignons et du miel, puis on mêle le tout. Chaque dose: un dixième d'once.

Reins gonflés et douloureux: noix d'arec réduite en poudre; dose: un dixième d'once dans du vin.

Difficulté d'uriner et d'aller à la selle: noix d'arec en poudre mêlée à du miel liquide. Dose: deux dixièmes d'once.

Ulcères sur la tête des petits enfants: détremper des noix d'arec dans de l'eau, faire sécher au soleil, en prendre la farine, mêler avec de l'huile et faire emplâtre sur les ulcères.

COUTUMES ET USAGES

se rapportant au masticatoire composé de noix d'arec, feuille de bétel et chaux.

Le nom de *pin-lang*, aréquier ou noix d'arec, est donné à la préparation composée de noix d'arec, feuille de bétel et chaux, qui sert de masticatoire. Ainsi l'expression *tch'e pin-lang*, manger du *pin-lang*, qu'on emploie souvent dans la province de Canton, ne signifie pas seulement «manger de la noix d'arec», mais aussi «manger le masticatoire composé de noix d'arec, feuille de bétel et chaux».

1. Extraits d'ouvrages chinois.

Extrait du *Soung-chou*, Annales des Song: [1])

«La famille de *Léou Mou-tche* était pauvre: quand il était jeune

---

1) Cf. Bretschneider, *Botanicon*, p. 194, N°. 820; Wylie, *Notes*, p. 15.

il n'était pas difficile pour le choix des vins et de la nourriture. Un jour, il invita le frère de sa femme et mangea du *pin-lang*: — «le *pin-lang*, dit ce dernier en le plaisantant, fait digérer la nourriture. Comme vous mourez toujours de faim, qu'est-il besoin de faire ainsi (d'en manger)?» Dans la suite, *Léou Mou-tche* devint magistrat de *Tan-yang*. Le frère de sa femme alla l'y voir. *Léou Mou-tche* ordonna au cuisinier de placer un boisseau de *pin-lang* dans un plat d'or et le lui montra avec orgueil.

Extrait du *Kieòu-tchen-man-leao-ki*, Mélanges sur le *Kieòu-tchen* (Cambodge).

Au *Kieòu-tchen* (Cambodge), quand on veut se marier, on se rend chez la jeune fille avec un paquet de noix d'arec. Si la jeune fille en mange, c'est qu'elle vous accepte pour mari.

Extrait du *Nan-fang-ts'ao-mou-tchouang* [1]), livre 2.

Les gens du pays de *Lin-y* (Cochinchine) estiment beaucoup le *pin-lang*. On doit l'offrir tout d'abord aux visiteurs. Si on ne le fait pas, ce peut être une cause d'inimitié.

Extrait du *Kouang-si-t'oung-tche*, description de la province du *Kouang-si* [2]), livre 87, Mœurs et usages.

Les habitants des pays situés au dessous du *Fou-kien*, c'est-à-dire des provinces du *Kouang-toung*, du *Kouang-si* et du *Sseu-tch'ouan*, mangent tous du *pin-lang*. Quand un visiteur arrive, on n'apporte pas le thé, mais les rites exigent qu'on offre le *pin-lang*. Voici comment on l'emploie: on coupe la noix d'arec en deux, puis on met sur une feuille de bétel la vingtquatrième partie d'une once environ de chaux de coquillages délayée dans un peu d'eau: on

---
1) Cf. Bretschneider, *Botanicon*, p. 38.
2) Cf. Bretschneider, *op. cit.* p. 91.

enveloppe la noix avec la feuille de bétel et on mâche le tout. On rejette d'abord une bouchée de salive rouge, puis on avale le reste du jus. Le visage devient alors légèrement rosé; aussi trouve-t-on dans les poètes l'expression «s'enivrer de *pin-lang*».

Là où il n'y a pas de chaux de coquillages, on se sert seulement de chaux ordinaire. Là où il n'y a pas de bétel, on se sert seulement de feuille de *lu-t'ing* (sorte d'Artemisia).

A *Kouang-tchéou* (Canton) on ajoute en outre des clous de girofle, des fleurs d'olea fragrans, du cachou et autres parfums: on appelle cela «*pin-lang* aux parfums».

C'est principalement à *Kouang-tchéou* (Canton) que l'usage de mâcher le *pin-lang* est répandu. Tous les habitants, riches ou pauvres, jeunes ou vieux, hommes et femmes, depuis le matin jusqu'au soir, préfèrent ne pas manger et mâchent du *pin-lang*. Les gens riches le mettent sur un petit plateau d'argent; les pauvres, sur un petit plateau d'étain. Pendant le jour, ils en prennent dans le plateau qui est à leur portée et en mâchent continuellement; la nuit, ils placent le plateau à côté de leur oreiller et ils en mâchent quand ils s'éveillent. Chaque jour, ils dépensent environ pour cent sapèques de *pin-lang*. On dit pour se moquer des gens du *Kouang-toung* et du *Kouang-si*: «sur les routes, les bouches des voyageurs ressemblent à celles des moutons». Cela veut dire qu'ils mastiquent ou mâchent le *pin-lang* pendant tout le jour.

Tous les gens que l'on rencontre ont les dents noires et les lèvres rouges. Si plusieurs personnes se réunissent, le sol est alors tout rouge (plein de salive rouge): en vérité, c'est dégoûtant. En voyage, les gens des classes supérieures portent constamment avec eux une petite boite ayant la forme d'un lingot d'argent, dont le milieu est divisé en trois compartiments: l'un contient le bétel; l'autre, la chaux de coquillages; le troisième, le *pin-lang* ou noix d'arec.

Si l'on demande aux gens pourquoi ils mangent ainsi du *pin-lang*, ils répondent que c'est pour chasser les miasmes malariens, faire descendre les humeurs mauvaises, faire digérer les aliments. Quand on est accoutumé à en manger, on ne peut rester un seul instant sans en manger. Si on ne le fait pas, la bouche et la langue ne sentent plus le goût (des aliments); l'haleine devient fétide. Un médecin, avec qui l'on discutait ces raisons, a dit: «Le *pin-lang* a la propriété de faire descendre les humeurs et de les annihiler: les poumons sont le réservoir du souffle; ils sont situés au dessus du diaphragme comme un parasol officiel (*houa-kai*) afin de couvrir les mauvaises odeurs du ventre. Si l'on a mangé du *pin-lang* pendant longtemps, alors les poumons sont contractés et ne peuvent plus couvrir les mauvaises odeurs du ventre; aussi celles-ci remontent dans la mâchoire (bouche). On mange constamment du *pin-lang* pour faire descendre ces odeurs. Il n'a réellement pas d'effet sur les maladies malariennes. Dans ces contreés, il y a un grand nombre de maladies malariennes: ce n'est pas parce qu'on ne mange pas de *pin-lang*.

Un auteur du temps des Ming, cité par le même ouvrage, livre 88, Mœurs et coutumes, dit:

Au *Ling-nam*, on aime manger le *pin-lang*. Quand un visiteur arrive, on ne sert pas le thé, mais on fait apporter du *pin-lang*. C'est le plus estimé de tous les présents de fiançailles. Les gens des classes supérieures, les lettrés, ne cessent pas d'en mâcher quand, bien habillés, ils vont voir leurs supérieurs ou les mandarins. J'ai vu qu'il est dit dans les poésies de *Sou Toung-po*: «Un flux rouge monte à mes joues, je suis ivre de *pin-lang*». En outre, on dit vulgairement: «Les gens des pays étrangers vomissent du sang par la bouche». A ce propos, des doutes s'étaient élevés dans mon esprit. Lorsque j'arrivais pour la première fois dans ce pays, je vis des gens manger du *pin-lang* et le trouver très agréable. J'essayai d'en mâcher une bouchée. Longtemps après, j'eus chaud aux oreilles, mon visage devint rouge, j'eus le vertige, la vue trouble et faillis tomber à la renverse, j'eus passablement de peine à me remettre. Par la suite, je n'en mangeai plus de nouveau. Je sus alors que le *pin-lang* avait la propriété d'enivrer. J'ai vu aussi des gens qui, après avoir mâché longtemps le *pin-lang*, rejetaient une salive très rouge: c'est ce qui explique l'expression «vomir du sang par la bouche».

Extrait du même ouvrage, livre 87.

La plupart des habitants du *Ling-haï* (les deux Kouang?) mangent du *pin-lang*; celui-ci fait descendre les humeurs, digérer les alimens, dissoudre la salive. De même, les gens du nord prennent du Koumiss (esprit distillé du lait de jument), qui sert de sudorifique et guérit plusieurs maladies pestilentielles.

Extraits du même ouvrage, livre 87, *passim*.

Les présents de fiançailles consistent en *pin-lang*, cochons, vin.

A un visiteur on offre le *pin-lang*.

Lors des mariages, des félicitations pour un heureux évènement ou des condoléances pour un décès, les rites exigent qu'on offre du *pin-lang*.

Extraits du *Kouang-toung-t'oung-tche*, livre 92, Mœurs et coutumes, *passim*.

Le 14° jour du 7° mois, lors de la fête *Yu-lan-p'enn-houeï* (fête des morts), on s'offre mutuellement des *long-an* (petits fruits analogues aux *li-tchi*) et du *pin-lang*....

Pour les mariages, on offre du *pin-lang*, des feuilles de bétel, du thé, des fruits, etc....

On estime beaucoup le *pin-lang*, qui est considéré comme un *li-kouó*, un fruit qu'on donne en cadeau. Au moment de le manger, on le coupe en petits morceaux, qu'on enveloppe d'une feuille de bétel, sur laquelle on met un peu de chaux de coquillages.

---

2. Renseignements recueillis de la bouche de Cantonnais.

Généralement, on ne mange pas du *pin-lang* lorsqu'on est en deuil parce qu'il rougit les lèvres (le rouge est, comme l'on sait, la couleur de la joie, du bonheur, etc.).

Un proverbe dit: « on éprouve le vertige quand on mange du *pin-lang* à jeun.... »

A la fin d'un repas dans un restaurant, le garçon apporte avec le thé final une petite assiette sur laquelle se trouvent des *pin-lang*: qu'on y touche ou non, c'est sur cette assiette qu'il est d'usage de déposer le pourboire des garçons.

Lorsqu'un Cantonnais a eu une querelle avec un autre, s'il reconnait que les torts sont de son côté, il n'a qu'à offrir un *pin-lang* et tout est oublié, effacé. Tous deux redeviennent amis comme auparavant. C'est un moyen tacite de faire des excuses.

Entre Cantonnais, c'est une politesse d'offrir au visiteur, en même temps que la tasse de thé classique, un *pin-lang*. Si, au moment où le visiteur prend congé, l'hôte remarque qu'il n'y a point touché, il insiste pour qu'il en mange un peu. Ce serait une impolitesse que de refuser.

Au dehors, ce sont seulement les gens du peuple surtout qui mangent des *pin-lang*: ceux des classes un peu élevées en mangent seulement chez eux. Dehors, ils grignottent souvent des noix d'arec sèches.

Lorsqu'un mari cherche à divorcer, il invite son père et ses parens mâles à se réunir dans la salle des ancêtres de la famille ou du clan à l'effet d'entendre et d'apprécier les accusations qu'il peut avoir à porter contre sa femme, et la première chose qu'il fait est d'offrir respectueusement un *pin-lang* à chacun.

Quand un prisonnier va être exécuté, ses amis ou le geôlier lui offrent des gâteaux, du porc, du vin, mais plus généralement un *pin-lang*. Ce *pin-lang* produit l'effet d'un narcotique. Le criminel, après l'avoir mangé, paraît plus ou moins hébété. C'est ce qui a fait écrire par des auteurs étrangers qu'on enivre les criminels avec du vin ou de l'opium avant l'exécution.

Consulter sur le *Betel-nut*, nom donné par les Anglais au masticatoire, entr'autres travaux:

The study and Value of Chinese botanical Works, by E. Bretschneider, dans *The Chinese Recorder and Missionary Journal*, février 1871, Vol. III, N°. 9, pp. 247–249; 264–265.

Manuel du Négociant français en Chine, par De Montigny. Paris, 1846, pp. 224–226.

Sur l'Areca:

Contributions towards the Materia Medica and Natural History of China, by Porter Smith, Londres, Shanghai, 1871, p. 21.

Dans le «*Chinese Repository*» il y a, je crois, un article sur le *Betel-nut*, de S. Wells Williams. — En général, pour la Bibliographie, consulter la *Bibliotheca Sinica* de H. Cordier.

MÉLANGES.

Ein Brief in Pa-yi-Schrift

(*T'oung-Pao III*, p. 61)

ÜBERSETZT VON

F. W. K. MÜLLER.

Gleichzeitig mit dem ersten Teile meiner Arbeit über die Vokabularien der Pa-yi und Pah-poh veröffentlichte Herr Lefèvre-Pontalis im T'oung-Pao III ein Thai-Vokabular sowie mehrere Alphabete und Schriftproben. Unter den letzteren befindet sich, l. c. p. 61, die Abbildung einer Seite aus der *Pariser* Handschrift des *Hua-i-yi-yü*. Da dieser Text von Hrn. L.-P. ohne Erklärung und Übertragung gelassen ist, so gebe ich hiermit eine Transcription und Übersetzung des qu. Textes. Die Transcription, welche sich mit Hülfe des von mir mitgeteilten Alphabetes leicht herstellen lässt, lautet:

Mǐng čhę̄ mǐng khring čyaw čī čyaw tau mun kā čuw thañ hang tī čī tau phā thañ hyā tī fang tú čhī thañ hang tī kwan li sañ nañ mūng khay čhę̄ yā mun kī sī yin syan čǫk ǫ nú puy kwan li tī fang yin min pan nap čhai fak syang kung kin pan tīk kau yā pīk sang uw čī thú kin sī twan khuṃ čǫk wi uw pa.

Für die Aussprache sind noch einige Modificationen nötig, wie ein Vergleich mit der Orthographie der Schan in Birma lehrt.

Demnach ist *čyaw* wie *čio*, *uw* wie *ŏ*, *taw* wie *tāo*, *khay* wie *khāi*, *puy* wie *pāi*, der Auslaut *an̊* wohl wie *iān* zu sprechen.

Bisher hat sich Niemand verleiten lassen, diesen Text, dessen Anfang wirklich *Tai* ist, mit Hülfe der vorhandenen Tai-Thai-Wörterbücher zu übersetzen. Er würde auch arg in die Brüche geraten sein, denn der Text ist nichts Anderes denn *Chinesisch in Pa-yi-Schrift*. Durch Combination mehrerer ähnlicher Texte der Berliner Hdschr. lässt sich der folgende reconstruieren:

猛車 [= 雲南])¹) 孟 [鎮康] 州 知 州 刀 門 愛 奏
Mīng čhę̄   mīng khring čio čī čio tau mun kā ǒ

天　皇　帝　知　道　普　天　下　地　方　都　是　天　皇　帝
thiān hang tī čī tāo phū thiān hyā tī fang tū čhī thiān hang tī

管　理　先　年　蒙　開　設　衙　門　給　賜　印　信　着　我
kwan lī siān niān mūng khāi čhę̄ yā mun kī sī yin syan čęk ǫ

奴　婢　管　理　地　方　人　民　辦　納　差　發　進　貢　今
nū pūi kwan li tī fang yin min pan nap čhai fak syang kung kin

辦　得　交　牙　白　象　二　隻　土　錦　四　段　孔　雀　尾　二　把
pan tīk kau yā pīk sany ŏ čī thū kin sī twan khum čęk wi ŏ pa.

Übersetzung:

Tau Mun Kā, der Districtschef von *Mūöng khring* in *Yünnan*, berichtet ehrfurchtsvoll Sr. Majestät dem Kaiser: Alle Gegenden der Welt stehen unter der Herrschaft des Kaisers. In früheren Jahren wurde uns ein Tribunal errichtet und wir wurden mit Amtssiegeln (vom Kaiser) beschenkt. Ich Sklave erhielt den Befehl, das Volk dieser Gegend zu regieren und für die Lieferung von Tribut zu sorgen. (Demgemäss) liefere ich jetzt zwei weisse Elephanten mit sich kreuzenden Stosszähnen ²), vier Stück einheimischer Seidenstoffe und zwei Bündel Pfauenschweife.

---

1) Cfr. T'oung-pao III, p. 17.

2) Das ist wohl mit 交牙 gemeint. Es ist das offenbar eine grosse Seltenheit. Auf

Wenn man aus dieser Probe auf die anderen Texte der Pariser Hdschr. schliessen darf, so wären dieselben so gut wie wertlos, da sie eben kein Pa-yi, sondern nur Chinesisch in fremdem Gewande darböten.

Aber auch die Berliner Hdschr. ist nicht tadellos. So ermangelt hier gleich der erste Pa-yi-Text einer chinesischen Übersetzung. Wie der Pa-yi-Text lehrt, muss die fehlende chinesische Übersetzung mit dem oben mitgeteilten reconstruirten chinesischen Text identisch gewesen sein. Ferner ist in dem Pah-poh-Teile, p. 15, ein Versehen vorgekommen, denn der dort stehende, hier mitgeteilte, chinesische Text hat einen anderen Inhalt als der dazu gefügte Pah-poh-Text.

Der chinesische Text hat flgd. Wortlaut:

天皇帝可憐見准襲祖父宣慰職事便益

貢室水等物差頭目板來等赴京進

十匹犀角九枝象牙九枝古刺

宣慰職事如今備辦象二隻馬

管事奴婢係是親男應該承襲

婢父親年老病故了因此無人

管理地方人民辦納差今奴

信冠帶與我奴婢祖父刀藍那

天皇帝知道比先永樂年間蒙降印

宣慰使刀藍那男刀愛孟奏

八百大甸軍民宣慰使司已故

einem neuerdings von Hrn. Ehlers dem Berliner Museum für Völkerkunde geschenkten, in Manipur (Assam) gemalten Bilde ist der Râja von Manipur abgebildet, welcher auf einem Elephanten sitzt, dessen Stosszähne sich kreuzen.

Übersetzung:

Tao Ngai Mĕng, der Sohn des verstorbenen Pacificirungs-Commissars [1]) *Tao Lan Na* von dem Pacificiruugs-Amt für civile und militärische Angelegenheiten in *Tchtĕng mài* [*Xieng mǎi* = Zimme], berichtet ehrfurchtsvoll an Se. Majestät den Kaiser: Früher, während der Regierungsperiode *Yung-loh* [1403—1424], wurden uns Amtssiegel, Mützen und Gürtel verliehen. Mein Grossvater *Tao Lan Na* wurde damit betraut, das Volk dieser Gegend zu regieren und für die Lieferung von Tribut zu sorgen. Jetzt ist mein Vater alt geworden, erkrankt und gestorben. Deswegen haben wir niemand um die Verwaltung zu führen. Es wäre nun passend, dass ich, sein Sohn, das Pacificirungs-Amt als Erbe übernähme. Ich liefere jetzt (als Tribut): zwei Elephanten, zehn Pferde, neun Rhinoceros-Hörner, neun Elephanten-Zähne, Kulah-Wasser (= ?) und dergleichen. Ich schicke den Häuptling *Pan-Lai* und die übrigen hin zur Hauptstadt um den Tribut zu überbringen und hoffe Se. Majestät werde gnädigst gestatten, dass ich die Verwaltung des Pacificirungs-Amtes von meinen Vorfahren erblich übernehme. So wird es vorteilhaft sein.

Der dazu gehörige *Pah-poh-Text* dagegen beginnt:

Mŭŏng thyăng mǎi tǎ tyǎn kwin ming syan hĭw sĭ sĭ thại mả nǎy mŭŏng phan kợn khẵ nǎy nǫ lǎm sĭ wan thạng lấy khĭn nǎngsĭ thai wài éro lum fạ thỉ rạ. Kha khǎ ao khợng fǎk mǎ sin kung. etc. ²)	Das Pacificationsamt für civile und militärische Angelegenheiten von *Tchtĕng mǎi* schickt her ³). Die Fürsten *Phan kợn khà* und *Nợ Lǎm Sí Wan* überreichen ein Begrüssungsschreiben in Thai(sprache) an den Kaiser, welcher weiss: ⁴) Wir Sklaven bringen Erzeugnisse unserer Gegend als Tribut. u.s.w. ⁵)

---

1) Eine Art Häuptling unter chinesischer Oberhoheit. Vgl. Mayers, Chinese govern-

Ich muss mich für dieses Mal mit dieser Probe begnügen, gedenke aber demnächst ausführlicher über die bilinguen Texte im *Hua-i-yi-yü* zu berichten.

---

ment, p. 42. — „Officers of the Office of Pacification", vgl. Groeneveldt, Notes on the Malay Archipelago, p. 22. — „Au commencement de la dynastie des Ming... la contrée au sud de la province du Yunn-nan était divisée en six *chuann ouëi sseu* [宜慰司], en voici les noms: *Tch'oli* (vgl. T'oung-Pao 3, p. 21 = *Tchiěng-rung*], *Mow-pang, Meng-yang, Mienn, Lao-tchoua, Ta-kou-la*, etc." Imbault-Huart in: Journal Asiatique 1878, p. 142.

2) Da die Tonbezeichnung im Pah-poh sehr mangelhaft ist, so sind die unvollkommenen und falschen Tonbezeichnungen des Originals von mir auf Grund des Siamesischen hier verbessert mitgeteilt.

3) Der Anfang des Satzes ist nicht *Thai-*, sondern chinesische Construction. — *Tá-tyǎn* bis *sï* ist 大甸 bis 司 im obigen Brief.

4) So wörtlich. Da die Pab-poh-Texte mit den chinesischen sonst genau übereinstimmen, so wollte der Schreiber offenbar sagen: „sie geben dem Kaiser zu wissen", „sie thuen ihm kund". Durch zu wörtliche Anlehnung an chinesische Constructionen (wie 告訴我知道; 報西門慶知道) entstand der obige Sinn.

5) *Khóng-fǎk* im Siamesischen bedeutet: „dépôt, chose confiée" zufolge Pallegoix. Im Pah-poh-Vokabular des *Hua-i-yi-yü* p. 67ᵇ wird *Khóng-fǎk* mit 方物 = Erzeugnisse einer Gegend, Landesproducte übersetzt. Vgl. Schlegel, Nederlandsch-Chineesch Woordenboek s. vv. Geschenk und Product. — *Sin-kung* = 進貢.

Note préliminaire sur la langue et l'écriture Jou-tchen

PAR

W. GRUBE [1]).

Messieurs,

La communication que j'ai l'honneur de vous adresser concerne une question discutée depuis longtemps et par des savants de premier ordre — il suffit de mentionner les excellents travaux de MM. Abel-Rémusat, Wylie, de Harlez, Devéria, Terrien de Lacouperie, qui se sont occupés du même sujet. Pourtant il n'était pas possible jusqu'à ce jour, faute de documents authentiques, d'arriver à des résultats satisfaisants. Heureusement une découverte des dernières années nous à mis en état, sinon de résoudre le problème, au moins de l'élucider en partie.

Je suppose connue la notice que Mr. Hirth a publiée dans le 22e volume du «Journal of the Asiatic Society, North China Branch» sur le manuscrit intitulé *Hoa-i i-yu*, qu'il a eu la chance d'acquérir en Chine, seul exemplaire complet de cet important ouvrage, c'est-à-dire contenant la partie jusqu'ici inconnue qui traite de la langue *jou-tchen*. Ce trésor unique en son genre fait partie en ce moment de la collection des manuscrits orientaux dans la Bibliothèque Royale de Berlin.

Quant à la partie sur la langue *jou-tchen* du dit manuscrit, je

---

1) Lue dans la section V du Xe Congrès international des orientalistes à Genève.

viens d'en déchiffrer l'écriture et d'en analyser le vocabulaire et les textes au point de vue grammatical et lexicologique; aussi me suis-je proposé de publier le plus tôt possible les résultats de mes recherches. Ainsi je me borne en ce moment de vous en donner un court résumé.

C'est à Mr. Devéria que nous devons d'avoir reconnu pour la première fois et d'une manière incontestable le caractère de l'écriture *jou-tchen*. Or, l'inscription sur la stèle de *Yen-taï* qu'il a publiée dans le premier volume de la *Revue de l'Extrême Orient*, est en effet écrite en caractères *jou-tchen*. Ce sont ceux de notre manuscrit. Mr. Terrien de Lacouperie s'est déjà donné la peine de réfuter l'opinion assez étrange, prononcée par Mr. Hirth, que les caractères *jou-tchen* du manuscrit qu'il a découvert seraient identiques avec ceux de l'inscription de *Kiu-yung kuan* publiée par Mr. Wylie. Ainsi je passe là-dessus, car en effet il paraît, que Mr. Hirth n'a jamais vu l'inscription dont il parle.

L'analyse du vocabulaire *jou-tchen*, suivie d'une transcription chinoise, très insuffisante naturellement, prouve que l'écriture *jou-tchen* se compose d'une part de caractères figuratifs, de l'autre de caractères phonétiques, ou bien syllabiques. Les signes figuratifs sont en minorité, c'est-à-dire au nombre de 25. Il n'y en a que deux qui soient purement chinois: 日 , *i-neng-ki*, le jour, et 月 , *pi-a*, la lune, correspondant à ⌇⌇⌇ *inenggi* et ⌇⌇⌇ *biya* en mandchou, dont le point mis au côté droit ne sert probablement que pour les distinguer des équivalents chinois. Le reste des caractères figuratifs représente en général une forme légèrement modifiée des prototypes chinois, comme p. ex. 克 *a-houn*, frère aîné = 兄, 朱 *teou-ou*, frère cadet = 弟, 夌 représentant le thème *tchou-wa* du mot *tchou-wa-o-lin*, l'été = 夏, correspondant aux équivalents mandchous ⌇⌇⌇ , *ahón*, *deo*, *juwari*.

Quant aux caractères syllabiques, j'en ai constaté environ 750, dont environ 500 sont monosyllabiques, 230 dissyllabiques et 20 trissyllabiques. Il y a même un caractère qui représente un mot formé de quatre syllabes: *ou-ye-wen-tchou*, 90, correspondant à ᠣᠶᠣᠨᠵᠣ *uyunju* en mandchou. Cependant, il n'y a aucun doute que le nombre actuel des caractères dont se compose l'écriture *jou-tchen* surpasse celui que nous offre notre manuscrit, car l'inscription sur la stèle de *Yen-taï* offre une quantité de caractères dont le déchiffrement reste impossible pour le moment. C'est pour cette raison, que Mr. Terrien de Lacouperie s'est trompé en supposant, qu'après la publication de notre manuscrit, il serait possible de déchiffrer l'inscription.

Le vocabulaire contenant environ 80 mots nous met en état d'élucider la langue au point de vue lexicologique. Pour ce qui concerne la structure grammaticale, nous en sommes réduits aux textes. Ceux-ci embrassent vingt pièces fort courtes et ne variant guère en matière, étant sans exception des pétitions adressées à l'empereur. Aussi ne sont-ils que des traductions du Chinois. Malheureusement l'auteur lui-même était probablement Chinois ou bien *Joutchen* devenu chinois, qui ne connaissait point la langue dont il se servait, car il s'est contenté d'une traduction servile des originaux chinois, de sorte que les textes ne représentent qu'une juxtaposition de vocables *jou-tchen* d'après les règles de la syntaxe chinoise.

Je prends la liberté, messieurs, de vous présenter un photogramme d'un des textes chinois-joutchen, qui servira bien d'illustration de ce que je viens de dire. Le contenu en est assez simple; c'est la pétition suivante d'un certain *Lo-lo-houo*, fils de *Man-ta*, *Tchi-hoei Coung-tchi* du district de *Fa-yin-ho* de *Hai-si*: « Je (littéralement: l'esclave) prie humblement de vouloir bien me transmettre

Texte Jou-tchen.	Texte Chinois.
	聖
	皇
	帝
	知
	命 十 收
	奴 婢
	合 五 奴 婢
	海 男
	西 祖
	法 佳
	因 造
	河 方 物
	合 十
	漢 日
	都 出 刀
	指 有 待
	揮 于
	同 職
	知 正 事
	滿 德

à titre héréditaire les fonctions que mon grand-père a exercées à la frontière, où il a usé ses forces pendant de longues années, et qu'il a reçues le 10⁰ jour de la 10⁰ lune de la 15⁰ année de la période *Tcheng-te*. Pétition reçue, dont Sa Majesté a pris connaissance».

La traduction *jou-tchen* se lit de la manière suivante:

Hai-si Fa-yin-houo-wei-tu tchi-hoei-t'oung-tchi Man-ta tchoui-yi Lo-lo-houo tche-tchi-mei.

Tchao-la-li a-ha-ai ma-fa pie-fou-me tche-tch'e me-eul-ko-i t'ou-t'i-mei hou-soun pie-o a-nie Tchen-te t'o-pou-houan a-nie tchoua pi-a yi-tch'e tchoua yi-neng-ki pa-ha-pie... (les deux signes qui suivent ne sont pas mentionnés dans le vocabulaire; ils correspondent à la particule chinoise 了 *liao*) *o-tche-hci wei-le-po fou-li-k'i a-ha-ai tchoui-yi Lo-lo-huo chi-la-lou o-tche-hci tchao-la-li pa-ha-pie.*

A-tch'i-pou-lou han-an-ni sa-hi.

A l'exception des mots *tchao-la-li* = 奏, *pie-o* = 多, *me-eul-ko-i* = 方, *fou-li-k'i* = 命, et *a-tch'i-pou-lou* = 聖, tout le reste s'explique facilement à l'aide du Mandchou. Quant aux formes grammaticales, nous trouvons dans ce texte le génitif *a-ha-ai*, correspondant au mandchou 〰ᠠᡥᠠᡳ *ahai*, l'accusatif *wei-le-po*, correspondant à ᠸᡝᡳᠯᡝᠪᡝ *weilebe*, la forme prédicative *pa-ha-pie*, qui correspond à ᠪᠠᡥᠠᠪᡳ *bahabi*, enfin le gérondif *t'ou-t'i-mei*, correspondant à ᠲᡠᠴᡳᠮᡝ *tucime* et *pie-fou-me*, correspondant à ᡶᡝ. Mais toutes ces formes sont employées sans aucune règle. La locution 出力 est traduite par les mots *t'ou-t'i-mei hou-soun*; *t'ou-t'i-mei* correspond au verbe intransitif ᠲᡠᠴᡳᠮᡝ *tucime*, sortir, tandis que le verbe 出 est employé ici dans le sens causatif: l'équivalent mandchou de 出力 serait ᡥᡡᠰᡠᠨ ᠪᡝ ᡨᡠᠴᡳᠪᡠᠮᡝ *hûsun be tucibume*. Or, je ne doute guère, que la langue *jou-tchen* n'ait possédé une forme causative aussi bien que le mandchou. Mais ce qui est caractéristique au plus haut degré pour la manière dont l'auteur a abusé de la langue *jou-tchen*, c'est que dans les phrases *t'ou-t'i-mei hou-soun* et *pie-fou-me tche-tch'e me-eul-ko-i*, le verbe précède l'objet, d'après les règles de la syntaxe chinoise, diamétralement opposées à celles de la langue mandchoue. De pareils tours de force grammaticaux auraient été impossibles pour quiconque connaît les éléments de la grammaire mandchoue. Le manque presque complet de formes grammaticales ne prouve que l'ignorance de l'auteur, car le peu que nous savons de la morphologie du *jou-tchen* suffit bien pour en faire voir l'analogie avec celle de la langue mandchoue. En effet, ce serait enfoncer des portes ouvertes que de vouloir démontrer l'affinité entre les langues *jou-tchen* et mandchoue.

En ce qui concerne la publication que je me suis proposée, elle embrassera: 1° la publication intégrale du manuscrit, contenant le vocabulaire et les textes; 2° une liste complète des caractères *jou-tchen* arrangés d'après le nombre des traits dont ils se composent; 3° une liste des mêmes caractères arrangés d'après l'ordre alphabétique; 4° la transcription du vocabulaire d'après l'ordre alphabétique, accompagnée des équivalents mandchoux; enfin la transcription et la traduction des textes, suivies d'observations grammaticales.

En concluant ces quelques observations, j'ai recours, messieurs, à votre indulgence quant à la manière fort insuffisante dont je me suis servi d'une langue que je suis loin de posséder.

VARIÉTÉS.

Xᵉ CONGRÈS INTERNATIONAL DES ORIENTALISTES.

Il faut nous empresser de dire quel a été le succès sans égal de cette réunion de Genève. Sans parler du nombre considérable des membres présents, il est permis de faire la remarque que jamais on n'a vu aussi peu d'amateurs dans une réunion scientifique. De schisme, il n'a pas été question, et si il y a eu des dissidents, leur nom n'a pas été prononcé et l'on ne s'est pas aperçu de leur absence.

Le président effectif du Congrès était l'égyptologue bien connu, M. le Professeur Edouard NAVILLE ; les présidents d'honneur étaient MM. le Colonel FREY, président de la Confédération suisse, et le conseiller national RICHARD, président du Conseil d'Etat de la République et Canton de Genève. Les vice-présidents d'honneur et patrons du Congrès étaient LL. MM. le Roi Oscar II de Suède et de Norvège, et le Roi Charles Iᵉʳ de Roumanie, Son Altesse Impériale et Royale l'Archiduc Rénier d'Autriche et Son Altesse le Prince Philippe de Saxe-Cobourg-Gotha. Les Secrétaires : MM. Paul Oltramare et Ferdinand de Saussure, ont eu une lourde tâche ainsi que les membres du comité de réception, MM. Max et Victor Van Berchem et le Colonel William Huber, présidés par M. Léopold FAVRE.

Dans ce Congrès, qui a duré du 3 au 12 Septembre, les sections ont constitué leur bureau de la manière suivante :

Section I. (Inde), Président : Lord REAY ; Vice-prés. : MM. le Prof. Albrecht Weber, (Berlin) et le Conseiller aulique G. Bühler, (Vienne) ; Sec. : MM. Louis Finot, (Paris), G. de Blonay, (Grandson) et le Prof. A. V. W. Jackson (New-York). — Section I. bis (Linguistique et Langues aryennes), Prés. : le com. GRAZIADIO ASCOLI, (Italie) ; Vice-Prés. : MM. Michel Bréal, Membre de l'Institut (France) et le Dr. Johannes Schmidt, (Berlin) ; Sec. : MM. Louis Duvau (Paris) et le Prof. Dr. J. Wackernagel (Bâle). — Section II. (Langues sémitiques), Prés. : M. le Prof. EMIL KAUTZSCH, (Halle a/S) ; Vice-Prés. : MM. Jules Oppert, Membre de l'Institut (France) et le Prof. C. P. Tiele (Leyde) ; Sec. : MM. les Prof. A. A. Bevan (Trinity College, Cambridge) et K. Marti (Bâle). — Section III. (Langues Musulmanes), Prés. : M. CHARLES SCHEFER, Membre de l'Institut, (France) ; Vice-Prés. : MM. le Prof. Dr. M. J de Goeje (Leyde), le Dr. Ignace Goldziher (Buda-Pesth) et le Dr. Edouard Sachau (Berlin) ; Sec. : MM. les Prof. Gottheil (Columbia College, New York) et Jean Spiro (Lausanne). — Section IV. (Egypte et Langues africaines), Prés. : M. GASTON MASPERO, Membre de l'Institut, (France) ; Vice-Prés. : MM. Le Page Renouf (Londres) et le Prof. Dr. C. Lieblein (Christianin) ; Sec. : MM. le Dr. J. J. Hess (Fribourg) et Jéquier (Neuchâtel). — Section V. (Extrême-Orient) Prés. : M. le Prof. Dr. GUSTAVE SCHLEGEL (Leyde) ; Vice-Prés. : MM. les Prof. Henri Cordier (Paris) et Carlo Valenziani (Rome) ; Sec. : MM. les Prof. Wilhelm Grube (Berlin) et Edouard Chavannes (Paris). — Section VI. (Grèce et Orient) Prés. : M le Prof. AUGUSTUS C. MERRIAM (New-York) ; M. G. Perrot, Membre de l'Institut (Paris) et Bikélas (Grèce) ; Sec. : M. le prof. De Crue (Genève). — Section VII. (Géographie et Ethnographie orientales) Prés.: M. le Prof. ARMINIUS VÁMBÉRY (Buda-Pesth); Vice-Prés.: MM. le Prince Roland Bonaparte (Paris) et Arthur de Claparède, Président de la Société de Géographie (Genève); Sec.: M. H. Welter-Crot et Vice-Sec. M. Holban, consul de Roumanie (Genève).

.˙.

Naturellement, nous parlerons tout d'abord de la section qui nous intéresse d'une façon particulière, la section V, qui comprend l'*Extrême-Orient*. Nous espérions y voir Sir Thomas Wade; l'âge et le mauvais état de sa santé, n'ont pas permis au Rev. Dr. James Legge de quitter l'Angleterre.

Mardi, 4 Septembre, 3¼ h. — Le Bureau de la section est constitué ainsi qu'il est dit ci-dessus par un vote unanime. — L'ordre du jour est arrêté définitivement jusqu'à la fin de la semaine.

La Société Japonaise de Londres, cette institution récente, mais vivace, est représentée au Congrès par un délégué, en la personne de son fondateur, M. Arthur Diósy, Vice-Président du Conseil de la Société, qui prend une part active aux travaux de la Section de l'Extrême Orient.

A la première séance de cette section, M. Arthur Diósy soulève la question de dresser une Concordance des noms géographiques coréens avec leurs équivalents en Chinois et en Japonais.

M. CHEVALIER, de Paris, fait observer les difficultés que rencontrerait la réalisation de ce projet, étant données la prononciation variable et l'orthographe du Coréen.

M. le Dr. GRAMATSKY, de Berlin, membre de la »Japan Society", lit un mémoire intéressant sur la transcription du Japonais en caractères romains, suivant le système de la *Romaji Kwai*, et s'oppose vigoureusement à une telle translitération, proposant une modification inventée par lui, des caractères *hirakana*, comme devant répondre probablement aux exigences des étudiants étrangers, qui n'auraient pas à s'occuper de la transcription du Japonais en caractères romains.

M. Diósy dit qu'il pense que cette question sera résolue un jour ou l'autre avec la rapidité qui caractérise les réformes au nouveau Japon. Déjà se produisent des symptômes; les Japonais commencent à trouver que l'écriture chinoise est un fardeau, lourd à traîner, dans leur étude des sciences occidentales. On propose maintenant dans les milieux officiels au Japon de rendre obligatoire pour tous de signer les documents en caractères européens au lieu de se contenter de l'impression d'un simple sceau.

M. Diósy est tout à fait d'accord avec MM. les Professeurs Grube et Gramatsky (Berlin) qui prétendent que ceux qui étudient le Japonais doivent apprendre les textes dans les caractères dans lesquels ils sont écrits, mais que dans la pratique, il est nécessaire d'adopter le système de romanisation.

Mercredi, 5 Septembre. — Les mémoires envoyés par Mgr. de Harlez, de Louvain, M. Aristide Marre, de Paris, et M. Meijer, de Batavia, sont présentés pour être publiés dans les actes du Congrès.

M. Henri CHEVALIER, de Paris, fait deux communications: la première sur les *Cérémonies du 15ᵉ jour du premier mois en Corée*.

1°. Consultation du sort au moyen du *Yué loen ts'e*. Le soir arrivé, on dresse dans le jardin un autel en face de la pleine Lune; on place le vase à eau entre deux flambeaux, en avant le brûle parfum et 4 Bambous fendus dans la longueur, après avoir prié l'astre à genoux et fait 3 prosternations, on jette par dessus son épaule droite les 4 morceaux sur lesquels on a écrit les caractères: or, bois, eau, terre, on note les caractères visibles, puis on recommence par dessus son épaule gauche d'abord ensuite par dessus son épaule droite. On obtient ainsi 3 combinaisons des 4 éléments qui servent, en consultant le Yué loen ts'e (guide des mouvements de la lune), à connaître ce qui doit arriver dans l'année.

2°. Si l'on s'est servi dans les premiers jours de l'année du mode de consultation des étoiles décrit dans le traité coréen *Tjik seng haing nien Hpien nan*, 直星行年便覽 il faut en suivant les conseils de cet ouvrage faire, à la pleine Lune, afin de détourner les malheurs, une des cérémonies relatives aux neuf étoiles dont dépend notre destin. Ces neuf étoiles sont: celles du soleil, de la lune, de l'eau, du bois, du feu, de la Terre, du métal, du dragon, de l'enseignement moral?

La seconde sur une légende du *Taketori*, Roman Japonais du IX⁰ siècle, Traduction Française de G. YOSHIDA.
Un pauvre bûcheron trouve un jour dans un bambou une petite fille de 3 pouces de haut; il l'emmène chez lui et sa femme l'élève avec tendresse. Au bout de 3 mois, devenue grande et belle, elle reçoit le nom de *Kagouya* et sa présence amène l'aisance dans la chaumière. Cinq nobles ayant demandé sa main, *Kagouya* exige qu'ils lui apportent des choses merveilleuses qu'ils ne peuvent trouver. Aussi la jeune fille les refuse. Le Mikado devient amoureuse de *Kagouya* et pendant 3 ans ils échangent des poésies. Cependant à chaque pleine lune *Kagouya* est plus triste et elle avoue à ses parents adoptifs que le soir du 15⁰ jour du 8ième mois, les génies doivent venir la chercher pour la conduire dans la lune où elle est née et d'où elle a été exilée sur la terre pour une faute. En effet, malgré les larmes des malheureux bûcherons, malgré les troupes que le Mikado avait envoyées pour la défendre, les esprits arrivent, lui font revêtir une robe de plumes qui lui rend sa nature première, et lui donnent un pot d'élixir d'immortalité, qu'en partant elle laisse avec une poésie pour le Mikado. Celui-ci fit brûler la poésie et le pot d'élixir sur une montagne de *Sourga* où ils brûlent encore, montagne qui reçut le nom de *Fouzi Yama*, montagne de l'immortalité.

Au sujet de la première communication M. SCHLEGEL fait remarquer que ces cérémonies ont la plus grande ressemblance avec celles qui sont en usage en Chine. Quant à la seconde M. SCHLEGEL, rappelle que le conte a déjà été traduit par M. Dickins dans le *Journal of the Royal Asiatic Society*. M. VALENZIANI fait observer que le professeur Anselmo SEVERINI a traduit ce récit il y a quinze ans dans les *Actes de la Société Royale de Florence*, sous le titre de: *La Fabia del Nonno Tagliabambu*, que le Dr. Lange l'a traduit en Allemand et enfin qu'on retrouve ce même conte dans le livre de Mac Clatchie intitulé: *Ancient Japanese Plays translated*.

M. CHAVANNES fait une communication sur l'inscription de *Kiu yong kwan* qu'il a étudiée en collaboration avec MM. SYLVAIN LÉVI et WILHELM RADLOFF.
Cette inscription, quoique connue depuis longtemps des sinologues, n'a jamais été reproduite intégralement. Seule la partie inférieure de l'une des faces a été gravée dans le *Marco Polo* de Yule (2de édition, T. I, p. 30), mais à une échelle beaucoup trop réduite. M. Chavannes a fait exécuter, pendant son séjour à Péking, des estampages complets des deux faces de l'inscription et les soumet au Congrès. M. Emile GUIMET et S. A. le prince Roland BONAPARTE veulent bien promettre de patronner la publication de ces estampages.

Les tentatives pour déchiffrer l'inscription se réduisent au fond à une seule, celle de M. WYLIE, dont les résultats se trouvent consignés dans un article du Journal de la *Royal Asiatic Society* (1870, vol. V, part. 1). M. Wylie a reconnu que la partie en gros caractères qui se trouve sur la face Est était la transcription en six langues de la dhâraṇî intitulée: Sarvadurgatipariçodhananṛpša dhâraṇî (Cf. Bunyiu Nanjio, n⁰⁸ 349, 350, 351). Il n'a pas donné l'explication de la partie en petits caractères. Quant à la face Ouest, il l'a presque entièrement passée sous silence, se bornant à signaler qu'à la fin du petit texte Chinois on lisait la mention que l'inscription avait été écrite par un religieux nommé Té-teh'eng, la cinquième année *tche tcheng*, soit en 1345.

M. Chavannes a trouvé que la partie en grands caractères qui est gravée sur la face Ouest était la dhâraṇî intitulée : Samantamukhapraveçaraçmivimalosnīṣaprabhâsarvatathâgatahṛdayasamavirocana dhâraṇî (Cf. Bunyiu Nanjio, n⁰ 790). En outre le texte Chinois en petits caractères qui se lit sur cette même face Ouest n'est qu'une rédaction abrégée du sûtra dans lequel est incorporée cette dhâraṇî; avec l'aide de ce sûtra, M. Chavannes a pu faire, malgré les lacunes, une traduction complète de ce texte Chinois. Ce texte ne donne malheureusement pas la clef des quatre autres inscriptions en petits caractères qui n'ont rien de commun avec lui.

M. Sylvain Lévi a étudié les inscriptions Tibétaines en petits caractères : il a reconnu que les deux inscriptions se faisaient suite ; il en a donné une traduction intégrale qu'on peut considérer comme très satisfaisante. Le texte énumère les avantages promis par les livres saints aux personnes dévotes qui élèvent des édifices religieux.

En se fondant sur le travail de M. Lévi, M. Chavannes a fait un essai d'explication du petit texte Chinois très altéré de la face Est, et il a signalé un certain nombre d'identifications dans la partie en petits caractères *pa-se-pa*. Les traductions de MM. Lévi et Chavannes paraîtront très prochainement dans le *Journal Asiatique* sous la forme d'une note préliminaire.

M. l'académicien Radloff a bien voulu donner son précieux concours à MM. Lévi et Chavannes; il a étudié le texte *ouigour* en petits caractères : quoique ce texte soit assez incorrect, la traduction que M. Radloff en a faite semble témoigner d'une certaine concordance avec les textes tibétain et mongol.

Vendredi, 7 Septembre. — M. le Prof. J. P. N. Land, de Leyde, lit un travail sur la musique javanaise suivant les systèmes *Salèndro* et *Pélog*.

La musique javanaise, très imparfaitement connue tant qu'on n'en possédait pas des échantillons notés par des indigènes, a été l'objet de bien de préjugés et de dédains. A l'aide de données exactes fournies principalement par M. le docteur Groneman, médecin de cour à Yogyakarta, M. Land en a pu faire une étude plus profonde, dont il a publié les résultats dans les travaux de l'Académie royale des sciences d'Amsterdam (1890). Il paraît que cette musique a pour base les modestes essais des naturels de race malaio-polynésienne, mais qu'elle s'est successivement enrichie sous l'influence des Chinois de jadis et des musulmans, desquels elle tient deux gammes indépendantes l'une de l'autre, tandis qu'elle a remplacé les instruments primitifs en bambou par des corps sonores en bois, puis en métal, imités de l'Indochine. La domination indoue y a laissé des traces bien moins importantes. Ce qui nous intéresse avant tout est la pratique du *gamelan*, orchestre composé d'éléments d'origine très diverse, puisque le *rebāb* arabe s'y marie aux tambours et à la flûte des ancêtres aussi bien qu'aux bassins, cloches et plaques métalliques de l'Extrême Orient. Dans ces dernières années des musiciens de cour ont entrepris de fixer par écrit les airs traditionnels qui menaçaient de se perdre ; et en leur donnant des conseils pour perfectionner leurs procédés, on a fini par obtenir quelques partitions assez détaillées, dont l'une a figuré à l'exposition musicale de Vienne en 1892. Désormais on peut aborder l'analyse des compositions instrumentales, dont la complexité parfois extrême échappait à l'oreille accoutumée à des constructions tonales d'une tout autre nature. On y distingue des principes arrêtés, appliqués avec beaucoup d'art et de réflexion. Bien que les airs ne reçoivent presque point de développement, il y a des raffinements d'exécution sentie, de timbre et surtout de rythme, dont on ne saurait qu'admirer la variété et les combinaisons multiformes. Aussi découvre-t-on dans ces morceaux un esprit de suite, une logique musicale là où on était loin de l'attendre. Mais les artistes de Java ont le désavantage de rester attachés à la seule mesure binaire et à leurs gammes mal réglées, qui ne se prêtent à aucune tentative d'harmonisation méthodique. Pour rivaliser à la fin avec leurs confrères d'Europe ils auraient dû abandonner certaines traditions nationales incompatibles avec les exigences d'un art appuyé sur la science. Cependant dès que ces traditions leur laissent quelque liberté, ils font preuve d'un talent très réel, qui mérite l'attention du musicien savant et de l'ethnologue pensant.

Dans sa note lue au congrès et développée ensuite dans une conférence au Conservatoire de musique de Genève, M. Land a essayé, en donnant des détails et des exemples, de recommander son sujet à l'intérêt des connaisseurs.

M. Guimet suggère l'idée que la musique javanaise a quelques rapports avec la musique japonaise et en particulier suivant le *Pélog*. M. Diósy appuie cette opinion et prie l'orateur de faire les rapprochements intéressants que l'ouvrage de M. Pigott, sur les instruments de musique japonais, ne pourrait manquer de lui suggérer.

Lecture est faite de la communication de M. Waddell intitulée: *The Motive of the mystery Play of Tibet*. Une copie plus complète de ce travail sera remise au Congrès pour être imprimée.

M. Lorgeou, Consul de France, présente une étude intitulée: *Principes et règles de la versification siamoise*. Il a puisé les données techniques dans la grammaire indigène nommée: *Chindamani*. Celle-ci contient en effet les rudiments d'une prosodie, sous forme de diagrammes et d'exemples. Les vers siamois se divisent en deux grandes classes: les *khlong* et les *klon*. Ils ont, les uns et les autres, deux éléments communs: la mesure et les assonances. — La mesure s'établit par le nombre des syllabes sans distinction de longues et de brèves. — Les assonances sont de plusieurs sortes. D'abord la rime proprement dite, semblable à celle des langues européennes modernes, avec cette différence qu'elle ne porte pas exclusivement sur la dernière syllabe des vers. Ses deux membres peuvent être renfermés dans la mesure d'un même vers et même se suivre immédiatement.

Les autres assonances sont des rimes incomplètes; l'une consiste dans le retour d'un son vocal, sans tenir compte des consonnes avec lesquelles il s'articule; une autre dans l'emploi de syllabes commençant par la même consonne. Un troisième élément est particulier aux *khlong*; M. Lorgeou lui donne le nom d'*accent prosodique*. C'est le retour à certains pieds déterminés de syllabes affectées du ton fort ou emphatique et du ton circonflexe. Telle était du moins la règle primitive; car elle a été altérée depuis, et les deux tons qui viennent d'être mentionnés sont quelquefois remplacés, dans l'usage actuel, par le ton grave. Les khlong sont caractérisés par leur arrangement en strophes ou plutôt en quatrains, car toutes les strophes sont de quatre vers renfermant un sens complet. Les vers sont essentiellement de sept syllabes, quoiqu'on puisse en surajouter, dans certain cas, deux et même trois autres.

On compte cinq espèces de *khlong*, ayant pour type celle qui est appelée *khlong suphap* ou *strophe par excellence*. Une sixième espèce ne diffère point de celle-ci sous le rapport du rythme. Tout ce qu'elle a de particulier, c'est d'être en acrostiches.

Quant aux *klon*, on en distingue de 20 espèces. Elles sont caractérisées par le nombre des pieds ou syllabes, nombre qui varie de cinq à neuf, par la nature des rimes ou assonances, par le nombre et la place de ces mêmes rimes ou assonances.

On leur donne des noms assez bizarres, comme ceux-ci: le *Serpent qui avale sa queue*, l'*Oiseau qui déploie ses ailes*, le *Lotus qui s'épanouit*, etc. Ces noms ont rapport aux figures qu'on trouve avec un peu d'imagination dans les diagrammes composés de points et de rimes entrelacés, au moyen desquels on rend sensibles aux yeux les règles des *klon*, aussi bien que celles des *khlong*.

Une qualité commune à tous les vers siamois, c'est leur sonorité. Elle vient, premièrement de ce que toutes les syllabes sont accentuées; secondement du mélange des syllabes sourdes et des syllabes claires.

Les *khlong*, d'une structure plus serrée et plus régulière, conviennent à l'expression des préceptes moraux, des proverbes et des sentences. Les *klon*, plus capricieux et de formes plus variées, sont plus propres à l'expression des sentiments, la douleur, la pitié et surtout l'amour. C'est le langage des chansons et des complaintes. Ainsi, la poésie siamoise, qui se renferme ordinairement dans les sujets didactiques, et dans ceux que la passion inspire, trouve dans ces deux formes de versification toutes les ressources dont elle a besoin.

Les lecteurs du *T'oung Pao* savent déjà — puisque nous publions dans le numéro courant ses notes préliminaires — que M. le Prof. W. Grube, de Berlin, vient de déchiffrer l'écriture Joutchen d'après le manuscrit *Hoa-i i-yu*, découvert par le Dr. Hirth et faisant partie, aujourd'hui, de la collection de manuscrits orientaux de la Bibliothèque Royale de Berlin. L'écriture jou-tchen est identique avec celle sur la stèle de Yen-tai, publiée par Mr. Devéria [1]) et

---

1) *Revue de l'Extrême-Orient*, dirigée par Henri Cordier.

ne présente aucune ressemblance avec celle de l'inscription de *Kiu-yung-kuan*. Elle se compose d'environ 775 caractères, dont 25 sont figuratifs, empruntés du Chinois, tandis que le reste représente des signes syllabiques (500 monosyllabiques, 230 dissyllab. et 20 trisyllab.). Cependant, le nombre actuel des caractères surpasse celui du manuscrit, car l'inscription de *Yen-tai* offre quantité de caractères inconnus. Le vocabulaire contient environ 870 mots, dont la ressemblance avec les équivalents mandchoux pour la plupart est facile à reconnaître. Les textes n'embrassent que 20 pièces assez courtes, qui ne sont que des traductions des originaux chinois. Malheureusement l'auteur était probablement un Chinois, ou bien d'origine *jou-tchen*, mais devenu chinois, car il s'est contenté d'une traduction servile des originaux chinois, de sorte que les textes ne représentent qu'une juxtaposition de vocables *jou-tchen* d'après les règles de la syntaxe chinoise, diamétralement opposées à celles de la langue mandchoue. L'orateur présente un photogramme d'un des textes, dont il donne l'analyse. Il se propose de publier les résultats de ses recherches dans une monographie.

M. Arthur von Rosthorn, des Douanes Impériales maritimes chinoises, donne, sous le titre de »*Eine chinesische Darstellung der grammatischen Kategorien*", la communication suivante :

La littérature grammaticale de la Chine est extrêmement restreinte. Elle est réduite à des ouvrages de deux sortes, c'est-à-dire à des aides pour le haut style, et à des travaux qui s'occupent des particules. Le *Lun wên ch'ien shuo*, dont le mémoire mentionné ci-dessus donne l'analyse, appartient à cette première classe d'ouvrages. Dans ce travail se trouve un essai pour distinguer la partie du discours, déterminer les catégories grammaticales et expliquer la construction de la phrase. Les mots sont divisés en »pleins" ou substantiels (*shih*) et en »vides" ou non-substantiels (*hsü*) division qui ressemble tout à fait à celle des anciens Grecs dans ὀνόματα et ῥήματα.

Les mots »vides" sont encore divisés en 4 groupes, c'est-à-dire (*a*) »fixes" ou intransitifs (*ai*), qui n'ont pas besoin de termes complémentaires nommés Adjectiva i Verba intransitiva ; (*b*) »mobiles" ou transitifs (*huo*), qui sont suivis d'un sujet ou d'un terme complémentaire, appelés Verba transitiva, etc.; (*c*) mots d'un caractère formal ou interjectional (*k'ou-ch'i yü tsu*) comprenant des particules finales, particules négatives, etc.; et enfin (*d*) des particules pures (*K'ung-huo*), telles que des particules conjonctives et disjonctives.

Chaque phrase est une combinaison de plusieurs expressions. Le principal terme ou sujet psychologique de la phrase (*chu*) est toujours substantiel (qu'il soit concret ou abstrait); le reste de la phrase est son predicat psychologique (*pin*). Si ce dernier appartient au groupe (*a*) la phrase contient deux termes (simples ou composés) et est appelée un simple jugement du premier ordre (*tan-tsêng ai-chü*); si le predicat est du groupe (*b*), la phrase a naturellement trois termes au moins et est un simple jugement du second ordre (*shuang-tsêng ai-chü*). A l'aide de mots du groupe (*c*) un jugement mixte est formé (*tai-huo ai-chü*), et par l'addition de particules pures (groupe *d*), la phrase est étendue dans un jugement composé (*huo-chü*).

M. von Rosthorn conclut en disant que si nous pouvons voir dans cette esquisse une expression fidèle des vues naturelles du sujet (et il pense que nous pouvons le faire ainsi) nous devons la prendre en mûre considération, que nous l'approuvions ou non, et que nous devons plutôt chercher à découvrir le fond psychologique de ces conceptions singulières que d'essayer de leur appliquer nos propres rigides lois de logique.

M. le Dr. Schlegel présente le *Dictionnaire chinois-français* par Bailly en 5 vol. in-4, imprimé à Saigon en 1889.

Samedi, 8 septembre. — M. W. Radloff, de l'Académie des Sciences de St.-Pétersbourg, donne un résumé de son expédition dans la Mongolie en 1891, au sud du lac Baïkal, au bord de l'Orkhon. Les trouvailles appartiennent à diverses périodes 1° préhistorique, 2° dynastie des Tou-Kiue, 3° Ouigours. On n'a trouvé qu'un seul monument ouigour à Karabalghasoun, 4° inscriptions sinico-mongoles près du monastère de l'Erdenitchao. M. Klementz a continué ses découvertes. Il y a 12 inscriptions en écriture tou-kiue ou turques. Dans les tombeaux turcs on a trouvé les statues en pierre bien connues sous le nom russe de *baby*. Sur trois inscriptions turques, une appartient à *Koul-tégin*, la deuxième à son frère, la troisième probablement au père de Koul-tégin (690 ap. J.-C.).

M. Radloff expose sa méthode de déchiffrement. L'écriture se lit de droite à gauche. L'établissement définitif de l'alphabet est dû à M. Thomsen à Copenhague. Les lettres turques se divisent en deux groupes selon la nature gutturale ou palatale des voyelles. Un troisième groupe est formé des voyelles qui se combinent avec toutes les consonnes. La langue est facile à comprendre, de sorte que M. Radloff a réussi à faire une traduction satisfaisante; il donne une analyse détaillée et fort intéressante de quelques inscriptions. Les régions comprises depuis le Jénisei jusqu'à l'Orkhon étaient habitées par le peuple turc; aperçu des résultats historiques et ethnographiques fournis par l'étude des inscriptions.

M. le Prof. O. Donner, de Helsingfors, dépose la première livraison du nouveau déchiffrement des inscriptions de l'Orkhon par le Prof. Vilh. Thomsen dont le titre est:

— Inscriptions de l'Orkhon déchiffrées par Vilh. Thomsen, professeur de philologie comparée à l'Université de Copenhague. — (I. L'Alphabet. II, Transcription et traduction des textes.) — Helsingfors. Imprimerie de la Société de Littérature finnoise, 1894, br. in-8, pp. 54.
Suomalais-Ugrilaisen Seuran Toimituksia. V. — Mémoires de la Société Finno-Ougrienne. V.

M. le Docteur G. Huth, de l'Université de Berlin, lit un mémoire sur les inscriptions tibétaines et mongoles de *Tsaghan Baishing* trouvées en Mongolie septentrionale par l'expédition du Dr. Radloff en 1891. Il montre le rapprochement entre ces inscriptions et un ouvrage tibétain sur le *Bouddhisme en Mongolie*, édité et traduit par lui. Il démontre également que plusieurs détails importants sur les idées et les institutions du lamaïsme, ainsi que sur l'histoire et l'ethnologie des Mongols, la géographie de leur pays et les langues tibétaines et mongoles dérivent de ces inscriptions, mais que tous ces sujets doivent être illustrés avec des détails pris dans d'autres sources. Parmi celles-ci, il accorde la plus grande importance au travail tibétain mentionné ci-dessus, à cause des renseignements nombreux et authentiques par lesquels il se distingue avantageusement des sources mongoles, particulièrement de l'historien mongol si célèbre Sanang Setsen.

De plus, le Dr. Huth fait quelques remarques sur l'antiquité de la version tibétaine du poème renommé *Meghadûta*, de Kalidâsa, qui doit être recherchée d'après les noms de ses traducteurs indiens et tibétains.

Lundi, 10 septembre. — M. le Prof. Henri Cordier présente au nom de l'auteur, M. le Dr. Terrien de Lacouperie, le nouveau volume intitulé: *Western Origins of the early chinese civilization*. Sans examiner les théories de l'auteur, M. Cordier constate la quantité énorme de renseignements qui se trouvent dans cet ouvrage, qui est le résultat de quinze années de travail, et qui mérite l'attention de tous les érudits.

Devant une très nombreuse assistance, constatons-nous avec plaisir, presque uniquement composée de dames, M. le Dr. Schlegel fait avec beaucoup de *humour*, une très intéressante conférence sur la position sociale de la femme en Chine, avec une profonde érudition qui n'exclut pas l'humour et l'entrain; il fait connaître à son auditoire, par une série de textes empruntés aux monuments de la littérature chinoise, les principales héroïnes de l'Extrême-Orient. Il montre que la situation des femmes en Chine n'a rien de servile, que plusieurs d'entre elles faisaient trembler leurs maris, qu'enfin on en trouve un grand nombre qui sont devenues célèbres par leurs talents. La femme bourgeoise en Chine est à peu près aussi heureuse que son égale en Europe: l'autorité dont elle peut avoir le plus à souffrir est celle de sa belle-mère, mais quand elle est devenue mère elle-même, elle jouit d'une grande considération.

M. Henri Cordier lit un mémoire intitulé: *La participation des Suisses dans les études relatives à l'extrême-orient*. Il ajoute: «Ceci n'est pas un mémoire savant que je désire lire: c'est un mot de remerciement que je veux adresser à la Suisse en général et à la République et au Canton de Genève en particulier pour la noble hospitalité que nous y recevons aujourd'hui». Ce mémoire qui n'est tiré qu'à *cent* exemplaires non mis dans le commerce, est imprimé en ce moment chez W. Kündig et fils, à Genève et sera distribué dans le courant du mois d'octobre 1894.

M. ARTHUR DE CLAPARÈDE, Président de la Société de Géographie de Genève, adresse à M. Cordier des remerciements au nom des voyageurs et des savants suisses dont il a parlé.

Mardi 11 Septembre. — Sous le titre de: *Breve cenno di quatro ambasciate inviate a Roma negli ultimi anni del sedicesimo secolo da Gamo Ugisato, feudatorio d'Aidzu nel Giappone*, le Prof. CARLO VALENZIANI, de Rome, fait une communication sur deux passages du recueil de notices biographiques *Nippon hyak' Kets'den* desquelles il demeure établi que le daimyo d'Aidzou, Gamau Oudji-Sato envoya secrètement quatre fois des ambassadeurs à Rome dans les dernières années du XVIe siècle, fait qui jusqu'à présent, était ignoré en Europe.

.˙.

Dans la Section VII (*Géographie et Ethnographie orientales*) nous notons les communications de M. le prince C. WIASEMSKY: 1° Sur ses observations météorologiques faites durant un voyage exécuté à cheval à travers toute l'Asie, de la Mongolie au Tonkin, du Siam au Turkestan russe et de là en Perse et au Caucase. — 2° Sur l'origine et les procédés de l'usage du thé chez les différents peuples de l'Asie. — Le Président, le Prof. A. Vámbéry, félicite le prince d'avoir su accomplir heureusement un voyage d'une si énorme étendue, et, quant au thé, rappelle des données historiques relatives à l'origine indienne de la plante et de l'emploi de ses feuilles, et cite, de sa propre expérience, différents modes de consommation chez quelques peuples de l'Asie.

M. DE CLAPARÈDE donne des détails sur la culture et les qualités du thé au Japon; et certaines autres questions relatives au même sujet sont encore touchées par MM. A. von Rosthorn, Thornton, Welter-Crot et le prince Wiasemsky, lui-même.

M. A. VON ROSTHORN lit un mémoire extrêmement intéressant sur les *Tribus frontières du Tibet oriental* qui donne lieu à une importante discussion à laquelle prennent part entre autres les professeurs Arminius Vámbéry, président de la Section et Henri Cordier. M. Vambéry fait remarquer qu'un grand nombre de détails relatifs à ces peuplades, particulièrement aux Chans, sont entièrement inédits et offrent en conséquence un grand intérêt. M. Cordier dit que la communication de M. von Rosthorn fait une fois de plus ressortir la véracité des récits de l'illustre voyageur vénitien Marco Polo.

M. HENRI CORDIER présente à la section, en épreuves photographiques, la primeur de deux cartes d'un atlas coréen chinois appartenant au Musée britannique. Cet atlas est composé de 13 cartes et date d'au moins un siècle et demi. Cet atlas sera d'ici peu l'objet d'un travail spécial de M. Cordier.

.˙.

Dans les autres sections, nous dirons que deux conférences d'un caractère général ont été faites par MM. G. PERROT et JACQUES DE MORGAN. A un point de vue spécial, nous ne retiendrons que les suivantes:

M. le Professeur JULES OPPERT a fait trois communications au Congrès de Genève, dont nous donnons quelques détails succincts.

I. Déjà en 1871, M. Oppert a trouvé que les deux cycles dont se servaient les Chaldéens, les Égyptiens et les Juifs, pour former leur chronologie fictive des temps mythiques, remontaient à une commune origine. Le premier de ce cycle est le cycle *sothiaque*, de *Sothis* nom de *Sirius*: il est de $1460, 4 \times 365$ ans, et indique la période après laquelle les dates d'une année vague de 365 jours, ont fait le tour des saisons, parce que l'année véritable est de 365 jours et un quart. Le second cycle est de 1805 ans (moins 6 jours, de 22,325 lunaisons, 24,227 mois draconitiques ou 659,270 jours, après lequel les éclipses reviennent dans le même ordre. Les Chaldéens avaient trouvé ce cycle par l'observation des éclipses pendant des milliers d'années. Le premier cycle finit en 139, sous le consulat d'Antonin le Pieux et de C. Bruttius Praesens, le second en 712 avant J. C. — 711 des astronomes. La fin des cycles est donc : cycles sothiaques, 139, 1322 ap. J. C, 2782, 4242, 5702, 7162, 8622, 10082 et 11,542 av. J. C. Les cycles lunaires finissant ou commençant sont : 712, 2517, 4322, 6127, 7932, 9737 et 11542 av. J. C.

Ces faits déjà exposés au congrès de Londres en 1874, ont été examinés depuis par M. Oppert. Les deux cycles, dont le premier n'est pas complètement exact au point de vue astronomique, ont pris naissance par l'observation d'un double phénomène, une éclipse totale pendant laquelle on a pu voir avec surprise le Sothis ou Sirius invisible jusqu'alors. Mais 13435 avant notre époque, 4,907,253 jours avant le 6 septembre 1894, un pareil phénomène ne pouvait avoir lieu sous le 26° de latitude boréale. C'est juste à cette latitude qu'est située l'île de *Tiloun*, le Tylos de Théophraste, l'île des Perles, Bahrein d'aujourd'hui, réputée dans l'antiquité pour la production du coton. C'est là que la légende place l'origine des cultes, le berceau de la science chaldéenne personnifiée par les monstres marins qui, venant du golfe Persique, donnaient aux peuples sauvages jusqu'alors, une instruction gratuite, obligatoire, mais non laïque. Cette île est désignée comme »île du coton" *Nitukki*, d'où, selon Hérodote et Strabon, venait aussi la civilisation phénicienne. C'est à l'île de Bahreïn qu'on a observé, le jeudi, 29 avril Julien, 30 janvier grégorien de l'année 11542 av. J. C. — 11541 des astronomes — le phénomène dont on a compté les deux cycles fameux, et dont un reste s'est encore conservé dans nos calendriers quand ils donnent l'année de l'ère de Nabonassar.

II. M. Oppert a fait connaître quelques détails sur les études sur les textes arméniaques, documents écrits dans une langue encore très obscure, et dont les érudits s'occupent depuis cinquante ans sans pouvoir interpréter les textes écrits en caractères cunéiformes. L'orateur constate que toutes les traductions, y comprise la sienne, ne sont que des hypothèses, plus au moins plausibles, mais que les phrases qui ne contiennent pas d'idéogrammes connus, ne seront expliquées que lorsqu'on aura découvert des documents bilingues.

III. M. Oppert qui a inauguré, il y a trente ans, l'interprétation des textes juridiques, fait quelques remarques sur des points de droit, non encore expliqués dans ces inscriptions, qui comptent par milliers. Il insiste sur le caractère essentiellement technique de ces textes que plusieurs jeunes philologues abordent sans aucune connaissance du droit et sans avoir eu une éducation juridique. Ce n'est que par cette étude du droit qu'on est parvenu à débrouiller le sens souvent très simple et qui paraît très lucide à ces jeunes collaborateurs. Mais M. Oppert leur met sous les yeux la grande difficulté qu'il a eue pour trouver ces choses en apparence si simple, en ajoutant que ses fausses traductions à lui étaient heureusement imprimées pour convaincre ses disciples que la chose n'était pas aussi simple qu'ils se la figuraient.

M. le Docteur Pfungst, de Francfort-sur-le-Mein, par des preuves tirées de la littérature pâli, montre qu'il n'a jamais existé aucune doctrine ésotérique à l'origine du Bouddhisme, quoique ce fait eût été allégué par les théosophistes de notre temps, qui le prennent comme base de leur »religion". M. le Dr. Pfungst, pour confirmer ses idées, cite à l'appui beaucoup d'autorités, telles que Max Müller, Rhys Davids, Kern, Fausböll, Feer et d'autres. MM. les Prof. Kuhn, Weber, Leumann et Bühler parlent dans le même sens.

**

Nous avons dit jadis qu'il fallait laisser à ces congrès internationaux leur caractère spécial. Leyde a été marqué par son intimité universitaire, je dirais familiale ; Stockholm par la splendeur de ses fêtes ; Genève a été autre chose. L'aristocratie genevoise nous a montré son hospitalité ; que ce soit sur la colline où s'est fait entendre la voix de Farel et de Calvin ou sur les rives du Léman, côtes genevoises et vaudoises ou savoyardes ; à Malagny, Chougny, Crans, Cologny, ou à l'Hôtel de Ville, aux Bastions, à la rue des Granges ou à la Tertasse, nous avons trouvé chez ces grandes familles patriciennes qui m'ont rappelé celles de Nuremberg ou de

Venise, chez les Naville, les Boissier, les Van Berchem, les Turrettini, les Huber, les Gautier, les Saussure, cette sincérité d'accueil qui va au cœur et cette urbanité qui d'ailleurs est le trait caractéristique de la Confédération helvétique.

Au revoir, Amis de Genève, à Paris en 1897, puisque c'est là où nous devons nous réunir la prochaine fois. Nous essaierons de faire autant, mais nous ne pourrons certes pas faire mieux que vous.

HENRI CORDIER.

CHRONIQUE.

ALLEMAGNE ET AUTRICHE.

M. August Boltz vient de publier à Darmstadt (L. Brill) deux études mythologo-linguistiques: «Der Apollomythus» (le mythe d'Apollon) et «Die Engel und ihre Verehrer» (les Anges et leurs adorateurs).

A l'occasion du jubilé Winckelmann, le 9 Décembre 1893, M. H. Nissen de Bonn a lu un mémoire sur les relations entre la Chine et l'empire romain (Voyez notre Bulletin critique).

M. le docteur M. Haberlandt, adjoint custode de la collection ethnographique du Musée d'histoire naturelle, et privat-docent à l'Université impériale et royale de Vienne, décrit, dans le XXIV Volume des «Mittheilungen der Anthropologischen Gesellschaft in Wien» (Nouvelle série, Vol. XIV, fasc. IV), quelques objets ethnographiques des naturels de la plaine *Kapsulan* dans l'île de Formose.

M. Heinrich Winkler vient de publier à Berlin (F. Dümmler) un petit mémoire intitulé «Japaner und Altaier», dans lequel il cherche à déterminer l'affinité entre ces deux races.

Fasc. I du «Ethnologisches Notizblatt» contient un article du professeur W. Grube: *Ueber eine chinesische Bildrolle*; un du professeur F. W. K. Müller sur quelques acquisitions nouvelles des Indes postérieures, et un du professeur W. Grube sur un instrument en bronze servant de support aux énormes trombones mongoles, appelées *Üker-bürije*.

AMÉRIQUE.

The "Overland Monthly" of June 1894 contains an article by F. J. Masters: *Did a Chinaman discover America*, in which the now exploded theory of De Guignes that the Chinese did discover America in A.D. 499 is again brought forward. Evidently the author is unacquainted with Prof. Schlegel's conclusive article *Fou-sang* published in volume III of the *T'oung-pao* (pp. 101—210), wherein this theory has been thoroughly crushed, as Mr. Masters does not make any mention of it in his paper.

The Oriental Club of Philadelphia has published a series of Oriental Studies, being a selection of the papers read before this club from 1889—1894. We notice in them an article of Mr. STEWART CULIN on the *Literature of Chinese laborers* and one of Mr. BENJAMIN SMITH LYMAN on *The Change from Surd to Sonant in Japanese compounds.*

GRANDE BRETAGNE.

Le japonisant anglais bien connu W. G. ASTON vient de publier chez Harrison and Sons à Londres, un mémoire sur les Onomatopées japonais et l'Origine du langage.

Le no. de Juillet du «Imperial and Asiatic quarterly review» contient e. a.:
«The ancient chinese books of divination» par Mgr. C. DE HARLEZ.
«Prjevalski's last journey» par CHARLES JOHNSTON, B. C. S.
«Ancestral worship in China and Family worth-ship in England» par le Major R. POORE.

CHINE.

Le «Journal of the Peking oriental Society», Vol. III, no. 3, contient un article du Dr. DUDGEON sur la population de la Chine, un du Dr. FORKE sur l'épicuréen *Yang-tchou* dans ses relations avec le panthéiste *Lieh-tsz*, ainsi que deux inscriptions chinoises obtenues au Japon et traduites par le Dr. MARTIN.

Sous la date du 17 Sept. on mande de Shanghai que la ville de *Tchoung-king* sur le Yang-tze a été presqu'entièrement détruite par une formidable incendie qui a mis en cendres environ 2000 maisons et a coûté la vie à 30 personnes. La perte matérielle est évaluée à dix millions de tael.

Le 31 Août une incendie formidable a détruit une centaine de Bateaux-fleurs sur la rivière des Perles à Canton. Environ mille Chinois ont perdu la vie à cette occasion.

La véritable peste a régné à Canton et à Hongkong. Pendant les six premiers mois de cette année pas moins de 180,000 personnes ont succombé à la peste à Canton. Le chiffre de décès ordinaire à Canton est de mille personnes par mois.

A Hongkong environ 50 personnes par jour tombaient victimes de cette peste.

FRANCE.

Le général Frey vient de publier chez Hachette & Cie un livre intitulé «Annamites et Extrême-occidentaux» faisant suite à son ouvrage publié chez le même éditeur en 1892 «L'Annamite, mère des langues».

«Le Tour du Monde» du 29 Sept.—26 Oct. contient la suite du voyage de M. Charles Vapereau *De Pékin à Paris.*

Au Congrès des Sociétés Savantes, dans la section de géographie historique et descriptive,

M. le baron Textor de Ravisi lit un mémoire intitulé «Sur le Centenaire de l'école spéciale des langues orientales vivantes» en insistant sur les services que cet établissement a rendus aux sciences géographiques. Il énumère notamment les travaux sur la géographie de l'Orient musulman et de l'Extrême-Orient, dûs aux professeurs de l'école, et montre l'intérêt qu'offre pour les études géographiques l'enseignement spécial qui y est donné dans deux chaires spéciales. Une notice sur la riche bibliothèque de l'établissement termine cette lecture.

M. de Ravisi émet le vœu que les sociétés savantes donnent à cet établissement, à propos de son Centenaire, qui tombera en 1895, des témoignages d'effective sympathie, et propose de tenir à cette occasion, à Paris, un nouveau congrès international des orientalistes.

Nous extrayons le passage suivant de la communication de M. le baron Textor de Ravisi :

«Si Langlès (1795) est le fondateur de l'École des langues orientales vivantes, son cinquième successeur, Charles Schefer (1867), en est bien certainement le second fondateur!

«Après plusieurs années de séjour en Orient, en qualité de drogman, il fut nommé professeur de Persan à l'École des Langues Orientales (1857) et, en 1867, il remplaçait Reinaud comme administrateur de l'École. Il consacra tous ses efforts à sa réorganisation.

«Le Décret de Novembre 1869 ramenait l'École à sa destination primitive, aussi prenait-elle immédiatement un grand développement. Les trois chaires primitives, qui étaient alors au nombre de neuf, sont aujourd'hui portées à celui de quinze. De l'espèce de campement où se faisaient les cours de l'École, elle s'était transportée dans les anciens bâtiments de l'École du génie maritime, et un hôtel somptueux a remplacé les vieilles constructions.

«L'activité de Charles Schefer n'avait pas l'École des Langues Orientales comme seul champ d'action. En 1877, il donnait sous le titre de *Iter Persicum* le récit du voyage de l'ambassadeur de Rodolphe II à la cour de Perse en 1602 ; en 1881, le *Journal d'Antoine Galland* pendant son séjour à Constantinople, puis un *mémoire inédit d'Ezéchiel Spanheim* et, tout récemment, un *Mémoire sur l'Ambassade de France à Constantinople* par M. le Marquis de Bonnac.

Enfin, en collaboration avec M. Henri Cordier, il créait un magnifique *Recueil de Voyages et de Documents pour servir à l'histoire de la géographie depuis le XIII*ᵐᵉ *jusqu'à la fin du XVI*ᵐᵉ *siècle*, qui atteint aujourd'hui son treizième volume. Il y a donné lui-même le *Voyage de la Sainte Cyté de Hiérusalem*, les *Navigations de Jean Parmentier*, les *Voyages du frère Jean Thénaud*, de Monsieur d'Aramon, de *Louis Varthema*, de *Denis Possot et de Bertrandon de la Brocquière*, etc.

«L'École ne possédait qu'un noyau de bibliothèque. Elle est, aujourd'hui, dans sa spécialité, *la plus riche bibliothèque du monde*. A la place de quelques textes ou de quelques publications isolés, une magnifique collection d'ouvrages a été entreprise.

«Commencée il y a vingt ans à peine, elle renferme, aujourd'hui, près de soixante mille volumes».

JAPON.

Volume VI des «Mittheilungen der Deutschen Gesellschaft für Natur- und Völkerkunde Ostasiens in Tokio», publié en Août 1894, contient un article très intéressant sur la vie et les souffrances du missionnaire romain JOAN BAPTISTA SIDOTTI qui se fit mettre à terre en 1708 sur l'Ile de *Yacu no sima*, et mourut en prison le 21 du 10ᵉ mois de l'an 1715.

Le récit de son martyre a été écrit par le célèbre homme d'état japonais *Arai Hakuseki* dans son livre sur les Pays occidentaux (西洋紀聞 *Sei-yō ki-bun*) et traduit en Allemand par le Dr. L. LÖNHOLM.

Le 3ᵉ Volume (Livre 25 et 26) de la traduction allemande du *Nihongi* par le Dr. KARL FLORENZ (Voir *T'oung-pao*, Vol. IV, p. 101) vient de paraître dans le Supplément du Vol. VI des «Mittheilungen der Deutschen Gesellschaft für Natur- und Völkerkunde Ostasiens in Tokio». Nous reviendrons sur cette publication.

Du même auteur vient de paraître chez M. C. F. Amelang à Leipzig un recueil de poésies japonaises traduites en Allemand sous le titre de «Dichtergrüsse aus dem Osten».

L'ouvrage est richement illustré de dessins japonais originaux et imprimé sur du papier-de-soie japonais en diverses nuances, provenant de l'officine de M. T. HASEGAWA à Tokio.

PAYS-BAS ET COLONIES NÉERLANDAISES.

Vol. XXXVIII du «Tijdschrift voor Indische Taal-, Land- en Volkenkunde», contient un mémoire «Het Huwelijk en de wetgeving hierop in China» (Le mariage en Chine et la législation à ce sujet) par M. J. W. Young, interprète pour la langue Chinoise à Samarang (Java). Batavia, Albrecht & Rusche 1894 (pp. 190).

M. F. G. Kramp a publié dans le «Journal de la Société royale néerlandaise de Géographie» un mémoire sur la découverte de l'Ile de Sachalin (De Geschiedenis der ontdekking van het eiland Sachalin).

Mr. A. G. Vorderman, bien connu à nos lecteurs pour ses recherches sur les remèdes et la thérapeutique chinoises (Voir *T'oung-pao*, Vol. I), vient de publier dans le «Geneeskundig tijdschrift voor Ned.-Indië», Vol. XXXIV, fasc. 3, un nouveau mémoire sur les Remèdes Javannais.

The second volume of Professor J. J. M. DE GROOT's «The Religious System of China» has just left the press of Mr. Brill's printing office. It contains: Book I, Disposal of the Dead, Part III, The Grave (First half).

Vol. III will conclude the third (and last) Part of the First Book with an Index to the Book on the Disposal of the Dead. These 3 first volumes will be sold together as one single work.

We will refer again to this work in our «Bulletin critique».

Nous apprenons que le Gouvernement Néerlandais a chargé l'ancien ministre des Colonies, le baron Van Dedem, qui s'est embarqué pour un voyage aux Indes britanniques, de faire une enquête sur le traitement qu'on fait subir au Siam aux sujets néerlandais de nationalité chinoise.

M. le professeur G. Schlegel a été nommé Membre correspondant de la »Société Finno-Ougrienne" à Helsingfors, Finlande.

RUSSIE.

Dans le N° V des «Mémoires de la Société Finno-Ougrienne» M. Vilh. Thomsen de Copenhague vient de publier la 1re Livraison de sa transcription des textes des Inscriptions de l'Orkhon (Voir *T'oung-pao*, Vol. V, page 171—174).

Le N° VI du même recueil contient un gros mémoire sur les Antiquités de la Sibérie occidentale conservées dans les Musées de Tomsk, Tobolsk, Tumen, Ékaterinenbourg, Moscou et Helsingfors, publié par M. Axel Heikel.

NÉCROLOGIE.

DUTREUIL DE RHINS [1]).

S'il est permis de ranger parmi les Orientalistes tous ceux-là dont les travaux ont pour but de faire, de mieux en mieux, connaître non seulement l'Orient du passé, mais aussi l'Orient actuel, J. L. Dutreuil de Rhins, récemment assassiné sur les confins du Tibet où il accomplissait une mission, a largement droit à un hommage, à un souvenir des Orientalistes.

Comme capitaine au long cours, M. Dutreuil de Rhins avait visité à peu près toutes les mers, toutes les côtes du globe, quand il apprit que le gouvernement français, en 1876, devait céder à l'Annam, conformément au traité de 1874, un certain nombre de canonnières. Il obtint, non sans peine, d'être pourvu du commandement de l'une de ces canonnières, et c'est par là qu'il aborda les études auxquelles il s'est livré depuis lors avec autant de persévérance que d'ardeur.

Les commandants des embarcations envoyées au gouvernement annamite n'avaient pas une tâche aisée, car ils devaient avoir à leur bord, outre un équipage inexpérimenté, de petits mandarins soupçonneux, pleins de duplicité, toujours prêts à entraver, sous quelque prétexte, l'autorité du chef européen. M. Dutreuil de Rhins n'en conçut pas moins la résolution d'effectuer un levé de la rivière et des environs de Hué au sujet desquels la géographie ne possédait que des informations anciennes et insuffisantes. A force de labeur et d'adresse, il réussit à accomplir son œuvre: il rapporta en Europe un levé dont l'exactitude remarquable, étant donné les conditions dans lesquelles il avait été opéré, fut constatée par la suite, alors que les ingénieurs hydrographes de la marine purent à loisir reprendre les opérations et dresser une carte régulière.

Reconnaissant la valeur de l'œuvre, le Ministère de la Marine accorda à M. Dutreuil de Rhins la faveur réservée habituellement aux officiers de marine ou aux ingénieurs hydrographes, d'être attaché au Dépôt des cartes et plans

---

1) Lu à Genève, au Congrès des Orientalistes, le 3 sept. 1894, par M. Henri Cordier, délégué de la Société de Géographie de Paris.

de la Marine. Il put ainsi mettre au net tous les croquis, toutes les notes recueillis au cours de ses reconnaissances sur la côte de l'Indo-Chine, notamment aux abords de Hué.

A l'époque où se termina son travail, la géographie n'avait pas de carte d'ensemble à grand point de toute la presqu'île Indo-Chinoise; la Cochinchine seule avait fait l'objet de cartes bien étudiées. M. Dutreuil de Rhins, avec l'assentiment du Ministère de la Marine, se mit donc à l'œuvre pour combler cette lacune. Il réunit, discuta, coordonna tous les éléments dont on pouvait dès lors tirer parti pour une représentation de ces vastes territoires. Il eut le soin de ne faire figurer dans sa carte que les données les plus positives, et il faut dire que l'œuvre présentait de vastes lacunes que l'occupation française a comblées depuis lors.

Toutefois, telle qu'elle était, la grande carte en quatre feuilles de l'Indo-Chine par M. Dutreuil de Rhins, et la réduction qui en fut faite en deux feuilles, restèrent longtemps les documents les plus complets et les plus sûrs à consulter sur cette partie de l'Asie. Plusieurs éditions successives attestèrent l'utilité de ce vaste travail qui exigea de longs mois d'application.

Le séjour de M. Dutreuil de Rhins en Annam a fait le sujet d'une relation vivante, animée, pittoresque et qui renferme des appréciations dont les évènements sont venus démontrer la justesse.

Au moment où la France se vit engagée dans les affaires du Tonkin, M. Dutreuil de Rhins n'hésita pas à intervenir auprès du gouvernement pour le solliciter à aborder la lutte avec des forces suffisantes, à ne pas se contenter d'envoyer, les unes après les autres, de petites expéditions insuffisantes pour l'étendue de la tâche.

En exécutant sa carte de l'Indo-Chine, il en avait étendu le cadre vers le nord-ouest fort au delà des limites utiles aux administrations françaises; il l'avait portée jusqu'au nord du Tibet, et cette partie de l'œuvre qui avait exigé beaucoup de labeur resta inédite malgré les efforts de l'auteur pour trouver un éditeur français disposé à entreprendre une publication dont la vente n'eut sans doute pas couvert les dépenses.

Renonçant donc à tout espoir de ce côté, M. Dutreuil de Rhins, dont l'esprit entreprenant s'accommodait mal d'une vie inactive, sollicita du journal *le Temps* d'être son envoyé au camp d'Arabi-Pacha dans la guerre qui s'est terminée par l'occupation anglaise en Egypte. Il ne réussit pas à atteindre le camp d'Arabi; fait prisonnier, menacé d'être massacré par la populace, puis incarcéré, il ne dut sa liberté qu'à l'arrivée de l'armée anglaise au Caire.

Il avait adressé au journal une volumineuse correspondance qui est malheureusement restée inédite, la rapidité des évènements lui ayant enlevé son caractère d'actualité.

A l'époque où il rentrait en Europe, M. de Brazza se disposait à retourner au Congo dans le but d'y consolider l'œuvre à laquelle il a voué sa vie. M. de Rhins fut chargé de l'accompagner pour rédiger, de concert avec M. de Brazza, l'historique des précédentes expéditions au Congo. Homme d'action par dessus tout, M. de Brazza n'a guère écrit que des fragments de la relation de ses voyages.

Pour des raisons dont l'exposé serait ici hors de propos, M. Dutreuil de Rhins n'a pu s'acquitter de son mandat d'historiographe, mais la géographie a inscrit à son actif le premier levé très détaillé du cours de l'Ogôoué par lequel a eu lieu naguères la pénétration française dans la vallée du Congo.

De retour à Paris, M. Dutreuil de Rhins a rempli avec un zèle que rien n'ébranla, avec une activité incessante, la tâche que lui avait confiée M. de Brazza de veiller, en France, aux intérêts de ce qu'on appelait alors »l'Ouest africain français". La mission de M. de Brazza, en raison de ses origines d'ordre scientifique, relevait alors du Ministère de l'Instruction publique. Les fonctionnaires de cette administration dirnient tout ce que M. Dutreuil de Rhins a mis de chaleur persuasive, de ténacité à plaider auprès d'eux la cause dont il avait accepté d'être l'avocat, à solliciter l'appui du parlement et de l'opinion en faveur d'une entreprise dont l'avenir commençait à apparaitre. M. Dutreuil de Rhins de son côté, aimait à témoigner des dispositions libérales et du constant appui que ses efforts avaient rencontrés auprès du Ministère de l'Instruction publique.

A partir du jour où »l'Ouest africain", devenu le »Congo français", entre dans le champ des préoccupations de la diplomatie, M. Dutreuil de Rhins fut relevé de ses fonctions temporaires. Retournant alors à cette Asie centrale qui l'avait naguères si profondément captivé, il entreprit, avec l'appui de la Société de Géographie de Paris, la refonte complète de la carte restée manuscrite sur laquelle étaient compris le Tibet, avec les têtes du *Brahmapoutra*, du *Yang-tsé-kiang* et des fleuves immenses qui arrosent l'Indo-Chine. De longs mois, activement employés, furent nécessaires pour étudier, comparer, mettre en œuvre, les documents de première main, pour en discuter la valeur, en interpréter les contradictions, en résoudre les points douteux, adapter entre elles les solutions les plus probables.

Les érudits savent ce que comporte de profond et attachant intérêt, mais aussi de difficultés et de peines, un travail de ce genre. Celui de M. de Rhins vint se résoudre en un texte étendu renfermant les conclusions adoptées. Un atlas composé de nombreuses planches (dont quelques unes sur un grand module), sorte de synthèse graphique des tracés divers entre lesquels l'auteur avait dû déterminer les données les plus probables à inscrire sur la carte, formait l'indispensable complément du texte.

Le Ministère de l'Instruction publique n'hésita pas à publier cette contribution à la Géographie de l'Asie centrale. M. Dutreuil de Rhins a été la victime de son œuvre, entraîné au désir ardent de visiter les contrées dont il avait minutieusement reconstitué la géographie.

En Juillet 1890, le Ministère lui accordait une mission, que l'Académie des Inscriptions et Belles-Lettres soutenait par l'attribution du prix Garnier.

Quelques mois après, le voyageur, accompagné de M. Grenard, un jeune élève de l'École des langues orientales, abordait le terrain de son exploration. C'est à *Och*, dans le *Ferghanah*, que commencèrent les travaux, c'est à quelques kilomètres de *Sining*, dans le *Kansou*, que la mort dramatique du chef de la Mission les a arrêtés.

M. Dutreuil de Rhins s'était chargé de la partie géographique des travaux.

Les difficultés du voyage lui ont imposé un itinéraire fort sinueux dont le détail ne saurait être présenté ici, mais qui a été relevé avec soin et appuyé sur d'assez nombreuses déterminations astronomiques. On sait que les résultats de ce voyage constitueront une contribution importante à la connaissance des contrées qui bordent le Tibet septentrional et oriental, c'est-à-dire d'une portion de l'Asie où de rares explorations ont laissé de nombreux problèmes à résoudre.

Ceux-là qui ont connu M. Dutreuil de Rhins, regretteront l'homme de grand cœur et de généreuses aspirations. La science perd en lui un adepte aussi fervent qu'il était désintéressé.

Ch. Maunoir,
Secrétaire général de la Société de Géographie.

L. G. G. AUBARET.

Louis Gabriel Galdéric Aubaret, marin et orientaliste français, né à Montpellier le 27 Mai 1825, est mort à Poitiers au mois d'Août 1894. Nous n'avons à parler de ce haut fonctionnaire, qui a terminé sa carrière comme délégué de la Dette publique ottomane, que pour ses études faites sur l'Annam lorsqu'il fut envoyé dans ce pays comme inspecteur des affaires indigènes auprès des amiraux gouverneurs-généraux. Il traduisit en 1865 le *Code annamite*, retraduit depuis par Philastre, ainsi que l'Histoire de *Gia-dinh*, histoire de Saigon ou de la basse Cochinchine, et donna une *Grammaire annamite* en 1867.

H. C.

COMTE DE KERGARADEC.

Le comte de Kergaradec, consul général de France à Moscou, est mort subitement le 2 Octobre à Berlin où il était de passage. Ancien élève de l'école navale, le comte de Kergaradec était parvenu rapidement au grade de capitaine de frégate. Successivement chargé, en 1875, du consulat de France à Hanoï, administrateur principal des affaires indigènes, envoyé en mission à Hué, il était entré définitivement dans la carrière consulaire en 1883, comme consul de 1re classe et commissaire du gouvernement à Bangkok, puis maintenu dans cette résidence comme consul général et chargé d'affaires. Appelé en 1891 au consulat général de France à Moscou, M. de Kergaradec avait su s'y faire apprécier, aussi bien des autorités locales que des nombreux Français que l'Exposition avait amenés dans cette ville. Le défunt, qui était un des agents les plus distingués du personnel consulaire, sera vivement regretté de ses chefs et de ses collègues. Il était officier de la Légion d'honneur depuis 1877.

TERRIEN DE LACOUPERIE.

Au moment de mettre sous presse nous apprenons la mort subite de notre collaborateur et ami, le Prof. ALBERT TERRIEN DE LACOUPERIE à l'Age de 49 ans, décédé le 11 Octobre en son domicile, 136 Bishop's road, Fulham, près Londres. M. TERRIEN-DE LACOUPERIE était né à Ingouville (le Hâvre), le 23 Nov. 1845. Nous consacrerons dans notre prochain numéro un travail spécial à ce savant regretté.   G. S.

BULLETIN CRITIQUE.

Erwiederung. — In N°. 1, Mars 1894, S. 87—89 dieser Zeitschrift bespricht Herr W. BANG meine mandschuische Grammatik. Ich hatte für die Veröffentlichung derselben den Grund angegeben, dass es bisher noch keine mandschuische Grammatik in englischer Sprache gegeben habe und nach Herrn Bang mag dies ihr Erscheinen »in gewisser Hinsicht rechtfertigen". Warum aber nur in gewisser Hinsicht? Wer nur englisch kann (und deren kenne ich sehr, sehr viele), wird eben »die früheren deutschen, italiänischen und französischen Grammatiken... nicht benutzen können". Zu meiner Schande muss ich gestehen, dass ich keine mandschuische Grammatik in deutscher Sprache kenne. Die italiänische von Hoffmann ist ein kleines Werkchen von 36 Seiten 8°, nach dem chinesischen *Tsh'ing-wen Tsh'i-meng* bearbeitet, in franz. Sprache giebt es drei: v. d. Gabelentz (1832), L. Adam (1873) und de Harlez (1884)[1]), aber ich kenne auch noch eine lateinische von Kaulen und eine russische von Sacharoff. Gabelentz ist unser aller Meister, über den Adam nicht hinausgeht, trotz sogen. wissenschaftlicher, in Wahrheit aber gesuchter, Eintheilung. Kaulen fängt sein liber primus mit den Worten an: grammatica dicitur illa ars qua etc. und füllt mit solchem Gewäsch 50 Seiten 8°; auch sind die Paradigmen in grosser mandschuischer Schrift gedruckt. Harlez' Grammatik ist gewiss gut, aber doch nicht so abschliessend, dass eine Übersetzung

---

1) Der geehrte Verfasser vergiest die „Grammaire Tartare-Mantchou" von Amiot, in den „Mémoires concernant les Chinois", Vol. XIII, S. 39, 1787 abgedruckt. (Anm. der Red.)

derselben in's Englische einer neuen Grammatik vorzuziehen gewesen wäre.

Weil ich nun die ganze Grammatik auf 13 Seiten und die Syntax auf einer halben abmache, nennt Herr Bang mein Buch eine Grammatik allerelementarster Natur: »Was bei einem so summarischen Verfahren herauskommen kann, und das überhaupt nichts Neues, persönlich Erforschtes, geboten werden kann, leuchtet (wohl nur Herrn Bang) ein". »Es müssen aber, fährt er traurig fort, derartige »Grammatiken" sein, die das Studium der altaischen Sprachen bei den Linguisten in berechtigten Misskredit gebracht haben". Es sollte mir wirklich leid thun, wenn das wahr wäre.

Was er gegen mich vorbringt ist:

1. Ich habe die ganze Grammatik auf 13 Seiten abgehandelt. Wenn ich dabei etwas für die Erlernung des Mandschuischen Wesentliches ausgelassen hätte, wäre ich natürlich zu tadeln. Der Kürze wegen an sich doch gewiss nicht, eher das Gegentheil. Übrigens vergisst Herr Bang hinzuzusetzen, dass mein Buch in Gross-Quart gedruckt ist und keinen Platz auf Kapitel-Überschriften u. dergl. verschwendet. Auch für die Literatur in mandschuischer Sprache konnte ich auf meinen *Essay* verweisen. Hätte ich in der Grammatik etwas Wesentliches ausgelassen, so würde es mein Kritiker wohl bemerkt haben. Er erwähnt aber nur:

2. Dass ich bei der Pluralbildung p. 4 angegeben habe, nicht zum Stamme gehöriges, finales *n* werde abgestossen, bei *kan* nicht. Aber wie sollte es denn heissen? s. dasselbe bei de Harlez S. 33. Sollte ich etwa sagen, *kan* sei ein Fremdwort? Ich weiss es nicht.

3. Dass ich die Etymologie der Endungen *mbi* etc. nicht gegeben, »trotzdem wenigstens bi, seinem etymologischen Werthe nach, schon ebensolange erkannt ist, als man sich mit dem Mandschuischen in Europa beschäftigt": das heisst doch so viel als dass der erste Mandschuforscher Rémi so scharfsinnig in *bi* das verbum substantif gesehen hat. Das wird also jeder

andere Anfänger auch sehen. Hätte ich es gemacht wie Andere und etwa geschrieben $m + bi$, oder *jakade* (*jaka* + *de*), oder *emgi* (*emu* + *gi*), oder gar *muse* (*mi* + *si*), so hätte ich mir den Unwillen des Herrn Bang nicht zugezogen. Aber ich wollte gar keine Etymologien bringen, die dem Anfänger nichts nützen, selbst wenn sie richtig sind. Was nützt es wenn Adam p. 44 von *bimbi* sagt, es sei »formé par une réduplication", und wenn er *beye* von *bi* ableitet? oder wenn er p. 100—127 ein »Supplément à la lexicologie" bringt, dessen Nutzen (zuweilen selbst Sinn) wohl selbst Herrn Bang nicht klar sein dürfte; oder wenn de Harlez p. 3 sagt, »*hiyoolun* piété filiale, de *hiao* avec suff. *lun!*" Oder wenn derselbe p. 35 ein Wort *yaen-yung* anführt, was kein Mensch versteht. Oder wenn er S. 55 N°. 5 von den participes passés sagt: »d'autres, semblant provenir de thèmes écourtés, ont *ongka*, *ngke*, *ngko* (pour *naka*, etc.?)", wo doch nur das Tungusische Hülfe bringt: *bambi bangka*, tung. *bàngi* faul, *sambi sangka*, » *sangàr* Loch, Grube.

Ich wollte eine Grammatik schreiben, um Engländer zum Studium der mandschuischen Sprache anzuregen, und habe desshalb alles Unwesentliche ausgelassen, besonders Etymologien, die ganz ungewiss sind und für die mir der englische Leser gewiss nicht danken würde. Im Übrigen ist ja etymologisiren keine schwierige Kunst, aber solange die tungusischen Dialekte noch nicht genau untersucht sind, ist es auf dem Gebiet des Mandschuischen verfrüht und nichts als Rathen, und sollte noch unterbleiben, sonst kommen uns die Indogermanisten auf den Kopf, vor denen sich Herr Bang so zu fürchten scheint.

Scheiden wir aber alles Überflüssige aus, so könnte jede mandschuische Grammatik auf mein Mass von 13 Seiten Gross-Quart gebracht werden, und sind nicht alle Zusammenstellungen von Formen, die das Lexicon giebt, in der Grammatik überflüssig? z.B. die Tabellen der participes passés p. 54—55 bei de Harlez. Überflüssig ist auch Erdachtes, z.B. in ders. Gram. p. 5, dass Verträge mit fremden Nationen in mandschuischer Sprache gemacht worden sind, während doch nur die ersten mit Russland so abgefasst wurden; p. 6 Übersetzungen in mandschuischer Sprache »en grand nombre"; der Plural »poètes", da doch nur *Kien-lung* dichtete, der denn auch keine mandschuische Metrik geschaffen hat.

»Neues, persönlich Erforschtes" habe ich bei einer so einfachen Sprache, wie der mandschuischen, nicht viel bringen können, aber in Kleinigkeiten habe ich doch einen Fortschritt gemacht:

So wenig ich über die Aussprache gebe, dies Wenige ist neu. Man vergleiche doch das bei de Harlez auf p. 15 und 16 Gesagte. »Richtig dürfte höchst wahrscheinlich die Angabe sein *ō* sei vielmehr *a* auszusprechen", sagt Herr Bang, sein »höchst wahrscheinlich" durch »dürfte" einschränkend. Aber dass es sicher so ist, kann er, wenn er den grossen *Wen-tschien* zur Hand hat, an vielen Beispielen wie 舜, 胡 u. s. m. selbst finden.

Meine Darstellung der Vokalharmonie ist neu und vollständig, soweit ich sie ohne Hinzuziehung des Tungusischen geben konnte, s. dagegen de Harlez p. 47.

Das p. 3 über Lehnwörter Gesagte war Herrn Bang doch jedenfalls neu.

Meine Besprechung der Suffixe *i, be, de, ci* ist doch besser als die meiner Vorgänger und durchaus altaisch gehalten.

Neu ist die mandschuische Zeitangabe auf p. 7. Siehe ferner das auf p. 9 über das Suffix *le* Gesagte, bei de Harlez p. 51 genau so falsch wie bei Kaulen (s. Z. D. M. G. vol. XVIII, p. 203). Die Tabelle der unregelmässigen Zeitwörter hat Herr Bang selbst gelobt.

Die mandschuische Syntax ist an sich einfach genug. Die Hauptregeln habe ich gegeben, für das Übrige sind ja eben die *analyxed texts* da, wie die Gespräche in Fleischer's persischer Grammatik. Was noch zu sammeln ist, sind dem Chinesischen entlehnte oder adaptirte Redewendungen wie *babi* = 有所, *serengge* = 也者 und Aehnliches.

Dies zur Erwiederung auf die unfreundliche und gar nicht mit Beweisen unterstützte Kritik. Ich habe mich, seit ich den Hörsaal des grössten Indogermanisten, Prof. Dr. Pott, im Jahre 1869 verliess, stets mit linguistischen, besonders phonetischen Studien beschäftigt und mandschuisch und tungusisch fleissig getrieben. Ein vergleichendes Wörterbuch aller tungusischen Dialekte nach den europäischen Publicationen und nach eigenen Sammlungen liegt fertig in meinem Pult. Vielleicht kann Herr Bang mir zur Veröffentlichung desselben verhelfen und so sein gegen mich begangenes Unrecht wieder gut zu machen suchen.

P. G. VON MÖLLENDORFF.

Der Verkehr zwischen China und dem Römischen Reiche. Vortrag zur Winckelmannsfeier am 9. December 1893 in Bonn. Von H. NISSEN.

Es ist mit Freuden zu begrüssen, wenn Vertreter der klassischen Philologie sich des Gedankens bewust werden, dass schon im Alterthum der Westen sich nicht ganz dem Einfluss des fernen Ostens entziehen konnte. Dieser Einfluss war vermuthlich nicht mit demjenigen zu vergleichen, den die nächstgelegenen Nachbarreiche aufeinander ausüben; dennoch war er vorhanden. Ihn an der Hand der seit einigen Jahrzehnten reichlicher fliessenden Quellen in aller Kürze nachzuweisen ist der Gegenstand dieses ebenso interessanten wie gelehrten Vortrags. Nach einer Einleitung, die in der Hervorhebung der wachsenden Wichtigkeit der chinesischen Rasse in der Gemeinschaft der civilisierten Völker gipfelt, bespricht der Vortrag folgende, mit eingehenden Quellenangaben unterstützten Punkte.

1. *Chinesische Funde im Westen.* Die berühmten Rosellinischen Porzellanfläschchen erregten bei ihrer Entdeckung in einem uneröffneten Grabe der 18. ägyptischen Dynastie die grossartigsten Hoffnungen. »Leider ist der schöne Traum durch die unbarmherzige Kritik allmälich in sein Nichts aufgelöst worden. Die Sinologen erkannten in den Aufschriften Dichtersprüche des 11. und 12. Jahrhunderts, ja HIRTH schliesst aus der Arbeit, dass die Gefässe

erst nach 1820 gemacht sind, mithin wenige Jahre alt waren, als sie von den pfiffigen Arabern in die ägyptischen Grabkammern hineingeschmuggelt wurden".

2. *Römische Münzfunde im Osten*. Von diesen Funden hebt der Vortragende hervor: der Fund einer Anzahl Münzen in der Provinz Shansi vor 60 Jahren, bestehend in Stücken aus verschiedenen Regierungen von Tiberias bis Aurelian; ferner römische Münzfunde in Cochinchina, Calcutta, Ceylon und an der Westküste Vorderindiens.

3. *Wege nach China*: Land- und Seeweg.

4. *Seidenbau in China* und 5. *Einfuhr und Verbrauch der Seide*. Nach einer Besprechung der frühesten Erwähnungen der Seide auf dem Gebiete der westlichen Kultur, kommt der Vortragende auf die bekannte Seiden-industrie syrischer Märkte. » In den Städten Syriens, klein und gross, vor allem dem berühmten Tyros, sodann in Aegypten in dem rasch aufblühenden Alexandrin, des grossen Königs zukunftreicher Gründung, schlägt Weberei, Färberei, Stickerei, kurz und gut was wir Modeindustrie nennen, ihren Sitz auf. Hier wird die feine weisse Seide Chinas verarbeitet".

» Bei einem Preis, der mindestens das fünfzigfache des heutigen betrug, dachten die Alten nicht daran, die fertigen chinesischen Zeuge zu tragen, vorausgesetzt, dass sie überhaupt ihrem Geschmack zugesagt hätten. Sondern entweder wurden Garne bezogen oder die fertigen Zeuge aufgetrennt, gefärbt und mit Leinen, Wolle, Baumwolle und anderen Stoffen neu verwebt".

Von Wichtigkeit ist die Bestätigung dieser Thatsache seitens der chinesischen Berichte des Alterthums, wie sie von Hirth (China and the Roman Orient) gesammelt und übersetzt sind. Hier hätte der Verfasser meine Untersuchung über das »Wasserschaf" der chinesischen Berichte zuziehen können, deren Resultate darauf hindeuten, dass Kameelwolle bei der Herstellung der halbseidenen Stoffe keine geringe Rolle gespielt haben kann. Unter den serischen Gewändern der Römer versteht der Vortragende leichte bunte Musseline und Gasen.

Dies sind vermuthlich dieselben Stoffe, die *Ma Tuan-lin* in seiner Schilderung von *Ta-tsin* erwähnt: »they always made profit by obtaining the thick plain silk stuffs of China, which they split in order to make foreign damast and purple-dyed mustered goods, and they entertained a lively trade with the foreign states of Parthia by sea" (Hirth). Angesichts dieser chinesischen Bestätigung des Auftrennens der Seidenstoffe durch die syrische Fabrikanten, auf die zuerst von Hirth aufmerksam gemacht wurde, sagt der Vortragende mit Recht: »es ist nicht recht ersichtlich, warum das Auftrennen von Blümner (der Maximaltarif des Diocletian, p. 162) und von Oberst Yule (Cathay. Einl. p. 154) in Zweifel gezogen wird".

6. *Erleichterung des Verkehrs.* Die grossartige Ausdehnung der beiden Kulturgebiete, des römischen einerseits und des chinesischen andrerseits, macht lebhafte Handelsbeziehungen selbstverständlich. Dennoch gab es keine directe Landverbindung, vielmehr hatten die Parthen die Vermittlung, und vom Transit der chinesischen Waare erklecklichen Nutzen.

7. *Serika.* Wo Serica lag und wer die Serer waren, ist eines der interessantesten Probleme der Handelsgeschichte im Alterthum. Hier sehen wir die wichtigsten Ergebnisse der Forschungen, insofern sie aus den Quellen der klassischen Literatur hervorgehen. Eine sorgfältige Untersuchung vom Standpunkt der chinesischen Literatur dürfte über die zahlreichen dunkelen Punkte dieses Problems noch recht viel Licht verbreiten können.

8. *Der indische Handel. 9. China.* Indien und China versorgten den römischen Markt mit Gegenständen des Luxus für Küche und Tafel, Kleidung und Toilette, und Rom musste mit Edelmetallen bezahlen. Doch haben, wie die Forschungen Hirth's zeigen, mit der Zunahme des Verkehrs die syrischen und ägyptischen Fabriken ihr Absatzgebiet im Osten ständig erweitert. Die chinesischen Quellen führen an 60 Einfuhrartikel aus dem römischen Reich auf, darunter 17 Arten Gewebe, gefärbte Stoffe, bunte

Teppiche, Glas in 10 verschiedenen Farben, Metalle, Juwelen, Gemmen, Bernstein- und Korallenschmuck, Droguen, u. s. w. Nicht übereinstimmen können wir mit der nach von Richthofen citierten Ansicht betroffend den Ursprung des Namens China. Von Richthofen sagt (China, S. 470): »Es ist fast von allen, welche darüber geschrieben haben, angenommen worden, dass die Chinesen mit *Ta-tsin* »Gross China" bezeichnen wollten, und darin wiederum hat man einen Beweis zu sehen geglaubt, dass die Chinesen ihr eigenes Reich *Tsin* nannten. Es liegt aber wohl auf der Hand, dass es einem so von sich eingenommenen Volk nicht in den Sinn kommen konnte, ein anderes als noch grösser anzuerkennen. Das Beiwort *Ta* (gross) wird jedem Volk gegeben, vor dessen Macht oder Cultur die Chinesen Achtung haben. Daher bezeichnen sie z.B. Rusland, England und Frankreich als *Ta Ngo-kwo*, *Ta Ying-kwo* und *Ta Fa-kwo*. Die Herleitung des Namens *Tsin* für die Römer lässt sich noch nicht ergründen. Ist es schon aus dem genannten Grund unwahrscheinlich, dass die Chinesen sich selbst so bezeichneten, so ist auch ausserdem keinerlei Anhalt dafür vorhanden. Wohl haben sie sich nach den Dynastien genannt, auf die sie stolz sind. Vor der der *Tsin* aber haben sie stets nur Abscheu gehabt". Dagegen lässt sich einwenden, dass die Chinesen der Dynastie *Han* ihr Land dennoch *Tsin* nannten, wie aus der Stelle des *Hou-han-shu* hervorgeht, worin ein chinesischer Autor des Alterthums selbst die Ansicht ausspricht, der Name *Ta-tsin* komme daher, dass die Bewohner den Chinesen so ähnlich seien, was schon in der Visdelou'schen Übersetzung (Monument du christianisme en Chine) genügend zum Ausdruck kommt, worin es heisst: »les gens du pays sont tous de haute stature, etc., et en cela non différents des Chinois; c'est pourquoi ils ont acquis communément le nom de *Ta-tsin*, c'est-à-dire, de grande Chine" (d'Herbelot, *Bibl. Orient.*, Folio-Ausg. S. 1776, Supplément, S. 174). Dass aber die Chinesen selbst frühzeitig den Ausdruck *Tschina*, der ja in buddhistischen Texten dem Gebildeten oft genug begegnet, um eine Erklärung zu rechtfertigen, von der so bitter gehassten Dynastie *Tsin* herleiteten, dafür bürgt uns als zuverlässiger Gewährsmann *Hsüan-chuang*, der erste Kenner buddhistischer Termini unter den Autoren des 7ten Jahrhunderts. Von grossem Interesse ist das Problem der Lage der von Ptolemaeos und anderen erwähnten Stadt Kattigara, dem Grenzpunkt des fernöstlichen Seehandels. Auch hier werden chinesische Aufzeichnungen zugezogen werden müssen. Von Richthofen denkt an Hanoi, während man gewöhnlich darunter Canton oder irgend eine Stadt des eigentlichen China [z.B.Chinkiang, mit Fragezeichen in einer älteren Auflage des Kiepert'schen Atlas antiquus] versteht. Hanoi ist jedenfalls derjenige Punkt, der sich noch am ersten mit der chinesischen Tradition vereinigen lässt. Nur müssen wir nicht vergessen, dass nach der letzteren, der Platz, wo die fremden Gesandten landeten, *jih-nan-kiao-wai* (日 南 徼 外), d. h. »ausserhalb der Grenze von Jih-nan zu suchen ist" (Hirth, op. cit., *passim*), während Hanoi im Herzen dieses Grenzlandes gelegen war. Der Vortragende hätte Ausführliches über diese Frage in Hirth, Chines. Studien, S. 19 ff. vorgefunden.

10. *Chinesische Berichte.* 11. *Das Mittelalter.* Den Schluss dieses für jeden Gebildeten höchst interessanten Vortrags bildet eine mehrere Seiten umfassende Wiedergabe der hauptsächlichsten Resultate der sinologischen Forschung nach Hirth, denen hin und da bestätigende Momente aus dem Gebiete der klassischen Literatur hinzugefügt werden. Dass gründliches Eindringen in die tiefsten Tiefen dieses geistigen Bergwerks sich der Mühe verlohnt, das beweist der vorliegende Vortrag, der einige der wichtigsten Resultate modernen Scharfsinns in lesbarer, auch dem Nicht-Fachmann zugänglicher, Form mit Erfolg zu vereinigen gesucht hat. G. S.

NOTES AND QUERIES.

7. Chinese name of Narwhal.

The 正字通 describes the Narwhal or sea-unicorn (*Monodon monoceros*) in these terms: 落斯馬長四丈許、居海底、罕出水面、皮堅、刺之不可入．額二角似劍 "The *Lohszema* reaches a length of about fourty feet; it lives at the bottom of the sea, and rarely comes upon the surface of the water. Its skin is hard, and not to be pierced. The two corns (teeth) upon its front are like rapiers".

Of course the word *Lohszema* or *Loksuma* is not Chinese, but the transcription of some foreign name.

Can any of the readers of the *T'oung-pao* give me any information on the subject? G. S.

ERRATUM.

Page 211, dernière ligne, pour 119 lisez 118.

A pair of Chinese marriage contracts

BY

B. A. J. VAN WETTUM,

Dutch Chinese student-interpreter.

In order to give a better idea of the real meaning of the documents I intend to translate, I think it best, first to give an epitome of the nuptial rites, as they are observed in Amoy.

I have seen myself a most interesting part of a chinese wedding, namely the bride wearing her wedding dress.

According to Chinese custom, some few days after the wedding, the newly married woman, still called "bride", receives visitors in her nuptial room. This is the only occasion, on which a Chinese woman is allowed to be visited by other men than her relatives.

Arrayed in her splendid garments, on her head wearing the ornamental crown, she stood like an idol. Quiet and with downcast eyes, she seemed not to notice the foreign guest.

On this occasion I have admired also many marriage presents, and have sat down in the richly decorated hall, drinking the ceremonial tea, and congratulating the father in law.

I have not been able to witness the other ceremonies, but I have heard a good deal about them, especially from my Amoy teacher.

The ceremonies, which constitute a regular marriage in China, are six in number.

Already in the Li-ki¹) we find the rites divided in six formalities, viz. 納采 "Choosing", 問名 "Asking the names", 納吉 "Securing the auspiciousness", 納徵 "Giving presents as a proof", 請期 "Appointing the date", and 親迎 "Personally going out to escort".

In course of time these ceremonies, though remaining the same in number, underwent some modifications in the different parts of China. So that we now have found the ceremonies of marriage, as followed by the well-to-do-people in Amoy, to consist of the following:

I. 問名 To ask the names.

The family of the young man²) sends a go-between to the family of the girl, with a card containing his name, surname and profession. If this family is willing, the father of the girl, through the agency of the same go-between, sends a card containing his daughter's name, surname and age.

After these preliminaries, both parties reciprocally take informations. The family of the man then sends the go-between with a card, containing his eight characters of nativity, (viz. two for year, month, day and hour). The other party invites a fortune-teller to take the horoscope of the couple, and see whether they agree; and when this is the case, sends back the eight characters of the couple.

This card is placed before the shrine of the idol, set up in the hall of the young man's house, and remains there for three days.

When, during this time, there occur no ill-omened events, the auspiciousness of the union is proved.

II. 訂盟 To make the promise.

The father of the young man now sends some small presents, prescribed by custom. Among these are a pair of armlets, a present to the girl, as a proof that the match is provisionally decided upon.

The family of the girl sends back some other customary presents.

III. 納采 To send the betrothal presents.

This is a day of festivity. The family of the bridegroom sends the betrothal presents, the engagement money (properly speaking the price of the girl), together with a pair of marriage-contracts. Of these, only that of the bridegroom is complete, while that of the bride still has to be written by the other party.

On receiving these presents, the family of the bride invites the go-between to an entertainment with all the female relatives. After a while they request her to take back in return some ceremonial presents, together with the marriage-contract of the bride.

IV. 納幣 To present silk.

The bridegroom's family sends some presents in silver, among which the ceremonial present, called 幣儀 i. e. "money to buy silk". The other party returns some ceremonial presents.

V. 請期 To ask for the date of the wedding.

The family of the bridegroom sends a complete wedding dress with a card requesting the bride to fix the day of the wedding.

(As for fixing the date, some days before the ceremony called 納采, fortune-tellers have already chosen the lucky days for the following ceremonies; and these dates are instantly made known to the family of the bride).

The ceremonies called 納采, 納幣 and 請期 are now carried out on the same day.

Only, with the presents, separate cards are sent, relating to the different ceremonies.

VI. 親迎 Personally to fetch the bride.

Though in Amoy it is no custom that the bridegroom personally should go to the house of the bride, the name of the ceremony has remained.

This day quite a procession is going from the bridegroom's house. It principally consists of the go-between, two younger brothers of the bridegroom, and four or six of his friends, all sitting in sedan-chairs; besides an ornamental bridal chair, and a chair destined for the matron who accompanies the bride to her future home.

When the procession has come back to the house of the bridegroom, he comes out, and now sees his bride for the first time. The friends who escorted the bride are invited to an entertainment. But the bridegroom instantly leads his bride into the room prepared for the new couple.

Three days after the consummation of the marriage, the bridegroom presents his bride to his deceased ancestors before whose tablets they go through a ceremonial worshipping, and makes her solemnly salute his parents.

On the day of the third ceremony, the bridegroom's family send the 婚書, which I translate by "marriage-contracts". The contents of this document are not at all similar to those of a European marriage-contract. Yet I have fixed upon this translation for it, because it is the most important one among the many documents and cards exchanged during a marriage and, especially, because it proves that the marriage is finally agreed upon.

The main part of both documents consists in lines of verse, chosen from the Shi-king, in praise of the family and father of the betrothed, and at last of the betrothed personally. Each line is taken from a different ode, but the composer chooses them so, that rhyme is conserved ³). Moreover the author, thorough literate as he is, has taken care that the phrases in prose in each column are of an even number. This is a most delicate distinction. Carelessness on this point might give the idea of "singleness", which, on the occasion of two persons uniting for life, would be a bad omen. This is another instance of the veneration Chinese feel for their written characters.

Translation of the first document.

乾　書 ⁴)

Marriage-contract of the bridegroom's family.

二　姓　合　婚 ⁵)

Two clans united by marriage.

忝姻弟蘇天錫薰沐頓首百拜

Your unworthy younger brother by this marriage, *Su Thien-sih*, having perfumed and bathed himself, knocks his forehead on the ground, and with high reverence,

書上

writes to

大儲封 ⁶) 仁翁汪府尊姻翁老先生老大人執事

Your Excellency, of the high name *Jen* of the house *Wang*, his respected relative by marriage, the wealthy father of graduates, the venerable old master.

伏以

He respectfully notes that,

　　　　日　爲　改　歲 [7]
　　　　文　定　厥　祥 [8]

Now that the year is drawing to a close,

The ceremony of sending the betrothalpresents has secured the auspiciousness of this marriage.

恭惟

Reverently he considers

高門

The high reputation of Your house.

　　　　允　文　允　武 [9]
　　　　邦　家　之　光 [10]

Its members are equally able to fulfill the civil or military employments;

Yea, it is the glory of the State.

姻翁大人

Reverently he thinks also of You, his honored relative by marriage,

　　　　其　德　不　爽 [11]
　　　　出　言　有　章 [12]

Of Your virtue untainted,

And Your speech so full of elegance.

猥以令媛鸞官
配及豚兒錦陽

He is ashamed, that Your fair daughter, of the high name *Luan*, Should be united to his little dog, named *Kin-yang*.

　　　　親　迎　于　渭 [13]
　　　　造　舟　爲　梁 [14]

In person he will call for her in Her mansion, near the river *Wei*,

And will join many boats to a bridge.

辰 彼 碩 女 [15])
有 來 雝 雝 [16])

When at her proper time, this eminent lady
Has arrived, moving harmoniously,

令 儀 令 色 [17])
不 吳 不 揚 [18])

With her decorous behaviour and beautiful complexion,
Not boisterous and not loud-voiced,

宜 其 家 室 [19])
載 弄 之 璋 [20])

She will bring harmony into the household,
And there will be playing with pieces of jade.

則 百 斯 男 [21])
終 焉 允 臧 [22])

Yea, a hundred sons will be born to Her;
And everything will prosper to the end.

統 冀

He fervently hopes, that

尊 慈 俯 賜
懷 允 不 諼 [23])

Your honor, with kindness, will deign to grant him this favor,
Which he will cherish in his heart, and never forget.

時 龍 飛 [24]) 歲 次 癸 巳 年 臘 月 [25]) 穀 旦 [26]) 錫 載 頓 首 拜 書

During the reign of the present Emperor, the order of the year being Kwei-sz', on the present lucky day of the sacrificial moon, Sih knocks his forehead on the ground, and reverently writes this.

光 前 [27])

That this union be the glory of Your forefathers.

Translation of the second document.

坤 書 [19])

Marriage-contract of the bride's family.

百 年 偕 老 [19])

During a hundred years they grow old together.

忝姻弟汪懷仁薰沐頓首百拜

Your unworthy younger brother by this marriage, *Wang Hwai-Jen*, having perfumed and bathed himself, knocks his forehead on the ground, and with high reverence,

書 復

writes in answer to

大德望 [20]) 錫翁蘇府尊姻翁老先生老大人閣下

Your Excellency, of the high name *Sih* of the house *Su*, his respected relative by marriage, the venerable old master, with the high reputation of virtue.

伏 以

He respectfully notes that,

歲 聿 其 莫 [21])
承 筐 是 將 [21])

Now that the year is approaching its end,
The baskets with betrothal-presents have respectfully been received.

寅 惟

He reverently considers

覃 府

Your illustrious house

文 武 是 憲 [33])
萬 民 所 望 [34])

Its civil and military attainments are a model to men;
All people look up to it as to their pattern,

烟 臺 大 人

Reverently he thinks also of You, his honored relative by marriage,

豈 弟 君 子 [35])
惟 德 之 行 [36])

The princely man, benevolent and equanimous,
Who only walks in the paths of virtue.

猥 以 令 耶 錫 官
采 及 小 女 鸞 者

He is grateful that Your honored son, of the high name *Yang*,
Has chosen his uneducated daughter, named *Luan*.

天 作 之 合 [37])
不 顯 其 光 [38])

Heaven ordained this match,
How should not the ceremonies be resplendent!

求 我 庶 士 [39])
穆 穆 皇 皇 [40])

Among all the scholars, who have wooed his daughter,
Your son is excelling in respectfulness and praiseworthy qualities.

克 明 克 類 [41])
如 珪 如 璋 [42])

He is able to discriminate equally right and wrong, good and perverse.
His virtue is pure like a scepter, undefiled like a jade-mace.

琴 瑟 在 御 [43])
庶 幾 有 臧 [44])

Like the harmony of the lute and lyre at their sides,
So will be their conjugal happiness;

施 於 孫 子 ⁽¹⁵⁾
長 發 其 祥 ⁽¹⁶⁾

Which extending to their offspring,
For a long time will be an omen of prosperity.

統 祈

He fervently beseeches

尊 慈 俞 允
申 錫 無 疆 ⁽¹⁷⁾

Your honor, with kindness to grant him this favor,
As You repeatedly have granted favors without end.

時 鳳 祀 ⁽¹⁸⁾ 歲 次 癸 巳 年 臘 月 穀 旦 仁 戴 頓 首 拜 書

According to the Imperial calendar, the order of the year being Kwei-sz', on the present lucky day of the sacrificial moon, Jên knocks his forehead on the ground, and reverently writes this.

裕 後 ⁽¹⁹⁾

That this union may insure prosperity to Your descendants.

Amoy, January 1894.

Notes.

1) 禮記．第四十四篇．The commentary on this passage explains the order of arranging the ceremonies: 采擇在我而名氏在彼．故首以納采、而次以問名．此賓人謀以達之也．次則宜貴鬼謀．故又次之以納吉．人謀鬼謀皆協．從然後又納幣以徵之．請日以期之．The choosing (of the bride) depends on us, but the names (of the bride) are theirs. Therefore, the ceremony called 納采 comes first, and that called 問名 second. These are actions depending on human calculations. After this the intention of the spirits must be honored. Therefore, the ceremony called 納吉 comes next. If the plans of man, and the intention of the spirits have been found to agree, then the ceremonies called 納徵 and 請期 can successively be performed, namely "presenting silk" to affirm the betrothal, and "appointing the date" in order to fix the wedding.

2) According to custom in Amoy, the 主婚 (contractor of a marriage) for bridegroom and bride, is their respective father. If he has died already, the marriage is arranged by the next male relative in the family hierarchy.

3) As will be seen, in both documents, the words ending each alternate line, belong to the rhyme "Yang" [陽], the seventh of the lower even tone [下平]. See their dictionary of rhymes, called 詩韻．

4) Printed on the cover in golden characters.
    It stands for: 乾家婚書．乾 is the first of the eight diagrams, corresponding to Heaven and to the Male principle.

5) In the original printed in golden characters.

6) 朱子家禮．婚禮．[納采]：讀書父稱大儲封．
The father of a literate is styled 大儲封．

7) 詩經卷一之十五篇[七月]．Comm. 歲將改矣：
The year is going to change. (LEGGE, p. 230).

8) 詩經卷三之一篇[明明]．Comm. 文禮也．卜得其吉以納幣之禮定其祥也：After having obtained the lucky days by divination, the ceremony of giving the betrothal presents fixes the auspiciousness. (LEGGE, p. 434).

9) 詩經卷四之二篇[思樂]．Comm. 文武兼備：
Having both civil and military abilities. (LEGGE, p. 618).

10) 詩經卷四之三篇[載芟]．Comm. 邦家所以光也：Glory is shed upon the State thereby. (LEGGE, p. 603).

11) 詩經卷二之二篇[蓼彼]．Comm. 爽差也：爽 means "error". (LEGGE, p. 274).

12) 詩經卷二之八篇[彼都]．Comm. 韋文章也：韋 means "literary essay". (LEGGE, p. 409).

13) The same as note 7). See in the same ode the line 在渭之涘 (on the banks of the river Wei), describing the place of the princess' residence. (LEGGE, p. 434).

14) The same as note 7). Comm. 比舡於水．加板於上．即今之浮橋：To unite boats on the water, and put boards across them. This we call now a floating-bridge. (LEGGE, p. 435).

In the document, this line refers to the providing of sedan-chairs, to convey the bride to the bridegroom's house.

15) 詩經卷二之七篇[問關]．Comm. 辰及時．碩大也：辰 means "at the proper time", 碩 means "great". (LEGGE, p. 392).

16) 詩經卷四之二篇[有來]．Comm. 雝雝和也：雝雝 mean "harmonious". In the original, this line describes many men, coming in full harmony. (LEGGE, p. 589).

17) 詩經卷三之三篇 [天生]. Comm. 令善也: 令 means "good". (LEGGE, p. 542).

18) The same as note 8). Comm. 不吳不揚肅也. 不諈諈不大聲也: This phrase means "quiet, not talking noisely and not loud-voiced". (LEGGE, p. 619).

19) 詩經卷一之一篇 [桃之]. Comm. 宜者和順之意也: 宜 has the meaning of "harmonious and submissive". (LEGGE, p. 13).

20) 詩經卷二之四篇 [秩秩]. Comm. 弄玩也. 半圭曰璋. 玩以璋者欲其比德也: "弄 means "to play", 璋 is a piece of jade, shaped like a half scepter. They give this ornament to boys to play with, as an emblem of their virtues in later life". — Hence 弄璋 is an expression for "bearing sons". (LEGGE, p. 306).

21) 詩經卷三之一篇 [思齊]. (LEGGE, p. 446).

22) 詩經卷一之四篇 [定之]. Comm. 至終而果獲其善也: At the end, prosperity will certainly be obtained. (LEGGE, p. 82).

23) 詩經卷二之六篇 [鼓鐘]. Comm. 懷思允信也: 懷 means "to think about", 允 means "certainly". (LEGGE, p. 367).

24) 易經卷一 [乾]. 飛龍在天. 利見大人. Comm. 以天德居天位. 臣民利見之: The soaring dragon on the throne of Heaven bestows benefits on all the people.

25) In the 幼學 (卷之一、歲時) I read: 蔡人歲終祭神. 曰臘. 故至今以十二月為臘: The men of Ts'in, at the end of each year, sacrificed to the gods. This was called "winter-sacrifice". Therefore up to the present time the 12th month is called, "the sacrificial month".

26) In the same chapter of the 幼學 occurs the phrase: 穀日吉旦也. 穀日 means "a lucky day".

See also: 詩經卷一之十二篇[東門]. In this ode occurs the line 穀旦于差. Comm. 穀善也: 穀 means "good". (LEGGE, p. 206).

27) See note 49).

28) Printed on the cover in golden characters. It stands for 坤家婚書. 坤 is the last of the eight diagrams, corresponding to Earth and to the Female principle.

29) In the original printed in golden characters.

30) 朱子家禮. 婚禮. [納采]: 無讀書稱大德望, for a man who is no scholar, the title is 大德望.

31) 詩經卷一之十篇[蟋蟀]. Comm. 歲忽已晚矣: Suddenly it is late in the year. (LEGGE, p. 174).

32) 詩經卷二之一篇[呦呦]. Comm. 承奉也. 筐所以盛幣帛者將行也: 承 means "to receive respectfully; 筐 are (the baskets) to contain the silk; 將 means "to perform". (LEGGE, p. 245).

33) 詩經卷三之三篇[崧高]. Comm. 才兼文武. 足以爲人取法也: Abilities both civil and military, which the people can take as an example. (LEGGE, p. 540).

34) The same as note 11). Comm. 膽望而法傚: To look up to it and take it as an example. (LEGGE, p. 409).

35) 詩經卷三之一篇[瞻彼]. Comm. 豈和樂也. 弟平易也: 豈 means "in peace with men, and spreading joy"; 弟 means "even-minded". (LEGGE, p. 444).

36) The same as note 7). (LEGGE, p. 433).

37) id. Comm. 天默定其配: Heaven secretly decreeed, that they should be made a pair. (LEGGE, p. 434).

38) id. Comm. 豈不顯達其禮之光輝乎: How should not the splendor of the ceremonies be manifested! (LEGGE, p. 435).

39) 詩經卷一之二篇[摽有]. Comm. 求我之衆士: All the scholars who wooed me. (LEGGE, p. 30).

40) 詩經卷三之二篇 [假樂]. Comm. 穆穆敬也．皇皇美也： 穆穆 means "respectful"; 皇皇 means "admirable". (LEGGE, p. 284).

41) 詩經卷三之一篇 [皇矣]. Comm. 克明能察是非也．克類能分善惡也： 克明 means "able to judge right and wrong; 克類 means "able to discriminate good and evil". (LEGGE, p. 451).

42) 詩經卷三之二篇 [有卷]. Comm. 德行純深： A virtuous behaviour, perfectly pure. (LEGGE, p. 493).

43) 詩經卷一之七篇 [女曰]. Comm. 如鼓琴瑟以相友．御侍也： Harmonious as the lute and lyre sounding together. 御 means "near to". (LEGGE, p. 135).

44) 詩經卷二之七篇 [有㜎]. Comm. 臧善也： 臧 means "good". (LEGGE, p. 390).

45) The same as note 37). Comm. 延及于子孫： To transmit to sons and grandsons. (LEGGE, p. 452).

46) 詩經卷四之三篇 [溶哲]. Comm. 長久也： 長 means "for a long time". (LEGGE, p. 638).

47) 詩經卷四之三篇 [嗟嗟]. Comm. 申重也．疆竟也： 申 means "repeatedly"; 疆 means "to exhaust". (LEGGE, p. 634).

48) The expression 鳳紀 and its antithesis in the other document, 龍飛, have been chosen intentionally, because "Dragon" and "Phoenix" are emblems for bridegroom and bride.

49) In the 三字經 occurs this phrase: 光於前．垂於後．Comm. 光前人而裕後昆． To make one's ancestors illustrious, and set up an example to posterity.

MÉLANGES.

Ueber den Schiffsverkehr von Kinsay zu Marco Polo's Zeit

VON

FRIEDRICH HIRTH.

Unter den seltenen Büchern, die ich mit meiner nunmehr zweiten Sammlung chinesischer Druckwerke erworben habe, nachdem die erste in den Besitz der Königl. Bibliothek in Berlin übergegangen ist, befindet sich eine ausführliche Beschreibung der Stadt *Hang-chow*, von der Marco Polo uns unter dem Namen *Kinsay*[1]) eine lebhafte Schilderung hinterlassen hat. Dieselbe ist betitelt *Méng-liang-lu*[2]), enthält 20 Bücher und wurde, wie ich der Vorrede entnehme, im Jahre 1274, d. i. etwa ein Jahr vor der Ankunft des Polo am mongolischen Hofe, von *Wu Tzu-mu*[3]) veröffentlicht, der selbst aus *Hang-chow* gebürtig war[4]). Der Verfasser giebt uns eine Fülle von Détail, das besonders wegen des Umstandes, dass der Zeitunterschied zwischen der Entstehung seiner Aufzeichnungen

---

1) 京師 nach der Amoy-aussprache *King-sai* i. e. „die Hauptstadt".
2) 夢梁錄. 3) 吳自牧.
4) S. den Katalog der kaiserl. Bibliothek in Peking, Kap. 70, p. 39.

und Marco Polo's Aufenthalt in *Kinsai* kaum 20 Jahre beträgt, für die Marco Polo-Forschung manchen werthvollen Aufschluss zu liefern verspricht. Unter Anderem findet sich auf S. 14 ff. des 12. Buches ein Bericht über die den Hafen von *Hang-chow* damals besuchenden Schiffe, dem ich die folgenden Thatsachen entnehme:

»Die Provinz *Chekiang* ist wichtig, nicht bloss durch ihre Fluss-Schiffahrt, sondern auch durch den Seeverkehr. Unter anderen laufen in den Hafen von *Hang-chow* See-Schiffe ein, deren grösste eine Tragfähigkeit von 5,000 *liao* [1]) besitzen und die auf 500 bis 600 Passagiere eingerichtet sind. Schiffe zweiter Klasse halten nur 2,000 bis zu 1,000 *liao*, können jedoch immer noch 200 bis 300 Passagiere aufnehmen. Die kleineren Fahrzeuge, die unter dem Namen *Tsuan-fêng* [2]) (lit. »Windbohrer") bekannt sind, sind mit 6 bis 8 Rudern versehen und tragen reichlich 100 Passagiere. Diese kleineren Böte werden hauptsächlich zur Fischerei verwendet. Schliesslich giebt es noch kleinere Fahrzeuge, *San-pan* [3]) genannt, von denen hier nicht die Rede sei. Was wir beschreiben wollen sind vielmehr die Schiffe unserer grossen Rheder, die den endlosen Ocean durchsegeln, jeder ordentlichen Gefahr trotzend, indem sie über die Schlupfwinkel der schrecklichsten Seeungeheuer hinwegfahren in der Finsterniss, bei Wind und Regen, unter keiner anderen Führung als der Richtung der Magnetnadel, die dem aufmerksamen Schiffsmaat sagt, wohin er seine Junke lenken muss, und zwar ohne Fehl, denn man wisse, dass von ihm das Leben Aller, die sich an Bord befinden, abhängt. Dass dies der Fall ist (so sagt der Verfasser) haben mir die reisenden Kaufleute bei verschiedenen

---

1) 料. 2) 鑽風.
3) 三板, d. i. der noch heute so genannte *Sampan*, nach Giles .from the Malay Sampan" *Far East Glossary* s. v. Sampan. Vgl. jedoch den Namen der kleineren Böte auf dem oberen *Yangtze*, die in Szechuen *Wu-pan*, 五板, genannt worden.

Gelegenheiten ausdrücklich versichert. Wer in diesen Schiffen nach fremden Ländern zu segeln beabsichtigt, der muss in *Ch'üan-chou* in See stechen [1]). Von hier aus kommt man zunächst über das Meer von *Ch'i-chou* [2]), bei einer Tiefe von etwa 70 *chang* (ca. 130 Faden)".

Nach der Beschreibung der fabelhaften Gefahren, die den Reisenden in diesem Gewässer erwarten, belehrt uns der Verfasser darüber, dass »in der Nähe der Inseln das Meer seicht wird und dass, um nicht auf den Grund zu laufen, diese Schiffe es vorziehen auf offener See zu segeln, im Vertrauen auf die Magnetnadel". »Denn wenn hier ein Fehler gemacht wird, so findet die Mannschaft in den Leibern der Haifische ihr Grab. Ein altes, den Schiffern wohlbekanntes Sprichwort sagt: »wer hinaussegelt, der beachte die *Ch'i-chou* (Paracels), wer heimkehrt beachte den *K'un-lun* [3]) (Pulo Condor)", denn hier ist die See auch über 50 *chang* tief [4]). Es ist für den Kapitän eines solchen Schiffes von der grössten Wichtigkeit, dass er, so oft er sich auf hoher See befindet, regelmässig Sonnenaufgang und Sonnenuntergang beobachtet, um sich über das *Yin* und das *Yang* (d. i. das weibliche und männliche Prinzip, mit anderen Worten das *Fêng-shui*, die »Geomantik" der

---

1) Diese Stelle gehört, nebst einer beträchtlichen Anzahl weiterer Belege, zu den Gründen, weshalb ich den fleissigen und sonst dankenswerthen Bemühungen des Mr. George Phillips nicht folgen kann, der die von den arabischen Reisenden und Marco Polo so genannte Stadt *Zaitun* mit dem benachbarten *Chang-chou* identifizirt. Zwanzig Jahre nachdem die obige Stelle geschrieben wurde, schiffte sich Marco Polo in „Zaitun" ein, um die Reise „nach den fremden Ländern" unseres Gewährsmanns anzutreten, der uns versichert, dass man in *Ch'üan-chou*, nicht in *Chang-chou*, in See stechen muss. Die Blüthezeit des Hafens *Yüeh-chiang* (月港), Phillips' *Zaitun*, fällt in die Zeit der *Ming*. Unter den *Sung* und *Yüan* war jedenfalls *Ch'üan-chou* (alias *Sui-t'ung* 瑞桐) der Welthafen jener Küste.

2) 七洲洋, so benannt nach *Ch'i-chou* (= die Paracels Gruppe?).

3) 崑崙.

4) Weshalb gerade tiefe Stellen als gefährlich beschrieben sind, mag damit zusammenhängen, dass die damaligen Schiffsführer wohl, trotz der Magnetnadel, sehr vom Lothen abhängig waren.

Localität, wenn man diesen Ausdruck auf das Meer anwenden will) zu unterrichten. Um zu erfahren, was für Wind er zu erwarten hat, beobachte er die Wolkenbildung, und alles dies mit der grössten Genauigkeit. Sieht man das Meer in der Ferne auffallend aufschäumen, so bedeutet dies, dass der Wind aus dieser Richtung kommen wird. Starke Brandung deutet auf Südwind am folgenden Tage; Wetterleuchten auf eine Gewitterböe aus der betreffenden Richtung. Diese Zeichen sind untrüglich. Auf Nähe des Landes schliesst man von dem Aussehen des Seewassers, ob klar oder schlammig. Auf hoher See ist das Wasser dunkelblau [1]) wie Indigo; in der Nähe der Küste grünlich blau, bis es ganz nah am Land schlammig und blass wird. An Stellen, wo Fische sich in grossen Schwärmen zeigen, sind sicher Felsenklippen, da sie auf diesen ihre Nahrung finden. Der 14. und der 28. Tag jedes Monats (d. h. die Vollmonds- und Neumondstage) sind Tage der ersten Klasse [2]). Wenn an einem solchen Tage eine unerwartete Wendung in Bezug auf Wind oder Regen eintritt, so deutet das auf einen Sturm innerhalb der nächsten zehn Tage. Beim Lothen beachte man das Aussehen der (am Loth haftenden) Erdbestandtheile, ob Sand oder Schlamm, um daraus Schlüsse auf den etwa an der Küste zu suchenden Ankerplatz zu ziehen. Die Kaufleute, die sich nur am Küstenhandel nach *Tai-chou*, *Wên-chou*, *Ch'üan-chou* oder *Foo-chow* betheiligen, kommen nicht über das Meer von *Ch'i-chou* und *K'un-lun*; wer jedoch die Reise über den fernen Ocean machen will, der segelt, vom Hafen von *Ch'üan-chou* ausgehend, durch die Strasse von *Tai-hsü* [3]) in das offene Meer zur Fahrt nach den fremden Ländern".

---

1) *Pi-hei* (碧黑).
2) *Ta-têng-jih* (大等日), «kritische Tage" nach Falb; doch werfen diese, wie der folgende Satz zeigt, ihren Schatten auf die kommenden zehn Tage.
3) 岱嶼門.

Nach einigen Bemerkungen über den localen Verkehr, erwähnt der Verfasser, dass wegen Überfüllung des städtischen Hafens von *Hang-chow*, die grossen Seeschiffe nicht dort, sondern am Ufer des *Hang-chow* Flusses (vermuthlich unterhalb der Stadt) ihren Ankerplatz hatten.

Der Ausdruck So-fu.

Herr F. W. K. Müller in »Einige Anmerkungen zu Groeneveldt's Notes on the Malay Archipelago" (*T'oung-pao*, Vol. IV, p. 82) bespricht den Ausdruck *so-fu* (瑣服 oder 梭服), der von Groeneveldt (op. cit., p. 134) mit »quilts made of feathers" übersetzt wird. Da in der Liste von Tributartikeln, die von Malacca an den chinesischen Hof geschickt wurden, auch Kasuare genannt werden, so glaubt Herr Müller berechtigt zu sein, bei *so-fu* an die Molukken zu denken und zwar an einen Handelsartikel, der noch heute dort diesen Namen führt, nämlich die getrockneten Häute der Paradiesvögel, ternatanisch *sofu* genannt. Dies wäre ganz gut, wenn der Name nicht ein in der ethnographischen Litteratur häufig vorkommender wäre; ich selbst bin ihm unzählige Mal begegnet, und zwar auf einem Gebiet, wo an Paradiesvögel doch nicht gut zu denken ist, und in Gesellschaft von Ausdrücken, die wir nur auf Bekleidungsstoffe beziehen dürfen. Dies ist der Fall bei Gegenständen des centralasiatischen Handels zwischen den persischen Gebieten und China. Wie sollten z.B. Samarkand und Ispahan dazu kommen Paradiesvogelbälge ihren Löwen, Pferden, Damascenerklingen und Zeugstoffen als Hofgeschenke hinzuzufügen? Ispahan (*i-ssa-fu-han*, 亦思弗罕) und Samarkand (*sa-ma-érh-han*, 撒馬兒罕) aber schickten im Jahre 1483: *tou-lo so-fu chu-wu*, 兜羅鎖幅 諸物, d. h. »baumwollene und wollene Stoffe". Über den ersten

Ausdruck, *tou-lo*, der mit Sanskrit *tūlo* zusammenhängend, erst Baumwolle, später Wollenstoff bedeutete, ist mehrfach geschrieben worden (Siehe meine Bemerkungen über »ni 呢 Broadcloth" im Journal of the China Branch of the R. A. S., Vol. XXI, p. 230). *So-fu* aber stehe ich nicht an, für eine Transscription des arabischen *suf*, »Wolle" zu erklären [1]). Das obige Citat findet sich im *Ming-shih*, Kap. 332, p. 21 der Palast-Ausg. von 1739; doch mag man nur in der ethnographischen Litteratur jener Periode, der ja auch die Groeneveldt'sche Stelle entstammt, nachlesen, um den Ausdruck häufig genug anzutreffen. Die Feststellung westasiatischer und indischer Gewebe-Namen gehört zu den interessantesten Problemen der chinesischen Litteratur; ich hoffe später ausführlicher darauf zurück zu kommen. Dankbar wäre ich jedem Kenner der mittelalterlichen Textilindustrie für die Erklärung des Namens *yüeh-no* (越諾布, cantonesisch *yüt-nok*), eines vielgenannten Stoffes der persischen Textilindustrie, der nach *Chao Ju-kua* nebst geschliffenen Glaswaaren, flüssigem Storax, Gold- und Silberwaaren, zu den hauptsächlichsten Erzeugnissen Bagdad's (*pai-ta*, 白達) gehörte; sonst auch in allen möglichen, auf westasiatische Länder bezüglichen Texten vom frühen Mittelalter an erwähnt wird. Wenn es sich nur um *no* 諾, cantonesisch *nok*, handelte, so wäre uns leicht geholfen, da »Nac" thatsächlich ein von Marco Polo (Yule, Vol. II, pp. 65 u. 67) erwähntes Product der Bagdader Webereien ist. Was sollte jedoch in diesem Falle aus dem ersten Zeichen *yüeh* werden? Der Ausdruck ist so häufig, dass seine Etymologie, die sicher auf einen nicht-chinesischen Ausdruck zurückzuführen ist, ein möglichst bald zu lösendes Problem bildet. F. H.

---

[1]) Groeneveldt's Erklärung stammt vermuthlich aus einer chinesischen Scholie, wenn nicht mündlichen Erklärung, bei der die doppelte Bedeutung des Wortes *mao* (毛), das sowohl „Federn" wie „Wolle" bedeuten kann, den Irrthum veranlasst hat.

Das Weisse Rhinoceros.

Vor einiger Zeit wurde in London ein im vorigen Jahre von Mr. R. T. Coryndon erlegtes weisses Rhinoceros (*Rhinoceros simus*) gezeigt. Es handelt sich hier um eine Abart des afrikanischen Rhinoceros, von der es ("The Mail", v. 10. April 1894) heisst: "The animal is now so rare, as to be practically extinct, which is not to be wondered at, if every one who sees a couple, insists on shooting them both". Ich bin nicht in der Lage zu sagen, ob ein Gegenstück zu diesem Naturspiel, wenn es ein solches genannt werden darf, auch für die indischen Verwandten dieses Dickhäuters existirt. Jedenfalls finden sich in der chinesischen Litteratur mehrere Anspielungen in diesem Sinne. Das vermuthlich uralte, allerdings recht läppische Buch, worin Wahrheit und Dichtung in einer Weise vermengt sind, die es uns recht schwer macht, uns ernstlich damit zu beschäftigen, der *Shan-hai-ching*, enthält die Beschreibung eines Landes *Kin-ku* [1]), von dem gesagt wird, dass seine Fauna viele *chu-lu* (Schweine und Rehe oder "Schweinrehe, d. h. Hirscheber oder Babirussa) und weisse Rhinocerosse enthält [2]). Sollte dieser Bemerkung ein Körnchen Wahrheit zu Grunde liegen, so wäre das Land in einer Gegend zu suchen, wo beide Thiere zu Hause sind. Im Jahre 84 n. Chr. wurden weisse Rhinocerosse von Annam als Tribut nach China geschickt. (*P'ei-wên-yün-fu*, Kap. 8, p. 88.)

F. H.

---

[1]) 琴鼓之山.
[2]) 其獸多豕鹿多白犀.

Die böse Sieben

von

O. FRANKFURTER.

Man hat verschiedentlich den ausdruck die »böse Sieben" für eine frau zu erklären gesucht, ohne dass es mir bekannt wäre, dass eine dieser erklärungen auf allgemeinen beifall hat rechnen können. Es dürfte so vielleicht entschuldigt werden, wenn aus dem fernen Osten ein neuer versuch gemacht wird. Es wird dabei gehofft dass selbst wenn das, was im nachfolgenden zur erklärung vorgetragen wird, keine zustimmung findet, obwol es nur eine bestätigung von Professor Benfey's, im Pañchatantra ausgesprochenen hypothese, dass wir zur erklärung für vieles in unserem volksleben in sagen und gebräuchen auf den Buddhismus zurückgreifen müssen, wäre, die vorgebrachten tatsachen von genügendem interesse sind um deren veröffentlichung zu rechtfertigen.

Das in Birma gang und gäbe gesetz unterscheidet sieben arten von frauen, nemlich die frau wie eine mutter, wie eine schwester, wie ein freund, wie ein sklave, wie ein herr, wie ein feind und wie ein dieb. Das gesetz schreibt vor dass wenn es bewiesen ist dass eine frau, wie ein feind oder wie ein dieb an ihrem manne gehandelt hat, sie als solche bestraft werden sollte, und an einer anderen stelle, dass selbst wenn kinder der ehe entstammen, der mann sich von einer frau, die wie ein herr, ein feind oder ein dieb gegen ihn gehandelt hat, scheiden lassen kann.

Es ist schon früher darauf hingewiesen, so namentlich von Forchhammer, dass, obwol das gesetz, wie es in den von Buddhisten bewohnten ländern Hinterindiens üblich ist, im grossen und ganzen auf brahmanischer grundlage beruht, und zwar auf den gesetzbüchern die unter dem namen des *Manu* gehen, doch die Buddhistischen schriften einen merklichen einfluss auf die gesetzgebung der einzelnen länder ausgeübt haben. Es ist solcher einfluss nicht immer direct und namentlich nicht immer zeitlich nachweisbar, da die gesetzgeber, auf alter grundlage weiterbauend, ihre individuelle anschauung derselben aufzudrücken suchten, ohne dass es ihnen daran lag diese neue gesetzgebung mit ihrem namen zu verknüpfen.

So finden wir denn das, was bei dem einem volke, den Birmanen, in das gesetz übergegangen, bei einem andern volke, den Siamesen, in die volkslitteratur übergegangen ist. Dies geschah wol zuerst als rechtssprichwort, wie sich das auch sonst nachweisen lässt, so beispielshalber mit dem bekannten siamesischen sprichwort »beisst dich der hund, so beiss ihn nicht wieder", das auf buddhistischer grundlage beruht, und das im birmanischen gesetz über mord als argument gegen die anwendung der lex talionis gebraucht wird.

Die Siamesische volkslitteratur unterscheidet ebenfalls sieben arten von frauen, doch werden von ihrer individualität keine rückschlüsse auf das, dem manne nach dem gesetze zustehende, recht gemacht.

Wir finden, mit schlechten eigenschaften beginnend, die folgende reihe: eine frau wie ein mörder, wie ein dieb, wie ein meister, wie ein freund, wie eine jüngere schwester, wie eine ältere schwester, wie eine mutter. — Die Siamesischen namen für diese kategorien sind durchweg dem Pāli, aller wahrscheinlichkeit nach durch Cambodianische quellen, entlehnt, da wir auch sonst in der beschreibung dieser sieben eine unverhältnismässig grosse anzahl wörter Cambodianischen ursprungs finden.

Die frau wie ein mörder »vadhakā bhiriyā" wird beschrieben wie eine die, einem henker gleich, dem leben ihres mannes nachstellt. Sie ist von niedriger herkunft; ehebrecherisch und wollüstig, erkennt und sucht sie nur nach fehlern und den schlechten seiten ihres eheherrn, den sie, wenn gelegenheit sich böte, selbst töten würde.

Die frau wie ein dieb »corī satrī" wird beschrieben als eine, die nicht auf das vermögen ihres mannes acht gibt, sondern es im spiel mit andern vertändelt, und ihn zum bettler macht. Sie ist lügnerisch und ohne furcht vor ihrem manne.

Die frau wie ein meister »ayya bhiriyā" sucht ihren eignen willen dem des mannes entgegenzusetzen; sie behandelt ihren mann als wenn sie der meister, er der sklave, sie der herr, er der knecht sei.

Die frau wie ein freund »sakhī bhiriyā" behandelt ihren mann als wenn er ihr freund wäre; von gehorchen kann nicht die rede sein, da sie eben nur das tut, was ein freund dem andern zu liebe tun würde, so lange es ihr passt.

Die frau wie eine jüngere schwester »kanishṭha bhiriyā" sieht zu ihrem manne auf wie die jüngere schwester zum bruder; sie gehorcht ihm, sorgt für ihn und für seine ehre, sie ist geduldig.

Die frau wie eine ältere schwester »jeshṭhaka bhiriyā" sieht darauf wie sie sich frei von fehlern halten kann; bescheidentlich wartet sie ihrem manne auf; selbst in ihrem anzuge weiss sie das was anständig ist zu tragen und zu bewahren; wie eine ältere schwester einer jüngeren gegenüber, nimmt sie auf sich die ehre ihres mannes zu schützen: sie hält von ihm die sorge des täglichen lebens fern und sucht ihn dazu zu bestimmen, dass er nur das tut was gerechtigkeit erfordert.

Die frau wie eine mutter »mata bhiriyā": Wie eine mutter ihr kind liebt, so liebt die frau wie eine mutter ihren eheherrn; sie weist ihn an das zu tun, was recht und gut ist; sie wird für ihn wirken und schaffen; ihn, wenn er krank ist, pflegen wie eine mutter nur ihren liebling pflegen kann.

Nun wird in der Siamesischen poetischen version (*laksana mia chek sthan*), von der wir eben eine sinngetreue übersetzung gegeben, berichtet das sie wiederum dem *Satanipāta* des *Aṅguttaranikāya* entnommen sei. Wir finden so denn auch im *Sujāta sutta* eine aufzählung der sieben arten frauen und zwar als *radhasamā* gleich einem mörder, *corasamā* gleich einem dieb, *ayyasamā* gleich einem meister, *mātusamā* gleich einer mutter, *bhaginīsamā* gleich einer schwester, *sakhīsamā* gleich einem freunde, *dāsīsamā* gleich einer sklavin.

Dieser selben auffassung von den sieben frauen begegnen wir in den bildlichen darstellungen in den vorhöfen der Siamesischen tempel. In diesen werden als gut betrachtet, die frau wie eine freundin, wie eine mutter, wie eine schwester und wie eine sklavin, während die poetische version als gut nur die frau wie eine mutter und wie eine ältere und jüngere schwester nennt, wo ja wol unter fremdem Cambodianischem einfluss die jüngere schwester für die sklavin substituiert ist. — Das Pali stimmt somit ferner überein mit der im Birmanischen gesetz gegebenen version, und so haben wir natürlich das *Sujāta sutta* als quelle des ganzen zu betrachten. In der Siamesischen version wird einfach die tatsache berichtet, das die sieben arten frauen existieren; im Birmanischen werden rückschlüsse auf das gesetz gemacht, während das *Sujāta sutta* als grundlage des ganzen, auf religiöser grundlage beruhend, die taten (*kamma*) begangen als frau wie eine mörderin, ein dieb, ein meister in der hölle weiter leben lässt, wo sie natürlich das in der hölle bereits bestehende böse *kamma* vermehren; während die taten begangen als frau wie eine mutter, schwester, freundin, sklavin in den seligen gefilden des himmels das gute *kamma* vermehren. Es kann eben nicht häufig genug darauf aufmerksam gemacht werden, das von einem körperlichen fortleben im reinen Buddhismus nicht die rede sein kann, sondern nur von dem fortleben der taten.

VARIÉTÉS.

LA MORT D'UN REBELLE.
NOUVELLE.

Au mois d'avril 1854, les rebelles Taiping occupaient la ville chinoise de Chang-haï, tandis que les troupes impériales campaient dans la vaste plaine qui borde les concessions étrangères construites sur les rives du Houang-pou.

Insurgés et impérialistes étaient également à craindre des Européens; malgré les remontrances des consuls, les troupes régulières s'étant trop approchées des concessions, les étrangers, aidés des équipages sur rade, les attaquèrent vigoureusement (4 avril) et les forcèrent de reculer.

Un grand nombre de soldats chinois se mirent alors à battre la campagne, rançonner les villages et massacrer les rebelles qui tombaient entre leurs mains.

Le Code pénal chinois n'est pas indulgent aux traîtres; ils sont mis à mort d'une manière lente (*ling-tchi*) et douloureuse que l'on appelle aussi la coupure en dix-mille morceaux. L'exécuteur des hautes œuvres peut même ajouter à l'horreur du supplice par des raffinements de cruauté et l'on ne s'en fait pas faute. Il est vrai qu'il a le pouvoir, par un coup adroitement porté, d'abréger les souffrances du patient. C'est une question d'argent à débattre entre les parents de la victime et le tortionnaire.

Au commencement de juillet, j'appris qu'un chef rebelle avait été capturé près de *Siu Kia-wei*. Après un jugement sommaire, il avait été condamné à un supplice horrible, qu'il endurait, me disait-on, dans la grande plaine à droite de la Route aux chevaux, qui conduit des établissements anglais à *Siu Kia-wei*.

Je fis part de cette nouvelle au Capitaine Foretop, commandant le croiseur de Sa Majesté britannique, le *Thunderstorm*, et John P. O'Hagan, riche négociant américain. D'un commun accord, nous résolumes de mettre fin aux angoisses du misérable, et de déjouer, par une mort rapide, les calculs des bourreaux de l'infortuné Taiping.

En arrivant à la plaine, nous aperçûmes un tonneau, d'où s'échappaient des cris, ou plutôt des hurlements qui n'avaient rien d'humain. On voyait au-dessus une nuée de corbeaux, avant-coureurs de la mort, tournoyer en croassant.

Le spectacle qui nous attendait nous terrifia, en même temps qu'il nous remplit d'une profonde compassion.

Le rebelle était agenouillé dans le tonneau garni de clous: sa tête, violemment ramenée en arrière, avait été rattachée à ses pieds par les cheveux qu'il portait longs, suivant la mode des Taiping; les mains étaient liées sur la poitrine, de sorte que dans une position instable, quels que fussent ses mouvements, le pauvre diable était percé d'une multitude de pointes, et sa tête, levée vers le Ciel, recevait en plein les rayons d'un soleil, que seuls peuvent connaître ceux qui ont habité l'Extrême Orient en été. Par un raffinement de cruauté, les paupières avaient été coupées; sur le visage marbré deux ruisseaux de sueur sanglante traçaient de chaque côté du nez leurs sillons irréguliers, qui venaient se confondre avec l'écume de la bouche meurtrie à coups de bambou.

Au bruit de nos chevaux, les hurlements s'étaient transformés en gémissements. Je m'avançai vers le malheureux :

— «Es-tu là depuis longtemps, lui demandai-je ?

— «Depuis hier, me répondit-il, et qui que tu sois, par pitié, enlève-moi la vie sans tarder.

Déjà la vermine était dans ses plaies, et l'infortuné se sentait à la fois mourir d'inanition, dévoré par la gangrène et devenir fou par l'ardeur du soleil.

— «Tu n'attends aucun secours ?

— «Mes frères bienfaisants et justes sont morts, et leur pavillon rouge a fui devant le faux Dragon du Nord.

— «As-tu quelque message à porter ?

— «Jamais je ne reverrai le pays des Trois Rivières. J'ai bu l'eau pure et claire et j'ai obéi au Ciel ; mon corps appartient déjà à la Terre, je demande qu'à ne plus souffrir.

— «Et tu serais reconnaissant à celui qui abrégerait ton martyre ?

— «Que le Ciel et la Terre bénissent ses ascendants jusqu'à la vingtième génération !

«Ecoute, ces deux Chrétiens sont venus pour faire cesser ton supplice.

— «Que le Seigneur du Ciel leur paie ma dette de reconnaissance».

Deux coups de revolver retentirent : les tortures du malheureux étaient finies.

Un instant après, alors que les corbeaux effarouchés par les détonations, s'enfuyaient au loin en criant, nous étions en selle tous les trois pour regagner la ville.

KAO-TI.

Le *Figaro* du 5 novembre 1894, sous la signature de Gabriel Randon, donne le récit dramatique suivant dont nous lui laissons la responsabilité :

Nous extrayons d'une correspondance particulière le récit suivant, qui nous éclaire sur les mœurs militaires chinoises et les châtiments infligés aux soldats traîtres à leur drapeau et à leur patrie.

Oyez plutôt :

«Le capitaine Tso Ving-Liu, accusé «d'avoir été de connivence avec les Ja«ponais en leur abandonnant un convoi «de ravitaillement qu'il était chargé d'es«corter, accusé en outre d'espionnage «et d'avoir renseigné le général japo«nais Oyama sur les desseins de l'état-«major chinois dont il faisait partie, «par surcroit convaincu de s'être enfui «à la bataille de Ya-lou, en abandonnant «ses troupes, a subi, le 12 septembre, «les supplices exceptionnels, destinés à «donner un exemple salutaire à ceux «qui tenteraient de l'imiter.

«Sur la grande place du village de «Yo-Ké-Li, non loin de Moukden, où se «tient le quartier général de l'armée «chinoise, Tso Ving-Liu a été amené la «cangue au cou. Pour cette circonstance, «le trou par où la tête du condamné «passe avait été garni de petits clous «pointus qui, au moindre mouvement, «s'enfonçaient dans la chair du misé«rable.

«Devant le corps d'officiers, dont l'un «est Européen, un Allemand du nom de «Vogt, l'on a fait comparaître le capi«taine Tso, et on lui a lu la sentence «qui le condamnait.

«La population du village entourait «la place au milieu de laquelle était «disposée une longue planche de bois «percée de trous qui tout à l'heure allait «servir. Les troupes, armées de reming-

«tons, de lances à étendards, formaient
«la haie.
«Deux bourreaux s'emparèrent du
«condamné et, après l'avoir brutalement
«débarrassé de sa cangue meurtrière,
«le couchèrent sur la planche où ils le
«lièrent à l'aide de cordes. Là, la planche
«fut remise debout et maintenue pres-
«que droite par un support en bois, de
«sorte qu'on eût dit une toile sur un
«chevalet.
«On commença par, avec un tisonnier
«rougi, lui brûler les paupières retour-
«nées; puis on lui cloua les oreilles à
«la planche, pour immobiliser la tête,
«qui remuait désespérément.
«Un des bourreaux lui ouvrit ensuite
«la bouche, s'empara de la langue du
«malheureux avec une pince et, lui ap-
«puyant son pied sur le ventre, d'un coup
«il la lui arracha longuement. Ce fut
«le tour des mains. On les lui enduisit
«de goudron et on y mit le feu. Les
«pieds furent traités de même manière.
«Un instant le supplice cessa et un
«héraut, au nom de l'Empereur, pro-
«clama la déchéance du capitaine Ts»
«Ving-Liu de ses dignités de soldat et
«d'homme, et l'arrêt ajoutait «que Boud-
«dha était instamment supplié de ne pas
«le recevoir dans son sein».
«Le pauvre diable était dans un état
«lamentable, cependant il respirait en-
«core; alors on lui brisa les dents à coups
«de ciseau à froid et de marteau, et le
«sang de sa bouche mutilée rejaillissait
«sous les coups de l'outil.
«Avec la pince qui avait servi à lui
«arracher la langue, on lui fit éclater
«le nez en serrant fortement. Enfin, pour
«comble d'horreurs, on apporta une se-
«ringue emplie d'huile bouillante et on
«lui donna un lavement. Ce fut le coup
«de grâce. Le capitaine traître expira,
«son corps était devenu une loque san-
«glante, que l'on jeta au charnier voisin.»

CHRONIQUE.

ALLEMAGNE ET AUTRICHE.

M. le Dr. Fr. Kühnert, privatdocent à l'Université de Vienne, a publié dans la *Wiener Zeitschrift für die Kunde des Morgenlandes* (Vol. VIII, p. 211) un petit mémoire sur quelques écueils dans la traduction du Chinois. (Ueber einige Klippen bei Uebersetzungen aus dem Chinesischen), dans lequel il relève les fautes commises par feu le Dr. Pfizmaier dans la traduction des titres des ouvrages chinois qui se trouvent dans la bibliothèque impériale de Vienne.

Le même auteur vient de nous envoyer une conférence qu'il a tenue dans la «Vereins-Versammlung der Oesterr.-Israel. Union», le 14 Avril 1894, publiée dans l'organe de cette Union, N°. 61, et dans laquelle il a essayé de dissiper quelques opinions erronnées communes sur la Chine et les Chinois.

BELGIQUE.

Sous le titre de «A Propos d'une Préface», M. A. Guéluy, du Séminaire des Missions Chine et Congo à Louvain, vient de publier dans le *Muséon* (Tom. XIII, Novembre 1894), un Aperçu critique sur le Bouddhisme en Chine au 7e Siècle, avec une nouvelle traduction de la Préface du Voyage du pélerin chinois *Hiuen-ts'ang*, dont le texte offre des difficultés techniques extrêmes qui ont même dérouté le célèbre Sinologue Stanislas Julien.

GRANDE BRETAGNE ET IRLANDE.

M. D. Nutt vient de publier un des derniers ouvrages de notre savant collaborateur Terrien de Lacouperie dont nous avons à déplorer la perte prématurée. Il est intitulé «Beginnings of Writing in Central and Eastern Asia, or Notes on 450 Embryo-writings and scripts».

Nous reviendrons sur cette importante publication qui contient une masse inappréciable de matériaux.

Mr. JAMES L. BOWES, H. I. M.'s hon. Consul for Japan at Liverpool, has published a Handbook to his Museum of Japanese Art Work, Streatlam Towers in Liverpool, the visiting of which is graciously permitted to all the Members of the "Japan Society, London". We beg to offer our sincere thanks for the enlightened liberality of Mr. Bowes, who, unlike so many other collectioners, who keep their treasures to themselves, allows others to participate in them.

CHINE.

M. Patenôtre, late French Minister at Peking, to-day Ambassador at Washington, has been interviewed by an American Reporter and, according to the *Galignani Messenger* (28 Oct. 1894), he has given the following information regarding Li Hung-chang:

"At the time the Tientsin treaty of peace was signed", said the Ambassador, "I was brought in contact with Li Hung-Chang almost daily for six weeks, and while I had known him before, this close intercourse in negotiating so important a treaty gave me the opportunity of a somewhat personal acquaintance with him. He does not speak English, French, or any other language than his own, all intercourse with foreign officials being carried on through an interpreter. There appears to be a settled policy among Chinese diplomats and officials to adhere to their own language, so much so that a Chinese diplomat at Paris, who became proficient in making French *bons mots*, created something of a sensation and was afterwards recalled.

"Viceroy Li impressed me, however, as one of the very few Chinese officials who at heart desired to accept the modern ways of European countries, and if he had not been held back by the overwhelming sentiment of China against Western civilization, he would have modernized China long ago. As it is, he has introduced quite an European atmosphere into his private household. He has a French cook to serve him French dishes. Some of the dinners he gave me were what he termed 'double dinners', as there would be a Chinese dish and then a French one, thus alternating courses throughout the dinner.

"Li strikes one as a student and statesman rather than a warrior. His tendencies are those of a scholar, although his great authority as Viceroy of the metropolitan province of China, and special guardian of the Emperor have made him the head of the war-power. But he is not a genius of war as he is of statesmanship. He has sought to modernise the Chinese army and navy, and such strength as these arms of defense have are due to his introduction of foreign officers, including General Gordon, and his adoption of modern arms and ordnance. The artillery he has secured is fairly good, but compared with the equipments of European and American troops, which improve constantly, they are far out of date".

Mr. John Fryer, LL. D., de l'Arsenal de Kiang-nan, Shang-haï, vient de publier un *Catalogue of Educational Books, Works of General Knowledge, Scientific and Technical Treatises*, etc., traduits ou écrits par lui en Chinois. Ces livres écrits en *wên-li* forment cinq séries à l'usage des écoles.

Le Dr. A. O. Franke à Shang-haï a trouvé quelques feuilles d'un Ms. Sanscrit dans un couvent situé dans les déserts du *T'ien-t'ai-chan* dans le *Tché-kiang*, environ 125 milles anglaises au S.O. de Ning-po, et que M. Edkins y avait vu il y a 20 ans (*Academy*).

Sous le titre de *Un revenant*, M. Francis Chevassu, dans le *Journal* du mardi 13 Novembre 1894, publie un article dans lequel est insérée la curieuse lettre suivante de Tcheng Ki-tong :

«T'ien-Tsin.

Monsieur Francis Chevassu, rédacteur au Journal, *Paris.*

Cher Monsieur,

Permettez, tout d'abord, à un disparu de l'Extrême-Orient de tendre, à travers les Océans, sa main à un confrère d'Extrême-Occident — c'est le cas où les extrêmes se touchent — pour lui dire combien il est charmé de lire sa chronique insérée dans le *Journal* le 25 juillet dernier. Car, pour être un disparu, je ne suis pas moins flatté de ne pas être un oublié. Aussi votre humoristique article réveille-t-il dans mon esprit une foule d'agréables souvenirs que je cherchais vainement à effacer de mon carnet de voyage. Je vous en remercie infiniment.

Ayant été de très bonne foi, vous ne trouveriez peut-être pas mauvais que je rectifie certains passages de votre écrit, en ce qui me concerne. Je serais bien désolé de vous contrarier.

Ce n'est pas grâce aux évènements de la Corée que je suis réintégré dans mon grade. La Corée ne m'a pas fait décorer non plus. C'était après le paiement de mes dettes qu'on a mis sur mon dossier : acquitté. Ce n'était pas non plus le quartier Marbeuf qui m'avait perdu, c'était une autre place qu'il est aujourd'hui inutile de nommer. Ne croyez pas, je vous en prie, à l'histoire du Moulin-Rouge, par-dessus lequel je n'ai jamais jeté mon bonnet.

Pourquoi apprendrait-on avec émotion ma réintégration? Féliciteriez-vous quelqu'un à qui l'huissier vient de donner la main levée sur une saisie? Il n'y a vraiment pas de quoi. On apprendrait peut-être avec plaisir que j'existe encore, après avoir été guillotiné plusieurs fois par certains de vos confrères de la presse parisienne. La tête que j'ai sur mes épaules ne ressemble plus guère à celle d'un Européen atteint légèrement d'une maladie de foie, que vous venez de décrire : elle a seulement le teint mieux lavé qu'il ne l'était par vos intempéries. Mais mes cils sont toujours là pour m'empêcher de voir la paille dans les yeux des autres. Je vous demande pardon de ce petit détail, puisqu'il vous semble intéresser vos lecteurs.

Etes-vous réellement convaincu qu'on peut transporter des rêves d'élection dans les pays mystérieux ? Pour ma part, je ne le crois pas. Depuis que l'intérêt est devenu le grand mot de l'époque, et que le matérialisme remplace la poésie, il n'y a plus nulle part de mystère. Si cela continue, on n'entrera plus chez quelqu'un en saluant d'une inclinaison de tête correcte, mais à main armée. La civilisation moderne nous donnera assurément ce résultat définitif, et je doute que notre Extrême-Orient soit épargné.

Cette civilisation moderne, nos voisins les Japonais, je veux dire nos ennemis, s'en font les propagateurs. Les fils de *Madame Chrysanthème* veulent cueillir le laurier en convertissant les pauvres Coréens paisibles, et se contentant de peu, dans une presqu'île presque invisible sur la carte de M. Reclus. Nous avons pitié de nos vassaux, que nous protégeons de tous nos efforts; mais nous regrettons bien vivement la perte de l'idéal particulier de Mme Judith Gautier; bientôt, pour décrire le cadre joli et précieux du Japon, Pierre Loti devra céder la plume à Emile Zola. Le Japon aura son *Assommoir*, bien qu'il n'y manque déjà plus des Nanas.

Voilà la métamorphose que les habitants du Soleil-Levant cherchent à opérer en Asie. S'ils réussissent, adieu la poésie, adieu le droit des gens, adieu la philosophie. Le vieil Orient tombera en enfance, nous retournerons à la barbarie. On fait déjà la guerre sans la moindre déclaration, on la fera continuellement sans aucune considération. «La force prime le droit».

Il y a cependant un point qui n'est pas à négliger: c'est la fable de tirer les marrons du feu. Je me souviens d'un proverbe chinois qui dit: «La sauterelle prend la cigale, et c'est le moineau qui en profite». C'est un tableau de la nature que tout le monde devrait avoir sous les yeux et qui est toujours vrai; mais la sauterelle, n'écoutant que son appétit instinctif, s'en soucie fort peu.

Si l'Europe nous réveille d'un joli songe, nous retomberons dans un cauchemar terrible. Ne préférez-vous pas les Belles au Bois dormant aux victimes de Jack l'Eventreur? J'aimerais mieux être empalé, conformément au désir du général Skobeleff, que de voir les êtres humains s'entre-dévorer en portant le drapeau mensonger de la civilisation.

Un autre chagrin que j'ai depuis mon retour d'Europe n'est pas moins amer: du côté de mes compatriotes, au lieu de me demander ce que font vos académiciens, ou ce que contient la belle littérature occidentale, les questions consistent à savoir qui fabrique les canons les plus puissants, qui invente la poudre sans fumée, quels fusils ont la priorité sur les autres. Je n'en veux pas à mes compatriotes, qui ne connaissent pas autre chose des puissances étrangères. Du côté des Européens, ils ne parlent que de la perte d'argent par suite de la baisse de la valeur de ce métal, comme s'il n'y avait pas autre chose que des marchandises à importer et à exporter. Je ne puis vraiment résoudre ce problème dont je vous prie de trouver la solution.

J'eusse voulu causer verbalement avec vous, en dînant ensemble chez Bignon ou chez Meilhac, afin que ma tête pût seconder la conversation, comme vous l'avez remarqué autrefois dans un salon, lorsque j'étais en compagnie de M. Leconte de Lisle; mais étant séparé par une bagatelle de distance de dix-huit mille lieues, je suis obligé de me livrer de nouveau à une large information, en vous faisant toutes mes excuses les plus sincères.

Veuillez agréer, cher monsieur, l'assurance de mes sentiments très distingués.

TCHENG KI-TONG. »

Trois wagons, contenant 27,000 KG. d'or de la Russie, destinés pour la Chine, ont été transportés à Londres, gardés par six Russes armés.

That the raid of the Japanese in China has not yet considerably shaken the credit of the latter country, is proved by the fact that already the 7th Nov. last the subscription for the Chinese loan has been closed. The whole loan has been taken in London with ¹/₂ percent agio.

FRANCE.

Mission Dutreuil de Rhins.

On se rappelle que la dépêche qui annonçait la mort de M. Dutreuil de Rhins était muette sur le sort de son compagnon, Fernand Grenard. Nous sommes heureux de communiquer à nos lecteurs les renseignements suivants pris dans une lettre que ce dernier vient d'adresser à son père, M. Grenard, receveur des postes et télégraphes du Sénat, lettre datée de Si-Ning, 26 juillet 1894, et qui nous rassure sur le sort du compagnon du malheureux Dutreuil de Rhins:

Ainsi qu'on le sait, MM. de Rhins et Grenard partirent de Tchertchen en août 1893 et traversèrent les montagnes de neige inexplorées du Tibet septentrional jusqu'aux sources des grands fleuves de la Chine. « Nous avons fait là, dit M. Grenard, un travail que pas un forçat ne voudrait faire ». Cette exploration avait eu des résultats fort importants, entre autres la découverte des sources du Mékong et du Yang-tsé-Kiang ou fleuve Bleu. Ils arrivèrent sans encombre le 2 juin à Tou-Bouddha sur le Yang-tsé. Là ils eurent des difficultés avec les Tibétains dont le grand-lama ne voulut pas se montrer. Le 5 juin, au moment de leur départ, les voyageurs se virent tirer dessus par les habitants à travers les meurtrières des maisons. « La route, dit M. Grenard, passe en face du village sur le flanc de la montagne; à droite, une montagne à pic comme un mur; à gauche, en bas, le torrent; au delà et au-dessus, à 150 mètres de la route à peine, les maisons par les meurtrières desquelles passent les canons des fusils. Figure-toi, ajoute M. Grenard, que tu te promènes sur le balcon de ton appartement, que les fenêtres de tes chambres sont murées et que quelques coquins te tirent dessus des fenêtres barricadées de la maison d'en face, cela te donnera une idée de notre situation ». M. de Rhins fut blessé au ventre, au-dessus de l'aine gauche; M. Grenard s'empressa de lui donner les premiers soins sous la fusillade des Tibétains; mais il dut courir à la caravane qui était en avant pour y prendre différents objets, notamment un brancard. Les Tibétains, au nombre de plus de 200, s'élancèrent alors de tous côtés et, avant que la caravane eût pu se mettre en état de défense, lui enlevèrent ses fusils, pillèrent les bagages, dépouillèrent MM. de Rhins et Grenard de ce qu'ils avaient de précieux sur eux et, mettant la lance sur la poitrine de M. Grenard, l'obligèrent, lui et ses hommes, à descendre la vallée, refusant catégoriquement de leur laisser prendre le malheureux blessé, que l'ennemi, on le sait, jeta pieds et poings liés à la rivière le jour même. M. Grenard dut s'exécuter sous la fusillade des Tibétains et descendit lentement, songeant au parti à prendre.

M. Grenard remonta le Yang-tsé-Kiang, gagna Tubon-Goufa où étaient un gendarme chinois et des lamas qui l'accueillirent très bien; il en fut de même auprès des fonctionnaires chinois de Kierkoudo (ou Yekoundo) où il se rendit ensuite. Mais l'intervention de ces « pauvres gens » près des lamas de Tou-Bouddha fut inutile: les Tibétains se moquèrent d'eux. M. Grenard réussit bien par quelques promesses à mettre dans ses intérêts le chef lama du Dza-tchouka (ou chingn). Ce dernier, ayant vu ses menaces rester sans effet, se mettait en devoir d'aller piller Tou-Bouddha sous prétexte de faire respecter les ordres de S. M. l'empereur de Chine; mais M. Grenard, jugeant que le laisser faire eût été aventureux et peu digne du représentant d'un gouvernement régulier, informa le lama que la convention était rompue.

Ces négociations vaines et inutiles, entamées dans le but de rentrer en possession du corps de M. de Rhins et des valeurs et objets volés, durèrent jusqu'à la fin de juin. C'est alors seulement que M. Grenard se remit en route; il se dirigea à marches forcées vers Si-Ning, où il arriva le 15 juillet avec tous ses hommes, « tous faits comme des voleurs ou plutôt comme des volés. J'ai fait, dit M. Grenard, tout le relevé de la route de Kegudo à Si-Ning, qui n'a encore été suivie par aucun Européen ».

A Si-Ning, M. Grenard reçut un excellent accueil du commissaire impérial, qui mit à sa disposition tout ce qu'il lui fallait. Aussitôt informé, notre ministre à Pékin, M. Gérard, négociait pour obtenir une réparation du gouvernement chinois. Il exige la restitution des papiers et objets volés, une forte indemnité pécuniaire et la tête du lama de Tou-Bouddha.

Il résulte de la lettre de M. Grenard, que le crime a été commis, non à deux lieues de Si-ning, comme le disait la dépêche du gouvernement chinois du mois d'août dernier, mais à une centaine de lieues de cette ville.

D'autre port *le Temps*, du 11 novembre 1894, donne ces nouvelles plus récentes:

M. Grenard, le survivant de la mission Dutreuil de Rhins, écrit de Si-Ning, le 8 août 1894, une nouvelle lettre dont voici l'analyse:

M. Grenard attend à Si-Ning le retour du commissaire impérial chinois qui est allé à Lan-Tchéou prendre les ordres du vice-roi. Cependant les autorités de Si-Ning ont avisé officiellement M. Grenard, que le vice-roi avait décidé d'envoyer à Tou-Bouddha, où a eu lieu l'assassinat de M. Dutreuil de Rhins, un bataillon et un escadron suivis d'un préfet civil pour châtier les populations et amener à Si-Ning les principaux coupables.

C'est au préfet civil chargé de diriger cette expédition que M Grenard doit donner des renseignements particuliers sur le rôle joué par le *déba* de Tou-Bouddha, qui n'est autre que le tchakdzôt (c'est-à-dire l'administrateur du temporel) du couvent, lequel est responsable de tout ce qui s'est passé.

Il reste établi que la distance de Tou-Bouddha à Si-Ning est de 600 kilomètres environ à vol d'oiseau, distance que M. Grenard a mis dix-sept jours à franchir avec ses hommes, du 29 juin au 15 juillet, par une route jusqu'ici inconnue dont il a fait le relevé.

La santé de M. Grenard a été un peu ébranlée par les fatigues du voyage long et périlleux qu'il a effectué à travers le Tibet septentrional. Mais les fonctionnaires chinois sont très aimables pour lui, sentant d'ailleurs que l'affaire de Tou-Bouddha n'est pas bonne pour leur gouvernement.

M. Grenard a trouvé à Si-Ning deux missionnaires anglais qui y sont arrivés deux jours après lui.

Notre collaborateur, M. le Dr. Ernest Martin a publié dans la *Revue Scientifique* du 17 novembre 1894, un article intéressant sur *la tuberculose dans la race jaune* dans lequel il dit: «nous croyons pouvoir présumer sinon affirmer que la tuberculose est sensiblement moins répandue en Chine que dans la plupart des autres contrées du globe».

Par décret en date du 22 octobre dernier, rendu sur la proposition du ministre des affaires étrangères, ont été nommés:

Consul de France à Malte, M. Rocher (Emile), en remplacement de M. de Bouteiller, décédé.

Consul de France à Mongtse, M. Dejean de la Bâtie (Marie-Joseph-Maurice), en remplacement de M. Rocher.

Dans la séance de l'Académie des Sciences du 12 novembre 1894, M. Milne-Edwards présente, au nom de M. Jules Forest, une notice, *les Oiseaux dans la mode*. Le massacre des oiseaux au Japon, notamment dans le but de fournir d'oiseaux pour la mode les négociants du monde, est incroyable. On a livré en

Angleterre, à un seul marchand, jusqu'à 766,000 oiseaux, mouettes, tourterelles, hirondelles, chouettes. Au Japon, les élèves des écoles tuent les oiseaux pour soutenir le budget de l'école.

Les bas prix ont fini par diminuer cette tuerie. On commence à demander de préférence des plumes d'autruche. C'est en ce moment sur l'élevage de l'autruche que se fixe l'attention.

Le deuxième fascicule du Tome II, *Littérature et Linguistique* de la MISSION PAVIE vient de paraître chez Ernest Leroux. Il renferme l'important *Dictionnaire laotien* du regretté M. Massie, qui composé à Luang-prabang pendant les années 1889 et 1890, comprend environ 1300 mots.

Notre collaborateur FÉLIX RÉGAMEY a raconté quelques souvenirs de ses voyages dans la *Revue bleue* (oct.—nov. 1893) sous le titre plaisant de *vingt-huit jours en Chine*. Il est trop ami du Japon pour ne pas être franchement hostile à la Chine qui, si elle mérite quelques unes des critiques qui lui sont adressées par un artiste observateur, vaut beaucoup mieux que ne le ferait supposer un tableau volontairement poussé au noir.

M. HENRI CORDIER va mettre à l'impression sa *Bibliotheca Japonica* et sa *Bibliotheca Indo-Japonica*, le troisième et dernier fascicule de la *Bibliotheca Sinica* devant paraître ce mois-ci. L'index des auteurs de ce dernier ouvrage sera mis sous presse dans le courant de l'année 1895.

INDO-CHINE.

Il résulte d'informations reçues du consul de France à Canton, que les importations de charbons de Hon-Gay, dans ce port chinois, se sont élevées, pendant l'année 1893, à 25,223 tonnes, valant 100,956 taels (501,751 francs). Le transport de ces charbons a été effectué exclusivement sous pavillon étranger. Parmi les navires qui ont effectué ce transport, le rapport du consul mentionne neuf bâtiments à vapeur, dont huit norvégiens et un anglais (jaugeant chacun, en moyenne, 1,200 tonneaux), consignés à une maison allemande de Canton, MM. Melchers et Cie. Sur l'ordre de M. Delcassé, ministre des colonies, cette information a été portée à la connaissance des compagnies françaises de navigation par les soin du service des renseignements commerciaux.

On a reçu d'excellentes nouvelles du prince HENRI D'ORLÉANS qui, arrivé à Saïgon dans la seconde quinzaine de septembre, a commencé son grand voyage d'excursions à travers l'Indo-Chine en compagnie de MM. Roux, de Grandmaison et Gaston Calmann-Lévy. Sa dernière lettre est datée de Saïgon, 26 septembre. Le prince, qui connaît déjà le pays et qui a eu de fréquents entretiens avec les fonctionnaires et les officiers de notre colonie, au dévouement desquels il rend hommage, annonce qu'il a sur la politique à suivre là-bas « quelques tuyaux ». Le Prince Henri d'Orléans, qui venait de voyager pendant deux mois à travers Madagascar, de la côte orientale à la côte occidentale, a rédigé ses impressions sur cette grande île, à Mayotte, et les a fait paraître en brochure chez Calmann-Lévy (in-12, pp. 59) sous le titre de *A Madagascar*.

JAPON.

Le Japon a encore été une fois visité par un tremblement de terre dans les districts Sakata, Yamagatu et Akami. 2500 maisons ont été détruites, 300 personnes tuées et 200 blessées.

PAYS-BAS ET COLONIES NÉERLANDAISES.

Le 2 Décembre, Monsieur le Dr. P. J. VETH, ancien professeur d'ethnographie à l'Université de Leide, depuis dix ans en retraite, et vivant à Arnhem, a célébré son 80ième anniversaire.

M. VETH est né en 1814 à Dordrecht. De 1843 à 1864, il a enseigné les langues orientales et la philosophie à l'Athénée illustre d'Amsterdam; ensuite il a été de 1864 à 1876, professeur au Séminaire des études orientales à Leide, et ensuite professeur d'Ethnographie à l'Université de cette même ville.

Une commission, formée par M.M. les professeurs H. Kern, C. M. Kan, G. Schlegel, J. J. M. de Groot, C. B. Spruyt et de M.M. J. A. C. Timmerman, J. D. E. Schmeltz, Joh. F. Snelleman, A. P. M. van Oordt et F. de Stoppelaar, ont offert au savant vétéran un album magnifique, contenant des essais scientifiques et littéraires de ses amis et élèves, orné de plusieurs dessins ainsi que d'un portrait du professeur par son cousin Jan Veth. M.M. Kern, Kan et Schmeltz ont prononcé à cette occasion des discours pour féliciter M. Veth à l'occasion de cette fête vraiment scientifique.

Un magnifique portrait à l'huile, représentant le vieux savant assis devant son bureau, et donnant par la fenêtre une vue sur la ville d'Arnhem, également peint par M. Jan Veth, ainsi qu'une quantité de bouquets et une vieille Cloche à inscription, trouvée à Java, ont été également offerts à l'aimable vétéran qui travaille encore toujours avec une ardeur digne d'un jeune homme.

L'octogénaire savant et ancien professeur d'Ethnographie à l'Université de Leide P. J. VETH a publié une monographie très importante sur le Cheval chez les peuples de la Malaisie (Het Paard onder de Volken van het Maleische ras) qui a paru comme supplément au Vol. VII des Archives internationales d'Ethnographie. (Leiden E. J. Brill).

Sa Majesté la Reine-régente a reçu le 29 Novembre les lettres de rappel de M. *Takahira* comme ministre-résident de l'Empereur du Japon près la cour des Pays-Bas.

Il a été remplacé par M. *Shiro Akabané*, qui vient de présenter à S. M. ses lettres de créance comme ambassadeur extraordinaire et ministre plénipotentiaire du Japon près la cour néerlandaise.

Il était accompagné par S. E. le ministre des affaires étrangères, M. Roëll, qui a présenté l'ambassadeur à S. M., ainsi que du secrétaire de la légation japonaise.

La Société des Arts et des Sciences à Batavia vient de publier le 1e Volume de l'ouvrage du Capitaine d'Infanterie P. J. F. Louw traitant de la Guerre de Java en 1825—30. (*De Java-Oorlog van 1825—30*). Batavia, Imprimerie nationale et La Haye M. Nijhoff. Gr. 8° pp. XXXVIII et 666 avec pièces à l'appui et un Album contenent dix cartes et plans, obl. fol.

Le XIIe Volume de l'utile publication de Mr. J. A. VAN DER CHIJS *Nederlandsch Indisch Plakaatboek*, 1795—1799 vient de paraître chez les mêmes éditeurs. Ce gros volume ne contient pas moins de 1155 pages, ainsi qu'un Index alphabétique très complet.

Krupp at Essen has received a telegram from China stating that Mr. A. Hekman, a Dutchman in the service of the Chinese Government as gunnery officer in order to instruct the Chinese in the management of the Kruppguns, has been promoted to the rank of Colonel, with the red button and peacockfeather.

Professor G. SCHLEGEL in Leiden has been elected as an Honorary Member of «The Japan Society» London at its meeting of 7 November. He is the 21st hon. Mem. among the 623 ordinary members which the Society now counts.

Monsieur A. E. MOLL, interprète pour la langue chinoise à Muntok (Ile de Banka) a été transféré à Padang, côte occidentale de Sumatra. Ont été nommés interprètes Chinois: Monsieur B. A. J. VAN WETTUM à Pontianak (Borneo), M. J. L. J. F. EZERMAN à Muntok, en remplacement de M. MOLL, et M. H. J. F. BOREL à Tandjong Riouw (Rhio et dépendances).

NÉCROLOGIE.

WILLIAM DWIGHT WHITNEY.

This well-known sanscrit scholar, of Yale College, died at New Haven, Connecticut, at the age of 67 years. Born in 1827 in Northampton, Massachusetts, he graduated in 1845 at Williams' College. Having first occupied the position of a clerk in a bank, he entered the University of Yale in 1849, and having studied afterwards in Berlin and Tubingen, was appointed in 1854, at the age of 27, professor of Sanscrit in Yale. As is well-known, he was one of the collaborators of the Sanscrit-dictionary published by Böthlingk and Roth.

G. S.

S. C. MALAN.

Le Rév. SOLOMON CAESAR MALAN, M. A., fils du Rév. Caesar Malan, de Genève, né en 1812, est mort dans les derniers jours de novembre dernier. Il étudia à St. Edmund Hall, Oxford, résida aux Indes de 1838 à 1839, et occupa diverses situations dans l'église d'Angleterre à son retour (Vicar of Broadwindsor, Dorset; Prebendary of Sarum). Il étudia diverses langues orientales, mais nous n'avons à signaler ici que ses travaux sinologiques: 三字經 *The Three-Fold San-Tsze-King* or the triliteral Classic of China, as issued I. by Wang Po-keou, II. by Protestant Missionaries in that country; and III. by the Rebel Chief, Tae-ping-Wang. Put into English, with Notes. London, 1856, in-12. — *A Letter to the Right Hon. the Earl of Shaftesbury*... on the Pantheistic and on the Buddhistic Tendency of the Chinese and of the Mongolian Versions of the Bible published by that Society... London, 1856, br. in-8. — Who is God in China, *Shin* or *Shang-te?* Remarks on the Etymology of אלהים and of ΘΕΟΣ, and on the rendering of those terms into Chinese... Lond., [1855], in-8. — Malan a traduit du japonais *Misawo, the Japanese Girl*.

H. C.

RAIMONDI.

Timoléon Raimondi, do la Congrégation des Missions étrangères de Milan, vicaire apostolique de Hongkong et évêque d'Acanthe, le 22 nov. 1874, est mort à la maison de la Mission, à Glenealy, le 27 sept. 1894. Il a publié plusieurs lettres dans les *Missions Catholiques*.

H. C.

BULLETIN CRITIQUE.

Náng. *Siamesische Schattenspielfiguren im Kgl. Museum für Völkerkunde zu Berlin*, beschrieben von Dr. F. W. K. MÜLLER, Mit 12 Tafeln. (Supplement zu Band VII des Internationalen Archivs für Ethnographie. Leiden, E. J. Brill, 1894).

Das Schattenspiel hat sich von seinem Stammlande, China, aus nach allen Seiten verbreitet. Östlich nach Java, südlich nach Siam, westlich nach der Türkei [1]) und weiter nach Europa, wo es zu den beliebtesten Kinderbelustigungen gehört und wo es, noch heute Chinesisches Schattenspiel heisst. Es ward in China, während der Regierung des Kaisers Wu der Han-dynastie (140—86 v. Chr.), von einem gewissen *Schao-ung* von *Ts'i* (齊少翁) erfunden, um damit das Schattenbild der Dame *Li* (李夫人), eine der beliebtesten Frauen des Kaisers, über deren Tod S. M. sehr betrübt war, auf oder hinter einem Leinwand-Vorhang zu projicieren. Es heisst im Chinesischen ebenfalls Schattenspiel (影戲). Früher schnitt man die Figuren nur aus weissem Papier, später aber machte man sie von Leder und färbte sie [2]).

Die Sammlung obengenannter Schattenspielfiguren stammt aus Ligor auf der Halbinsel Malâka, aus Tongkah oder Salang, aus Tai-

---

1) Das Türkische Schattenspiel von Dr. F. VON LUSCHAN, Intern. Archiv. für Ethnographie, Band II, 1889.

2) Siehe unsere Inaugural Dissertation *Chinesische Bräuche und Spiele in Europa*. Breslau, R. Nischkowsky 1869, Seite 28—30, wo wir das Spiel beschrieben haben.

lüng (bei Ligor) und aus Bangkok, und wurde zum Theil durch Herrn Capt. Joh. Weber, zum Theil durch Herrn Consul Lessler in Dresden, dem Museum übermittelt.

Natürlich hat sich in jedem Lande die Darstellung des Spieles, und die Figuren mit denen gespielt wird, den eigenthümlichen Volksbegriffen angeschmiegt, und so scheinen in Siam hauptsächlich Darstellungen aus dem Râmâjana gewählt zu werden, während im Chinesischen Schattenspiel historische Begebenheiten, Spuckgeschichten u.s.w., und im türkischen Possen dargestellt werden. Da die Schattenfiguren selbst nicht sprechen können, muss das Spiel vom Darsteller erklärt werden, der sich dabei von den nöthigen Textbüchern bedient.

Einige Proben dieser Textbücher, nebst einem Versuch ihrer Übersetzung, werden hier von Herrn Müller gegeben, denen eine Erklärung der Tafeln folgt. Diese letzten selbst sind ausgezeichnet reproducirt und den Originalen, die ich selbst im Sommer 1893 in Berlin sah, sehr getreu. Die Menschen- und Göttergestalten sind conventionell, dagegen die Thierfiguren (z.B. Elephant und Pferd auf Tafel II und X) getreu nach der Natur gezeichnet.

Wir wünschen dem Verfasser Glück mit seiner fleissigen und inhaltsreichen Arbeit, die um so zeitgemässer erscheint, als die uns schon seit Jahren durch Herrn Serrurier versprochene Beschreibung der Javanischen Schattenspiele, noch immer ad calendas graecas verschoben zu sein scheint.

G. Schlegel.

Nihongi oder Japanische Annalen, übersetzt und erklärt von Dr. Karl Florenz. Dritter Teil, Buch 25—26. Geschichte Japans im 7. Jahrhundert. Tokio, Juli, 1894. (Vgl. *T'oung-pao* IV, S. 101).

In diesen zwei Büchern wird die Geschichte des Kaisers *Ame-yorozu-toyohi* (孝德 645—654) und der Kaiserin *Ame-toyo-takara-ikashihi-tarashi hima* (皇極 oder 齊明 655—661) behandelt.

Der Erstgenannte war ein grosser Beschützer des Buddhismus

und Verächter der nationalen Shintō-Lehre. Er pflog sehr viel und gerne Umgang mit Gelehrten. In Nachahmung der chinesischen Vorbilder, liess er in seinem Palasthofe eine Glocke und einen Briefkasten aufstellen, damit jeder seiner Unterthanen, der Klage zu führen hatte, entweder die Glocke ziehen oder seine Beschwerdeschrift in den Kasten werfen konnte, welche dann sofort S. M. selbst überhändigt wurde.

Im Jahre 646 schaffte er die von früheren Kaisern eingesetzten Volksgruppen der *Mikoshiro* ab, eine Massregel, die hauptsächlich dem Bauernstand zu Gute kam; machte Gesetze für die Hausregister, Rechnungslisten (Listen über Tribut und Frohndienst), Einteilung der Reisfelder und Rücknahme und Neuverleihung (von Land). Er schaffte demnach die alten Abgaben und Frohndienste ab, und führte statt dessen Abgaben auf die Reisfelder ein. Er fertigte Edikte gegen den Luxus bei Begräbnissen aus, und verbot aufs Neue dass sich lebendige Personen mit den Todten begraben liessen: ein Verbot, dass schon früher durch Kaiser *Seinei* (480—484) erlassen war, woran man sich aber nicht gestört zu haben scheint. Ebenso schaffte er den *Harai*, oder die willkührliche Busse ab, die man, ganz wie im Mittelalter bei uns, in ganz unverschuldeten Fällen (wie z.B. bei Ertrunkenen, Leuten die ihren Reis am Wege kochten, oder auf der Reise plötzlich krank geworden und am Wege gestorben waren) den Anverwandten oder Begleitern auferlegte, u.s.w.

Der Kaiser starb den 24ⁿ November 654 im 59ⁿ Lebensjahre, worauf seine ältere Schwester, die schon vor ihm (von 642—644) regiert hatte, den Thron wieder bestieg. Unter ihrer Regierung verfertigte der Priester *Chiyu*, nach chinesischem Vorbilde, einen Kompass-Wagen (指南車 *shinan-sha*) und der Kronprinz eine Wasseruhr (漏尅 oder 更漏 *toki no kizami*).

Im November—December 660 brachte der *Sahei Kichi* aus Korea 100 chinesische Gefangene mit. Diese sollen den Grund gelegt haben zu der chinesischen Kolonie in den beiden Distrikten *Fuha* und *Kata-agata* der Provinz *Mino* ansässig.

Am 25 Juni 661 brachte ein von China zurückkehrendes japanisches Schiff, das nach der Insel *Tan-lo* verschlagen war, den Prinzen *Ahaki* mit acht Gefährten nach Japan. Dies war das erste Mal dass Leute von *Tan-lo* an den Hof kamen.

Dr. Florenz sagt dass die Insel bei den Japanern *Tora* oder *Tomura* hiess; aber weder er noch die Japanischen Autoren haben die Insel identifiziert. *Tanlo* aber ist die Insel *Quelpaert*, zwischen der S.O. Spitze von Korea und der Jap. Insel *Kiusiu*, wie wir in unseren »Problèmes géographiques" (*T'oung-pao* IV, 329—330) nachgewiesen haben. In 661 hatte der Köig von Quelpaert, *Juritoro* (儒李都羅), ebenfalls eine Gesantschaft nach China geschickt. In 1272 eroberte Japan diese Insel und verjagte dessen König. Es war um diese Beleidigung, einem chinesischen Vasallenfürsten angethan, zu rüchen, dass der mongolische Kaiser *Hupilai-khan* seinen unglücklichen Kriegszug gegen Japan in 1281 unternahm.

Das Kapitel schliesst mit dem Tode der Kaiserin, die am 24 August 661 (irrthümlich steht in der Übersetzung 761) im Palast *Asakura-no-miya* starb, und am darauffolgenden 3. December in *Asuka-kahura*, in der Provinz *Yamato*, begraben ward.

G. Schlegel.

―――

Réponse à M. A. M. von Möllendorff. (*T'oung-Pao*, Octobre, p. 361.)

―――

Ce n'est pas sans surprise que j'ai vu comment M. von Möllendorf cherche à se venger sur moi des observations de M. Bang. Certes, si quelqu'un a droit de se plaindre, c'est bien moi qui n'étais pour rien dans la querelle. Si encore les critiques de M. von Möllendorf étaient justes!; mais nos lecteurs vont en juger.

Je ne connais pas la grammaire de M. von Möllendorf et je ne veux pas la lire pour y chercher matière à revanche; je remarquerai seulement que tout ce que cet auteur omet est, à ses yeux, inutile; tout ce qu'il donne est très important!!

Pour ce qui me concerne, voici ce que j'ai à dire:

1. Si M. von Möllendorf ne comprend pas les termes chinois *yuén-yûng*, qu'il ouvre une grammaire élémentaire quelconque, il les trouvera parmi les exemples de doublets, avec le sens de «murs». C'est classique.

2. S'il se figure que le participe passé *sangka* «éloigné» puisse s'expliquer par le tongous *sanggar* «trou», il a des notions de linguistique bien spéciales; c'est comme s'il disait qu'en latin *mens* explique *mensus*. Qu'il veuille bien d'ailleurs expliquer son explication et nous dire comment cela se peut.

De plus, *sanggar* est le correspondant du mandchou *sangga* «trou» qui n'a aucun rapport avec *sangka* et qui prouve, en outre, que le toungous est ici parfaitement inutile. Et les autres participes de même forme, est ce aussi *sanggar* ou *banggi* qui les explique?.

3. M. von Möllendorf affirme que *ó* doit se prononcer *u*; il le prouve par des transcriptions qui donnent pour cette voyelle deux sons tout différents, 舜 et 胡. Il complique encore ces confusions en faisant de *hiyoos'un* — il faut du moins le croire — une simple transcription de 孝順 *hiao-shün*. Pour moi je crois plutôt au témoignage des Mandchous créateurs de leur alphabet, qui ont écrit *o* long et non *u*. Or, si les Chinois sont de détestables transcripteurs, les Mandchous ont fait leur alphabet avec critique et grand soin. En tout cas ce ne serait point neuf; car Zacharoff opinait déjà dans ce sens dans sa grammaire et son dictionnaire mandchou-russe, il y a 15 et 20 ans. Mais il ne m'a nullement persuadé.

Enfin, en ce qui concerne le suffixe *le*, ce qui est *genau falsch*, c'est l'opinion que M. von Möllendorf admet sur la foi de la Z. D. M. G. (XVIII, 203). Feu Georg von der Gabelentz avait voulu jadis m'opposer cette opinion de son père; mais comme j'en avais constaté l'erreur, je n'eus pas de peine à le convaincre. Mon honorable contradicteur n'en saurait-il rien? — Je m'arrêterai ici.

Je me borne à répondre aux attaques de M. von Möllendorf sans chercher ce que je pourrais reprocher à sa réplique. Je regrette même d'avoir dû augmenter ses chagrins. Mais, il doit bien en convenir, il ne peut s'en prendre qu'à lui-même.   C. DE HARLEZ.

Antwort an Herrn A. M. VON MÖLLENDORFF.

Der Ton, welchen Herr von Möllendorff in seiner »Erwiederung" (*T'oung-Pao*, V, pp. 361 ff.) anzuschlagen beliebt, erscheint mir wenig geeignet, mich zu weiteren, ruhigen Auseinandersetzungen mit Herrn vonMöllendorffeinzuladen[1]). Um durch mein Schweigen jedoch nicht den Anschein zu erwecken, als sei ich mir durch die »Erwiederung" eines gegen Herrn von Möllendorff begangenen Unrechts bewusst worden, so bemerke ich hier kurz, dass ich im Allgemeinen vollständig die Ansichten des verehrten Herausgebers, Herrn Prof. Schlegel's, teile und daher von voruherein der Über-Production an Grammatiken abweisend gegenüber stehe. Habe ich also schon principiell Zeit, Mühe und Geld, welche Herr von Möllendorff auf die Drucklegung seiner Grammatik verschwendete, bedauert, so wächst dieses Bedauern heute nur noch um so mehr, als Herr von Möllendorff uns verräth, dass ein vergl. Wörterbuch aller tungusischen Dialekte nach den europäischen Publicationen und nach eigenen Sammlungen fertig in seinem Pulte liegt und zur Veröffentlichung nur meiner (!) Hilfe zu bedürfen scheint.

Meine Hilfe, die — wie die Sachen nun einmal liegen — nur noch in einem verspäteten guten Rat bestehen kann, kommt leider *post festum*: Herr von Möllendorff hätte eben seine Grammatik ruhig im Pulte lassen, statt deren aber sein tungusisches Wörterbuch

---

[1]) Zur Sache bemerke ich nur, dass H. von Möllendorff mich persönlich weniger angreift, als Kaulen und de Harlez. Was ersteren anbetrifft, so ist „Gewäsch" ein „etwa starker" Ausdruck gegenüber einem Landsmann, der sein Möglichstes gethan hat; Mgr. de Harlez wird sich selbst mit H. von Möllendorff auseinander setzen können.

veröffentlichen sollen. Im Übrigen kennt ja Herr von Möllendorff die europäischen Publicationen über das Tungusische; mit einigem guten Willen wird er aus deren Druckort ersehn können, an welche Thüre er zu klopfen hat, ohne meine Verwendung in Anspruch nehmen zu müssen.

W. BANG.

BIBLIOGRAPHIE.

LES ÉTUDES CHINOISES
(1891—1894)

PAR

HENRI CORDIER,
Professeur à l'Ecole des Langues Orientales vivantes, Paris.

Lorsque nous commençâmes la publication du *T'oung-Pao*, il entrait dans notre plan de donner tous les ans une bibliographie des principaux ouvrages parus dans l'année: c'est ce que j'ai fait pour 1889 dans notre premier numéro. Plus tard, j'ai pensé, qu'au lieu de faire paraître une sèche énumération de titres, ainsi qu'il convient à un manuel de bibliographie, il serait plus agréable et aussi plus utile — par suite des remarques que je pourrais faire et des renseignements que je donnerais — d'écrire un aperçu de nos études en vue de nos Congrès d'Orientalistes, de ces assises scientifiques qui servent de points de repère dans l'histoire de nos travaux: c'est ce que j'ai entrepris au Congrès de Londres de 1891, pour la période 1886—1891. Le Congrès de Genève m'offre l'occasion opportune de renouveler cet essai — qui, je crois, a eu un certain succès —, et les encouragements venus de différents côtés m'ont décidé à continuer ma première expérience. Aussi bien avais-je devant moi un exemple bien fait pour me séduire: celui de M. Jules Mohl dont je relisais le rapport sur le progrès des études orientales pendant l'année 1845. J'y trouvais en abondance des renseignements intéressants sur les livres parus cette même année sur la Chine, à propos de Biot, Piper, Schott, Neumann, Endlicher, Callery, Louis Rochet, renseignements que j'avais oubliés ou dont je n'avais pas eu connaissance, et je me suis dit qu'après tout, un successeur trouverait peut-être quelque chose à glaner dans nos pages quand un demi-siècle aura jauni les feuillets sur lesquels elles sont imprimées.

Les deux évènements saillants depuis le dernier Congrès sont la mort des professeurs de Chinois au Collège de France et à l'Université de Berlin et l'attribution de leurs chaires, d'une part, — et l'expédition de l'Orkhon et le déchiffrement de ses inscriptions de l'autre.

La mort a été particulièrement cruelle pour nos études depuis trois ans; si elle nous a enlevé un vétéran comme le Marquis D'HERVEY DE SAINT-DENYS, elle a impitoyablement fauché des hommes dans la force de l'âge comme GEORG VON DER GABELENTZ et TERRIEN DE LACOUPERIE.

Le Marquis MARIE JEAN LÉON D'HERVEY DE SAINT-DENYS est mort dans son hôtel, 9 Avenue Bosquet, le Jeudi 3 Novembre 1892. Quoique sa santé eût été fort chancelante l'hiver et même l'été précédents, rien ne faisait prévoir une fin aussi rapide, M. d'Hervey de Saint-Denys, ayant assisté à la séance de l'Académie des Inscriptions le Vendredi avant sa mort. C'était un homme extrêmement aimable, qui ne laisse pas d'ennemis derrière lui. Né à Paris en 1823, M. d'Hervey de Saint-Denys avait suivi de bonne heure le cours de chinois de Stanislas Julien; à la mort de son maître, il le remplaça d'abord comme suppléant au Collège de France, où il fut nommé professeur titulaire par décret du 1ᵉʳ Juin 1874. Enfin, le 8 Février 1878, il succédait à Boutaric à l'Académie des Inscriptions et Belles-Lettres.

Son premier ouvrage, publié en 1850, renfermait des recherches sur l'agriculture et l'horticulture des Chinois, d'après l'encyclopédie *Cheou-chi-tong-kao* 授時通考 ¹), puis il acheva une traduction des dernières sections du *Tcheou-li* 周禮 que le regretté Edouard Biot avait laissée inachevée. Les expéditions anglo-françaises de 1858—1860 contre la Chine lui inspirèrent une brochure de circonstance ²), puis il donna son livre sur les poésies de l'époque des T'ang ³), avec une excellente introduction qui est de beaucoup son meilleur ouvrage (1862); en 1870, il donnait une traduction du poème *Li-sao* ⁴), supérieure à celle qu'avait donnée Pfizmaier ⁵); il ressuscitait une fois encore la théorie que le pays de Fousang est l'Amérique, théorie que le Dr. G. Schlegel a définitivement enterrée récemment ⁶); des mémoires sur Formose ⁷) et sur l'ethnogra-

---

1) *Recherches sur l'agriculture et l'horticulture des Chinois*, sur les végétaux, les animaux et les procédés agricoles que l'on pourrait introduire avec avantage dans l'Europe occidentale et le nord de l'Afrique, suivies d'une analyse de la grande encyclopédie *Cheou-chi-tong-kao*. Paris, 1850, in-8, pp. 262.
2) La Chine devant l'Europe. Paris, 1859, Grand in-8, pp. 172, avec carte.
3) *Poésies de l'époque des Thang* (VIIe, VIIIe et IXe siècles de notre ère), traduites du chinois pour la première fois, avec une étude sur l'art poétique en Chine et des notes explicatives. Paris, 1862, in-8, pp. 400.
4) Le Li-sao, poème du IIIe siècle avant notre ère, traduit du chinois, précédé d'une étude préliminaire et accompagné d'un commentaire perpétuel. Paris, 1870, 1 vol. in-8, pp. LIV—66.
5) Le 離騷 de Pfizmaier a été publié à Vienne, 1852, in-fol.
6) Mémoire sur le pays connu des anciens Chinois sous le nom de *Fousang*, et sur quelques documents inédits pouvant servir à l'identifier. Extrait des Comptes-rendus des Séances de l'Académie des Inscriptions et Belles-Lettres. Paris, Imprimerie Nationale, MDCCCLXXVI, br. in-8, pp. 17.
7) Mémoire sur l'île *Formose* et sur les îles *Lieou-Kieou*, d'après un document chinois du VIIe siècle de notre ère; lu à l'Académie des Inscriptions en avril 1872. (*Journal Asiatique*, 1874, pp. 107—121; 1875, pp. 435—441).

phie de la Chine centrale¹) précédèrent ce que le Marquis considérait comme son oeuvre principale: la traduction de la grande encyclopédie 文獻通考 de Ma Touan-lin 馬端臨. La réputation de Ma Touan-lin est grande, à certains égards même trop grande, car il n'est en réalité que le continuateur, avec des modifications et des additions naturellement, puisqu'il vivait au XIIIᵉ siècle, de l'auteur du Toung-tien, 通典, Tou-yeou, 杜佑, qui vivait au VIIIᵉ siècle; la traduction du Marquis d'Hervey ne comprend qu'une portion de l'œuvre de Ma Touan-lin et ce qui lui enlève la majeure partie de sa valeur, c'est l'absence presque totale de notes géographiques, historiques et philologiques: c'était d'ailleurs la partie difficile du travail²). La nomination du Marquis d'Hervey au Collège de France lui attira une violente attaque, véritable pamphlet, de la part de l'abbé Paul Perny, des Missions Etrangères, sous le pseudonyme de Léon Bertin³). M. d'Hervey y répondit victorieusement⁴); peu auparavant une défense maladroite de la traduction du San-tseu-king 三字經 de G. Pauthier contre celle de Stanislas Julien, l'amena à faire une défense heureuse de son

---

1) Mémoire sur l'ethnographie de la Chine centrale et méridionale, d'après un ensemble de documents inédits tirés des anciens écrivains chinois, lu à l'Ac. des inscriptions, 27 déc. 1872 et 10 janv. 1873.

2) Ethnographie des peuples étrangers à la Chine. Ouvrage composé au XIIIᵉ siècle de notre ère. Ma-touan-lin traduit pour la première fois du chinois avec un commentaire perpétuel par le Marquis d'Hervey de Saint-Denys, de l'Institut de France. Genève, H. Georg, 1876—1883, 2 vol. in-4.

Cet ouvrage, qui a obtenu le prix Stanislas Julien à l'Académie des Inscriptions et Belles-Lettres en 1876, a paru en livraisons dans Atsume Gusa pour servir à la connaissance de l'Extrême Orient. — Recueil publié par F. Turrettini.

3) Le Charlatanisme littéraire dévoilé ou la vérité sur quelques professeurs de langues étrangères à Paris. Dédié à MM. les Professeurs du Collège de France.... Versailles, 1874, in-9. pp. 23.

4) Examen des faits mensongers contenus dans un libelle publié sous le faux nom de Léon Bertin avec le jugement du tribunal correctionnel de Versailles du 30 septembre 1874, confirmé par Arrêts de la Cour de Paris des 16 décembre 1874 et 29 janvier suivant. Note adressée à MM. les Professeurs du Collège de France. Saint-Germain, 1875, br. in-8, pp. 48.

ancien maître¹). Il avait préparé pour son enseignement un recueil de textes faciles. Depuis lors, à part quelques mémoires fort courts²) le Marquis d'Hervey s'est surtout attaché à la traduction du Recueil bien connu de quarante contes, le *Kin Kou Ki Kouan* 今古奇觀. Il a donné la traduction, ou mieux, une paraphrase d'une douzaine de ces contes dont le Dr. Schlegel et moi avons eu l'occasion de parler³). Homme du monde, d'un esprit cultivé, allié à la famille de Noé, à laquelle appartenait le célèbre carica-

---

1) Deux Traductions du San-tsen-king et de son Commentaire. Réponse à un article de la Revue Critique du 8 novembre 1873 par le Marquis d'Hervey de Saint-Denys, Chargé du Cours de Langue et Littérature chinoise au Collège de France. Extrait du Bon-ai-me. Genève, H. Georg, 1873, in-8, pp. 27.
— Rép. de M. Specht, *Revue Critique*, 21 février 1873.
— Réplique de M. d'Hervey de Saint-Denys, datée du 26 février 1874, à la lettre de M. Specht (*Revue Critique*, 21 mars 1874).

2) L'Annam ou Tong-king et la Cochinchine, au point de vue historique et philologique, par M. le Marquis d'Hervey de Saint-Denys, membre de l'Institut. — Extrait des Comptes rendus des séances de l'Académie des Inscriptions et Belles-Lettres. Paris, Imprimerie Nationale. — MDCCCLXXXVI, br. in-8, pp. 12.
— Annam et Annamites. Note sur la valeur réelle de ces termes. Par Hervey de Saint-Denys, Membre de l'Académie des Inscriptions et Belles-Lettres. (*Ann. de l'Ext. Orient.*, 1883—1884, VIII, pp. 206—210.)
— Mémoire sur les doctrines religieuses de Confucius et de l'Ecole des Lettrés, par le marquis d'Hervey-Saint-Denys. — Extrait des mémoires de l'Académie des inscriptions et belles-lettres. Tome XXXII, 2e Partie. Paris, Imprimerie nationale. — MDCCCLXXXVII, br. in-4, pp. 23.
— Discours prononcé à la séance publique annuelle des Cinq Académies le Jeudi 25 octobre 1888, comme Président.

3) Trois Nouvelles chinoises traduites pour la première fois par le Marquis d'Hervey-Saint-Denys, Membre de l'Institut. Paris, Ernest Leroux, 1885, in-18, pp. XVII-229.
Contient: Avertissement. — Nouvelles du *Kin kou ki kouan* traduites et publiées jusqu'à ce jour. — Les Alchimistes. — Comment le Ciel donne et reprend les richesses. — Mariage forcé.
Forme le Vol. XLV de la *Bibliothèque Orientale Elzévirienne*.
— La Tunique de Perles, un Serviteur méritant, et Tang le Kiaï-youen. Trois nouvelles chinoises traduites pour la première fois par le Marquis d'Hervey-Saint-Denys, Membre de l'Institut. Paris, E. Dentu, 1889, in-12, pp. VIII-247.
Notice par G. Schlegel, *T'oung Pao*, I, N°. 1, avril 1890, pp. 79—86.
— Six Nouvelles nouvelles traduites pour la première fois du Chinois par le Marquis d'Hervey-Saint-Denys, de l'Institut de France..... Paris, J. Maisonneuve, 1892, pet. in-8, pp. VIII-333 + 1 f. n. c. p. l. tab.
Forme le Tome XXX de *les Littératures populaires*.
Notice par Henri Cordier, *T'oung Pao*, IV, mai 1893, pp. 233—235; et *Bul. pég. liré. anc.*, 1892, N°. 4, pp. 430—2.

turiste Cham, dont il avait beaucoup de la fantaisie, d'une parfaite
courtoisie, le Marquis d'Hervey, en dehors de ses travaux sinologiques, a laissé quelques autres écrits: *le Poil de la prairie*, traduit
de Los Herreros (1847); *Insurrection de Naples en 1647, dite de
Masaniello*, traduit du duc de Rivas (1849, 2 vol.); *Histoire du
théâtre en Espagne* (1850); *De la Rareté et du prix des médailles
romaines*, etc. (1850); *Un Roi* (1851); *Histoire de la Révolution
dans les Deux-Siciles depuis 1793* (1856). Le Marquis d'Hervey
appartenait à la génération un peu terne au point de vue scientifique qui sert de lien entre Stanislas Julien et l'école actuelle;
aussi suis-je porté à croire, que sauf peut-être ses poésies des
T'ang, il restera bien peu de chose de ses ouvrages. Comme sinologue, M. d'Hervey de Saint-Denys a joué un rôle prépondérant
dans la distribution du prix Stanislas Julien depuis sa création.
On sait que ce prix a été décerné pour la première fois en 1875
au Rév. Dr. James Legge.

Je n'avais pas revu GEORG VON DER GABELENTZ depuis le Congrès
des Orientalistes de Vienne (1886); le Dr. Dillmann m'avait fait part au
Congrès de Stockholm en 1889, de son prochain transfert de Leipzig
à Berlin: Gabelentz semblait être disparu de la circulation, il produisait
peu, répondait rarement aux lettres; ses amis savaient que de grands
chagrins personnels le torturaient, et si ces chagrins cessèrent un peu
plus tard, il est probable qu'ils avaient semé les germes de la maladie
qui, aggravée par un hiver rigoureux, emporta Gabelentz à Berlin dans
la nuit du 10 au 11 Décembre 1893. Georg Conon von der GABELENTZ
était le second fils du célèbre Hans Conon von der Gabelentz,
l'éminent orientaliste, auteur de la *Grammaire mandchoue*, publiée
en 1832; il est né le 16 Mars 1840 à Poschwitz, près d'Altenbourg.
Après avoir étudié sous la direction de son père et au Gymnase de
sa ville natale, il fut envoyé en 1859—63, à Iéna et à Leipzig

pour étudier son droit; les études qu'il faisait un peu contre son gré lui valurent cependant quelque réputation comme jurisconsulte; il occupa diverses fonctions judiciaires, tour à tour à Dresde, en Alsace, etc. Entre temps, il étudiait le hollandais, l'italien, le néozélandais, le chinois, le japonais, le mandchou, le sanscrit, le zend, etc., de manière à donner de fortes assises à ses études de philologie comparée. Son œuvre de début, la traduction du *T'ai Ki-tou* 太極圖, lui valut le titre de docteur en philosophie [1]. En 1878, il était nommé à professer les langues de l'Asie orientale à l'Université de Leipzig; après la mort de Wilhelm Schott, Gabelentz était nommé à Berlin en 1889 pour occuper la chaire de littératures chinoise et japonaise à l'Université royale Frédéric-Guillaume; il faisait partie de l'Académie des Sciences.

La plus grande partie des ouvrages de Gabelentz sont relatifs à la grammaire chinoise. Après un aperçu historique [2], il avait donné en 1881 sa grande grammaire [3] qui fut suivie de plusieurs autres travaux similaires [4], puis il avait étudié

---

1) Thai-kih-thu, des Tscheu-tsi Tafel des Urprinzipes mit Tschu-Hi's Commentare nach dem Iloh-pih-sing-li. Chinesisch mit Mandschuischer und Deutscher übersetzung einleitung und anmerkungen herausgegeben von Georg von der Gabelentz. — Promotionsschrift. Dresden, 1876, in-8. pp. VII—88.

2) Beitrag zur Geschichte der chinesischen Grammatiken und zur Lehre von der grammatischen Behandlung der chinesischen Sprache. Von Georg von der Gabelentz. (Separatabdruck aus der *Zeitschrift der Deutschen Morgenländischen Gesellschaft*, Bd. XXXII.) — Leipzig, Druck von G. Kreysing, br. in-8, [pp. 601 à 664].

— On a new Chinese Grammar by Professor Georg von der Gabelentz, Leipzig. (*Att. du V. Int. Orient. Cong*, II, Ostasiat. Sect. pp. 81—6).

— Professor Gabelentz on a new Chinese Grammar. (*China Review*, XI, pp. 127—130).

3) Chinesische Grammatik mit Ausschluss des niederen Stiles und der heutigen Umgangssprache von Georg von der Gabelentz. Mit drei Schrifttafeln. Leipzig, T. O. Weigel, 1881, gr. in-8, pp. xxx-552.

Literarisches Centralblatt, 1882, pp. 119—120. — *Deutsche Literaturzeitung*, 1882, pp. 318—319. — *Academy*, 1882, pp. 159—160. — *Beilage zur allgemeinen Zeitung*, 2 avril 1882. — *Jew. N. C. B. R. As Soc.*, XVII. 1 ar. F. Hirth. — *Zeitschr. d. D. Morgenl. Ges.*

4) Anfangsgründe der Chinesischen Grammatik mit Übungsstücken, von Georg von der Gabelentz. Mit einer Schrifttafel. Leipzig, T. O. Weigel, 1883. In-8, pp. VIII-150.

Notices: *China Review*, XIV, pp. 52—54. [Par. E. F.] — *Literatur-Blatt für Orientalische Philologie*, Nov.-Dec. 1883, pp. 43—47, par le Dr. Max Uhle.

Confucius¹), ensuite, le philosophe *Tchouang-tseu* 莊子 au point de vue grammatical²); je ne parle pas de sa collaboration à l'*Allgemeine Encyclopädie* de Hirsch et Grüber, ainsi que de ses mémoires sur l'Océanie, qui ne rentrent pas dans notre cadre.

Gabelentz fut avant tout un philologue; la sinologie fut la branche principale, mais seulement une branche de ses études; aussi n'y est-il pas arrivé au premier rang; sa traduction de l'inscription chinoise du premier monument de l'Orkhon lui attira une critique dure et méritée de Schlegel³). Mais, dans le domaine de la philo-

---

— Some additions to my chinese grammar, by Georg von der Gabelentz. (*Journ. C. B. R. A. S.*, XX, N. S., 1885, Art. X, pp. 227—234).

— Ueber Sprache und Schriftthum der Chinesen. Von Georg von der Gabelentz. — Separatabdruck aus „Unsere Zeit", 1884. XI. (Leipzig, F. A. Brockhaus), br. in-8, pp. 24.

— Die Sprachwissenschaft, ihre Aufgaben, Methoden und bisherigen Ergebnisse. Von Georg von der Gabelentz. Leipzig, Weigel, 1891, in-8, pp. xx—502.

— G. v. d Gabelentz. — Zur Chinesischen Sprache und zur Allgemeinen Grammatik. *Internationale Zeitschrift für Allgemeine Sprach-Wissenschaft*, Vol. III, Part. I. Leipzig, 1886).

1) Confucius und seine Lehre. Von Georg von der Gabelentz, Prof. der ostasiatischen Sprachen an der Universität zu Leipzig. Leipzig, F. A. Brockhaus, 1888, br. in-8, pp. 52. Front.

— Confucius and his Teaching. By Georg von der Gabelentz, professor of Eastern Asiatic Languages at the University of Leipzig. (*China Review*, XVII, N°. 2, pp. 61—82).

2) Beiträge zur Chinesischen Grammatik. — Die Sprache des Cuang-tsi von Georg von der Gabelentz. (*Abhand. d. Phil.-Hist. Cl. d. König. Sächsischen Ges. d. Wissen....* Bd. X. Leipzig, Hirzel, 1888, gr. in-8, pp. 579—638).

— The Style of Chuang-tsi. By Georg von der Gabelentz, professor of Eastern Asiatic Languages at the University of Leipzig. (*China Review*, XVII, N°. 5, 1889, pp. 292—298).

Trad. de *Beiträge z. Chinesischen Grammatik. Die Sprache des Cuang tsi.*

— G. v. d. Gabelentz. — Der Räuber Tschik, ein satirischer Abschnitt aus Tschuang-tsi. (*Ber. Sächs. Ges. d. Wiss.*, 1889, I, pp. 55—69).

— Robber Tschik. a satirical chapter from Tschuang-tsi. By Georg von der Gabelentz. (*China Review*, XVIII, N°. 6, pp. 365—373).

Trad. de l'allemand.

3) La Stèle funéraire du Téghin Giogh et ses Copistes et traducteurs chinois, russes et allemands par Gustave Schlegel, Professeur de Chinois à l'Université de Leide. — „Extrait du *Journal de la Société Finno-Ougrienne* de Helsingfors." Leide. — E. J. Brill. 1892, br. in-8, pp. 57 et 1 pl.

logie, il a occupé une grande situation. Gabelentz était aussi remarquable par sa haute taille, que par son bégaiement; il était extrêmement bon et il avait l'exquise politesse de l'homme du monde; je l'avais connu pour la première fois en 1878, à Florence, et nos relations avaient toujours été empreintes depuis de la plus grande cordialité. Sa mort m'a causé le plus vif chagrin.

Nous avons eu la douloureuse surprise d'apprendre brusquement la mort de M. TERRIEN DE LACOUPERIE, qui a succombé à une fièvre typhoïde le 11 Octobre dernier, en son domicile, 136 Bishop's Road, Fulham, Londres: il n'était âgé que de quarante-neuf ans. Lorsque j'étais à Londres au mois de Juillet, Terrien mettait la dernière main à ce qu'il considérait comme son grand ouvrage: *Western Origin of the Early Chinese Civilisation*, prélude d'un plus considérable encore, qu'il devait faire paraître en plusieurs volumes, chez Mac Millan; il eut la joie de me faire voir, avant mon départ, son volume relié. Il terminait en même temps un volume sur les origines de l'écriture [1]), dont j'ai vu les bonnes feuilles, et il préparait un manuel d'art chinois, qui depuis longtemps, lui avait été commandé par le South Kensington Museum, pour sa série de «Science and Art Handbooks». Depuis lors, il m'avait prié de présenter son ouvrage au Congrès des Orientalistes de Genève: tâche qui me fut agréable à remplir. A mon retour à Paris, la lettre dans laquelle je lui faisais part de l'accueil fait à son œuvre recevait comme réponse la nouvelle de la maladie et de la mort de mon regretté ami.

ALBERT TERRIEN DE LACOUPERIE est né à Ingouville (le Hâvre) le 23 Novembre 1845; entré de bonne heure dans l'industrie, la nature de ses goûts le devait rendre assez peu propre aux affaires.

---

1) Beginnings of Writing in Central and Eastern Asia, or Notes on 450 Embryo-Writings and Scripts. London, Nutt, 1894, in-8, pp. VI—208, & pl.

Aussi de terribles revers de fortune le forcèrent-ils à s'expatrier. Il n'alla jamais en Chine, quoiqu'en aient dit quelques-uns de ses biographes anglais: il se rendit à Londres. Là, il sut intéresser par ses idées originales des hommes tels que le Colonel Henry Yule, le Dr. Reinhold Rost, bibliothécaire de l'India Office, le Prof. Robert K. Douglas, et, grâce à leur influence, il obtint d'être chargé du Catalogue des Monnaies chinoises au British Museum, puis plus tard, il fut nommé professeur de philologie chinoise à l'University College; position précaire s'il en fut, car les inscriptions des élèves? étaient les seuls honoraires du professeur. Pendant quelque temps, M. Emile Guimet l'eut comme correspondant de son Musée à Londres; mais je puis dire que depuis une douzaine d'années que je connais Terrien de Lacouperie, sa vie n'a été qu'un long martyre; souvent le pain du lendemain n'était pas assuré et il fallait néanmoins essayer de faire contre mauvaise fortune sinon bon cœur, au moins bonne figure. Malgré sa grande taille et son apparence robuste, Terrien était d'une constitution faible, qui, lorsqu'elle eut été minée, devait le rendre une proie facile à la première grave maladie. Il est possible aussi que le quartier neuf et humide dans lequel il habitait, n'ait pas été étranger à cette fièvre typhoïde qui, en enlevant Terrien de Lacouperie, a laissé la plus dévouée des femmes dans le plus effroyable déuûment. Espérons que la pension que Terrien de Lacouperie, naturalisé Anglais, était sur le point d'obtenir de la Liste civile, sur la demande, je crois, de M. Max Müller, sera reversée à sa veuve.

La philologie avait été l'objet des premières études de Terrien de Lacouperie et il débuta, dès 1867, par un ouvrage de philologie générale [1]), puis dans ce champ spécial, il restreignait ses études

---

1) Du langage. Essai sur la nature et l'étude des mots et des langues Par M. Alb. Terrien Poncel. Membre des Sociétés Asiatique, d'Anthropologie, d'Ethnographie et de

aux langues de l'Extrême-Orient, et en particulier au Chinois; de là, un certain nombre de Mémoires sur la langue chinoise ancienne [1]). Les théories de Terrien ont été extrêmement discutées, et elles sont discutables; mais il a réussi à convertir à ses idées un certain nombre de savants distingués dont le plus convaincu me paraît être le Rév. C. J. Ball, d'Oxford [2]). M. Raoul de la Grasserie

---

Linguistique de Paris; Secrétaire de la Société Havraise d'Etudes diverses, etc., etc. Précédé d'une introduction par M. Léon de Rosny, Professeur à la Bibliothèque Impériale, Secrétaire de la Société d'Ethnographie, Membre de la Commission Scientifique Internationale de l'Exposition de 1867, in-8, pp. xx + 6 ff. n. c. + pp. 243.

1) Chinese and Siamese. By A. Terrien de Lacouperie. (*Academy*, 11th August, 1883.)
— Indo-Chinese Philology. By A. Terrien de Lacouperie. (*Academy*, 24th Oct., 1883.)
— Comparative Ideology. By A. Terrien de Lacouperie. (*Academy*, 4th Sept., 1886)
— The Languages of China before the Chinese. Researches on the Languages spoken by the Pre-Chinese races of China proper previously to the Chinese occupation. By Terrien de Lacouperie, ... London: David Nutt, — 1887, in-8, pp. 148.
Notices: *Academy*, Oct. 22, 1887. — *Athenaeum*, Nov. 19, 1887.
— Les Langues de la Chine avant les Chinois — Recherches sur les langues des populations aborigènes et immigrantes, l'arrivée des Chinois, leur extension progressive dans la Chine propre et les sources de leur civilisation, par Terrien de Lacouperie, . . .
— Edition française avec introduction, additions et appendices. — Paris, Ernest Leroux, 1888, in-8, pp. ix-210.
Avait paru dans le *Muséon*, jusqu'à la p. 144.
— Le non-monosyllabisme du Chinois antique, l'écart entre les langues écrite et parlée d'aujourd'hui et l'histoire de la langue écrite par Terrien de Lacouperie . . . . . . , Paris, Ernest Leroux, 1889, br. in-8, pp. 15.
Avait paru dans le *Muséon*.
— The Sino-Annamite Dialect. By T. de L. (Terrien de Lacouperie). (*Babylonian & Oriental Record*, Vol. V, N°. 1, Jan. 1891.)

2) The New Accadian. By the Rev. C. J. Ball, M. A., Oxon., Chaplain of Lincoln's Inn; formerly Censor and Lecturer in King's College, London. Reprinted from the "Proceedings of the Society of Biblical Archaeology". (Part. I, Nov. 1889, pp. 1—38; Part II, Dec. 1889, pp. 39—66; Part. III, Feb. 1890, pp. 67—82; Part IV, March 1890, pp. 83—101; Part V, June 1890, pp. 101—127.)
— The First Three of the Five Autocrats. (Wu Ti) By the Rev. C. J. Ball, M. A... (*Ibid.*, Nov. 1890), br. in-8, pp. 8.
— Ideograms common to Accadian and Chinese. By the Rev. C. J. Ball . . . (*Ibid.*, Dec. 1890), br. in-8, pp 23. — Part II. (*Ibid.*, April 1891), br. in-8, pp. 15.
— The Accadian Affinities of Chinese. By the Rev. C. J. Ball . . . . (*Trans. Ninth Oriental Congress* 1892, Vol. II.)

a fait une étude spéciale des travaux philologiques de Terrien de Lacouperie ¹).

L'écriture a été l'objet de recherches spéciales de la part de Terrien de Lacouperie; non-seulement l'écriture chinoise a attiré son attention, mais dès qu'une circonstance se présentait d'étudier quelque représentation graphique de la pensée, il la saisissait avec empressement, que les documents vinssent d'Asie centrale, ou des Lolos, du Tibet ou bien de la Corée ²).

D'ailleurs tout était sujet d'étude pour Terrien de Lacouperie;

---

1) Etudes de grammaire comparée. — Des recherches récentes de la linguistique relatives aux langues de l'Extrême-Orient, principalement d'après les travaux de M. Terrien de Lacouperie, par M. Raoul de la Grasserie . . . . . (Extrait des *Mémoires de la Société de linguistique*, t. VII, 3e fascicule) Paris. Imprimerie Nationale. — MDCCCXCI, br. in 8, pp. 31.

2) On the History of the Archaic Chinese Writing and Texts. (Extracted from "The Oldest Book of the Chinese and its Authors" in the Journal of the Royal Asiatic Society, Vol. XIV. Pt. IV, pp. 798—806.) By Terrien de Lacouperie, M. R. A. S. London, 1882, br. in-8, pp. 11.

— Did Cyrus introduce Writing into India? By Dr. Terrien de Lacouperie, Professor of Indo-Chinese Philology, (University College, London). London: Published at 51, Knowle Road, Brixton; and by D. Nutt, br. in-4.
Reprinted from *the Babylonian & Oriental Record*, Vol. I, No. 4.

— A New Writing from S. W. China. By A. Terrien de Lacouperie. (*Academy*, 9th Feb. 1887.)

— The Non-Chinese Writing of China and Central Asia. Abstract of a Lecture before the Philological Society, 6th March 1891, by Prof. Terrien de Lacouperie. (*T'oung Pao*, II, Avril 1891, pp. 89—90.)

— On a Lolo MS. written on Satin. By M. Terrien de Lacouperie. (*Journ. R. As. Soc*, N. S., Vol. XIV, Art. X, January, 1882, pp. 119—123, avec 1 Pl.)

— Beginnings of Writing in and around Tibet. By Terrien de Lacouperie, M. R. A. S. Professor of Indo-Chinese Philology (University College, London). (*Journ. R. As. Soc.*, N. S., Vol. XVII, Art. XVII, July, 1885, pp. 415—482.)

— On the Corean, Aino and Fusang Writings by Terrien de Lacouperie. (*T'oung Pao*, III, Dec. 1892, pp. 449—465.)

— Doubts about the Corean Writing. By Terrien de Lacouperie. (*T'oung Pao*, IV, mars 1893, p. 86.)

tantôt il traitait des hommes de pierre de la Corée [1]); les manuscrits formosans rapportés par son ami E. Colborne Baber lui fournissaient la matière d'intéressants articles [2]); une de mes publications sur les Juifs en Chine [3]) lui donnait le prétexte d'une note qui n'a d'ailleurs pas grande valeur [4]); on sait que dans un verset d'Isaïe, XLIX, 12, il est question du pays de Sinim, et que quelques commentateurs ont cru y voir la Chine; Terrien de Lacouperie a pris part à cette discussion; mais en admettant même que Sinim n'est pas la Chine, sa thèse ne vaut absolument rien [5]); avant M. Vissière [6]), il avait donné un travail extrêmement intéressant sur le *souan-pan* ou abaque, machine à calculer en usage en Chine [7]). Enfin, il avait écrit quelques études de folk-lore, qui montraient une fois de plus la variété de ses recherches [8]).

---

1) The Miryeks or Stone-men of Corea. With a plate. By Terrien de Lacouperie,... Hertford: Stephen Austin & Sons. — 1887, br. in-8, pp. 7. (Reprinted from the *Journal of the Royal Asiatic Society of Great Britain and Ireland*, N. S., Vol. XIX, 1887.)

Miryek = 石人.

2) Formosa Notes on Mss., Languages and Races. (Including a note on nine Formosan Mss. By E. Colborne Baber, H. B. M. Chinese Secretary, Peking.) With three plates. By Terrien de Lacouperie ... Hertford: Stephen Austin, 1887, br. in-8, pp. 83.

Rep. from the *Jour. R. As. Soc. Gt. Brit.*, N. S, Vol. XIX, 1887.

3) Les Juifs en Chine par Henri Cordier, Professeur à l'Ecole des langues orientales vivantes. Paris, Léopold Cerf, 1891, pet. in-8, pp. 14.

4) On the Entrance of the Jews into China during the first Century of our Era. By Terrien de Lacouperie. (*Babylonian & Oriental Record*, V, N°. 6, June 1891, pp. 131—134.)

5) The Sinim of Isaiah not the Chinese by Terrien de Lacouperie, Ph. & Litt. D. Professor of Indo-Chinese Philology. (University College, London.) [Reprinted from N°. 3 of the *Babylonian Record*, Jan. 7, 1887.] London: pièce in-4, 2 ff. n. ch.

— The Land of Sinim, not China. By Terrien de Lacouperie. (*Babylonian & Oriental Record*, I, N°. 11, September, 1887, pp. 183—191.)

6) Recherches sur l'origine de l'Abaque chinois et sur sa dérivation des anciennes fiches à calcul par A. Vissière. — Extrait du *Bulletin de Géographie*, 1892. — Paris, Ernest Leroux, 1892, br. in-8, pp. 28.

7) The Old Numerals, the Counting-Rods and the Swan-pan in China. By Prof. A. Terrien de La Couperie, M. R. A. S. Reprinted from the Numismatic Chronicle, Vol. III, Third Series, Pages 297—340. — London: 1883, br. in-8, pp. 44.

8) The Negrito-Pygmies of ancient China. By Terrien de Lacouperie. (*Bab. & Oriental Record*, V, N°. 8, Aug. 1891, pp. 169—174.)

Chargé par les Trustees du Musée Britannique de dresser le Catalogue des Monnaies chinoises conservées dans le Cabinet des Médailles de ce riche établissement, Terrien de Lacouperie préludait par de courts mémoires ¹) à la rédaction de la grande œuvre qui lui était confiée. Le catalogue parut en 1892, après dix années de travail ²); je ne puis que rappeler ce que j'écrivais alors dans la *Revue Critique* (17—24 Juillet 1893):

«Le titre représente d'une façon insuffisante l'étendue de l'ouvrage: ce n'est pas seulement un catalogue des monnaies chinoises du Musée Britannique, depuis le VII° siècle avant notre ère jusqu'à 621 après J. C., époque de la création du *Kai-youen T'oung-Pao*, monnaie de cuivre de la dynastie des *T'ang*, dont l'usage s'est répandu non seulement dans l'Extrême-Orient, mais dans toute l'Asie centrale; c'est-à-dire depuis la troisième dynastie chinoise, les *Tcheou*, jusqu'à celle des *T'ang*, mais bien une histoire de la numismatique

---

— The Silk Goddess of China and her Legend. By Terrien de Lacouperie. (*Babylonian & Oriental Record*, Vol IV, N°. 12, Nov. 1890, pp. 270—290; V, N°. 1, January 1891, pp. 6—10).
Tirage à part, br. in-8, pp. 26.
— Several tutelary Spirits of the silkworms in China: A Supplement to a Paper on the Silk Goddess of China and her Legend. By Terrien de Lacouperie. (*Babylonian & Oriental Record*, Vol. V, N°. 4, April, 1891, pp. 89—96.)
1) The Silver Coinage of Tibet. By A. Terrien de Lacouperie . . . . Reprinted from the *Numismatic Chronicle*, Third Series, Vol. I, pp. 340—353. London, Trübner, 1882. br. in-8, pp. 16, 1 pl.
— Paper-money of the ninth century and supposed leather coinage of China. By A. Terrien de Lacouperie, M. R. A. S. Reprinted from the Numismatic Chronicle. Vol. II, Third Series, Pages 334—341. London 1882, br. in-8, pp. 8.
— Coins and Medals. Their Place in History and Art by the Authors of the British Museum Official Catalogues edited by Stanley Lane-Poole. With numerous Illustrations. London: Elliot Stock . . . . 1885, in-8, pp. x—286.
Chap. IX. China and Japan. By Prof. Terrien de Lacouperie. M. R. A. S., pp. 190—235.
2) Catalogue of Chinese Coins from the VIIth Cent. B. C., to A. D. 621 including the series in the British Museum. By Terrien de Lacouperie, Ph. D., Litt. D. (Lovan.). Edited by Reginald Stuart Poole, LL. D., Keeper of Coins and Medals, Correspondent of the Institute of France. London: Printed by Order of the Trustees . . . 1892, gr. in-8, pp. lxxi—443. Notice: *T'oung-Pao*, IV, p. 102 par G. Schlegel.

... ... les temps les plus anciens jusqu'au VII* siècle de ... ...

... ...scription proprement dite des monnaies occupe naturel-
... ... plus grande partie du volume, et elle est accompagnée
... ... reproductions. Il y a là la difficulté matérielle de lire
... caractères souvent illisibles et de les transcrire de leur forme
... dans leur forme actuelle; mais ce qui fait la véritable
... ...alité de l'ouvrage, c'est l'introduction qui ne comprend pas
... de 69 pages et qui certainement est ce que l'on a écrit de
plus étendu sur la matière. J'inviterai les spécialistes à étudier particulièrement: 1° la triple chronologie comparée, pp. VIII et seq.,
les dates généralement adoptées, des dates données par les *Annales
du bambou*, trouvées, dit-on, comme on le sait, en 284 ap. J. C.,
dans un tombeau des princes de *Wei*, dans la province du *Ho-nan*
et enfin des dates rectifiées. On concevra l'importance de cette triple
chronologie qui présente pour l'éclipse solaire de la cinquième année
de *Tchoung-Kang*, troisième successeur de *Yu* le Grand, celles de
2155, 1948 et 1904; 2° les dates approximatives des différentes formes de monnaies: monnaie en forme de couteaux; monnaie en forme
de bêche, etc., p. XLIX, les unions monétaires, p. XLVIII, l'article
Tsih-Moh, p. LXII, certains passages relatifs à la fabrication des
monnaies, la métallurgie, p. XXII, etc.»

La publication de la traduction de l'*Y-King* par le Dr. Legge [1])
puis, par M. Philastre [2]), a été la cause de grandes discussions

---

1) The Sacred Books of China. The Texts of Confucianism translated by James Legge. Part. II. The Yi-king. Oxford at the Clarendon Press, 1882, in-9, pp. xxi—448.
 Forme le Vol. XVI des *Sacred Books of the East* . . . edited by F. Max Müller.
— Sacred Books of the East. (*Saturday Review*, June 30, 1883). *Y-king*. (Legge et Terrien de Lacouperie).
— The sacred books of China. Part. II. — The Yi king. Translated by J. Legge, D. D. By Thos. W. Kingsmill. (*China Review*, XI, pp. 86—93).

2) Tchcou Yi: Le Yi: King ou livre des changements de la dynastie des Tcheou traduit pour la première fois en français avec les Commentaires traditionnels complets de

entre les sinologues: le Rév. Joseph Edkins [1]) de Chine et Mgr. C. de Harlez [2]), de Louvain, prenant une part très active dans la lutte; mais on peut dire que c'est Terrien de Lacouperie, qui avait commencé la lutte. A-t-il eu raison contre l'ancienne interprétation de cet obscur classique? après quelques essais préliminaires, il avait donné un premier volume; je ne sais si l'antique édifice s'est écroulé (le Dr. Legge est un vigoureux champion); mais en tous les cas, il n'a pas été reconstruit [3]).

T'shèng Tsé et de Tchouhi et des extraits des principaux commentateurs par P.-L.-F. Philastre. Première partie. (*Annales du Musée Guimet*, VIII, Paris, Ernest Leroux, 1985).
— Deuxième partie. (*Ibid.*, XXIII, Paris, Ernest Leroux, 1893). 2 vol. in-4.

1) The Yi king of the Chinese, as a Book of Divination and Philosophy. By the Rev. Dr. Edkins, M. R. A. S. (*Journ. R. As Soc.*, N. S. Vol. XVI, Art. XVII, July, 1884, pp. 360—380).
— The Yi king, with Notes on the 64 Kwa. By Dr. Edkins. (*China Review*, XII, pp. 77—88, 412—432).
— The Yi king and its appendices. By Joseph Edkins. (*China Review*, XIV, pp. 303—322).

2) Le texte originaire du Yih-king, sa nature et son interprétation, par M. C. de Harlez. (*Journ. Asiat.*, VIIIe sér., IX, Avr.-Mai-Juin 1887, pp. 424—456).
— Le texte originaire du Yih-king, sa nature et son interprétation, par M. C. de Harlez. — Extrait du Journal Asiatique. — Paris. Imprimerie Nationale. M DCCC LXXXVII, br. in-8, pp. 35.
— Le Yih-king. Texte primitif rétabli, traduit et commenté par Ch. de Harlez, Membre de l'Académie royale de Belgique. Bruxelles, F. Hayez, 1889, in-4, pp. 154 + 1 f. n. c. p. l. table.
Ext. du t. XLVII des *Mém. de l'Ac. roy. des Sciences, des lettres et des beaux-arts de Belgique*. — 1869.
— Le Yi-king. Sa nature et son interprétation. Par M. C. de Harlez. (*Journ. Asiat.*, VIIIe sér., XVII, Janv.-Févr. 1891, pp. 164—170).
— L'Yi-king. Suo carattere originario e sua interpretazione. (C. de Harlez). (*Giornale della Società Asiatica italiana*, Vol V, 1891, pp. 183—191).
— Le Yi-king au VIIe siècle avant J.-C. I. (Le *Tchien-tsiu* et le *Tso-tchuen.*). — II. (Le Yi-king d'après le *Lün-yü*). Par C. de Harlez. (*Jour. Asiat.*, IXe sér., 1, Janv.-Fév. 1893, pp 103—171.

3) The Yh-king. By A. Terrien de Lacouperie. (*Athenaeum*, 21st Jan., 9th and 30th Sept. 1882.)
— On the History of the Archaic Chinese Writing and Texts. (Extracted from "The Oldest Book of the Chinese and its Authors" in the Journal of the Royal Asiatic Society, Vol. XIV. Pt. IV, pp. 798—806.) By Terrien de Lacouperie, M. R. A. S. London: 1882, br. in-8, pp. 11.

... la vie entière de Terrien eut pour objet de rattacher ... la Chine à celle de l'Asie antérieure et en parti... ... et de l'Elam. Parmi ceux qui adoptèrent ses ... ... de chaleur il faut compter Mr. St. Chad Boscawen ¹). ... prouver sa thèse, il a accumulé faits sur faits dans une ... études dont on trouvera la liste ci-contre qui ont paru pour ... dans le *Babylonian and Oriental Record* qu'il avait fondé ... ²). Ces articles avec quelques chapitres complémentaires et

— The Oldest Book of the Chinese (the Yh-king) and its Authors. By Terrien de Lacouperie, M. R. A. S. (*Journ. R. As. Soc.* N. S. Vol. XIV, Art. XXVI, October 1882, pp. 781—815) (*Ibid*, Vol. XV, Art. IX, April 1883, pp. 237—289)
Errata: *Ibid.*, Vol. XV, October 1883, pp. 493—494.
— M. Terrien de Lacouperie as a Sinologist. By E. H. Parker. (*China Review*, XIII, pp. 301—308.)
— *The Oldest Book of the Chinese*, The Yh-king and its authors. By A. Terrien de Lacouperie. Vol. I *History and Method*. London, D. Nutt, 1892, in-8, pp. xxvii-121.
Notice: *Bab. & Or. Record*, VI, May, 1893, pp. 263—264, rep. from the *Lond. & China Telegraph*, by E. E. Douglas.

1) The Elamite Origin of Chinese Civilisation. (*Babylonian & Oriental Record*, Sept. 1893, p. 17). — Shennung and Sargon (*Ibid*, Aug. 1888, pp. 208—210).

2) Early History of the Chinese Civilisation. A Lecture by Terrien de Lacouperie, M. R. A. S., de la Société Asiatique de Paris, &c. &c. — With plate. — London: E. Vaton, 1880, br. in-12, pp. 35.

"With the exception of the last few pages, the following paper appeared in the *Journal of the Society of Arts* for July 16th, 1880," (sous le titre de *China and the Chinese, their early history*, &c.)

— Babylonian and Old Chinese Measures. By A. Terrien de Lacouperie. (*Academy*, 10th Oct., 1885.)
— Babylonia and China. By Terrien de Lacouperie. (*The Academy*, Aug 7, 1886. — N°. 744, pp. 91—93.)
— The Shifting of the Cardinal Points, as an illustration of the Chaldaeo-Babylonian Culture, borrowed by the early Chinese. By A. Terrien de Lacouperie. (Abstr. *Academy*, 12th May 1883.)
— The Shifted cardinal points. From Elam to early China. By Terrien de Lacouperie. (*Babylonian and Oriental Record*, II, N°. 2, Jan. 1888, pp. 25—32).
— Babylonia and China I. Western origin of the early chinese civilization By T. de Lacouperie. (*Ibid*, I, N°. 8, June, 1887, pp. 113—115.)
Figure à part, petite in-4, pp. 4, s. d.
— Origin from Babylonia and Elam of the early chinese civilisation. A summary of the proofs. By Terrien de Lacouperie. (*Babylonian and Oriental Record*, III, N°. 3, Feb, 1889, pp. 63—69; III, N°. 4, March, 1889, pp. 73—91; III, N°. 5, April 1889, pp.

un index venaient d'être réunis par lui en un volume [1]) lorsque la

---

97—110; III, N°. 6, May, 1889, pp. 129—141; III, N°. 7, June, 1889, pp. 150—164; III, N°. 8, July, 1889, pp. 185—192; III, N°. 10, Sept. 1889, pp. 217—223.)
    Tirage à part in-8, pp. 27.
— From ancient Chaldea and Elam to early China: an historical loan of culture. By Terrien de Lacouperie. (*Ibid.*, V, N°. 2, Feb, 1891, pp. 32-44; *ibid.*, N°. 3, March, 1891, pp. 63—70; *ibid.*, N°. 4, April, 1891, pp. 79—86.)
— Traditions of Babylonia in early Chinese documents. By Terrien de Lacouperie. [From the *Academy*, Nov. 17, 1883] Pièce in-12.
— The Chinese Mythical king and the Babylonian canon. By Terrien de Lacouperie. [*The Academy*, 1883.] Pièce in-12.
— The old Babylonian Characters and their Chinese Derivates, by Dr. Terrien de Lacouperie Professor of Indo-Chinese Philology, University College, London. London: The Babylonian and Oriental Record. David Nutt; Trübner & Co. — Paris, Ernest Leroux. — March, 1888, br. in-8, pp. 27.
    Ext. du *Bab. & Or. Rec.*, II, 4, pp. 73 et seq.
— The Old Babylonian Characters and their Chinese Derivates. By A. H. Sayce. (*Nature*, June 7, 1888. — *Bab. & Or. Record*, II, 9, pp. 218—220.)
— The fabulous fishmen of early Babylonia in Ancient Chinese Legends. By Prof. Dr. Terrien de Lacouperie. — September, 1888. London: *Babylonian & Oriental Record*; D. Nutt. — Paris: Ernest Leroux, br. in-8, pp. 6.
— Wheat Carried from Mesopotamia to Early China. By Prof. Dr. Terrien de Lacouperie. July, 1888. London: *Babylonian & Oriental Record*; D. Nutt. — Paris: Ernest Leroux, br. in-8, pp. 9.
— Lettre d'Alph. de Candolle, *Ibid.*, Oct. 1888, p. 266.
— Chips of Babylonian and Chinese Palæography. By Terrien de Lacouperie. (*Babylonian & Oriental Record*, II, N°. 11, Oct. 1888, pp. 257—263.)
    Tirage à part, br. in-8, pp. 7.
— The Deluge-Tradition and its remains in ancient China. By Terrien de Lacouperie. (*Babylonian & Oriental Record*, IV, N°. 1, Dec., 1889, pp 15—24; IV, N°. 3, Feb., 1890, pp. 42—56; IV, N°. 4, Mar., 1890, pp 79—88; IV, N°. 5, April, 1890, pp. 102—111.)
— The Tree of Life and the Calendar Plant of Babylonia & China. — By Prof. Dr. Terrien de Lacouperie. — June, 1888. — London: *Babylonian & Oriental Record*; David Nutt. — Paris: Ernest Leroux, br. in-8, pp. 11.
— The Calendar Plant of China, the Cosmic Tree and the Date-palm of Babylonia. By Terrien de Lacouperie. (*Babylonian & Oriental Record*, IV, N°. 10, Sept. 1890, pp 217—231, N°. 11, Oct. 1890, pp. 246—251.)
    Tirage à part, London, D. Nutt, 1890, br. in-8, pp. 22.
1) Western origin of the Early Chinese Civilisation from 2,300 B. C. to 200 A. D. Or, Chapters on the Elements derived from the old civilisations of West Asia in the formation of the ancient chinese culture. By Terrien de Lacouperie. London: Asher & Co., 1894, gr. in-8.

mort est venu le surprendre. Il est le résultat de quinze années
de recherches et d'efforts incessants; il marque une véritable date
dans les études chinoises et je crois utile de reproduire ici un extrait de l'Introduction, p. XIII:

«I candidly confess that when the present book was begun
(writing and printing in 1889), I did not know what its conclusions would be. My object was simply (1) a résumé of a certain
number of previous articles, monographs, and even books in which
I had studied separate points of Chinese archaeology, whose western
origin from the Chaldeo-Elamite civilisation had come out clearly
to me and to many of my readers; and (2) a continuance of the
enquiry into such other sources as had subsequently contributed to
the formation of Chinese culture. But during the five years of
continuous research which have elapsed since then, I have found
gradually that a few of the western elements enumerated in the
first lists (pp. 9—27) had been pushed up too early on insufficient
grounds, while a large number of others had been overlooked.

— The Black Heads of Babylonia and Ancient China. (*Bab. & Orient. Record*, Nov. 1891, pp. 233—246). — Tapered Heads in Anterior Asia and Early China. (*Ibid.*, March 1893, pp. 193—196). — Centaurs and Hippocentaurs of Western and Eastern Asia. (*Ibid.*, Jan. 1893, pp. 157—168). — Earliest Horse-Riding in Western and Eastern Asia. (*Ibid.*, March 1893, pp. 199—202). — On the Buddha's hand Citron of China. (*Ibid.*, 1893, pp. 202—203). — The Pomegranate from Parthia to China, 116 B.C. (*Ibid.*, April (1893, pp. 239—240). — On Hemp from Central Asia to Ancient China, 1700 B.C. *Ibid.*, May 1893, pp. 247—253). — On quinces from Media to Ancient China, 660 B.C. (*Ibid.*, June 1893, pp. 265—271). — On Yakut precious stones from Oman to North China, 400 B.C. (*Ibid.*, June 1893, pp. 271—274). — Chaldaean and Egyptian trees on Chinese Sculptures of 147 A.D. (*Ibid.*, June 1893, pp. 283—297). — The Indian Jack fruit in China. (*Ibid.*, April 1894, pp. 169—172). — On Antique and sacred Bronze Drums of Non-China. (*Ibid.*, May 1894, pp. 193—204; June, p. 217).

— Première introduction de la civilisation occidentale en Chine (vers 2293 av. n. è.) d'après les légendes et les traditions. (*Muséon*, 1893, Vol. XII, pp. 36—59).

— The Loan of Chaldeo-Elamite Culture to Early China. London, Nutt, 1892, in-8, pp. 32.

These faults have been successively corrected by cross references as the work advanced towards its completion and specially in the chapter of Additions and Emendations (pp. 338—372). Pages 2—258 are reprinted from *The Babylonian and Oriental Record*, 1889—1894. The two most important disclosures in the interval have been the ascertained journey of Muh-wang in 986 B. C., and the arrival of Erythraean sea-traders on the coasts of China as early as the VII[th.] century.

«One side only, limited to ancient times, of the history of Civilisation in China, is studied in the present work. The complete history forms a much larger one, on which I am now engaged.

«This volume has been written and produced in most unusual difficulties of a material nature, and requires every possible indulgence from the reader, who is invited to read first the pp. 313—327 before proceeding with any other part».

J'indique aussi ce que l'auteur marquait comme les résultats acquis, *l. c.*, p. 396:

«The conclusion of the present work is that some 370 items of civilisation have been introduced in China from Anterior Asia and also W. India during the twenty-five centuries covered by the investigations it contains or summarizes. About 2282 B. C. some 175 of these were imported by the Bak Sings themselves, including more than 160 derived from the Chaldeo-Elamite civilisation, such as it was at that time neither before nor afterwards. During the *Hia* and *Shang* dynasties only twenty-five appear to have been introduced from western and central Asia. The *Tchou* themselves introduced about twenty-five, mostly Baktrian and Khorasmian. The traders of the Erythraean Sea, who began to arrive on the Chinese coasts in the seventh century, introduced sixty-six items, of Assyrian 12, Indo-Persian 7, Mazdæan 4, Indo-Assyrian 14, Indian 16, and mixed 13, sources successively, and in homogeneous groups, while 6 came direct inland from India, all before the Empire. During the four centuries of the *Ts'in* and *Han* dynasties about 70 items were introduced, viz.: 10 Greek, 24 from Parthia, 22 from India and Burma, and 16 by the traders of the Indian Ocean. All these elements of western culture, with a limited contribution of the Pre-Chinese, form with the own adaptation, progress, and evolution of China, the real bases of the Chinese civilisation».

J'ai déjà eu l'occasion (*Revue critique*, 17—24 juillet 1893) de dire de Terrien de Lacouperie qu'il était un travailleur ardent, aux idées ingénieuses, peut-être parfois paradoxales, — j'avoue que, lorsqu'il s'agit de relier l'Assyrie à la Chine, je suis entièrement incompétent — mais il ne reste pas moins un des chercheurs les plus originaux, sinon le plus original, de l'école sinologique actuelle, et il a cet immense mérite d'avoir remué une quantité d'idées nouvelles, et accumulé nombre de renseignements et de matériaux qui peuvent être consultés avec profit. La faiblesse de sa méthode est d'avoir essayé de ramener à une théorie préconçue tous les faits qu'il trouvait, au lieu de déduire logiquement de ses découvertes les conclusions qui s'imposaient naturellement. Mais sans accepter toutes ses hypothèses, il y a dans les documents qu'il a rassemblés, une moisson assez ample à faire — dans les idées qu'il a remuées ou émises, un choix assez grand de choses justes, pour que l'œuvre soit durable.

CHARLES RUDY a été enlevé en quelques jours (1893) par une congestion pulmonaire. Citoyen américain, d'origine suisse, il avait fondé à Paris, rue Royale, un institut polyglotte pour l'enseignement pratique des langues vivantes. En 1874, il avait publié dans le *Ban-zai-sau* de Turrettini, à Genève, *A new Method of learning to read, write and speak a language by H. G. Ollendorff, Ph. Dr., adapted to the Chinese Mandarin Language.*

M. ANATOLE ADRIEN BILLEQUIN est mort à 56 ans en son domicile de la rue de Verneuil, 53, le 31 octobre 1894; il a succombé à une maladie de cœur qui le faisait souffrir depuis plusieurs semaines au moment où il se préparait à quitter Paris pour rejoindre son poste à Peking. Né à Paris, le 27 Août 1837, après avoir suivi les cours du Collége d'Harcourt (Lycée Saint-Louis), il entra en 1855 comme élève au laboratoire du célèbre chimiste Boussingault; six ans plus tard, il devenait (30 mai 1861) préparateur de Payen à l'École des Arts et Manufactures. En 1866, il accepta la chaire de chimie et d'histoire naturelle au nouveau *Toung-wen kouan* 同文舘 Collége de Peking, en même temps que l'on distribuait les chaires d'astronomie, de français, d'anglais et de chinois au Baron Johannes von Gumpach, à M. E. Lépissier, au Rév. Walter Badham qui fut transféré à Canton, à MM. Kelsch et Ho Shen-yung. Il obtint le plus vif succès dans son enseignement, et mérita d'être choisi par le Principal du collége, le Dr. W. A. P. Martin, pour faire l'intérim de la direction, pendant le voyage que fit ce dernier en Europe eu 1881. En 1877, Billequin envoya à la manufacture de Sèvres une série de mémoires sur les procédés céramiques des Chinois: l'émail blanc, le céladon, rouge et bleu flammé. Billequin traduisit d'abord en Chinois la Chimie de Wurtz, puis les codes français: Code pénal (Peking, 1879, 8 *peun*), Code de Commerce et Code forestier (Peking, s. d. [1879], 8 *peun*), Code d'instruction criminelle (Peking, 1879, 8 *peun*), Code civil (Peking, 1882, 22 *peun*). — Il avait donné auparavant (1874) une méthode pour étudier la chimie 化學指南 *Hoa-hio Tche-nan* (Peking, 1873,

10 *pcun*), et des *Analyses chimiques des eaux de Pékin et ses environs*. Un grand dictionnaire Français-Chinois, fruit de nombreuses années de labeur assidu et d'expérience professionnelle, était venu enfin s'ajouter à la liste considérable des travaux de ce savant distingué [1]). Correspondant de l'École des Langues Orientales (31 Juillet 1874) et du ministère de l'Instruction publique (1875), chevalier de la Légion d'honneur et Officier de l'Instruction publique (1881), mandarin de 4ᵉ classe, Officier du Dragon d'Annam, Chevalier de l'Ordre du Cambodge, Billequin, qui allait repartir pour Peking en avril 1895, était le successeur indiqué du Dr. W. A. P. Martin. C'est un des Français qui ont fait le plus d'honneur à leur pays dans l'Extrême-Orient [2]).

Le nom de M. SERGE MIKAILOVITCH GEORGIEVSKY, professeur extraordinaire de langue mandchoue à la Faculté orientale de l'Université impériale de St. Pétersbourg, qui est mort prématuré-

---

[1] Dictionnaire Français-Chinois contenant tous les mots d'un usage général dans la langue parlée et écrite, les termes techniques et consacrés relatifs: aux sciences, à la religion, à la diplomatie, au droit public et intern¹, à l'économie politique, au commerce, à l'industrie, etc. etc. Une synonymie très étendue des termes géographiques concernant les pays ayant en à un degré quelconque, des relations avec la Chine. Un catalogue des noms des contrées et des villes les plus importantes des deux mondes avec exemples choisis dans les meilleurs auteurs et propres à fixer et faire connaître la valeur des caractères et leurs règles de position, la construction des phrases, les idiotismes, les proverbes, etc. etc., par A. Billequin, professeur de Chimie et d'Histoire naturelle au Collège Impérial de Péking; .... Péking, Typographie du Pei-T'ang [et] Paris, E. Leroux, 1891, gr. in-4 à 2 col.

[2] M. Billequin a laissé en manuscrit un certain nombre de travaux intéressants: 1) Essai sur l'État des Sciences en Chine, comprenant la géographie, la géologie, la minéralogie, la physique et la chimie, la pharmacie, la médecine, la chirurgie, l'art vétérinaire, la médecine légale, l'histoire naturelle. — 2) Essai sur l'agriculture des Chinois, comprenant Engrais — Main d'oeuvre — Impôts, etc, etc. — 3) Essai sur la porcelaine de Corée traduit du *Ting tche tcheng Tao Lou*. — 4) Comptes-rendus sur certaines pièces du Théâtre chinois: *La Revenante*, *le Pavillon de la Pivoine*, *le Pavillon d'Occident*, *l'Epingle des fiançailles*, *le Ressentiment de To Ngu*, traduit par Bazin — 5) Le Roman des deux Phénix, resté inachevé. — 6) Annexe au Dictionnaire Français-Chinois, (partie géographique, restée inachevée).

ment l'année dernière (1893) à Metz, clot ce nécrologe déjà si long des sinologues proprements dits ¹). Malgré la désignation de son cours, le prof. Georgievsky s'est particulièrement occupé de la langue chinoise.

A ces noms nous devons cependant ajouter ceux des savants qui ont cultivé la langue chinoise dans l'Annam, et là nous avons fait une perte irréparable en la personne de Landes.

CHARLES CÉLESTIN ANTONY LANDES est né le 29 Sept. 1850 à St. Laurent les Tours, canton de St. Céré (Lot); élève-staginire, 6 nov. 1874; administrateur de 3ᵉ classe, 1ᵉʳ juin 1876; de 2ᵉ classe, 22 sept. 1878; maintenu à la 2ᵉ classe, lors de la réorganisation, 1ᵉʳ mai 1882; 1ᵉʳᵉ classe, 1ᵉʳ janv. 1886. Nommé Résident de 1ᵉʳᵉ classe au Tongking, le 12 janv. 1892, il avait fait les fonctions de maire de Ha-nọï; il était au moment où la mort l'a surpris, chef du cabinet du Gouverneur-Général. M. Landes fait partie du groupe

---

1) Первый періодъ китайской исторіи (до императора Цинъпн-хуань-ди). Спб. лит. по способу М. Алисова, печ. А. Григорьева, 1885, in-8. pp. 322. (Première période de l'histoire chinoise jusqu'à l'empereur T'sin Chi Hoang-ti).

Древнѣйшія монеты китайцевъ. (Записки... Русскаго Археологическаго общества... В. Р. Розена..., I, IV, St. Pétersbourg, 1887, pp. 263—272, 10 pl. + pp. 309—310. (Les anciennes monnaies chinoises).

О Корневомъ Составѣ китайскаго языка, въ связи съ вопросомъ о происхожденіи китайцевъ — St. Pétersbourg, 1888, grand in-8. — Анализъ іероглифической письменности китайцевъ, какъ отражающей въ себѣ исторію жизни древняго китайскаго народа. — St.-Pétersbourg, 1888, in-8. (Analyse des radicaux de la langue chinoise par rapport à la question de l'origine des Chinois). — Analyse des hiéroglyphes chinois comme représentant l'histoire des anciens Chinois).

Принципы жизни Китая. — St.-Pétersbourg, 1888, in-8. (Principes de la vie de la Chine).

Важность изученія Китая. — St.-Pétersbourg, 1890, in-8. (L'importance de l'étude de la Chine).

Un des élèves de M. Georgievsky, M. Dimitri Pozdniev, qui lui a consacré une notice nécrologique dans le no. de janvier 1894 du *Journal of the R. Asiatic Society*, cite encore; «Le Comte J. Tolstoï» et les «Principes de la vie de Chine». — «Les croyances mythologiques des Chinois». St.-Pétersbourg, 1893.

intéressant d'agents, tels que Janneau, Philastre, Luro, Silvestre, Aymonier, qui ont consacré à des études scientifiques sérieuses le peu de temps que leur laissaient des affaires souvent délicates à conduire. Il était l'âme du recueil *Excursions et Reconnaissances* qui disparait avec lui [1]).

Louis Gabriel Galdéric Aubaret, marin et orientaliste français, né à Montpellier le 27 Mai 1825, est mort à Poitiers au mois d'Août 1894. Nous n'avons à parler de ce haut fonctionnaire, qui a terminé sa carrière comme délégué de la Dette publique ottomane, que pour ses études faites sur l'Annam lorsqu'il fut envoyé dans

---

1) Renseignements sur la prostitution et le commerce d'enfants à Cholon. (*Excursions et Reconnaissances*, 1880, II, pp. 145—146.)

— La commune annamite. (*Journal officiel de la Cochinchine*, 1880, pp. 446—451, 450—469; réimp. *Exc. et Rec*, II, 1880, pp. 213—242.)

— Note sur les moeurs et les superstitions populaires des Annamites. (*Exc. et Re*, II, p. 447—464; III, pp. 137—149, 351—370; VI, pp. 267—279; tirage à part, Saigon, 1880, in-8, pp. 66.)

— Funérailles. (*Exc. et Rec.*, V, 1882, pp. 250—269; tirage à part, Paris, Leroux, in-8, pp. 22.)

— Mariage. (*Exc. et Rec.*, V, 1883; tirage à part, Paris, Leroux, in-8, pp. 16.)

— *Nhi do mai* — Les Pruniers refleuris. Poème tonquinois transcrit par M. Phan-dú'c-hóa, Lettré de la municipalité de Cholon. Traduit et accompagné de notes par A. Landes, administrateur des affaires étrangères. Saigon, Imp. du Gouvernement, 1884, in-8, pp. 95, XII, 156. — Ext. des *Exc. et Rec.*, Nos. 17 et 18, 1884. — Cf. la traduction chinoise faite par Piry, de *Êrh tou-mei*, 二度梅, Paris, 1880, 2 vol. in-12.

— Contes et légendes annamites. (*Exc. et Rec.*, VIII, pp. 297—314; IX, 131—155, 359—413; X, 39—91; XI, 108—160, 229—322.)

— *Tran Bô'*. — Comédie annamite transcrite par Phan-dú'c-hóa, Lettré au Collége des Interprètes, traduite et annotée par A. Landes, administrateur des affaires indigènes. Saigon, Imp. coloniale, 1887, in-8, pp. 54 + 46 ff. chinois.

— Contes tjames. (*Exc. et Rec.*, XIII, 1887, pp. 51—131.)

— Note sur le *quoc ngu*. (Bul. Soc. Etudes Indo-Chinoises, Saigon, 1er sem. 1886, pp 5—22.)

Il y a quelques années, Landes m'avait adressé la bibliographie suivante, suite de celle de Barbié du Bocage, comme acontributions à ma *Bibliotheca Indo-Sinica* en préparation:

— Bibliographie de l'Indo-Chine orientale depuis 1880 par A. Landes, Résident-Maire d'Hanoi, et A. Folliot, Professeur. Saigon, Rey & Curiol, 1889, br. in-8, pp. 37.

ce pays comme inspecteur des affaires indigènes auprès des amiraux gouverneurs-généraux [1]).

Le comte de KERGARADEC, consul général de France à Moscou, est mort subitement le 2 Octobre à Berlin où il était de passage. Ancien élève de l'école navale, le comte de Kergaradec était parvenu rapidement au grade de capitaine de frégate. Successivement chargé, en 1875, du consulat de France à Hanoï, administrateur principal des affaires indigènes, envoyé en mission à Hué, il était entré définitivement dans la carrière consulaire en 1883, comme consul de 1re classe et commissaire du gouvernement à Bangkok, puis maintenu dans cette résidence comme consul général et chargé d'affaires. Appelé en 1891 au consulat général de France à Moscou, M. de Kergaradec avait su s'y faire apprécier, aussi bien des autorités locales que des nombreux Français que l'Exposition avait amenés dans cette ville. Le défunt, qui était un des agents les plus distingués du personnel consulaire, sera vivement regretté de ses chefs et de ses collègues. Il était officier de la Légion d'honneur depuis 1877 [1]).

---

1) Vocabulaire Français-Annamite et Annamite-Français, précédé d'un traité des particules annamites rédigé par les soins de M. G. Aubaret, lieutenant de vaisseau et imprimé par ordre de M. le vice-amiral Charner. Bangkok, Imp. de la Mission catholique, 1861, in-8.
— *Gia-dinh Thung-Chi*. — Histoire et description de la basse Cochinchine (pays de Gia-Dinh), traduites pour la première fois, d'après le texte chinois original, par G. Aubaret, publiées par ordre de S. Exc. le marquis de Chasseloup-Laubat, ministre de la marine et des colonies. Paris, imp. impér. 1863, gr. in-8.
— *Hoang-viêt luât-lê*. Code Annamite. — Lois et règlements du royaume d'Annam, traduits du texte chinois original, par G. Aubaret, publiés par ordre de S. Exc. le marquis de Chasseloup-Laubat, ministre de la marine et des colonies. Paris, impr. impér., 1865, 2 vol. gr. in-8.
Philastre a donné une nouvelle traduction de ce code.
2) Le commerce du Yun-nam par la voie du Fleuve Rouge. (*Exc. et Rec.*, I, 1880, pp. 349—360.)
— Rapport sur le commerce du port d'Haï-phong pendant l'année 1880. (*Exc. et Rec.*, III, pp. 261—276; tirage à part, Saigon, 1881, in-8, pp. 18.)

Nous avons encore à citer à des titres divers la mort du voyageur russe Karl von Ditmar, 1892; de Charles Louis Varat, voyageur en Corée († 22 avril 1893); de Tchong-Heou, ancien ambassadeur de Chine en Europe (né 1824, † avril 1893); de Coenraad Leemans, ancien directeur du Musée d'Antiquités des Pays-Bas à Leide (né 1809, † 14 oct. 1893); d'Eugène Joubert, ancien compagnon de Francis Garnier dans l'expédition du Mé-Kong (1893); du général Sir Alexander Cunningham (né 23 janv. 1814, † 28 novembre 1893); du Professeur David August Brauns (2 déc. 1893); du voyageur autrichien Gustav von Kreitner (21 nov. 1893); du voyageur et naturaliste russe Alexander Theodor von Middendorff († 28 janv. 1894); de l'explorateur du fleuve Amour, Peter Leopold von Schrenck, né 24 avril / 6 Mai 1826, † 1894; de Philippe Edouard Foucaux, professeur de sanscrit au Collège de France, né le 15 sept. 1811, † 19 mai 1894; de Paul Ambroise Bigandet, vicaire apostolique de la Birmanie méridionale, né en 1813, † à Rangoon le 19 mars 1894; de l'orientaliste anglais Brian Houghton Hodgson, né 1ᵉʳ fév. 1800, † 23 mai 1894; du bibliographe russe Mejov [1]) † en 1894; de Jules Léon Dutreuil de

---

— Deux lettres sur le Tonkin (*Congrès national des Sociétés françaises de géographie*, Lyon, 1857, pp. 44—49.)
— Le commerce du port d'Hai-phong. (*Ibid.*, pp. 292—306.)
— Notes de voyages de Ha-noi à Bac-ninh et à Thai Nguyên. (*Exc. et Rec.*, IV, 1881, pp. 81—98.)
— Note sur les incrustations du Tonkin. (*Exc. et Rec.*, VI, 1881, pp. 280—286.)
— Rapport sur la reconnaissance du fleuve du Tonkin. Par de Kergaradec, Consul de France à Hanoï. (*Rev. maritime et coloniale*, 1877, Vol. 54, pp. 321—352; Vol. 55, pp. 20—42.)

1) Библіографія Азіи. — Указатель книгъ и статей объ Азіи на русскомъ языкѣ и о,ннѣхъ только книгъ на иностранныхъ языкахъ, касающихся отношеній россіи къ азіатскимъ государствамъ. Составилъ Б. Н. Межовъ. С.-Петербургъ. 1891. — Т. II, 1892. — 2 vol. in-8.
  I. — L'Orient en général. La Chine, la Mandchourie, la Mongolie, la Byoungarie, la Corée, le Thibet, le Japon, l'Inde, la Perse, le Béloutchistan, la Turquie, l'Arabie, l'Afghanistan, l'Asie centrale.

Rhins¹), voyageur dans l'Asie centrale (né à Roche-Morlière, près St. Etienne, le 2 janv. 1846, assassiné dans le Kan-sou le 5 juin 1894.

CHINE et HONGKONG.

La **China Branch** *of the Royal Asiatic Society* continue avec un succès qui ne se ralentit pas la publication de son *Journal* ²). Depuis notre dernier rapport, elle a publié un mémoire de premier ordre: le *Botanicon Sinicum* du Dr. E. BRETSCHNEIDER.

«Il ne s'agit pas, disais-je dans la *Revue critique* du 17—24 juillet 1893, comme le titre pourrait le faire supposer, d'un ouvrage de botanique pure. Ce n'est pas un livre comme les beaux travaux

---

1) L'Asie centrale (Thibet et régions limitrophes). — Texte et atlas par J.-L. Dutreuil de Rhins. — Ouvrage publié sous les auspices du ministère de l'instruction publique et des beaux-arts (Comité des Travaux historiques et scientifiques, section de Géographie historique et descriptive). — Paris, Ernest Leroux, 1889, in-4, pp. xvi-620 et gr. atlas.

2) Journal of the China Branch of the Royal Asiatic Society 1890—91. New Series, Vol. XXV, N°. 1. — Issued at Shanghai: February 1892, in-8, pp. 468.

    Contents.
— BOTANICON SINICUM. Notes on Chinese Botany, from Native and Western Sources. By E. Bretschneider, M. D. pp. 1-468.

— 1890—91. New Series, Vol. XXV, N°. 2. — Issued at Shanghai: January 1893, in-8, pp. 469 à 509.

    Contents.
— Proceedings. pp. 469—500.
— List of Members. pp. 501—509.

— 1891—92. New Series, Vol. XXVI, N°. 1. — Issued at Shanghai: December 1893, in-8, pp. 128.

    Contents.
— 1. — The Fish-skin Tartars. By M. F. A. Fraser. pp. 1—43.
— 2. — A Comparative Table of the ancient Lunar Asterisms. By T. W. Kingsmill. pp. 44—79.
— 3. — Wei-ch'i. By Z. Volpicelli. pp. 80—107.
— 4. — Militant Spirit of the Buddhist Clergy in China. By J. J. M. de Groot. Ph. D. pp 108—120.
— 5. — Notes and Queries. pp. 121—128.

— 1891—92. New Series, Vol. XXVI, N°. 2. — Issued at Shanghai: December 1893, in-8, pp. 129 à 297.

    Contents.
— Proceedings. pp. 129—236.
— List of Members. pp. 237—245.
— Classified Index to the articles printed in the Journal. pp. 246—297.

— 1891—92. New Series, Vol. XXVI, N°. 3. — Issued at Shanghai: August 1894, in-8, pp XVIII—281—ii.

— Catalogue of the Library of the China Branch of the Royal Asiatic Society (including the Library of Alex. Wylie, Esq.) systematically classed. — Third edition. — Shanghai: Printed by Kelly and Walsh Limited. — 1894. [Price $ 3.00].

de M. A. Franchet, du Muséum d'Histoire naturelle, les *Plantae Davidianae* et *Plantae Delavayanae*, dans lesquels sont décrites les plantes récoltées dans l'Empire du Milieu par de laborieux missionnaires, tels que le savant lazariste l'abbé Armand David et l'abbé Delavay, de la Société des Missions étrangères de Paris. C'est en réalité la description des plantes qui se trouvent dans les Classiques chinois et spécialement dans le *Eul-ya*. Le *Eul-ya* est compté dans les Classiques chinois de second ordre, c'est-à-dire avec les *Se-chou*, les Rituels et le *Hiao King*. C'est un dictionnaire d'expressions employées dans les livres classiques et les ouvrages contemporains, et qui est attribué à Tse-hia, disciple de Confucius, né en 507 avant l'ère chrétienne. Un savant du III⁰ siècle de notre ère, Kouo-Po, lui a donné sa forme actuelle. Il y a donc dans le travail du Dr. Bretschneider non seulement intérêt pour le botaniste, mais aussi pour l'érudit. C'est une étude complémentaire aux Classiques chinois faite au point de vue botanique. Les Anglais, et en particulier les missionnaires protestants, sont très friands de ce genre de livres: je n'ai pas à rappeler ici les différentes Flores et Faunes de la Bible, publiées à différents intervalles: tous les exégètes les connaissent.

«Le Dr. Bretschneider ajoute à la science d'un médecin-botaniste la connaissance d'une langue qu'il a apprise à la légation de Russie à Péking avec les conseils de son ami — qui fut le nôtre aussi — le chef de la mission ecclésiastique, l'archimandrite Palladius. La première partie de son ouvrage, paruo en 1882, donnait des renseignements sur la littérature chinoise, au point de vue médical et botanique, une histoire de la médecine et de la botanique au Japon, des renseignements sur la connaissance de la botanique chez les Coréens, les Mandchous, les Mongols et les Tibétains, ainsi que la détermination scientifique des plantes au point de vue chinois. Dans cette seconde partie, publiée, en février 1892, par la China

Branch of the Royal Asiatic Society à Chang-haï, le premier chapitre est consacré aux plantes de l'*Eul-ya* et le second aux plantes du *Chi-King*, du *Li-ki*, du *Chou-King* et du *Tcheou-li*, le tout accompagné de remarques du Dr. Ernst Faber dont on connait les travaux sur Confucius et les philosophes Li-tseu, Tchouang-tsou, etc. Nous avons là les noms en chinois des plantes, avec les caractères et leur transcription latine. C'est de la plus haute importance. Nous retrouvons dans ce livre, auquel j'appliquerai volontiers l'épithète anglais de *thorough*, les grandes qualités d'exactitude et d'érudition que le Dr. Bretschneider a apportées dans ses *Mediaeval Researches from Eastern Asiatic Sources*, et dans ses *Recherches archéologiques sur Péking*. Le Dr. Bretschneider nous avait déjà donné en 1881 les *Early European Researches into the Flora of China*. Le présent ouvrage aura un troisième volume, qui, m'écrit l'auteur, s'appellera: *Botanical Investigations into the Materia Medica of the Ancient Chinese*. Tout ceci représente une science et un travail énormes».

J'ai éprouvé, je dois l'avouer, une singulière émotion, en voyant paraître une troisième édition du Catalogue de la Bibliothèque de la Société Asiatique de Chang-haï. Elle m'a rappelé les jours lointains — c'était en 1870 — où je déménageais les livres de la Bibliothèque des Commercial Bank-Buildings dans la Nanking-Road pour les transférer dans le nouveau local de Gnaomen Road. Un terrain avait été donné gratuitement par le gouvernement britannique en 1868, derrière la prison consulaire anglaise; et c'est en mendiant, sou à sou, parmi les résidents étrangers, que Francis Blackwell Forbes et moi pûmes réunir les 2,700 taëls qui permirent à Thomas W. Kingsmill de construire, sans réclamer d'honoraires, le bâtiment actuel [1]). Je dressai immédiatement le catalogue

---

1) Cf. ma notice signée OLD MORTALITY dans *The North-China Herald*, Oct. 30, 1873.

raisonné qui parut en 1872. Une seconde édition moins somptueuse, parut en 1881; cette troisième édition est due à mon ancien collègue, aujourd'hui mon successeur comme bibliothécaire, Joseph Haas, Consul-général d'Autriche-Hongrie; je lui sais grand gré d'avoir conservé mon ancienne classification. La bibliothèque a beaucoup augmenté depuis mon époque: mon catalogue ne renfermait que 826 numéros, celui de Haas en a 1325, sans compter les cartes et les livres chinois: c'est encore trop peu et je me fais volontiers ici mon propre écho et celui de M. Haas en demandant que les dons soient plus nombreux. Il faut avoir vécu dans ces pays éloignés pour comprendre la nécessité d'une bonne bibliothèque européenne et pour avoir une idée de l'importance des services qu'elle peut rendre.

Parmi les autres collaborateurs, je citerai M. Z. Volpicelli, qui a fait une étude spéciale des jeux d'échecs chinois [1]).

La **Société orientale** de *Peking* [2]), qui date de 1885, ne peut naturellement pas présenter les états de service de la Société Asiatique de Chang-haï, mais elle fait de très louables efforts, et son recueil gagne de plus en plus d'intérêt; son dernier numéro est même extrêmement intéressant.

---

1) Chinese Chess. By Z. Volpicelli. (*Jour. C. B. R. A. S.*, XXIII, N. S., N°. 4, 1888, pp. 248—284.)
— Wei-ch'i. By Z. Volpicelli. (*Journ. C. B. R. A. S.*, XXVI, N. S., N°. 1, 1891—92, pp. 80—107.

2) Journal of the Peking Oriental Society. — Peking, Pei-t'ang Press.
    Volume II. N°. 4. 1889. — I. On the Poets of China, during the period of the contending States and of the Han Dynasty, by J. Edkins, D. D. — II. Diplomacy in Ancient China, by Dr W. A. P. Martin. — III. The Origin of the Paper Currency (钞 ch'ao) of China, by Shioda Saburo. — IV. Specimens of Ancient Chinese Paper Money, by S. W. Bushell, M. D., pp. 201—318.
    — N°. 5. 1890. — I. On Li T'ai-po, with examples of his poetry, by J. Edkins, D. D. — II. Programme d'histoire de Chine, par L. Verhaeghe de Nayer, pp. 317—396.
    Volume III. N°. 1. 1890. Traité sur les Sacrifices Fong et Chan de Se-ma Tsien par Édouard Chavannes, pp. xxxi-95.
    — N°. 2. 1892. — I. Marco Polo in Cambaluc: a Comparison of foreign and native accounts by W. S. Ament. — II. Ancestral Worship in the Shu king by Rev. H. Blodget D. D. — III. The Chinese Conquest of Songaria by Ch. Denby Jr.
    — N°. 3. 1893. — I. On the population of China by Dr Dudgeon. — Yang-chu the epicurean in his relation to Lieh-tse the pantheist by Dr A. Forke. — III. On two inscriptions obtained in Japan by Dr Martin.

La **China Review** en est à son 21ᵉ volume; elle a donc dépassé en durée l'ancien et célèbre *Chinese Repository* de Bridgman et de Williams. M. E. H. PARKER, après un séjour en Birmanie, dont il nous a laissé le souvenir¹), continue avec de nombreux articles²) et avec un long Mémoire sur les tribus Turko-Scythes, son active collaboration, qui gagnerait peut-être en valeur et en intérêt si les travaux de ce savant étaient moins épars. Le Rév. Dr. Ernst Eitel est toujours sur la brèche, pour donner le fruit de sa grande expérience pendant son long séjour à Hongkong.

Je ne puis que répéter ce que j'ai dit jadis du **Chinese Recorder and Missionary Journal**: il est totalement dépourvu d'intérêt scientifique, et au point de vue même de l'histoire religieuse, il est rédigé avec la plus rare médiocrité. Je ne vois à signaler pendant cette période qu'un mémoire de M. Parker, qui n'a rien d'un missionnaire³). Un Index⁴) des vingt premiers volu-

---

1) Burma with special Reference to her Relations with China by Edward Harper Parker, H. M. Consul, Kiung-chow, officiating Adviser on Chinese Affairs in Burma. — Printed and published at the "Rangoon Gazette" Press. — 1893, in-12, pp. 3, 103.
— A Sketch of Burmese History, By E. H. Parker. (*China Review*, XXI, N°. 1, pp. 40—53).

2) Up the Yang-tse. — By E. H. Parker. — (Reprinted from the 'China Review') — With Sketch Maps. Hongkong, Printed at the 'China Mail' Office. 1891, in-8, pp. 808-vi.
Contents: The Yang-tse Gorges and Rapids in Hu-peh. — The Rapids of the Upper Yang-tse. — A Journey in North Sz-Ch'uan. — Nan-Ch'uan and the Kung-t'an River — Up the Kia-ling River. The Great Salt Wells. — North Kwei Chou. — The Wilds of Hu-peh. — Sz Ch'uan Plants. — Index.

— Chinese Poetry. By E. H. Parker. (*China Review*, XIV, p. 226.)
— Rhymes. By E. H. Parker. (*China Review*, XV, p. 53.)
— Chinese Poetry. By E. H. Parker. (*China Review*, XV, pp. 239—240.)
— A Ballad. By E. H. Parker. (*China Review*, XV, p. 373.)
— Poems of the T'ang Dynasty. By E. H. Parker. (*China Review*, XVI, p. 40.)
— Chinese Poetry, By E. H. Parker. (*China Review*, XVI, p. 162.)

3) A Simplified Account of the Progenitors of the Manchus. (*Chinese Recorder*, Nov. 1893, p. 501.)

4) Index to the Chinese Recorder. Vols. I—XX. — 1867—1889. — By Henry Kingman. Shanghai: American Presbyterian Mission Press. 1893, in-8, 2 ff. prél. n. c. p. l. tit. et 1. préf. + pp. 70.

mes de ce périodique a été rédigé par Henry Kingman, qui, quoiqu'il en dise dans sa préface, aurait pu, sans se donner beaucoup de mal, trouver les noms d'un grand nombre des auteurs qui se sont cachés sous des pseudonymes: dans tous les cas, il eût fort bien fait de donner la liste des différents rédacteurs en chef depuis le Rév. S. L. Baldwin, de Fou-tcheou.

On sait que les Jésuites possèdent deux missions en Chine: celle du *Kiang-nan*, qui relève de la province de France, et celle du Pe Tche-li S. E., qui dépend de la province de Champagne; l'une et l'autre rivalisent de zèle.

La mission du *Kiang-nan* a commencé une collection désignée sous le nom de *Variétés Sinologiques* qui promet de renouer, avec plus d'esprit scientifique, la tradition des fameux *Mémoires concernant les Chinois* du siècle dernier. Cinq numéros sont déjà publiés [1]) et ils ont tous la plus grande valeur; un sixième numéro est sous presse; il contiendra *Tchou-hi, sa doctrine, son influence*, par le P. Stanislas Le Gall, S. J.

Signalons encore, dans cette même mission, une carte du *Tchoun-tsieou* par les P.P. Lorando (焦賓草) et Pé (潘谷聲)[2])

---

1) VARIÉTÉS SINOLOGIQUES N°. 1. — *L'île de Tsong-ming à l'embouchure du Yang-tse-kiang*. — Par le P. Henri Havret, S. J. — Chang-hai, Imprimerie de la Mission catholique à l'orphelinat de T'ou-sè-wè. 1892, in-8, pp. 59 + 1 f. n. c. p. l'index [1] cartes et 7 grav. hors texte].

— — N°. 2. — *La Province de Ngan-hoei* (avec 2 cartes hors texte), par le P. Henri Havret, S. J. — Chang-hai. *Ibid.*, 1893, in-8, 4 ff. prél. n. c. + pp. 130 + 1 f. a. c. p. l. corrigenda.

— — N°. 3. — *Croix et Swastika en Chine*, par le P. Louis Gaillard, S. J. — Chang-hai. *Ibid*, 1893, in-8, pp. III-282 [fig.].

— — N°. 4. — *Le Canal Impérial*. Etude historique et descriptive par le P. Domin. Gandar, S. J. — Chang-hai *Ibid.*, 1894, in-8, pp. II-78, 19 cartes ou plans.

— — N°. 5. — *Pratique des Examens civils en Chine*, par le P. Etienne Siu, S. J. — Changhai. *Ibid.*, 1894, in-8, pp. III-278, pl. grav. et 2 plans hors texte.

2) 春秋地理攷實圖.

et une carte générale de la Chine par le P. Stanislas Chevalier (1894) [1]).

Le Catalogus *Patrum* du P. A. Pfister a été réimprimé [2]) et j'ai profité de cette nouvelle édition pour dire dans la *Revue Critique* du 17—24 Juillet 1893, ma façon de penser sur cette réimpression, et rendre justice au véritable auteur de l'œuvre dont le travail semblait être accaparé par quelqu'un qui n'y avait aucun droit.

«Le R. P. A. Sica signe la préface dans laquelle est loué le P. A. Pfister qui est pour moi le véritable auteur du *Catalogus*. Le P. Sica, de Naples, est arrivé en Chine dès 1846; il a été de septembre 1856 à décembre 1858, supérieur de la mission du Tché-ly et il a même donné un ouvrage intéressant *Annales Domus Zi-ka-wei* S. J., 1884; mais j'ai vu de mes propres yeux le P. Pfister travailler au *Catalogus* de 1873, base de celui-ci, et depuis cette époque c'est au modeste bibliothécaire de *Zi-Ka-wei* (le P. Pfister) que moi, et, je crois aussi, le P. Sommervogel, son ami, nous avons envoyé des notes; je ne comprends donc pas pourquoi on attribue généralement le travail au P. Sica qui ne me paraît avoir été, pour l'édition de 1873, qu'un simple collaborateur: *Un poco più di luce*. Le P. Pfister avait autographié à Changhaï, en 1878 (in-4, pp. 10), un *Catalogus Patrum Sinensium qui in Provincia Kiang-nan ab initio ad hoc usque tempus Evangelium propagarunt*, et il avait réuni, en sept volumes in-4°, les notes bibliographiques et biographiques de tous les jésuites à la Chine; ces notes sont, je pense, encore conservées rue de Sèvres et ont par suite échappé à la destruction de certains de ses papiers qu'il avait remis — étant sur le point de mourir — au P. Havret et qui furent brûlés lors

---

1) 皇朝直省地輿全圖.
2) Catalogus Patrum ac Fratrum S. J. qui a morte S. Francisci Xaverii ad annum MDCCCXCII Evangelio Christo propagando in Sinis adlaboraverunt. Chang-hai, ex typ. Miss. Cath., 1893, in-8, pp. 52—58, s. l. ff. lim.

de la destruction par les Chinois du grand établissement de Ou-hou, en mai 1891.

«Quel que soit l'auteur, ce catalogue a d'ailleurs la plus grande importance; il donne pour chaque missionnaire les dates de la naissance, de l'entrée dans la Compagnie, de l'arrivée dans la mission, de la profession, de la mort, enfin, quand il est connu, le lieu de la sépulture. Il serait à désirer que d'autres ordres, par exemple les Séminaires des Missions étrangères de Paris et de Milan et la congrégation de la Mission (Lazaristes) nous en donnassent autant. Le Catalogue de 1873 renfermait 648 noms de l'ancienne et de la nouvelle mission des Jésuites; le nouveau en contient 456 et 401 soit 857. Je ferai une critique générale au Catalogue: sous la colonne *patria*, au lieu d'indications générales *sinensis*, *lusitanus*, *italus*, *gallus*, etc., j'aurais aimé qu'on précisât la ville, comme on l'a fait pour quelques-uns, par exemple: 3. Ruggieri, Neapolitanus; 4. Pasio, Bononiensis; 5. Ricci, Maceratensis; 11. Cattaneo, Genuensis: sans parler des nouveaux missionnaires dont nous connaissons le berceau, il eut été facile de marquer le lieu de la naissance d'une manière plus précise: des trois Diaz, deux sont nés à Aspalham, et un à Castello Branco; Semedo (36) est de Nizza, Portugal; Furtado (41), de Fayal, Açores; Buglio (73), de Mineo, Sicile; Foutancy (165), dioc. de Léon, est breton comme Visdelou (167), etc. — Les noms ne sont pas toujours exacts; Fouquet (237), le correspondant de Saint-Simon et du Cardinal Gualterio, signait toujours Foucquet; de même que Amiot n'écrivait jamais Amyot (388), voir sa correspondance à la Bibliothèque de l'Institut; Langlès et quelques autres adoptèrent cette orthographe fantaisiste. -- Et les prénoms: 263. *Jos. Fr.* Moyra de Maillac, signe en réalité *Jos. Mar. An.* de Moyria de Mailla (lire Maillac); etc. — Quelques erreurs de dates: Bouvet (163) est mort le 28 non le 29 juin 1730; Semedo (36) ne serait-il pas mort le 6 mai au lieu du 18 juillet 1658; faut-il lire Goes (23), mort à Chao-tcheou, au lieu de Sou-tchéou, du Kan-sou? Koffler (84) est-il mort le 12 décembre 1651, ou le 12 décembre 1660? Je ne parle pas des erreurs d'impression; naturellement Fontaney (165) n'est pas mort en 1610 puisqu'il est né en 1643. Il y a des oublis: Prémare (228) n'est pas mort en 1735; il est mort à Macao, 17 septembre 1736, etc.; un P. Jean Girardin, «au pais de la Chine, l'an 1596». Cf. Obituaire général, S. J., Tournon, 1589—1619. — Ces remarques montrent avec quelle attention ce Catalogue a été parcouru par nous; il sera nécessaire que le réviseur du troisième tirage prenne dans la nouvelle édition du P. Sommervogel et dans nos propres publications quelques renseignements tirés d'archives autorisées».

Le P. Angelo Zottoli continue son grand dictionnaire, complément de son grand *Cursus litteraturae sinicae*, qui devait être publié jadis seulement en latin et en chinois, mais qui maintenant comprendra également les mots français.

La Mission du *Tche-li* est également très active:

Lorsque les missionnaires arrivèrent en Chine à la fin du XVIe siècle, et surtout depuis que le père Ricci (mort en 1610) eût créé la mission de Péking, ils se servirent, pour étudier la langue chinoise, de dictionnaires, qui circulaient en manuscrits, dûs principalement, soit à des Dominicains, comme Francisco Diaz, soit à des Franciscains, comme le Frère Basile. Les grands dictionnaires restés manuscrits et dûs à des jésuites, comme les PP. Alexandre de la Charme et d'Incarville, ne furent rédigés qu'au XVIIIe siècle. Le frère Basile est généralement connu sous le nom de Frère Basile de Glemona; ce mineur observantin se nommait en réalité Basilio Brollo et était originaire de Gemona, dans le Frioul, où il naquit le 25 mars 1648. Il mourut en 1703 dans la province du Chen si, dont il était devenu vicaire apostolique.

Le dictionnaire du frère Basile, appelé *Han-tseu-si-y*, dont un grand nombre de copies existent en Chine et dans les bibliothèques d'Europe, est celui dont s'est servi De Guignes, le fils, pour publier, sans indiquer la source à laquelle il puisait, le grand dictionnaire qui parut à l'Imprimerie Nationale en 1813, sous la forme d'un énorme in-folio. Dès 1819, Klaproth critiqua amèrement la publication de De Guignes, et surtout l'absence du nom du frère Basile sur le titre du dictionnaire. Le travail était cependant assez méritoire pour qu'un franciscain réformé, le Frère Jérôme Mangier de Saint-Arsène, réimprimât à Hong-Kong, en 1853, le dictionnaire de 1813 sans le français. Cette édition devint rare, grâce à un incendie. Ce dictionnaire du Père Mangier, ou de De Guignes comme l'on voudra, fut publié, corrigé et augmenté sous forme de dictionnaire chinois-latin-français, par les Jésuites, à Ho-Kien-fou, en 1877.

Le nouveau dictionnaire chinois-français [1]) du P. Couvreur est certainement une amélioration sur les dictionnaires par ordre de clefs, donnés jusqu'à présent. Non seulement, il donne la prononciation et la définition des caractères rangés sous les deux cent quatorze clefs, mais encore une quantité d'exemples tirés d'un grand nombre d'ouvrages et d'auteurs cités p. xi. Ces exemples sont tirés non seulement des livres classiques, des *King*, mais aussi des histoires dynastiques, et même des *King-pao*, que nous désignons généralement sous le nom de Gazette de Péking. Il y a donc là un travail tout à fait important, supérieur même dans son genre

---

1) Dictionnaire français-chinois contenant les expressions les plus usitées de la langue mandarine par le P. Séraphin Couvreur S. J., Missionnaire au Tcheu li S. E. — Ho kien fou, Imprimerie de la mission catholique. 1884, in-8 à 2 col., pp. xix-1007 + 2 ff. n c.

— Dictionnaire Chinois-Français par le P. Séraphin Couvreur S. J. Ho kien fou, Imprimerie de la Mission Catholique, 1890, gr. in-4, pp. .v-1024-76 à 3 col.

Notice: A. A. Faurel, dans les *Études religieuses*, 1891, 1.

— Dictionarium sinicum & latinum ex radicum ordine dispositum, selectis variorum scriptorum sententiis firmatum ac illustratum, auctore P. S. Couvreur S. J. — Ho kien fou, ex missione catholica S. J. — 1892, in-8, à 2 col., pp. xiv-1200.

à l'ouvrage du même auteur, le dictionnaire français-chinois, paru à Ho-Kien-fou en 1884, et qui obtint le prix Stanislas Julien.

Ces dictionnaires, ainsi que le dictionnaire syllabique du P. Couvreur de 1890 et le guide de la conversation, français-anglais-chinois, du même auteur, publié dans la même ville en 1886, forment un bon ensemble pour l'étude de la langue chinoise parlée d'une part, et de la langue chinoise écrite de l'autre.

Grâce à des notes qui lui ont été envoyées par ses confrères, le P. Carrez, S. J., a pu dresser une carte très intéressante de la mission du *Tche-li* avec les plans de *Tien-tsin*, de *Tchang-kia-tchouang*, etc. ¹).

Il rentre dans notre cadre de signaler l'existence éphémère du *Korean Repository* ²), qui était appelé à rendre de grands services. Espérons que sa disparition n'est que momentanée.

(A suivre.)

---

1) Carte de la Mission de la Compagnie de Jésus au Tcheu-ly, Sud-Est, Chine. Publiée par le Père Carrez de la Compagnie de Jésus, d'après les documents Chinois fournis par les Pères de la Mission. 1890, 2 feuilles.
Echelle: 1 : 400.000.
Ces deux feuilles renferment comme cartes accessoires: 1) Environs de la Mission — Province entière du Pe Tcheu-ly, Parties du Chan-toung au S.-E.; du Ho-nan au S. O.; du Chan-si, à l'O., de la Mongolie, au N., de la Mandchourie, au N. E. — 2) Plan de T'ien tsin. — 3) Résidence et village de Tchang-Kia-tchouang.

2) THE KOREAN REPOSITORY. — Vol. I, 1892, in-8, pp VII-380.
Les pp. I-VII contiennent l'index.

— The Korean Repository. — Vol. I. N°. 1. January 1892. Address Publisher, Seoul, Korea, br. in 8, pp. 36. — ƒ 2.00 per vol.
Contient: 1. The Korean Alphabet, its origin, etc. (Prof. H. B. Hulbert) — 2 The Japanese Invasion. (Rev. G. Heber Jones.) — 3. To the Yaloo and beyond. (R. J. S Gale.) — 4. Notes on recent russian archaic Researches &c. (D. J. Macgowan M. D.) — 5. 1891. Retrospect. (Editor.) — 6. Correspondence. [Opium in Korea (Rev. A. S. Moffett. — The Purchase of a King.] — 7. Notes and Queries. [Epochs deserving of Study. (J. Edkins L. L. D.)] — 8. Record of Events.

— Vol. I. N°. 2. February 1892. Address Publisher. Seoul, Korea, br. in-8, pp. 37 à 68.
Contient: 1. Korean Schools. (X.) — 2. A Visit to a famous Mountain. (Rev. Daniel L. Gifford.) — 3. To the Yaloo and beyond. (Rev. J. S. Gale.) — The Japanese Invasion. [II. Diplomatic Negotiations. (Rev. G. Heber Jones.)] — 4. The Opening of Korea; Admiral Shufeldt's Account of it (Rev. H. G. Appenzeller.) — 6. Review. [English-Corean Dictionary (H. G. A.)] — 7. Editorial Notes "Contract for coining Money. — "Romanizing" Korean Words. &c. &c. &c.] — 8. Record of Events.

— Vol. I. N°. 3. March 1892. Address Publisher, Seoul, Korea, br. in-8, pp. 69 à 100.
Contient: 1. The Korean Alphabet. (H. B. Hulbert.) — 2. To the Yaloo and beyond (J. S. Gale.) — 3. Eventful days of 1892, and most critical days of the present century. (V H. Morsel.) — 4 What shall we teach in our girls' schools? (L. C. Rothweiler.) — 5. Extracts from the Daily Gazette. — 6. Notes and Queries. — 7. Editorial Notes. — 8. Record of Events.

— Vol. I. N°. 4. April, 1892. Address Publisher, Seoul, Korea, br. in 8, pp. 100 à 132.

Content: 1. Buddhism in Korean history and language. (Editor.) — 2. Discovery of an important Monument. (Z.) — 3. What is the Population of Korea? (A Symposium.) — 4. The Japanese invasion. (III. The invasion. (Rev. G. Heber Jones) — 5. Loss of the *Idonna-Maru*. — 6. Petroleum in Korea. (D. J. Macgowan Esq. M. D.) — 7. Curious Customs. — 8 Extracts from the Daily Gazette. — 9. Notes and Queries. — 10. Editorial Notes. — 11. Record of Events.

— Vol. I. N°. 5. May 1892. Address Publisher, Seoul, Korea, br. in-8, pp. 133 à 164.

Content: 1. Korea: — a plea and a growl. (G.) — 2. The beginnings of Seoul. (H. G. Appenzeller.) — 3. The Japanese invasion. (IV. The royal flight.] (Geo. Heber Jones) — 4. A buddhist fanatic. — 5. Extracts from the Daily Gazette. — 6. Notes and Queries, &c. — 7. Editorial Notes. — 8. Record of Events.

— Vol. I. N°. 6. June 1892. Address Publisher, Seoul, Korea, br. in-8, pp. 165 à 196.

Content: 1. Flying Comments. 1. Andromeda. (Vistor.) — 2. Ancestral worship as practised in Korea. (Daniel L. Gifford.) — 3. Corea, — a plea and a growl. [Continued.] (G.) — 4 The japanese invasion. (V. The fall of Pyöngyang.] (Geo. Heber Jones) — 5. Review of the trade of Corea for 1891. (F. H. Mörsel.) — 6. Extracts from the Daily Gazette. — 7. Editorial Notes. — 8. Record of Events.

— Vol. I. N°. 7. July 1892. Address publisher, Seoul, Korea, br. in-8, pp. 197 à 236.

Content: 1. The Persians in the Far East. (Rev. J. Edkins.) — 2. Korean Ports. (F. B. G S.) — 3. Flying Comments. [II. Korea-Formosa.] (Vistor) — 4. The japanese invasion. [VI. China to the rescue.] (Geo. Heber Jones.) — 5. The three female sovereigns of Korea. (Bertha S. Ohlinger.) — 6. Extracts from the Daily Gazette. — 7. Notes, Queries, &c. — 8. Editorial notes. — 9. Record of Events.

— Vol. I. N°. 8. August 1892. Address publisher, Seoul, Korea, br. in-8, pp. 237 à 268.

Content: 1. A trip to the Mont Blanc of Korea. (H. Goold-Adams.) — 2. Flying comments [III. Witches Cauldron.] (Vistor) — 3. Kitchen mounds &c. — 4. Extracts from the Daily Gazette. — 5. Notes and Queries. — 6. Editorial notes. — 7. Record of Events.

— Vol. I. N°. 9. September 1892. Address publisher, Seoul, Korea, br. in-8, pp. 269 à 292.

Content: 1. A Visit to the Mont Blanc of Korea. (H. Goold-Adams.) — 2. Korea — a plea and a growl. [Continued. Population.] (G.) — 3. Missions in Korea. (W. F. Mallalieu.) — 4 The true Focsung. (Dr. J. Edkins.) — 5. Extracts from the Daily Gazette. — 6. Editorial Notes. — 7. Record of Events.

— Vol. I. N°. 10. October 1892. Address publisher, Seoul, Korea, br. in-8, pp. 293 à 324.

Content: 1. The Alphabet. [Panchul.] (Yi Ik Seup.) — 2. A visit to the Mont Blanc of Korea. (H. Goold-Adams.) — 3. The japanese invasion [VII. Conclusion] (Geo. Heber Jones) — 4. Data on the population of Korea. (Conservative.) — 5. Extracts from the Daily Gazette. — 6. Notes and Queries. — 7. Editorial Notes. — 8. Record of Events.

— Vol. I. N°. 11. November 1892. Address publisher, Seoul, Korea, br. in-8, pp. 325 à 352.

Content: 1. Suggestions on travelling in Korea. (Samuel A. Moffett.) — 2. Studies in Korean [Korean Etymology.] (Geo. Heber Jones.) — 3. A map of the world. (Yi Ik Seup.) — 4. Korean proverbs, epithets and common sayings. [I. Proverbs derived from Buddhism.] — 5. Review. — 6. Extracts from the Daily Gazette. — 7. Editorial Notes. — Record of Events

— Vol. I. N°. 12. December 1892. Address publisher, Seoul, Korea, br. in-8, pp. 353 à 380.

Content: 1. The beginnings of medical work in Korea. — 2. Where is Fusang? — 3. The Inventor of the En-Moun. (Jas. S. Gale.) — 4. En pan Chyel. — 5. A true story of Love (H. N. Allen.) — 6. Extracts from the Daily Gazette. — 7. Editorial Notes — 8 Record of Events.

On lit dans le *Chinese Recorder*, XXIV, March 1893, p 192:
"The Editor of the *Korean Repository* announces the suspension of that publication with its 12th issue. We heartily second the hope expressed by Mr. Ohlinger that it may be continued later on as a quarterly."

NOTES AND QUERIES.

8. Characters on leaves and bark of Trees (cf. *T'oung-pao*, Vol. IV, 1893, pp. 115, 389 and 457).

Grooves in leaves and bark of trees resembling letters are not only mentioned with reference to the sacred trees in *Kounboum*, but also in reference to trees in China itself. So we read in the "Red pearls of things and objets" (事物紺珠) that during the reign of *Chên-tsung* of the *Sung*-dynasty (A.D. 998—1022), a tree was cut down, whose veins looked like black varnish, continued from top to bottom, resembling in form Sanscrit letters.

In another tree the veins formed (chinese) characters: Some showed the form of the 7 stars of the northern peck (*Ursa major*); others had the form of a Buddha-hand and another had the form of a snake. Another tree had marks resembling dragons, fishes, phenixes and cranes. Another again showed marks as if one had painted with ink clouds, peaks, men and animals, coats and bonnets. The pillars of the monastery *Tsung-sien* showed marks in the form of a Taoïst priest, and the figure of the seven stars of the Great Bear [1]).

---

1) 宋眞宗時、斷木、文如點漆、貫徹上下．體若梵書．又木有文成字．一有北斗七星形．一有佛手形．一有蛇形．又木有文如龍魚鳳鶴狀．又木有文如墨摇雲氣、峯巒、人物、衣冠狀．又崇仙觀柱、有文爲道士形、及北斗七星象．*Vide* 事物紺珠，*Apud* 格致鏡原，Chap. 64, fol. 3 *recto*

During the reign of *Tai-tsung* of the *Tang*-dynasty (A.D. 763—779), a man of *Ching-tu-fu* (in *Sze-chuen*), named *Kwo-yuen*, got possession of an auspicious tree, marked with the characters *T'ien-hia t'ai-p'ing* (Universal peace in the Empire). He offered it to the Governor, who made the following report upon it to the throne: "The influence of extreme virtue first adorns plants and trees, and the charm of Universal peace forthwith forms writing. Prostrated I hope that it will be stored up in the Secret Cabinet and communicated and delivered to the office of the Historiographers" [1]).

G. S.

9. A learned Japanese lady.

The career of Miss SONO TERU, a japanese lady, has been very curious. She left Japan in 1885 for America, where she intended to accomplish herself for the strife for the social and intellectual improvement of the japanese women.

By an accident she lost all the money she had taken with her — sufficient to live three years upon it — so that she was obliged to gain her livelihood as a domestic when landing in San-Francisco. However, she did not abandon her favorite scheme, and took a degree in English and French in 1890 at the University of Mameda. By the help of an influential countryman, she was enabled to go to Chicago and visit there a boarding-school. Not long afterwards she was appointed as a teacher of Japanese in New-York. She stayed there till 1891, when she began a voyage all over the United States and Europe, and returned after eight years of study to Japan.

---

1) 唐代宗時、成都府人郭遠獲瑞木、有文曰．天下太平．獻之宰臣、奏賀曰．至德之化、先賁草木．太平之符、遂行文字．伏望藏於秘閣、宣付史館． *Vide* 西陽雜爼． *Apud* 廣事類賦, Chap. 24, fol. 12 v.

Erratum.

Pag. 359, ligne 21 d'en haut, au lieu de MAUNOIN, lisez MAUNOIR.

INDEX ALPHABÉTIQUE.

A.

	Page
America, Did a Chinaman discover —?	351
Ancestral worship in China	352
Anecdotes politiques, japonaises et chinoises	272
Annam, Tableau chronologique des Souverains de l'Annam .	43
Annam, peuplade sauvage nommée *Taï-Bi*. .	281
Annamites et Extrême-Occidentaux	353
Appert (G.), Ancien Japon	169
Arendt, Einführung in die nordchinesische Umgangssprache.	164
Assassin, Un — politique	260
Aubaret (L. G. C.), Nécrologie	359
Aymonier (Collection de M. — au Musée Guimet) . .	101

B.

Bambou, Culture du — par Léon van de Polder . . .	283
Bang (W.), Critique de P. G. von Moellendorff's Manchu grammar	87
—— Antwort an Herrn von Möllendorff	413
Bataks, l'Origine mythique du bâton magique en usage chez les —.	123
Bâton magique, voyez *Pleyte* et *Bataks*	123
Bean-curd (The Chinese — and Soy and the Soyabread of Mr. Lecerf)	185

Bétel, Le — par C. Imbault-Huart 311
Bibliographie chinoise, voyez Cordier. 420
Bibliotheca japonica, voyez Cordier 408
Bibliotheca Sinica par H. Cordier 70
Bigandet (Paul-Ambroise), (Nécrologie) 287
Birmanie, voyez Cordier 154
Borel (H. J. F.), Interprète à Tandjong Riouw. . . . 410
Bower (James), Handbook Japanese Art 402
Brandt (von), Lettre de menace par August Nill . . . 275
Brauns (David August), (Nécrologie) 78
Bretschneider (Emil), Botanicon sinicum. 284
Bridges (some Fuh-kien —) 1
Buddhistisch (eine neue —e Propaganda), voyez *Franke* . 299
Buddhistische Kunst in Indien 92

C.

Calendar (European-Chinese — for 1895), Fin du Volume.
Characters on leaves and bark of Trees 459
Charbons, Importations de — de Hon-Gay à Canton . . 408
Chavannes (Edouard), Discours d'ouverture de cours . . 70
Chèvre, voyez Pustule 176
Chijs (Mr. J. A. van der), Nederlandsch-Indisch Plakaatboek. 410
China, Der Verkehr zwischen — und dem Römischen Reiche
  von H. Nissen. 365
Chinaman (a —'s opinion on revealed religion) . . . 100
Chine, Magie, Sorcellerie, Spiritisme et Chamanisme en — . 72
Chinese postal service 63
Chinese servants in America 100
Chinese, Literature of — laborers. 352
Chinese, A pair of — marriage contracts 371
Chinesische Übersetzungen, voyez Kühnert 401

Chinois, Opéra — 278
Chronique 67, 152, 275, 351, 401
Congrès international des Orientalistes. . . . 65, 175, 341
Cordier (H.), Supplément à la Bibliotheca Sinica . . . 70
—— Historique abrégé des relations de la Grande-Bretagne
 avec la Birmanie 154
—— X° Congrès International des Orientalistes. . . . 341
—— Bibliotheca japonica, Indo-Japonica et Sinica . . . 408
—— Bibliographie. Les Études Chinoises 1891—1894 . . 420
Couleuvres (Les deux — fées) traduction malaie . . . 161
Couvade en Chine 158
Cunningham (Sir Alexander). Nécrologie 78

D.

Dictionaries (Chinese) 153
Dutreuil de Rhins, Nécrologie 356
Dutreuil de Rhins (mort de) 405

E.

Emprunt chinois 405
Errata 104, 370, 461
Eulenspiegel, Ein Siamesischer — 234
Ezerman (J. L. J. F.), Interprète à Muntok . . . 410

F.

Florenz (Dr. Karl), Dichtergrüsse aus dem Osten . . . 354
—— Nihongi. 354, 414
Flowerboat, Burning of —s in Canton river 352
Formose, Objets ethnogr. des naturels de la plaine *Kapsulan*
 dans l'île de — 351
Foucaux (Phil. Edouard). Nécrologie 286

INDEX ALPHABÉTIQUE.

	Page.
Franke (O.), Eine neue buddhistische Propaganda	299
—— Ms. Sanscrit	403
Frankfurter (Oscar), Ein Siamesischer Eulenspiegel	234
—— Die böse Sieben	303
Fryer, Catalogue of educational works, etc.	403

G.

Gabelentz (Hans Georg Conon von der). Nécrologie	75
Galy (Gaspard), voyez *Tai-Bi*	281
Games (Chinese) by M. Stewart Culin	152
Georgievsky (Nécrologie de)	162
Governor-General, A Chinese — in difficulties	178
Groot (de), Collection de M. — au Musée Guimet	102
Groot (J. J. M. de), The religious System of China	355
Grottes de Pung	157
Grube (W.), Note préliminaire sur la langue et l'écriture Jou-tchen	334
Grünwedel (Professor Albert), Buddhistische Kunst in Indien	92
Gueluy, A propos d'une préface	401
Guimet, Les Collections de l'Extrême Orient au Musée —	101
—— Opéra chinois	278

H.

Han-ming Kouo	218
Hara Kiri	277
Harlez (C. de), Le Tcheou-li et le Shan-hai-king	11, 107
—— Critique du *Yi-king* de M. P. L. F. Philastre	93
—— Les Koue-yu	277
—— The ancient chinese books of divination	352
—— Réponse à M. A. M. von Möllendorff	416
Hekman	410

Himly (Karl), Nord-Tibet und Lob-Nur 89
Hirth (Friedrich), Über den Schiffsverkehr von Kinsay zu
    Marco Polo's Zeit 386
—— Der Ausdruck So-fu 390
—— Das weisse Rhinoceros 392
Hodgson (Brian-Houghton). Nécrologie 287
Hong Tjyong-ou 260
Huwelijk in China, v. *Young*. 354

I.

Imbault-Huart (C.), Le Bétel 311
Index alphabétique. 462

J.

Japan Society (Transactions and proceedings of the — —,
    London 85
Japan Society, v. Schlegel 410
Japan or Java par F. G. Kramp. 284
Japaner und Altaier von Dr. H. Winkler . . . 351
Japanese, Handbook — art 402
Japanese, The change from surd to sonant in — compounds 352
Japanese Onomatopées and Origin of Language . . 352
Japanese, A learned — lady 460
Japon, Visite du frère de l'Empereur du — à la Haye. . 73
Japon, Les grandes guerres civiles au — 157
Japon, 25e anniversaire de l'empereur et de l'impératrice du — 159
Japon, Martyre de J. B. Sidotti 354
Japon, Massacre d'oiseaux au — 407
Japon, Lettres de Rappel de M. *Takahira* et nomination de
    M. *Shiro Akabané* comme Ministre plénipotentiaire à la
    Haye 409

INDEX ALPHABÉTIQUE.

Japon, Tremblement de terre au — 409
Japonaise, Salle — au Musée du Louvre. 71
Java Oorlog v. Louw 410
Jou-tchen, Note préliminaire sur la langue et l'écriture —. 334
Juliette Adam, Anecdotes politiques japonaises et chinoises 272

K.

Kao-ti, La Mort d'un Rebelle. 308
Kapsulan de Formose 351
Kergaradec (Comte de) 359
Koue-yu (圖 詁) par C. de Harlez 277
Koung Tchao-youen, ambassadeur de Chine à Paris et à
  Londres 69
Kramp (F. G.), Japan or Java 284
—— v. Sachalin 355
Kreitner (Gustav von). Nécrologie 79
Kühnert (Dr. Fr.), Einige Bemerkungen über die Shēng im
  Chinesischen und dem Nanking-Dialect 67
—— Über einige Klippen bei Übersetzungen aus dem Chine-
  sischen 401

L.

Laotien, Dictionnaire — 408
Leaves, Characters on — and bark of trees 459
Li Hung-chang 402
Louw, De Java Oorlog van 1825 – 30 410

M.

Madagascar par le prince Henri d'Orléans 400
Malan (S. C.), Nécrologie. 411

Pag.

Manchu Grammar (A — — with analysed texts by P. G.
von Moellendorff). Bulletin critique 67
Marco Polo v. *Hirth* 386
Marriage, A pair of Chinese — contracts. 371
Martin, La Tuberculose dans la race jaune 407
Maspero (G.), Tableau chronologique des Souverains de l'An-
uam 43
Masters (F. J.), v. *America* 351
Mejov (V. E.). Nécrologie. 287
Middendorff (Nécrologie de A. T. von) 163
Moll (M. A. E.) 410
Möllendorff, Erwiederung 361
—— v. Bang et Harlez 416, 418
Montmorand (Nécrologie de Brenier de) 163
Moser, l'Irrigation en Asie centrale 156
Müller (F. W. K.), Ein Brief in Pa-yi-Schrift . . . 329
—— Siamesische Schattenspiele 413
Munzinger (Carl), Die Psychologie der japanischen Sprache 289

N.

Narwhal, Chinese name of — 370
Nederlandsch Koloniaal Centraalblad 283
Nihongi, par le Dr. K. Florenz 414
Nihongi, 3° Volume 354
Ni-li Kouo 179
Nocentini v. *Schlegel*. 291
Notes and Queries 459

O.

Oiseaux, Les — dans la mode 407
Orientale, l'École spéciale des langues —s vivantes . . 353

l'Oriente (Journal publié par MM. les professeurs du Royal Institut Oriental à Naples 159
Orkhon voyez *Thomsen* 171, 355
Orléans (Prince Henri d'—), «Autour du Tonkin». Bulletin critique 80
—— Prince Henri d'— 408
Oudendijk (W. J.), Nommé secrétaire-interprète de la légation Néerlandaise à Peking. 74

P.

Paard, Het — onder de volken van het maleische ras door P. J. Veth. 409
Pa-yi, Ein Brief in — Schrift von F. W. K. Müller . . 329
Pei-ming Kouo 201
Pest in Hongkong 352
Philastre, le Yi-king 93
Phillips (Georges), Some Fuh-kien bridges. . . . 1
Plakaatboek v. Van der Chijs 410
Pleyte (C. M.), L'origine mythique du bâton magique en usage chez les Bataks 123
Polder (Léon van de), v. *Bambou*. 283
Postal service (Chinese) 63
Pustule maligne transmise par des peaux de chèvre venant de Chine . . . . . . , ... 176

R.

Raimondi (Timoléon). Nécrologie 412
Rebelle, La mort d'un — 398
Régamey (Félix), Un assassin politique . . . 260
—— Vingt-huit jours en Chine 408
Religion (A Chinaman's opinion on revealed —) . . . 100

	Page.
Religious System of China by J. J. M. de Groot	355
Rhinoceros, Das weisse — von Fr. Hirth	392

S.

Sachalien (Climat de l'île —)	99
Sachalin, De Geschiedenis der ontdekking van het eiland — door F. G. Kramp	355
Saint-Pol-Lias (Collection de M. — au Musée Guimet)	102
Sanscrit, Ms. — trouvé en Chine.	403
San-ze-king v. Turrettini.	161
Schlegel (G.), Notice de «Autour du Tonkin» par le prince Henri d'Orléans	80
——— Transactions and proceedings of the Japan Society London	85
——— Notice de l'ouvrage de M.M. Wegener et Himly *Nord-Tibet und Lob-Nur-Gebiet in der Darstellung des Ta-Thsing I-thung Yü-thu*	89
——— Notice de l'ouvrage du professeur Albert Grünwedel *Buddhistische Kunst in Indien*	92
——— Climat de l'île Sachalien.	99
——— The Chinese Bean-curd and Soy and the Soya-bread of Mr. Lecerf.	135
——— Scientific Confectionary	147
——— Critique de Arendt, Einführung in die nordchinesische Umgangssprache	164
——— Notice de *Ancien Japon* par G. Appert	169
——— Notice de Thomsen, Déchiffrement des Inscriptions de l'Orkhon	171
——— Problèmes géographiques. XIII. Ni-li Kouo; XIV. Peï-ming Kouo; XV. Youh-I Kouo; XVI. Han-ming Kouo; XVII. Wou-ming Kouo.	179
——— Critique de C. Munzinger, Psychologie der Jap. Sprache	289

Schlegel (G.), Critique de L. Nocentini, La scoperta dell'
America, attribuita ai Ciuesi 291
—— Nommé membre correspondant de la Société Finno-
Ougrienne à Helsingfors 355
—— Besprechung von H. Nissen's Verkehr zwischen China
und dem Römischen Reiche. 365
—— Chinese name of Narwhal 370
—— Membre honoraire de la Japan Society, London . . 410
—— Siamesische Schattenspiele. Bulletin critique . . . 413
—— Revue du Nihongi du Dr. K. Florenz. 414
Schrenck (Peter Léopold von). Nécrologie 288
Scientific Confectionary by G. Schlegel 147
Servants (Chinese — in America). 100
Shan-hai-king (voyez *Tcheou-li*) 114
Siam, Traité de la France avec le —. 278
Siamesische Schattenspiele 413
Siamesischer, Ein — Eulenspiegel, von O. Frankfurter . 234
Sibérie, Antiquités de la — occidentale 355
Sidotti (Joan Baptiste), missionnaire au Japon . . . 354
Sieben, Die böse —, von O. Frankfurter . . . 393
Si-yu-ki, Préface du — voyez Gueluy 401
So-fu, Der Ausdruck — von Fr. Hirth . . . 390
Soy, voyez *Bean-curd* 135
Soyabread, voyez *Bean-curd* 135
Stanislas Julien (Prix) 71, 284
Steinen (Karl von den), Zur amerikanischen Jubelfeier . . 276
Supplice de *Tso Viny-Liu* 309

T.

Taï-Bi, Peuplade sauvage de l'Annam 281
Tcheng Ki-tong, Lettre de — 403

Tcheou-li, Le — et le Shau-hai-king. . . . 11, 107
Terrien de Lacouperie. 360
—— Beginnings of writing 401
Thomsen (Vilh.), Déchiffrement des Inscriptions de l'Orkhon
et de l'Iénisséi. 171, 355
Timbre-poste de *Tchi-fou* 69
Timbre-poste japonais émis à l'occasion du 25° anniversaire
du marriage du Mikado. 282
Tonkin (Autour du) 80
Trombones mongoles 351
Tuberculose dans la race jaune 407
Turrettini (François), Version mandchoue du commentaire
du *San-ze-king*. 161

V.

Varat (Collection de M. — au Musée Guimet) . . . 103
Veth, 80ième anniversaire du professeur —. . . 409
Vissière (Arnold). 71

W.

Wegener (Dr. Georg), voyez *Himly* et *Schlegel* . . . 89
Werther no Kanashimi. Trad. jap. de Werther's Leiden
de Goethe par le professeur *Mori* 282
Wettum (B. A. J. van), A pair of Chinese marriage contracts 371
—— Nommé Interprète Chinois à Pontianak . . . 410
Whitney (William Dwight). Nécrologie 411
Wou-ming Kouo 224
Writing, Beginnings of — by Terrien de Lacouperie . . 401

Y.

Youh-I Kouo 213
Young (J. W.), Het huwelijk en de wetgeving daarop in China 354

Youh-I Kouo 218
Young (J. W.), Het huwelijk en de wetgeving daarop in China 354

SUPPLÉMENT

AU VOLUME V

DU

„T'OUNG-PAO".

DIE LÄNDER DES ISLÂM

NACH CHINESISCHEN QUELLEN

VON

Prof. Dr. FRIEDRICH HIRTH.

I.

LEIDEN, E. J. BRILL, 1894.

An unsere Leser.

Indem wir unsern Lesern als Supplement einen ersten Aufsatz über »Die Länder des Islam" des verdienstlichen Sinologen Dr. FRIEDRICH HIRTH in Tschung-king (China) darbieten, weisen wir auf die Wichtigkeit dieser Publication, die besonders bei den Arabisten Interesse erregen dürfte.

Um Dr. HIRTH's Arbeit von vorne herein soweit möglich vollständig erscheinen zu lassen, haben wir diese dem bekannten Professor des Arabischen an der Universität zu Leiden, Dr. M. J. DE GOEJE, rühmlichst bekannt als Herausgeber der Bibliotheca Geographorum Arabicorum, unterbreitet, der mit grösster Bereitwilligkeit die Arbeit Hirth's durchgesehen und uns seine Bemerkungen und Erläuterungen mitgetheilt hat, die wir, seiner Erlaubniss gemäss, am Schlusse derselben bringen.

Einige, heut noch dunkele und unaufgeklärte Stellen, sollen beim Erscheinen der spätern Aufsätze Dr. HIRTH's durch denselben Gelehrten noch soweit möglich beleuchtet oder erläutert werden.

Die Redaction des *T'oung-Pao*.

EINLEITUNG.

Es klingt geistreich und berührt den oberflächlichen Leser zunächst als eine tiefe Wahrheit, ist aber nichts weniger als zutreffend, wenn Rémusat [1]) über den geographischen Gesichtskreis der Chinesen sagt: »rechercher quelles sont les nations qui leur ont été soumises, ce serait faire le tableau de leurs connaissances géographiques". Herr von Richthofen schliesst sich dieser Auffassung zwar an, drückt sich jedoch weit vorsichtiger aus, wenn er sagt: »Zu jeder Zeit sind es ihre wirkliche oder eingebildete Macht und die Sphäre ihres Handels, welche den Gesichtskreis begrenzen; nur die Religionsbeziehungen vermochten ihn in Indien zu erweitern". Wenn wir dies als die Urtheile eines unserer ersten Sinologen einerseits und des Geographen China's par exellence andererseits hinnehmen müssen, was sollen wir von den Gelehrten erwarten, die unserer Wissenschaft als Fremde gegenüberstehen?

Wir sind gewohnt, die chinesische Litteratur als eine kaum ernst zu nehmende Quelle asiatischen Wissens hingestellt und nur

---

1) »Remarques sur l'extension de l'empire chinois", in *Rec. de l'Acad. des Inscr.*, VIII, 1837, p. 61. S. v. Richthofen, *China*, Bd. I, p. 388.

da herangezogen zu sehen, wo uns alle anderen Litteraturen im Stiche lassen, wie dies im Zeitalter des *Hsüan Chuang* in Bezug auf Indien der Fall ist; gar mancher urtheilt über die angebliche Verworrenheit chinesischer Berichte des Alterthums und Mittelalters ab, ohne sich auch nur die geringste Mühe zu geben, einen vernünftigen Sinn da herauszulesen, wo er bei einiger Geistesanstrengung zu finden ist. Man vergisst dabei, was man billiger Weise selbst den Chinesen schuldig ist, nämlich ihre Kenntniss und Auffassung der Ethnographie fremder Gebiete nicht mit unserer höheren modernen Bildung zu vergleichen, sondern sich in die Vergangenheit unseres eigenen Geisteslebens zu versetzen und nach dem Massstabe zu messen, den wir an die Litteraturen anderer Völker des Orients zu legen gewohnt sind.

Wir verdanken den Arabern ungemein wichtige Aufzeichnungen über den Orient des Mittelalters, arabische Reisende wetteifern mit Marco Polo, uns die ersten, aus dem Nebel des Alterthums hervortretenden Nachrichten über China zu geben. Wir sind freudig überrascht, wenn wir in diesen Berichten Momente entdecken, die sich mit unserer später auf directem Wege erworbenen intimeren Kenntniss decken, und die Freude an solchen Entdeckungen ist doppelt berechtigt, wo es sich um zwei von einander so unabhängige, vollständig heterogene Kultursphären handelt, wie es die chinesische einerseits und die arabische oder die abendländische andererseits sind. Wenn ein chinesischer und ein arabischer Autor, oder ein chinesischer und ein lateinischer sich gegenseitig bestätigen, so bildet gerade die Heterogenität der Quellen ein richtiges Moment für ihre Zuverlässigkeit. Wenn wir gewisse Thatsachen von Cicero erwähnt und von Livius bestätigt finden, oder, um von verschiedenen Litteraturen zu reden, wenn sich Plinius und Strabo, oder griechische und arabische Geographen gegenseitig bestätigen, so ist der Verdacht nicht ausgeschlossen, dass der eine vom anderen entlehnt oder dass ein früher Abschreiber das, was er von dem einen erfahren hatte, in den Text des anderen hinein interpolierte. Ein solcher Verdacht ist bei den chinesischen Quellen vollständig ausgeschlossen, und hierin scheint mir das Studium der chinesischen Litteratur, in gewissen Fragen, vor allen anderen des Orients einen grossen Vortheil zu bieten. Die klassischen Litteraturen des Abendlandes sind von denen Westasiens und Aegyptens im Alterthum und Mittelalter kaum genügend getrennt, um eine Beeinflussung in vielen Fällen als unmöglich erscheinen zu lassen. Wenn uns z. B. drei oder vier klassische Autoren versichern, dass die syrischen Fabrikanten chinesische Seidengewebe trennten, um sie in dünnere Stoffe zu verweben, so können alle diese Stellen auf eine einzige frühere zurückzuführen sein, und hier kann ein Irrthum vorliegen; wenn wir aber dieselbe Thatsache in einem chinesischen Autor bestätigt finden, wie es thatsächlich der Fall ist [1]), so wiegt die Aussage eines Zeugen, von dem wir sicher bezweifeln dürfen, dass er je einen griechischen, römischen oder westasiatischen Text zu Gesicht bekommen hat, zehn Zeugnisse auf, die diesen fortwährend in einander überspielenden Litteraturkreisen entlehnt sind. Dies dürfte auch der Grund sein, weshalb wir uns doppelt freuen, wenn wir Einzelnes in den arabischen Reisenden, wie bei Marco Polo, an der Hand chinesischer Aufzeichnungen bestätigen können; und, wie gesagt, verdanken wir den Arabern viel Wichtiges über China und den hinterindischen Orient.

Trotzdem bin ich überzeugt, dass die Araber über China nicht besser unterrichtet waren als umgekehrt die Chinesen über die Reiche der Khalifen. Ob wir uns durch die frühen Reisenden Reinaud's [2])

---

1) S. Nissen, *Der Verkehr zwischen China und dem römischen Reiche*, Vortrag zur Winckelmannsfeier am 9 Dec. 1893. Bonn, 1894, p. 10, Anm. 25.
2) *Relation des voyages faits par les Arabes et les Persans dans l'Inde et à la Chine*. Paris, 1845.

hindurcharbeiten oder Ibn Batuta auf seinen fernen Wanderungen begleiten, immer werden wir neben dem guten Korn, den zahlreichen treffenden Bemerkungen [1]), auch recht viel Werthloses mit in den Kauf nehmen müssen. »In solchen Gaben", sagt Peschel in Bezug auf die Vorzüge der arabischen Geographen, »müssen wir Entschädigung suchen für den Hang zum Wunderbaren und die ermüdenden Fabeln, welche bei Arabern so wenig fehlen wie bei den christlichen Autoren des Mittelalters". Ich darf den letzteren die chinesischen hinzufügen, will aber zugleich bemerken, dass hier des Wunderbaren und der ermüdenden Fabeln kaum mehr zu finden als bei den arabischen und christlichen Zeitgenossen. Hier, sowohl wie bei den Arabern, will das gute Korn von der Spreu getrennt sein; dazu gehört guter Wille, Begeisterung, Sprachkenntniss und eine gewisse Portion Scharfsinn für das Sachliche. Ich lege besonderes Gewicht darauf, dass alle diese Eigenschaften in der einen Persönlichkeit, die sich der sicher nicht undankbaren Arbeit die chinesischen Quellen zur Kenntniss Westasiens zu erschliessen unterzieht, vereinigt sein müssen. Dass der blosse Scharfsinn, der Spürsinn im Erkennen des Thatsächlichen, ohne tiefe Sprachkenntniss werthlos, ja im höchsten Grade schädlich ist, dafür besitzen wir ein trauriges Beispiel an Pauthier, dessen Riesenfleiss und wahrhaft geniales Streben die chinesischen Studien um ein Menschenalter zurückgebracht haben, anstatt sie zu fördern. Wenn wir uns beim sinologischen Arbeiten vor etwas hüten müssen, so ist es das Überwuchern der Phantasie, die zwar dem Gelehrten so nothwendig ist, wie dem Arzt die Humanität, die aber Alles verdirbt, wenn sie nicht durch Logik im Zaum gehalten wird. Die allereinfachste Logik aber setzt für die Erschliessung jeder fremden Litteratur die denkbar grösste Routine in das Verständniss

---

1) Vgl. Peschel, *Geschichte der Erdkunde*, 2te Aufl. von S. Ruge, p. 158 ff. »Vorzüge der arabischen Geographen".

ihrer Texte voraus; wer sich mit diesem Gedanken nicht abfinden will, der soll seine Hand aus dem Spiele lassen. Die grosse Schaar der Halb-Sinologen, mit Pauthier an der Spitze, hat leider die Sinologie zu dem gemacht, was sie vielen zu sein scheint unter den orientalischen Studien, — une quantité négligeable. Nicht die Werthlosigkeit des zu bearbeitenden Materials hat uns dahin gebracht, sondern die Methode der Bearbeitung. Die Zukunft wird es zeigen, und muss es durch Resultate, nicht durch Redensarten beweisen, dass unsere Wissenschaft die untergeordnete Stellung, die ihr leider von vielen Seiten aufgedrungen wird, nicht verdient. Aus dieser Stellung wird sie nun und nimmermehr durch die sprach-philosophische und grammatische Richtung erhoben werden, die seit einem Menschenalter besonders in Deutschland gepflegt wird. Ich weiss, dass mir viele meiner geschätztesten Landsleute in diesem wunden Punkte widersprechen werden; es ist auch kaum möglich, jemand, der nicht selbst auf der Höhe der Situation steht, nachdem er in die innersten Tiefen einer so unerschöpflichen Litteratur, wie die chinesische es zweifellos ist, eingedrungen ist, klar zu machen, wie gross hier der Unterschied zwischen tiefem und oberflächlichem, wenn auch noch so sehr in die Breite gehendem Wissen ist. Ich kann mich daher nur an die geringe Minorität derjenigen wenden, denen die Sinologie ein nach dem Muster der klassischen Philologie zu betreibendes Studium gewesen ist, um auf volles Verständniss in diesem einen Punkte zu rechnen, der — ob von der Majorität verstanden, oder nicht — für uns so klar ist, *ut contra si quis sentiat, nil sentiat.* Nur dadurch, dass wir uns über die unvermeidliche Mittelmässigkeit derer erheben, die im Chinesischen nur eine Ergänzung ihrer polyglotten Studien erkennen und deshalb ewig in den Kinderschuhen des Fortschritts stecken bleiben, wird es uns gelingen, schliesslich auch der Sinologie zu ihrem Rechte zu verhelfen.

Freilich genügt auch die tiefste Sprachkenntniss an und für sich nicht, wo es sich um die Lösung geographischer Probleme handelt. Denn ein Problem bildet in vielen Fällen für das Verständniss der Texte schon die richtige Wiedergabe eines einzigen Namens, dessen Erkenntniss unumgänglich nöthig ist, wenn wir wissen wollen, wovon überhaupt die Rede ist. Wissen wir aber das nicht, so sind wir oft nicht in der Lage richtig zu übersetzen. Unsere ersten Kenner der Sprache wie der Litteratur sind viel öfter als die Welt dies glaubt in bedauernswerthe Übersetzungsfehler verfallen, weil sie es unterliessen noch während des Übersetzens sich vollständig darüber klar zu werden, worauf sich der Text in all seinen Einzelheiten bezieht. Die chinesische Sprache ist nicht vag und nebelhaft; es giebt für jeden Satz, den ein wirklich guter Autor schrieb, nur einen Sinn, und zwar den richtigen; aber man irrt gewaltig, wenn man glaubt, dieser eine, der richtige Sinn liege so klar am Tage als ob es sich um die Schilderung einer Römerschlacht im Livius handele. Theodor Mommsen schüttelte bedenklich den Kopf als ich ihm dies zu erklären versuchte, als wollte er sagen: »nun, wenn das wirklich so ist, dann danke ich für die ganze Geschichte". Aber sieht es denn in anderen orientalischen Litteraturen besser aus? Wenn wir bedeutende Resultate aus den semitischen und indischen Studien gezogen haben, wenn die Texte des westasiatischen und ägyptischen Alterthums zum grossen Theil in Vertrauen erregender Sicherheit erkannt worden sind, so wolle man nicht vergessen, wie viel Aufwand an Scharfsinn sowohl für das sprachliche Verständniss wie für die sachliche Erklärung nöthig war, um die vorhandenen Schwierigkeiten zu überwinden. Auch dort musste die Kenntniss der Thatsachen, wie sie sich aus dem vergleichenden Studium der benachbarten Kulturen ergiebt, dem Sprachverständniss zu Hülfe kommen. So verdienstlich daher Arbeiten wie die von Rémusat und Julien über die Völker

Asiens nach chinesischen Quellen sind, so bezeichnen sie doch nur ein Anfangs-Studium in der Entwickelung der Sinologie und ihrer Methode. Was beiden fehlte, war das ernste Bestreben, das Übersetzte mit der Wirklichkeit zu vergleichen und auf diese Weise die Richtigkeit ihrer Arbeit zu controlieren. Keine Sprache bedarf dieser Controle mehr als die chinesische. Nicht den Autor controlierten wir dabei, sondern das richtige Verständniss unsrerseits, das sich trotz aller Grammatiken ¹) eben nicht so einfach und bedingungslos ergiebt wie das eines lateinischen Textes. Was ich damit sagen will, und dass mir gleichzeitig nichts ferner liegt als die Arbeiten unserer grössten Sinologen zu bemängeln, werden diejenigen begreifen, die mir in den Ausführungen einer kleinen Monographie über die älteren chinesischen Porzellane ²) gefolgt sind und sich der Mühe unterzogen haben, bei den verschiedenen Ausstellungen, die ich an Julien's Übersetzung zu machen hatte, den chinesischen Urtext zu vergleichen. Dass Julien im Vertrauen auf seine nicht immer unfehlbare grammatische Analyse nur übersetzte, ohne im Einzelnen zu identifizieren, hat ihn eines grossen Vortheils für das eigene Verständniss des Textes beraubt. Auch bei den Reisen des *Hsüan Chuang* wird die Ausserachtlassung dieses Vortheils durch die geistvolle Interpretation eines Vivien de Saint-Martin ³)

---

1) Ich sage „trotz aller Grammatiken" und stelle mich damit durchaus nicht auf die Seite derer die jedes grammatische Studium im Chinesischen für überflüssig oder gar schädlich halten; ich möchte die Arbeiten Julien's und von der Gabelentz's um keinen Preis vermissen; aber ich muss doch zugeben, dass die sachlichen Schwierigkeiten im Chinesischen gegenüber den grammatischen überwiegen. Die grammatischen kann man schliesslich durch Routine unterstützt durch Sprachinstinkt überwinden, während die sachlichen intime Bekanntschaft mit dem Leben und den Anschauungen des Volkes voraussetzen, die man sich in Europa nur schwer erwirbt. Nur so lässt sich der Misserfolg erklären, den Schlegel genöthigt war in der von der Gabelentz'schen Übersetzung eines chinesischen Textes des Mittelalters zu verzeichnen. Vgl. Schlegel, *La stèle funéraire du Tçikin Giogh*, etc.

2) *Ancient Porcelain: a Study in Chinese Mediaeval Industry and Trade*, Leipzig 1888.

3) „Mémoire analytique sur la carte de l'Asie centrale et de l'Inde" als Anhang zum 3. Bande von Julien's *Voyages des pélerins bouddhistes*.

nicht ersetzt. Ist die Übersetzung einmal abgeschlossen, so kommen ihr die Entdeckungen ihrer Interpreten nicht zu Gute. Dazu kommt, bei dieser Art Arbeitstheilung, der grosse Nachtheil, dass der Erklärer wiederum nicht im Stande ist, seine speculativen Ideen am Texte selbst zu prüfen: »wenn der Autor das und das gesagt hätte, so wäre das Bild vollkommen"; oft hat er es gesagt, nur nicht klar genug, um den Übersetzer, dem keine bestimmte Spur vorlag, das richtige Aequivalent finden zu lassen. Es ist daher von der grössten Wichtigkeit, dass in allen Fällen, wo es sich um ethnographische, technische oder philosophische, kurz um sachliche Schwierigkeiten handelt, Übersetzung und Erklärung möglichst in einer Hand vereinigt sind. Der Sinolog soll mehr als der Verfasser des Libretto sein, zu dem ein andrer die Noten setzt; unsre Zukunftsmusik sei aus einem Guss; erst wenn wir dies erreichen, werden wir Resultate erzeugen, die uns Ehre machen.

Die chinesischen Berichte über die Länder des Islam sind ebenso reichhaltig, sachlich und bei richtiger Behaudlung verständlich wie die arabischen über China. Wenn wir auf Schwierigkeiten stossen, die auf den ersten Blick nicht zu lösen sind, so ist dies bei den arabischen Berichten, ich möchte fast sagen noch mehr der Fall als bei den chinesischen. Wie gering ist der Procentsatz des wirklich Erkannten gegenüber dem zweifellos Identificierten in Reinaud's Reisenden und bei den späteren Autoren wie Ibn Batuta! Ja selbst für Marco Polo bleibt, was China betrifft, trotz Yule, noch das Beste zu thun übrig. Die Schwierigkeiten, die für uns in chinesischen Texten durch die Transscription westlicher Namen entstehen, werden bei den arabischen und christlichen Autoren vollständig aufgewogen durch ungenaue Wiedergabe durch den Autor, die durch nachlässige Überlieferung des Textes oft in gänzliche Verstümmelung ausartet. Was Reinheit der Überlieferung betrifft, so sind wir in der chinesischen Litteratur ungleich besser daran als in irgend einer westlichen. Während die Erhaltung eines Namens in seiner Urform, besonders eines chinesischen, der den Abschreibern Mühe machte, selbst bei Marco Polo selten ist, sodass wir genöthigt sind, zu allen Finessen der Textkritik unsere Zuflucht zu nehmen, um eine plausible Vermuthung aufzustellen, sind wir bei chinesischen Texten, die nicht älter als die Einführung der Buchdruckkunst sind, d. h. etwa vom 10. Jahrhundert an, ziemlich sicher, dass wir heute noch dasselbe lesen, was vor Jahrhunderten geschrieben wurde [1]). Von dieser Seite also drohen uns kaum irgend welche Schwierigkeiten. Dagegen wurde es selbstverständlich dem chinesichen Ohr ebenso schwer fremde Silben in die gewohnten Laut-Kategorien zu zwängen, als es den Arabern und Christen war, die oft im Dialect gesprochenen chinesischen Namen zu erfassen. Glücklicher Weise jedoch lässt sich bei methodischem Vorgehen dieser Übelstand in chinesischen Texten leichter bekämpfen als umgekehrt die Verstümmelungen bei westlichen Autoren. Es lässt sich nämlich in zahllosen Fällen feststellen, dass bei aller scheinbaren Unregelmässigkeit, der Chinese nach bestimmten Gesetzen transscribiert hat. Es ist das unsterbliche Verdienst Julien's dies für die Umschreibungen der in der chinesisch-buddhistischen Litteratur so häufigen Sanskrit-Wörter nachgewiesen zu haben [2]). Was wir aus diesen Transscriptionen gelernt haben, kommt uns auch bei westasiatischen Namen zu Gute, die häufig genug nach Julien'schen Gesetzen analysiert werden können. Nur dürfen wir nicht vergessen, dass

---

1) Vgl. meine Bemerkungen über die Überlieferung chinesischer Texte in *China and the Roman Orient*, Introduction, p. 9.

2) S. Julien, *Méthode pour déchiffrer et transcrire les noms sanscrits qui se rencontrent dans les livres Chinois*, Paris, 1861. Das einzige, was ich an diesem Werke auszusetzen haben, ist der Umstand, dass für die chinesischen Aquivalente nicht der alte Laut oder aber der den alten Lauten nahe stehende Dialekt von Canton zu Grunde gelegt ist, sondern das moderne Mandarin. Wer Julien's Methode mit Erfolg benutzen will, muss daher den chinesischen Ausdruck in allen Fällen nach seinem alten Lautwerthe reconstruieren.

die des Sanskrit kundigen buddhistischen Mönche, die uns das Material zu dieser Umschreibungsmethode geliefert haben, das Transscribieren gewissermassen ex officio betrieben und anders ausgerüstet waren als der Hofschreiber, dem es oblag, gelegentlich den Bericht einer fremden Gesandtschaft zu Protokoll zu nehmen, oder ein Schriftsteller wie *Chao Ju-kua*, der seine Aufzeichnungen vermuthlich nach den mündlichen Berichten der mit ihm verkehrenden Araber, Perser oder Juden niederschrieb. Trotzdem gelingt es uns in recht vielen Fällen, bei aller scheinbaren Verstümmelung, die in chinesische Schriftzeichen umgesetzten Namen richtig zu lesen; und ich irre mich wohl kaum wenn ich annehme, dass der Procentsatz des Entzifferbaren in chinesischen Texten dem der wirklich greifbaren, über die blosse Vermuthung sich erhebenden, Identificationen in den arabischen und christlichen Autoren über China durchaus nicht nachsteht. Es ist aber nöthig, um sicher zu gehen, in allen Fällen methodisch zu verfahren, d. h. sich nicht auf ein Rathen zu beschränken, was mit diesem oder jenem Ausdruck wohl gemeint sein könnte, wie wir es bei Rémusat's ethnographischen Übersetzungen häufig finden, sondern aus dem Texte selbst und aus allen uns zugänglichen collateralen Hülfsmitteln das jeder einzelnen Stelle zu Grunde liegende Thatsächliche so bestimmt wie möglich nachzuweisen. Wir sollen uns mit anderen Worten nach Kräften über den Dilettantismus erheben, der, mit wenigen wohlbekannten Ausnahmen, in der Behandlung sinologischer Gegenstände Mode geworden, unsere Wissenschaft in den Augen der Nichtbetheiligten als eine erfolglose herabsetzt, und soweit es der noch junge Entwickelungszustand unseres Faches zulässt, von den schwer erkämpften Grundsätzen der deutschen klassisch-philologischen Methode fleissig Gebrauch machen. Auf keinen Fall sollen wir von einem ethnographischen Problem loslassen, bis wir uns vollständig darüber im Klaren sind, warum es sich handelt. Wo ein Zusammenarbeiten zweier Fachleute geboten ist, wie etwa das eines Arabisten und eines Sinologen, da soll die speculative Thätigkeit des Übersetzers von der des Erklärers nicht ein zeitliches Nacheinander sein, vielmehr soll der Erklärer womöglich unter derselben Studierlampe die Übersetzung entstehen sehen um ihr Schritt für Schritt folgen zu können. Spätere Reconstructionen solcher Übersetzungen, die von Haus aus ohne Berücksichtigung des Sachlichen gewagt und deshalb verdorben wurden, haben nur geringen Werth, wenn sie von Fachleuten unternommen werden, die der Sprache nicht mächtig sind. Dies ist eine der Hauptquellen sinologischer Irrthümer, deren Berichtigung zu den Aufgaben unserer zukünftigen Arbeit gehören wird, einer Arbeit, die sich ebenso oft mit dem Wiederauftrennen falsch zugeschnittener alter Gewänder, wie mit der Herstellung neuer zu befassen haben wird.

Von allen Gebieten der chinesischen Litteratur ist keines so sehr geeignet das Interesse des europäischen Forschers in Anspruch zu nehmen wie das ethnographische. Auf diesem Gebiete ziehe ich wiederum das west-asiatische dem süd- und central-asiatischen deshalb vor, weil uns die erklärenden Quellen dort reichlicher fliessen. Ich habe mir daher in der vorliegenden Arbeit die Aufgabe gestellt, die verschiedenen chinesischen Texte, die sich auf die Länder des Islam, — so nenne ich der Einfachheit halber das ganze Gebiet des Khalifenreichs zur Zeit seiner grössten Ausdehnung -- beziehen, zu sammeln, zu übersetzen und zu erklären. Dazu gehörten die Texte des Alterthums über Syrien, Chaldaea und Parthien, die ich vor neun Jahren in englischer Sprache behandelt habe [1]) und die einer deutschen, verbesserten Bearbeitung wohl werth sind; ferner die hochinteressanten und bisher nur zum Theil, meist flüchtig

---

1) *China and the Roman Orient*, etc. Leipzig, 1885.

behandelten Texte über das Reich der Sasaniden, und schliesslich die nicht unbedeutende Litteratur über die Völker der *Ta-shih*¹). Mit diesem Namen, der im Cantonesischen *Tai-shik* gelesen wird, bezeichneten die Chinesen seit dem Erscheinen Mahomeds die Länder des Islam, bis unter den Mongolen der Ausdruck *Hui-hui*²) an seine Stelle trat. Die Litteratur über die *Ta-shih* ist zum Theil von Bretschneider behandelt worden, doch ist auch hier so vieles nachzutragen, dass ein nochmaliges Beschreiten dieses interessanten Feldes keineswegs überflüssig erscheinen wird.

Aus dem einmal vorliegenden Material wird der mit den beiderseitigen Litteraturen vertraute Leser bald die Überzeugung gewinnen, dass die Chinesen des Alterthums und des Mittelalters über Westasien so gut unterrichtet waren wie irgend ein westasiatisches Volk über China. Es wird sich aber noch mehr ergeben, nämlich dass die chinesischen Aufzeichnungen, wenn auch hie und da an der Überschwänglichkeit orientalischer Schreibweise leidend, oft mit grosser Sorgfalt ausgearbeitet sind und es daher verdienen als Quellen zu unserer Kenntniss Westasiens nicht ganz vernachlässigt zu werden. Dies gilt ganz besonders von dem Autor, mit dessen Werk ich mich seit etwa zehn Jahren beschäftigt habe und den ich deshalb zuerst zum Worte kommen lasse, *Chao Ju-kua*. Ich will Alles das, was sich vom Standpunkte der höheren Kritik über *Chao Ju-kua* und sein ethnographisches Werk, das *Chu-fan-chih*³), sagen lässt, auf die mir jetzt in englischem Manuscript vorliegende Gesammtausgabe aufsparen, wenn es mir je vergönnt sein sollte, eine solche zu veröffentlichen. Ganz flüchtig sei nur bemerkt, dass der Autor ein Glied der kaiserlichen Familie war, die unter dem dynastischen Namen *Sung* (960 bis 1278) erst ganz China und

---

¹) 大食. ²) 回回, „Mahomedaner".
³) 趙汝适諸蕃志. Vgl. meine *Chinesische Studien*, Bd. I, passim.

später Südchina beherrschte, dass er als solches eine Stellung inne hatte, die (wie noch heute die Stelle der *Hoppo* von Canton) meist an ein Mitglied des kaiserlichen Haushalts vergeben wurde, nämlich die Stellung eines *Shih-pó* [1]) in *Ch'üan-chou-fu*, einer Küstenstadt nördlich von Amoy, dem *Zaitun* der Araber und Marco Polo's; dass der *Shih-pó* als Zoll- und Hafendirector mehr als jeder andere Eingeborene mit den Kaufleuten Indiens, Arabiens, Persiens, u. s. w., die dort verkehrten, in Berührung kam, und dass *Chao Ju-kua* diese günstige Gelegenheit dazu benutzte, sich über das, was seine fremden Freunde von der Welt gesehen und gehört, belehren zu lassen, um es seinen Landsleuten in dem genannten Werke zugänglich zu machen. Der genaue Zeitpunkt der ersten Redaction dieses Werkes wird sich wohl nie feststellen lassen, da uns die wenigen Angaben, die wir chinesischerseits über die Persönlichkeit des Autors besitzen, darüber keinen Aufschluss geben. Doch besitzen wir in dem Werke selbst Fingerzeige, die zu der Vermuthung drängen, dass es sich um ein Erzeugniss aus dem Anfang des 13. Jahrhunderts handelt. Von dem als Litteraturquelle hochwichtigen beschreibenden Katalog des Bibliophilen *Ch'ên Chên-sun* [2]) abgesehen, findet sich das *Chu-fan-chih* in der von Rémusat übersetzten Beschreibung von Cambodja erwähnt, die kurz nach dem Jahre 1297 entstand, dem *Chên-la-fêng-t'u-chi* [3]). Rémusat ist dort

---

1) 市舶. Der volle Titel war *T'i-chü-shih-pó-su* (提舉市舶司). In dem Werke *Li-tai-chih-kuan-piao* (歷代職官表), das uns einen historischen Überblick über die Beamten-Titel zu allen Zeiten giebt, wird als Aequivalent des modernen China der Titel *Kuan-shui-chien-tu* (關稅監督) gegeben, was den vereinigten Functionen des heutigen „Superintendent" und „Commissioner of Customs" entspricht. Dies entspricht auch genau der Geschichte dieses Amtes, wie sie uns in der einschlägigen Litteratur dargestellt wird und die ich seiner Zeit, da sie mit der Geschichte des fremden Handels in China Hand in Hand geht, ausführlicher behandeln werde.

2) 陳振孫. Vgl. *Chines. Studien*, I, p. 30.

3) 真臘風土記.

über den Titel des Buches gestolpert, ohne zu ahnen, worum es
sich handelt, wenn er übersetzt »je remarque que, *dans les livres
où l'on décrit les pays étrangers*, on donne à ce royaume une largeur de 7000 li" [1]). Es ist dies eine der zahlreichen Stellen, die
grammatisch scheinbar leicht und vollkommen richtig übersezt sind,
die aber dennoch von einem noch etwas mehr Belesenen von Anfang an ganz anders aufgefasst werden. Nicht die Grammatik, aber
die Routine, erzeugt durch vieljähriges »Lesen, Lesen, Lesen" [2]), hätte
Rémusat lehren müssen, dass der Ausdruck, den er mit den Worten »*dans les livres où l'on décrit les pays étrangers*" übersetzt, nothwendiger Weise ein Büchertitel sein musste. Die chinesische Sprache
müsste ein trauriges Machwerk sein, wenn man über eine derartige Frage im Zweifel sein könnte. Keinem gebildeten Chinesen
würde es einfallen, einen solchen Satz anders zu verstehen; wenn
bei uns derartige Irrthümer vorkommen, wolle man dies nicht der
Sprache zuschieben, sondern lediglich dem Umstand, dass wir,
wenn auch vielleicht recht viel und recht vielerlei, doch noch nicht
genug gelernt haben. Thatsächlich findet sich die besagte Stelle im
Chu-fan-chih (Kap. 1, p. 4).

Seit jener Zeit muss das Werk des *Chao Ju-kua* eine bescheidene Existenz in den Bibliotheken der Liebhaber solcher Curiositäten geführt haben. Dem Chinesen der Dynastie *Sung* galten die
Streitschriften über die einheimische philosophische Litteratur des
Alterthums sehr viel mehr als solche Notizen über fremde Länder.
Das *Chu-fan-chih* muss jedenfalls zu den seiner Zeit seltenen und
zugleich für werthvoll gehaltenen Werken gehört haben, da es in
die vom Kaiser *Yung-lo*, im Anfang des 15. Jahrhunderts veran-

---

1) Vgl. den chinesischen Text im *T's-shu-chi-ch'ing* (8 : 101, *hsi-k'ao*, 3 p. 2 ff.:
按諸蕃志稱其地廣七千里) und Rémusat in *Nouv. Mél. Asiat.*
I, p. 100 ff.

2) G. Schlegel, *La Stèle du Téghin Ghiogh*, s. 48.

staltete Riesen-Bibliothek, das *Yung-lo-ta-tien*, aufgenommen wurde.
Mit dieser Sammlung lag der Text seit 1407, dem Publikum un-
zugänglich, gleichsam begraben, bis er im Jahre 1783 von *Li T'iao-
yüan* ¹) nebst anderen halbvergessenen Schätzen wieder aufgestöbert
und sorgfältig herausgegeben wurde. *Li T'iao-yüan*, auch *Yü-ts'un* ²)
genannt, dessen Biographie sich im *Ssu-ch'uan-t'ung-chih* ³) findet,
war in *Lo-chiang-hsien*, in der Präfectur *Mien-chou* (Provinz Szechuen)
geboren, zog mit seinem Vater, einem oft versetzten Beamten,
von einer Stelle des Reichs zur anderen, genoss eine gute Erziehung und entpuppte sich bald als ein enragierter Bücherfreund.
Er ist daher auch weniger als Verfasser seiner eigenen Werke bedeutend denn als Sammler und Wiederherausgeber früherer Erzeugnisse. Nachdem er im Jahre 1763 als *Chin-shih* promoviert, brachte
ihn seine Carrière in ein hohes Amt in der Nähe von Peking, wo
er als Mitglied der Akademie jede Gelegenheit fand, seinen der
älteren vaterländischen Litteratur gewidmeten Wissensdurst zu be-
friedigen. Der Biograph erwähnt, dass man ihn, so lange er nicht
geschäftlich beansprucht war, nirgends sehen konnte, ohne dass
er ein Buch in der Hand hatte. Er schaffte sich eine Privat-biblio-
thek, die in ganz Szechuen nicht ihres Gleichen hatte. Hohe Mandarine, die ja bekanntlich nicht in ihrer Heimath dienen dürfen,
nehmen selten ihre Bücherschätze mit nach den Provinzen, wo sie
beamtet sind; bringen aber bei jeder Urlaubsreise, die sie nach
der Heimath unternehmen, einen ausserhalb gesammelten Zuwachs
für die oft durch Generationen vererbte Familien-Bibliothek mit.
Eine solche Sammlung hatte sich *Li T'iao-yüan* unter dem Titel
Wan-chüan-lou ⁴), d. i. »die Kammer der zehntausend Bücher" angelegt. Hier schwelgte er, nachdem er sich von allen Ämtern zu-

---

1) 李調元. 2) 雨村.
3) 四川通志, Kap. 154, p. 45. 4) 萬卷樓.

rückgezogen hatte, in den geistigen Schätzen der Vergangenheit, genoss sein *otium cum dignitate*, und suchte durch Beispiel und Belehrung auf das jüngere Geschlecht zu wirken, welchem Einfluss noch heute die anerkannte Regsamkeit der Szechuenesen in litterarischen Dingen zugeschrieben wird. Er starb hochgeehrt auf seinem Tusculum *Tung-shan* in Szechuen, nach welchem er sich den »Greis von *Tung-shan*" ¹) nannte, im Alter von 71 Jahren.

Li T'iao-yüan ist für uns der erste Herausgeber des *Chao Ju-kua* und er ist für unseren Text verantwortlich, insofern es sich um Identität mit dem Manuscript des *Yung-lo-ta-tien* handelt. Dass so viele werthvolle Werke hier eine unbekannte Existenz führen sollten, war ihm ein Dorn im Auge. Er unternahm daher die Zusammenstellung eines Sammelwerkes in 256 Büchern, das er im Jahre 1783 unter dem Titel *Han-hai* ²) herausgab. Darin erschien unter anderen eine grosse Anzahl Werke früherer Dynastien, deren Texte er während seines Aufenthaltes in Peking aus dem *Yung-lo-ta-tien* sorgfältig abgeschrieben hatte, zu denen sich noch manches andere Werthvolle, bisher gar nicht oder nur wenig bekannte, sowie seine eigenen Schriften gesellten. Das Titelblatt des *Han-hai* enthält die Worte: *Wan-chüan-lou tsang-pan* ³), d. h. die Holzblöcke, mit denen das Werk gedruckt ist, sind im *Wan-chüan-lou*, d. i. des Herausgebers Haus-bibliothek, aufbewahrt, — eine Bemerkung, wie sie sich ähnlich auf dem Titelblatte vieler chinesischer Bücher befindet, und die unserem »Druck und Verlag von X." entspricht. Hier jedoch, wie in den meisten Fällen und besonders in den Blüthe-Epochen des chinesischen Buchhandels, haben wir es weniger mit Speculation zu thun als mit der Liebesarbeit eines Litteraturfreundes vom Schlage der *Manucci*. Die Geschichte der

---

1) *Tung-shan-lao-jên* (童山老人).
2) 函海.   3) 萬卷樓藏板.

berühmten Privatbibliotheken würde, wenn man sie schreiben wollte,
nächst derjenigen der Palastindustrie der kaiserlichen Druckereien,
den wichtigsten Theil einer Geschichte des chinesischen Buchhandels vornehmen Stils darstellen.

Dieses Sammelwerk nun, das im Jahre 1809 eine zweite,
gemeinschaftlich mit des Herausgebers nicht weniger berühmtem
Vetter *Li Ting-yüan* [1]) unternommenne, Auflage erlebte, der später
noch eine dritte folgte, enthält den ersten gedruckten Text, der
uns von dem Werke des *Chao Ju-kua* vorliegt.

Im Jahre 1805, noch ehe die zweite Auflage des *Han-hai* erschien, gab *Chang Hai-p'êng* [2]) in *Chao-wên* bei *Su-chou* [3]) ein
grosses Sammelwerk in 200 Bänden heraus unter dem Namen
Hsiao-tsin-t'ao-yüan [4]), das nebst zahlreichen anderen hochinteressanten Drucken, auch einen ferneren Abdruck des *Chu-fan-chih*
enthält. Da bei dieser Ausgabe die Redaction des *Li T'ino-yüan* zu
Grunde gelegt wurde, dürfen wir selbstverständlich keine Varianten
erwarten. Was sich bei einem von mir unternommenen Vergleich
des beiderseitigen Textes an kleinen Abweichungen ergeben hat,
ist so gering, dass es kaum nöthig ist darauf zurückzukommen,
besonders da der Sinn in keinem Falle verändert wird.

Von den genannten Sammelwerken abgesehen, ist mir keine
weitere Ausgabe des *Chao Ju-kua* zu Gesicht gekommen. Pauthier [5])
hat das »*Tchou-fan-tchi*. [Biblioth. imp., nouv. fonds chinois, n°. 696,

---

1) 李鼎元. Promovierte 1778, und veröffentlichte, nachdem er im J. 1800
als Gesandschaftssecretär an einer Mission nach den *Lu-chu* Inseln theilgenommen hatte,
zwei Werke über dieses Land, worunter das bekannte *Shih-liu-ch'iu-chi* (使琉球記)
von Wylie (*Notes*, p 30) besprochen wurde.

2) 張海鵬.

3) Herr *Chang* wohnte in dieser (auch *Chang-shu-hsien* genannten) Stadt im sogenannten *Ch'in-ch'uan* (琴川, worüber *Ta-shu-chi-ch'êng*, 6: 683, *hsi-k'ao* 15, *ku-chih*
2, p. 4), wo laut Titel die Holzblöcke aufbewahrt wurden.

4) 學津討原.

5) *De l'authenticité de l'inscription Nestorienne*, p. 53, Anm. 1.

t. VI]" vorgelegen, doch bin ich nicht in der Lage zu bestimmen, ob das Pariser Exemplar einem dieser beiden Sammelwerke angehört oder nicht. Nach Douglas' Katalog [1]) befand sich seiner Zeit kein Exemplar sowohl der genannten Sammelwerke als auch des *Chu-fan-chih* in der Bibliothek des British Museum.

Das Werk des *Chao Ju-kua* besteht aus zwei Büchern, deren erstes uns im Stile der nachfolgenden Auszüge, ethnographische Skizzen sämmtlicher im Anfang des 13. Jahrhunderts an dem fernöstlichen Seehandel betheiligten Völker (Staaten, oft wohl nur Handelsplätze) giebt. Je weiter von China entfernt, um so weniger ausführlich sind die einzelnen Länder geschildert. Viele dieser Schilderungen scheinen mir besonders deshalb wichtig zu sein, weil sie in dieser verhältnissmässig frühen Periode, Jahrhunderte vor dem Eintreffen der portugiesischen Seefahrer in jenen Gewässern, glaubwürdige Nachrichten über den Handel des Ostens geben. Zwar ist Einiges aus dem Texte des *Chu-fan-chih* in die offiziellen Reichsannalen, das nachlässig bearbeitete *Sung-chih* [2]) des Mongolen *Tokto* [3]), übergegangen, und zwar ohne Angabe der Quelle; doch behält der Urtext auch für diese Stellen seinen Werth, da wir uns eine ziemlich klare Vorstellung von seiner Entstehung machen können, was bei den Texten der Reichsannalen nicht immer der Fall ist. Ein grosser Theil von *Chao Ju-kua*'s Berichten ist jedoch von den faulen Verfassern des *Sung-shih* nicht einmal ausgenutzt worden, vielleicht aus Misstrauen. Jeder Kenner der gleichzeitigen arabischen Verhältnisse aber wird zugeben müssen, dass in den nachstehenden Schilderungen doch recht viel Thatsächliches, mit geringer Mühe Erkennbares zu Grunde liegt. Nachdem sich *Chao Ju-kua* im ersten

---

[1]) *Catalogue of Chinese Printed Books, etc., in the Library of the British Museum*. London 1877.

[2]) 宋史.   [3]) 脫脫.

Buche über die Länder Hinterindiens, den Archipel mit den Philippinen, Japan, Korea, die *Lu-chu* Inseln, Ceylon, Indien und das Gebiet des Islam verbreitet hat, giebt er uns im zweiten Buche eine Waarenkunde, bestehend in einer kurzen, aber klaren, stets zur Sache redenden Monographie für die einzelnen Einfuhrartikel des Hafens von *Ch'üan-chou* (*Zaitun*), der als Schluss eine ausführliche Beschreibung der in jener Zeit in hoher Geistesblüthe stehenden [1]) Insel *Hainan* hinzugefügt wird.

Ich wähle nun zunächst aus diesem Werke diejenigen Schilderungen aus, die sich auf die Länder des Islam beziehen und versuche, soweit es meine beschränkten Mittel gestatten, die zur Identification nöthigen Einzelheiten festzustellen. Der gelehrte Arabist möge diese, für das Verständniss des chinesischen Textes oft nothwendigen Anstrengungen nicht als ein Eindringen in ein Gebiet betrachten, in dem der Fremdling nichts zu suchen hat. Solange es mir versagt bleibt, meine eigenen Studien durch die Anregung des persönlichen Verkehrs mit Fachleuten der übrigen asiatischen Disciplinen zu ergänzen, muss wohl die Abgeschlossenheit und die Schwierigkeit alles Verkehrs mit der Gelehrtenwelt Europa's, die an dem Orte, wo ich diese Zeilen schreibe (*Chungking*, am oberen *Yangtze*, nur wenige hundert Meilen von der Grenze Tibet's), unvermeidlich ist, für manchen Irrthum in rebus Arabicis als Entschuldigung dienen. Weiss ich doch selbst zu gut, wie schwer es selbst für die scharfsinnigsten Fachleute anderer Gebiete ist das Chinesische ohne kleine Irrthümer auch nur anzustreifen, um nicht meinerseits von Misstrauen gegen mich selbst erfüllt zu sein, wo es gilt, sich auf unbekannten Pfaden zurecht zu finden. Ich betrachte die vorliegende Arbeit als Vorläufer für eine spätere zusammenfassende Bearbeitung

---

1) Wegen der zahlreichen hervorragenden Staatsmänner, die während der Dynastie *Sung* dahin verbannt wurden, worunter sich der berühmte Dichter *Su Tung-po* befand.

des chinesischen ethnographischen Wissens und werde mit Dank und Anerkennung jede Berichtigung und sonstige Winke zur Förderung des Gegenstandes mit Freuden entgegen nehmen.

Die nachfolgende Übersetzung setzt bei p. 23 des ersten Buches an und bildet von da ab bis zur Schilderung des Pharos von Alexandria die ununterbrochene Wiedergabe des Textes. Diesem Abschnitt folgt ein sechs Textseiten in Anspruch nehmendes Kapitel, überschrieben: »Verschiedene Länder am Meere" [1]), dem ich das wenige darin enthaltene Mahomedanische auszugsweise entnehme.

TA-SHIH [2]) (Die Araber).

Die *Ta-shih* (Araber) finden sich westlich und nördlich von Chinchew und in sehr grosser Entfernung, so dass die fremden Schiffe es schwer finden die Reise dahin direkt zurückzulegen. Nachdem diese Schiffe Chinchew verlassen, kommen sie in über vierzig Tagen nach *Lan-li* [3]), wo sie Tauschhandel treiben. Im folgenden Jahr wird wiederum in See gestochen, doch selbst mit Benutzung des Monsunes nimmt die Reise volle sechzig Tage in Anspruch. Die

---

1) *Hai-shang tsa kuo* (海上雜國).

2) 大食, Cantonesisch: *tai-shih* = Tadjik. »C'est ainsi que les Mongols et les Turcs paiens appelaient les Mahométans". (d'Ohsson, *Hist. des Mongols*, I, p. 316 f.) Vgl. d'Ohsson's Anmerkung zu dieser Stelle, sowie Vambéry, *Uigurische Sprachmonumente* (Innspr. 1870), p. 234.

3) 藍里. Bretschneider (*Arabs*, p. 16), der eine Parallelstelle zu der obigen aus dem *Sung-shih* übersetzt, verfällt in einen eigenthümlichen Fehler, indem er die vier letzten Zeichen in 至藍里博易 (*chih lan-li po-i*) zu einem Namen *Lan-li-po-i* zusammenzieht und auf die zwischen Kap Calymer und Ceylon gelegenen Inseln *Lendjebalon* bezieht, die von arabischen Reisenden (nach Reinaud I, p. 8) erwähnt werden. Der Zusatz *po-i*, 博易, »Tauschhandel treiben", ist jedoch bei *Chao Ju-kua* so häufig und steht so ausser allem Zweifel in dieser Bedeutung, dass an ein Zugehören zu dem vorangehenden Namen nicht zu denken ist. Vielmehr ist *Lan-li* identisch mit dem von *Chao Ju-kua* vorher beschriebenen *Lan-wu-li*, 藍無里, in Amoy: *lam-bu-li* = Lambri, Ramni, im Norden von Sumatra.

Erzeugnisse des Landes werden gewöhnlich nach *San-fo-ch'i* [1]) (Palembang) verschifft, wo sie des Weiteren an Händler verkauft werden, die sie nach China befördern. Dieses Land ist stark und kriegerisch. Sein Gebiet ist sehr gross und seine Bewohner zeichnen sich durch ihr vornehmes Auftreten vor allen anderen Fremden aus. Das Wetter ist dort oft kalt, ja Schnee fällt bis zu zwei und drei Fuss Tiefe, weshalb Filzdecken sehr geschätzt werden. Die Hauptstadt des Landes, *Mi-hsū-li* [2]), nach anderen *Ma-lo-pa* [3]) genannt,

---

[1]) 三佛齊. Vgl. Groeneveldt, *Notes on the Malay Archipelago*, p. 62 ff. und p. 73, Anm. 1.

[2]) 蜜徐籬, Cantonesisch: *mat-tsu-li*, Amoy Dial.: *bit-su-li*.

[3]) 麻囉拔, Cant. *Ma-lo-pat*, Amoy: *Moa lo-poat*. Welche unter den zahlreichen Städten des Khalifenreiches von unserem chinesischen Gewährsmann mit der „Hauptstadt" gemeint ist, wird sich wohl kaum mit Bestimmtheit entscheiden lassen. Südchinesisches *Misuli* könnte dem arabischen *misr* im Sinne einer „grossen Stadt" entsprechen (vgl. d'Herbelot, *Bibl. Orient.* s. v. *Misr*), wenn nicht der Stadt Misr (Cairo?) selbst; auch an Mosul könnte zu denken sein. Aus unserer Stelle geht nicht hervor, ob *Mi-hsū-li* und *Ma-lo-pa* verschiedene Namen derselben Stadt sind oder ob wir es mit zwei Städten zu thun haben. *Ma-lo-pa* würde sich zur Transscription verschiedener Namen eignen, so *Marabut*, *Malabar*, *Mirbāt*. Von den verschiedenen mir bekannten Städten, denen man allenfalls die Ehre ein Centrum arabischer Civilisation und darum „Hauptstadt" genannt zu werden gönnen könnte, wie Mekka, Medina und Bagdad, will keine zu dem passen, was uns *Chao Ju-kua* an verschiedenen Stellen seines Textes über *Ma-lo-pa* mittheilt. Wollten wir annehmen, dass der Araber, der unserem Autor die Frage nach der Hauptstadt beantwortete, zufällig aus der Stadt Merbot stammte und seiner Heimath die Ehre zuwies, die eigentlich keiner der Khalifenstädte bedingungslos zukam, so würden mancherlei Gründe für diese Annahme sprechen. In seiner Waarenkunde, die den zweiten Theil seines Werkes bildet, sagt der Verfasser über Weihrauch (*ju-hsiang* 乳香), dass diese Drogue erzeugt wird in *Ma-lo-pa* (麻囉拔), *Shih-ho* (施曷, Amoy: *Si-hat*, = Sibar, Scheher) und *Nu-fa* (奴發, Canton. *No-fat*, = Dhofar). Hier stehe ich nicht an den Namen *Ma-lo-pa* mit Merbot zu erklären; denn „c'est de cette ville que se tire le meilleur encens de toute l'Arabie où l'arbre qui le porte est appellé *Lobán*, et sa gomme *Kundur*" (d'Herbelot, *Bibl. Or.*, p. 588). Merbot, Scheher und Dhofar sind gerade die Plätze an der Küste von Hadramaut, die sich mit dem Weihrauch-Handel befassten (Heyd, *Hist. du commerce du Levant*, vol. II, p. 615). *Chao Ju-kua* giebt in einigen Fällen die Entfernung von dieser angeblichen Hauptstadt *Ma-lo-pa*; so bei Ghazna („120 Tage"), bei Rūm („300 Tage überland"), bei Mekka („80 Tage überland in westlicher Richtung"), bei Bagdad („130 Tage überland). Die Entfernungen sowohl wie die Himmelsrichtung bei Mekka (westlich) und

bildet einen wichtigen Knotenpunkt für den Verkehr fremder Völker. Der König trägt einen Turban aus Seidenbrokat und fremdem Baumwollenstoff. Zweimal im Monat (*lit.* bei Neumond und Vollmond) bedeckt er sich mit einer Kopfbedeckung mit flacher Spitze, aus lauterem Gold und achteckig, und mit den kostbarsten Juwelen der Welt besetzt [1]). Sein Gewand ist aus Seidenbrokat [2]) und wird mit einem Gürtel aus Nephrit befestigt. An seinen Füssen trägt er goldene Schuhe. In seiner Wohnstätte werden Karneol-Steine zu den Säulen verwendet, der Stein *Lü-kan* [3]) dient zur Herstellung der Mauern, Bergkrystall wird für die Ziegeln, *lü-shih* [4]) für die Backsteine, Speckstein [5]) für den Estrich verwendet. Vorhänge und Gobelins sind aus reich mit Mustern bedeckten Brokaten gefertigt, aus echtem Golddraht mit Seide von allen Farben gewoben. Des Königs Thron ist mit Perlen und Edelsteinen besetzt und die Thronstufen sind mit echtem Gold beschlagen. Gefässe und Geschirre aller Art sind bald aus Gold, bald aus Silber, und echte Perlen finden sich im Staats-Vorhang [6]) eingeknotet. Bei grossen Hof-Versammlungen sitzt der König hinter diesem Vorhang, zu beiden Seiten, ihn beschützend, umgeben ihn die Minister mit goldenem Panzer und Helm-bedeckt, und mit zweischneidigen Prunkschwer-

---

das Auslassen des Zusatzes „überland" bei Gharna sprechen sehr für Merbot. Bagdad und Mekka sind demnach sicher auszuschliessen, ebenso Mosul. Allenfalls könnte man an Medina mit dem Beinamen *Monawer*, „l'Illustre" (d'Herbelot, s. v. Medinah) denken; dann würen jedoch die Entfernungen bedenklich verschoben, und Mekka liegt sicher nicht westlich, sondern südlich von Medina.

1) Nach v. Kremer, *Kulturg. des Islam*, Bd. I, p. 889, „eine konische Mütze ohne Krempe (Kalansowah)".

2) Über die Kostbarkeit der Brokatstoffe, S. *ibid.* I, p. 139.

3) 綠甘, in einer Scholie des Textes als ein Stein von krystallartiger Durchsichtigkeit beschrieben. *Lü-kan*, Cantonesisch: *luk-kom*. Sollte ein fremder Laut diesem Namen zu Grunde liegen?

4) 碌石, grüner Jaspis? 5) *Huo-shih* 活石.

6) Ich übersetze so wegen des folgenden Satzes; *lien* (簾) ist sonst in China eine halbdurchsichtige Portière aus lose zusammengeknüpften Bambusbändern; „a bamboo screen".

tern bewaffnet. Seine sonstigen Beamten sind die Adjudanten, von denen jeder das Commando über 20,000 Mann Reiterei führt, mit sieben Fuss hohen Pferden, deren Hufe mit Eisen beschlagen sind. Seine Krieger sind tapfer und zeichuen sich in allen militärischen Übungen aus. Die Strassen sind über fünf *chang* breit. In der Mitte läuft ein Fahrweg, zwei *chang* breit und vier *ch'ih* tief (d. i. etwa 22 bei 5 Fuss, engl.), für den Gebrauch der Kameele, Pferde und Ochsen, die mit Waaren belastet einhergehen; und um den Verkehr für Passanten zu erleichtern, sind auf beiden Seiten Bürgersteige angelegt, die mit grünen und schwarzen Steinplatten von ausgesuchter Schönheit gepflastert sind. Die Wohnungen der Bevölkerung sind denen der Chinesen ähnlich, jedoch mit dem Unterschiede, dass hier dünne Steinplatten an Stelle der Ziegel verwendet werden. Die Nahrung besteht aus Reis und anderen Kornfrüchten; Hammelfleisch, mit feinem Weizenmehl gedämpft, wird für eine Delicatesse gehalten; der arme Mann jedoch lebt von Fisch, Gemüsen und Früchten, und zieht die süssen Gerichte den sauren vor. Man macht hier Wein aus dem Saft der Trauben, doch wird auch *Ssü* = Wein [1]) (sarab?) aus einer Abkochung von Zucker und

---

1) *Ssü-ru-chiu* (思酥酒). Ich halte das erste Zeichen für einen Theil des arabischen Namens und fasse die Zeichen *ru-chiu* in einen Gattungsnamen zusammen. *Su-chiu* wird der Wein vermuthlich deshalb genannt, weil es sich nicht um ein alkoholisches Getränk handelt. Das Zeichen *su* (酥) bezieht sich gewöhnlich auf ein Mischgetränk wie den Kumiss und die indischen Palmweine. Im *Chiu-p'u* (酒譜), einem Werke des 11. Jahrhunderts über die damals den Chinesen bekannten Weinsorten (vgl. Wylie, S. 120), findet sich eine Stelle, wonach „Wein in Indien *su* (酥) genannt wird". „Dies ist", heisst es weiter, „ein Getränk, das die nördlichen Buddhisten *pan-jo-t'ang* (般若湯), d. h. Trank der Weisheit (*pan-jo* = pradjña), nennen und das in Wahrheit weiter nichts ist als ein Vorwand, die Strenge des buddhistischen Gesetzes zu umgehen, weshalb das Wort in den Glossaren nicht erwähnt wird" (*P'ei-wên-yün-fu*, Kap. 70, p. 93). Aehnliche Getränke bildeten die Zuflucht durstiger Mahommedaner, seitdem Omar II, in einer berühmten Encyclica, seinem Volke eine Anzahl harmloser Gebräue empfohlen hatte, die den Wein ersetzen sollten und von denen einige als gewürzter Syrup beschrieben werden (vgl. Kremer, *op. cit.*, II, p. 204 ff.). Ein solches Getränk dürfte Chao Ju-kua's San-Wein sein. *Ssü* mag eine Abkürzung für arabisches *sharab* oder *sherbet* sein. Ibn Batuta, der eben ein

Gewürzen bereitet; und aus einer Mischung von Honig mit Gewürzen bereitet men *Mei-ssü-ta-hua* ¹) = Wein. Dieser Wein wirkt sehr erwärmend. Bei Zahlungen in Gold oder Silber gebrauchen sehr reiche Leute Scheffelmaasse anstatt der Gewichte. Die Märkte sind von einer lärmenden Menge belebt und sind voll von grossen Vorräthen an Gold und Silber, Damasten und Brokaten und dergleichen Waaren. Die Goldwerker sind wahrhafte Künstler. Der König sowohl wie die Beamten und das Volk verehren den Himmel als Gottheit; auch haben sie einen Buddha namens *Ma-hsia-wu* ²) (Mahomet). Alle sieben Tage schneiden sie Haar und Nägel. Zu Neujahr wird während eines ganzen Monats unter Absingung von Gebeten gefastet. Das Gebet zum Himmel wird fünf mal des Tags verrichtet. Die Ackerbauer bearbeiten ihre Felder, ohne die Schrecken der Wasserfluth oder der Sommerdürre zu kennen; denn genug

---

Jahrhundert nach Chao Ju-kua schrieb, sagt: "...They bring cups of gold, silver and glass, filled with sugar-candy-water. They call this beverage *sherbet*". Das arabische Wort ist bekanntlich über Spanien in alle europäischen Sprachen übergegangen und heisst bei uns „Sirup". Vgl. Yule, *Anglo-Indian Glossary*, p. 626.

1) 眉思打華酒. Cantonesisch: *mei-sz'-ta-wa*, ein mir gänzlich unverständlicher Ausdruck, der sehr wahrscheinlich auf ein arabisches oder persisches Wort zurückzuführen ist, etwa *mustafa*, „ausgewählt". Vielleicht gelingt es Kennern der Alterthümer des Khalifenreichs den Ausdruck richtig zu lesen. Die Chinesen sagen uns trotz ihrer sich selbst auf fremde Weine erstreckenden Litteratur nichts darüber; wenigstens habe ich vergeblich das *Shêng-yin-pien* (勝飲編) durchgeblättert, ein Werk der gegenwärtigen Dynastie in 18 Büchern, das merkwürdiger Weise, von einem Verfasser herrührt, der selbst keinen Wein trank, aber die Gesellschaft wein-trinkender Menschen liebte. In diesem Werke werden die in der Litteratur berührten Weinsorten fremder Völker erklärt, aber von den Weinen der *Ta-shih* ist nicht die Rede. Nur als persisch (*po-szi*, 波斯) wird ein Liqueur, *san-lo-chiang* (三勒漿) genannt, welcher Ausdruck (*san-lo*, Cant. *sam-lok*) an *sarmak* erinnert, das Getränk, das von Omar II an Stelle des gegohrenen Weines empfohlen wurde (vgl. v. Kremer, II, p. 204). Auffallend ist eine Stelle im *Sung-shih* (Kap. 490, p. 31), wo von *Mi-sha-hua-san-chiu* (密沙華三酒) die Rede ist. Sollten damit drei Getränke gemeint sein, etwa *mi* (密), das *bit'* oder *mddy* = Meth; *sha* (沙) = sharab, und *hua* (華) = Fokkâ'? (Vgl. v. Kremer, *l. c.*)

2) 麻霞勿, Cant. *Ma-ha-mat*.

Wasser zur Wässerung des Bodens wird durch einen Fluss geliefert, dessen Quellen unbekannt sind ¹). Wenn in den Feldern nicht gearbeitet wird, steht der Flussspiegel auf gleicher Höhe mit den Ufern; mit dem Beginn der geschäftigen Zeit aber steigt er von Tag zu Tag. Es wird dann ein Beamter damit beauftragt, den Fluss zu beobachten und den höchsten Wasserstand abzuwarten, um fern und nah das Volk zum Versammeln (d. i. zur Feldarbeit) aufzufordern; es wird dann von Allen gepflügt und gesäet, und wenn vom Wasser genügend Gebrauch gemacht worden ist, tritt der Fluss auf seinen früheren Stand zurück ²). In diesem Lande befindet sich ein über 20 *chang* (36 Faden) tiefer Ankerplatz ³). Derselbe grenzt im Südosten an das Meer, und Zweigverbindungen (Canäle) gestatten den Verkehr nach allen Richtungen hin. Beide Ufer sind mit Wohnstätten besetzt, und es wird da alltäglich Markt abgehalten, wobei sich Schiffe und Lastwagen drängen, beladen mit endlosen Vorräthen an Hanf, Weizen, Hirse, Bohnen, Zucker, Mehl, Oel, Brennholz, Hühnern, Schafen, Gänsen und Enten,

---

1) 有溪澗之水、足以灌溉．其源不知從出．
Damit ist vermuthlich der Nil gemeint, wie der nächstfolgende Passus anzudeuten scheint.

2) Wenn auch das hier beschriebene Bewässerungssystem bei den Euphrat- und Tigrisländern nicht ausgeschlossen ist, so liegt es doch nahe, zunächst an Aegypten und den Nil zu denken, da der Berichterstatter des *Chao Ja-kua* vom Euphrat und Tigris schwerlich gesagt haben würde, dass ihre Quellen nicht bekannt seien. Dazu kommt die bekannte Einrichtung des auf der Insel Elephantine, nahe dem alten Syene, zur Bewachung des Wasserspiegels angestellten Beamten. Das diesem Zwecke dienende Gebäude hat sich bis auf unsere Tage erhalten und wurde im Jahre 1870 auf Befehl des Khedive Ismaël von seinen Astronomen Mahmud-Bey offengelegt und seiner alten Bestimmung zurückgegeben. (Vgl. Dümichen, *Gesch. des alten Aegyptens*, p. 33). Benjamin von Tudela (*Travels*, etc., englisch von B. Gerrans, Lond. 1783, p. 151) beschreibt "The Marble Pillar which they prudently erected before a certain Island in the midst of the water, which arises twelve cubits above the surface. When the top of this is covered, they know that the waters have overflowed the country, etc. Its progress is daily attended to and measured by a man, who proclaims aloud in Zoan and Mizraim: «Give Glory to God, for the River is increased to such and such a height"».

3) *Ta-chiang* (大港), vielleicht «ein Fluthbecken"?

Fischen, Garnalen, Datteln¹), Weintrauben und anderen Früchten. Die Erzeugnisse des Landes bestehen aus Perlen, Elfenbein, Rhinoceroshörnern, Weihrauch, Ambra, Putchuck, Gewürznelken, Muskatnüssen, Benzoë, Aloë²), Myrrhen, Drachenblut, Asa foetida, Bibergeil, Borax, durchsichtigem und mattem Glas, *ch'ē-chü*³) Korallen, Katzenaugen, der *Gardenia florida*⁴), Rosenwasser, Gallen⁵), gelbem Wachs, weichem, mit Gold durchwobenen Brokat, Zeugen aus Kameelwolle, Baumwollenzeugen und fremdem Atlas. Die fremden Kaufleute, die mit diesen Waaren Handel treiben, bringen sie als Tauschproducte nach *San-fo-ch'i* (Palembang) und *Fo-lo-an*⁶).

Die folgenden Länder gehören zu (den *Tashih*), nämlich⁷):

1. *Ma-lo-mo*⁸) (Mirbât?).
2. *Shih-ho*⁹) (Scheher).

---

1) *Tsao-ch'üan* (棗圈), lit. „Dattel-Ringe" oder „runde Kuchen von Datteln", vermuthlich Datteln im conservirten Zustand. Aus einer im *Ping-tzŭ-lei-pien* (Kap. 191, p. 7) citierten Stelle schliesse ich, dass, ausser Datteln, in Tungking auch Birnen und Pfirsiche in dieser Form zubereitet wurden.

2) *Lu-wei* (蘆薈), nach Watters, *Essays* p. 332, dem griechischen *aloi* mit Digamma entsprechend.

3) 硨磲. Nach Schlegel's Nederl. Chin. Woordenboek die Kammmuschel, *Pecten roseus*.

4) *Chih-tzŭ-hua* (栀子花).

5) *Mo-shih-tzŭ* (沒石子).

6) 佛羅安, von *Chao Ju-kua* vorher beschrieben, vermuthlich auf der Halbinsel Malacca, von der Insel Lingga in vier Tagen zu erreichen, jedoch auf dem Continent. Unser Autor rühmt den Buddha-Kultus dieser wahrscheinlich indischen Niederlassung. Die Gegend von Singapore mag der Lage dieses Hafens entsprechen.

7) Die Gründe, die mich zu den nachstehend in Parenthese beigefügten Identificationen veranlasst haben, sind zum Theil in dem enthalten, was der Autor an anderen Stellen von den betreffenden Ländern oder Städten sagt. Zum Verständniss der chinesischen Lautumschreibungen wolle man das hier häufig zur Geltung kommende Gesetz beachten, wonach westliches *r* durch finales *t* im Chinesischen, resp. in den südlichen Dialecten des Chinesischen, wiedergegeben wird. Vgl. meine Monographie „Chinese equivalents of the letter „R" in foreign names", in J. C. B. R. A. S., XXI, 1886, p. 214 ff.

8) 麻羅抹. S. oben S. 21.

9) 施曷, Amoy: *Sihat*, SihaR, Scheher.

3. *Nu-fa* ¹) (Dhofar).

4. *Ya-ssŭ-pao-hsien* ²) (Ispahan).

5. *Lo-shih-mei* ³) (Chwarism).

6. *Mu-chŭ-lan* ⁴) (Mokran).

7. *Chia-li-chi* ⁵) (Kalhat).

8. *Pi-no-yeh* ⁶) (Ifrykijja).

9. *I-lu* ⁷) (Irâk).

10. *Pai-ta* ⁸) (Bagdad).

---

1) 奴發, Cant. *No-fat*. Dass der Autor diese drei Städte, „Ma-lo-po", Scheher und Dhofar, die Hauptstapelplätze für „Weihrauch, an die Spitze seiner Aufzählung der arabischen Gebiete stellt, unterstützt augenscheinlich meine bei Besprechung der Hauptstadt ausgesprochene Vermuthung, dass unter „Ma-lo-po" Merbot zu verstehen ist.

2) 亞四包閑, Amoy: *A-su-pao-han*.

3) 羅施美, Cant. *Lo-shi-mi*.

4) 木俱蘭, Cant. *Muk-kü-lan*.

5) 伽力吉, Cant. *Ka-lik-kat*. Kalhat bei Maskat, Marco Polo's Kalatu (Yule, II, S 448)

6) 毗喏耶, Amoy: *Pi-lok-ya*. Der Initiale *f* ist in den Dialecten von Swatow, Amoy und Foochow nicht vorhanden (Williams, *Syll. Dict.*, Introd. p. XXIII). Um ihn bei Transcriptionen auszudrücken, muss ein anderer Initiale verwendet werden. Dies ist zwar bei chinesischen Silben *h*; gilt es aber initiales *f* in fremden Wörtern wiederzugeben, so nimmt der Amoy-Chinese seine Zuflucht zu *p*, z.B. im Pidgin-English von Amoy *pire* für *fire*, Feuer. Das Zeichen *pi* (毗) wurde nach dem *T'ang-yün* übrigens auch *fi* gelesen (S. *K'ang-hi*, Rad. 81:5, 3). Das Zeichen *no* (喏) steht oft für *no* (諾), im Dialekt von Amoy: *lok*. Die Basis, auf der wir diesen Namen lesen dürfen, ist daher *fi-lok-yeh*, und darin erkenne ich eine Verstümmelung des arabischen *ifriḳya*, d. h. Afrika, als den Namen der Provinz, die dem heutigen Tunis und Tripolis entspricht. Ich habe mich zu dieser Ansicht hauptsächlich deshalb entschlossen, weil im zweiten Theil unseres Textes *Pi-no-yeh* mit denselben Schriftzeichen als Hauptausfuhrland für Korallen genannt wird. Die Edelkoralle aber bildet den Gegenstand weltberühmter Industrie gerade in dieser Gegend; ja, die Küste von Tunis und Tripolis versorgte wahrscheinlich auf Umwegen nicht nur den indischen, sondern auch den chinesischen Markt. Kohl (*Die natürlichen Lockmittel des Völkerverkehrs*, p. 28, citiert bei Heyd, II, p. 610) nimmt an, dass zwei Drittel der an dieser Küste gefischten Korallen in Indien und Indo-China consumirt werden, und Heyd bemerkt dazu: „il nous est facile de retracer la route suivie par ce produit depuis la Méditerranée jusqu'au sud de l'Asie".

7) 伊祿, Amoy: *I-liok*.   8) 白達, Canton.: *Pak-tat*.

11. *Ssŭ-lien* ¹) (Sarendsch?)
12. *Pai-lien* ²) (Bahrein).
13. *Chi-chi* ³) (Szohar in Omar?)
14. *Kan-mei* ⁴) (Cambay?)
15. *Pu-hua-lo* ⁵) (Buchara).
16. *Tsêng-pa* ⁶) (Zangbar, Zanzibar).
17. *Pi-pa-lo* ⁷) (Berbera).
18. *Wu-pa* ⁸) (?).
19. *Wêng-li* ⁹) (Onore, Hunawar?)
20. *Chi-shih* ¹⁰) (Kish).
21. *Ma-chia* ¹¹) (Mekka).
22. *Pi-ssŭ-lo* ¹²) (Basra).
23. *Chi-tz'ŭ-ni* ¹³) (Ghuzni, Ghazna).
24. *Wu-ssŭ-li* ¹⁴) (Masr, Aegypten).

---

1) 思蓮, Amoy: *Su-lien*. 2) 白蓮, Amoy: *Pik-lien*
3) 積吉, Canton.: *Tsik-kat*. 4) 甘眉, Amoy: *Kam-bi*.
5) 蒲花羅. 6) 層拔, Amoy: *tsing-poat*.
7) 弼琶羅, Amoy: *Pit-pa-lo*.

8) 勿拔, Canton.: *Mat-pat*, Amoy: *But-poat*. Dies könnte lautlich recht gut für Mirbât stehen, wenn wir für diesen Namen nicht bereits *Ma-lo-mo* (S. oben) in Anspruch genommen hätten. Die später folgende Schilderung dieser Küstenstadt giebt nur geringen Anhalt zu ihrer Identification.

9) 甕篱, Amoy: *Ong-li*.

10) 記施, Amoy: *Ki-si*, die Insel Kish im persischen Meer.

11) 麻嘉, Amoy und Cant.: *Ma-ka*.

12) 弼斯羅, Amoy: *Pit-su-lo*.

13) 吉瓷尼, Amoy: *Kiat-tsu-ni*.

14) 勿斯鬲, Cant.: *Mat-sṳ'-li*. Bei der schwankenden Schreibweise des Autors, dem es lediglich darauf ankommt, den Laut irgendwie zu erfassen, könnte dieser Name auch für *Mosul* stehen. Mosul sowohl wie Masr sind durch ähnliche Namen vertreten bei nur geringen Abweichungen in der Wahl der Schriftzeichen. S. unten.

Im Jahre 966 reiste der Bonze *Hsing-ch'in*[1]) nach den westlichen Ländern, bei welcher Gelegenheit ihr König mit einem (kaiserlichen) Schreiben bedacht wurde, um seine Sympathie zu erwecken. Im Jahre 968 schickten sie Gesandte mit Tribut an unseren Hof; 971 schikten sie Geschenke zugleich mit *Chan-ch'êng* (Cochinchina) und *Shé-p'o* (Java) an *Li Yü*[2]) in *Kiang-nan*. Da dieser es nicht wagte, sie anzunehmen, unterbreiteten die Gesandten ihre Angelegenheit dem Hofe, worauf eine Kabinetsordre eintraf, laut welcher von jetzt ab Tributgeschenke nicht mehr darzubringen seien. Im Jahre 994 schickten sie Tribut durch den Hülfs-Gesandten *Li-a-wu*[3]), der im Palaste *Ch'ung-chêng-tien*[4]) bei einer Audienz erklärte, ihr Land grenze an *Ta-ts'in*[5]) und erzeuge Elephantenzähne und Rhinoceroshörner. Als der Kaiser *T'ai-tsung* ihn fragte, wie das Rhinoceros und der Elephant gefangen würden, antwortete er: »Um Elephanten zu fangen, locken wir sie mit Hülfe von abgerichteten Elephanten[6]) so nahe heran, dass sie nur mit einem grossen Lasso eingefangen zu werden brauchen. Um ein Rhinoceros zu fangen, lassen wir einen Bogenschützen auf einen hohen Baum klettern, wo er dem Thiere auflauert, bis er es todtschiessen kann. Junge Thiere werden nicht geschossen, da man sie lebendig fangen kann". Dem Gesandten wurde eine Hofuniform mit Hut und Schärpe gewährt und ausserdem so viel Gold als die dargebrachten

1) 行勤.

2) 李煜, ein Rebell, der damals von der Gegend um Nanking Besitz ergriffen hatte (Vgl Mayers, *Manual*, No 745);

3) 李亞勿.   4) 崇政殿.

5) Bretschneider *Arabs*, p. 15) übersetzt eine ähnliche Stelle aus dem *Sung-shih* in folgenden Worten: »He said that *Ts* also is conterminous with the Kingdom of *Ta-ts'in* which is under its control. The country here meant is probably Syria". Dass Araber im Jahre 994 sagen konnten, *Ta-ts'in* sei von ihnen abhängig, beweist sicher, dass wir es mit nicht mit Byzanz zu thun haben können, wenn es weiterer Beweise überhaupt noch bedarf.

6) *Hsiang-mei* (象媒, lit. Elephanten-Heirathsvermittler, »elephant go-betweens" d. h. »decoy elephants".

Tributgeschenke werth waren ¹). Im Jahre 986 kamen wiederum Gesandte der *Ta-shih* zugleich mit einer Gesandtschaft aus dem Lande *Pin-t'ung-lung* ²). Im Jahre 1003 schickten sie eine Anzahl Manichäer ³) mit Tribut von Perlen und der Bitte, ihnen keine Gegengeschenke zu machen ⁴). Der Kaiser *Ch'ên-tsung* wollte sich ihren Wünschen nicht widersetzen; als aber die Gesandten ihre Heimreise antraten, wurden sie mit ganz aussergewöhnlichen Ehren entlassen. Im Jahre 1004 blieb die arabische Gesandtschaft zugleich mit den Gesandten von *San-fo-ch'i* (Palembang) und *P'u-kan* ⁵) (Pagân in Birma) zurück, um das Laternenfest mitzufeiern, bei welcher Gelegenheit sie mit Geld und Wein nach Herzenslust traktiert wurden. 1007 begleiteten sie eine Gesandtschaft aus *Chan-ch'êng* (Cochinchina) und wurden bei dieser Gelegenheit mit ganz besonders guter Verpflegung bedacht; auch wurde ihnen gestattet, die buddhistischen und taoistischen Tempel, sowie die kaiserlichen Lustgärten, zu besuchen. Während der Perioden *Ta-chung* und *Hsiang-fu*

---

1) Aus dieser Stelle lässt sich recht deutlich ersehen, dass die sogenannten Tributgesandtschaften vom chinesischen Hof lediglich als eine Form des fremden Handels angesehen wurden, der bei den Chinesen bis zu verhältnissmässig später Zeit Monopol des Hofes war.

2) 賓瞳龍國, vorher geschildert als zu Cambodja gehörend, vermuthlich die Gegend von Pulo Condor.

3) *Ma-ni-ting* (麻尼等), oder, *Ma-ni* als Personenname aufgefasst: Mani und Andere, Mani und Genossen. Vgl. über *Ma-ni*: Pauthier, *L'inscription syro-chinoise*, pp. 73, 76 u. 78 ff.; Bretschneider, *Arabs*, p. 15. Hier handelt es sich um eine etwas verschiedene Lesart bei der Erwähnung derselben Gesandtschaft im *Sung-shih*, Kap. 490, p. 18, wo sich als Name der oder des Gesandten die Zeichen *po-lo-ch'in-san-mo-ni-ting* (婆羅欽三摩尼等) finden. Bretschneider denkt dabei an die Samaniden; dennoch scheint uns auch hier nichts einfacher als die Übersetzung: „die drei Mani (Manichäer) *Po-lo-ch'in* und Genossen" (*ting*).

4) Vermuthlich hatte der Khalif die Goldgeschenke, mit denen der chinesische Hof seinen Gesandten von 994 bezahlt hatte, übel empfunden.

5) 蒲甘, von *Chao Ju-kua* vorher beschrieben, ein Land mit hervorragend buddhistischem Kultus, wo jedoch auch ein echt chinesischer Tempel den Manen des Feldherrn *Ma-ko Liang* (Mayers, *Manual*, N°. 88) gewidmet war.

(1008 bis 1017), als der Kaiser im Osten des Reiches beim Opfer abwesend war, äusserte der Missions-Chef *T'o-p'o-li* ¹) den Wunsch seine Tributgeschenke auf dem *T'ai-shan* (dem heiligen Berge, wohin sich der Kaiser zum Opferdienst begeben hatte) persönlich überreichen zu dürfen und erhielt dazu die Erlaubniss. Als im Jahre 1011 der Kaiser zum Opferdienst in *Fên-yin* ²) abwesend war, kam der Gesandte wieder und wurde vom Kaiser zu sich befohlen, um ihm Gesellschaft zu leisten. Nach einer alten Überlieferung erzählte man sich in Canton, dass ein Bewohner des Landes *Ta-shih*, namens *Wu-hsi-hu-lu-hua* ³) (Mussa Khalifah?), dort ein Alter von 130 Jahren erreichte, doppelte Ohrlappen hatte und ein ausserordentlich imponierendes Äussere besass. Wie er selbst sagte, hatte ihn in weiter Ferne die Hochachtung vor der Civilisation des Kaiserlandes dazu bewogen, sich in einem See-Schiffe des Landes *Ku-lo* ⁴) (Kalah auf der Halbinsel von Malakka?) auf die Reise nach China zu begeben. Der Kaiser beschenkte ihn mit einem brokatenen Gewand und einem silbernen Gürtel, dem er eine Rolle Seidenzeug hinzufügte. Während der beiden Regierungsperioden *Yüan-yu* (1086 bis 1094) und *K'ai-hsi* (1205 bis 1208) schickten die *Ta-shih* Gesandte mit Tribut. Ein fremder Kaufmann namens *Shih-na-wei* ⁵) (Senaï?), ein *Ta-shih* von Geburt, liess sich in der Südvorstadt von *Ch'üan* (Chinchew) nieder. Schätze geringachtend und mildthätig, durchdrungen von dem Geiste seiner westlichen Heimath, baute er ein Beinhaus ⁶) bei der südöstlichen Ecke der Vorstadt (oder: ausser-

---

1) 陁婆離.
2) 汾陰, s. Playfair, *Cities and Towns in China*, No. 3334 u. 7901.
3) 無西忽盧華, Cant.: *Mo-sai-fat-lo-wa*.
4) 古邏. 5) 施那幃, Amoy: *Si na ui*
6) 輕財樂施、有西土氣習、作叢塚於城外之東南隅、以掩胡賈之遺骸. Ich habe mich zu dieser Übersetzung

halb der Stadt in südöstlicher Richtung), den verlassenen Gebeinen
fremder Kaufleute ein Obdach. Der Zoll-Inspector ¹) *Lin Chih-ch'i* ²)
hat diese Thatsache verzeichnet.

MA-CHIA ³) (Mekka).

Das Land *Ma-chia* (Mekka) wird erreicht, wenn man über 80
Tage westlich überland vom Lande *Ma-lo-pa* (Hauptstadt der *Ta-
shih*, s. oben) reist. Dies ist der Ort, wo der Buddha *Ma-hsia-wu* ⁴)
(Mahomed) geboren wurde. Im Hause des Buddha (d. i. in der

„Beinhaus" gegenüber „Grabstätte", „Kirchhof", nach einer langen Diskussion mit Herrn
E. H. Fraser, z. Z. grossbritanischen Consul in Chungking, entschlossen. Derselbe bean-
standete meine Wiedergabe von *i-kai* (遺骸) mit „remains" und bestand auf der
wörtlichen Übersetzung „the abandoned skeletons" — of Foreign traders, indem er auf die
in Fukien wohlbekannten „Potted Ancestors" Bezug nahm, grosse irdene oder porzellanene
Urnen, die mit den gesammelten Todtengebeinen angefüllt werden. Er nimmt an, dass der
Araber *Shih-na-wei* nicht einen Kirchhof anlegte, sondern die in den (wahrscheinlich ver-
nachlässigten) Grabstätten seiner vor ihm dort verstorbenen Landsleute gesammeltes Ge-
beine auf dauernde Art unter Dach brachte, eventuell in Urnen aufstellte. Eine im
P'ei-wên-yün-fu, Kap. 32, aus dem *Sung-shih* citierte Stelle scheint allerdings diese Auf-
fassung zu unterstützen. Zu welcher Auffassung wir auch hinneigen mögen, so geht aus der
Stelle zweifellos hervor, dass vor der Zeit des von *Chao Ju-kua* genannten Gewährsmannes
Lin Chih-ch'i (1176) fremde Kaufleute in *Ch'üan-chou* begraben waren.

1) *Ti-po* (提舶), abgekürzt für *Ti-chü-shih-po* (提舉市舶), den Titel
den auch unser Autor trug.

2) 林之奇. Nach dem *Sung-shih* (Kap. 433, p. 10) war *Lin Chih-ch'i* aus
Foochow gebürtig, promovierte als *Chin-shih* 1151, worauf eine wechselvolle Carrière ihn
als Staats-Archivar nach der Hauptstadt gebracht hatte. Er hat jedoch wegen Kränklichkeit
um einen Provinzialposten, worauf ihm als Mitglied des Kaiserlichen Haushaltes die Stellung eines Zoll-Inspectors in *Ch'üan-chou* übertragen wurde. Er starb im Jahre 1176 im
Alter von 65 Jahren. *Lin Chih-ch'i* betheiligte sich an den damals die chinesische Welt
bewegenden Controversen über die confucianische Kritik, schrieb Commentare zum *Ch'un-
ch'iu*, dem *Li-ki*, den Analecten, zu Mencius und zum Philosophen *Yang* (楊子);
auch ein Werk *Tao-shan-chi-wên* (道山記聞), vermuthlich ein Reisewerk. Ob-
gleich sich seine Ansichten über die Klassiker citiert finden, scheint doch keines der genannten Werke erhalten zu sein. Die Bemerkung über das „Beinhaus" der Araber könnte
dem erwähnten Reisewerk entnommen sein, wenn nicht *Chao Ju-kua*, als Nachfolger des
Lin Chih-ch'i, aus seinen eigenen Amtsacten geschöpft hat.

3) 麻嘉, Canton. *Ma-ka*.   4) 麻霞勿, Canton. *Ma-ha-mat*.

Kaaba) besteht das Mauerwerk aus Nephritstein von allen Farben. Alljährlich, wenn der Todestag des Buddha gekommen ist, versammelt sich allhier das Volk aus allen Ländern der *Ta-shih*, um seine Ehrfurcht zu bezeugen, bei welcher Gelegenheit man in der Darbringung von Geschenken an Gold, Silber, Juwelen und Edelsteinen wetteifert; auch wird das Haus (die Kaaba) von Neuem mit Seidenbrokat bedeckt¹). Weiter hinten (d. i. in Medina?) befindet sich das Grab des Buddha. Dort erscheint bei Tag und bei Nacht beständig ein Glorienschein so hell, dass niemand in die Nähe kommen kann; wer vorbeigeht, schliesst die Augen. Wer in seiner Todesstunde seine Brust mit Erde reibt, die von diesem Grabe genommen ist, der — sagen sie — wird durch die Kraft des Buddha von Neuem geboren.

Tsêng-po ²) (Zanzibar).

Das Land *Tsêng-po* (Zanzibar) liegt auf einer Insel im Süden von *Hu-ch'a-la* (Guzerat). Im Westen reicht es an die grossen Berge. Seine Bewohner sind *Ta-shih* von Abstammung und Mahomedaner. Sie kleiden sich in blaue, fremde Tücher und tragen rothe Lederschuhe. Ihre tägliche Nahrung besteht aus Reis, Mehl, Brod und Hammelfleisch. Es sind da viele Dörfer, bewaldete Hügel und terrassenförmige Felsen in Reihen ³). Das Klima ist warm, und man kennt keine kalte Jahreszeit. Die Producte bestehen aus Elephantenzähnen, Gold, Ambra und gelbem Sandelholz. Alljährlich

---

¹) 争持金銀珍寶以施、仍用錦綺覆其居.
Das Wort *jêng* (仍) wird hier schwer zu rechtfertigen sein, wenn wir es nicht auf die alljährliche Erneuerung des Vorhangs über der Kaaba beziehen. Wem die Übersetzung „von Neuem" zu viel in den Text hineinzulegen scheint, der möge übersetzen: „sie beeilen sich in der Darbringung von Geschenken, u.s.w.; und bedecken *überdies auch noch* das Haus mit Brokat".

²) 層拔, Cant. *tsang-pat*.   3) Übersetzung zweifelhaft.

schicken *Hu-ch'a-la* (Guzerat) und die Niederlassungen an der Seeküste der *Ta-shih* (Araber) Schiffe zum Tauschhandel nach diesem Lande mit weissem Tuch, Porzellan, Kupfer und rother Baumwolle als Tauschartikeln.

PI-PA-LO [1]) (Berbera).

Das Land *Pi-pa-lo* (Berbera) enthält vier Städte (*chou*) [2]); die übrigen (Ortschaften) sind Dörfer, die an Macht und Gewaltthätigkeit miteinander wetteifern. Die Bewohner beten zum Himmel und nicht zu Buddha. Das Land erzeugt Kameele und Schafe, und das Volk nährt sich von Fleisch und Milch des Kameels und Backwerk. Sonstige Erzeugnisse sind Ambra, grosse Elephantenzähne und grosse Rhinoceroshörner. Von den Elephantenzähnen wiegen einige über 100 Kätty (= 133⅓ Pfund), und es giebt Rhinoceroshörner von über 10 Kätty (= 13⅓ Pfund). Das Land ist auch reich an Kostwurzel (putchuck), Storaxbalsam, Myrrhen [3]) und Schildpatt von

---

1) 弼琶羅, Cant.: *pat-pa-lo, paR-pa-Ra* = Berbera. Vgl. Chinesische Studien, Bd. I, p. 83.

2) *Chou* (州), Provinz oder Theil einer Provinz, oder auch dessen Hauptstadt; ich habe den Ausdruck hier durch „Stadt" übersetzt wegen des sogleich folgenden Gegensatzes „Dörfer", und auf Grund dieser Stelle auch an anderen Stellen des Textes dieser Übersetzung den Vorzug gegeben: *Yu sü chou yü chieh ts'un-lo* (有四州餘皆村落) Über 村落 S. *P'ei-wên-yün-fu*, Kap. 99a, p. 112.

3) Die Erwähnung von Myrrhen als Product von Berbera ist im höchsten Grade charakteristisch und beweist, um wie viel besser, Dank seinen arabischen Freunden, der chinesische Autor vor etwa 650 Jahren über gewisse Dinge unterrichtet war als es unsere Geographen bis vor gar nicht so langer Zeit gewesen sind, als Daniel Hanbury die wirkliche Heimath dieser Drogue nachwies. Hanbury sagt (*Science Papers*, p. 378) mit Bezug auf Myrrhen: „Though the substance itself has been known to mankind from the remotest period of history, and though it has been among the most precious articles of ancient commerce, the tree which affords it, is almost — perhaps altogether — unknown to botanists". Die Entdeckung einer für den echten Myrrhenbaum gehaltenen Pflanze 300 Meilen nördlich von der Strasse von Bab-el-Mandeb durch Ehrenberg (1820—26) wird von Hanbury nicht als ein Schlüssel zur Lösung dieses Problems angesehen. Dagegen verweist uns Hanbury (p. 380) auf die Untersuchungen des Mr. Vaughan, 1852 Hafen-Arzt in Aden, der darauf aufmerksam machte, dass Myrrhen in grossen Mengen von den Somali-Stämmen zwischen Zeila und Cap Gardafui gesammelt werden, auch aus Harrar, einer Handelsstadt

ausserordentlicher Dicke, wonach in anderen Ländern grosse Nachfrage herrscht. Das Land erzeugt ferner ein Geschöpf, das man den »Kameelstorch" [1]) nennt. Es ist, von der Erde bis zum Kopf gemessen, sechs bis sieben chinesische Fuss hoch, hat Flügel, kann aber nicht hoch fliegen. Ferner ein Säugethier, genannt *Tsu-la* [2]); es gleicht einem Kameel an Gestalt, einem Ochsen an Grösse und ist von gelblicher Farbe; seine Vorderbeine sind fünf, die Hinterbeine nur drei chinesische Fuss hoch; der Kopf ist hoch und nach oben gerichtet; das Fell ist einen Zoll dick. Es ist da ferner eine Art Maulesel mit braunen, weissen und schwarzen gürtelartigen Streifen (das Zebra). Diese Säugethiere sind in den wilden Einöden der Gebirge zu Hause; sie bildeten früher Abarten des Kameels (?). Die Bewohner sind grosse Jagdfreunde und jagen diese Thiere mit vergifteten Pfeilen.

Wu-pa [3]).

Das Land *Wu-pa* liegt an der Seeküste, und steht durch einen Überlandweg mit *Ta-shih* (den Arabern) in Verbindung. Der König

---

im Innern, etwa 175 Meilen südwestlich von Zeila gebracht werden. »The drug arrives at the great fair of Berbera, and is brought up by the Banians of India for shipment to Aden and Bombay". Nach Hanbury kommen Myrrhen 1) aus der Gegend von Ghizan an der Ostküste des rothen Meeres; 2) von der Südküste Arabiens östlich von Aden; 3) von der Somali-Küste südlich und westlich von Cap Gardafui; und 4) aus der Gegend zwischen Tajura und Shoa. Die beiden zuletztgenannten Gebiete dürften ihren Hauptmarkt in Berbera finden. Schweinfurth's botanische Forschungen in diesen Gegenden liegen mir leider nicht vor, und ich weiss nicht, ob er Hanbury's Resultate bestätigen kann.

[1]) *La t'o-hao* (駱駝鶴), zweifelsohne der Strauss wie Schlegel schon früher nachgewiesen hat, und der im Arabischen ebenfalls *Teir ad djamal*, und im Persischen *Ushtermurgh* heisst, was beides »Kameelvogel" bedeutet. Siehe G. Schlegel, *The Shui-yang or Watersheep*, in »Actes du Congrès international des Orientalistes tenu en 1889 à Stockholm et Christiania" Vol. II, Sect. IV, p. 21—22.

[2]) 徂剌, Canton: *tso-lap*, womit man Arab. *zarāfa* oder Pers. *zurnāpa*, d. i. »Giraffe", vergleichen möge.

[3]) 勿拔, Cant: *mat-pat*. Ich habe keinen bestimmten Anhalt bezüglich dieses Namens, ausser dass sich die kurze Schilderung zwischen der von Berbera und der angrenzenden Somali findet, was mit der dunklen Hautfarbe des Fürsten auf eine afrikanische

ist von dunkelbrauner Hautfarbe ¹), trägt einen Turban und ist mit einer Jacke bekleidet. Er gehorcht der Religion und den Lebensregeln der *Ta-shih* (d. h. er ist Mahomedaner).

CHUNG-LI ²) (das Land der Somali).

Die Bewohner des Landes *Chung-li* (Somali) gehen barhäuptig und barfuss, hüllen sich in baumwollene Tücher, wagen es aber nicht Jacken zu tragen, denn das Tragen von Jacke und Turban gehört zu den Privilegien der Minister und der Höflinge des Königs. Die Wohnung des letzteren besteht aus einem Backsteingebäude, das mit glasierten Ziegeln bedeckt ist, während das Volk in Hütten lebt, die, aus Palmblättern errichtet, mit Binsendächern bedeckt sind. Ihre tägliche Nahrung besteht aus Backwerk, Schaf- und Kameelmilch. Ochsen, Schafe und Kameele finden sich in Menge. Unter den Ländern der *Ta-shih* (Araber) ist dies das einzige, das den Weihrauch ³) erzeugt. Unter den Bewohnern befinden sich viele Zauberer, die sich in Vögel, Säugethiere oder Wassergeschöpfe verwandeln und so das unwissende Volk in Schrecken setzen. Wenn sie bei ihren Handelsgeschäften mit einem der fremden Schiffe in Händel gerathen, so sprechen die Zauberer ihren Bann über das Schiff aus, in Folge dessen dasselbe weder vorwärts noch rückwärts sich bewegen kann; sie lassen dann das Schiff nicht eher frei als bis der Schlichtung

---

Niederlassung zu deuten scheint. Die Verbindung überland mit den Ta-shih-Gebieten braucht nicht gerade dagegen zu sprechen. Dass Bewohner und Bodenerzeugnisse denen von *Fung-man*, was ich nur mit *Oman* identifizieren kann, entsprechen sollen, würde allerdings sehr in Betracht zu ziehen sein. S unten, unter *Fung-man*. Vgl. oben unter *Ta-shih*.

1) *Tsŭ-t'ang sĕ* (紫棠色), vielleicht von der Farbe des *Tsŭ-t'ang*, wenn damit eine Baumfrucht gemeint ist.

2) 中理. Vgl. *Chinesische Studien*, I, p. 35 f.

3) *Ju-hiang* (乳香). Wenn *Chao Ju-kua* uns in seiner Monographie über diese Drogue versichert, sie werde in *Ma-lo-pa* (Merbat), *Shih-ho* (Scheher) und *Nu-fa* (Dhofar) erzeugt, so dürfte er dort die Ausfuhrorte meinen. Hier handelt es sich wahrscheinlich um die wirkliche Produktion.

des Streites beigestimmt ist ¹). Die Regierung hat dies streng verboten. Alljährlich lassen sich in zahllosen Mengen Flugvögel ²) in den unbewohnten Strichen des Landes nieder. Mit Sonnenaufgang jedoch verschwinden sie plötzlich, ohne dass man auch nur ihren Schatten gewahr wird. Die Bewohner fangen sie mit Netzen, da sie ein äusserst schmackhaftes Gericht abgeben. Man sieht sie nur am Ende des Frühlings; sobald der Sommer anbricht, verschwinden sie, um sich im folgenden Jahre wieder einzustellen. Wenn einer der Bewohner stirbt und nach beendigter Einsargung begraben werden soll, machen nahe wie ferne Verwandte ihren Beileidsbesuch, wobei jeder, ein Schwert schwingend, hineingeht und den Leidtragenden nach der Todesursache fragt ³). »Ward er von Menschenhand erschlagen", rufen sie, »so wollen wir mit diesen Schwertern an dem Mörder Rache üben". Antwortet der Leidtragende, dass er nicht von Menschenhand erschlagen, sondern durch Himmel's Beschluss sein Ende gefunden, so werfen sie ihre Schwerter weg und brechen in bittere Klagen aus. Alljährlich treiben regelmässig grosse Fischleichen gegen die Küste an. Dieselben sind bei einem Querdurchmesser von über zwei *Chang* (etwa 22 Fuss) über zehn *Chang* (etwa 110 Fuss) lang. Die Bewohner essen das Fleisch dieser Fische nicht und schneiden nur Gehirn, Mark und Augen aus, woraus sie Oel bereiten, und zwar in günstigen Fällen bis zu reichlich

---

1) *Chih yü chüan-chieh fang wei shih-fang* (知與勸解、方爲釋放). Ich vermuthe, dass statt des ersten Zeichens *chih* (知), das hier keinen Sinn geben würde, *ho* (和) zu lesen ist.

2) *Fei-ch'in* (飛禽), Zugvögel, Strichvögel? Es dürften damit die Wachteln gemeint sein, die im Winter über das mittelländische Meer fliegen, um in verschiedenen Gegenden Afrika's Aufenthalt zu nehmen. Vgl. Brehm's Thierleben (Leipzig 1879): Vögel, Bd. III, p. 104 f.

3) *Tau-wên* (放問), »lauernd fragt" (?). (Eigentlich »Kauend fragt"; wahrscheinlich aber eine Verwechslung mit dem gleichlautenden 探問 *t'an wên*, »sich erkundigen nach". Anmerkung von G. Schlegel).

300 *Téng* ¹). Mit Kalk vermischt wird dieses Oel zum Kalfatern der Schiffe ²) sonst auch als Lampenöl verwendet. Die ärmeren Klassen benutzen das Fischbein zu Dachrippen, das Rückgrat zu Thürflügeln, die ausgeschittenen Knochenwirbel desselben als Mörser. In diesem Lande ist ein Gebirge ³), das die Grenze des Landes *Pi-pa-lo* (Berbera) bildet, 4,000 Li im Umfang, jedoch grösstentheils unbewohnt. Von diesem Gebirge kommt das Drachenblut ⁴) und die Aloë ⁵), und als Producte des Wassers Schildpatt und Ambra ⁶). Man weiss nicht woher das Ambra kommt, denn es erscheint plötzlich, vom Winde gegen die Küste getrieben, in Stücken von drei oder fünf, bis zu zehn Kätty. Die Eingeborenen theilen sich so schnell wie möglich darin, da es sonst von den Schiffen, die auf offener See darauf stossen, aufgefischt wird.

YUNG-MAN ⁷) (Oman).

Das Land *Yung-man* (Oman) gleicht sowohl was seine Bewohner als seine Bodenerzeugnisse betrifft dem Lande *Wu-pa* ⁸). Der Herr des Landes trägt einen Turban, wickelt sich in leichte Seide, trägt keine Kleider und geht barfuss; seine Diener tragen keine Kopfbedeckung und gehen barfuss, aber wickeln sich in leichte Seide, so den Körper bedeckend. Sie leben von Weizenbrod, Hammelfleisch, Schafsmilch, Fisch und Gemüse. Das Land erzeugt Datteln

---

1) 班, ein mir unbekanntes Gewicht oder Hohlmass. Der Ausdruck ist nicht chinesisch, doch bin ich ihm in buddhistischen Glossaren begegnet.

2) *Po-ch'uan* (舶船), grosse See-schiffe, womit bei *Chao Ju-kwa* immer die am arabischen Handel betheiligten Fahrzeuge gemeint sind.

3) *Shan* (山), was auch „Insel" und „Halbinsel" bedeuten kann. Wegen der Grenze von Berbera dürfte die Übersetzung „Insel" ausgeschlossen sein, doch könnte man recht gut an die Küste von Gardafui denken. Die Erwähnung von Ambra, eines notorischen See-Productes, als eines Erzeugnisses dieses *shan*, spricht für ein Küstenland.

4) *Hsüeh-chieh* (血碣). 5) *Lu-wei* (蘆薈).

6) *Lung-hsien* (龍涎), lit. Drachen-Speichel.

7) 甕蠻. 8) 勿拔. S. oben, S. 36.

in grosser Menge; an der Küste findet man Perlen und in den Bergen wird Pferdezucht in grossem Maasstabe betrieben. Die anderen Länder die hierher Handel treiben, kaufen nur Pferde, Perlen und Datteln, die sie mit Gewürznelken, Kardamomen und Kampfer als Tauschartikel bezahlen.

Chi-shih [1]) (die Insel Kish).

Das Land *Chi-shih* (Kish) liegt auf einer Felseninsel im Meere [2]) in Sicht (der Küste) von *Ta-shih*, die in einem halben Tage zu erreichen ist. Es gehören nur wenige Städte zu seinem Gebiete. Wenn der König sich öffentlich zeigt, so sitzt er zu Pferde unter einem schwarzen Baldachin, gefolgt von über 100 Mann seiner Dienerschaft. Die Bewohner sind weiss und rein und acht chinesische Fuss gross. Sie tragen ihr Haar lose unter einem Turban, acht chinesische Fuss lang, von dem die andere Hälfte über den Nacken herabhängt. Ihre Kleidung besteht aus einer fremden Jacke und Überwurf aus leichter Seide oder Baumwolle mit Schuhen aus rothem Leder. Sie gebrauchen Gold- und Silbermünzen. Ihre Nahrung besteht aus Weizenbrod, Hammelfleisch, Fisch und Datteln; sie essen keinen Reis. Das Land erzeugt Perlen und vorzügliche Pferde [3]).

1) 記施, Cant.: *Ki shi*.

2) *Tsai hai-hsü chung* (在海嶼中).

3) Die Insel Kish lieferte allein 400 auserlesene Staten, die den berühmtesten und edelsten Pferden des alten Persiens gleich standen. Jedes dieser Pferde wurde mit 220 Dukaten bezahlt, und die persische Schatzkammer trug die Unkosten, wenn eines dieser Thiere während des Transports zu Schaden kam. Unter Ebusekr, dem Salghuren, der im Jahre 1226 den Thron bestieg, sollen alljährlich 10,000 Pferde von seinen Besitzungen nach Indien im Werthe von 2½ Millionen Goldstücken verschifft worden sein. Wassaf, der für diese Mittheilung verantwortlich zu sein scheint, fügt hiezu, dass die Inder diese Pferde anstatt des üblichen Gerstenfutters vierzig Tage lang mit Erbsen in Butter geröstet und Kuhmilch fütterten und sie dann schonungslos zu Grunde ritten, und dass in Folge dessen die Nachfrage nach Pferden das ganze Jahr hindurch gleich blieb. Hammer-Purgstall, *Gesch. der Ilchane*, II, p. 51 ff. Auch Marco Polo lässt sich über diesen Pferdehandel aus. (Vgl. Yule, II, pp. 824 u. 333).

PAI-TA [1]) (Bagdad).

Das Land *Pai-ta* (Bagdad) ist der Sammelplatz für all die anderen Länder der *Ta-shih* [2]). Man erreicht es, indem man von *Ma-lo-po* (Merbot?) über Land etwa reichlich 130 Tagereisen reist, wobei man über fünfzig Städte [3]) berührt. Dieses Land ist ausserordentlich stark und gross, Fussvolk und Reiterei sammt Waffen und Rüstung sind von grosser Zahl. Der König ist ein unmittelbarer Nachkomme des Buddha *Ma-hsia-wu* [4]) (Mahomed), und der Thron ist durch 29 Generationen bis zur Jetztzeit vererbt worden, worüber sechs bis sieben hundert Jahre verflossen. Die anderen Länder der *Ta-shih* (Araber) mögen sich untereinander mit Militärmacht angreifen, doch wagt es keiner dieses Gebiet zu verletzen. Wenn der König ausgeht, so ist (über ihm) ein schwarzer Baldachin [5]) ausgespannt, dessen Handgriff von Gold ist, gekrönt von einem Löwen aus Nephrit, der auf dem Rücken einen grossen goldenen Mond trägt, scheinend wie ein Stern und weithin sichtbar. Regelmässige Strassen durchschneiden ihre Städte und Märkte, und die Wohnungen des Volkes sind vornehm und verschwende-

---

1) 白達, Cant. *pak-tat*.
2) *Ta-shih chu-kuo chih i tu-hui* (大食諸國之一都會).
3) *Chou* (州). S. oben S. 35, unter *Pi-pa-lo* (Berbern).
4) *Wang nai Fo Ma-hsia-wu chih-hsia tsü-sun* (王乃佛麻霞勿直下子孫). *Ma-hsia-wu*, im Cantonesischen = *Ma-ha-mat*.
5) *Tsao-kai* (皂蓋). Der schwarze Baldachin dürfte in folgender Stelle des Benjamin von Tudela seine Erklärung finden, die ich, da mir keine andere zur Hand ist, nach der englischen Übersetzung (*Travels*, etc., transl. B Gerrans, Lond. 1783, p. 97) citiere: "When he (der König von Bagdad) goes out, he rides on a mule, clad in his royal vestments, embroidered with gold and silver: on his head he wears a turban adorned with jewels of inestimable value, over which is bound a black napkin, or grave cloth, to show how much humility ought to be practised by the greatest men in this world, as if he should have said, 'Ye see all this my pomp and glory, but when the angel of death shall come to demand the spoils of my mortality, clouds and thick darkness will absorb it'".

risch angelegt. Pretiosen und kostbare Atlasstoffe giebt es in Menge, dagegen wenig Reis, Fisch und Gemüse¹). Man isst Backwerk und Fleisch, und trinkt Kumiss²). Das Land erzeugt Gold und Silber, geschliffene Glaswaaren erster Qualität³), weisses *Yüeh-no*-Tuch⁴) und Storax-Balsam. Die Eingeborenen tragen gern Turbane und Gewänder aus gutem »Schneetuch"⁵) (schneeweissem Tuch). Alle sieben Tage schneiden sie Haar und Nägel, fünfmal täglich beten sie zum Himmel, und sie gehorchen der Religion und den Lebensregeln der *Ta-shih* (d. h. sie sind Mahomedaner). Da sie (d. h. ihre Könige) Nachkommen des Buddha (des Propheten) sind, so kommen die anderen Länder ihre Ehrfurcht zu bezeugen⁶).

---

1) *To pao-wu chên-tuan, shao mi yü tsai* (多寶物珍段少米魚菜). Ich bin geneigt *hsiao* (小) für *shao* (少) zu lesen, da *hsiao-mi* (小米), d. i. »Hirse", bereits in der allgemeinen Schilderung der *Ta-shih* erwähnt ist. Demnach würde die Stelle lauten: »Pretiosen, kostbare Atlasstoffe, Hirse, Fisch und Gemüse giebt es in Menge". Vgl. v. Kremer, I, p. 290.

2) *Su-lo* (酥酪), gewöhnlich durch „Kumiss" übersetzt, in welcher Bedeutung der Ausdruck bei Schilderung centralasiatischer Nomadenvölker häufig vorkommt; hier jedoch vermuthlich die zahlreichen Mischgetränke bezeichnend, die dem Muselmann die Stelle des Weines vertreten sollten. Vgl. oben S. 23, unter *Ta-shih*, Anm. über *Su-ro-chia*.

3) *Nien-hua-shang-têng-liu-li* (碾花上等琉璃). Bagdad war nächst Syrien der berühmteste Sitz dieser Industrie. S. v. Kremer, II, p. 281 ff.

4) 白越諾布, *pai yüeh-no-pu*. Der Ausdruck findet sich häufig in Texten, die sich auf Westasien bis nach Samarkand hin beziehen; gewöhnlich nur in seiner einfachsten Form *yüeh-no*, Cant. *yüt-nok*. Linguistisch wäre dies als Transcription von *Cuttanee* (Yule, *Glossary*, p. 224) nicht unmöglich. Doch erwähnt Marco Polo (Yule, II, pp. 65 u. 67) einen *Nac* genannten Stoff gerade als Produkt von Bagdad. Für die zweite Silbe *nc*, Cant. *nok*, können wir uns kein besseres Aequivalent denken. Was würde aber in diesem Falle mit *yüch* anzufangen sein, das sich aus dem Chinesischen in keiner Weise erklären lässt und doch wohl einen Theil des Fremdwortes bildete?

5) *Hsüeh-pu* (雪布).

6) *I Fo chih tsŭ-sun ku chu-kuo k'nei ching yen* (以佛之于孫、故諸國詣敬焉). Benjamin (*l. c.*, p. 96) sagt mit Bezug auf den Khalifen von Bagdad: »Pilgrims from very distant countries, who are journeying to Mecca, strive to have access to him, and call aloud to him in his palace".

PI-SSŬ-LO [1]) (Basra).

Wenn der Herr des Landes *Pi-ssŭ-lo* (Basra) sich öffentlich zeigt, ist er von einem berittenen Gefolge von über tausend Mann begleitet, die vollständig in eisernem Harnisch stecken, während die Heerführer (oder Offiziere [2]) mit Ring-Panzern [3]) ausgestattet sind. Er empfängt seine Befehle von Bagdad. Das Volk lebt von Weizenbrod und Hammelfleisch. Ihr Kalender ist ziemlich richtig, was die kalte und heisse Jahreszeit anbetrifft; aber sie kennen (die Feiertage) Neumond und Vollmond nicht [4]). Das Land erzeugt Kameele, Schafe und Datteln [5]). Die Länder *Chi-shih* (Keish) und *Yang-man* (Oman) schicken alljährlich Handelsexpeditionen nach diesem Lande.

---

[1]) 弼斯羅, Cant. *pat-ss'-lo*.

[2]) *Chiang-kuan* (將官). Der hier angedeutete militärische Aufwand des Fürsten, der nicht König (*wang*, 王, "Khalif"), sondern einfach "Herr des Landes" (*ti-chou*, 地主) genannt wird, ist dadurch zu erklären, dass Basra nebst Kufa zu den Grundvesten arabischer Heeresmacht gehörte. "Der Herr des Landes", der seine Befehle von Bagdad erhielt, war vermuthlich der Gouverneur der Garnison, die einst 80,000 Mann zählte und mit ihren Familien eine Militärbevölkerung von 120,000 Köpfen bildete. (V. Kremer, I, p. 208.)

[3]) *Lien-huan-so-tsŭ-chia* (連環鎖子甲), Ringelhemden (*sardijjāt*?). V. Kremer, II, p. 284.

[4]) *Tan wu shuo-wang* (但無朔望). *Shuo-wang* bedeutet hier den ersten und den fünfzehnten Tag des chinesischen Monats, d. h. die Tage des Neumonds und des Vollmonds, die in ganz China als Feiertage gelten und die nebst einer nicht geringen Zahl ausserordentlicher Feste, wie das Neujahr, Drachenfest, Herbstesanfang, u.s.w, dem Chinesen ungefähr ebenso viel Gelegenheit zum Ausruhen verschaffen wie uns die christlichen Sonn- und Festtage. Einem chinesischen Beobachter, der sich von einem Fremden Belehrung über den Kalender seiner Heimath erbat, musste das Nicht-feiern dieser chinesischen Mondfeste in erster Linie auffallen. Nur auf diese Weise lässt sich der obige Satz erklären.

[5]) Basra war der hauptsächlichste Ausfuhrplatz für Datteln, und Mas'ûdi (v. Kremer II, p. 283) beschreibt ein Volksfest, zu dem die Datteleernte und die Versendung der in grosse Körbe gepressten Frucht Veranlassung gab. Auch Marco Polo (Yule, I, p. 64) erwähnt "the great city of Bastra, surrounded by woods, in which grow the best dates in the world". Vgl. Yule's Aam, p. 66 f.

Chi-tz'ü-ni [1]) (Ghazna).

Das Land *Chi-tz'ä-ni* (Ghazna) ist von *Ma-lo-pa* (Merbot?) aus in etwa 120 Tagereisen zu erreichen. Das Land liegt in nordwestlicher Richtung [2]) und ist ausserordentlich kalt, so dass der Schnee des Winters bis zum Frühling nicht schmilzt. Dieses Land ist von hohen Bergen umgeben und die Stadt ist aus dem (Felsen der) Berge gemeisselt. Sie ist über zwei hundert *Li* im Umfang und von Wasser umgeben. Sie besitzt über zweihundert Moscheen [3]). Die Beamten und das Volk gehen sämmtlich in die Moscheen, um zu beten, was man *chu-mi* [4]) (arab. *jum'ah*) nennt. Die Bevölkerung ist meistens reich und wohnt in Häusern, die fünf bis sieben Stockwerke hoch sind. Kameel- und Pferdezucht, werden eifrig betrieben. Die Nahrung besteht aus Backwerk, Fleisch, Kumiss [5]), kleinen Fischen und Reis; als ein trinkbares Nahrungsmittel dient ein Gemisch von Kuhmilch und Wasser. Die Arme des Königs reichen bis unter seine Kniee. Er besitzt hundert Schlachtrosse, jedes reichlich sechs chinesische Fuss hoch, auch einige Dutzend Maulthiere, ebenfalls drei (*sic*) Fuss hoch, die bei Ausflügen abwechselnd mit

---

1) 吉慈尼, Cant. *Kat-tz'-ni*, Ghazni, Ghazna.
2) Vom buddhistischen Standpunkt, wonach Indien das Centrum der nicht-chinesischen Welt war.
3) *Li-p'ai-t'ang* (禮拜堂), womit im heutigen China die christlichen Gotteshäuser bezeichnet werden.
4) 廚㡓, nach anderer Schreibweise, wie eine Glosse unseres Textes besagt: 除㡓, Cant. *ch'ü-mat*, was augenscheinlich eine Transcription des arabischen *jum'ah*, Freitag, des mahomedanischen Sabbaths, ist. Der christliche Sabbath (Sonntag) wird bis auf den heutigen Tag in den zu Chinchew veröffentlichten Kalendern *mi* (密), Cant. *mat*, genannt (*Notes and Queries on China and Japan*, IV, pp. 38 u. 103), und man hat dieses Räthsel mit dem persischen *mithra*, „Sonne" in Zusammenhang gebracht (Watters, *Essays*, p. 351, and Mayers, *Manual*, p. 358). Sollte hier nicht eine Verstümmelung des arabischen *jum'ah* vorliegen, da das *mat* unseres Textes und das des Kalenders von Chinchew der gleichen Laut-Kategorie angehören?
5) *Ju-lo* (乳酪).

den Pferden geritten werden. Der Bogen, mit dem er schiesst, besitzt die Kraft von mehreren Pikul [1]), so dass reichlich fünf bis sieben nöthig sind, um ihn zu spannen. Sitzt er zu Pferde, so trägt er eine eiserne Keule, die reichlich fünfzig Kätty (66 Pfund engl.) wiegt. Die *Ta-shih* (Araber) und alle anderen Länder des westlichen Himmels [2]) fürchten ihn. Das Land erzeugt Gold, Silber, *Yüeh-no*-Tuch, Brokat mit Goldfaden durchwirkt, Kameelwoll-Atlas in allen Farben, geschliffene Glaswaaren, Storaxbalsam, Limonit [3]), und Bezoarsteine [4]).

---

1) *Shih* (石), *lit.* „Stein", Gewicht von verschiedener Schwere, doch kaum weniger als der Pikul des Handels (= 133⅓ Pfund, engl.). Ein solcher Bogen würde wohl selbst Mahmud dem Grossen Ehre gemacht haben, wenn auch Bogen von mehreren *shih* in den Encyclopädien erwähnt worden. 240 Kätty ist etwa die höchste Leistung, von der man heutzutage sprechen hört, und dies ist um wenig mehr als zwei Shih.

2) *Hsi-t'ien chu-kuo* (西天諸國). Einen den Thatsachen recht gut entsprechenden Sinn erhalten wir, wenn wir für *chu* (諸) *chu* (竺) lesen, da *t'ien-chu* (天竺) = Indien, sodass die Übersetzung lauten würde: „Arabien und das westliche Indien". Der Autor selbst könnte allerdings diese beiden Zeichen, die in den südlichen Dialekten zu verschiedenen Lautgruppen gehören, nicht gut verwechselt haben, wohl aber eine spätere corrigierende Hand.

3) *Wu-ming-i* (無名異). Hanbury, *Science Papers*, p. 223.

4) *Mo-so-shih* (摩娑石). Ich stütze meine Übersetzung mit Bezoar (persisch *pāzahr*) auf eine Stelle des dem 11. Jahrhundert entstammenden *Mêng-chi-pi-tan* (Appendix, p. 46; vgl. Wylie, p. 131). Danach wurde dem chinesischen Hofe in den Jahren 1068 bis 1078, zugleich mit anderen Tributgeschenken aus Java, auch ein Stück Mo-so-Stein (摩娑石一塊) dargebracht. Es war so gross wie eine Dattel und gelbbraun. Um Aufschluss über diese Curiosität befragt, gaben die Gesandten zur Antwort, wenn es auch viele Arten gäbe, so müsse der echte Stein, in einer Brühe aus Gelbwurz gerieben, einen zinnoberrothen Saft erzeugen, u. s. w. Wie die Brühe aussah, ist wohl gleichgültig, wichtig ist nur die Schwierigkeit, mit der der echte Stein vom unechten zu unterscheiden war, und seine Eigenschaft, Gifte unschädlich zu machen, — was natürlich nur in der Einbildung des Besitzers möglich war. Im *Pên-ts'ao-kang-mu* (Kap. 10, p. 31) wird der Stein unter dem Namen *P'o-so-shih* (婆娑石) beschrieben, was dem persischen, resp. arabischen Laut noch näher kommt. Danach war es ein Stein, der bei den Fremden (*hu-jên*, 胡人) in ganz besonderem Ansehen stand; denn sie fassten ihn in Gold und trugen ihn als Ringschmuck. An einem solchen Ring pflegten sie mehreremale zu saugen, so oft sie eine Mahlzeit begonnen oder beendigten, um auf diese Weise etwaige Gifte unschädlich zu machen. Ein Stück, das nicht grösser als eine Fingerspitze war, wurde mit

Wu-si-i [1].

Das Land Wu-si-h ist reich an Feuchtigkeiten. Im Herbst fällt dort ein dichter Nebel, der mit unter den Strahlen der Sonne zu einer, Streuzucker ähnlichen Substanz verhärtet. Dieselbe wird gesammelt und bildet ein [...] von reinigender und kühlender Wirkung, man hat es das echte Manna [2]. In den Gebirgen dieses Landes finden sich ein wild wachsender Baum [3], der im ersten Jahre Körner [...] trägt, im folgenden Jahre wachsen [...] Im Lande erzeugt Asbest-Tuch und Korallen.

Lu-mei ¹) (Rûm-Syrien).

Wenn man von *Ma-lo-po* (Mirbât?) in westlicher Richtung überland reichlich 300 Tagereisen wandert, so kommt man nach *Lu-mei* (Rûm), auch *Mei-lu-ku* ²) genannt. Die Stadtmauer ist krumm und siebenfach ³) und von grossen schwarzen glatten Steinfliesen erbaut. Die verschiedenen Mauern sind tausend Schritte von einander entfernt ⁴). Die Stadt enthält über hundert Minarete ⁵); unter diesen ist eines von einer Höhe von 80 *chang* (etwa 900 Fuss); man kann vier Pferde zugleicher Zeit hinauftreiben ⁶); und es enthält 360 Zimmer ⁷). Die Bewohner tragen Turbane, die über den Nacken herabhängen, und Gewänder aus gefärbtem »Wollatlas". Ihre Nahrung besteht aus Fleisch und Backwerk. Sie bedienen sich der goldenen und silberen Münzen. Vierzigtausend Familien be-

1) 蘆眉.

2) 眉路骨, Cant. *Mi-lo-kwat*. Mulk? Mulehet? Ich habe durchaus keinen Anhalt für die Identification dieses Namens.

3) 其城屈曲七重. Die Stadt Damaskus hatte sieben Hauptstrassen, die nach den sieben Thoren führten. Hammer-Purgstall, *Gesch. der Ilchane*, II, p 94.

4) *Ch'êng* (城), sowohl „Stadtmauer" als auch „der von der Mauer umschlossene Raum". Wir dürfen daher recht gut übersetzen: „Die verschiedenen (ummauerten) Stadttheile sind tausend Schritt von einander entfernt". Zur Identifizierung von Damaskus ist zu beachten 1) die Siebentheilung der Stadt, 2) die Trennung der Stadttheile. Über letztere citiere ich als Gewährsmann v. Kremer (*Kulturgesch*, I, p. 127 f.): „Eine weitere orientalische Eigenthümlichkeit (bez. Damaskus) ist wohl auch erst durch die Araber eingeführt worden. Es ist dies die Trennung der einzelnen Stadtviertel, ja selbst der grösseren einzelnen Strassen und der innerhalb derselben liegenden Häuser-inseln durch besondere Pforten". „Jeder Stamm hatte sein besonderes Stadtviertel, sein Quartier, seine eigene Moschee, seinen Bazaar, sogar seinen eigenen Begräbnissplatz". „Jedes solches Stadtviertel bildete eine kleine Stadt für sich".

5) *Fan-ta* (番塔), *lit.* fremde Thürme.

6) Vgl. den „Eselsdom" in Bagdad, „ein Gebäude mit halbkugelförmiger Kuppel, so genannt, weil man auf einem von aussen emporführenden Gange zu Esel hinaufreiten konnte", v. Kremer, II, p. 54.

7) *Fang* (房).

schäftigen sich mit dem Weben des Seidenbrokats. Das Land erzeugt Byssus, *Yüeh-no*-Tuch mit (eingewebten, eingestickten? goldenen Schriftzeichen ¹), Brokate, die abwechselnd aus Gold- und Seiden-(fäden) gewoben sind, Bezoarsteine ²), Limonit, Rosenwasser, Alkanna, Storaxbalsam, Borax und geschliffene Glaswaren erster Qualität ³). Man liebt es Kameele, Pferde und Hunde zu ziehen.

Mu-lan-p'i ⁴) (Murabít, Spanien).

Das Land *Mu-lan-p'i* (Murabít) ist im Westen des Landes der *Ta-shih* (Araber). Es ist da ein grosses Meer und im Westen dieses Meeres sind wiederum zahllose Länder, aber *Mu-lan-p'i* ist das einzige Land, das von den grossen Schiffen der *Ta-shih* (Araber) besucht wird. Vom Lande *T'o-p'an-ti* ⁵) der *Ta-shih* (Araber, d. i.

---

1) *Chin-tzǔ yüeh-no-pu* (金字越諾布). Über *Yüeh-no* vgl. oben S. 43, unter *Pai-ta* (Bagdad).

2) *Mo-so-shih* (摩挲石). S. oben S. 45, unter *Chi-tz'ǔ-ni* (Ghazna).

3) *Shang-têng-nien-hua-liu-li* (上等碾花琉璃). Vgl. oben S. 42, unter *Pai-ta* (Bagdad). „Das syrische Glas war berühmt, und auch in Bagdad ward die Glasfabrikation betrieben". v. Kremer, II, p. 281, wo Ausführliches über diese Industrie zu finden ist.

4) 木蘭皮. Ich hege kein Bedenken, diesen Namen mit dem arabischen *Murabít* zu identifiziren, das, ursprünglich *marabut*, einen Heiligen, bedeutend, dem Ausdruck *el-murabítín* zu Grunde liegt, den die Spanier wiederum in ihr *Almoravides* verwandelt haben. Dies ist der Name der Dynastie, die vom Nordwesten Afrika's Besitz ergriffen hatte, dort von den Almohaden verdrängt wurde und sich schliesslich während des zwölften Jahrhunderts auf ihre spanischen Provinzen zurückziehen musste. (Vgl. A. Müller, *Der Islam*, II, p. 614, u. d'Herbelot, *s. v.* Morabethn). Mit den zahllosen Ländern im Westen des grossen, d. i. des mittelländischen Meeres, können nur die christlichen Länder Europa's gemeint sein, da alle anderen Gebiete an den Küsten des Meeres in den Händen der *Ta-shih* waren. Die Südküste von Spanien war als arabisches Gebiet von allen diesen Ländern das einzige, das mit dem übrigen Arabien in Verbindung stand.

5) 陀盤地. Indem ich diesen Namen mit dem arabischen *Damiat* identifizire, muss ich daran erinnern, dass uns die Geschichte der Schiffahrt im Mittelländischen Meere kaum eine andere Wahl übrig lässt. Von den Häfen Syriens kann nicht die Rede sein. Die beiden einzigen Häfen, die als Ausgangspunkte für die Reise vom Osten nach dem äussersten Westen genannt werden, sind Alexandrien und Damiette. Damiette war sogar insbesondere der Hafen, von wo man sich nach Andalusien, d. i. unser *Mu-lan-p'i*, ein-

Damiat, Damiette) in See stechend, segelt man genau westlich
über 100 Tage, um dieses Land zu erreichen [1]). Ein einziges Schiff
trägt mehrere tausend Mann, und an Bord findet man Wein- und
Vorraths-Magazine sowie Webevorrichtungen. Was Grösse der Schiffe
betrifft, so kommt nichts denen von *Mu-lan-p'i* gleich [2]). Die Erzeugnisse des Landes sind ganz ausserordentlich: Weizenkörner sind
drei Zoll lang, Melonen sechs Fuss in Umfang, genug um 20 bis
30 Mann damit satt zu machen; Granatäpfel wiegen zwei Kätty,
Citronen über 20 Kätty, eine Salat-Staude über zehn Kätty mit
drei bis vier Fuss langen Blättern [3]). Reis und Weizen werden
Jahre lang in Kellern aufbewahrt, ohne zu verderben. Zu den
Erzeugnissen gehört ferner das fremde Schaf [4]), das verschiedene
Fuss hoch ist und einen Schwanz von der Grösse eines Fächers
besitzt. Im Frühling öffnet man ihm den Bauch, dem man mehrere
Dutzend Kätty Fett entnimmt; der Schnitt wird sodann wieder

---

schifte. Heyd (*Hist. du comm. du Levant*, II, p. 427) giebt dafür als Grund an, dass die Verproviantierung mit den Producten des Delta, namentlich Zucker, in Damiette leichter war als in Alexandrien. Im Dialect von Amoy *To-pw'a*-*ti* ausgesprochen, dürfte der chinesische Name eine Verstümmelung des arabischen Damiat sein.

1) Dies ist sicher stark übertrieben, da nach Edrisi die in Ameria, Denia, Malaga und anderen Städten des arabischen Spaniens gebauten Schiffe 36 Tage brauchten, um die syrische Küste zu erreichen. Heyd, *op. cit.*, II, p. 724.

2) Vgl. Yule's Bemerkungen über die Kriegsgaleeren des Mittelalters in *Marco Polo*", Introduction, p 29 ff. Über die Überlegenheit der Schiffsbaukunst in den spanischen Provinzen des Islam, siehe v. Kremer, I, p. 249 ff.

3) Dies ist eine von den seltenen Stellen unseres Autors, in denen augenscheinlich stark übertrieben wird. Das genaue Gegenstück dazu findet sich jedoch bei Marco Polo, wo dieser uns den Markt der Stadt Kinsay schildert. »Among the fruits there are in particular certain pears of enormous size, weighing as much as ten pounds a piece" (Yule, II, p. 184). Der Unterschied ist nur, dass Messer Millioni uns erzählt, was er selbst gesehen haben will, während Chao Ju-kua mit gutem Gewissen sagen kann: *relata refero*. Das Anlügen scheint, wenigstens bei diesen Kleinigkeiten, unter den arabischen Reisenden Mode gewesen zu sein; auch Ibn Batuta gestattet sich dergleichen Freiheiten, wie der Bericht über den grossen chinesischen Hahn beweist den er in Kaulem gesehen und den er anfänglich für einen Strauss gehalten (Yule, *Cathay*, p. 479).

4) *Hu-yang* (胡羊).

zugenäht und das Thier lebt weiter. Wird jedoch das Fett nicht entfernt, so schwillt es auf und stirbt. Reist man (von *Mu-lan-p'i*) zweihundert Tagereisen über Land, so werden die Tage um sechs Stunden zu lang. Im Herbst erhebt sich plötzlich ein Westwind, der Menschen wie Thiere zwingt sogleich Wasser zu trinken, um ihr Leben zu retten; thun sie dies nicht schnell genug, so verdürsten sie.

Wu-ssǔ-li [1]) (Maṣr, Aegypten).

Das Land *Wu-ssŭ-li* (Maṣr) steht unter der Botmässigkeit des Landes *Pai-ta* [2]) (Bagdad). Der König ist von heller Gesichtsfarbe, trägt Turban, Jacke und schwarze Stiefel. Zeigt er sich öffentlich, so sitzt er zu Pferde. Vor ihm her schreiten dreihundert Luxuspferde mit Sattel und Zaum reich mit Gold und Juwelen besetzt. Ferner zehn Tiger mit eisernen Strängen gebunden, bedient von hundert Wächtern und fünfzig Männern, die die eisernen Stränge halten; hundert Keulenträger und dreissig Falkner. Des Weiteren sind da, umgeben und beschützt von tausend Reisigen, dreihundert Leib-Sclaven [3]) mit Harnisch und Schwertern bewaffnet. Zwei Mann tragen die königlichen Waffen vor dem Könige her. Es folgen ihm hundert Paukenschläger zu Pferde. Der ganze Hofzug ist prächtig. Die Bewohner des Landes nähren sich von Backwerk und Fleisch; sie essen keinen Reis. In diesem Lande ist Dürre sehr häufig. Die Regierungsbezirke sind sechzehn, sie beschreiben einen Umfang von über sechzig Tagereisen. Wenn es hier regnet, so würden die Feldarbeiten (nicht nur nicht gefördert, sondern) im Gegentheil fortgeschwemmt und verdorben werden. Denn es ist

---

1) 勿斯里, Cant. *Mat-sz'-li*.   2) 白達. S. oben.
3) *Chin-nu* (親奴), vermuthlich ein Versuch das arabische *mamlûk*, d. i. "Kauf-Sclave", "Leibeigen", zu übersetzen. Es wäre interessant festzustellen, zu welcher Zeit diese prätorianische Kohorte zuerst am Hofe der Kjubiden erschien. Sie A. Müller, *op. cit.*, II, p. 166 f.

da ein Fluss von sehr klarem und süssem Wasser; man weiss nicht, wo dieser Fluss entspringt. Ist nun das Jahr trocken, so mögen die Flüsse aller anderen Länder fallen, nur dieser Fluss wird wie gewöhnlich die für die Landwirthschaft vollgenügende Wassermenge enthalten, und die Bauern bedienen sich seiner zur Wässerung. Dies ist die Regel Jahr aus, Jahr ein; denn Greise von 70 bis 80 Jahren erinnern sich nicht dass es je geregnet hat. Eine alte Überlieferung sagt: als ein Nachkomme in der dritten Generation der *Pu-lo-hung* [1]) (Pharao) namens *Shih-su* [2]) von diesem Lande Besitz ergriffen hatte, fürchtete er, dass wegen Regenmangels, das Land unter Dürre zu leiden haben würde. Er wählte daher in der Nähe des Flusses den Grund und Boden aus, auf welchem er 360 Dörfer [3]) gründete. Diese mussten sämmtlich Weizen bauen, und für den Bedarf, den das gesammte Land das ganze Jahr hindurch von nöthen hatte musste jedes Dorf genug für einen Tag beisteuern, so dass die 360 Dörfer zusammen im Stande waren, den vollen Bedarf eines Jahres zusammenzubringen [4]). Es ist da ferner eine Stadt [5]) namens *Chieh-yeh* [6]) (Kahira, Cairo?) zu Seiten dieses Flus-

---

1) 蒲羅吽, Canton: *po-lo-hom* = Pharao. (Das Zeichen 吽 = 吼 wird im Cantondialect nicht *hom* sondern *Hau* ausgesprochen was auch besser mit *Pharo-o* stimmt. In der buddhistischen Litteratur wird freilich das Zeichen 吽 für *hûṃ* gebraucht in dem Ausruf: *Om mani padme-hûṃ*. Anm. von G. Schlegel).

2) 十宿, Canton: *shap-suk*. Ich will der Identification dieses Namens durch unsere Aegyptologen nicht vorgreifen.

3) *Hsiang-ts'un* (鄉村), Gaue?

4) Dass das Jahr nur 360, und nicht, wie auch den alten Aegyptern wohl bekannt war, 365 Tage enthielt, findet darin seine Erklärung, dass man „in Rechnungen aus Bequemlichkeitsgründen das Jahr auf 360 Tage ansetzte, genau wie z.B. bei unserem Militär für die Löhnung der Mannschaften das Jahr nur zu 360 Tagen gerechnet wird. Mit einem angeblichen Urjahr von 360 Tagen, das manche Chronologen fingirt haben, hat das nichts zu thun: dasselbe hat nirgends existiert". Ed. Meyer, *Geschichte des alten Aegyptens*, p. 126, Anm.

5) *Chou* (州), Distrikt, Gau?

6) 愒野, Canton: *Hi-yé*, Amoy: *K'i-ya* oder *K'á-ya* (Kahira?).

sees. Dort taucht aller zwei bis drei Jahre sicher ein Greis aus dem Wasser des Flusses hervor: sein Haupthaar ist schwarz und kurz, sein Bart ist glänzend weiss; er sitzt auf einem Felsen im Wasser, so dass nur die Hälfte seines Körpers sichtbar ist. Sieht man ihn so, mit den Händen Wasser schöpfend, sein Antlitz waschend und seine Nägel schneidend, so erkennt man daran den Wundermann, und das Volk nähert sich ihm, kniet vor ihm nieder und fragt: wird uns das heurige Jahr Glück oder Unglück bringen? Der Mann spricht nie, aber wenn er lacht, dann steht ein reiches Jahr bevor, und werden Krankheit und Seuchen das Volk verschonen; faltet er dagegen die Stirn, dann darf man sich sicher im nächsten Jahr, wenn nicht im heurigen, auf Hungersnoth und Pest gefasst machen. Der Greis bleibt recht lange sitzen, ehe er wieder untertaucht. In diesem Flusse giebt es Wasserkameele [1]) und Wasserpferde [2]) (Hippopotamos), die ab und zu ans Ufer steigen, um Kräuter zu benagen, beim Anblick eines Menschen aber im Wasser untertauchen.

O-kÉn-t'o [3]) (Alexandria).

Das Land O-kén-t'o (Alexandria) steht unter Wu-ssü-li (Maṣr, Aegypten). Es ist überliefert, dass in alten Zeiten ein fremder Mann [4]) Tsu-ko-ni [5]) (Dhúlkarnein) einen grossen Thurm an der

---

[1]) Shui-lo-t'o (水駱駝).   [2]) Shui-ma (水馬).

[3]) 過根陀. Canton: At-kan-t'o, Amoy: At-kun-to, Verstümmelung von Iskanderiah, Alexandria. Die chinesische Transcription ist so unkenntlich, dass uns lediglich die Thatsachen zur Identification verhelfen müssen. Die Erwähnung des Pharos mit dem die feindlichen Flotten verrathenden Spiegel lässt darüber wohl kaum einen Zweifel übrig.

[4]) I-jen (異人), lit. ein ausserordentlicher Mann; der Ausdruck ist wohl auch meist durch „wunderbarer Mann", wenn nicht „Zauberer" zu übersetzen. Doch scheint mir hier „ein fremder Mann" den Thatsachen am besten zu entsprechen.

[5]) 俎葛尼. Canton.: Ts'o-kot-ni, womit zunächst die Silben Ts'okoRni gedeckt werden. Julien (Méthode, etc., p. 223) weist nach, dass 俎 tsou (das zu derselben Lautgruppe gehört wie unser ts'u 俎) s'emploie quelquefois, par erreur, pour 咀 ts". Ich möchte hinzufügen, nicht „par erreur", weil vielen dieser Transscriptionen, die uns auf den ersten Blick willkürlich erscheinen, bei näherem Eingehen eine gewisse Legitimität zu Grunde liegt, da wir doch recht oft den alten Laut, und besonders dialektische Ab-

Meeresküste baute. Unter diesem Thurm befanden sich zwei Kellerräume von stärkstem Gefüge, von denen der eine als Vorrathskammer, der andere als Waffenniederlage diente. Der Thurm besass eine Höhe von 200 *chang* (2,200 Fuss) und man konnte vier Pferde nebeneinander bis zu zwei Drittel seiner Höhe hinauftreiben [1]). Im Herzen des Thurmes entsprang eine grosse Quelle, die durch Kanäle mit dem grossen Fluss (dem Nil) in Verbindung gebracht war, um die in das Land einfallenden Heere anderer Völker abzuhalten; dann besetzte das ganze Volk den Thurm, um dem Feinde zu widerstehen. In seinem Ober- und Unterbau vermochte dieser Thurm 20,000 Mann zu beherbergen, die theils drinnen Wache hielten, theils zum Angriff ausrückten [2]). Auf der Spitze des Gebäudes befand sich ein ausserordentlich grosser Spiegel [3]), und wenn

---

weichungen des alten Lauts im Chinesischen nicht feststellen können. Dazu kommt noch, dass die Aussprache der zu identifizierenden westlichen Namen auf Grund dialektischer Eigenthümlichkeiten recht bedeutende Schwankungen zugelassen haben muss. Wir dürfen in vielen Fällen nicht nach dem Warum? fragen und müssen zufrieden sein, wenn wir Legitimität durch Analogie nachweisen können. So hiess noch im Anfang des 14. Jahrhunderts, in den Berichten über die Expeditionen des *Ch'êng Ho*, die Stadt Dhofar (Dhufar, Zufar) *Tsu-fa-êrh* (祖法兒). S *Ming-shih*, Kap. 326, p. 9. Sieht aber *tsu* für *Dhol* in diesem Namen, so dürfen wir auch statt *tso-koRni* Dholkorni lesen, den Name, der dem arabischen *Dhúlkarnein*, womit im Orient Alexander der Grosse bezeichnet wurde, nahe genug steht, um meine Identification auch linguistisch zu begründen. (Über *Dhúlkarnein*, S. d'Herbelot s. v. Escander, und Yule, *Marco Polo*, I, p. 160).

1) Vgl. oben p. 47, unter *Lu-mei* (Rûm), wo von einem Minaret in Damaskus die Rede ist, und den „Eselsdom" in Bagdad.

2) Die 20,000 Mann, die in dieser Festung (denn eine solche muss es schon gewesen sein) untergebracht werden konnten, sind wohl kaum als eine Übertreibung anzusehen, wenn wir bedenken, dass nächst *Fostât*, Alexandria für den stärkst befestigten Platz der Araber in Aegypten galt. Als Haupthandelsplatz an der Küste war es den Angriffen der griechischen Flotten, die damals das mittelländische Meer beherrschten, ganz besonders ausgesetzt. 'Amr Ibn 'Âsr, der General des Khalifen Abu Bekr, liess den vierten Theil seiner Armee in Alexandrien und wechselte die Garnison alle sechs Monate, ein Viertel hielt die Küste besetzt, während die andere Hälfte beim Khalifen in *Fostât* stationiert war. Die Garnison von Alexandria war unter Muawba von 12,000 auf 27,000 Mann erhöht worden. (v. Kremer, *Kulturgesch*, etc. I, p. 93).

3) *Ch'ing* (鏡) ursprünglich ein Metallspiegel, später, nach Einführung der Glas- und Krystallindustrie, auf dioptrische, wie katoptrische Instrumente angewendet.

sich etwa Kriegsschiffe eines anderen Landes in feindlicher Absicht näherten, so wurden sie im Spiegelbild vorher gesehen, worauf man einen Vertheidigungsplan vorbereiten konnte. Neuerdings hatte sich ein Ausländer unter der Dienerschaft im Thurm anwerben lassen und, nachdem er mehrere Jahre gedient, sich in das Vertrauen seiner Herren eingeschlichen, als er eines Tages plötzlich eine günstige Gelegenheit benutzte, den Spiegel zu rauben, in's Meer zu versenken und zu entkommen ¹).

K'UN-LUN-TSĒNG-CHI ²) (die Zeng von Africa).

Dieses Land liegt am Meere im Südwesten. Es steht mit einer grossen Insel in Verbindung. Es sind da stets grosse *P'éng*-Vögel ³), die in ihrem Fluge die Sonne so verdecken, dass der Schatten einer Sonnenuhr verändert wird. Begegnet einer dieser Vögel einem wilden Kameel, so verschlingt er es. Aus einer seiner Flügelfedern, die man zufällig findet, kann man Fässer machen, wenn man den Kiel zerschneidet. Das Land erzeugt grosse Elephantenzähne und Rhinoceroshörner. Im Westen liegt eine Meeresinsel, wo es viele

---

1) Die Sage von dem Talisman, den Alexander der Grosse in Gestalt eines Spiegels der Stadt Alexandria mit dem von ihm erbauten Pharos, einem der sieben Weltwunder, hinterliess, war in der Welt des Islam während des Mittelalters so bekannt, dass uns ihre Weitererzählung durch arabische Reisende in Zeiten nicht wundern darf. (S. d'Herbelot, s. v. Menar) Benjamin von Tudela, der am Ende des 12. Jahrhunderts Alexandria besuchte, schliesst sich der arabischen Version der Sage an; doch wurde der Pharos nach Strabo und Plinius nicht von Alexander, sondern vom Architecten SOSTRATUS unter Ptolemaeus Philadelphus gebaut. (S Benjamin, etc. transl Gerrans, p. 156, Anm).

2) 崑崙層期. *K'un lun* ist zunächst das so genannte Gebirge in Centralasien; häufig auch mit Pulo Condor an der Küste von Cambodja identisch, hier jedoch von beiden getrennt, wahrscheinlich ein die Ostküste von Africa betreffender Name, dessen Etymologie ich nicht zu bestimmen wage. Man könnte an *Kamrun*, das Mondgebirge im Inneren Africa's denken; doch fehlen mir alle weiteren Beweismittel, zunächst um festzustellen, ob dieser Name den Arabern genügend bekannt war, um ihn auf die Heimath der Negersclaven anzuwenden.

3) *P'éng* (鵬), ein mythischer Vogel, wie der Rokh. Vgl. Mayers, *Manual*, N°. 560.

wilde Menschen giebt, schwarz wie Lack und krausköpfig [1]). Man lockt sie mit Leckerbissen heran und fängt sie ein, worauf sie als Sclaven an das Land *Tu-shih* (Arabien) weiter verkauft werden, wo hohe Preise dafür bezahlt werden. Sie werden als Thürhüter verwendet [2]). Man sagt, sie sorgen sich nicht um ihre Verwandten [3]).

CH'A-PI-SHA [4]) (Sebtah, Ceuta).

Die Stadt ist über tausend *Li* im Umfang. Der König trägt ein, mit goldenem Gürtel befestigtes Kriegergewand, eine goldene Krone und schwarze Stiefel; seine Gattin trägt Kleider, die mit Perlen besetzt sind. Das Land erzeugt Gold und Edelsteine in grosser Menge. Die Wohnungen des Volkes haben sieben Stockwerke, und jedes Stockwerk wird von einer Familie bewohnt. Dieses Land ist licht und hell, denn es ist der Ort, wo die Sonne bei ihrem Untergang verschwindet. Gegen Abend, bei Sonnenuntergang, vernimmt man ein Getöse, viel lauter als das Krachen des Donners; es werden dann tausend Musikanten an den Stadtthoren aufgestellt, die, auf Hörnern blasend, Tamtam und Pauken schlagend, ihren Lärm mit dem der (untergehenden) Sonne vermengen; denn, thäten sie dies nicht, so könnten schwangere Frauen mit ihrer Leibesfrucht das Sonnengetöse hören und sich zu Tode erschrecken [5]).

---

1) *Shen ju hei ch'i ch'iu-fa* (身如黑漆虯髮).

2) *To i kuan-yao* (託以管鑰), lit. „man vertraut ihnen die Schlüssel an", was auf alle möglichen häuslichen Dienste bezogen werden kann. Ich wähle die obige Übersetzung lediglich auf Grund einer Stelle im *Kuang-tung-hsin-yü* (廣東新語, Kap. 7, p. 15), wonach „reiche Familien schwarze Sclaven kauften, um sie als Thurhüter zu verwenden" (諸巨室多買黑人以守戶).

3) Vgl. *Chinesische Studien*, Bd. I, p. 37, wo Einzelnes durch die obige Übersetzung zu berichtigen ist.

4) 茶弼沙.

5) Yule (*Marco Polo*, Introduction, p. 39) citiert RAMON DE MUNTANER, wenn er sagt: „The custom of saluting at sunset (probably by music) was in vogue on board the galleys of the 13th century". Die Abendmusik der Chinesen ist wohl keinem Europäer entgangen,

Ssŭ-chia-li-yeh (Sikilia, Sicilien).

Dieses Land ist nahe den Grenzen von *Lu-mei* (Rûm, Syrien). Es ist eine Felseninsel des Meeres, tausend *Li* breit. Kleidung, Volksgebräuche und Landessprache sind dieselben wie bei *Lu-mei* (Rûm). In diesem Lande ist ein Berg mit einem Loch von grosser Tiefe, der das ganze Jahr hindurch Feuer ausspeit, das aus der Ferne gesehen am Morgen als Rauch, am Abend als Feuer erscheint, in der Nähe jedoch sich als eine wilde Flamme erweist. Wenn die Eingeborenen mit vereinten Kräften einen Felsblock von etwa 500 bis 1000 Kätty hinaufwälzen und in das Loch werfen, so erzeugt dies eine Explosion, wobei das Gestein in kleinen Stücken wie Bimsstein ausgeworfen wird. Alle fünf Jahre fliesst das dem Felsen entspringende Feuer fort bis an die Meeresküste und wieder zurück. Die Bäume der Wälder, die das Feuer berührt, versengen nicht, aber die Steine, denen es begegnet, werden zu Asche verbrannt.

Mo-chieh-la [1]) (Maghrib).

Der König liest Tag für Tag den Koran und betet zu Allah [2]). Er trägt Turban, Jacke aus Wollatlas und rothe Lederschuhe. Beli-

---

der einige Zeit in diesem Lande zugebracht. Die Götzen werden hier dreimal des Tags mit Trommel-Concerten begrüsst, nämlich Morgens (*tsao-ku*, 朝鼓), Mittags (*chung-ku*, 中鼓) und Abends (*wu-ku*, 晚鼓). In den wohlhabenderen Fonds wird die einsame Trommel durch eine vollständige Musik-Kapelle ersetzt. Dies ist wahrscheinlich ein bereits im Mittelalter geübter Brauch, denn der Dichter Su Tung-po (1036 bis 1101 n. Chr.) sagt: „Wenn der Yamön's Amtsgeschäfte schliessen, wird die Abend Trommel gerührt, (*mou-ku-tung*) und der Gast wird eingeladen und mit Aprikosen tractiert". *Fa-ndo-yin-fu*, *kap. 3414, p. 35, s. v.* 晚鼓、

1) 默伽臘. Castra *Medina*. „El-Magrib, der Occident, ist im Gegensatz zu El-Maschrik, der Orient, im weitern Sinne eines Land westlich von Aegypten, im engeren ins eigentliche Westafrika vom Sab bis an den Ocean. Das heutige Marokko heisst El-Magrib *d-akso, der äusserste Occident"* Lig. N. vgl. Zur Islam, etc., I, p. 609. Anm. 1

2) *Chinesi: sessumuy yeu-wu*. 逐日諷經拜天、

gion und Lebensvorschriften sind genau wie bei den *Ta-shih* (Arabern). Wenn der König sich öffentlich zeigt, sitzt er zu Pferde, und ein Band des Koran [1]) wird auf dem Rücken eines Kameeles vor ihm hergetragen. Zu diesem Lande gehören über fünfhundert Städte mit Mauern und Märkten. Das Heer besteht aus einer Million Soldaten, die auf ihren Auszügen beritten sind. Das Volk nährt sich von Backwerk und Fleisch; man hat Weizen, aber keinen Reis; dagegen sind Ochsen, Schafe, Kameele und Früchte aller Art im Überfluss vorhanden. Das Meer ist dort 20 *chang* (etwa 40 Faden) tief und erzeugt Korallen [2]).

---

1) *Ta-shih-Fo-ching i han* (大食佛經一函). Über die Bigotterie des Almoraviden Alí in Maghrib, S. A. Müller, II, p. 638 ff.

2) Heyd, *Hist. du commerce du levant*, II, p. 609, sagt über Korallen: „Les plus abondantes et en même temps les meilleures étaient celles de *Mers-el-Kharaz*, près de *Bône*; quelques autres moins renommées s'échelonnaient le long de la côte d'Afrique, comme par exemple celles de Bône, de Ténez et de Ceuta".

Ssŭ-chia-li-yeh

Dieses Land ist nahe den
Es ist eine Felseninsel de
Volksgebräuche und Land
(Rûm). In diesem Land
Tiefe, der das ganze
Ferne gesehen am N
in der Nähe jedoc
Eingeborenen m
bis 1000 Kätt
dies eine F
Bimsstein
entspring
Die B
aber

J

gleich Hirth *Lan-li* für *Lameri* (siehe
Lith, Merveilles de l'Inde, pg. 234). *Lang-báläs*
Lendjebalon ist ein Schreibfehler) weicht in
der Form zu viel ab und ist überdem keine Hauptstation.
Der zweite Theil dieses Namens bedeutet wahrscheinlich Insel.
Vgl. v. d. Lith, pg. 247—253.

Note 2. *Mi-hsü-li* halte ich bestimmt für *Misr*, d. i. Aegypten oder die Hauptstadt. Hinter dem Buchstaben ص (ç), als Endbuchstaben einer Silbe, meint man stets einen kurzen Vocal a oder i zu hören; vgl. *Pi-ssü-lo* für *Basra*. Nur auf Misr trifft die folgende Beschreibung zu. Was *Ma-lo-pa* angeht (pg. 26 *Malomo* genannt), glaube ich dass Hirth dies mit Recht für *Mirbát* hält. Man muss dann aber die »80 Tage" von pg. 33 für »stark übertrieben" halten (vgl. pg. 49, Anm. 3). *Mirbát* ist eigentlich die Hafenstadt von *Tzafár*.

Note 3. Dass *Nu-fa* (Cant. *No-fat*) *Tzafár* bezeichnen soll, ist kaum zu erklären, scheint aber doch so zu sein, da es zugleich mit *Mirbát* und *Shihr* genannt wird als Weihrauch-

Arabische Buchstabe ط mit dem der Name beginnt
ض verwechselt und dieser letzte klingt z.B.
..ien als *dhl* oder sogar als *l*. Dieses *l* müsste
er zu *n* geworden sein.

n *Seü* und *Sharâb* oder *Shorbat* (Sherbet) ist ein
.ich starker Unterschied. Man möchte noch eher ans
..rkische *sütžjü* 1) süss, 2) Wein denken. Dieses kommt
su-chin schon näher. Das Europäische *sirup* ist aus *sharâb*,
dagegen aber *sorbet* aus *shorbet* entstanden.

§. 24. Ich dachte zuerst dass das Persische *mei* = Wein im Worte steckte und die zwei ersten Silben *Mei-sûs* (*sûsan*) vorstellten, einen Wein oder ein Getränk aus Süssholz u.s.w. bereitet. Dann aber bleiben die zwei letzten Silben unaufgeklärt. Wahrscheinlicher ist das Persische *mestkâr* gemeint, »vinum inebrians generosum". Dann muss *Mi-sha-kua* ebenfalls dasselbe sein. *San-chiu* würde vielleicht *shakkari* (zuckersüss) bezeichnen können. Die Conjectur *sarmak* von Hirth ist sicher falsch.

Pg. 25, Zeile 6 v. u. »an das Meer". Hierunter ist wohl der Nil zu verstehen, der durch die Araber gewöhnlich *bahr-an-Nil* »das Meer Nil" genaunt wird.

Pg. 26. *Fo-la-an*. Kann dies *Baros* sein, das die Araber *Balûs* nennen? (v. d. Lith, pg. 263).

Pg. 27. Ich muss noch eben auf *Nu-fa* zurückkommen. Bretschneider, pg. 19 (siehe auch unten, pg. 53 Note), erklärt *Tzafâr* durch *Tzu-fa-rh* (Mediæval Trav. II, 305 *Dzu-fa-rh*). Kann die Silbe *Nu* nicht durch fehlerhaftes Lesen entstanden sein?

N°. 7. *Kalhat?* Mann könnte auch an *Kalicut* denken.

N°. 8. Über *Pi-no-yet* möchte ich mein Urtheil verzögern bis die Beschreibung kommt.

Pg. 28, N°. 11. Der Name *Zarendj* war damals wohl nicht mehr in Gebrauch sondern wurde durch *Sistân* (*Sidjistân*) ersetzt. Siehe z.B. Mediæval Trav. I, 290. Doch passt solche Stadt aus dem Innern hier schlecht. Wahrscheinlich ist *Shirâz* gemeint, bei Bretschneider I, 144, II, 128 *Shi-lo-tze* und *Sie-la-shi*. Dies steht hier an der richtigen Stelle.

N°. 13. *Chi-chi*. Da *ch* gewöhnlich *k* zurückgiebt, ist an *Szohar* nicht zu denken. Vielleicht ist *Kiz* oder *Kidj*, die Hafenstadt von *Mokrân*, gemeint??

N°. 18. Auf *Wu-pa* komme ich später zurück.

N°. 20. Lies *Kish*. Die Chinesische Aussprache ist richtig.

Pg. 28, N°. 23 u. Pg. 44. Ich bezweifle ob Ghazna gemeint ist, meine aber dass wir an *Kazwin* denken müssen. Vgl. Bretschneider II, 110 seq. Die Beschreibung passt viel besser auf diese Stadt. Hiermit wird Note 2 hinfällig. Im Beginn des 13 Jahrhunderts hatte der *Chowarizm-shah* auch ganz Medien in seiner Macht und wurde dieser in Bagdad wirklich sehr gefürchtet.

Pg. 30, Note 3. Bretschneider, pg. 14, nennt ihn *Pu-ya-to-li*.

Pg. 31, Note 3. Bretschneider liest *Po kin lo san mo ni*.

Pg. 32, Note 4. Die Frage ob *Ku-lo* das Arabische *Kalah* ist, hat v. d. Lith pg. 263 seq. besprochen. Ich hielt es erst für *Kûlû* = *Kûlam-Malai* an der Küste von Malabar. Bei Bretschneider aber werden II, 158 *Kuli* und *Kolam* neben einander genannt. Dieser hält *Kuli* für *Kalicut* (Arabs, pg. 10).

Pg. 34. Dies ist richtig. Jedes Jahr erhält die Kaaba einen neuen Teppich.

Pg. 36. *Wu-pa*. In Anbetracht der Cant. Lesearb *mat-pat*, ist etwas dafür zu sagen darunter die dicht bei *Zanzibar* gelegene Insel

Tembatú oder *Tombat* zu verstehn (vgl. v. d. Lith, pg. 288).
Pg. 39 spricht hierfür, da *Tombat*, sowie *Zanzibar*, von *Oman*
aus bevölkert worden ist. Möglich ist es jedoch dass hier
Djuba (Devic, Pays des Zendj, pg. 70), das *Juba* unsrer
Karten, gemeint ist. Vgl. Bretschneider I, 145 *Dju-bo*.

Pg. 37. Ich zweifle stark daran ob der Name *Somali* im Anfang
des 13 Jahrhunderts schon gebraucht wurde. Eher würde
ich in *Chung-li* den alten Namen von *Zanzibar*: *Kanbaloh*
(siehe v. d. Lith, pg. 288 seq.) lesen.

Note 3. Ist die Übersetzung vielleicht unrichtig, oder
besser gesagt, der Text corrupt, so dass die wahre Leseart
ist: »Ausser den Ländern der Araber, ist dies das einzige
welches Weihrauch producirt"? Guillain bezeugt dass er in
Ost-Afrika wächst (siehe Devic, Pays des Zendj, pg. 195).
Cosmas spricht ebenfalls von Afrikanischem Weihrauch. Denn
Shihr und Umgebung sind thatsächlich »Productionsorte".

Die Zauberer unter den Zendj sind berühmt; vgl. Devic,
pg. 139, 157.

Pg. 39, Note 3. Wenn man »Insel" übersetzen darf, wird ohne
Zweifel *Socotra* gemeint, von woher gerade Drachenblut
und Aloë exportirt werden und wo ebenfalls viel Amber gesammelt wird (*Hamdáni*, ed. Müller, pg. 53 l. 4.; Devic,
pg. 98.)

Pg. 41, Note 5. Hiermit ist wahrscheinlich der grosse Schirm, *as-
Shamsa* (die Sonne) oder *as-Shamsíya* genannt, gemeint.
Ich habe dafür viele Belege gegeben in meinem Glossarium
zu *Ibn-al-Fakih*. Eine Beschreibung findet man bei *Ma-
krizi* in Kosegarten's Chrestomathie, pg. 121.

Pg. 42. Der Stoff *Yüeh-no-pu* ist wahrscheinlich die Leinewand von
der besten Qualität, die *djannábi* heisst, nach der Stadt
Djannába am Persischen Meer; siehe mein Glossar. Geogr.,

pg. 209. Der Stoff den Marco Polo meint ist *nakhkh* und heisst bei Bretschneider, II, 124, *Nakhut*.

Pg. 44. Das Canton. *Ch'ū-mat* ähnelt am meisten dem Arab. *djum'at* (verkürzt zu *mat*). Man hörte ebenso wie in *minâret* das *t*.

Pg. 46. *Wu-ssū-li* muss hier im Gegensatz zu pg. 50 sicherlich *Mosul* bedeuten. In Nord-Mesopotamien findet man Manna (siehe La Nature, 1890, janv. n°. 919, pg. 82 = Album der Natuur, 1891, Wetensch. Bijbl., pg. 28, Afl. 4.) und es wird von Mosul exportirt (Mokaddasî, pg. 145, l. 4). Nord-Syrien ist das Land der Galnüsse. Wenn das Chinesische Wort wirklich *Koralle* bedeutet, muss man voraussetzen, dass sie dort verkauft wurde, oder einen Irrtum des Autors annehmen. Asbest kommt aus Badakhshân (Mokaddasî, pg. 303).

Pg. 47. *Lu-mei* ist sicher Rom, Arabisch *Rûmia*. Damascus ist nie so benannt. Die Siebentheiligkeit kann ebenso gut auf Rom hindeuten. Aber wahrscheinlich hat der Autor dasjenige verwechselt was ihm betreffs verschiedener Städte erzählt war. Der hohe Minâret mit dem emporführenden Umgang (vgl. *Masûdî* in Bibl. Geogr. VIII, pg. 48, l. 3) und 360 Zimmern scheint gewiss der Pharus von Alexandrien zu sein, wenn dieser auch auf Seite 53 wiederkehrt; vgl. Ibn Khordâdhbeh in meiner Übersetzung, pg. 87 (beinahe wörtliche Übereinstimmung). Es ist aber auch möglich dass der Text von Ibn Khordâdhbeh lückenhaft ist (da die Beschreibung mitten zwischen der von Rom steht), und dass die Beschreibung eines Gebäudes in Rom ausgefallen ist, mit dem dann der Pharus verglichen wurde. Ibn Rosteh, Bibl. Geogr. VII, pg. 128, erzählt, dass die grosse Kirche in Rom 360 Thüren hatte und in der Mitte einen hohen Thurm. Die Arabischen Autoren sagen dass zwischen den beiden Mauern von Rom ein 60 Ellen breiter Raum war.

Pg. 48. Die Erklärung des Namen *Mu-lan-p'i* ist ungemein scharfsinnig. Man muss aber *Murábit* (nicht *Murabít*) lesen. Die Bedeutung »Heiliger" dieses Wortes ist weit entfernt von der ursprünglichen. Eigentlich ist es derjenige der an den Grenzen Kriegsdienst verrichtet, welcher Dienst der Natur der Sache nach ein heiliger Kriegsdienst war. Aus diesen geistlichen Rittern hat sich in Nord-Afrika ein Priesterstand entwickelt und daher ist die Bedeutung des Wortes endlich »Heiliger" geworden.

Pg. 49, Note 1. Diese selbe Bemerkung gilt noch stärker von der Entfernung zwischen Mirbât und Mekka.

Note 4. Hier haben wir wieder den *agnus scythicus*. Ein Persischer Autor versetzt dies nach Irland. Vgl. G. Schlegel, »The Watersheep", Actes du 8ᵉ Congrès international des Orientalistes, tenu en 1889 à Stockholm; Henry Lee, The vegetable lamb of Tartary.

Pg. 50, Note 2. Aegypten war mit Saladin's Tronbesteigung wieder zur Anerkennung der Souveränität des Khalifs von Bagdad zurückgekehrt.

Pg. 51, Note 2. *Shih-su*. Diess soll wohl der Koranische Name für den Herrn von Aegypten sein: '*Azîzo-Miçr* oder *al-'Azîzo* (der Mächtige von Aegypten). Hier wird Jozef gemeint und die Stiftung von *al-Faijûm* (Jâcût III, 935).

Note 1. Das Arabische Wort ist *Fir'aun*.

Pg. 53, Note 2. *Abu Bekr* ist hier ein Anachronismus. Die Eroberung von Aegypten fand erst unter '*Omar* statt.

Pg. 54, Z. 3. Dieses »neuerdings" ist köstlich. Für die Araber war es schon eine Erzählung aus alten Zeiten.

Pg. 54. *Kun-lun-Tsêng-chi* ist wahrscheinlich *Kilwa* (Jâcût) oder *Kolwa* (Ibn Batûta II, 192) der Zendj. Später *Quiloa* ausgesprochen (vgl. Devic, Pays des Zendj, pg. 81, 87).

Die Beschreibung der Riesenvögel und ihrer Schwungfedern stimmt genau überein mit Merveilles de l'Inde, pg. 98 ff. (vgl. Préface XIII).

Pg. 55, Z. 2. »Man lockt sie" etc. Siehe Edrisi I, 58. Man könnte hier auch an grosse Affen denken, die in Jemen als Thürhüter gebraucht worden.

Pg. 55. *Sebta* ist sicher falsch (schon weil *ch* nicht aus *s* entstanden): gemeint ist die fabelhafte Stadt im äussersten Westen, die die Araber *Djabarso* nennen. Wenn man Tabari, *Annales*, I. pg. 68 vergleicht mit dem, was hier über den Lärm der untergehenden Sonne erzählt wird, ist kein Zweifel mehr möglich. Die Aussprache *Djabirso* und *Djaborso* kommt auch vor.